Verhältnismäßigkeit und Kontrolldichte

Bernhard Oreschnik

Verhältnismäßigkeit und Kontrolldichte

Eine Analyse der Rechtsprechung des EuGH zu den Grundrechten und Grundfreiheiten

Mit einem Geleitwort von Univ.-Prof. Dr. Erich Vranes

Springer

Bernhard Oreschnik
CHSH Rechtsanwälte GmbH
Wien, Österreich

Zugl.: Dissertation, Wirtschaftsuniversität Wien, 2018

ISBN 978-3-658-26159-7 ISBN 978-3-658-26160-3 (eBook)
https://doi.org/10.1007/978-3-658-26160-3

Die Deutsche Nationalbibliothek verzeichnet diese Publikation in der Deutschen Nationalbibliografie; detaillierte bibliografische Daten sind im Internet über http://dnb.d-nb.de abrufbar.

Springer ist ein Imprint der eingetragenen Gesellschaft Springer Fachmedien Wiesbaden GmbH und ist ein Teil von Springer Nature
Die Anschrift der Gesellschaft ist: Abraham-Lincoln-Str. 46, 65189 Wiesbaden, Germany

Geleitwort

Der Verhältnismäßigkeitsgrundsatz hat sich in der Judikatur des Gerichtshofs der Europäischen Union zu einem zentralen Instrument der Abwägung von Zielen, Werten und Prinzipien entwickelt. Die von Herrn Oreschnik im Rahmen des Doktoratsstudiums Wirtschaftsrecht der Wirtschaftsuniversität Wien vorgelegte Dissertation, aus der das vorliegende Buch hervorgegangen ist, befasst sich mit ebendiesem Grundsatz und der damit verbundenen richterlichen Kontrolldichte. Im Zentrum der Untersuchung steht die Rechtsprechung des Gerichtshofes (EuGH) zu den Grundrechten und Grundfreiheiten. Die im Rahmen dieser Themenstellung zu untersuchenden Probleme liegen im Grundsätzlichen, nicht zuletzt weil Grundfragen der Rechtsdogmatik und der Gewaltenteilung innerhalb der EU wie auch das Verhältnis der EU zu den Mitgliedstaaten berührt sind.

Die vorliegende Arbeit zeichnet sich insbesondere durch eine eingehende Judikaturanalyse aus, die aufgrund ihres Umfangs und ihrer Aktualität teils deutlich über frühere monographische Aufarbeitungen hinausreicht. Dies gilt für die Untersuchung der Rechtsprechung des EuGH zu den Grundrechten ebenso wie für dessen Judikatur zu den Binnenmarktgrundfreiheiten, aber auch etwa für die Kohärenz-Judikatur des Gerichtshofes und die Untersuchung der Frage, ob der Garantie des Wesensgehalts der Grundrechte eine eigenständige Bedeutung neben dem Verhältnismäßigkeitsgrundsatz zukommt.

Ebenso eingehend versucht der Autor, jene Faktoren, die die richterliche Kontrolldichte des EuGH – sowie in vergleichender Perspektive jene des Europäischen Gerichtshofes für Menschenrechte (EGMR) – beeinflussen, deutlicher und mit stärkerem Bezug zur aktuellen Rechtsprechung beider Gerichtshöfe herauszuarbeiten, als dies in der überwiegenden Literatur bisher erfolgt ist. Auch in der Untersuchung dieses zweiten Themenkreises liegt der Schwerpunkt auf einer eigenständigen kritischen Analyse der Judikatur, die die Entwicklung dieser Rechtsprechung sachbereichsbezogen und vergleichend bis hin zur Rechtsprechung der jüngsten Zeit einlässlich untersucht.

Aufgrund ihrer umfassenden Judikaturauswertung, ihrer kritischen Auseinandersetzung mit wesentlichen Ansichten in der Literatur und ihrer hohen Aktualität stellt diese Dissertation einen beachtlichen Beitrag zu einem zentralen Bereich des Europarechts dar, von deren Lektüre nicht nur am Europarecht Interessierte profitieren werden.

Wien — Univ.-Prof. Dr. Erich Vranes, LL.M.

Geleitwort

Vorwort

Wenn man das Verfassen einer Dissertation mit der Absolvierung eines Marathonlaufes vergleichen möchte, befinde ich mich nun (endlich) auf den letzten Metern der olympischen Distanz von 42,195 km. So wie ein Marathonläufer alle Herausforderungen entlang des Weges leichter bewältigt, wenn er an den Zieleinlauf denkt, hatte auch ich stets dieses Vorwort vor Augen, welches ich nach sämtlichen anderen Kapiteln schreiben wollte. Nun ist der Augenblick gekommen:

Die Idee für die vorliegende Arbeit wurde ab dem Frühling 2013 entwickelt. In Zusammenarbeit mit meinem Betreuer Herrn Univ.-Prof. Dr. Erich Vranes, LL.M., und den übrigen Mitgliedern des Doktoratskomitees wurde das Thema der Arbeit in weiterer Folge und nach umfangreichen Vorrecherchen näher abgesteckt, bevor ich im Jänner 2015 die ersten und im Dezember 2017 die letzten Sätze der Dissertation verfasste. Die einschlägige Judikatur und Literatur konnte ich bis einschließlich Dezember 2016 berücksichtigen.

Zu dem Gelingen der vorliegenden Dissertation haben viele Menschen beigetragen, bei denen ich mich an dieser Stelle sehr herzlich bedanken möchte:

In fachlicher Hinsicht gilt mein Dank vor allem meinem Betreuer und Erstgutachter Herrn Univ.-Prof. Dr. Erich Vranes, LL.M., für die hervorragende Zusammenarbeit. Jederzeit hatte er ein offenes Ohr für meine Anliegen und bereicherte die vorliegende Arbeit durch seine wertvollen Anmerkungen.

Mein Dank gilt selbstverständlich auch den übrigen Mitgliedern des Doktoratskomitees Herrn Univ.-Prof. DDr. Christoph Grabenwarter, Herrn Univ.-Prof. Dr. Michael Holoubek sowie Herrn Univ.-Prof. DDr. Michael Potacs, die mir insbesondere durch ihre Anmerkungen zum Research Proposal wichtige Hinweise gegeben haben. Herrn Univ.-Prof. DDr. Christoph Grabenwarter danke ich außerdem auch für die Bereitschaft das Zweitgutachten zu erstellen.

Mein Dank gilt auch Herrn RA/StB MMag. Dr. Benjamin Twardosz, LL.M., der mir während der letzten vier Jahre – als für mich zuständiger Ausbildungsanwalt bei WOLF THEISS – stets die erforderlichen Freiräume gab, um die vorliegende Arbeit neben meiner Tätigkeit als Konzipient zu bewältigen.

Darüber hinaus bedanke ich mich herzlich bei meinen Eltern und meiner Schwester, die mich während meines gesamten Studiums auf vielfältige Weise unterstützt haben. Schließlich sollen an dieser Stelle auch meine Freunde nicht unerwähnt bleiben, durch deren Hilfe es mir immer wieder möglich war, die notwendige Ablenkung zu finden und nicht in jeder freien Sekunde an die Dissertation zu denken.

Wien Bernhard Oreschnik

Inhaltsverzeichnis

Abkürzungsverzeichnis

aA	anderer Ansicht
Abs	Absatz
AC	Law Reports, Appeal Cases
AcP	Archiv für civilistische Praxis (Zeitschrift)
AJDA	L'acutalité juridique, droit administratif (Zeitschrift)
AJIL	American Journal of International Law
ALR	Preußisches Allgemeines Landrecht
AnwBl	Österreichisches Anwaltsblatt
AÖR	Archiv des öffentlichen Rechts (Zeitschrift)
ArchVR	Archiv des Völkerrechts (Zeitschrift)
Art	Artikel
BayVerfGHE	Sammlung der Entscheidungen des Bayerischen Verfassungsgerichtshofes
Bd	Band
BGBl	Bundesgesetzblatt
bspw	beispielsweise
BVerfG	Bundesverfassungsgericht
BVerfGE	Sammlung der Entscheidungen des Bundesverfassungsgerichts
CC	Conseil constitutionnel (französisches Verfassungsgericht)
CE	Conseil d'État (oberstes französisches Verwaltungsgericht)
Ch	Law Reports, Chancery Division
CJTL	Columbia Journal of Transnational Law
CMLR	Common Market Law Review
dh	das heißt
DÖV	Die öffentliche Verwaltung (Zeitschrift)
dStGB	deutsches Strafgesetzbuch
EBLR	European Business Law Review
ECLI	European Case Law Identifier
EG	Europäische Gemeinschaft
EGMR	Europäischer Gerichtshof für Menschenrechte
EGV	Vertrag zur Gründung der Europäischen Gemeinschaft
EHRLR	European Human Rights Law Review
EJLS	European Journal of Legal Studies
ELJ	European Law Journal
EMRK	Europäische Menschenrechtskonvention
EnWZ	Zeitschrift für das gesamte Recht der Energiewirtschaft
EuG	Gericht der Europäischen Union
EuGH	Europäischer Gerichtshof
EuGRZ	Europäische Grundrechte Zeitschrift
EuR	Zeitschrift Europarecht
EUV	Vertrag über die Europäische Union
EuZW	Europäische Zeitschrift für Wirtschaftsrecht

EWGV	Vertrag zur Gründung der Europäischen Wirtschaftsgemeinschaft
EWS	Europäisches Wirtschafts- und Steuerrecht (Zeitschrift)
Fn	Fußnote
FrPG	Fremdenpolizeigesetz
FS	Festschrift
GA	Generalanwalt/Generalanwältin am EuGH
GBefG	Güterbeförderungsgesetz
GelegenheitsverkehrsG	Gelegenheitsverkehrs-Gesetz
GewArch	Gewerbearchiv (Zeitschrift)
GewO	Gewerbeordnung
ggf	gegebenenfalls
GRC	Charta der Grundrechte der Europäischen Union
GRUR	Gewerblicher Rechtsschutz und Urheberrecht (Zeitschrift)
GRURInt	Gewerblicher Rechtsschutz und Urheberrecht Internationaler Teil (Zeitschrift)
hA	herrschende(r) Ansicht
HILJ	Harvard International Law Journal
hL	herrschende(r) Lehre
HRLJ	Human Rights Law Journal
idF	in der Fassung
idR	in der Regel
ieS	im engeren Sinne
iSd	im Sinne des/der
iVm	in Verbindung mit
JA.	Juristische Arbeitsblätter (Zeitschrift
JBl	Juristische Blätter (Zeitschrift)
JöR	Jahrbuch des öffentlichen Rechts der Gegenwart (Zeitschrift)
JuS	Juristische Schulung (Zeitschrift)
JWT	Journal of World Trade
JZ	JuristenZeitung
KB	Law Reports, King's Bench Division
LIEI	Legal Issues of Economic Integration (Zeitschrift)
LKV	Verwaltungsrechts-Zeitschrift für die Länder Berlin, Brandenburg, Sachsen, Sachsen-Anhalt und Thüringen
LSchG	Ladenschlussgesetz
mE	meines Erachtens
MLR	Minnesota Law Review
mN	mit Nachweisen
MuR	Medien und Recht (Zeitschrift)
mwN	mit weiteren Nachweisen
NJW	Neue Juristische Wochenschrift
NVwZ	Neue Zeitschrift für Verwaltungsrecht
OJLS	Oxford Journal of Legal Studies
ÖZöRV	Österreichische Zeitschrift für öffentliches Recht und Völkerrecht

ÖZW	Österreichische Zeitschrift für Wirtschaftsrecht
PharmR	Pharma Recht (Zeitschrift)
PL	Public Law (Zeitschrift)
PrOVG	Preußisches Oberverwaltungsgericht
PrOVGE	Sammlung der Entscheidungen des Preußischen Oberverwaltungsgerichts
QB	Law Reports, Queen's Bench Division
RdA	Recht der Arbeit (Zeitschrift)
RdW	Recht der Wirtschaft (Zeitschrift)
RL	Richtlinie
Rs	Rechtssache
Rz	Randzahl(en)
SchrottlenkungsG	Schrottlenkungsgesetz
StGB	Strafgesetzbuch
TILJ	Texas International Law Journal
UKHL	House of Lords (Entscheidungssammlung)
VfGH	Verfassungsgerichtshof
VfSlg	Sammlung der Entscheidungen des Verfassungsgerichtshofes
VO	Verordnung
VVG	Verwaltungsvollstreckungsgesetz
VvL	Vertrag von Lissabon
VwGH	Verwaltungsgerichtshof
VwSlg	Sammlung der Entscheidungen des Verwaltungsgerichtshofes
wbl	wirtschaftsrechtliche blätter (Zeitschrift)
WLR	Weekly Law Reports
YEL	Yearbook of European Law
ZaöRV	Zeitschrift für ausländisches öffentliches Recht und Völkerrecht
ZfRV	Zeitschrift für Europarecht, Internationales Privatrecht und Rechtsvergleichung
ZfV	Zeitschrift für Verwaltung
ZHR	Zeitschrift für das gesamte Handels- und Wirtschaftsrecht
ZÖR	Zeitschrift für öffentliches Recht
ZPEMRK	Zusatzprotokoll zur Europäischen Konvention zum Schutze der Menschenrechte und Grundfreiheiten

Abstract

Der Grundsatz der Verhältnismäßigkeit spielt im Unionsrecht vor allem bei der Frage nach der Rechtmäßigkeit von Beschränkungen der Grundrechte und Grundfreiheiten eine entscheidende Rolle. Wenngleich der EuGH mittlerweile seit Jahrzehnten den Grundsatz der Verhältnismäßigkeit in seinen Urteilen heranzieht, ist eine einheitliche Struktur seiner Verhältnismäßigkeitsprüfung nicht ersichtlich. Darüber hinaus prüft er die Verhältnismäßigkeit der streitgegenständlichen Maßnahmen mit unterschiedlicher Intensität; er variiert also seine Kontrolldichte. Die vorliegende Arbeit beschäftigt sich primär mit den Fragen, ob der EuGH vermehrt eine bestimmte Struktur der Verhältnismäßigkeitsprüfung wählt und welche die maßgeblichen Determinanten der Kontrolldichte sind. Nach einem Überblick über die historische Entwicklung und die denkbaren Geltungsgründe des Verhältnismäßigkeitsgrundsatzes sowie über seine Anwendung im deutschen und österreichischen Recht, werden die oben genannten Fragestellungen anhand der Rechtsprechung des EuGH zu den Grundrechten und Grundfreiheiten analysiert. Bei der Untersuchung der für die Kontrolldichte maßgebenden Faktoren wird auch der Stand der Forschung in Bezug auf die Rechtsprechung des EGMR thematisiert. Festgestellt wurde, dass die Verhältnismäßigkeitsprüfung des EuGH bei Beschränkungen der Grundfreiheiten idR aus den Teilgrundsätzen der Eignung und Erforderlichkeit besteht, während bei Eingriffen in Grundrechte mehrheitlich auch das Element der Angemessenheit in die Entscheidungsfindung einfließt. Als maßgebliche Determinanten der Kontrolldichte wurden im Bereich der Grundfreiheiten eine etwaige Harmonisierung des Rechtsbereichs, ein möglicher Konsens in den Mitgliedstaaten, der ins Treffen geführte Rechtfertigungsgrund sowie der Grad der Rechtsbeeinträchtigung identifiziert. Im Bereich der Grundrechte sind der Ermessensspielraum des zuständigen Organs, die Bedeutung des beeinträchtigten Rechts, der Grad der Rechtsbeeinträchtigung sowie die Bedeutung des verfolgten legitimen Ziels für die Kontrolldichte entscheidend.

Abstract

Abstract (Englisch)

The principle of proportionality plays a crucial role in European Union Law when the legality of restrictions of fundamental rights or fundamental freedoms is assessed. Even though the ECJ has been applying the principle of proportionality in its judgements for decades, a uniform structure of the proportionality test is not evident. Moreover, the ECJ reviews the proportionality with different levels of scrutiny. The present thesis primarily deals with the questions whether the ECJ predominantly applies a certain structure of the proportional test and which factors are decisive for the standard of review. After a short overview of the historical development of the principle of proportionality, possible reasons for its existence and its application in German and Austrian law, the questions mentioned above are addressed by examining the case law of the ECJ regarding fundamental rights and fundamental freedoms. The investigation also covers the state of research regarding the decisive factors for the standard of review in the jurisprudence of the ECtHR. It has been established that the ECJ usually reviews the suitability and necessity of measures restricting the fundamental freedoms in the course of the proportionality test, whereas it additionally reviews the proportionality stricto sensu of measures interfering with fundamental rights. In the field of fundamental freedoms, a possible harmonisation of the legal area, a possible consensus among the Member States, the applicable ground of justification and the restrictive impact of the contested measure are decisive for the standard of review applied by the ECJ. As regards measures interfering with fundamental rights, the standard of review primarily depends on the margin of discretion of the competent authority, the importance of the fundamental right interfered with, the degree of the interference and the importance of the legitimate aim pursued.

Abstract (englisch)

[illegible]

I. Einführung

I.A. Grundsatz der Verhältnismäßigkeit und gerichtliche Kontrolldichte

Der Grundsatz der Verhältnismäßigkeit hat in nahezu allen nationalen Rechtsordnungen,[1] im Unionsrecht[2] und im Recht der EMRK seinen festen Platz.[3] Seine Bedeutung wird nicht nur durch die häufige Bezugnahme auf Verhältnismäßigkeitserwägungen in der Rechtsprechung, sondern auch durch zahlreiche Forschungsarbeiten zu der Thematik deutlich. Die Zielsetzungen dieser Arbeiten reichen von grundlegenden Themen[4] bis hin zu juristischen Nischenthemen, wie der Verhältnismäßigkeit des Dopingkontrollsystems[5] oder der Verhältnismäßigkeit der Festlegung von Ersatzpflanzungen für geschützte Bäume.[6]

Die Popularität des Verhältnismäßigkeitsgrundsatzes liegt zu einem Teil darin begründet, dass er die Idee von Gerechtigkeit verwirklichen soll.[7] Wie die Gerechtigkeit leuchtet auch die Verhältnismäßigkeit allen Menschen ein, ist jedoch für den Forschenden schwer fassbar.[8] Ebenso ist der Gedankengang, dass das Gerechte etwas Proportionales sei,[9] zwar jedermann verständlich; das Problem, was gerecht ist, wird mit dieser Formulierung allerdings nicht gelöst, sondern nur zum Begriff der Verhältnismäßigkeit verschoben.

---

1 Vgl etwa *Logemann*, Grenzen der Menschenrechte in demokratischen Gesellschaften (2004) 196.

2 Vgl etwa GA *Jacobs*, Schlussanträge Kommission/Griechenland, C-120/94, EU:C:1995:109, Rz 70.

3 *Arnauld*, Theorie und Methode des Grundrechtsschutzes in Europa – am Beispiel des Grundsatzes der Verhältnismäßigkeit, EuR 2008, Beiheft 1, 41 (42); *McBride*, Proportionality and the European Convention on Human Rights, in: Ellis (Hrsg.),The Principle of Proportionality in the Laws of Europe (1999) 23 (23); *Schwarze*, Europäisches Verwaltungsrecht[2] (2005) 686 ff.

4 Vgl etwa *Lerche*, Übermaß und Verfassungsrecht (1961); *Hirschberg*, Der Grundsatz der Verhältnismäßigkeit (1981); *Deutsche Sektion der Internationalen Juristen-Kommission* (Hrsg.), Der Grundsatz der Verhältnismäßigkeit in europäischen Rechtsordnungen (1985); *Ellis* (Hrsg.), The Principle of Proportionality in the Laws of Europe (1999); *Pirker*, Proportionality Analysis and Models of Judicial Review (2013).

5 *Soyez*, Die Verhältnismäßigkeit des Dopingkontrollsystems (2002).

6 *Otto*, Zur Verhältnismäßigkeit der Festlegung von Ersatzpflanzungen für geschützte Bäume, LKV 2000, 293.

7 Zur Beziehung von Gerechtigkeit und Verhältnismäßigkeit siehe Kapitel II.B u II.C unten.

8 Zu dieser Problematik für den Begriff der Gerechtigkeit vgl *Isensee*, Gerechtigkeit – die vorrechtliche Idee des richtigen Rechts, in: Kirchhof/Papier/Schäffer (Hrsg.), Rechtsstaat und Grundrechte, FS Merten (2007) 3 (4).

9 *Aristoteles*, Nikomachische Ethik, Buch VI, 1131 a 30.

B. Oreschnik, *Verhältnismäßigkeit und Kontrolldichte*,
https://doi.org/10.1007/978-3-658-26160-3_1

Besondere Bedeutung erlangte der Grundsatz der Verhältnismäßigkeit in der Dogmatik der Grundrechte, da er die mit Abstand wichtigste materielle Schranke für Grundrechtseingriffe darstellt. Er zielt darauf ab, eine angemessene Relation zwischen dem Zweck (Ziel) und dem Mittel des Grundrechtseingriffs zu gewährleisten.[10] Nach der in Österreich und Deutschland vorherrschenden Meinung wird das Zweck-Mittel-Verhältnis in drei Teilschritten geprüft: Eingriffe in Grundrechte müssen i) geeignet sein, das verfolgte legitime Ziel zu fördern, ii) das gelindeste Mittel zur Förderung dieses Ziels darstellen und iii) darüber hinaus verhältnismäßig ieS sein, dh die Intensität des Grundrechtseingriffs muss in einem angemessenen Verhältnis zu dem Gewicht des verfolgten legitimen Ziels stehen.[11]

Allerdings beschränkt sich der Anwendungsbereich des Verhältnismäßigkeitsgrundsatzes weder im nationalen Recht noch im Recht der EU auf grundrechtliche Fragestellungen. Im Besonderen gilt dies für das Unionsrecht, da der Grundsatz (unter anderem) auch für die Frage der Rechtmäßigkeit von Beschränkungen der Grundfreiheiten und für die Abgrenzung der Zuständigkeiten der Union gegenüber den Mitgliedstaaten von Relevanz ist.[12] Seine überragende Stellung wird von GA *Jacobs* treffend wie folgt beschrieben: *„Was den Grundsatz der Verhältnismäßigkeit angeht, so gibt es, wenn überhaupt, wenige Bereiche des Gemeinschaftsrechts, in denen er keine Bedeutung hat.“*[13]

Der Grundsatz der Verhältnismäßigkeit ist eng mit der gerichtlichen Kontrolldichte verknüpft.[14] Kontrolldichte bezeichnet in diesem Zusammenhang die Bereitschaft eines Gerichts, Entscheidungen der zuständigen Organe zu hinterfragen und durch eigene Beurteilungen zu ersetzen.[15] Je höher die gerichtliche Kontrolldichte ist, desto eher verwerfen Gerichte Akte der Legislative und Exekutive aufgrund von Unverhältnismäßigkeit.

---

[10] Vgl etwa *Gentz*, Zur Verhältnismäßigkeit von Grundrechtseingriffen, NJW 1968, 1600 (1601).

[11] Vgl etwa *Ress*, Der Grundsatz der Verhältnismäßigkeit im deutschen Recht, in: Deutsche Sektion der Internationalen Juristen- Kommission (Hrsg.), Der Grundsatz der Verhältnismäßigkeit in europäischen Rechtsordnungen (1985) 5 (13); *Hirschberg*, Der Grundsatz der Verhältnismäßigkeit (1981) 2 mwN aus der Judikatur des BVerfG; *Michael/Morlok*, Grundrechte[5] (2016) Rz 618 ff; *Pollak*, Verhältnismäßigkeitsprinzip und Grundrechtsschutz in der Judikatur des Europäischen Gerichtshofs und des österreichischen Verfassungsgerichtshofs (1991) 121 ff.

[12] Vgl Art 5 Abs 4 EUV: *„Nach dem Grundsatz der Verhältnismäßigkeit gehen die Maßnahmen der Union inhaltlich wie formal nicht über das zur Erreichung der Ziele der Verträge erforderliche Maß hinaus.“*
Für weitere Funktionen des Verhältnismäßigkeitsgrundsatzes siehe Kapitel II.G.5 unten.

[13] GA *Jacobs*, Schlussanträge Kommission/Griechenland, C-120/94, EU:C:1995:109, Rz 70.

[14] Vgl *Emiliou*, The Principle of Proportionality in European Law (1996) 171 ff.

[15] *Koch*, Der Grundsatz der Verhältnismäßigkeit (2004) 526.

Die Bestimmung der anzulegenden Kontrolldichte ist stets ein Balanceakt: Eine zu zurückhaltende Prüfung hat zur Folge, dass Individualrechtspositionen möglicherweise nicht ausreichend geschützt werden, während eine zu strenge Prüfung dazu führt, dass Gerichte eine Exekutiv- bzw Legislativfunktion einnehmen, die ihnen in Rechtsordnungen, die vom Gewaltenteilungsprinzip getragen sind, nicht zukommt. Die Frage der Kontrolldichte stellt sich auf allen drei Ebenen der Verhältnismäßigkeitsprüfung und kann auf verschiedenen Ebenen unterschiedlich zu beantworten sein.

Die Frage nach der anzulegenden gerichtlichen Kontrolldichte bei der Prüfung der Verhältnismäßigkeit von legislativen und exekutiven Entscheidungen betrifft in letzter Konsequenz das Machtverhältnis zwischen den verschiedenen Gewalten im Staat. Mit den Worten von *Arnauld* *„geht es um die Frage nach dem Verhältnis von Recht (Judikative) und Politik (Legislative, Exekutive), von Rechtsstaat (bzw. rule of law) und Demokratie."*[16] Denn längst fungiert die Judikative in Gestalt der Verfassungsgerichte (im westlichen Verfassungsstaat) nicht nur als Kontrollinstanz für die Macht der Legislative und der Exekutive, sondern ist *„selbst zum Machtträger geworden."*[17]

In einem politischen Mehrebenensystem wie der EU bewegt sich die Gerichtsbarkeit in einem zusätzlichen Spannungsfeld, da nicht nur ein Gleichgewicht der drei Gewalten, sondern auch zwischen den Mitgliedstaaten einerseits und der Union andererseits anzustreben ist. Wenn der EuGH bspw über die Verhältnismäßigkeit von nationalen Beschränkungen der Grundrechte oder Grundfreiheiten abspricht, betrifft dies nicht nur sein Verhältnis – als Organ der Judikative – zur Exekutive oder Legislative, sondern auch sein Verhältnis – als Organ der Union – zu den Mitgliedstaaten. Er ist dabei nicht nur eine der drei Gewalten, sondern fungiert gleichsam als Waage, welche die Gewalten im Gleichgewicht hält.[18]

I.B. Problemstellung

Aufgrund der Tatsache, dass der Grundsatz der Verhältnismäßigkeit in vielen Verfahren vor dem EuGH für den Ausgang des Rechtsstreits entscheidend ist und dabei die Prüfung der Verhältnismäßigkeit mit variierender Kontrolldichte vorgenommen wird,[19] soll diese Thematik einer genauen Betrachtung unterzogen

---

16 *Arnauld*, EuR 2008, Beiheft 1, 43.

17 *Lepsius*, Grundrechtspluralismus in Europa, in: Masing/Jestaedt/Capitant/Le Divellec (Hrsg.), Strukturfragen des Grundrechtsschutzes in Europa (2015) 45 (47 f).

18 *Kirschner*, Grundfreiheiten und nationale Gestaltungsspielräume (2014) 47.

19 *Emmerich-Fritsche*, Der Grundsatz der Verhältnismäßigkeit als Direktive und Schranke der EG-Rechtsetzung (2000) 586.

werden. Die Bedeutung dieser Untersuchung ergibt sich vor allem aus dem Umstand, dass gerichtliche Entscheidungen in gewissem Maße vorhersehbar und nachvollziehbar sein müssen, um die Akzeptanz des Rechts in der Bevölkerung zu gewährleisten. Darüber hinaus soll die vorliegende Arbeit den Rechtsunterworfenen bzw dessen Berater in die Lage versetzen, die Chancen in einem etwaigen Verfahren vor dem EuGH besser einschätzen zu können.

Der erste Kernpunkt der Arbeit ist die Untersuchung, wie der EuGH bei der Verhältnismäßigkeitsprüfung methodisch vorgeht, insbesondere, ob er Überlegungen zu den Teilgrundsätzen der Eignung, Erforderlichkeit und Verhältnismäßigkeit ieS vornimmt.

In diesem Zusammenhang ist darauf hinzuweisen, dass die drei Teilgrundsätze in der Literatur und Judikatur zum Teil unterschiedlich benannt werden:[20] Der Aspekt der Eignung wird auch als „Geeignetheit", „Tauglichkeit" oder „Zwecktauglichkeit", jener der Erforderlichkeit als „Notwendigkeit", „Übermaßverbot" oder „Grundsatz des mildesten bzw schonendsten Mittels" und jener der Verhältnismäßigkeit ieS als „Proportionalität", „Angemessenheit", „Adäquanz" oder „Übermaßverbot" bezeichnet. Zur besseren Lesbarkeit wird in der vorliegenden Arbeit zur Bezeichnung der Teilgrundsätze auf die Begriffe „Eignung", „Erforderlichkeit"/„Notwendigkeit" und „Verhältnismäßigkeit ieS"/„Angemessenheit" zurückgegriffen.

Die Frage, welche Faktoren die Kontrolldichte des EuGH bei der Prüfung der Verhältnismäßigkeit von Beschränkungen der Grundrechte und Grundfreiheiten bestimmen, stellt den zweiten Kernpunkt der vorliegenden Arbeit dar. Wenngleich sich die gerichtliche Kontrolldichte auch auf die Beurteilung, ob der Schutzbereich eines Rechts eröffnet ist oder eine Beschränkung eines Rechts vorliegt, auswirken kann,[21] sollen lediglich ihre Auswirkungen auf die Verhältnismäßigkeitsprüfung behandelt werden.

Schließlich ergibt sich aus Art 52 Abs 1 GRC[22] und der Judikatur auch die mit der Verhältnismäßigkeit zusammenhängende Frage, wie der EuGH die zweite materielle Schranke für Grundrechtseingriffe – die Garantie des Wesensgehalts der Grundrechte – auslegt. Dabei ist zu untersuchen, ob der Gerichtshof einem absoluten oder relativen Wesensgehaltsbegriff folgt.

---

20 Vgl zur Uneinheitlichkeit des Sprachgebrauchs bereits *Hirschberg*, Grundsatz 19 ff mwN.

21 Vgl zu dieser Thematik auf dem Gebiet der Grundfreiheiten *Kirschner*, Grundfreiheiten 123 ff.

22 Art 52 Abs 1 GRC: *„Jede Einschränkung der Ausübung der in dieser Charta anerkannten Rechte und Freiheiten muss gesetzlich vorgesehen sein und den Wesensgehalt dieser Rechte und Freiheiten achten."*

Der Fokus der vorliegenden Arbeit liegt auf der Struktur der Verhältnismäßigkeitsprüfung durch den EuGH im Grundrechtsbereich und den maßgeblichen Faktoren, welche die Kontrolldichte des Gerichtshofes auf diesem Gebiet beeinflussen. Dieser Themenkomplex ist von besonderem Interesse, da der EuGH häufig mit Vorwürfen konfrontiert wird, wonach dessen Grundrechtsschutz ungenügend sei,[23] wobei vor allem die mangelnde Struktur der Verhältnismäßigkeitsprüfung,[24] die mangelnde Berücksichtigung des betroffenen Individualinteresses[25] sowie die zu große Zurückhaltung gegenüber Maßnahmen von Unions-Unionsorganen[26] kritisiert werden. Darüber hinaus erfolgten auf diesem Gebiet mit dem Inkrafttreten der GRC durch den VvL beachtliche Änderungen im geschriebenen Unionsrecht, wobei fraglich ist, ob die GRC den Grundrechtsschutz in der Union lediglich sichtbarer gemacht hat oder auch substanzielle Auswirkungen auf die Rechtsprechung des Gerichtshofes hat.[27]

I.C. Aufbau der Arbeit

Zu Beginn der Arbeit werden die historischen Ursprünge des Grundsatzes der Verhältnismäßigkeit, insbesondere die Gedanken in der antiken Philosophie, sowie der Einfluss des Liberalismus und der Aufklärung auf dessen Entwicklung beleuchtet. In weiterer Folge wird die Herausbildung der Verhältnismäßigkeitsidee in den Rechtssystemen Österreichs, Deutschlands, Frankreichs und Englands dargestellt. Anhand dieses Rechtsvergleichs wird dargelegt, dass sich das

---

23 *Berrisch*, Zum „Bananen"-Urteil des EuGH vom 5.10.1994 – Rs. C-280/93, Deutschland ./. Rat der Europäischen Union, EuR 1994, 461 (465 ff); *Huber*, Das Kooperationsverhältnis zwischen BVerfG und EuGH in Grundrechtsfragen, EuZW 1997, 517 (520 f); *Nettesheim*, Grundrechtliche Prüfdichte durch den EuGH, EuZW 1995, 106 (107); wohl auch *Pache*, Der Grundsatz der Verhältnismäßigkeit in der Rechtsprechung der Gerichte der Europäischen Gemeinschaften, NVwZ 1999, 1033 (1040); *Bühler*, Einschränkung von Grundrechten nach der Europäischen Grundrechtecharta (2005) 203 ff; aA vgl etwa *Kischel*, Die Kontrolle der Verhältnismäßigkeit durch den Europäischen Gerichtshof, EuR 2000, 380 (390); *Craig/de Búrca*, EU Law[5] (2011) 372 ff.

24 *Bühler*, Einschränkung 203 f; *Ehlers*, Allgemeine Lehren der Unionsgrundrechte, in: Ehlers (Hrsg.), Europäische Grundrechte und Grundfreiheiten[4] (2014) § 14 Rz 114 mwN.

25 *von Danwitz*, Der Grundsatz der Verhältnismäßigkeit im Gemeinschaftsrecht, EWS 2003, 393 (401); *Nettesheim*, EuZW 1995, 106; *Bühler*, Einschränkung 205 mwN aus der Judikatur des EuGH; *Emmerich-Fritsche*, Grundsatz 652.

26 *Bühler*, Einschränkung 206; *Ehlers*, Allgemeine Lehren der Unionsgrundrechte § 14 Rz 114; *Storr*, Zur Bonität des Grundrechtsschutzes in der Europäischen Union, Der Staat 1997, 547 (564 ff).

27 *Hauke*, Verhältnismäßigkeit im europäischen Wirtschaftsverwaltungsrecht: Eine Untersuchung zur Kontrolldichte des Europäischen Gerichtshofs (2005) 195, ging in ihrer Arbeit davon aus, dass das Inkrafttreten der GRC keine Veränderung der Rechtsprechung des EuGH bewirken würde.

englische und französische Verständnis von Grundrechten und Verhältnismäßigkeit wesentlich von jenem in Österreich und Deutschland unterscheidet. Die daran anschließende Diskussion um die möglichen Geltungsgründe des Grundsatzes soll ebenfalls dazu beitragen, Verhältnismäßigkeit in einem breiteren Kontext zu begreifen. Den Abschluss dieses Teils der Arbeit bilden Ausführungen zum Geltungsgrund sowie zu den Funktionen des Grundsatzes im Unionsrecht (Kapitel II).

Im folgenden Kapitel werden die einzelnen Teilelemente des Grundsatzes und die Bedeutung der Garantie des Wesensgehalts der Grundrechte nach der österreichischen und deutschen Lehre sowie nach der Rechtsprechung von VfGH und BVerfG dargestellt (Kapitel III).

Danach werden die Urteile des EuGH, welche sich mit Beschränkungen der Grundrechte beschäftigen, einer eingehenden Analyse unterzogen. Hierbei werden die Struktur der Verhältnismäßigkeitsprüfung und die Garantie des Wesensgehalts der Grundrechte untersucht. In diesem Zusammenhang werden auch Entscheidungen berücksichtigt, in welchen der Verhältnismäßigkeitsgrundsatz vom Gerichtshof auch ohne Bezug zu einem beeinträchtigten Grundrecht als selbständiger Rechtmäßigkeitsmaßstab zum Schutz vor übermäßigen Belastungen des Einzelnen herangezogen wird (Kapitel IV.B).

Ergänzt wird diese Analyse durch die Untersuchung der Frage, welche Deutungsmöglichkeiten Art 52 Abs 1 GRC hinsichtlich der Struktur der Verhältnismäßigkeitsprüfung und der Bedeutung des Wesensgehalts der Grundrechte nahelegt (Kapitel IV.B.6). Anschließend wird die Frage behandelt, inwiefern der EGMR bei der Prüfung der Verhältnismäßigkeit einer bestimmten Struktur folgt und worin er sich in diesem Aspekt von der Rechtsprechung des EuGH unterscheidet (Kapitel IV.C).

Im folgenden Kapitel wird die Verhältnismäßigkeitsthematik von dem Bereich der Grundrechte auf jenen der Grundfreiheiten verlagert. Auf Basis einer Analyse der einschlägigen Judikatur des EuGH soll die Struktur der Verhältnismäßigkeitsprüfung bei Beschränkungen der Grundfreiheiten dargestellt werden (Kapitel IV.D).

Das für den Ausgang eines Rechtsstreits bedeutende Thema der gerichtlichen Kontrolldichte wird in Kapitel V erörtert. Eingangs werden die verschiedenen Arten beschrieben, auf die Gerichte im Allgemeinen und der EuGH im Besonderen richterliche Zurückhaltung zeigen können (Kapitel V.B). Für die Frage nach den Determinanten der Kontrolldichte in der EuGH-Rechtsprechung zu den Grundrechten wird in einem ersten Schritt der Meinungsstand in der Literatur in

Bezug auf die Determinanten der Kontrolldichte in der Rechtsprechung des EGMR[28] dargestellt (Kapitel V.C), bevor in einem zweiten Schritt eine Analyse der einschlägigen Urteile des EuGH erfolgt (Kapitel V.D). Im folgenden Kapital werden die maßgeblichen Determinanten in der Rechtsprechung des EuGH zu den Grundfreiheiten dargestellt (Kapitel V.E). Abschließend wird untersucht, ob Unterschiede in der Kontrolldichte zwischen Grundrechtseingriffen durch die Union und mitgliedstaatlichen Beschränkungen der Grundfreiheiten bestehen (Kapitel V.F).

Im Gegensatz zu den Ausführungen in den ersten Kapiteln stützen sich jene in den Kapiteln IV und V deutlich stärker auf die einschlägige Judikatur als auf die Literatur. Dies ist einerseits durch den Umstand bedingt, dass vor allem die jüngere Rechtsprechung des EuGH umfassend ausgewertet wurde,[29] die in den Monographien zu der Thematik noch nicht verarbeitet wurde. Andererseits liegt der Grund auch darin, dass die zitierten Judikate im Hinblick auf die genannten Fragestellungen in der vorliegenden Arbeit zum Teil deutlich intensiver untersucht wurden als dies in der Literatur der Fall ist. Zuletzt ist noch darauf hinzuweisen, dass die Untersuchung auf dem Gebiet der Grundfreiheiten nicht in gleichem Maße intensiv und ausführlich ist, wie auf dem Gebiet der Grundrechte, da die EuGH-Rechtsprechung zu den Grundfreiheiten für den Rahmen der vorliegenden Arbeit zu umfangreich ist, um umfassend dargestellt zu werden. Aus diesem Grund wurde der Fokus auf jene Bereiche der Judikatur gelegt, welche für die Forschungsfragen besonders ergiebig sind.

---

28 *Mahoney*, The Doctrine of the Margin of Appreciation under the European Convention on Human Rights: Its Legitimacy in Theory and Application in Practice – Marvellous Richness of Diversity or Invidious Cultural Relativism, 19 HRLJ 1998, 1; *Schokkenbroek*, The Doctrine of the Margin of Appreciation under the European Convention on Human Rights: Its Legitimacy in Theory and Application in Practice – The Basis, Nature and Application of the Margin-of-Appreciation Doctrine in the Case-Law of the European Court of Human Rights, 19 HRLJ 1998, 30; *Lavender*, The Problem of the Margin of Appreciation, 4 EHRLR 1997, 380; *Brems*, The Margin of Appreciation Doctrine in the Case-Law of the European Court of Human Rights, ZaöRV 1996, 240; *Prepeluh*, Die Entwicklung der Margin of Appreciation-Doktrin im Hinblick auf die Pressefreiheit, ZaöRV 2001, 771.

29 Judikatur wurde bis 31.12.2016 berücksichtigt.

II. Historische Entwicklung und mögliche Geltungsgründe des Grundsatzes

II.A. Vorbemerkung

Das folgende Kapitel beschäftigt sich in den Abschnitten II.B-II.D mit den ersten vorchristlichen Ansätzen der Verhältnismäßigkeitsidee und deren Weiterentwicklung in der antiken Rechtsphilosophie sowie während der Zeit der Aufklärung und des Liberalismus. In Abschnitt II.E wird die jüngere Geschichte sowie der aktuelle Status des Grundsatzes der Verhältnismäßigkeit in Deutschland, Österreich, Frankreich und England dargestellt. Aufgrund der Schwerpunktsetzung der vorliegenden Arbeit wird auf eine umfassende Auseinandersetzung mit diesen Themen verzichtet und lediglich versucht die maßgeblichen Entwicklungslinien darzustellen. In Abschnitt II.F werden die möglichen Geltungsgründe des Grundsatzes der Verhältnismäßigkeit diskutiert, bevor in Abschnitt II.G untersucht wird, inwiefern diese sowie weitere Herleitungsalternativen dessen Geltung im Unionsrecht begründen können.

II.B. Erste Ansätze in vorchristlichen Strafkatalogen

Die Verhältnismäßigkeit ist mit der schwer objektivierbaren Idee von Gerechtigkeit[30] eng verknüpft und war bereits im 18. Jahrhundert v. Chr. in Gestalt von Talionsgeboten im Kodex des babylonischen Herrschers *Hammurabi* verankert. So besagte § 196 des Kodex Hammurabi: *„Wenn jemand einem Andern das Auge zerstört, so soll man ihm sein Auge zerstören.“*[31] Auch andere Bestimmungen des Kodex bringen zum Ausdruck, dass Gleiches nur mit Gleichem vergolten werden soll.[32] Es geht folglich um einen angemessenen Ausgleich zwischen dem durch einen Täter bei seinem Opfer verursachten Schaden und der für diese Tat geübten Vergeltung. Auf diese Weise sollte die häufig ausufernde Privatrache auf ein erträgliches Maß eingeschränkt werden.[33]

Die Ähnlichkeiten einiger Talionsgebote mit einer bekannten Passage des Alten Testaments fallen bereits beim ersten Blick ins Auge. Im 2. Buch Mose kommt das bereits im Kodex Hammurabi enthaltene Prinzip des „Auge um Auge, Zahn

---

30 *Ress*, Grundsatz 16.

31 *Winckler*, Die Gesetze Hammurabis^4 [1906] 32.

32 Vgl etwa § 200 (zitiert nach *Winckler*, Gesetze 32): *„Wenn jemand die Zähne von einem andern seinesgleichen ausschlägt, so soll man seine Zähne ausschlagen.“*

33 *Koch*, Grundsatz 40.

B. Oreschnik, *Verhältnismäßigkeit und Kontrolldichte*,
https://doi.org/10.1007/978-3-658-26160-3_2

um Zahn“ wie folgt zum Ausdruck: „*Ist aber ein weiterer Schaden entstanden, dann muss gegeben werden: Leben für Leben, Auge für Auge, Zahn für Zahn, Hand für Hand, Fuß für Fuß, Brandmal für Brandmal, Wunde für Wunde, Strieme für Strieme.*“[34] Die starre Festlegung von Tat und der dafür gerechten Vergeltung gilt nach dem Alten Testament nicht für sämtliche Untaten. Zum Teil wird bereits darauf abgestellt, ob eine Tat vorsätzlich oder nur fahrlässig begangen wird.[35] Die Einbeziehung der Frage nach einem etwaigen Tatvorsatz für die Bemessung einer gerechten Strafe wurde später auch von *Aristoteles* aufgegriffen[36] und fand zunehmend Aufnahme in den verschiedenen Rechtsordnungen.[37]

II.C. Gedanken in der antiken Rechtsphilosophie

II.C.1. Verhältnismäßigkeit in der griechischen Philosophie und Staatskunde

Auch in der griechischen Philosophie wurde die Idee der Verhältnismäßigkeit bzw des rechten Maßes behandelt. Bereits um 700 v. Chr. grenzte der griechische Dichter *Hesiod* die Rechtsgottheit *Dike* von den drei Gegenspielerinnen *Bia* (Gewalt), *Eris* (Streit) und *Hybris* (Maßlosigkeit) ab.[38] Darüber hinaus spielte das Prinzip *pan métron ariston* (dt. alles in Maßen) eine wichtige Rolle in den philosophischen Werken von *Sokrates* (um 400 v. Chr.) und *Platon* (um 400 v. Chr.).[39] Auch im Bereich der Kunst stellte *Demokrit* (um 400 v. Chr.) das anzustrebende Ideal des Gleichmaßes dem Übermaß gegenüber.[40] Von besonderer Relevanz für die vorliegende Arbeit ist schließlich der Umstand, dass *Solon* (um 600 v. Chr.) schon Jahrhunderte vor modernen Verfassungsgerichten forderte, dass der Gesetzgeber Ziele nicht mit unverhältnismäßigen Mitteln anstreben solle.[41]

Nichtsdestotrotz hatten primär die aus der Idee der Gerechtigkeit hervorgegangenen Konzepte der *iustitia vindicativa* und der *iustitia distributiva* sowie die Überlegung, dass Recht nützlich sein müsse, den nachhaltigsten Einfluss auf die

---

34 2. Buch Mose, Kapitel 21, Vers 23 ff in der neuen evangelistischen Übersetzung (zitiert nach <bibleserver.com/text/NeÜ/2.Mose21>, abgerufen am 12.12.2017).

35 Vgl 2. Buch Mose, Kapitel 21, Vers 13 f in der neuen evangelistischen Übersetzung (zitiert nach <bibleserver.com/text/NeÜ/2.Mose21>, abgerufen am 12.12.2017).

36 Siehe Kapitel II.C.1 unten.

37 Vgl etwa die unterschiedliche Strafandrohung für Mord nach § 75 StGB und fahrlässige Tötung nach § 80 StGB im österreichischen Recht.

38 *Verdross*, Abendländische Rechtsphilosophie^{2} (1963) 3.

39 *Vranes*, Der Verhältnismäßigkeitsgrundsatz, ArchVR 2009, 1 (9) mwN.

40 *Emmerisch-Fritsche*, Verhältnismäßigkeit 51.

41 *Verdross*, Rechtsphilosophie^{2} 6.

Entwicklung des Prinzips der Verhältnismäßigkeit.[42] Unter *iustitia vindicativa* ist in diesem Zusammenhang vor allem die Beschränkung von Vergeltungsmaßnahmen auf proportionale Tatvergeltung zu verstehen, während *iustitia distributiva* die Forderung nach Verteilungsgerechtigkeit beschreibt.[43]

Allerdings blieb die Forderung nach angemessener Proportion iSd *iustitia vindicativa* nicht auf Maßnahmen zur Vergeltung beschränkt, sondern auch Maßnahmen, die im Notstand oder zur Selbstverteidigung ergriffen wurden, mussten verhältnismäßig zum (drohenden) Schaden sein.[44] Diese Ideen wirken in den modernen Strafrechtsordnungen fort. Im österreichischen Recht muss bspw im Fall der sogenannten Bagatellnotwehr die Abwehrhandlung zu dem – aus der Angriffshandlung – drohenden Nachteil in einem angemessenen Verhältnis stehen.[45]

Eine wesentliche Weiterentwicklung erfuhr das Konzept der *iustitia vindicativa* durch *Aristoteles*, indem er die meist starren Strafregeln des Kodex Hammurabi und des Alten Testaments kritisierte und undifferenzierte Wiedervergeltung ablehnte.[46] Nach seiner Auffassung sollte Vergeltung als gerecht angesehen werden, wenn sie in einem angemessenen Verhältnis zur zu vergeltenden Tat stand, wobei spezifische Sachverhaltselemente, wie bspw die Frage des Vorsatzes, zu bedenken seien.[47]

Auf *Aristoteles* ist auch die Ausweitung der Proportionalität auf die *iustitia distributiva* zurückzuführen,[48] welche ursprünglich von *Anaximander* entwickelt wurde.[49] Nach *Wieacker* hatte diese einen noch größeren Einfluss auf die Entwicklung des Verhältnismäßigkeitsgrundsatzes als die *iustitia vindicativa*.[50] Aus der Perspektive der *iustitia distributiva* ist die Aufgabe der Gerechtigkeit einem

---

42 *Wieacker*, Geschichtliche Wurzeln des Prinzips der verhältnismäßigen Rechtsanwendung, in: Lutter/Stimpel/Wiedmann (Hrsg.), FS Fischer (1979) 867 (874 f). Wenngleich die Überlegung, dass Recht nützlich sein müsse, bereits im antiken Griechenland bekannt war, wird sie erst in Kapitel II.C.2 unten umfassend dargestellt, da sie durch den römischen Rechtsgelehrten *Ulpian* eine deutliche Aufwertung erfahren hat.

43 *Wieacker*, Wurzeln 875, spricht von *„zuteilender Gerechtigkeit"*, welche im heutigen Sprachgebrauch als Verteilungsgerechtigkeit bezeichnet wird.

44 *Vranes*, ArchVR 2009, 9.

45 Vgl § 3 Abs 1 Satz 2 StGB: *„Die Handlung ist jedoch nicht gerechtfertigt, wenn es offensichtlich ist, daß dem Angegriffenen bloß ein geringer Nachteil droht und die Verteidigung, insbesondere wegen der Schwere der zur Abwehr nötigen Beeinträchtigung des Angreifers, unangemessen ist."*

46 *Aristoteles*, Nikomachische Ethik, Buch V, Kapitel 8, 1132 b 20.

47 *Aristoteles*, Nikomachische Ethik, Buch V, Kapitel 8, 1132 b 30.

48 *Koch*, Grundsatz 41.

49 *Emmerisch-Fritsche*, Verhältnismäßigkeit 51.

50 *Wieacker*, Wurzeln 876.

jeden das zuzuteilen, was er nach *„Status, Leistung, Verdienst oder Schuld“* verdiente, wobei dies mit den *„richtigen Proportionen von Rechten und Lasten, Unrecht und Schadenausgleich“* einhergehen sollte.[51] Es ging folglich um die Wahrung der richtigen Proportion, wenn öffentliche Ämter zu besetzen oder öffentliche Gelder zu verteilen waren.[52] Somit trägt die *iustitia distributiva* das Postulat der Verhältnismäßigkeit in sich, beinhaltet darüber hinaus aber auch den Gleichheitsgrundsatz, nach welchem an gleiche Sachverhalte ohne Ansehen der Person die gleichen Folgen zu knüpfen sind.[53] Dies ergibt sich aus der Überlegung, dass wenn alle das gemäß ihrer Leistung Angemessene bekommen, all jene, welche die gleiche Leistung erbringen auch das Gleiche bekommen. Durch die Erweiterung des Anwendungsbereiches der Verhältnisgerechtigkeit nahm *Aristoteles* bereits die Entwicklung des Verhältnismäßigkeitsgrundsatzes zu einem übergreifenden – nicht auf das Strafrecht beschränkten – Rechtsgrundsatz vorweg.[54]

Das rechte Maß ist für *Aristoteles* jedoch nicht nur für die Frage nach Gerechtigkeit von Belang, sondern auch bei der Beurteilung, ob Handeln tugendhaft ist. Weder ein Übermaß an Zuversicht noch ein Übermaß an Furcht bedeutet, dass ein Mensch tugendhaft handelt, da er im ersten Fall tollkühn und im zweiten Fall feige handelt. Tugendhaft ist der Mutige, weil er das rechte Maß zwischen Tollkühnheit und Feigheit findet.[55]

In der griechischen Philosophie wurde bei der Bestimmung der richtigen Proportion bereits zwischen der „arithmetischen“ und der „geometrischen“ Proportion unterschieden: Die erstgenannte kann mittels einer einfachen Gleichung ersten Grades ausgedrückt werden, während zweitgenannte eine zumindest quadratische Gleichung erfordert. Die schlichte Tauschgerechtigkeit (*iustitia commutativa*) wird durch eine arithmetische Proportion beschrieben und ist die Grundlage für das Äquivalenzprinzip, welches die Vertragsautonomie bis heute begrenzt.[56] Die Frage nach der geometrischen Proportion stellt sich in der Leistungs- und Eingriffsverwaltung, bspw bei der progressiven Staffelung von Steuersätzen, Ermäßigungen oder Subventionen, und stellt den Kernanwendungsbereich des Verhältnismäßigkeitsgrundsatzes dar.[57]

Der Grundsatz findet in diesem Zusammenhang seine Rechtfertigung darin, dass eine jeweils bestimmbare Proportion zwischen Sachverhalt und Rechtsfolge

---

51 *Wieacker*, Wurzeln 877.
52 *Aristoteles*, Nikomachische Ethik, Buch V, Kapitel 6, 1131 a; vgl hierzu *Koch*, Grundsatz 41.
53 *Wieacker*, Wurzeln 877.
54 *Koch*, Grundsatz 41.
55 *Aristoteles*, Nikomachische Ethik, Buch III, Kapitel 10, 1115 b u 1116 a.
56 *Wieacker*, Wurzeln 877.
57 *Wieacker*, Wurzeln 877.

durch den Gleichheitsgrundsatz geboten ist, welcher durch das Wesen jeder Rechtsnorm als allgemeine Regel begründet ist.[58] Diesen Zusammenhang zwischen Gleichheit und Verhältnismäßigkeit erkannte bereits *Aristoteles*: *„Da aber das Gleiche ein Mittleres ist, so ist also auch das Recht ein Mittleres.“*[59]

II.C.2. Verhältnismäßigkeit in der römischen Philosophie und Staatskunde

Auch in der römischen Philosophie finden sich Gedanken, welche der *iustitia vindicativa* zugeordnet werden können. Nach *Cicero* (um 100 v. Chr.) müssen *„Vergeltung und Strafe [...] ihre Grenzen [haben]“*[60] und ein Krieg kann nur als gerecht eingestuft werden, wenn er auf den Ausgleich des erlittenen Schadens gerichtet ist.[61] Eindeutiger ist die Forderung nach Verhältnismäßigkeit in den Digesten des *Justinian* (um 500 n. Chr.), wonach die Anwendung von Gewalt grundsätzlich verboten ist, es sei denn sie ist gegen einen Aggressor gerichtet und geht nicht über das für Zwecke der Selbstverteidigung notwendige Maß hinaus.[62] Die *iustitia distributiva* findet sich ebenfalls nicht nur in *Ciceros* Werk,[63] sondern darüber hinaus auch in den Digesten des *Justinian*, indem dort die Gebote des Rechts wie folgt beschrieben werden: *„Ehrenhaft leben, niemanden verletzen, jedem das Seine gewähren.“*[64]

Neben den beiden genannten – auf Gerechtigkeitsüberlegungen basierenden – Hauptquellen des Verhältnismäßigkeitsgrundsatzes stellt die Idee von der des Rechts die dritte Hauptquelle dar. Nach *Wieacker* sei die Vorstellung, dass Recht nützlich sein müsse und folglich menschlichen Zwecken zu dienen habe, die *„mächtigste Wurzel des heutigen Verhältnismäßigkeitsgrundsatzes.“*[65] Das Zweckdenken im Recht war schon im antiken Griechenland bekannt und wurde von römischen Juristen weiterentwickelt.[66] Nach *Ulpian* diene das Privatrecht dem Nutzen der Bürger.[67] In der Zeit *Ulpians* wurde auch bereits gefordert, dass gesetzliche und administrative Eingriffe des Herrschers durch die *utilitas publica*

---

58 *Wieacker*, Wurzeln 877.

59 *Aristoteles*, Nikomachische Ethik, Buch V, Kapitel 6, 1131 a 10.

60 *Cicero*, De officiis, Buch I, 34.

61 *Cicero*, De officiis, Buch I, 36.

62 Digesten 43,16,3.

63 *Cicero*, De officiis, Buch I, 15.

64 Digesten 1,1,10 (zitiert nach Behrends/Knütel/Kupisch/Seiler [Hrsg.], Corpus Iuris Civilis, Band II: Digesten 1-10 [1995] 94).

65 *Wieacker*, Wurzeln 878.

66 *Emmerisch-Fritsche*, Grundsatz 55.

67 Digesten 1,1,1 (zitiert nach Behrends/Knütel/Kupisch/Seiler [Hrsg.], Corpus, Bd II, 91): *„publicum ius est quod ad statum rei Romanae spectat, privatum quod ad singulorum utilitatem.“*

legitimiert sein müssten.[68] Damit wird bereits das Überwiegen des Gemeinwohls angesprochen, welches nach modernem Verständnis erforderlich ist, um Eingriffe in die Rechte des Einzelnen im Zuge der Prüfung der Verhältnismäßigkeit ieS rechtfertigen zu können.[69] Die Zweckbestimmung des Rechts hat zur Folge, dass es das jeweils dienliche Mittel zur Erreichung eines bestimmten Ziels sein und in einem quantifizierbaren Zweck-Mittel-Verhältnis zum angestrebten Ziel stehen muss.[70]

II.C.3. Zwischenergebnis

Erste Ansätze des Grundsatzes der Verhältnismäßigkeit finden sich bereits in den Talionsgeboten des Kodex Hammurabi und des Alten Testaments. Diese wurden in der griechischen und römischen Philosophie weiterentwickelt und darüber hinaus wurde ihr Anwendungsbereich unter anderem auf die Frage nach dem gerechten Krieg ausgeweitet (*iustitia vindicativa*). Abgesehen davon begann sich die Idee der richtigen Proportion – durch *Aristoteles* maßgeblich beeinflusst – auch auf dem Gebiet der Verteilungsgerechtigkeit, etwa bei der Vergabe öffentlicher Ämter, auszubreiten (*iustitia distributiva*). Schließlich begünstigte auch die Vorstellung, dass das Recht nützlich sein und folglich in einer Zweck-Mittel-Relation stehen müsse, die Entwicklung der Verhältnismäßigkeitsidee.

Es wurde dargelegt, dass der Grundsatz der Verhältnismäßigkeit nicht in einem bestimmten Staat entwickelt wurde, sondern seine Wurzeln in den philosophischen Schriften und Rechtsordnungen der Antike hat, welche die Entwicklung der modernen europäischen Rechtssysteme maßgeblich beeinflusst haben.[71] Die Idee der Verhältnismäßigkeit kann somit als *„ein Erbe europäischer Rechtskultur“*[72] bezeichnet werden.

II.D. Der Einfluss der Aufklärung und des Liberalismus

II.D.1. Verhältnismäßigkeit von Strafen

Bis in die Neuzeit war der Gedanke der *iustitia vindicativa*, wonach Art und Umfang von Strafen in einem angemessenen Verhältnis zu dem begangenen Verbrechen stehen müssen, in den europäischen Rechtsordnungen der einzige maßgebliche Hinweis auf den Gedanken der Verhältnismäßigkeit. In diesem Zusammenhang sei exemplarisch auf eine Bestimmung der *Magna Charta Li-*

---

68 *Wieacker*, Wurzeln 878.

69 Vgl *Emmerisch-Fritsche*, Verhältnismäßigkeit 55.

70 *Wieacker*, Wurzeln 878.

71 Vgl auch *Koch*, Grundsatz 42 f.

72 *Emmerisch-Fritsche*, Grundsatz 49.

bertatum (1215) verwiesen: *„Ein freier Mann soll für ein geringes Vergehen nicht mit einer Geldstrafe belegt werden, es sei denn entsprechend dem Grade seines Vergehens [...].“*[73] Das Verbot von übermäßigen Strafen findet sich auch in der *Bill of Rights* (1689).[74]

Obwohl Grundrechtskataloge ab dem 18. Jahrhundert Eingang in einige „junge“ Verfassungstexte fanden,[75] blieb der Gedanke der Verhältnismäßigkeit anfangs auf die Verhinderung von übermäßigen Strafen beschränkt.[76] Ebenso findet sich in den Schriften der bedeutenden Rechtsphilosophen *Montesquieu* (1689-1755) und *Beccaria* (1738-1794) lediglich die Forderung nach verhältnismäßigen Strafen,[77] wobei letzterer mit seinem Werk *„Von den Verbrechen und von den Strafen“* entscheidend zum Durchbruch der Verhältnismäßigkeit im Strafrecht beitrug.[78]

II.D.2. Verhältnismäßigkeit zur Abgrenzung eines bürgerlichen Freiheitsbereiches

Nach der Lehre *Rousseaus* (1712-1778) ist die jedem Menschen angeborene Freiheit im Naturzustand bedroht.[79] Daher ordnen sich alle Menschen freiwillig einem Vertrag – dem sogenannten Gesellschaftsvertrag – unter, damit eine menschliche Gemeinschaft entsteht, da diese gegenüber dem Menschen im Naturzustand Vorteile bringe.[80] Als Bestandteil der menschlichen Gemeinschaft verliere der Einzelne zwar seine natürliche Freiheit, weil er seine Rechte an diese Gemeinschaft abtreten müsse[81] und Dienste für sie zu leisten habe.[82] Dafür erhalte er im Gegenzug aber die bürgerliche Freiheit.[83] Allerdings dürfen die Ver-

---

73 Zitiert nach *Kimmel/Kimmel*, Verfassungen der EU-Mitgliedstaaten[6] (2005) 893.

74 Vgl *Kimmel/Kimmel*, Verfassungen 902: *„[...] daß weder übermäßige Bürgschaftsleistungen gefordert noch übermäßige Geldstrafen noch grausame und ungewöhnliche Strafen auferlegt werden sollten [...].“*

75 Vgl etwa die *Declaration of Rights of Virginia* (1776) oder die *Déclaration des Droits de l'Homme et du Citoyen* (Erklärung der Menschen- und Bürgerrechte von 1789).

76 Vgl auch *Koch*, Grundsatz 43 f unter Verweis auf Art 8 der Erklärung der Menschen- und Bürgerrechte.

77 *Montesquieu*, Vom Geist der Gesetze, Buch VI, Kapitel 16; *Beccaria*, Über Verbrechen und Strafen, 68: *„Es muß also ein bestimmtes Verhältnis zwischen Verbrechen und Strafe bestehen.“*

78 *Koch*, Grundsatz 44.

79 *Rousseau*, Vom Gesellschaftsvertrag oder Grundsätze des Staatsrechts, Buch I, Kapitel 1.

80 *Rousseau*, Gesellschaftsvertrag, Buch I, Kapitel 6.

81 *Rousseau*, Gesellschaftsvertrag, Buch I, Kapitel 6.

82 *Rousseau*, Gesellschaftsvertrag, Buch II, Kapitel 4,

83 *Rousseau*, Gesellschaftsvertrag, Buch I, Kapitel 8: *„Was der Mensch durch den Gesellschaftsvertrag verliert, ist seine natürliche Freiheit und ein unbegrenztes Recht auf alles, wo-*

pflichtungen des Einzelnen nur so weit gehen, wie es für die Allgemeinheit nützlich sei.[84] Somit hob *Rousseau* den Gedanken der Verhältnismäßigkeit in Form des Aspekts der Notwendigkeit auf eine neue – nicht auf das Strafrecht beschränkte – Ebene, da er seinen Nutzen in der Abgrenzung des Freiheitsbereiches des Individuums gegenüber dem Souverän sieht.[85]

Der englische Jurist *Blackstone* (1723-1780) präzisierte das Verhältnis von natürlicher und bürgerlicher Freiheit unter Bezugnahme auf Verhältnismäßigkeitsüberlegungen: *"Political [...] or civil liberty [...] is no other than natural liberty so far restrained by human laws (and no farther) as is necessary and expedient for the general advantage of the publick."*[86] Aus dieser Aussage geht hervor, dass die natürliche Freiheit des Einzelnen nur insoweit beschränkt werden soll, als es für die Allgemeinheit nützlich ist. Die beiden Teilgrundsätze der Eignung (*"expedient"*) und Notwendigkeit (*"necessary"*) sind bereits deutlich erkennbar.[87]

Nach *Kant* (1724-1804) ist die Freiheit das einzige dem Menschen angeborene Recht, sofern sie mit der Freiheit aller anderen Menschen nach einem allgemeinen Gesetz existieren kann.[88] Darauf aufbauend wird während der Aufklärung folgerichtig der Zweck von gesetzlichen Handlungsbeschränkungen des Einzelnen in der Bewahrung der Freiheit der anderen erblickt.[89] Dieser Gedanke kommt auch explizit in der französischen Erklärung der Menschen- und Bürgerrechte zum Ausdruck.[90] In diesem Zusammenhang ermöglicht der Grundsatz der Verhältnismäßigkeit Freiheit innerhalb einer Gemeinschaft.[91] Darüber hinaus kann er nach Ansicht von *Emmerich-Fritsche* als Anwendungsfall des kategorischen Imperativs gesehen werden,[92] dem zufolge man nur nach derjenigen Ma-

---

nach ihn gelüstet und was er erreichen kann; was er erhält, ist die bürgerliche Freiheit und das Eigentum an allem, was er besitzt."

84 *Rousseau*, Gesellschaftsvertrag, Buch II, Kapitel 4: *„Alle Dienste, die ein Bürger dem Staat leisten kann, muß er ihm leisten, sobald der Souverän es verlangt; der Souverän kann aber von sich aus die Untertanen nicht mit einer für die Gemeinschaft unnötigen Kette belasten [...]."*

85 *Koch*, Grundsatz 44.

86 *Blackstone*, Commentaries on the Laws of England (1766), Buch 1, Kapitel 1, 125.

87 *Koch*, Grundsatz 44 f.

88 *Kant*, Die Metaphysik der Sitten, Werkausgabe Band VIII, 345.

89 *Kriele*, Freiheit und Gleichheit, in: Benda/Maihofer/Vogel (Hrsg.), Handbuch des Verfassungsrechts der Bundesrepublik Deutschland (1983) 129 (140).

90 Art 4 der Erklärung der Menschen- und Bürgerrechte (zitiert nach *Kimmel/Kimmel*, Verfassungen 192): *„Die Freiheit besteht darin, alles tun zu dürfen, was einem anderen nicht schadet: die Ausübung der natürlichen Rechte jedes Menschen hat also nur die Grenzen, die den anderen Mitgliedern der Gesellschaft den Genuß der gleichen Rechte sichert [...]."*

91 *Emmerich-Fritsche*, Grundsatz 58.

92 *Emmerich-Fritsche*, Grundsatz 58.

xime handeln soll, durch die man zugleich wollen kann, dass sie zu einem allgemeine Gesetz werde.[93]

Neben der Betonung der Freiheit stellt auch die Betonung der Vernunft während der Aufklärung einen wichtigen Einflussfaktor für die Entwicklung des Verhältnismäßigkeitsdenkens dar. Vernunftgeleitetes Handeln basiert wesentlich auf dem Denken in Ursache und Wirkung und damit auf der Frage, mit welchem Mittel ein bestimmter Zweck erreicht werden kann.[94] Diesen Zweck erblickt *Bentham* (1748-1832), als Begründer des Utilitarismus, in der allgemeinen Nützlichkeit der Gesetzgebung.[95] Vernünftig ist in seinen Augen folglich jene Gesetzgebung, welche den Mitgliedern der Gesellschaft den größtmöglichen Nutzen bringt.

In eine ähnliche Richtung argumentiert der deutsche Rechtsgelehrte *Ihering* (1818-1892), dem zufolge der Zweck des Rechts im Schutz menschlicher Interessen liege. Aus dem Zweckcharakter des Rechts folge logisch konsequent die Frage, mit welchen Mitteln das Recht seinen Zweck erreichen will.[96] Aus der Bindung des rechtssetzenden Staates an bestimmte der Gemeinschaft dienliche Zwecke (Bindung an das Gemeinwohl) ergibt sich auch notwendigerweise die Limitierung des staatlichen Handelns durch seine Zweckmäßigkeit.[97] Diese Gedanken waren zumindest in Ansätzen bereits in den griechischen und römischen Rechtslehren bekannt.[98]

Zweckentsprechendes Handeln allein ist jedoch nicht jedenfalls gerecht. Ebenso wenig kann die bedeutende individualrechtsschützende Komponente des Verhältnismäßigkeitsgrundsatzes durch bloß zweckentsprechendes Handeln sichergestellt werden. Denn unter dem „Deckmantel“ des überwiegenden öffentlichen Interesses an einer Einschränkung der individuellen Freiheit kann bei deren ausschließlicher Beurteilung anhand der Zweckrationalität jegliche Einschränkung als „gerecht“ eingestuft werden.[99]

II.D.3. Zwischenergebnis

Der Gedanke der Verhältnismäßigkeit hatte auch in der Zeit des Liberalismus und der Aufklärung vordringlich zur Begrenzung von Strafen greifbare rechtli-

---

93 *Kant*, Kritik der praktischen Vernunft: Grundlegung zur Metaphysik der Sitten, Werkausgabe Band VII, 51.

94 *Emmerich-Fritsche*, Grundsatz 54.

95 *Bentham*, Prinzipien der Gesetzgebung (1833) 1.

96 *von Ihering*, Der Kampf ums Recht (1872).

97 *Schwarze*, Verwaltungsrecht^2 663; *Wieacker*, Geschichtliche Wurzeln 879 f.

98 Siehe Kapitel II.C oben.

99 Vgl zu alledem *Wieacker*, Geschichtliche Wurzeln 880.

che Relevanz. Für den Individualrechtsschutz trat er noch nicht in Erscheinung, obwohl in dieser Epoche der Nährboden für diese Funktion bereitet wurde. Für die Entwicklung des Verhältnismäßigkeitsdenkens spielen die Begriffe der Freiheit und der Vernunft eine entscheidende Rolle.

Da die bürgerliche Freiheit im Gegensatz zur natürlichen Freiheit nicht absolut ist, steht es dem Staat zu, den Bürgern gewisse Pflichten aufzuerlegen und somit ihre Freiheit zu beschränken. Damit die Beschränkungen der Freiheit nicht zu einem vollständigen Entzug der Freiheit führen, sind sie nur zulässig, sofern sie für das Allgemeininteresse nützlich sind. Wenngleich dieser Gedanke das dogmatische Fundament für das Erfordernis der strikten Gemeinwohlbindung und der Verhältnismäßigkeit von Grundrechtseingriffen darstellt, spielte er ungeachtet der teilweisen Kodifikation von Grundrechten in der rechtlichen Praxis noch keine Rolle.

Die Betonung der Vernunft führte zu einer stärkeren Hervorhebung der – für den heutigen Verhältnismäßigkeitsgrundsatz charakteristischen – Zweck-Mittel-Relation, da vernunftgeleitetes Handeln dem Denken in Ursache und Wirkung entspringt. Aus der Überlegung, dass das Recht einen Zweck habe und dieser im Schutz menschlicher Interesse liege, ergibt sich die Beschränkung der Rechtssetzung auf das hierfür Zweckmäßige.

II.E. Die Fortentwicklung in ausgewählten Ländern

II.E.1. Deutschland

II.E.1.a. Vorbemerkung

Obwohl die bürgerlichen Freiheiten in Deutschland erst später als in Frankreich oder England ihren Weg in die Verfassung fanden, trug die deutsche Verwaltungsrechtslehre entscheidend zur Entwicklung des Verhältnismäßigkeitsgrundsatzes bei.[100] So geht auch die hL davon aus, dass der Ausgangspunkt des Grundsatzes als selbständiges Rechtsprinzip im Deutschland des 19. Jahrhunderts verortet ist.[101] Die Überlegungen von *Blackstone* und *Rousseau*, wonach Einschränkungen der individuellen Freiheit geeignet und erforderlich zur Förderung des Gemeinwohls sein müssten, wurden in der deutschen Lehre aufgegrif-

---

100 *Koch*, Grundsatz 45.

101 Vgl etwa *Tridimas*, 31 Irish Jurist 1996, 83; *Emmerisch-Fritsche*, Grundsatz 58; *Pollak*, Verhältnismäßigkeitsprinzip 122; weitere Nachweise bei *Koch*, Grundsatz 45.

fen, verfeinert und in weiterer Folge vom Gesetzgeber in bestimmten Bereichen kodifiziert.[102]

Erste Ansätze des Grundsatzes finden sich in wissenschaftlichen Abhandlungen zum Polizeirecht, wobei man zu dieser Zeit unter diesem Begriff das gesamte Verwaltungsrecht verstand.[103] In seinem Werk „Die Natur und das Wesen der Staaten" hob *von Justi* (1717-1771) die Bedeutung der individuellen Freiheit hervor und forderte, dass polizeiliches Handeln einen – dem Gemeinwohl dienenden – Zweck verfolgt und hierfür tatsächlich tauglich ist.[104] Mit der Forderung nach der Eignung unterscheidet er sich von den anderen Autoren dieser Epoche, welche nur den richtigen Zweck polizeilichen Handelns im Blick hatten.[105] Allerdings sprach er die Kompetenz zur Beurteilung der Eignung dem Fürsten zu, weshalb dieses Erfordernis nicht zu einer tatsächlichen Beschränkung der polizeilichen Befugnisse führte.[106]

Weit bedeutender für die Entwicklung des Verhältnismäßigkeitsgrundsatzes waren die „Vorträge über Recht und Staat" von *Svarez* (1746-1798) vor dem preußischen Kronprinzen. *Svarez* forderte in Form des ersten Grundsatzes des öffentlichen Staatsrechts, wonach *„der Staat die Freiheit der einzelnen nur so weit einzuschränken berechtigt sei, als es notwendig ist, damit die Freiheit und Sicherheit aller bestehen könne"*, die Erforderlichkeit als zwingende Voraussetzung für das Einschreiten der Polizei.[107] Darüber hinaus schlug er vor, dass der Schaden, der durch die polizeiliche Tätigkeit verhindert werden sollte, die mit ihr verbundenen Nachteile für den Einzelnen zu überschreiten habe.[108] Mit seiner zweiten Forderung legte *Svarez* somit das Fundament für jenen Teilschritt der Verhältnismäßigkeitsprüfung, welcher später unter dem Begriff der Angemessenheit (Verhältnismäßigkeit ieS) bekannt werden sollte.[109]

---

102 *Koch*, Grundsatz 45.

103 *Heinsohn*, Der öffentlichrechtliche Grundsatz der Verhältnismäßigkeit: Historische Ursprünge im deutschen Recht, Übernahme in das Recht der Europäischen Gemeinschaften sowie Entwicklung im französischen und englischen Recht (1997) 14.

104 *von Justi*, Die Natur und das Wesen der Staaten (1760) 61 ff.

105 *Heinsohn*, Grundsatz 16 mwN.

106 Näher hierzu vgl *Heinsohn*, Grundsatz 17.

107 *Conrad/Kleinheyer* (Hrsg.), Vorträge über Recht und Staat von Carl Gottlieb Svarez (1960) 486.

108 *Conrad/Kleinheyer* (Hrsg.), Vorträge 487: *„Ein zweiter Grundsatz des Polizeirechts ist: Der Schade, welcher durch die Einschränkung der Freiheit abgewendet werden soll, muß bei weitem erheblicher sein als der Nachteil, welchen das Ganze oder auch die einzelnen durch ein solche Einschränkung leiden."*

109 Vgl *Koch*, Grundsatz 45.

Svarez fungierte in weiterer Folge als ein Mitverfasser des Preußischen Allgemeinen Landrechts (ALR) von 1794[110] und sorgte dafür, dass ein Teil seiner Ansichten gesetzlich verankert wurde. So durfte die Polizei gemäß § 10 II 17 ALR nur *„die nöthigen Anstalten zur Erhaltung der öffentlichen Ruhe, Sicherheit und Ordnung und zur Abwendung der dem Publico oder einzelnen Mitgliedern desselben bevorstehenden Gefahr [...] treffen."* Die Kodifizierung dieses Grundsatzes wird in der Literatur als besonders bedeutend für die weitere Entwicklung des Verhältnismäßigkeitsgrundsatzes angesehen.[111] Nichtsdestotrotz war seine begrenzende Funktion noch schwach ausgeprägt, da die Freiheit des Individuums gegenüber dem Staat noch nicht ausreichend an Bedeutung gewonnen hatte und die Normen des ALR den Souverän in seinen Entscheidungen lediglich leiten sollten, ohne jedoch dessen Entscheidungen einer gerichtlichen Kontrolle zu unterwerfen.[112] Seine volle Bedeutung konnte § 10 II 17 ALR folglich erst mit der Einführung einer Verwaltungsgerichtsbarkeit in Deutschland in der zweiten Hälfte des 19. Jahrhunderts entfalten.[113] Erst ab diesem Zeitpunkt war es den Verwaltungsgerichten möglich, hoheitliche Maßnahmen unabhängig von der Verwaltung zu kontrollieren.[114]

Das Preußische Oberverwaltungsgericht (PrOVG) berief sich in weiterer Folge häufig auf diese Norm[115] und sorgte damit für die Anerkennung dieses Grundsatzes als allgemeines Rechtsprinzip des deutschen Verwaltungsrechts.[116] Besondere Erwähnung verdient in diesem Zusammenhang das „Kreuzbergerkenntnis" des PrOVG vom 14.6.1882:[117]

Eine VO der Polizei sah vor, dass im Umkreis des Berliner Kreuzbergs keine Gebäude errichtet werden dürfen, welche eine bestimmte Maximalhöhe überschreiten, um den Blick auf ein Denkmal nicht zu beeinträchtigen. Da eine Baugenehmigung auf Basis dieser VO verweigert wurde, hatte das PrOVG Gelegenheit zur Stellungnahme, ob der Zweck dieser Bestimmung vom Kompetenzbereich der Polizei gedeckt war. Da keine spezialgesetzliche Regelung existierte, untersuchte das Gericht, ob die allgemeine Regelung des § 10 II 17 ALR eine taugliche gesetzliche Grundlage für den Erlass der Bestimmung darstellte und verneinte im Ergebnis die Frage.

---

110 *Koch*, Grundsatz 46.
111 *Hirschberg*, Grundsatz 3; *Koch*, Grundsatz 46.
112 *Heinsohn*, Grundsatz 26.
113 *Hirschberg*, Grundsatz 3.
114 *Hirschberg*, Grundsatz 3.
115 Vgl etwa PrOVGE 13, 273 (278); 18, 336 (342); 31, 409 (410).
116 *Koch*, Grundsatz 47 mwN.
117 PrOVGE 9, 353; vgl hierzu auch *Emiliou*, The Principle of Proportionality in European Law (1996) 23.

Die Bedeutung des Erkenntnisses für den Verhältnismäßigkeitsgrundsatz fällt auf den ersten Blick nicht ins Auge. Sie ergibt sich aber aus der Zweckbeschränkung des polizeilichen Tätigwerdens, welche es dem Gericht erst ermöglicht, eine effektive Kontrolle der Zweck-Mittel-Relation vorzunehmen.[118] Denn eine Überprüfung dieser Relation ohne Beschränkung der legitimen Zwecke stößt definitionsgemäß an ihre Grenzen, da für ein bestimmtes Mittel stets ein Zweck gefunden werden kann, für dessen Erreichung es das notwendige (Mittel) darstellt.

Wenngleich die Rechtsprechung im 19. Jahrhundert in Bezug auf § 10 II 17 ALR noch nicht konsistent war,[119] wurde der Gedanke der Erforderlichkeit mit der Zeit in der Literatur rezipiert[120] und schließlich in das „Lehrbuch zum Deutschen Verwaltungsrecht" von *Mayer*[121] aufgenommen, der ihn als Prinzip der Verhältnismäßigkeit betitelte. In diesem Werk wird die geforderte Verhältnismäßigkeit von polizeilicher Gewalt mit naturrechtlichen Überlegungen begründet. Obwohl am Ende des 19. Jahrhunderts die deutsche Verfassung noch wenige liberale Staatsideen enthielt und ein im Verfassungsrang stehender Grundrechtskatalog noch nicht existent war, wurde ein naturrechtlicher Grundsatz als verbindliches Rechtsprinzip und als allgemeine Eingriffsschranke anerkannt.[122] Diese Entwicklung wurde durch die zunehmenden Befugnisse der Verwaltung und das zunehmende Ermessen der Verwaltungsbehörden, welche einer gerichtlichen Einschränkung bedurften, maßgeblich begünstigt.[123]

Bis zum Ende des 2. Weltkrieges war die Prüfung der Verhältnismäßigkeit ieS nicht Teil des Verhältnismäßigkeitsgrundsatzes.[124] Lediglich vereinzelt finden sich Literaturstimmen aus der Zeit der Weimarer Republik, wonach bei strafprozessualen Maßnahmen, wie etwa der Durchführung einer Festnahme oder der Verhängung der Untersuchungshaft, die Verhältnismäßigkeit ieS zu beachten wäre.[125]

Eine der Lehren aus der nationalsozialistischen Diktatur bestand in der Erkenntnis, dass unter Beachtung des Grundsatzes der Verhältnismäßigkeit – nach dem

---

118 *Heinsohn*, Grundsatz 40.

119 *Heinsohn*, Grundsatz 42 mwN aus der Judikatur des PrOVG.

120 *Hirschberg*, Grundsatz 3 mwN.

121 *Mayer*, Deutsches Verwaltungsrecht, Band I (1895) 267: *„Die naturrechtliche Grundlage erfordert die Verhältnismäßigkeit der Abwehr und bestimmt damit das Maß der polizeilichen Kraftentwicklung."*

122 *Koch*, Grundsatz 47.

123 *Tridimas*, Proportionality in Community Law, in: Ellis (Hrsg.), The Principle of Proportionality (1999) 65 (65).

124 *Emiliou*, Principle 24.

125 *Hirschberg*, Grundsatz 6 ff mwN.

zu dieser Zeit vorherrschenden Verständnis – jegliches Mittel als rechtlich zulässig qualifiziert werden kann, sofern es aus der Perspektive irgendeines Zwecks als das gelindeste zu betrachten ist. Aus diesem Grund konnte die Beschränkung des Verhältnismäßigkeitsgrundsatzes auf die Eignung und Erforderlichkeit des Mittels nicht länger aufrechterhalten werden.[126] Darüber hinaus stößt diese Form des Verhältnismäßigkeitsgrundsatzes an seine Grenzen, wenn die zu beurteilenden Zweck-Mittel-Konstellationen nicht mehr überschaubar sind, wie es in der Nachkriegszeit der Fall war.[127]

Besonders bedeutend für die weitere Entwicklung des Grundsatzes war das Tätigwerden des Gesetzgebers, welcher die Verhältnismäßigkeit ieS in polizeilichen Spezialgesetzen explizit normierte.[128] Das Hessische Gesetz über die Anwendung unmittelbaren Zwangs bei Ausübung öffentlicher Gewalt enthielt ab 1950 die Forderung nach Beachtung der Verhältnismäßigkeit ieS.[129] Auf Bundesebene wurde 1961, ebenfalls im Gesetz über die Anwendung unmittelbaren Zwangs, die Verhältnismäßigkeit ieS explizit festgeschrieben. Die maßgebliche Bestimmung enthielt schon eindeutige Hinweise auf die drei Teilelemente der Verhältnismäßigkeitsprüfung:

„Die Vollzugsbeamten haben bei der Anwendung unmittelbaren Zwanges unter mehreren möglichen und <u>geeigneten</u> Maßnahmen diejenigen zu treffen, die den einzelnen und die Allgemeinheit <u>am wenigsten beeinträchtigen.</u> Ein durch eine Maßnahme des unmittelbaren Zwanges zu erwartender Schaden darf <u>nicht erkennbar außer Verhältnis zu den beabsichtigten Erfolgen stehen.</u>“[130]

---

126 *Hirschberg*, Grundsatz 12.

127 Hierzu gibt *Hirschberg* das folgende illustrative Beispiel: Ein Hauseigentümer, dessen Haus durch die Verwaltungsbehörde beschlagnahmt werden soll, damit ein obdachloses Ehepaar eine Unterkunft hat, kann diesem Vorgehen entgegenhalten, dass auch die Beschlagnahme einzelner Zimmer ausreiche und somit nicht das mildeste Mittel gewählt werde. In einem Ort mit tausenden obdachlosen Flüchtlingen, kann der Hauseigentümer jedoch diese Argumentation nicht erfolgsversprechend einsetzen (*Hirschberg*, Grundsatz 12).

128 *Ress*, Grundsatz 12; *Hirschberg*, Grundsatz 12.

129 § 4 des Hessischen Gesetzes über die Anwendung unmittelbaren Zwangs bei Ausübung öffentlicher Gewalt vom 11.11.1950: *„Bei Anwendung unmittelbaren Zwangs ist nach Art und Maß das Mittel zu wählen, das den Betroffenen und die Allgemeinheit am wenigsten beeinträchtigt und nicht in offenbarem Mißverhältnis zu den Folgen seines Verhaltens steht.“* Auch § 2 Abs 2 des Rheinland-Pfälzischen Polizeiverwaltungsgesetzes enthielt ab 1954 das Teilelement der Verhältnismäßigkeit ieS: *„Eine Maßnahme darf nicht zu einem Nachteile führen, der zu dem erstrebten Erfolg erkennbar außer Verhältnis steht.“*

130 § 4 Abs 1 des Gesetzes über den unmittelbaren Zwang bei Ausübung öffentlicher Gewalt durch Vollzugsbeamte des Bundes vom 10.3.1961.

II.E.1.b. Anerkennung als allgemeines Rechtsprinzip

Ab den 1950er Jahren erfuhr der Grundsatz der Verhältnismäßigkeit nicht nur eine inhaltliche Erweiterung um das Teilelement der Verhältnismäßigkeit ieS, sondern auch eine Ausweitung seines Anwendungsbereiches. So forderte in der Literatur vor allem *von Krauss*, dass auch der Gesetzgeber an den Grundsatz gebunden sein sollte.[131] Bereits im vierten Jahr seines Bestehens prüfte das BVerfG in einem Erkenntnis aus dem Jahre 1954 mit dem Landeswahlgesetz Nordrhein-Westfalens zum ersten Mal ein Gesetz am Maßstab des Grundsatzes der Verhältnismäßigkeit:[132]

„Die Voraussetzung, die der Gesetzgeber [...] aufstellt, ist ein geeignetes Mittel, diesem Zweck zu dienen. Sie überschreitet auch nicht die Grenzen, die durch den Grundsatz der Verhältnismäßigkeit zwischen Zweck und Mittel gezogen sind."[133]

Bestätigt wurde der Verhältnismäßigkeitsgrundsatz als Schranke der Legislative (und mit ihm das Erfordernis einer Abwägung) im bekannten „Apothekenurteil",[134] in welchem das BVerfG die Verfassungsmäßigkeit eines Landesapothekengesetzes, das die Voraussetzungen für die Bewilligung des Betriebs von Apotheken regelte, zu beurteilen hatte. Das BVerfG hielt fest, dass gesetzliche Beschränkungen der Berufsfreiheit, insbesondere jene, welche den Zugang zu einem bestimmten Beruf betreffen, dem Grundsatz der Verhältnismäßigkeit genügen müssen, um als verfassungskonform beurteilt werden zu können.[135] Von diesem Urteil ausgehend wurde der Grundsatz vom BVerfG immer häufiger herangezogen, wenn es die Verfassungsmäßigkeit legislativer Akte zu beurteilen hatte.[136]

Neben der Rechtsprechung des BVerfG[137] hat auch die Betonung subjektiver Rechte im öffentlichen Recht entscheidend zum Aufstieg des Grundsatzes beigetragen. Denn die Anerkennung subjektiver Rechte bedingt die Notwendigkeit

---

131 *von Krauss*, Der Grundsatz der Verhältnismäßigkeit in seiner Bedeutung für die Notwendigkeit des Mittels im Verwaltungsrecht (1955) 42 ff; weitere Nachweise bei *Koch*, Grundsatz 50 (Fn 8); aA *Pohl*, Ist der Gesetzgeber bei Eingriffen in die Grundrechte an den Grundsatz der Verhältnismäßigkeit gebunden? (1959) 119.

132 *Heinsohn*, Grundsatz 69; *Koch*, Grundsatz 50.

133 BVerfGE 3, 383 (399).

134 BVerfGE 7, 377; vgl auch *Sweet/Mathews*, Proportionality Balancing and Global Constitutionalism, 47 CJTL 2008-2009, 72 (107 f).

135 BVerfGE 7, 377 (409 ff).

136 *Emiliou*, Principle 24 f.

137 Vgl hierzu prägnant *Schlink*, Der Grundsatz der Verhältnismäßigkeit, in: Badura/Dreier (Hrsg.), FS 50 Jahre Bundesverfassungsgericht, Band 2 (2001) 445 (445): *„Der Grundsatz verdankt seine Karriere dem Bundesverfassungsgericht."*

eines Instrumentariums, welches das öffentliche Interesse einerseits und die subjektiven Rechte andererseits zum Ausgleich bringt.[138]

II.E.1.c. Ergebnis

Der im GG nicht erwähnte Grundsatz der Verhältnismäßigkeit wurde von Lehre und Rechtsprechung entwickelt. Er ist heute unstrittig als allgemeines Rechtsprinzip anerkannt und das wichtigste Instrumentarium mit dem das BVerfG Gesetzgebung, Verwaltung und Rechtsprechung kontrolliert.[139] In den Worten des BVerfG sind er und das Übermaßverbot *„übergreifende Leitregeln allen staatlichen Handelns."*[140] Seine Bedeutung beschränkt sich somit nicht auf den Bereich des öffentlichen Rechts, sondern erstreckt sich unter anderem auch auf das Strafrecht,[141] das Strafprozessrecht,[142] das Zivilrecht[143] sowie das Arbeitsrecht.[144]

II.E.2. Österreich

II.E.2.a. Vorbemerkung

Im Vergleich zu Deutschland entwickelte sich der Verhältnismäßigkeitsgrundsatz in Österreich langsamer. Er begann erst in den 1980er Jahren eine bedeutendere Rolle im öffentlichen Recht einzunehmen,[145] obwohl schon ein Erkenntnis des VwGH aus dem Jahr 1907 ihm zuordenbare Erwägungen enthält[146] und er im Verwaltungsvollstreckungs- und Polizeirecht[147] zumindest in Form von Erforder-

---

138 *Koch*, Grundsatz 49.

139 Vgl etwa *Saurer*, Die Globalisierung des Verhältnismäßigkeitsgrundsatzes, Der Staat 2012, 3 (5); *Schlink*, Grundsatz 445.

140 BVerfGE 38, 348 (368).

141 Vgl etwa § 34 dStGB.

142 Vgl etwa BVerfGE 100, 313 (388 ff).

143 *Stürner*, Der Grundsatz der Verhältnismäßigkeit im Schuldvertragsrecht (2010); siehe auch die Nachweise bei *Kähler*, Raum für Maßlosigkeit: Zu den Grenzen des Verhältnismäßigkeitsgrundsatzes im Privatrecht, in: Jestaedt/Lepsius (Hrsg.), Verhältnismäßigkeit (2015) 210 (Fn 16).

144 Vgl *Kreuz*, Der Grundsatz der Verhältnismäßigkeit im Arbeitskampfrecht (1988).

145 *Koch*, Grundsatz 97.

146 VwSlg 5217A/1907: *„Dieser Charakter der betreffenden [sanitätspolizeilichen] Verfügung einerseits und die staatsgrundgesetzlich gewährleistete [...] Unantastbarkeit des Privateigentums andererseits bringen es mit sich, daß in allen Fällen, wo die polizeiliche Maßregel einen Eingriff in die Privatrechtsphäre des einzelnen erheischt, die Behörde nicht weitergehen darf, als es das geschützte öffentliche Interesse unbedingt erfordert, oder als es das Gesetz selbst gestattet."*

147 *Novak*, Verhältnismäßigkeit und Grundrechtsschutz, in: Raschauer (Hrsg.), Beiträge zum Verfassungs- und Wirtschaftsrecht (1989) 39 (42).

lichkeitsgeboten kodifiziert war. In diesem Zusammenhang kann beispielhaft auf § 2 Abs 1 VVG verwiesen werden:[148]

„Bei Handhabung der in diesem Gesetz geregelten Zwangsbefugnisse haben die Vollstreckungsbehörden an dem Grundsatz festzuhalten, daß jeweils das gelindeste noch zum Ziele führende Zwangsmittel anzuwenden ist.“[149]

Die Darstellung des Aufstiegs des Verhältnismäßigkeitsgrundsatzes in der Grundrechtsjudikatur des VfGH setzt eine Auseinandersetzung mit der österreichischen Grundrechtsdogmatik voraus: Die Grundrechte sind nicht in einem in sich geschlossenen Verfassungstext, sondern in verschiedenen Bundesverfassungsgesetzen und einzelnen im Verfassungsrang stehenden Bestimmungen in einfachen Gesetzen normiert.[150] Der Großteil der Grundrechte ist im StGG vom 21. Dezember 1867 und in der EMRK kodifiziert,[151] wobei letztgenannte seit dem Tag ihres Inkrafttretens für Österreich am 3. September 1958 im Verfassungsrang steht.[152] Die Grundrechtsverbürgungen dieser beiden Verfassungsgesetze überschneiden sich zum Teil,[153] unterscheiden sich jedoch entscheidend in den Voraussetzungen für einen zulässigen Grundrechtseingriff. Während der Wortlaut der Mehrzahl der Grundrechtsgarantien des StGG Eingriffe bereits zulässt, wenn sie gesetzlich vorgesehen sind („formeller Gesetzesvorbehalt“),[154] fordert die EMRK neben einer gesetzlichen Grundlage auch die Verfolgung eines legitimen Ziels und die Beachtung des Grundsatzes der Verhältnismäßigkeit („materieller Gesetzesvorbehalt“).[155] Aus der Perspektive des Jahres 1867

---

148 Ein anderes Beispiel ist Art II § 4 Abs 2 V-ÜG 1929, wonach Behörden der Sicherheitspolizei *„zum Schutz der gefährdeten körperlichen Sicherheit von Menschen oder des Eigentums [...] die zur Abwendung der Gefahr erforderlichen Anordnungen treffen [...]“* (Hervorhebung durch den Autor).

149 § 2 Abs 1 VVG idF BGBl 172/1950 (Hervorhebung durch den Autor).

150 Siehe hierzu im Detail *Ermacora*, Grundriß der Menschenrechte in Österreich (1988) Rz 19 f.

151 Vgl etwa *Ermacora*, Das Verhältnismäßigkeitsprinzip im österreichischen Recht sowie aus der Sicht der Europäischen Menschenrechtskonvention, in: Deutsche Sektion der Internationalen Juristen-Kommission (Hrsg.), Der Grundsatz der Verhältnismäßigkeit in europäischen Rechtsordnungen (1985) 67 (71).

152 VfSlg 4706/1964; 5100/1965.

153 Vgl etwa Art 5 StGG und Art 1 1. ZPEMRK; Art 13 StGG und Art 10 EMRK oder Art 14 StGG und Art 9 EMRK.

154 Vgl etwa Art 5 StGG: *„Eine Enteignung gegen den Willen des Eigenthümers kann nur in den Fällen und in der Art eintreten, welche das Gesetz bestimmt.“* Vgl auch Art 6 Abs 1 StGG: *„Jeder Staatsbürger kann [...] unter den gesetzlichen Bedingungen jeden Erwerbszweig ausüben.“*

155 Vgl etwa Art 9 Abs 2 EMRK: *„Die Religions- und Bekenntnisfreiheit darf nicht Gegenstand anderer als vom Gesetz vorgesehener Beschränkungen sein, die in einer demokratischen Gesellschaft notwendige Maßnahmen im Interesse der öffentlichen Sicherheit, der öffentlichen Ordnung, Gesundheit und Moral oder für den Schutz der Rechte und Freiheiten anderer sind.“*

war es ausreichend, Eingriffe in die Garantien des StGG nur vom Bestehen einer gesetzlichen Grundlage abhängig zu machen, da die parlamentarische Gesetzgebung im Zusammenwirken mit der Einführung des Wahlrechts als für den Schutz der bürgerlichen Freiheit ausreichend empfunden wurde.[156] An dem Verständnis, wonach die *„freiheitssichernde Kraft des Gesetzes"* allen Bürgern ein ausreichendes Maß an Freiheit gewährleistet, konnte jedoch im 20. Jahrhundert nicht mehr festgehalten werden, da ein zunehmendes Bewusstsein für den Schutz der politischen Minderheit entstand.[157]

II.E.2.b. Anerkennung als allgemeines Rechtsprinzip

Mit Inkrafttreten des Legalitätsprinzips am 10.11.1920,[158] wonach die gesamte Verwaltung nur auf Grund der Gesetze ausgeübt werden darf, verloren die formellen Gesetzesvorbehalte des StGG ihre eigenständige Funktion, da fortan jegliche Verwaltungsmaßnahme eine gesetzliche Grundlage benötigte.[159] Zeitgleich wurde dem VfGH die Kompetenz zur Prüfung der Verfassungsmäßigkeit von Gesetzen eingeräumt[160] und somit auch die Bindung des Gesetzgebers an Grundrechte normiert. Dies hatte zur Folge, dass der VfGH auch der Einschränkungsmöglichkeit von Grundrechten unter formellem Gesetzesvorbehalt inhaltliche Grenzen setzte.[161]

Zu diesem Zweck zog der VfGH in einem Erkenntnis aus dem Jahr 1956 zum ersten Mal die im österreichischen Recht nicht kodifizierte Wesensgehaltssperre (Wesensgehaltsgarantie) der Grundrechte [162] heran. [163] Wörtlich führte der VfGH dazu aus: *„Eine Verstaatlichung der gesamten Unternehmen mit großem Kapitalbedarf [...] ist dem Gesetzgeber deshalb verwehrt, weil dann das Recht [...] auf Freiheit der Erwerbsbetätigung in diesem Sektor beseitigt wäre."*[164] Wenngleich weder in der zitierten Passage noch an anderer Stelle des Erkenntnisses der Begriff des Wesensgehalts mit einem Wort erwähnt wird, verstand der VfGH augenscheinlich die Verstaatlichung bestimmter Unternehmen in einem Wirtschaftssektor als Beseitigung der Erwerbsfreiheit und somit als Verletzung des Wesensgehalts des relevanten Grundrechts. Die Literatur folgerte aus dem Erkenntnis, dass die Wesensgehaltsgarantie der Grundrechte für den VfGH eine

---

156 *Berka*, Die Grundrechte: Grundfreiheiten und Menschenrechte in Österreich[1] (1999) Rz 259.
157 *Berka*, Grundrechte Rz 260.
158 Art 18 Abs 1 B-VG idF BGBl 1/1920.
159 *Hengstschläger/Leeb*, Grundrechte[2] (2013) Rz 1/52.
160 Art 140 Abs 1 B-VG idF BGBl 1/1920.
161 *Hengstschläger/Leeb*, Grundrechte Rz 1/52.
162 In Deutschland ist die Wesensgehaltsgarantie der Grundrechte in Art 19 Abs 2 GG verankert.
163 VfSlg 3118/1956; vgl hierzu näher *Stelzer*, Das Wesensgehaltsargument und der Grundsatz der Verhältnismäßigkeit (1991) 107 ff.
164 VfSlg 3118/1956.

Institutsgarantie darstelle.[165] Die Formel, wonach gesetzliche Beschränkungen eines Grundrechts nicht zu dessen Beseitigung führen dürfen, um den Wesensgehalt des Grundrechts nicht zu verletzen, wurde in der Judikatur des VfGH häufig wiederholt, führte jedoch in keinem Fall zu einer Gesetzesaufhebung.[166]

Durch die Weiterentwicklung des Gleichheitssatzes[167] zu einem allgemeinen Sachlichkeitsgebot ging der VfGH von seinem restriktiven Grundrechtsverständnis ab, indem er gesetzliche Grundrechtsbeschränkungen nicht unmittelbar am Maßstab des betroffenen Grundrechts, sondern am Maßstab des „modifizierten" Gleichheitssatzes beurteilte.[168] Das Sachlichkeitsgebot spielte auch in der Judikatur zur Wesensgehaltssperre eine Rolle, da eine gesetzliche Bestimmung den Wesensgehalt eines Grundrechts nicht verletzt, sofern sie als sachlich zu qualifizieren ist.[169] Allerdings stellte auch die Kombination aus Wesensgehaltsgarantie und Sachlichkeitsgebot keine wirksame Schranke gegen Grundrechtseingriffe dar.[170] Darüber hinaus wurde in der Literatur mE zu Recht kritisiert, dass die Heranziehung der Wesensgehaltssperre keinen „Mehrwert" liefere, solange die Untersuchung der Sachlichkeit nicht auf das eingeschränkte Grundrecht bezogen wird und somit nicht über den Gleichheitssatz hinausgeht.[171]

In einem Erkenntnis aus dem Jahr 1978 zog der VfGH zumindest den Teilgrundsatz der Eignung heran, um den Spielraum des Gesetzgebers bei der Beurteilung eines Gesetzes anhand des Sachlichkeitsgebots einzuengen:

„Grundsätzlich steht es dem Gesetzgeber frei, [...] welche Instrumente er [...] in der jeweils gegebenen Situation zur Zielerreichung geeignet erachtet und welches unter mehreren möglichen Mitteln er auswählt und einsetzt. Der VfGH kann dem Gesetzgeber nur dann entgegentreten, wenn er bei der Bestimmung der einzusetzenden Mittel die von Verfassungs wegen gesetzten Schranken überschreitet. Das ist insbesondere dann der Fall, wenn er das sich aus dem Gleich-

165 *Aicher*, Grundfragen der Staatshaftung bei rechtmäßigen hoheitlichen Eigentumsbeschränkungen (1978) 121; *Schäffer*, Verfassungsinterpretation in Österreich (1971) 162.

166 *Berka*, Grundrechte Rz 262; *Hengstschläger/Leeb*, Grundrechte Rz 1/52.

167 Art 7 B-VG, Art 2 StGG.

168 *Pollak*, Verhältnismäßigkeitsprinzip 77 f; *Öhlinger*, Die Grundrechte in Österreich, EuGRZ 1982, 216 (225) mit Nachweisen aus der Judikatur des VfGH.

169 VfSlg 9233/1981; 10050/1985: Der Gesetzgeber ist *„dem Wesensgehalt des Grundrechtes entsprechend an die in der Natur der zu regelnden Materie liegenden Grenzen, also an die sachlichen Grenzen der Materie gebunden."* Vgl auch VfSlg 4011/1961; 4163/1962; 7304/1974; 8813/1980.

170 *Novak*, Verhältnismäßigkeit 42 bezeichnet sie als *„eher akademisch interessante denn faktisch wirkungsvolle Eingriffsschranke."*

171 *Korinek*, Gedanken zur Lehre vom Gesetzesvorbehalt bei Grundrechten, in: Imboden/Koja/Marcic/Ringhofer/Walter (Hrsg.), FS Merkl (1970) 171 (178 f); *Stelzer*, Wesensgehaltsargument 135.

heitsgebot ergebende Sachlichkeitsgebot verletzt, wenn er also beispielsweise zur Zielerreichung völlig ungeeignete Mittel vorsieht [...]."[172]

Frühe Ansätze einer Verhältnismäßigkeitsprüfung lassen sich aber nicht nur im Zusammenhang mit dem Sachlichkeitsgebot nachweisen, sondern auch bei der Prüfung von Eingriffen in das Grundrecht auf Eigentum. In einem Erkenntnis aus dem Jahr 1959 hielt der VfGH fest, dass das zu enteignende Objekt zur Deckung des Bedarfs geeignet sein müsse und dass es unmöglich sein müsse, den Bedarf anders als durch eine Enteignung zu decken.[173] Auf diese Weise forderte er die Eignung der Maßnahme und den Einsatz des gelindesten Mittels.[174] Die Erfordernisse der Eignung und Erforderlichkeit spielten auch in der nachfolgenden Rechtsprechung zu Enteignungen eine Rolle, sodass diese beiden Teilgrundsätze früher als bei anderen Grundrechten anerkannt waren.[175]

II.E.2.b.i. Bedeutung der EMRK

In den ersten Jahren nach Inkrafttreten der EMRK spielte diese in der Judikatur des VfGH nur eine untergeordnete Rolle. Der VfGH versuchte ihre Anwendung möglichst zu vermeiden, indem er in Fällen, in denen der Schutzbereich eines Rechts nach dem StGG und nach der EMRK eröffnet war, primär das nach dem StGG betroffene Recht untersuchte.[176] Sofern der VfGH eine Gewährleistung nach der EMRK heranzog, legte er diese in Anlehnung an seine Rechtsprechung zu den Grundrechten des StGG zurückhaltend aus.[177] Die verfassungsgerichtliche Zurückhaltung in Bezug auf die Konventionsrechte begann erst ab Ende der 1970er Jahre abzunehmen. Dies führte schlussendlich dazu, dass der VfGH bei der Beurteilung von Grundrechtseingriffen begann eine konventionskonforme Auslegung vorzunehmen.[178]

Ihren Anfang nahm die schwindende Zurückhaltung in einem Erkenntnis aus dem Jahr 1978, in welchem der VfGH das landesgesetzliche Verbot der gewerblichen und nicht in der Öffentlichkeit in Erscheinung tretenden Prostitution als Verletzung des Rechts auf Achtung des Privat- und Familienlebens gemäß Art 8

---

172 VfSlg 8457/1978 (Hervorhebung durch den Autor).

173 VfSlg 3666/1959.

174 Vgl auch *Novak*, Verhältnismäßigkeit 57 und *Stelzer*, Wesensgehaltsargument 126, welche in der Unmöglichkeit der anderweitigen Bedarfsbefriedigung zutreffend die Erforderlichkeit der Maßnahme erblicken.

175 *Stelzer*, Wesensgehaltsargument 142.

176 *Pollak*, Verhältnismäßigkeitsprinzip 82.

177 *Pollak*, Verhältnismäßigkeitsprinzip 82.

178 *Schäffer*, Die Entwicklung der Grundrechte, in: Merten/Papier/Kucsko-Stadlmayer (Hrsg.), Handbuch der Grundrechte in Deutschland und Europa: Band VII/1 – Grundrechte in Österreich^2 (2014) § 1 Rz 72.

EMRK qualifizierte.[179] Dem Versuch der Rechtfertigung des Eingriffs durch das legitime Interesse des Schutzes der Moral erteilte der VfGH ein Absage, indem er zwar zugestand, dass das strittige Verhalten als unmoralisch qualifiziert werden könne, er aber die Notwendigkeit des Verbots in einer demokratischen Gesellschaft verneinte.[180]

Sieben Jahre später hatte der VfGH über die in § 3 FrPG[181] normierte Möglichkeit, über Fremde ein Aufenthaltsverbot zu verhängen, zu entscheiden. Er hob die Bestimmung als verfassungswidrig auf, da sie unter anderem nicht zu erkennen gab *„unter welchen [...] Voraussetzungen bei Erlassung eines Aufenthaltsverbotes die [...] zu erwartenden öffentlichen Interessen daran, daß der Fremde das Bundesgebiet verläßt, gegen die familiären (allenfalls auch privaten) Interessen am Verbleib des Fremden in Österreich gegeneinander abzuwägen sind.“*[182] Das FrPG hätte die jeweiligen Grundsätze für die Interessenabwägung festlegen und dabei auf die Verhältnismäßigkeit Bedacht nehmen müssen, um verfassungskonform zu sein.[183]

Die Bedeutung der Verhältnismäßigkeit wurde vom VfGH allerdings nicht nur bei Eingriffen in das Recht auf Privat- und Familienleben nach Art 8 EMRK, sondern auch bei Beschränkungen der Meinungsfreiheit nach Art 10 EMRK betont. So beurteilte der VfGH die Strafe, welche gegen den Beschwerdeführer aufgrund der Darbietung eines anstößigen Liedes auf einem Sommerfest verhängt worden war, als Verstoß gegen Art 10 EMRK.[184] Begründend führte er hierzu aus, dass es der *„verhältnismäßig vage Begriff des öffentlichen Anstandes“* erlaube, *„eine Verletzung im Bereich der Formulierung einer öffentlichen Meinungsäußerung nur dann anzunehmen, wenn die Notwendigkeit der damit verbundenen Einschränkung der Freiheit der Meinungsäußerung [...] im Einzelfall außer Zweifel steht.“*[185]

II.E.2.b.ii. VfGH-Judikatur zu Art 6 StGG

Der Verhältnismäßigkeitsgrundsatz fand in den 1980er Jahren allerdings nicht nur über die Garantien der EMRK Eingang in die Rechtsprechung des VfGH. Vor allem verfassungsgerichtliche Verfahren betreffend das Recht auf freie Be-

---

179 VfSlg 8272/1978.

180 VfSlg 8272/1978: *„Der Umstand, daß dieses Verhalten als unmoralisch qualifiziert wird, hat für sich allein noch nicht zur Folge, daß ein Verbot als zulässig, weil in einer demokratischen Gesellschaft [...] notwendig beurteilt werden dürfte.“*

181 § 3 FrPG idF BGBl 75/1954.

182 VfSlg 10737/1985.

183 VfSlg 10737/1985.

184 VfSlg 10700/1985.

185 VfSlg 10700/1985.

rufsausübung führten zur Anerkennung des Verhältnismäßigkeitsgrundsatzes bei Grundrechtsprüfungen nach dem StGG. Die Bedeutung der Erwerbsfreiheit für diese Entwicklung ist dem Umstand geschuldet, dass dieses bedeutende Grundrecht ausschließlich im StGG verankert[186] und somit kein vergleichbares Recht in der EMRK enthalten ist.[187]

Bis ins Jahr 1984 war die Prüfung des VfGH betreffend Art 6 StGG äußerst zurückhaltend, wofür er in der Literatur zunehmend kritisiert wurde.[188] Mit dem ersten Schrottlenkungs-Erkenntnis[189] wurde die Kritik vorsichtig aufgenommen und eine Wende der Rechtsprechung eingeleitet.[190] Der VfGH hatte in diesem Erkenntnis die Verfassungsmäßigkeit von § 6 Abs 1 lit a SchrottlenkungsG zu beurteilen, wonach der zuständige Bundesminister auf Antrag Schrotthändlern die Genehmigung zur Ausübung der Tätigkeit als Werkbelieferungshändler zu erteilen habe, sofern dies im Interesse einer ausreichenden Versorgung der eisen- und stahlerzeugenden Unternehmen notwendig sei. Im Ergebnis hob der VfGH die Bestimmung als verfassungswidrig auf, da eine Bedarfsprüfung für die Erreichung der vom Gesetzgeber verfolgten Ziele nicht erforderlich war.[191] Wenngleich in diesem Erkenntnis eine strukturierte Prüfung der Verhältnismäßigkeit noch nicht ersichtlich ist,[192] führte die nachfolgende Rechtsprechung zu einer stärkeren Ausformung des Verhältnismäßigkeitskriteriums.

Bereits im Jahr nach dem Schrottlenkungs-Erkenntnis hob der VfGH erneut eine gesetzliche Bestimmung wegen eines unverhältnismäßigen Eingriffs in Art 6

---

186 Art 6 StGG.

187 Nach der jüngeren Rechtsprechung des EGMR sind bestimmte Aspekte der Berufsfreiheit jedoch von Art 8 EMRK mitumfasst (vgl *Grabenwarter/Pabel*, Europäische Menschenrechtskonvention[6] [2016] § 22 Rz 15).

188 Vgl etwa *Korinek*, Das Grundrecht der Freiheit der Erwerbsbetätigung als Schranke für die Wirtschaftslenkung, in: Korinek (Hrsg.), Beiträge zum Wirtschaftsrecht, FS Wenger (1983) 243 (249 ff, 254 f).

189 VfSlg 10179/1984.

190 Vgl hierzu eingehend *Griller*, Verfassungswidrige Schrottlenkung? ÖZW 1985, 65.

191 VfSlg 10179/1984: „*Es sind nämlich auch durchaus Fälle denkbar, in denen die Zulassung eines weiteren Werkbelieferungshändlers zwar nicht absolut notwendig wäre, um die ausreichende Versorgung zu gewährleisten, in denen aber keines der von der Bundesregierung (zutreffend) dargestellten (sonstigen) Ziele des SchrottlenkungsG verletzt würde, wenn dem Antrag stattgegeben werden sollte [...]. Dadurch, daß § 6 Abs 1 lit a SchrottlenkungsG die Ausübung der Erwerbstätigkeit eines Werkbelieferungshändlers an eine Voraussetzung knüpft, die nicht durch das öffentliche Interesse geboten und auch sonst sachlich nicht zu rechtfertigen ist, verstößt die hier vorgesehene Einschränkung der Erwerbsfreiheit gegen Art 6 StGG.*“

192 So auch *Stelzer*, Wesensgehaltsargument 146.

StGG auf. Das Werbeverbot für Kontaktlinsenoptiker[193] wurde vom VfGH als ungeeignetes Mittel zur Erreichung gesundheitspolitischer Ziele qualifiziert.[194]

Als „Höhepunkt" der Rechtsprechungsentwicklung wird in der Literatur[195] das Erkenntnis zur Konzessionspflicht für Taxis[196] bezeichnet. Die Erteilung einer Taxi-Konzession konnte nach der einschlägigen gesetzlichen Bestimmung nur bei Vorliegen eines bestimmten Bedarfs erteilt werden.[197] Die wesentlichen Argumente des VfGH für die Aufhebung der Bestimmung waren die folgenden:

Derartige objektive Voraussetzungen zum Zugang zu einem Gewerbe verletzen die Erwerbsausübungsfreiheit nur dann nicht, *„wenn sie durch das öffentliche Interesse geboten und auch sachlich gerechtfertigt sind."* Bei dieser Beurteilung ist entscheidend, *„ob mit Grund anzunehmen ist, daß bei Fehlen objektiver Zulassungsvoraussetzungen öffentliche Interessen beeinträchtigt oder gefährdet würden; ferner, ob die Bedarfsprüfung ein an sich taugliches und auch adäquates Mittel ist, die Beeinträchtigung oder Gefährdung öffentlicher Interessen hintanzuhalten."* Bei der Bedarfsprüfung handelt es sich um ein *„untaugliches"* und *„völlig unadäquates Mittel"* zur Erreichung des im öffentlichen Interesse gelegenen Ziels, welches in der Sicherstellung funktionierenden Straßenverkehrs besteht. Auch das zweite legitime Ziel, eine angenehme und sichere Taxifahrt für den Fahrgast zu gewährleisten, vermag den Grundrechtseingriff nicht zu rechtfertigen, da gelindere Mittel[198] zur Zielerreichung gegeben sind.[199]

Mit dieser Entscheidung wurden die beiden Teilgrundsätze der Eignung und Erforderlichkeit auch bei der Prüfung von Eingriffen in die Erwerbsfreiheit zu relevanten Kriterien.[200] Ein weiteres Erkenntnis,[201] in welchem ebenfalls die Vereinbarkeit von Bedarfsregelungen mit der Erwerbsfreiheit untersucht wurde, beinhaltet bereits – wenn auch nicht explizit – die Forderung nach der Verhältnismäßigkeit ieS des Grundrechtseingriffs:

---

193 § 236c Abs 1 GewO 1973 idF BGBl 619/1981.

194 VfSlg 10718/1985: *„Wenn der Gesetzgeber meinen sollte, gesundheitspolitische Aspekte würden iZm. dem Anpassen von Kontaktlinsen eine intensivere Konsultation von Fachärzten für Augenheilkunde erfordern, ist zur Erreichung dieses Zieles ein Werbeverbot kein geeignetes Mittel […]."*

195 *Novak*, Verhältnismäßigkeit 46.

196 VfSlg 10932/1986.

197 § 5 Abs 1 Satz 2 GelVerkG idF 486/1981.

198 Der VfGH nennt in diesem Zusammenhang kraftfahrrechtliche Vorschriften über die Verkehrstüchtigkeit der verwendeten Fahrzeuge und gewerberechtliche Vorschriften über die persönlichen Voraussetzungen der Taxilenker und Gewerbeinhaber.

199 VfSlg 10932/1986.

200 *Stelzer*, Wesensgehaltsargument 149.

201 VfSlg 11483/1987.

Streitgegenständlich war eine Bestimmung im GBefG,[202] wonach die Erteilung einer Konzession für die gewerbsmäßige Beförderung von Gütern vom Ergebnis einer Bedarfsprüfung abhängig war. Diese Voraussetzung für eine Konzessionserteilung ist nach dem VfGH ein schwerwiegender Eingriff in die Erwerbsausübungsfreiheit, da sie der Betroffene aus eigener Kraft nicht erfüllen kann und ist *„nur angemessen [...], wenn dafür besonders wichtige öffentliche Interessen sprechen und wenn keine Alternativen bestehen, um den erstrebten Zweck in einer gleich wirksamen, aber die Grundrechte weniger einschränkenden Weise zu erreichen.“*[203] Einige Zeilen später spricht der VfGH davon, dass die Auswirkungen des Grundrechtseingriffs *„von vornherein kaum in einem angemessenen Verhältnis zur Intensität des Grundrechtseingriffes [...] stehen.“*[204]

Im ersten Erkenntnis zu den Ladenschlusszeiten wurde die im Rahmen der Prüfung der Verhältnismäßigkeit ieS durchzuführende Abwägung der widerstreitenden Interessen bereits als solche gekennzeichnet.[205] Die zu prüfende Bestimmung des LSchG[206] sah vor, dass Verkaufsstellen am Donnerstag ab 13 Uhr geschlossen halten mussten, wobei der jeweilige Landeshauptmann diesen sogenannten Sperrhalbtag durch VO auch auf Mittwoch oder Samstag verlegen konnte. Da im gegenständlichen Erkenntnis nicht eine Zugangsvoraussetzung zu einem Beruf, sondern eine Berufsausübungsregelung zur Debatte stand, gewährte der VfGH dem Gesetzgeber einen größeren rechtspolitischen Spielraum.[207] Bei der Prüfung des Eingriffs fand eine Untersuchung der Eignung und der Verhältnismäßigkeit ieS, jedoch nicht der Erforderlichkeit statt.[208] Im Ergebnis verneinte der VfGH die Adäquanz der gesetzlichen Regelung, wobei er mit diesem Ausdruck die Verhältnismäßigkeit ieS ansprach. Im Zuge der Abwägung gelang-

---

202 § 5 Abs 1 Satz 1 GBefG idF BGBl 630/1982.

203 VfSlg 11483/1987.

204 VfSlg 11483/1987.

205 VfSlg 11558/1987: *„Wenn die die Berufsausübung beschränkenden Regelungen im Sinne der oben genannten Entscheidung - durch ein öffentliches Interesse sachlich gerechtfertigt sein müssen, so bedeutet das, daß Ausübungsregelungen bei einer Gesamtabwägung zwischen der Schwere des Eingriffs und dem Gewicht der ihn rechtfertigenden Gründe verhältnismäßig sein müssen“* (Hervorhebung durch den Autor).

206 § 3 Abs 1 und 3 LSchG idF BGBl 156/1958.

207 VfSlg 11558/1987: *„Es steht jedoch dem Gesetzgeber bei Regelung der Berufsausübung ein größerer rechtspolitischer Gestaltungsspielraum offen als bei Regelungen, die den Zugang zu einem Beruf (den Erwerbsantritt) beschränken, weil und insoweit durch solche die Ausübung einer Erwerbstätigkeit regelnden Vorschriften der Eingriff in die verfassungsgesetzlich geschützte Rechtssphäre weniger gravierend ist, als durch Vorschriften, die den Zugang zum Beruf überhaupt behindern.“*

208 Vgl hierzu *Grabenwarter*, Ladenschluß verfassungswidrig, RdW 1989, 264 (265), dem zufolge die Erforderlichkeit bei Erwerbsausübungsregelungen ausgehend von diesem Erkenntnis bis zum zweiten Ladenschluss-Erkenntnis (VfSlg 12094/1989) anders als bei Erwerbsantrittsregelungen nicht geprüft wurde.

te er zu dem Ergebnis, dass die unternehmerische Dispositionsfreiheit zu sehr eingeschränkt ist, wenn nicht der Unternehmer, sondern der Landeshauptmann die Entscheidung trifft, an welchem Nachmittag die Verkaufsstellen geschlossen halten mussten und dass die Schwere des Eingriffs nicht durch die wettbewerbsordnenden und sozialpolitischen Zielsetzungen der Regelung aufgewogen werden kann.[209] Darüber hinaus sind in zwei weiteren Erkenntnissen, mit denen der VfGH Bestimmungen des LSchG als verfassungswidrig aufhob, Erwägungen zur Angemessenheit nachweisbar.[210]

Zusammenfassend zeigte sich ausgehend von der ersten Schrottlenkungs-Erkenntnis eine zunehmende Sensibilität des VfGH für die aus Art 6 StGG berechtigten Grundrechtsträger. Dies wird schon anhand der deutlichen Zunahme der Aufhebungen von gesetzlichen Bestimmungen aufgrund einer Verletzung von Art 6 StGG deutlich: In den auf das erste Schrottlenkungs-Erkenntnis folgenden vier Jahren kam es in neun Fällen zu einer Aufhebung, während in den Jahrzehnten davor nur eine Aufhebung ersichtlich ist.[211] Mit den Judikaten zu Art 6 StGG bekannte sich der VfGH zum Grundsatz der Verhältnismäßigkeit[212] und führte im Gegensatz zur Wesensgehaltsgarantie eine effektive Eingriffsschranke ein.[213]

II.E.2.c. Ergebnis

Der Verhältnismäßigkeitsgrundsatz stellt ein allgemeines Rechtsprinzip dar, welches der Exekutive, Legislative und Judikative Schranken setzt. Seine Bedeutung erlangte der Grundsatz zu einem Großteil durch die VfGH-Rechtsprechung zu den Grundrechten.[214] Bereits in einer Erkenntnis aus dem Jahr 1959 wurden vom VfGH die Eignung und Erforderlichkeit der streitgegenständlichen Enteignung gefordert.[215] Überlegungen zur Verhältnismäßigkeit finden sich in den VfGH-Erkenntnissen allerdings nicht nur im Zusammenhang mit dem Grundrecht auf Eigentum, sondern ab den 1970er Jahren auch bei der Prüfung von Grundrechtseingriffen anhand des allgemeinen Sachlichkeitsgebots, welches aus dem Gleichheitssatz entwickelt wurde. Zum Durchbruch des Verhältnismäßigkeitsgrundsatzes verhalfen insbesondere die Normierung des Grundsatzes in den Schrankenbestimmungen der EMRK und die hierzu ergangene Rechtsprechung des EGMR, sowie die Rechtsprechung des BVerfG zu den Grundrechten des GG,

209 VfSlg 11558/1987.
210 VfSlg 11848/1988; 12094/1989; vgl hierzu auch *Stelzer*, Wesensgehaltsargument 161 ff.
211 *Novak*, Verhältnismäßigkeit 52 f.
212 *Berka*, Grundrechte Rz 263; *Pollak*, Verhältnismäßigkeitsprinzip 106; *Novak*, Verhältnismäßigkeit 56.
213 *Novak*, Verhältnismäßigkeit 56.
214 *Adamovich/Funk/Holzinger*, Österreichisches Staatsrecht 3 – Grundrechte (2003) Rz 41.049.
215 VfSlg 3666/1959.

da diese Einflussfaktoren dazu führten, dass der VfGH auch bei Eingriffen in Grundrechte des StGG begann den Grundsatz der Verhältnismäßigkeit heranzuziehen.[216] Diese Rechtsprechung nahm Mitte der 1980er Jahre ihren Anfang als der VfGH in relativ kurzer Zeit vermehrt gesetzliche Bestimmungen wegen eines unverhältnismäßigen Eingriffs in die Erwerbsfreiheit nach Art 6 StGG aufhob.

II.E.3. Frankreich

II.E.3.a. Vorbemerkung

Die französische Gerichtsbarkeit war in der Zeit vor der Revolution ineffizient und skeptisch gegenüber Reformversuchen, sodass ein zentrales Anliegen der Revolutionäre in der Machtbegrenzung der Judikative bestand.[217] Sichtbar wird dies unter anderem an der Forderung von *Montesquieu*, wonach Richter nicht unabsetzbar und aus dem Volk gewählt sein sollten.[218] Er begründet das Erfordernis der Absetzbarkeit mit der den Richtern zukommenden Gewalt gegenüber dem Einzelnen und ihrer Anfälligkeit für willkürliche und autoritäre Machtausübung.[219] Darüber hinaus sollte die Gerichtsbarkeit lediglich *„der Mund des Gesetzes sein.“*[220] Somit habe sie die Gesetze lediglich anzuwenden und nicht auszulegen.[221] Die Nachwehen der ursprünglich starken Skepsis gegenüber der Judikative sind im heutigen französischen Staatsverständnis noch immer präsent. Aus diesem Grund wird dem demokratischen Prinzip idR eine größere Bedeutung als dem Rechtsstaatsprinzip zugeschrieben.[222]

Eine weitere Konsequenz ist der Umstand, dass Gerichte Verwaltungshandeln in erster Linie auf seine Gesetzmäßigkeit untersuchen und einer Kontrolle des verwaltungsbehördlichen Ermessens mit Zurückhaltung begegnet wird, da die Zweckmäßigkeit (*opportunité*) des Verwaltungshandelns nicht Gegenstand der gerichtlichen Kontrolle sein könne.[223] Schließlich hatte die Skepsis gegenüber der Gerichtsbarkeit auch zur Folge, dass Akte der Legislative lange Zeit gänzlich

216 *Pollak*, Verhältnismäßigkeitsprinzip 76.

217 Vgl etwa *Bergmann*, Der Schutz der Umwelt im französischen Recht (1996) 28; *Heinsohn*, Grundsatz 130 mwN.

218 *Montesquieu*, Vom Geist der Gesetze, Buch XI, Kapitel 6, 214 f: *„Richterliche Befugnis darf nicht einem unabsetzbaren Senat verliehen werden, vielmehr muß sie von Personen ausgeübt werden, die nach einer vom Gesetz vorgeschriebenen Weise [...] aus dem Volkskörper ausgesucht werden.“*

219 Vgl hierzu *Eberl*, Verfassung und Richterspruch (2006) 8.

220 *Montesquieu*, Vom Geist der Gesetze, Buch XI, Kapitel 6, 221: *„[...] die Richter der Nation sind [...] lediglich der Mund, der den Wortlaut des Gesetzes spricht, Wesen ohne Seele gleichsam, die weder die Stärke noch die Strenge des Gesetzes mäßigen können.“*

221 *Eberl*, Verfassung 8.

222 *Arnauld*, EuR 2008, Beiheft 1, 58.

223 Vgl hierzu ausführlich *Emiliou*, Principle 67 ff.

einer gerichtlichen Kontrolle entzogen waren.[224] Erst mit Einführung des *Conseil constitutionnel* (Verfassungsgericht) im Jahr 1958 wurde eine eingeschränkte Möglichkeit geschaffen, Gesetze des Parlaments gerichtlich zu überprüfen.[225] Eine Kontrolle war allerdings lange Zeit nur bis zum Inkrafttreten des zu prüfenden Gesetzes möglich. Erst seit 1.3.2009 kann der *Conseil constitutionnel* Parlamentsgesetze auch nach Inkrafttreten auf ihre Vereinbarkeit mit der Verfassung prüfen, sofern in einem anhängigen Gerichtsverfahren behauptet wird, eine Rechtsvorschrift verstoße gegen die Verfassung.[226]

II.E.3.b. Grundrechte

Wenngleich die Grundrechte der Erklärung der Menschen- und Bürgerrechte vom 26. August 1789 eher als Programmsätze denn als unmittelbar geltendes Recht qualifiziert werden,[227] entwickelte sich dennoch ausgehend von dieser Erklärung ein rechtlicher Schutz zur Sicherung der Menschenrechte.[228] Die heute noch in Kraft stehende Verfassung vom 4. Oktober 1958 enthält keinen abschließenden Grundrechtskatalog. Neben vereinzelt normierten Grundrechten wie der Gleichheit aller Bürger vor dem Gesetz[229] oder diversen politischen Mitwirkungsrechten,[230] ergibt sich ihre Bedeutung für den Grundrechtsschutz maßgeblich aus ihrer Präambel, welche auf die Erklärung der Menschen- und Bürgerrechte von 1789 und die Präambel der Verfassung von 1946 verweist. Letztgenannte bekräftigt die Bürgerrechte der Erklärung von 1789 und nennt darüber hinaus weitere Grundrechte.[231] Geschriebene Grundrechte finden sich ferner auch in einfachen Gesetzen.[232] Der einfache Gesetzgeber normierte insbesondere in der Zeit bis zum ersten Weltkrieg bedeutende Grundrechte.[233] Zu nennen sind im diesem Zusammenhang das Gesetz vom 30.6.1881 über die Versammlungsfreiheit, das Gesetz vom 29.7.1881 über die Pressefreiheit sowie das Gesetz vom 21.3.1901 über die Vereinigungsfreiheit.[234] Die Garantien der

---

224 *Heinsohn*, Grundsatz 131.

225 *Heinsohn*, Grundsatz 131.

226 Art 61 Abs 1 der Verfassung vom 4. Oktober 1958 idF vom 23.7.2008.

227 *Arnauld*, EuR 2008, Beiheft 1, 61.

228 *Stahl*, Die Sicherung der Grundfreiheiten im öffentlichen Recht der Fünften Französischen Republik (1970) 1 f.

229 Art 1 der Verfassung vom 4. Oktober 1958 idF vom 23.7.2008: „*Frankreich ist eine [...] Republik. Sie gewährleistet die Gleichheit aller Bürger vor dem Gesetz ohne Unterschied der Herkunft, Rasse, oder Religion.*"

230 Art 3 Abs 3 (Wahlrecht), Art 4 (Vereinigungsfreiheit für politische Parteien).

231 Vgl etwa Art 7 (Unverletzlichkeit der Wohnung) oder Art 8 (Briefgeheimnis).

232 *Savoie*, Frankreich, in: Grabitz (Hrsg.), Grundrechte in Europa und USA (1986) 203 (214 f).

233 *Savoie*, Frankreich 214.

234 *Savoie*, Frankreich 214.

EMRK stehen im Rang über den einfachen Gesetzen, sind aber nicht als Verfassungsrecht zu qualifizieren.[235]

Da bis zur Verfassung von 1958 ein wirksamer Schutz der Grundrechte verfassungsgesetzlich nicht gewährleistet war und der einfache Gesetzgeber nicht immer im Sinne der Grundrechte handelte, bestand die Gefahr, dass allgemein als wichtig aufgefasste Rechte durch Verwaltungshandeln beinahe gänzlich ausgehöhlt werden.[236] Um diesem Risiko entgegenzuwirken, entwickelte der *Conseil d'État* allgemeine Rechtsgrundsätze (*principes généraux du droit*) aus denen auch Grundrechte hergeleitet werden können.[237] Zur Begründung dieser allgemeinen Rechtsgrundsätze ist für den *Conseil d'État* eine Grundlage im kodifizierten Recht nicht zwingend erforderlich,[238] vielmehr stützt er sich bisweilen auch darauf, dass allgemein in der Gesellschaft anerkannte Wertvorstellungen zu Rechtsprinzipien erhoben werden sollten.[239] Ein Beispiel für die Anerkennung eines Grundrechts als allgemeiner Rechtsgrundsatz ohne Grundlage in der Verfassung ist die Freiheit der Berufsausübung.[240]

Anders als in Deutschland und Österreich werden die *libertés publiques*[241] nicht als gegen den Staat gerichtete subjektive öffentliche Rechte, sondern als objektiver Bestandteil der Rechtsordnung erachtet.[242] Nichtsdestotrotz ist eine Abwehrfunktion der bedeutenden *libertés publiques* anerkannt.[243] Nach traditioneller Auffassung wirkte die Abwehrfunktion jedoch nicht gegen den Gesetzgeber, da dieser erst die Freiheit verwirklicht.[244] Dieses Denken ist durch die Entstehungsgeschichte der *libertés publiques* erklärbar, welche in der Zeit der Revolution postuliert wurden, um den Bürgern gegenüber der monarchischen Regierung gewisse Rechte einzuräumen und nicht um ein demokratisch gewähltes Parlament in seiner Gesetzgebungsbefugnis zu beschränken.[245]

---

235 *Fromont*, Die Bedeutung der Europäische Menschenrechtskonvention in der französische Rechtsordnung, DÖV 2005, 1 (2).

236 *Savoie*, Frankreich 218.

237 *Savoie*, Frankreich 218.

238 *Savoie*, Frankreich 218 f.

239 Vgl etwa CE 22.6.1951, Daudignac, N°590.

240 CE 28.10.1960, Sieur de Laboulaye, N°48293; weitere Beispiele bei *Savoie*, Frankreich 219 (Fn 76).

241 Unter *libertés publiques* werden im Rahmen der vorliegenden Arbeit sämtliche Grundrechte verstanden. Zu den unterschiedlichen französischen Termini für Grundrechte siehe *Savoie*, Frankreich 206.

242 *Stahl*, Grundfreiheiten 140 ff.

243 *Colliard*, Libertés publiques[7] (1989) 22 f.

244 *Emmerich-Fritsche*, Grundsatz 161.

245 In Österreich dürften ähnliche Überlegungen der Grund für die nach dem StGG von 1867 unbeschränkten Eingriffsmöglichkeiten des Gesetzgebers in die Grundrechte gewesen sein. Zu den formellen Gesetzesvorbehalten des StGG siehe Kapitel II.E.2.a oben.

Mit einem Erkenntnis zur Vereinigungsfreiheit[246] aus dem Jahr 1971 ist der *Conseil constitutionnel* von diesem Dogma abgegangen und hob unter Berufung auf die Präambel der Verfassung erstmals ein Parlamentsgesetz wegen eines Verstoßes gegen Grundrechte auf.[247] In weiteren Entscheidungen bestätigte der *Conseil constitutionnel* die Grundrechtsbindung der Legislative.[248]

II.E.3.c. Keine Anerkennung als allgemeines Rechtsprinzip

Erste Ansätze einer gerichtlichen Prüfung der Erforderlichkeit finden sich – wie auch in Deutschland und Österreich – auf dem Gebiet des Polizeirechts.[249] Das erste maßgebende Urteil ist nach der Literatur[250] die Entscheidung des *Conseil d'État* in der Rs *Benjamin.*[251] Streitgegenständlich war das vom zuständigen Bürgermeister erlassene Verbot einer Versammlung, um eine Gefährdung der öffentlichen Sicherheit zu vermeiden. Der *Conseil d'État* erklärte die Maßnahme für rechtswidrig, da eine Gefährdung unwahrscheinlich gewesen sei und somit gelindere polizeiliche Maßnahmen anstelle einer Untersagung der Versammlung eingesetzt werden hätten müssen.[252] Ausgehend von diesem Urteil zog der *Conseil d'État* bisweilen derartige Verhältnismäßigkeitsüberlegungen heran, um Eingriffe in die individuelle Freiheit zur Sicherung des *ordre public* zu beschränken.[253]

Obwohl eine Bindung der Verwaltung an die Gesetze im französischen Recht nicht kodifiziert ist, werden Verwaltungsmaßnahmen regelmäßig vom *Conseil d'État* an dem von ihm entwickelten Legalitätsprinzip (*principe de légalité*) gemessen.[254] Nach traditioneller Auffassung beinhaltet dieses Prinzip vier verschiedene Gründe aufgrund derer der *Conseil d'État* Verwaltungsmaßnahmen wegen Rechtswidrigkeit aufheben kann. Dabei handelt es sich um

---

246 CC 16.7.1971, N°71-44 DC.

247 Vgl auch *Emmerich-Fritsche*, Grundsatz 163.

248 Siehe hierzu die Nachweise bei *Emmerich-Fritsche*, Grundsatz 163 (Fn 504).

249 *Heinsohn*, Grundsatz 138.

250 *Schwarze*, Verwaltungsrecht^2 664.

251 CE 19.5.1933, Benjamin, N°17413.

252 CE 19.5.1933, Benjamin, N°17413: „*Considérant qu'il résulte de l'instruction que l'éventualité de troubles, alléguée par le maire de Nevers, ne présentait pas un degré de gravité tel qu'il n'ait pu, sans interdire la conférence, maintenir l'ordre en édictant les mesures de police qu'il lui appartenait de prendre; que, dès lors, sans qu'il y ait lieu de statuer sur le moyen tiré du détournement de pouvoir, les requérants sont fondés à soutenir que les arrêtés attaqués sont entachés d'excès de pouvoir.*"

253 *Schwarze*, Verwaltungsrecht^2 664 ff.

254 *Heinsohn*, Grundsatz 132.

i) Unzuständigkeit des Verwaltungsorgans (*incompétence*),
ii) Form- oder Verfahrensfehler (*vice de forme ou de procédure*),
iii) Ermessensmissbrauch (*détournement de pouvoir*) und
iv) Gesetzesverletzung (*violation de la loi*).[255]

Während die beiden erstgenannten Aufhebungsgründe schon auf den ersten Blick keine Ähnlichkeit mit dem Grundsatz der Verhältnismäßigkeit aufweisen, spielen Elemente der Verhältnismäßigkeitsprüfung bei der Frage nach einem etwaigen Ermessensmissbrauch und einem etwaigen Gesetzesverstoß durch die Behörde eine Rolle.[256] Allerdings wird ein Ermessensmissbrauch anders als ein Verstoß gegen den Verhältnismäßigkeitsgrundsatz nur dann bejaht, wenn das zuständige Organ bewusst gegen den gesetzgeberischen Willen verstößt, weshalb eine erfolgreiche Berufung auf diesen Aufhebungsgrund äußerst selten ist.[257]

Der Anwendungsbereich der Gesetzesverletzung ist ein weiterer, da er nicht nur die Missachtung oder Unkenntnis des Gesetzes durch die Verwaltungsbehörde (*violation directe de la règle de droit*) und das Verwaltungshandeln ohne gesetzliche Grundlage (*défaut de base légale*), sondern darüber hinaus auch den Rechtsirrtum der Verwaltungsbehörde (*erreur de droit*) umfasst.[258] Ein Rechtsirrtum kann sich aus der Überschreitung oder dem Nichtgebrauch behördlichen Ermessens ergeben, wobei im Rahmen der verwaltungsgerichtlichen Kontrolle einer Ermessensentscheidung untersucht wird, ob mit den festgestellten Tatsachen die gesetzlich normierten Bedingungen für ein Tätigwerden der Verwaltungsbehörde vorlagen.[259] Dabei prüft das Gericht die Abwägungsentscheidung der Verwaltungsbehörde[260] und kann dessen Entscheidung korrigieren.

In der jüngeren Rechtsprechung des *Conseil d'État* spielen die beiden Konzepte des *erreur manifeste d'appréciation* und der *théorie bilan coût-avantages*, welche ebenfalls Überschneidungen mit dem Verhältnismäßigkeitsgrundsatz aufweisen, eine wichtige Rolle.

II.E.3.c.i. Erreur manifeste d'appréciation

Unter dem Konzept des *erreur manifeste d'appréciation* wird die gerichtliche Überprüfung der Verwaltung auf offensichtliche Beurteilungsfehler verstanden.

---

255 *Koch*, Verwaltungsrechtsschutz in Frankreich (1998) 164 ff; *Heinsohn*, Grundsatz 133 f.
256 Siehe hierzu die Nachweise bei *Schwarze*, Verwaltungsrecht^2 668 (Fn 26).
257 Zur Betonung des subjektiven Elements bei der Beurteilung eines etwaigen Ermessensmissbrauchs vgl *Heinsohn*, Grundsatz 134.
258 *Heinsohn*, Grundsatz 134.
259 *Heinsohn*, Grundsatz 135.
260 *Heinsohn*, Grundsatz 135.

Seit den 1960er Jahren wird es vom *Conseil d'État* vor allem bei der Kontrolle von Sanktionen[261] sowie in beamten- und baurechtlichen Sachverhalten herangezogen.[262] Die Entwicklung dieser Rechtsfigur sollte in jenen Bereichen zu einer Intensivierung der gerichtlichen Kontrolle führen, in denen die Gerichte traditionell auf eine minimale Kontrolle des Verwaltungshandelns beschränkt waren.[263] Dies betrifft in erster Linie i) Verwaltungsmaßnahmen zur Aufrechterhaltung der öffentlichen Ordnung (bspw Einwanderung oder Ausstellung von Reisepässen), ii) Entscheidungen, die hohe technische Spezialkenntnisse voraussetzen (zB Beurteilung der Gefährlichkeit eines Produkts), iii) Rechtsstreitigkeiten betreffend das Dienstverhältnis der Beamten und iv) jene Fälle, in denen die Bedingungen für die Ausübung von Ermessen nicht oder nicht präzise durch den Gesetzgeber vorgegeben sind.[264] Demgegenüber ist die gerichtliche Kontrolle durch den *Conseil d'État* traditionell strenger, wenn die Freiheit des Einzelnen eingeschränkt wird.[265]

Ein Urteil des *Conseil d'État*, welches anschaulich gewisse Parallelen des *erreur manifeste d'appréciation* mit dem Grundsatz der Verhältnismäßigkeit demonstriert, betrifft das *Institut Technique Privé de Dunckerque*, welchem die Bewilligung zur Erteilung von Privatunterricht mit staatlich anerkanntem Abschluss versagt wurde.[266] Begründet wurde dies damit, dass für den angebotenen Unterricht kein bildungspolitischer Bedarf bestand. Der *Conseil d'État* verwarf die Entscheidung der Behörde aufgrund eines offensichtlichen Beurteilungsfehlers, indem er das öffentliche Interesse an der Versagung der Bewilligung verneinte. In Bezug auf den Sachverhalt und auf das Ergebnis der gerichtlichen Würdigung ist dieses Urteil mit dem bekannten Apotheken-Urteil[267] des BVerfG vergleichbar: Die Bewilligung zum Betrieb einer Apotheke wurde in dem der Entscheidung zugrunde liegenden Sachverhalt davon abhängig gemacht, dass hierfür ein ausreichender Bedarf bestand, um auf diese Weise eine flächendeckende Versorgung der Bevölkerung mit Arzneimitteln zu gewährleisten. Zur Debatte stand somit wie im genannten französischen Fall die Zulässigkeit einer objektiven Zugangsvoraussetzung. In beiden Fällen traten die Höchstgerichte der Auffassung der Legislative (Apotheke) bzw Exekutive (Privatunterricht) entgegen,

---

261 *Koch*, Grundsatz 71.

262 *Heinsohn*, Grundsatz 142 f.

263 CE 15.2.1961, Lagrange, N°42259 et 42260.

264 *Emiliou*, Principle 81 f unter Verweis auf *Auby/Drago*, Traité de contentieux administratif[3] (1984) Rz 1176.

265 *Emiliou*, Principle 82. Diese Haltung des Conseil d'État offenbarte sich bereits 1933 in der Entscheidung Benjamin, siehe hierzu Kapitel II.E.3.c oben.

266 CE 25.4.1980, Institut Technique Privé de Dunckerque, N°15244.

267 BVerfGE 7, 377.

wonach bereits eine ausreichende Versorgung in dem jeweiligen Bereich bestünde.[268] Während diese Fehleinschätzung des zuständigen Organs vom *Conseil d'État* als offensichtlicher Beurteilungsfehler eingestuft wurde, qualifizierte das BVerfG sie als Verstoß gegen den Verhältnismäßigkeitsgrundsatz.[269]

Wenngleich der *Conseil d'État* in diesem und einigen anderen Urteilen mit seiner Auslegung des *erreur manifeste d'appréciation* weit über eine Evidenzkontrolle hinausgeht und daher von manchen Autoren eine allgemeine Anerkennung des Verhältnismäßigkeitsgrundsatzes in der französischen Judikatur gesehen wird,[270] sprechen die folgenden Gründe gegen diese Auffassung: Zum einen verweist der *Conseil d'État* häufig ohne nähere Begründung darauf, dass eine Maßnahme „exzessiv" oder „unnötig" sei und nimmt keine Prüfung anhand der drei Teilgrundsätze der Verhältnismäßigkeit vor.[271] Zum anderen werden unter dem Titel des *erreur manifeste d'appréciation* auch Rechtsverletzungen aufgegriffen, welche nach deutscher Lehre als Verletzung anderer Rechtsprinzipien wie bspw des Gleichheitssatzes erachtet würden.[272] Ferner kann in manchen Rechtsbereichen auch die äußerst restriktive Auslegung dieses Konzepts durch den *Conseil d'État* gegen eine Gleichsetzung mit dem Verhältnismäßigkeitsgrundsatz angeführt werden.[273] Schließlich verzichtet der *Conseil d'État* auf dem Gebiet staatlicher Wirtschaftsintervention gänzlich auf eine Prüfung anhand des *erreur manifeste d'appréciation.*[274]

II.E.3.c.ii. Théorie bilan coût-avantages

Die Anwendung der *théorie bilan coût-avantages* durch den *Conseil d'État* führte ebenso wie die Prüfung auf offensichtliche Beurteilungsfehler anhand des *erreur manifeste d'appréciation* zu einer Ausweitung der gerichtlichen Kontrolle von Verwaltungsentscheidungen. Ihren Ursprung hat diese Rechtsfigur in der Rechtsprechung zu den relativ häufigen Enteignungen in den 1960er und 1970er Jahren.[275] Die Enteignungsbeschlüsse zum Zwecke der Durchführung von großen Bauprojekten waren in beinahe allen Fällen als im Gemeinwohl liegend und folglich als zulässig qualifiziert worden.[276] Dabei war der Begriff des Gemein-

---

268 *Heinsohn*, Grundsatz 146.

269 *Heinsohn*, Grundsatz 146.

270 Vgl etwa *Rausch*, Die Kontrolle von Tatsachenfeststellungen und –würdigungen durch den Gerichtshof der Europäischen Gemeinschaften (1994) 143 mwN.

271 *Koch*, Grundsatz 72.

272 *Koch*, Grundsatz 72.

273 *Heinsohn*, Grundsatz 147, führt in diesem Zusammenhang den Bereich des Asylrechts an.

274 *Schwarze*, Verwaltungsrecht^2 666 f.

275 *Heinsohn*, Grundsatz 153.

276 *Heinsohn*, Grundsatz 153.

wohls (*utilité publique*) von den Gerichten denkbar weit ausgelegt und lediglich abstrakt – ohne Prüfung des legitimen Ziels im Einzelfall – festgelegt worden.[277]

Richtungsweisend für eine stärkere Berücksichtigung der Interessen der betroffenen Eigentümer war die Entscheidung des *Conseil d'État* in der Rs *Ville nouvelle Est*:[278] Streitgegenständlich war ein großes Bauprojekt mit dem ein neuer Stadtteil geschaffen werden sollte. Zu dessen Realisierung ergingen circa hundert Enteignungsbeschlüsse an Wohnhauseigentümer, wogegen diese Rechtsmittel einlegten. Im Ergebnis hielt der *Conseil d'État* die Beschlüsse zwar aufrecht, äußerte sich aber grundlegend zum Begriff des Gemeinwohls. Explizit forderte er ein Abwägen der widerstreitenden Interessen, wobei keine übermäßigen Nachteile für die Betroffenen der Enteignung entstehen dürften.[279]

Im Zuge dieser Abwägung sollten im Rahmen einer Kosten-Nutzen-Bilanz der Nutzen des angestrebten legitimen Ziels und die mit der Enteignung verbundenen Nachteile gegenübergestellt werden.[280] Wie schon aus einer Urteilspassage aus dieser Leitentscheidung des *Conseil d'État* zu schließen ist („*[...] ne sont pas excessifs eu égard à l'intérêt [...]*")[281], führt nicht jegliches Überwiegen der Nachteile gegenüber dem Nutzen zur gerichtlichen Aufhebung einer Enteignung, sondern nur in jenen Fällen, in denen die Nachteile den Nutzen deutlich übersteigen. Aus der Sicht des französischen Verständnisses von Verwaltungsgerichtsbarkeit, wonach Gerichte eine Zweckmäßigkeitskontrolle des Verwaltungshandelns nicht vorzunehmen haben, ist dies folgerichtig.[282]

Bereits ein Jahr nach der erwähnten Entscheidung hob der *Conseil d'État* unter Rückgriff auf die *théorie bilan coût-avantages* eine Enteignung eines Grundstücksteils zum Zwecke der Errichtung einer Zufahrtsstraße zu einer Autobahn auf.[283] Bei der vorzunehmenden Abwägung bezog der *Conseil d'État* auch öffentliche Interessen (Schutz der Gesundheit) zugunsten des betroffenen Eigentümers in seine Beurteilung mit ein, da der Bau der Straße dazu geführt hätte, dass ein auf dem Grundstück befindliches Krankenhaus aufgrund der Lärmbelastung geschlossen werden hätte müssen.

---

277 *Heinsohn*, Grundsatz 153 f.

278 CE 28.5.1971, Ville nouvelle Est, N°78825.

279 CE 28.5.1971, Ville nouvelle Est, N°78825: „*Sur l'utilité publique de l'opération: considérant qu'une opération ne peut être légalement déclarée d'utilité publique que si les atteintes à la propriété privée, le coût financier et éventuellement les inconvénients d'ordre social qu'elle comporte ne sont pas excessifs eu égard à l'intérêt qu'elle présente.*"

280 *Koch*, Grundsatz 73.

281 CE 28.5.1971, Ville nouvelle Est, N°78825.

282 Vgl hierzu *Koch*, Grundsatz 73.

283 CE 20.10.1972, Sainte-Marie de l'Assomption, N°78829.

In weiterer Folge prüfte der *Conseil d'État* auch andere verwaltungsbehördliche Maßnahmen in Bereichen des Bau- und Arbeitsrechts am Maßstab der *théorie bilan coût-avantages*[284] und erweiterte zum Teil die Beurteilung um eine vorgeschaltete Prüfung der Notwendigkeit.[285] Es verwundert daher nicht, dass Teile der Literatur die *théorie bilan coût-avantages* als mit dem Grundsatz der Verhältnismäßigkeit gleichwertig ansehen.[286] Dieser Ansicht hält vor allem *Fromont* entgegen, dass es bei der Verhältnismäßigkeitskontrolle um den Ausgleich von Allgemein- und Individualinteresse gehe, während die *théorie bilan coût-avantages* darauf abziele, den Begriff des Gemeinwohls (*utilité publique*) einzugrenzen.[287] Somit ziele das erstgenannte Konzept auf den Schutz individueller Rechte ab, während das zweitgenannte ein Optimierungsgebot darstelle, welches verschiedenste Interessen saldiere.[288]

Gegen diese Auffassung spricht, dass man den Verhältnismäßigkeitsgrundsatz zu eng verstünde, wenn man seine Anwendbarkeit lediglich zum Schutz individueller Rechte gegen staatliches Eingreifen bejahte.[289] Besonders deutlich wird dies, wenn man bedenkt, dass dieses Verständnis von Verhältnismäßigkeit auf der Grundannahme eines auf subjektiven Rechten aufbauenden Rechtsschutzsystems beruht, welche im französischen Recht nicht erfüllt ist.[290]

II.E.3.c.iii. Einfluss des Unionsrechts und der EMRK

Die Widerstände gegen eine Anerkennung des Verhältnismäßigkeitsgrundsatzes im französischen Recht wurzeln primär in dessen objektiver Rechtsschutzkonzeption.[291] Verfahren vor den Verwaltungsgerichten haben nicht den Zweck subjektiven Rechten des Einzelnen zum Durchbruch zu verhelfen, sondern sollen der Durchsetzung des objektiven Rechts dienen.[292] Da das französische Rechtssystem infolge der EU-Mitgliedschaft Frankreichs und der Ratifikation der EMRK europäischen Einflüssen ausgesetzt ist, scheint eine allgemeine Anerkennung des Verhältnismäßigkeitsgrundsatzes denkbar. Schließlich ist die subjektivrechtliche Dimension des Unionsrechts sowie der Rechte aus der EMRK unstrit-

---

284 *Heinsohn*, Grundsatz 156 f.

285 *Koch*, Grundsatz 73 mwN aus der Judikatur des *Conseil d'État* (Fn 71).

286 *Schlette*, Die verwaltungsgerichtliche Kontrolle von Ermessensakten in Frankreich (1991) 334 ff; *Autexier*, in: Frowein (Hrsg.), Die Kontrolldichte bei der gerichtlichen Überprüfung von Handlungen der Verwaltung (1993) 313.

287 *Fromont*, Le principe de proportionnalité, AJDA 1995, 156 (164).

288 *Fromont*, AJDA 1995, 164.

289 *Koch*, Grundsatz 74.

290 *Koch*, Grundsatz 74.

291 *Koch*, Verwaltungsrechtsschutz 186.

292 *Koch*, Verwaltungsrechtsschutz 186.

tig[293] und der Grundsatz der Verhältnismäßigkeit ist immanenter Bestandteil dieser beiden Rechtssysteme. Als Folge dessen müssen französische Richter, wenn sie über Unionsrecht[294] oder über Konventionsrechte absprechen, den Verhältnismäßigkeitsgrundsatz berücksichtigen.

Eine Tendenz in Richtung einer Abkehr von der strikt objektiven Rechtsschutzkonzeption lässt sich aus einem Erkenntnis des *Conseil constitutionnel*[295] ableiten, in welchem dem individuellen Recht auf Rechtsschutz Verfassungsrang zugesprochen wurde.[296] Darüber hinaus lässt der *Conseil constitutionnel* in seinen Gesetzesprüfungsverfahren vermehrt Überlegungen zur Verhältnismäßigkeit in Form der *conciliation* einfließen.[297] Unter diesem Begriff versteht der *Conseil constitutionnel* ein Abwägen zwischen dem betroffenen Grundrecht und anderen widerstreitenden Grundrechten oder Verfassungsgütern.[298] Nach *Arnold* können die Erkenntnisse des *Conseil constitutionnel* zur *conciliation* in drei Fallgruppen untergliedert werden, von denen zwei Ähnlichkeiten mit dem Grundsatz der Verhältnismäßigkeit aufweisen.[299] Bei diesen handelt es sich zum einen um Fälle, in denen ein Grundrecht gegen das Gemeinwohl – meist in Form des *ordre public* – abgewogen wird, wobei im Zuge der Abwägung die Frage nach der Verfassungslegitimität des Zwecks, die Erforderlichkeit und die Angemessenheit der Maßnahme berücksichtigt werden.[300] Zum anderen geht es um Fallkonstellationen, in denen Grundrechtskollisionen auftreten, wobei hier der Fokus der Prüfung auf der Angemessenheit liegt, um einen gerechten Ausgleich zwischen den Grundrechten zu erreichen.[301]

II.E.3.d. Ergebnis

Grundrechte werden anders als in Österreich und Deutschland nicht als subjektive öffentliche Rechte, sondern als Teil einer objektiven Rechtsordnung verstanden. Sie sind im französischen Rechtssystem nicht nur in der Verfassung von 1958 verankert, sondern auch in der Verfassung von 1946 und der Erklärung der Menschen- und Bürgerrechte von 1789. Die beiden letztgenannten Grundrechts-

---

293 *Arnauld*, EuR 2008, Beiheft 1, 61.
294 *Heinsohn*, Grundsatz 156 f.
295 CC 9.4.1996, N°96-373 DC.
296 *Arnauld*, EuR 2008, Beiheft 1, 61.
297 *Emmerich-Fritsche*, Grundsatz 169 f.
298 *Emmerich-Fritsche*, Grundsatz 170.
299 *Arnold*, Ausgestaltung und Begrenzung von Grundrechten im französischem Verfassungsrecht: Rechtsvergleichende Überlegungen zur Rechtsprechung des Conseil constitutionnel, 38 JöR 1989, 197 (213 ff).
300 *Arnold*, 38 JöR 1989, 211 f.
301 *Arnold*, 38 JöR 1989, 214.

quellen stellen aufgrund des Verweises in der Präambel der Verfassung von 1958 geltendes Recht dar. Darüber hinaus sind Grundrechte nicht nur in der Verfassung, sondern auch in einfachen Gesetzen normiert. Schließlich existieren auch Grundrechte, welche ohne Kodifikation kraft ihrer gerichtlichen Anerkennung als allgemeine Rechtsgrundsätze zu beachten sind.

Erste Ansätze von Erwägungen zur Verhältnismäßigkeit – meist in Form einer Prüfung der Notwendigkeit – sind bereits ab den 1930er Jahren in der Judikatur des *Conseil d'État* nachweisbar. In der jüngeren Rechtsprechung spielen Elemente des Grundsatzes der Verhältnismäßigkeit vor allem bei der Prüfung von Verwaltungsmaßnahmen anhand der Maßstäbe des *erreur manifeste d'appréciation* und der *théorie bilan coût-avantages* eine wichtige Rolle. Zum Teil wird dabei nicht nur die Notwendigkeit der Maßnahme beurteilt, sondern auch eine Abwägung der betroffenen Interessen vorgenommen. Allerdings wäre es verfehlt, diese Konzepte mit dem Grundsatz der Verhältnismäßigkeit gleichzusetzen, da sich der *Conseil d'État* häufig darauf beschränkt, eine Verwaltungsmaßnahme ohne nähere Begründung als „unnötig“ oder „exzessiv“ – und somit ohne strukturierte Prüfung – zu verwerfen und sie vor allem nur in Teilbereichen des Verwaltungsrechts angewendet werden.

Die Widerstände gegen eine allgemeine Anerkennung des Grundsatzes sind vor allem der objektiven Rechtsschutzkonzeption des französischen Rechts geschuldet. Sie scheinen aber aufgrund der Tatsache, dass sowohl das Unionsrecht als auch die EMRK subjektive Rechte verbürgen, nicht mehr unüberwindbar. Dafür spricht auch ein Erkenntnis des *Conseil constitutionnel*, in welchem er dem individuellen Recht auf Rechtsschutz Verfassungsrang eingeräumt hat.[302] Eine zukünftige allgemeine Geltung des Verhältnismäßigkeitsgrundsatzes ist somit denkbar.

II.E.4. England

II.E.4.a. Vorbemerkung

Das englische Recht ist in Relation zum deutschen Recht stärker darum bemüht den Einfluss und die Macht der Gerichtsbarkeit zugunsten des Parlaments einzugrenzen.[303] Dies lässt sich mit der historischen Entwicklung der Beziehung zwischen dem Monarchen und dem Parlament erklären. Im 17. Jahrhundert herrschte ein langer Machtkampf zwischen den herrschenden *Stuarts* und dem Parlament, an dessen Ende die *Bill of Rights* und später auch der *Act of Settlement*

[302] CC 9.4.1996, N°96-373 DC.
[303] *Arnauld*, EuR 2008, Beiheft 1, 44.

kodifiziert wurden.[304] Aufgrund dieser Vorgeschichte enthielten diese beiden Gesetzestexte weniger individuelle Rechte als Normen betreffend die Befugnisse des Parlaments.[305]

Aus diesem Blickwinkel verwundert es nicht, dass die Parlamentssouveränität (*sovereignty of Parliament*) auch heute noch die oberste Grundregel des englischen Rechts darstellt.[306] Die Stellung des Parlaments ist noch bedeutender als im französischen Recht, da es im Gegensatz zum französischen Parlament nicht auf aufgezählte Materien beschränkt ist, in denen es rechtssetzend tätig werden kann.[307] Darüber hinaus steht das Parlamentsgesetz an der Spitze der Normenhierarchie.[308] Besonders deutlich kommt die überragende Stellung des Parlaments in einer pointierten Aussage im Lehrbuch *"English Law"* zum Ausdruck: *"A statute can do anything except change man to woman."*[309]

Die Kontrolle des Gesetzgebers soll nach englischem Verständnis keine rechtliche, sondern eine politische sein, sodass das Prinzip der Rechtsstaatlichkeit (*rule of law*) regelmäßig hinter jenes der Parlamentssouveränität zurücktritt.[310] Dies hat zur Folge, dass eine Bindung der Legislative an den Grundsatz der Verhältnismäßigkeit nicht denkbar ist, während eine Bindung der Exekutive grundsätzlich möglich erscheint.[311]

II.E.4.b. Grundrechte

Wenngleich keine geschriebene Verfassungsurkunde besteht, kann daraus nicht der Umkehrschluss gezogen werden, England besitze keine Verfassung.[312] Da sie allerdings nur zum Teil kodifiziert ist und keine formalrechtliche Differenzierung zwischen einfachen Gesetzen und Verfassungsgesetzen existiert, ist es nicht möglich, eine klare Aussage über den exakten Umfang der Verfassung zu treffen.[313] Nach hL gehören in Form von Parlamentsgesetzen festgeschriebene Grundrechte zur Verfassung.[314] Andere rein innerstaatliche Grundrechtsquellen sind das nationale Gewohnheitsrecht (*common law*), worunter jene Rechtsbräu-

---

304 *Kingston/Imrie*, Vereinigtes Königreich, in: Grabitz (Hrsg.), Grundrechte in Europa und USA (1986) 715 (722).
305 *Kingston/Imrie*, Vereinigtes Königreich 722.
306 *Heinsohn*, Grundsatz 171.
307 *Heinsohn*, Grundsatz 172.
308 *Kingston/Imrie*, Vereinigtes Königreich 722.
309 *Wild/Weinstein*, Smith & Keenan's English Law[17] 15.
310 *Heinsohn*, Grundsatz 173.
311 *Arnauld*, EuR 2008, Beiheft 1, 44.
312 *Kimmel/Kimmel*, Verfassungen 891.
313 *Kimmel/Kimmel*, Verfassungen 891.
314 *Kimmel/Kimmel*, Verfassungen 892.

che zu verstehen sind, die bereits seit Beginn der Rechtsordnung in Gerichtsentscheidungen als Recht qualifiziert wurden, und vor allem obergerichtliche Urteile, welche Präjudizienwirkung entfalten.[315]

Das Vereinigte Königreich unterzeichnete bereits 1950 als einer der ersten Staaten die EMRK und ratifizierte sie im Folgejahr. Allerdings dauerte es beinahe 50 Jahre bis zur Aufnahme verschiedener EMRK-Garantien in die innerstaatliche Rechtsordnung durch den *Human Rights Act 1998*,[316] welcher im Oktober 2000 in Kraft trat. Diesen Grundrechten kommt jedoch kein Vorrang gegenüber Parlamentsgesetzen zu, sodass die Parlamentssouveränität nicht angetastet wird.[317] Sofern es den Obergerichten unmöglich ist, eine Bestimmung eines Parlamentsgesetzes konventionskonform auszulegen, können sie lediglich förmlich deren Unvereinbarkeit mit den Grundrechten feststellen, wohingegen eine Aufhebung nicht möglich ist.[318]

Mit dem *European Communities Act 1972* wurde die Grundlage für den am 1.1.1973 erfolgten Beitritt des Vereinigten Königreichs zur Europäischen Gemeinschaft gelegt.[319] Dieses Gesetz normiert, dass das Gemeinschaftsrecht als Rechtsquelle des innerstaatlichen Rechts anzuerkennen und unmittelbar anwendbares Gemeinschaftsrecht ohne Notwendigkeit einer innerstaatlichen Umsetzung im Vereinigten Königreich wirksam ist.[320] Mit den Entscheidungen des EuGH in den Rs *Stauder*[321] und *Nold*[322] zeigte sich, dass bestimmte Grundrechte trotz mangelnder Kodifikation in Form von allgemeinen Rechtsgrundsätzen Bestandteil der Gemeinschaftsrechtsordnung sind. Der Vorrang des Gemeinschaftsrechts und somit auch der in der Judikatur des Gerichtshofes anerkannten Gemeinschaftsgrundrechte wurde in der innerstaatlichen Judikatur schließlich in der Rechtssache *Factortame*[323] unter Bezugnahme auf den *European Communities Act 1972* anerkannt.[324]

---

315 *Kingston/Imrie*, Grundrechte 731 ff.

316 Vgl hierzu näher *Grote*, Die Inkorporierung der Europäischen Menschenrechtskonvention in das britische Recht durch den Human Rights Act 1998, ZaöRV 1998, 309.

317 *Grabenwarter/Pabel*, EMRK^6 § 3 Rz 6.

318 *Grabenwarter/Pabel*, EMRK^6 § 3 Rz 6.

319 *Kingston/Imrie*, Grundrechte 729.

320 *Kingston/Imrie*, Grundrechte 729 f.

321 Urteil Stauder, 29/69, EU:C:1969:57.

322 Urteil Nold, 4/73, EU:C:1974:51.

323 *Lord Bridge*, R v. Transport Secretary of State for Transport, ex parte Factortame Ltd. (No 2) (1991) 1 AC 603 (658 f).

324 Der beabsichtigte Ausstieg aus der EU infolge des Referendums wird wohl zur Folge haben, dass der Vorrang der EU-Grundrechte nicht weiter besteht.

II.E.4.c. Keine Anerkennung als allgemeines Rechtsprinzip

Die Kontrolle der Rechtmäßigkeit des Verwaltungshandelns wird in England nicht von Verwaltungsgerichten, sondern von ordentlichen Gerichten gewährleistet.[325] Ihr Umfang wird dabei maßgeblich von der Souveränität des Parlaments beeinflusst, da die Exekutive durch das Parlament ermächtigt wird.[326] Folglich bestand die Aufgabe der Gerichte ursprünglich lediglich darin, in Form einer *Ultra-vires*-Kontrolle sicherzustellen, dass sich das Verwaltungshandeln innerhalb des – vom Parlament vorgegebenen – gesetzlichen Rahmens bewegt. Daraus ergibt sich, dass Gerichte nicht in die Sachentscheidung der zuständigen Behörde eingreifen dürfen.[327] Dies würde nach englischer Dogmatik einen unzulässigen *appeal on the merits* darstellen. Aufgrund der Zunahme von Ermessensspielräumen für die Verwaltung erschien die weitgehende Beschränkung der gerichtlichen Befugnisse aus Rechtsschutzgründen nicht mehr zeitgerecht und als Folge dessen wurden die gerichtlichen Kontrollmöglichkeiten ausgeweitet.[328]

Nach englischem Recht existieren drei Gründe, anhand derer Verwaltungsentscheidungen gerichtlich überprüft werden können (*grounds of review*): Im Zuge der Prüfung der *procedural propriety*[329] wird untersucht, ob die verfahrensrechtlichen Prinzipien bei Erlass der Verwaltungsmaßnahme eingehalten wurden.[330] Darüber hinaus wird unter dem Begriff der *legality*[331] geprüft, ob die Behörde im Sinn des Gesetzes gehandelt, ein unzulässiges Ziel angestrebt oder irrelevante Faktoren in die Entscheidungsfindung miteinbezogen hat.[332] Dieser Grund für die gerichtliche Überprüfung umfasst auch die oben genannte *Ultra-vires*-Kontrolle.[333] Den einzigen materiell-rechtlichen Maßstab für die Untersuchung des Verwaltungshandelns bildet das Kriterium der *rationality*,[334] welches daher untenstehend näher behandelt wird.

---

325 *Wade/Forsyth*, Administrative Law[10] 9.

326 *Heinsohn*, Grundsatz 176.

327 *Craig*, Administrative Law[7] (2012) Rz 21-002: *"[...] it is not for the courts to substitute their choices as to how the discretion ought to have been exercised for that of the administrative authority."*

328 *Heinsohn*, Grundsatz 176.

329 In der Literatur und Judikatur ist bisweilen auch von *"procedural impropriety"* die Rede.

330 *Koch*, Grundsatz 84.

331 In der Literatur und Judikatur ist bisweilen auch von *"illegality"* die Rede.

332 *Heinsohn*, Grundsatz 177.

333 *Arnauld*, EuR 2008, Beiheft 1, 44.

334 In der Literatur und Judikatur ist bisweilen auch von *"irrationality"* die Rede.

II.E.4.c.i. Rationality review

Die Grundsatzentscheidung zum Maßstab der *rationality* bildet die Rs *Wednesbury*:[335] Streitgegenständlich war die Bewilligung zur öffentlichen Vorführung von Filmen unter der Bedingung, dass Jugendlichen unter 15 Jahren an Sonntagen das Betreten des Kinos versagt wird. Die gegen diese Auflage erhobene Klage des Kinobetreibers wurde mit dem Hinweis abgewiesen, dass eine Aufhebung der Verwaltungsentscheidung nur dann in Frage käme, wenn sie *"unreasonable"* sei. Dies wäre der Fall, wenn die Verwaltungsbehörde eine Entscheidung trifft, die so absurd ist, dass keine vernünftige Person jemals auf die Idee käme, dass die Entscheidung von der Befugnis der Behörde umfasst ist.[336] Als Beispiel wird in diesem Urteil unter Verweis auf eine ältere Entscheidung[337] die Kündigung einer rothaarigen Lehrerin aufgrund ihrer Haarfarbe genannt.[338]

Darüber hinaus werden in der Rs *Wednesbury* aber auch die Berücksichtigung sachfremder Faktoren bei der Entscheidungsfindung und das Handeln wider Treu und Glauben (*bad faith*) als *unreasonable* bezeichnet.[339] Es sei darauf hingewiesen, dass in diesem Urteil mit dem Begriff *unreasonableness* zwei verschiedene Gründe für die gerichtliche Überprüfung angesprochen werden: Nur der erstgenannte Sinngehalt ist dem materiell-rechtlichen Maßstab der *rationality* zuzuordnen, während die Berücksichtigung sachfremder Kriterien und das Handeln wider Treu und Glauben in Form der Prüfung der *legality* Eingang in die verwaltungsgerichtliche Kontrolle finden.[340] In den folgenden Ausführungen wird der Begriff der *reasonableness (unreasonableness)* mit jener der *rationality (irrationality)* gleichgesetzt.

Die restriktive Auslegung der Rechtsfigur der *unreasonableness* findet sich auch noch in späteren Urteilen. In einer Entscheidung aus dem Jahr 1985 wird eine Verwaltungsmaßnahme als *unreasonable* beschrieben, die auf so ungeheuerliche Art und Weise logische und moralische Standards missachtet, dass sie kein Mensch mit klarem Verstand jemals ergriffen hätte.[341] Es liegt nahe auch grob

---

335 HL, Associated Provincial Picture Houses Ltd. v. Wednesbury Corporation (1948) 1 KB 223.

336 *Lord Greene*, Associated Provincial Picture Houses Ltd. v. Wednesbury Corporation (1948) 1 KB 223 (229): *"[...] something so absurd that no sensible person could dream that it lay within the powers of the authority."*

337 *Lord Justice Warrington*, Short v. Poole Corporation (1926) Ch 66 (90 f).

338 *Lord Greene*, Associated Provincial Picture Houses Ltd. v. Wednesbury Corporation (1948) 1 KB 223 (229).

339 *Lord Greene*, Associated Provincial Picture Houses Ltd. v. Wednesbury Corporation (1948) 1 KB 223 (229).

340 Vgl *Craig*, Administrative Law[7] Rz 21-004.

341 *Lord Diplock*, Council of Civil Service Unions v. Minister for the Civil Service (1985) 1 AC 374 (410): *"[...] a decision, which is so outrageous in its defiance of logic or moral standards*

unverhältnismäßige Maßnahme als *unreasonable* im Sinne dieser Definition zu qualifizieren.[342] Aus diesem Grund wird in der Literatur zum Teil vertreten, die Prüfung der *unreasonableness* umfasse zumindest in Ansätzen eine Prüfung der Verhältnismäßigkeit.[343]

In dem Urteil in der Rs *GCHQ*[344] fand erstmals eine ausdrückliche Auseinandersetzung eines englischen Gerichts mit dem Grundsatz der Verhältnismäßigkeit statt.[345] In Streit stand ein vom zuständigen Minister ausgesprochenes Verbot der Gewerkschaftsmitgliedschaft für Beamte, welche für die nationale Sicherheit verantwortlich waren. Das *House of Lords* befasste sich in dem Urteil in einem Nebenpunkt auch mit der Frage, unter welchen Aspekten Verwaltungshandeln gerichtlich zu überprüfen sei und bekräftigte dabei die drei oben genannten *grounds of review.*[346] Die Bedeutung der Entscheidung ergibt sich vor allem aus dem Umstand, dass *Lord Diplock* den Verhältnismäßigkeitsgrundsatz in Form eines *obiter dictums* als möglichen zusätzlichen *ground of review* in Erwägung zog:

"I have in mind particularly the possible adoption in the future of the principle of proportionality which is recognised in the administrative law of several of our fellow members of the European Economic Community; but to impose on the instant case the three already well-established heads that I have mentioned will suffice."[347]

Die Auswirkungen des *obiter dictums*, welches klarstellte, dass die drei traditionellen Prüfungskriterien für das Verwaltungshandeln nicht als abschließend und in Zukunft einer möglichen Erweiterung als zugänglich zu verstehen seien, bestanden in einer intensiven Diskussion des Grundsatzes der Verhältnismäßigkeit in Literatur[348] und Rechtsprechung.[349]

---

that no sensible person who had applied his mind to the question to be decided could have arrived at it."

342 Vgl *Koch*, Grundsatz 84.

343 Siehe hierzu die Nachweise bei *Koch*, Grundsatz 84 (Fn 251).

344 HL, Council of Civil Service unions and others v. Minister for the Civil Service (1985) 1 AC 374.

345 *Heinsohn*, Grundsatz 176.

346 *Lord Diplock*, Council of Civil Service Unions v. Minister for the Civil Service (1985) 1 AC 374 (410).

347 *Lord Diplock*, Council of Civil Service Unions v. Minister for the Civil Service (1985) 1 AC 374 (410) (Hervorhebung durch den Autor).

348 *Jowell/Lester*, Beyond Wednesbury: Substantive Principles in Administrative Law, PL 1987, 368; *Boyron*, Proportionality in English Administrative Law: A Faulty Translation? 12 OJLS 1992, 237.

349 Siehe hierzu die Nachweise bei *Heinsohn*, Grundsatz 192 ff.

In der Judikatur wurde allerdings nicht nur die Frage nach einer eigenständigen Anerkennung des Grundsatzes thematisiert, sondern auch vertreten, dass er lediglich einen Unterfall der *unreasonableness* darstelle. In einer Entscheidung aus dem Jahr 1987[350] hatte die *Queen's Bench Division* ein – an ein Flugunternehmen gerichtetes – Verbot, Charterflüge durchzuführen, zu beurteilen. Dieses Verbot war ausgesprochen worden, weil fünf Piloten des Unternehmens die dafür notwendige Prüfung nicht bestanden hatten. Im Kern war fraglich, ob das umfassende Verbot als *unreasonable* aufzuheben war, da nur ein Teil der Piloten nicht im Besitz der erforderlichen Berechtigung war. Im gerichtlichen Verfahren argumentierte das Unternehmen, dass das Verbot gegen den Grundsatz der Verhältnismäßigkeit verstoßen würde, welcher einen Unterfall der *unreasonableness* darstelle. Wenngleich die vorgebrachte Unverhältnismäßigkeit von dem Gericht verworfen wurde, hielt es in seinem Urteil fest, dass die Verhältnismäßigkeit ein Teilaspekt der *unreasonableness* sei.[351]

Allerdings ist fraglich, ob diese Einordnung vor dem Hintergrund der äußerst restriktiven Auslegung der *unreasonableness* durch die englische Gerichtsbarkeit zutreffend ist. In diesem Zusammenhang weist *Heinsohn* zu Recht darauf hin, dass ein englisches Gericht wohl kaum eine Verwaltungsmaßnahme als *unreasonable* aufheben würde, nur weil eine andere gleich wirksame, aber weniger belastende Maßnahme gewählt werden hätte können.[352] Aus diesem Grund sei die Prüfung der *unreasonableness* eher ein Unterfall der Verhältnismäßigkeit, insoweit grob unverhältnismäßige Maßnahmen beanstandet werden.[353]

In seiner Leitentscheidung[354] zum Status des Verhältnismäßigkeitsgrundsatzes in der Rs *Brind*[355] setzte sich das *House of Lords* umfassend mit der Frage auseinander, ob der Verhältnismäßigkeitsgrundsatz einen eigenständigen *ground of review* darstellt: Zu beurteilen war ein – vom zuständigen Minister verhängtes – Sendeverbot für die britische Rundfunkanstalt BBC, welches ihr untersagte, direkte Äußerungen von Vertretern terroristischer Organisationen auszustrahlen,

---

350 Queen's Bench Division, Regina v. Secretary of State for Transport, ex parte Pegasus (1988) 1 WLR 990.

351 Queen's Bench Division, Regina v. Secretary of State for Transport, ex parte Pegasus (1988) 1 WLR 990 (1002): *"Then one aspect of reasonableness is proportionality, that is, that the means adopted should be reasonable, having regard to the aim to be achieved and the effects of any course to be adopted [...]."*

352 *Heinsohn*, Grundsatz 197.

353 *Heinsohn*, Grundsatz 197; aA *Hoffmann*, The Influence of the European Principle of Proportionality upon UK Law, in: Ellis (Hrsg.), The Principle of Proportionality in the Laws of Europe (1999) 107 (109).

354 *Craig*, Administrative Law[7] Rz 21-011.

355 HL, Regina v. Secretary of the State for the Home Department, ex parte Brind and others (1991) 1 AC 696.

um die öffentliche Sicherheit zu gewährleisten. In den Ausführungen des Gerichts betreffend eine mögliche Heranziehung des Verhältnismäßigkeitsgrundsatzes zur Beurteilung der Rechtmäßigkeit des Sendeverbots wird die Befürchtung geäußert, dass Richter durch ihre Entscheidung die Funktion der Verwaltungsbehörde übernehmen und dadurch die Grenzen der gerichtlichen Kontrolle (*judicial review*) überschreiten würden.[356] Dieser Zweifel ist mit jenem im französischen Recht vergleichbar, dem zufolge es nicht die Aufgabe eines Gerichts sei, eine Kontrolle der Zweckmäßigkeit (*opportunité*) des Verwaltungshandelns vorzunehmen. Im englischen Recht wirkt dieser Zweifel jedoch aufgrund der ausgeprägten Souveränität des Parlaments noch verstärkt.[357]

II.E.4.c.ii. Einfluss des Unionsrechts und der EMRK

Die restriktive Anwendung des Kriteriums der *unreasonableness* und die nicht vorhandene Anerkennung des Grundsatzes der Verhältnismäßigkeit durch die englischen Gerichte waren vor allem in Fällen mit Grundrechtsbezug problematisch. Wenngleich die EMRK erst mit dem *Human Rights Act 1998* innerstaatlich rechtliche Verbindlichkeit erlangte, bestand schon ab dem Zeitpunkt der Ratifikation der Konvention im Jahr 1951[358] eine völkerrechtliche Verpflichtung, die Einhaltung der Konventionsrechte zu gewährleisten.[359] Um einen höheren Standard in Bezug auf den Schutz der Grundrechte zu etablieren, erschuf das *House of Lords* ab Mitte der 1980er Jahre einen sogenannten „erhöhten Kontrollmaßstab" (*heightened scrutiny* bzw *sub-Wednesbury standard*).[360]

Ob dieser Kontrollmaßstab den Anforderungen an eine wirksame Beschwerde iSd Art 13 EMRK genügt, hatte der EMGR in der Rs *Smith and Grady*[361] zu beurteilen: Streitgegenständlich war die Entlassung von Homosexuellen aus dem Militärdienst einzig aus dem Grund ihrer Homosexualität. Dies qualifizierte der EGMR als Verletzung des Rechts auf Achtung des Privat- und Familienlebens gemäß Art 8 EMRK.[362] Für die vorliegende Arbeit ist der letzte Abschnitt des Urteils von besonderer Relevanz, in dem der EGMR ausführt, dass die innerstaatliche Kontrolle der Entlassungen auf ihre Irrationalität beschränkt ist und

---

356 *Lord Ackner*, Regina v. Secretary of the State for the Home Department, ex parte Brind and others (1991) 1 AC 696 (762): *"Yet in order to invest the proportionality test with a higher status than the Wednesbury test, an inquiry into and a decision upon the merits cannot be avoided."*

357 Vgl *Heinsohn*, Grundsatz 200.

358 Vgl hierzu Kapitel II.E.4.b oben.

359 *Craig*, Administrative Law[7] Rz 20-001.

360 *Arnauld*, EuR 2008, Beiheft 1, 46 mwN.

361 EGMR, 27.9.1999, Smith and Grady ./. UK, Nr. 33985/96, 33985/86.

362 EGMR, 27.9.1999, Smith and Grady ./. UK, Nr. 33985/96, 33985/86, Rz 69 ff.

somit kein Raum für die Prüfung eines dringenden, sozialen Bedürfnisses und der Verhältnismäßigkeit in Relation zu dem verfolgten legitimen Ziel bleibt:

"In such circumstances, the Court considers it clear that, even assuming that the essential complaints of the applicants before this Court were before and considered by the domestic courts, the threshold at which the High Court and the Court of Appeal could find the Ministry of Defence policy irrational was placed so high that it effectively excluded any consideration by the domestic courts of the question of whether the interference with the applicants' rights answered a pressing social need or was proportionate to the national security and public order aims pursued, principles which lie at the heart of the Court's analysis of complaints under Article 8 of the Convention."[363]

Aus diesem Grund entschied der EGMR, dass eine Verletzung von Art 13 EMRK vorlag. Diese Entscheidung beeinflusste maßgeblich die englischen Gerichte, sodass bereits kurz nach Inkrafttreten des *Human Rights Act 1998* die Prüfung der Verhältnismäßigkeit bei Eingriffen in Grundrechte angewandt wurde. Maßgebliche Bedeutung kommt in diesem Zusammenhang der Entscheidung des *House of Lords* in der Rs *Daly* zu, in welcher zu beurteilen war, ob das Verbot für einen Häftling bei einer Durchsuchung seiner Zelle anwesend zu sein, wenn dabei vertrauliche Briefe mit seinem Rechtsanwalt von den Justizwachebeamten untersucht werden, Art 8 EMRK verletzt.[364] Im Urteil hebt *Lord Steyn* hervor, dass ein materieller Unterschied zwischen der Prüfung der grundrechtsbeschränkenden Maßnahme anhand des Kriteriums der *rationality* unter Berücksichtigung des „erhöhten Kontrollmaßstabes" und einer Verhältnismäßigkeitsprüfung besteht.[365] Denn zweitgenannte ermögliche die Überprüfung der Ausgewogenheit der vom zuständigen Organ erlassenen Maßnahme und nicht nur das Ausscheiden von offensichtlich unvernünftigen Maßnahmen.[366] Der Grundsatz der Verhältnismäßigkeit verpflichte die Gerichtsbarkeit das relative Gewicht der betroffenen Interessen zu berücksichtigen.[367]

---

363 EGMR, 27.9.1999, Smith and Grady ./. UK, Nr. 33985/96, 33985/86, Rz 138 (Hervorhebung durch den Autor).

364 HL, R. (Daly) v Secretary of State for the Home Department (2001) UKHL 26.

365 *Lord Steyn*, R. (Daly) v Secretary of State for the Home Department (2001) UKHL 26 (Rz 27).

366 *Lord Steyn*, R. (Daly) v Secretary of State for the Home Department (2001) UKHL 26 (Rz 27); vgl hierzu *Hickman*, The Substance and Structure of Proportionality, PL 2008, 694 (696).

367 *Lord Steyn*, R. (Daly) v Secretary of State for the Home Department (2001) UKHL 26 (Rz 27).

Ausgehend von dem Erkenntnis in der Rs *Daly* haben englische Gerichte im Anwendungsbereich des *Human Rights Act 1998*[368] häufig eine Verhältnismäßigkeitsprüfung durchgeführt, wobei diese nicht nur bei grundrechtsbeschränkenden Verwaltungsakten, sondern auch bei grundrechtsbeschränkenden Gesetzen eine bedeutende Rolle einnimmt.[369] Auf dem Gebiet der Konventionsrechte ist der Grundsatz der Verhältnismäßigkeit somit anerkannt.[370] Wenngleich eine konsistente Ausgestaltung der Verhältnismäßigkeitsprüfung (noch) nicht ersichtlich ist,[371] hat das *House of Lords* in einem Urteil aus dem Jahr 2007 ausgesprochen, dass nicht nur die Legitimität des Ziels sowie die Eignung und Erforderlichkeit der Maßnahme,[372] sondern auch die Verhältnismäßigkeit ieS bei der Prüfung eines Grundrechtseingriffs zu berücksichtigen sind.[373]

Neben der Rechtsprechung des EGMR begünstigte auch das Unionsrecht die Rezeption des Verhältnismäßigkeitsgrundsatzes im englischen Recht.[374] Denn die nationalen Behörden haben zum einen beim Vollzug von unionsrechtlichen Vorschriften das Unionsrecht und somit auch den Grundsatz der Verhältnismäßigkeit zu berücksichtigen, zum anderen ist das Vereinigte Königreich als Mitgliedstaat dazu verpflichtet, nicht gegen das Unionsrecht zu verstoßen.[375] Folglich mussten sich die englischen Richter zwangsläufig mit dem Grundsatz auseinandersetzen und lernten zum Teil auch seine Vorzüge zu schätzen.

Die Anwendung des Verhältnismäßigkeitsgrundsatzes durch die englische Gerichtsbarkeit in Grundrechtsfällen und im Geltungsbereich des Unionsrechts führte allerdings (noch) nicht zur Anerkennung des Grundsatzes als allgemeines Rechtsprinzip.[376] Dass der Anwendungsbereich des Grundsatzes strikt auf die beiden genannten Fallgruppen beschränkt ist, wurde auch in der Judikatur ausge-

---

368 Zur Bedeutung des Human Rights Act 1998 für die Entwicklung des Verhältnismäßigkeitsgrundsatzes im englischen Recht vgl *Leigh/Masterman*, Making Rights Real (2008) 153 ff; *Law*, Generic Constitutional Law, 89 MLR 2005, 652 (713 ff).

369 *Arnauld*, EuR 2008, Beiheft 1, 47; zur Anwendung des Verhältnismäßigkeitsgrundsatzes bei der gerichtlichen Kontrolle legislativer Akte vgl auch *Knill/Becker*, Divergenz trotz Diffusion? Die Verwaltung 2003, 447 (474).

370 *Hickman*, PL 2008, 701.

371 *Arnauld*, EuR 2008, Beiheft 1, 47.

372 Diese Teilelemente wurden bereits in den oben zitierten Rs *Daly* explizit genannt.

373 HL, Huang and Kashmiri v. Secretary of State for the Home Department (2007) UKHL 11; vgl hierzu auch *Hickman*, PL 2008, 713.

374 *Saurer*, Der Staat 2012, 12; *Arnauld*, EuR 2008, Beiheft 1, 49 f.

375 Vgl *Heinsohn*, Grundsatz 184.

376 Der beabsichtigte Ausstieg des Vereinigten Königreichs aus der EU könnte mE für die weitere Entwicklung des Verhältnismäßigkeitsgrundsatzes im englischen Recht hinderlich sein.

sprochen.[377] Ungeachtet dessen sprechen sich Richter vereinzelt für eine allgemeine Anerkennung des Verhältnismäßigkeitsgrundsatzes aus.[378]

II.E.4.d. Ergebnis

Als oberste Grundregel des englischen Rechts gilt die Parlamentssouveränität (*sovereignty of Parliament*), welche dem Prinzip der Rechtsstaatlichkeit (*rule of law*) regelmäßig vorgeht. Aus diesem Grund sind englische Gerichte bei der Überprüfung von Entscheidungen der Exekutive und noch mehr der Legislative auf ihre materielle Richtigkeit traditionell äußerst zurückhaltend, damit sie nicht in die Sachentscheidung des zuständigen Organs eingreifen. Ursprünglich war die Überprüfung der Rechtmäßigkeit des Verwaltungshandelns auf eine *Ultra-vires*-Kontrolle beschränkt. Aufgrund der augenscheinlichen Rechtsschutzdefizite wurde die gerichtliche Kontrolle auf eine Überprüfung der *procedural propriety*, *legality* und *rationality* ausgedehnt, wobei letztgenannte den einzigen materiell-rechtlichen Maßstab des Verwaltungshandelns darstellt. Nach diesem Maßstab werden nur jene Entscheidungen als rechtswidrig aufgehoben, die so absurd sind, dass sie keine vernünftige Person jemals getroffen hätte.

Die eingeschränkte inhaltliche Kontrolle ist besonders in Fällen mit Grundrechtsbezug problematisch, sodass die englische Gerichtsbarkeit in diesen Fällen einen „erhöhten Kontrollmaßstab" heranzog. Dies gewährleistete jedoch keinen effektiven Grundrechtsschutz, weshalb der EGMR eine Verletzung von Art 13 EMRK feststellte.[379] Als Folge dessen berücksichtigen englische Gerichte in Grundrechtsfällen regelmäßig den Grundsatz der Verhältnismäßigkeit. Darüber hinaus wenden sie den Grundsatz an, sofern (und solange) sie unionsrechtlich dazu verpflichtet sind. Abgesehen von diesen zwei Fallgruppen ist der Grundsatz in der Judikatur nicht anerkannt.

II.F. Mögliche Geltungsgründe

II.F.1. Vorbemerkung

Selbst in jenen Rechtssystemen, in denen der Grundsatz der Verhältnismäßigkeit unumstritten als allgemeines Rechtsprinzip anerkannt ist, herrscht Unsicherheit

---

377 Queen's Bench Division, R. (Association of British Civilian Internees: Far East Region) v. Secretary of State for Defence (2003) QB 1397.

378 *Lord Slynn*, R (Alconburry Developments Ltd and Others) v. Secretary of State for the Environment, Transport and the Regions (2003) 2 AC 295, (2001) UKHL 23 (Rz 51); vgl hierzu *Schwarze*, Dimensionen des Rechtsgrundsatzes der Verhältnismäßigkeit, in: FS Rengeling (2008) 633 (637).

379 EGMR, 27.9.1999, Smith and Grady ./. UK, Nr. 33985/96, 33985/86.

über seine dogmatische Herleitung. Der praktische Grund für seine Anerkennung ist hingegen naheliegend und besteht darin, dass der Grundsatz die Strukturierung und Lösung von rechtlichen Konflikten ermöglicht, bei denen die tatbestandsmäßige Subsumtion für die Ableitung von Rechtsfolgen nicht genügt.[380] Er wird auch weiterhin Bestand haben, da der Gesetzgeber nicht der Lage ist, jeglichen denkbaren Lebenssachverhalt im Voraus so präzise zu regeln, dass die schlichte Subsumtion unter eine Norm sämtliche rechtlichen Konflikte auflöst.

Allerdings kann man nicht ohne Weiteres davon ausgehen, dass der Verhältnismäßigkeitsgrundsatz in jedem rechtlichen Konflikt beachtlich ist. Vielmehr muss seine Geltung entweder in der jeweils anwendbaren Rechtsgrundlage explizit angeordnet sein oder sie ergibt sich schon aus dem Geltungsgrund des Grundsatzes. Daraus folgt auch die Bedeutung der folgenden Überlegungen zum Geltungsgrund, da dieser die Reichweite des Grundsatzes determiniert.[381] Abhängig von seiner Funktion ist auch denkbar, dass die Frage nach seinem Geltungsgrund unterschiedlich zu beantworten ist[382] oder nicht nur exklusiv ein Herleitungsweg, sondern mehrere Herleitungswege vertreten werden können und verschiedene Herleitungswege gewisse Überschneidungen zeigen.

II.F.2. Zweck und Mittel als „Grundkategorie menschlichen Denkens"

Das Denken in Mittel und Zweck liegt in der Natur des Menschen. Er fragt sich, wie (mit welchen Mitteln) er ein gewisses Ziel (einen gewissen Zweck) erreichen kann. *Hirschberg* bezeichnet daher das Zweck-Mittel-Denken als eine *„Grundkategorie menschlichen Denkens."*[383] Diese Kategorie des Denkens sei nicht nur im täglichen Leben von Bedeutung, sondern spiele auch bei den grundlegenden Fragen in der Philosophie, wie jener nach dem „letzten Zweck" oder dem „Staatszweck" eine Rolle.[384] Sie sei in sämtlichen Disziplinen nachweisbar, welche sich mit menschlichen Handlungen und Entscheidungen beschäftigen.[385] Dies gelte neben dem Bereich der Philosophie vor allem für die Bereiche der Ethik, der Betriebs- und Volkswirtschaftslehre und der Soziologie.[386] In den einschlägigen Arbeiten in diesen Fachgebieten kommt insbesondere der Teilaspekt der Notwendigkeit deutlich zum Ausdruck.[387]

---

380 Vgl *Schlink*, Grundsatz 464.

381 *Schlink*, Grundsatz 447.

382 *Kunig*, Gedanken zum Grundsatz der Verhältnismäßigkeit, in: Armbrüster/Canaris/Häublein/Klimke (Hrsg.), Recht genau (2009) 143 (149).

383 *Hirschberg*, Grundsatz 43.

384 *Hirschberg*, Grundsatz 43.

385 *Hirschberg*, Grundsatz 43.

386 *Hirschberg*, Grundsatz 43.

387 *Vranes*, ArchVR 2009, 14.

Das ökonomische Prinzip fordert in einer Ausprägung, dass zur Verfügung stehende Mittel zur Erzielung maximalen Ertrages eingesetzt werden; in einer zweiten verlangt es die Erreichung eines bestimmten Zieles mit möglichst geringem Mitteleinsatz.[388] In beiden Ausprägungen kommt dabei dem Zusammenhang von Zweck und Mittel maßgebliche Bedeutung zu.[389] Aus der zweiten Ausprägung können zwanglos die beiden Teilgrundsätze der Eignung und Erforderlichkeit abgeleitet werden, da von mehreren zur Zielerreichung geeigneten Mitteln das mildeste heranzuziehen ist, um ökonomisch zu wirtschaften.[390]

Ein weiteres Konzept, welches sich zur Herleitung der Eignung und Erforderlichkeit anbietet, stellt jenes der Pareto-Optimalität dar.[391] Um ein Pareto-Optimum zu erreichen ist die Heranziehung eines Mittels M_1, welches zur Erreichung des Ziels (der Eigenschaft) Z_1 ungeeignet ist, aber gleichzeitig negative Auswirkungen auf das zweite zu berücksichtigende Ziel Z_2 hat, zu vermeiden.[392] Der Einsatz des Mittels M_1 ist aber auch dann zu unterlassen, wenn es in gleicher Weise wie das andere Mittel M_2 die Erreichung des Ziels Z_1 fördert, aber die Erreichung des Ziels Z_2 stärker beeinträchtigt als das Mittel M_2 und somit nicht das gelindeste Mittel darstellt.[393]

Während die beiden wirtschaftlichen Denkmuster des Ökonomiegebots und der Pareto-Optimalität keinen Hinweis darauf enthalten, dass auch die Verhältnismäßigkeit ieS im menschlichen Denken grundlegend verankert ist, lässt die aus der griechischen Philosophie stammende Denkfigur der *prudentia* (Klugheit) dies zumindest vermuten.[394] Denn kluges Handeln im Sinne dieses Ansatzes verlangt, im Voraus eine Abwägung der mit einer Handlung verbundenen Vor- und Nachteile vorzunehmen,[395] welche auch für die Prüfung der Verhältnismäßigkeit ieS charakteristisch ist.

Der Herleitung des Verhältnismäßigkeitsgrundsatzes aus dem – für den Menschen typischen – Denken in Mittel und Zweck liegt augenscheinlich naturrechtliches Denken zugrunde. Aus Sicht eines Rechtspositivisten, der das Recht nicht

388 *Gäfgen*, Theorie der wirtschaftlichen Entscheidung² (1968) 102.
389 *Gäfgen*, Theorie 103.
390 *Vranes*, ArchVR 2009, 15.
391 *Alexy*, A Theory of Constitutional Rights (2002) 399; *Vranes*, Trade and the Environment: Fundamental Issues in International and WTO Law (2006) 154; *ders.*, ArchVR 2009, 15.
392 *Vranes*, Trade 154 f; *ders.*, ArchVR 2009, 15.
393 *Vranes*, Trade 154 f; *ders.*, ArchVR 2009, 15.
394 Zur Ableitung aus der Denkfigur der *prudentia* vgl *Vranes*, ArchVR 2009, 15.
395 *Perelman*, Über die Gerechtigkeit (1967) 100: *„Die Klugheit ist die Tugend, die uns die sichersten und am wenigsten beschwerlichen Mittel zur Erreichung unserer Ziele wählen läßt. Wenn uns allen allein unser Interesse wichtig wäre, würde uns die Klugheit raten, so zu handeln, daß unsere Taten jeweils am nützlichsten wären und uns die meisten Vorteile und die geringsten Nachteile brächten."*

anhand empirischer, auf Werte bezogener Merkmale bestimmt und somit nicht auf den Inhalt einer Norm abstellt,[396] ist diese Herleitung zumindest auf den ersten Blick jedenfalls abzulehnen. Denn für ihn ist nur positives Recht als Recht zu qualifizieren.[397] Aus der in der Literatur geäußerten Kritik am Rechtspositivismus und der mit ihr verbundenen Trennungsthese sind im gegebenen Zusammenhang besonders die beiden folgenden Aspekte erwähnenswert:

Dworkin lehnt unter anderem die These, auf welcher der Positivismus mitberuht, wonach das Recht ein Komplex aus Regeln ist, die aufgrund ihrer Herkunft den Rechtsstatus erlangt haben und somit von moralischen Regeln abzugrenzen sind, ab.[398] Er vertritt, dass die Entscheidung schwieriger Fälle anhand von Regeln häufig nicht zu bewerkstelligen sei.[399] Vielmehr müsse auf sogenannte Prinzipien zurückgegriffen werden, die auf Basis des positivistischen Herkunftstests kein Recht darstellen, und dabei seien vom Richter moralische Erwägungen zu berücksichtigen.[400] Prinzipien seien nach seiner Ansicht Argumente, die für eine bestimmte Entscheidung sprechen, jedoch keine definitive Entscheidung vorgeben.[401] Im Falle von Kollisionen zwischen verschiedenen Prinzipien gehe nicht eines dem anderen vor, sondern sei eine Entscheidung anhand des relativen Gewichts der beiden widerstreitenden Prinzipien notwendig.[402]

Darauf aufbauend kann argumentiert werden, dass nicht uneingeschränkt am Rechtspositivismus festgehalten werden kann und daher naturrechtliche Überlegungen zu berücksichtigen sind. Dies wird bei der Entscheidung schwieriger Fälle besonders augenscheinlich, da sie die Heranziehung von nicht kodifizierten Prinzipien erforderlich macht. Gerade der Umstand, dass der Grundsatz der Verhältnismäßigkeit, der vor allem in grundrechtlichen Fällen, die mE wohl häufig als „schwierige Fälle" im Sinne *Dworkins* zu qualifizieren sind, bereits vor dessen Kodifikation als Entwicklung von Lehre und Rechtsprechung herangezogen wurde, demonstriert die Relevanz naturrechtlicher Erwägungen bei der Suche nach dem Geltungsgrund des Verhältnismäßigkeitsgrundsatzes.

Die Trennungsthese, welche idR als zum Rechtspositivismus gehörend angesehen wird, besagt, dass der Rechtsbegriff sowohl von naturrechtlichen als auch

---

396 *Ott*, Der Rechtspositivismus² (1992) 110.

397 *Bergbohm*, Jurisprudenz und Rechtsphilosophie I (1892) 52: *„Alles Recht ist positiv [...] und nur positives Recht ist Recht."*

398 *Dworkin*, Bürgerrechte 46 f.

399 *Dworkin*, Bürgerrechte 144.

400 *Dworkin*, Bürgerrechte 144 ff.

401 *Dworkin*, Bürgerrechte 60.

402 *Dworkin*, Bürgerrechte 62.

außerrechtlichen moralischen Elementen losgelöst ist.[403] Die Existenz und Gültigkeit positiven Rechts seien demnach unabhängig von dessen *„moralischen Qualitäten.“*[404] Dies wurde vor allem vor dem Hintergrund der Gesetze in der Zeit des nationalsozialistischen Regimes kritisiert. Gegen die Trennungsthese kann mit *Radbruch* eingewendet werden, dass das Recht Gerechtigkeit verwirklichen will.[405] Sofern somit das positive Recht der Gerechtigkeit in unerträglichem Ausmaß widerspricht, habe das Gesetz als „unrichtiges Recht“ hinter die Gerechtigkeit zurückzutreten.[406] Der Gerechtigkeit komme nach dieser Ansicht folglich materieller Gehalt zu.[407]

Gemein ist diesen Literaturmeinungen, dass sie die Gültigkeit von Rechtsnormen nicht völlig losgelöst von materieller Gerechtigkeit beurteilen. Mit anderen Worten hat die rechtspositivistische Ablehnung von naturrechtlichen Erwägungen ihre Grenze in der materiellen Gerechtigkeit. Da die Verhältnismäßigkeit als Ausdruck materieller Gerechtigkeit erachtetet werden kann und sich auch historisch aus der Idee der Gerechtigkeit entwickelt hat,[408] ist mE das denkbare rechtspositivistische Argument gegen die in diesem Kapitel dargestellte naturrechtliche Ableitungsmöglichkeit des Verhältnismäßigkeitsgrundsatzes nicht sehr überzeugend.

II.F.3. Ableitung aus dem Rechtsbegriff

Die Vorstellung, dass das Recht Mittel zum Zweck sei, war bereits im antiken Griechenland bekannt und wurde von den römischen Juristen wesentlich weiterentwickelt.[409] Nach dem römischen Rechtsgelehrten *Ulpian* diene das Privatrecht dem Nutzen der Bürger.[410] Darüber hinaus wurde in Rom bereits im 3. Jahrhundert n. Chr. gefordert, dass gesetzliche und administrative Eingriffe des Herrschers durch das Gemeinwohl (*utilitas publica*) gerechtfertigt sein müssten.[411]

Nach *Wieacker* ist der Gedanke, dass Recht nützlich sein müsse und menschlichen Zwecken zu dienen habe,[412] *„die mächtigste Wurzel des heutigen Verhält-*

---

403 *Röhl/Röhl*, Rechtslehre³ 293.

404 *Bydlinski*, Juristische Methodenlehre und Rechtsbegriff² (2011) 277.

405 *Radbruch*, Gesetzliches Unrecht und übergesetzliches Recht (1946) 10.

406 *Radbruch*, Unrecht 11.

407 *Bydlinski*, Methodenlehre² 292.

408 Siehe Kapitel II.C oben.

409 *Emmerisch-Fritsche*, Grundsatz 55.

410 Digesten, 1,1,1 (zitiert nach Behrends/Knütel/Kupisch/Seiler [Hrsg.], Corpus, Bd II, 91): *„publicum ius est quod ad statum rei Romanae spectat, privatum quod ad singulorum utilitatem.“*

411 *Wieacker*, Wurzeln 878 mwN.

412 Unter menschlichen Zwecken versteht *Wieacker* in diesem Zusammenhang sowohl Interessen von Individuen als auch der Gesellschaft insgesamt (vgl *Wieacker*, Wurzeln 878).

nismäßigkeitsgrundsatzes.“[413] Denn sobald das Recht eine solche Zielsetzung beinhalte, müsse es zwingend ein Mittel darstellen, welches *„in einer quantifizierbaren Mittel-Zweck-Relation“* zum angestrebten Ziel steht.[414] Damit unterliege diese Relation dem aus der wirtschaftlichen Literatur bekannten Ökonomiegebot, dem zufolge ein Ziel mit möglichst geringem Aufwand erreicht werden soll.[415] Mit dem Hinweis auf das Ökonomiegebot wird auch die Überschneidung dieses Herleitungsweges mit jenem nach *Hirschberg* offenkundig:[416] Dieser sieht das Denken in Mittel und Zweck als *„Grundkategorie menschlichen Denkens“* und führt zur Untermauerung dieser These unter anderem das Ökonomiegebot an. Da diese Denkweise nach *Hirschberg* das gesamte menschliche Handeln beherrsche, ergibt sich daraus zwanglos, dass der Verhältnismäßigkeitsgrundsatz auch im Recht Geltung beanspruchen kann. *Wieacker* dürfte ebenso von der Prämisse des in Mittel und Zweck denkenden Menschen ausgehen, ordnet das Recht jedoch explizit als Mittel in die Relation von Mittel und Zweck ein.

Die Begründung des Verhältnismäßigkeitsgrundsatzes aus dem Rechtsbegriff ist insofern problematisch als keine einheitliche Definition des Begriffs existiert. Sofern man die Meinung vertritt, wonach das Erfordernis der Zweckmäßigkeit konstituierend für den Rechtsbegriff sei,[417] wovon auch *Wieacker* auszugehen scheint, ist dieser Begründungsansatz denkbar. Einschränkend kann in diesem Zusammenhang angemerkt werden, dass auch gegen die Ableitung aus dem Rechtsbegriff wegen ihrer Überschneidungen mit der Ableitung nach *Hirschberg* rechtspositivistische Argumente ins Treffen geführt werden können.[418]

II.F.4. Ableitung aus dem Wesen der Grundrechte

Für das BVerfG ergibt sich die Geltung des Verhältnismäßigkeitsgrundsatzes, obwohl keines der Grundrechte des GG diesen Grundsatz anspricht, unter anderem *„aus dem Wesen der Grundrechte selbst, die als Ausdruck des allgemeinen Freiheitsanspruchs des Bürgers gegenüber dem Staat von der öffentlichen Gewalt jeweils nur soweit beschränkt werden dürfen, als es zum Schutz der öffentlichen Interessen unerläßlich ist.“*[419] Wenngleich das BVerfG die Ableitung aus dem Wesen der Grundrechte nicht konkretisiert hat, ist die untrennbare Verknüpfung zwischen dem Verhältnismäßigkeitsgrundsatz und dem Grundrechtsschutz

---

413 *Wieacker*, Wurzeln 878.
414 *Wieacker*, Wurzeln 878.
415 *Wieacker*, Wurzeln 878.
416 Siehe Kapitel II.F.2 oben.
417 *Bydlinski*, Methodenlehre² 486 ff.
418 Siehe dazu Kapitel II.F.2 oben.
419 BVerfGE 19, 342 (349).

evident. Die Grundrechtsbindung des Gesetzgebers[420] und die in Grundrechten enthaltene Ermächtigung zu Eingriffen durch den Gesetzgeber[421] bedingen ein gewisses Spannungsverhältnis, da der Gesetzgeber zu Eingriffen in Rechte befugt ist, an die er gleichzeitig gebunden ist.[422] Die Auflösung dieses Spannungsverhältnisses erfolgt, indem der Gesetzgeber nur auf verhältnismäßige Weise in Grundrechte eingreifen darf.[423] Dieser Gedankengang ist auch auf das österreichische Recht übertragbar, da eine Grundrechtsbindung des Gesetzgebers zwar nicht explizit in der Verfassung verankert, aber unstrittig anerkannt ist,[424] und auch die verfassungsgesetzlich gewährleisteten Grundrechte Eingriffsbefugnisse des Gesetzgebers enthalten.[425]

Darüber hinaus kann sich im deutschen Recht eine Ableitung des Verhältnismäßigkeitsgrundsatzes aus den Grundrechten auch auf die allgemeine Handlungsfreiheit des Art 2 Abs 1 GG stützen, welche aufgrund der starken Betonung der individuellen Freiheit erfordert, dass sämtliche Freiheitsbeschränkungen im Interesse der Rechte anderer oder des Gemeinwohls gerechtfertigt sein müssen.[426]

Ein weiterer Ansatzpunkt kann in der Wesensgehaltsgarantie nach Art 19 Abs 2 GG gesehen werden, wonach ein Grundrecht in keinem Fall in seinem Wesensgehalt angetastet werden darf. Bekräftigt wird dies durch eine Aussage des BGH, wonach der Wesensgehalt eines Grundrechts verletzt sei, wenn der Eingriff darüber hinausgehe, was zur Zielerreichung *„unbedingt und zwingend“* notwendig sei.[427]. Tragfähig kann diese Argumentation jedoch nur sein, wenn man die Wesensgehaltsgarantie relativ versteht,[428] da die Ableitung einer relativen Eingriffsschranke aus einer absoluten Eingriffsschranke nicht möglich ist.

Ein zusätzliches Argument für die Herleitung des Verhältnismäßigkeitsgrundsatzes aus der Grundrechtsidee offenbart sich bei einer systematischen Interpretation des GG. Denn die bedeutendste Stellung innerhalb dieses Normtextes nimmt

---

420 Art 1 Abs 3 GG: *„Die nachfolgenden Grundrechte binden Gesetzgebung, vollziehende Gewalt und Rechtsprechung als unmittelbar geltendes Recht.“*

421 Vgl etwa Art 2 Abs 2, Art 8 Abs 2 oder Art 10 Abs 2 GG.

422 *Schlink*, Grundsatz 448.

423 *Schlink*, Grundsatz 448.

424 Zur Grundrechtsbindung des Gesetzgebers vgl etwa *Schulev-Steindl*, Drittwirkung und Fiskalgeltung, in: Merten/Papier/Kucsko-Stadlmayer (Hrsg.), Handbuch der Grundrechte in Deutschland und Europa: Band VII/1 – Grundrechte in Österreich[2] (2014) § 6 Rz 1.

425 Vgl etwa Art 5, Art 10 oder Art 10a Abs 2 StGG.

426 *Bleckmann*, Begründung und Anwendungsbereich des Verhältnismäßigkeitsprinzips, JuS 1994, 177 (178).

427 BGH 25.1.1952, VRG 5/51, DÖV 1953, 343 (344).

428 Siehe Kapitel III.B.6.c unten.

die Freiheit ein, welche in dem normierten Regel-Ausnahme-System nur beschränkt werden darf, wenn ein im Gemeinwohl liegendes Ziel verfolgt wird und die Beschränkung verhältnismäßig ist.[429]

Auch *Holoubek* vertritt die Ansicht, dass sich die Geltung des Verhältnismäßigkeitsgrundsatzes aus der systematischen Interpretation bestimmter Normen, insbesondere gesetzlicher Eingriffsermächtigungen in Grundrechte und der Gewährleistungen der individuellen Freiheit ergebe.[430] Eine Auslegung von gesetzlichen Eingriffsermächtigungen, welche die Ziele der betroffenen freiheitsschützenden Normen nicht berücksichtigt, erklärt nämlich die mit dem Grundrechtseingriff verfolgten legitimen Ziele für absolut und widerspricht somit der Funktion dieser Normen in einem *„liberal-rechtsstaatlichen"* Verwaltungsrechtssystem.[431]

Darüber hinaus geht auch *Krugmann* ohne Bezugnahme auf ein bestimmtes Rechtssystem davon aus, dass der Geltungsgrund des Teilgrundsatzes der Erforderlichkeit in jenen Fällen, in denen der Schutz der individuellen Freiheit betroffen ist, in der Menschenrechtsidee verortet ist.[432] Er begründet dies damit, dass der Schutz der Individualfreiheit ohne diese Schranken-Schranke wirkungslos wäre und folglich ein *„innerer sachlicher Zusammenhang"* zwischen dem Schutz der Individualfreiheit und dem Gebot der Erforderlichkeit bestehe.[433] Darüber hinaus ergibt sich seiner Ansicht nach auch die Rahmen der Verhältnismäßigkeit ieS vorzunehmende Abwägung aus einem modernen und effektiven System zum Schutz der Menschenrechte, da sie den Schutz der Freiheit für den Einzelnen ausdehnt.[434] Schließlich ist eine Entwicklung in Richtung einer Einbeziehung von Abwägungsvorgängen in Grundrechtsprüfungen auch auf internationaler Ebene zu beobachten.[435]

Im Ergebnis bedingt der Umstand, dass Freiheitsgrundrechte denknotwendig gewissen Beschränkungen unterliegen müssen, das Bedürfnis nach einem Instrumentarium, welches verhindert, dass der Grundrechtsschutz durch Beschrän-

---

429 *Merten*, Der Verhältnismäßigkeitsgrundsatz, in: Merten/Papier (Hrsg.), Handbuch der Grundrechte in Deutschland und Europa: Band III – Grundrechte in Deutschland: Allgemeine Lehren II (2009) § 68 Rz 38.

430 *Holoubek*, Zur Begründung des Verhältnismäßigkeitsgrundsatzes – verwaltungs-, verfassungs- und gemeinschaftsrechtliche Aspekte, in: Griller/Korinek/Potacs (Hrsg.), Grundfragen und aktuelle Probleme des öffentlichen Rechts, FS Rill (1995) 97 (124).

431 *Holoubek*, Begründung 124.

432 *Krugmann*, Der Grundsatz der Verhältnismäßigkeit im Völkerrecht (2004) 68.

433 *Krugmann*, Grundsatz 69.

434 *Krugmann*, Grundsatz 77.

435 *Krugmann*, Grundsatz 77.

kungsmöglichkeiten seine Effektivität verliert. Folglich lässt sich der Grundsatz der Verhältnismäßigkeit aus dem Wesen der Freiheitsgrundrechte ableiten.

II.F.5. Ableitung aus dem Prinzipienmodell

Die Geltung des Verhältnismäßigkeitsgrundsatzes kann auch aus der Struktur bestimmter Rechtsnormen abgeleitet werden. Dieser Herleitungsalternative liegt das von *Alexy* in seiner Habilitation „Theorie der Grundrechte" entwickelte Prinzipienmodell des Rechts zugrunde. Das Modell geht davon aus, dass jede Norm entweder als Regel oder Prinzip zu qualifizieren ist.[436] Prinzipien seien Normen, *„die gebieten, daß etwas in einem relativ auf die rechtlichen und tatsächlichen Möglichkeiten möglichst hohen Maße realisiert wird."*[437] Sie können folglich in verschiedenen Abstufungen verwirklicht werden.[438] Das rechtlich Mögliche wird in diesem Zusammenhang durch widerstreitende Prinzipien und Regeln determiniert.[439] Unter Regeln seien demgegenüber all jene Normen zu verstehen, die nur entweder befolgt oder nicht befolgt werden können.[440]

Augenscheinlich wird der Unterschied zwischen diesen beiden Normkategorien in jenen Fällen, in denen zwei anwendbare Normen zu miteinander unvereinbaren Handlungsanweisungen für den Rechtsunterworfenen führen und somit eine Auflösung dieser Widersprüchlichkeit notwendig wird. Ein Regelkonflikt könne entweder durch Einfügung einer Ausnahmeklausel in eine der beiden Normen oder durch Erklärung der Ungültigkeit einer der anwendbaren Normen erfolgen. Die Entscheidung, welche der beiden Normen für ungültig zu erklären sei, wird häufig anhand der bekannten Regeln *lex posterior* und *lex specialis* getroffen.[441]

Im Fall einer Kollision von Prinzipien sei der Lösungsmechanismus grundlegend verschieden, da weder eine Ausnahmeregelung noch eine Ungültigerklärung greifen kann, sondern ein Vorgehen eines der beiden Prinzipien im Einzelfall bestimmt werden muss. Regelkonflikte seien folglich auf Ebene der Geltung der Norm beizulegen, während Prinzipienkollisionen in dem Bereich der Bedeutung der Norm aufgelöst werden müssten.[442]

Dass Grundrechte vom BVerfG als Prinzipien verstanden werden, komme nach *Alexy* in jenen Urteilen deutlich zum Ausdruck, in welchen es im Rahmen von Güterabwägungen explizit Optimierungsgebote (*„möglichst weitgehende Entfal-*

---

436 *Alexy*, Theorie der Grundrechte^2 (1994) 77.
437 *Alexy*, Theorie 75.
438 *Alexy*, Theorie 76.
439 *Alexy*, Theorie 76.
440 *Alexy*, Theorie 76.
441 Vgl zu alledem *Alexy*, Theorie 77 f.
442 Vgl zu alledem *Alexy*, Theorie 78 f.

tung seiner Persönlichkeit",[443] *„bei der Berufswahl die größtmögliche Freiheit"*[444]) aufstellt.[445]

Am sogenannten Verhandlungsunfähigkeitsbeschluss des BVerfG[446] demonstriert *Alexy* das Erfordernis einer Güterabwägung. Streitgegenständlich war in diesem Fall, ob eine Gerichtsverhandlung gegen einen Beschuldigten, welchem aufgrund der mit ihr verbundenen gesundheitlichen Belastungen ein Herzinfarkt oder Schlaganfall drohte, durchgeführt werden durfte. Das aufzulösende Spannungsverhältnis bestand somit zwischen dem staatlichen Interesse an der Strafrechtspflege und den grundrechtlich gewährleisteten Garantien auf Leben und körperliche Unversehrtheit. Es könne nicht aufgelöst werden, indem einem der beiden Interessen ein absoluter Vorrang eingeräumt werde, sondern vielmehr müssten die widerstreitenden Interessen gegeneinander abgewogen werden, um zu entscheiden, *„welchem der abstrakt gleichrangigen Belange im konkreten Fall das höhere Gewicht zukomm[e]."*[447] Die Auflösung der Problematik liege hierbei in der Festlegung einer bedingten Vorrangrelation zwischen den betroffenen Prinzipien, welche unter Berücksichtigung der konkreten Umstände des Einzelfalls getroffen wird.[448] Die Vorrangrelation werde bestimmt, indem fallbezogen Bedingungen angegeben werden, unter welchen einem Prinzip gegenüber dem anderen Vorrang zukomme.[449] Diese Bedingungen ergeben den Tatbestand einer Regel, welche die Rechtsfolge des vorgehenden Prinzips anordnen und werden von *Alexy* als „Kollisionsgesetz" bezeichnet.[450]

Aus diesen Überlegungen folge, dass Prinzipien keine definitiven, sondern lediglich *prima-facie*-Gebote enthalten.[451] Sie seien als Gründe zu verstehen, welche durch gegenläufige Gründe hintangestellt werden können, während Regeln eindeutige Gebote aufstellen.[452] Allerdings gelte diese Unterscheidung nach *Alexy* nicht undifferenziert, da es auch Regeln ohne definitiven Charakter gebe.[453] Denn es sei denkbar, dass eine Regel durch Einfügung einer Ausnahmeklausel ihren definitiven Charakter verliere und auf diese Weise *prima-facie*-Charakter erhalte.[454] Allerdings sei deren *prima-facie*-Charakter von jenem von Prinzipien

443 BVerfGE 5, 85 (204).
444 BVerfGE 13, 97 (105).
445 *Alexy*, Theorie 79.
446 BVerfGE 51, 324.
447 *Alexy*, Theorie 79.
448 *Alexy*, Theorie 81.
449 *Alexy*, Theorie 81.
450 *Alexy*, Theorie 79 ff.
451 *Alexy*, Theorie 87 ff.
452 *Alexy*, Theorie 88.
453 *Alexy*, Theorie 88.
454 *Alexy*, Theorie 88.

abzugrenzen, da ein Prinzip einem anderen schon dann vorgehe, wenn ihm in einer konkreten Sachverhaltssituation höhere Bedeutung zukomme.[455] Eine Regel trete hingegen nicht schon gegenüber einem Prinzip zurück, wenn dem Prinzip höheres Gewicht zukomme als das die Regel stützende Prinzip, da in einer derartigen Konstellation auch jene allgemeinen Prinzipien, wie die grundsätzliche Verpflichtung zur Befolgung von Regeln, berücksichtigt werden müssen.[456]

Prinzipien stellen häufig die Gründe für Regeln einer Rechtsordnung dar und können somit zum besseren Verständnis von Regeln beitragen. Daher sind sie für Rechtsordnungen von elementarer Bedeutung, selbst wenn sie nicht explizit kodifiziert sind.[457]

Zusammenfassend ist die Verhältnismäßigkeitsprüfung nach *Alexy* das Mittel der Wahl um Prinzipien anzuwenden, während die Subsumption demgegenüber der Anwendung von Regeln dient. Die Subsumtion erlaube eine Entscheidung logisch deduktiv zu treffen, wohingegen die Prüfung der Verhältnismäßigkeit zwingend arithmetischer Methoden bedürfe.[458]

Das von *Alexy* entwickelte Prinzipienmodell ist in der Literatur nicht unumstritten und wird vor allem wegen der problematischen Abgrenzung von Regeln und Prinzipien kritisiert, da diese Unterscheidung essenziell für dieses Modell ist.[459] Die zur Veranschaulichung der Abgrenzung angeführten Beispiele wie Regeln, welche anordnen, bei einem Feueralarm den Raum zu verlassen oder zu gewissen Zeiten die Läden geschlossen zu halten,[460] seien Extrembeispiele, welche den behaupteten Kontrast zwischen Regeln und Prinzipien überbetonen würden.[461] Außerdem würden auch Regeln Elemente von Prinzipien, wie bspw die Begriffe „fahrlässig", „ungerecht" oder „signifikant" enthalten, und auf diese Weise ihre Anwendung von Prinzipien abhängig machen und somit zu einer Annäherung von Regel und Prinzip führen.[462]

---

455 *Alexy*, Theorie 88 f.

456 *Alexy*, Theorie 89.

457 *Alexy*, Theorie 93. Prinzipien können jedoch auch kodifiziert sein und folglich lässt sich die Abgrenzung von Regeln und Prinzipien mit einem positivistischen Rechtsverständnis in Einklang bringen (vgl *Potacs*, Rechtstheorie [2015] 100).

458 *Alexy*, On Balancing and Subsumption. A Structural Comparison, 16 Ratio Juris 2003, 433 (448).

459 Vgl etwa *Aarnio*, Taking Rules Seriously, in: Maihofer/Sprenger (Hrsg.), Law and the States in Modern Times (1990) 180 (181 ff).

460 *Alexy*, Theorie 77 f.

461 *Poscher*, The Principles Theory: How Many Theories and What is their Merit? in: Klatt (Hrsg.), Institutionalized Reason (2012) 218 (236).

462 *Koch*, Die normtheoretische Basis der Abwägung, in: Erbguth/Oebbecke/Rengeling/Schulte (Hrsg.), Abwägung im Recht, 9 (18 f) unter Verweis auf *Dworkin*, Taking Rights Seriously (1977) 28.

Darüber hinaus sei die Optimierung als Methode der Konfliktlösung überbewertet, da es neben ihr noch andere Möglichkeiten gebe, welche es einer konfligierenden Norm – etwa durch eine Ausnahmeregelung – erlaube in Kraft zu bleiben.[463] Der Unterschied zwischen Optimierungsgeboten und Ausnahmeregelungen sei lediglich inhaltlicher Natur und von der gleichen Art wie jener zwischen verschiedenen Ausnahmeregelungen, weshalb der Sonderstatus der Optimierung als Werkzeug zur Konfliktlösung nicht überzeugend sei.[464] Gegen den Sonderstatus spreche auch der Umstand, dass in jeder Norm ein Optimierungsgebot positiviert werden könne und somit die These von auf Basis ihrer Struktur zu unterscheidenden Normen nicht aufrechterhalten werde könne.[465]

Schließlich basiere das Prinzipienmodell auf einem Zirkelschluss, weil es eine Lösung für Prinzipienkollision biete ohne eine klare Aussage darüber zu treffen, wann ein derartiger Konflikt vorliegt.[466] Wenn aber ein Prinzip erst durch die Anwendung einer Konfliktregel ermittelt werde, sei die Voraussetzung für deren Anwendung (das Vorliegen einer Prinzipienkollision) erst nachträglich augenscheinlich.[467]

Wenngleich *Alexy* das Prinzipienmodell zum Teil als Antwort auf die Kritik in der Literatur weiterentwickelte[468] und es auch von anderen Autoren verteidigt wird,[469] ist seine Anerkennung nicht unumstritten. Eine umfassende Auseinandersetzung mit sämtlichen Argumenten aus der Literatur, welche für bzw gegen das Prinzipienmodell vorgebracht wurden, ist im Rahmen der vorliegenden Arbeit weder möglich noch erforderlich. Wesentlich ist mE, dass eine mögliche Ableitung des Verhältnismäßigkeitsgrundsatzes aus dem Prinzipienmodell vor allem davon abhängt, ob die Schlüssigkeit des Prinzipienmodells bejaht werden kann. Sofern dies trotz der zum Teil ablehnenden Stimmen in der Literatur möglich ist, spricht mE nichts gegen eine Ableitbarkeit, da zur Auflösung von Prinzipienkollisionen eine Abwägung im Einzelfall zwingend erforderlich ist, welche aus Gründen der Nachvollziehbarkeit gerichtlicher Entscheidungen idealerweise in Form einer Verhältnismäßigkeitsprüfung erfolgt.

---

463 *Poscher*, Einsichten, Irrtümer und Selbstmissverständnis der Prinzipientheorie, in: Sieckmann (Hrsg.), Die Prinzipientheorie der Grundrechte – Studien zur Grundrechtstheorie Robert Alexys (2007) 59 (65).

464 *Pirker*, Proportionality 50 f.

465 *Poscher*, Einsichten 68.

466 *Jestaedt*, Die Abwägungslehre – ihre Stärken und Schwächen, in: Depenheuer/Heintzen/Jestaedt/Axer (Hrsg.), Staat im Wort, FS Isensee (2007) 253 (261).

467 *Jestaedt*, Abwägungslehre 273.

468 *Alexy*, On the Structure of Legal Principles, 13 Ratio Juris 2000, 294.

469 Vgl etwa *Sieckmann*, Regelmodelle und Prinzipienmodelle des Rechtssystems (1990) 62 ff.

Da *Alexy* vor allem Grundrechte als Prinzipien versteht,[470] weist diese Herleitungsalternative auch Ähnlichkeiten mit jener aus dem Wesen der Grundrechte auf. Schließlich geht es bei beiden Ableitungsmöglichkeiten im Kern darum, mit dem Grundsatz der Verhältnismäßigkeit ein Instrumentarium zur Verfügung zu stellen, welches bestehende Spannungsverhältnisse zwischen einem Grundrecht und anderen Grundrechten oder sonstigen rechtlich anerkannten Interessen auflöst.

II.F.6. Ableitung aus dem rechtsstaatlichen Prinzip

In der deutschen Judikatur wird neben dem Wesen der Grundrechte vor allem das Rechtsstaatsprinzip als Geltungsgrund des Verhältnismäßigkeitsgrundsatzes verstanden. Eine erste in diese Richtung weisende Äußerung findet sich bereits in einem Erkenntnis des Bayerischen Verfassungsgerichtshofes aus dem Jahr 1955, wonach eine Regelung *„gegen den Grundsatz der Verhältnismäßigkeit und damit gegen den Rechtsstaatsgedanken"* verstoßen könne.[471] In folgenden Judikaten spricht der Bayerische Verfassungsgerichtshof schon davon, dass der Verhältnismäßigkeitsgrundsatz aus dem Rechtsstaatsprinzip iVm den Grundrechtsgarantien der Bayerischen Verfassung abzuleiten sei.[472] Ausgehend von einem Erkenntnis aus dem Jahr 1961[473] verzichtet er in ständiger Rechtsprechung bei der Ableitung auf den Hinweis auf die Grundrechte und verweist ausschließlich auf das Rechtsstaatsprinzip.[474]

Das BVerfG nahm zur Herleitung des Verhältnismäßigkeitsgrundsatzes erst in einer Entscheidung aus dem Jahr 1964 auf das Rechtsstaatsprinzip Bezug.[475] Eindeutig sind die folgenden Ausführungen in einem Beschluss des BVerfG: *„In der Bundesrepublik Deutschland hat der Grundsatz der Verhältnismäßigkeit verfassungsrechtlichen Rang. Er ergibt sich aus dem Rechtsstaatsprinzip, im Grunde bereits aus dem Wesen der Grundrechte selbst [...].“*[476] In nachfolgenden Entscheidungen ist davon die Rede, dass sich der Verhältnismäßigkeitsgrundsatz *„zwingend aus dem Rechtsstaatsprinzip"* ergebe.[477]

---

470 Vgl *Alexy,* Theorie 90, dem zufolge aber auch Normen, die der Verfolgung von Gemeinschaftsinteressen dienen, als Prinzipien gesehen werden können.

471 BayVerfGHE 8 II 34 (37).

472 Vgl etwa BayVerfGHE 9 II 158 (177) oder 11 II 23 (33 f).

473 BayVerfGHE 14 II 77 (84).

474 Vgl etwa BayVerfGHE 25 II 27 (37) oder 26 II 5 (18).

475 BVerfGE 17, 306 (313 f).

476 BVerfGE 19, 342 (348 f).

477 Vgl etwa BVerfGE 23, 127 (133); für eine exklusive Ableitung aus dem Rechtsstaatsprinzip spricht auch BVerfGE 30, 1 (20): *„Aus einer dritten Grundentscheidung des Grundgesetzes – dem Rechtsstaatsprinzip – schließlich hat das Bundesverfassungsgericht den Grundsatz der*

Für eine Ableitung aus dem Rechtsstaatsprinzip spricht, dass der Grundsatz seine Entwicklung in der Judikatur des PrOVG zu einer Zeit begann, in der sich bereits rechtsstaatliches Bewusstsein gebildet hatte, während von einem ausgeprägten Grundrechtsbewusstsein jedoch noch nicht die Rede sein konnte.[478] Gegen diese Herleitungsalternative wird vorgebracht, dass der Begriff des Rechtsstaats vage sei und der weiteren Ausformung bedürfe.[479] Erst durch bestimmte konkretisierte Verfassungsrechtssätze habe er seine Gestalt erhalten; er enthalte aber keine Konkretisierung des Verhältnismäßigkeitsgrundsatzes.[480] Folglich wird der Vorwurf erhoben, es könne *ex ante* alles in die Rechtsstaatsklausel interpretiert werden, was *ex post* aus ihr herausgelesen werden soll.[481]

Zum Teil wird daher in der Literatur versucht, den Grundsatz aus dem Gerechtigkeitserfordernis, als Teil des materiell verstandenen Rechtsstaatsprinzips,[482] abzuleiten.[483] Aufgrund der engen Verbundenheit des Rechtsstaats mit dem Gedanken der Gerechtigkeit[484] müssten nach *Stern* gewisse Maßstäbe auch ohne explizite Kodifikation gelten.[485] Zu diesen Maßstäben zähle auch der Gedanke des rechten Maßes, welchem die Angemessenheit der Zweck-Mittel-Relation des staatlichen Handelns innewohne.[486] Ebenso verstehen *Larenz/Canaris* den Ausgleich widerstreitender Interessen als Ausdruck der Gerechtigkeit.[487] Allerdings leidet auch dieser Herleitungsweg unter begrifflicher Unbestimmtheit, wobei das Problem von der Ebene des „Rechtsstaats" auf jene der „Gerechtigkeit" verschoben wird.

Dem Einwand der Unbestimmtheit des Rechtsstaatsbegriffs kann aber auch Rechnung getragen werden, indem man Grundrechte verwendet, um diesen Begriff näher auszuformen. Denn der materiell verstandene Rechtsstaat fordert unter anderem, dass der Staat die Grundrechte seiner Bürger achtet. Nach *Lerche* ergibt sich aus zahlreichen Normen des GG, dass in einem von Grundrechten

---

Verhältnismäßigkeit abgeleitet, der bei Beschränkungen von Grundrechtspositionen verlangt, daß nur das unbedingt Notwendige [...] angeordnet werden darf.“

478 *Schlink*, Grundsatz 448.

479 *Stern*, Zur Entstehung und Ableitung des Übermaßverbots, in: Badura/Scholz (Hrsg.), Wege und Verfahren des Verfassungslebens, FS Lerche (1993) 165 (173).

480 *Stern*, Entstehung 173.

481 *Dechsling*, Das Verhältnismäßigkeitsgebot (1989) 114 mwN.

482 *Yi*, Das Gebot der verhältnismäßigen Rechtsanwendung (1998) 25.

483 Vgl etwa *Grabitz*, Der Grundsatz der Verhältnismäßigkeit in der Rechtsprechung des Bundesverfassungsgerichts, AÖR 1973, 568 (584).

484 Aus den Art 1, 20 und 28 Abs 1 GG geht eindeutig hervor, dass die Konzeption des deutschen Staates vom Gedanken der Rechtstaatlichkeit getragen ist.

485 *Stern*, Entstehung 173.

486 *Stern*, Entstehung 173.

487 *Larenz/Canaris*, Methodenlehre[3] 243.

geprägten Verfassungsstaat der Grundsatz der Verhältnismäßigkeit auch ohne explizite Kodifikation gilt.[488] Die Kombination von Grundrechten und Rechtsstaatsprinzip zur Begründung der Geltung des Grundsatzes erscheint auch vor dem Hintergrund der historischen Entwicklung der Grundrechte und des rechtsstaatlichen Denkens im 19. Jahrhundert naheliegend, da sie gemeinsam das Individuum vor ungerechtfertigten Eingriffen durch den Staat schützen sollten.[489]

Mit dem Abstellen auf Grundrechte und Rechtsstaat könne nach *Pirker* nicht nur die Geltung des Verhältnismäßigkeitsgrundsatzes begründet werden, sondern auch dessen gerichtliche Kontrolle.[490] Darüber hinaus würden die Grundrechte einschränkend auf den aus dem Rechtsstaatsgebot abgeleiteten Verhältnismäßigkeitsgrundsatz wirken, sodass der Grundsatz nicht die Optimierung und gerichtliche Kontrolle jeglichen Handelns der staatlichen Organe fordert.[491]

Es ist mE jedoch fraglich, ob das Argument der gerichtlichen Kontrolle bei der Ableitung des Grundsatzes entscheidend ist, da im vorliegenden Zusammenhang die Geltung des Grundsatzes von dessen gerichtlicher Kontrolle zu trennen ist. So ist es durchaus denkbar, das gesamte staatliche Handeln dem Grundsatz zu unterwerfen, aber nur in Teilbereichen eine gerichtliche Kontrolle zuzulassen, welche zudem in ihrer Prüfdichte variiert werden kann.

Da die österreichische Rechtsprechung die Heranziehung des Verhältnismäßigkeitsgrundsatzes nicht mit dem Rechtsstaatsprinzip begründet, setzte sich die österreichische Literatur soweit ersichtlich nicht mit diesem Herleitungsweg auseinander. Nichtsdestotrotz sind die obigen Überlegungen mE auch auf die österreichische Rechtsordnung übertragbar, weil die österreichische Verfassung ebenso auf dem Prinzip der Rechtsstaatlichkeit beruht[492] und das Grundrechtsverständnis mit jenem in Deutschland vergleichbar ist.

II.F.7. Ableitung aus dem Gleichheitssatz

Im Gegensatz zum BVerfG hat der VfGH den Grundsatz der Verhältnismäßigkeit aus dem Gleichheitssatz entwickelt[493] und der VwGH hat ausdrücklich ausgesprochen, dass sich der Grundsatz aus dem Gleichheitssatz ergibt.[494] Die Herkunft des Grundsatzes bedeutet jedoch nicht zwingend, dass er auch unter

488 *Lerche*, Übermaß 61 ff.

489 *Pirker*, Proportionality 109.

490 *Pirker*, Proportionality 109 f.

491 *Pirker*, Proportionality 110.

492 Vgl anstatt aller *Grabenwarter/Holoubek*, Verfassungsrecht – Allgemeines Verwaltungsrecht^3 (2016) Rz 83 ff.

493 *Holoubek*, Die Sachlichkeitsprüfung des allgemeinen Gleichheitsgrundsatzes, ÖZW 1991, 72 (79).

494 VwSlg 14.157 A/1994.

Rückgriff auf den Gleichheitssatz begründet werden kann.[495] Die Meinung in der Literatur ist trotz mittlerweile jahrzehntelanger Auseinandersetzung mit der Frage geteilt.[496]

Auf den ersten Blick haben die beiden Grundsätze nicht viel miteinander zu tun, da der Gleichheitssatz im Gegensatz zum Verhältnismäßigkeitsgrundsatz ein Vergleichsobjekt erfordert.[497] In den Worten von *Kirchhof* fordert das Gleichmaß *„die rechtliche Angleichung, das Übermaß begrenzt die Intensität des Freiheitseingriffs.“*[498] Aufgrund der Verschiedenheit dieser beiden Grundsätze geht *Lerche* davon aus, dass eine Herleitung des einen Prinzips aus dem anderen nicht möglich sei, da erstgenanntes der Verwirklichung horizontaler Gerechtigkeit, während zweitgenanntes der Sicherstellung vertikaler Gerechtigkeit diene.[499]

Um zu einem fundierten Befund über die Ableitbarkeit des Verhältnismäßigkeitsgrundsatzes aus dem Gleichheitssatz zu gelangen, erscheint es zweckmäßig die einzelnen Teilgrundsätze auf ihre Deckung im Gleichheitssatz hin zu untersuchen. Da aus dem Gleichheitssatz folgt, dass Gesetze im Allgemeininteresse gelegen sein müssen,[500] ergibt sich aus ihm logisch, dass *„ein Mittel das gar nicht geeignet ist, ein im öffentlichen Interesse gelegenes Ziel zu befördern, von diesem öffentlichen Interesse aus auch nicht legitimierbar ist.“*[501] Der Teilgrundsatz der Eignung lässt sich folglich ohne Weiteres aus dem Gleichheitssatz begründen.

Kritischer wird in der Literatur demgegenüber die Ableitbarkeit der beiden übrigen Teilelemente der Verhältnismäßigkeit gesehen: *Lerche* versteht unter Erforderlichkeit und Gleichheit grundsätzlich Verschiedenes, da die Prüfung der Erforderlichkeit eine *„individualisierende“* Betrachtung verlange, während die Gleichheitsprüfung ein *„vergleichende[s] Zusammendenken“* erfordere.[502] *Dechsling* verneint eine Ableitbarkeit des Erforderlichkeitsgrundsatzes aus dem

---

495 Vgl *Pöschl*, Über Gleichheit und Verhältnismäßigkeit, JBl 1997, 413 (413).

496 Für eine Ableitung aus dem Gleichheitssatz sprechen sich unter anderem *Wittig*, Zum Standort des Verhältnismäßigkeitsgrundsatzes im System des Grundgesetzes, DÖV 1968, 817 (819); *Funk*, Zur Bewirtschaftung von Taxi-Konzessionen. Oder: Wie demontiert man die Verfassung? wbl 1987, 182 (183); *Holoubek*, ÖZW 1991, 79 und *Pöschl*, JBl 1997, 413 aus.
Die Gegenansicht wird unter anderem von *Lerche*, Übermaß 29 ff; *Grabitz*, 98 AÖR 1973, 585 und *Hirschberg*, Grundsatz 71 ff vertreten.

497 Zum erforderlichen Vergleich zweier Sachverhalte vgl *Kirchhof*, Gleichmaß und Übermaß, in: Badura/Scholz (Hrsg.), Wege und Verfahren des Verfassungslebens, FS Lerche (1993), 133 (133).

498 *Kirchhof*, Gleichmaß 133.

499 *Lerche*, Übermaß 30 f.

500 *Stelzer*, Wesensgehaltsargument 192 f.

501 *Stelzer*, Wesensgehaltsargument 200.

502 *Lerche*, Übermaß 31.

Gleichheitssatz im Wesentlichen damit, dass zwar beide einen Vergleich beinhalten, die Vergleichsgrößen jedoch unterschiedlich seien.[503] Im Fall der Gleichheitsprüfung seien Personen zu vergleichen, wohingegen im Fall der Erforderlichkeitsprüfung *„Entscheidungsalternativen bzw Sachverhalte"* verglichen werden müssten.[504]

Die Überlegungen von *Lerche* seien nach *Pöschl* nicht zwingend ein Argument gegen die Ableitbarkeit aus dem Gleichheitssatz, da Kongruenz der beiden Grundsätze für eine Ableitung nicht erforderlich sei, sondern lediglich alle Voraussetzungen der Verhältnismäßigkeit im Gleichheitssatz enthalten sein müssten.[505] Im Zuge beider Prüfungen seien unter Berücksichtigung des geregelten Sachverhalts *„die wesentlichen Umstände des Einzelfalls zu ermitteln."*[506] Dass im Zuge der Gleichheitsprüfung auch ein konkret anderer Sachverhalt in der Beurteilung mitzuberücksichtigen ist, spiele für die Ableitung keine Rolle.[507]

Im Hinblick auf die von *Dechsling* vorgebrachte Unterschiedlichkeit der Vergleichsgrößen vertritt *Pöschl* die Ansicht, dass es im Rahmen beider Prüfungen um nichts Anderes als den Vergleich gesetzgeberischer Entscheidungsalternativen gehe und somit kein substanzieller Unterschied bestehe.[508]

Das Kriterium der Verhältnismäßigkeit ieS könne nach *Lerche* als Auswirkung des Gleichheitsgebots verstanden werden kann, da der Gleichheitssatz zum Teil als Forderung nach *„verhältnismäßiger"* Gleichbehandlung verstanden wird.[509] Nichtsdestotrotz hebt er die Unterschiede zwischen Gleichheitssatz und Verhältnismäßigkeit ieS hervor, da für die Prüfung der verhältnismäßigen Gleichheit vergleichbare Tatbestände notwendig seien, während dies für die Prüfung der Verhältnismäßigkeit ieS nicht gelte, bei welcher Ziel und Mittel in Relation gesetzt werden.[510] Für *Pöschl* ist dieser Einwand nur dann berechtigt, wenn sich die Gleichheitsprüfung auf einen Vergleich der tatsächlichen Umstände beschränkt und die Angemessenheit von Mittel und Zweck keine Rolle spielt.[511]

Nach *Hirschberg* besteht der Unterschied zwischen Gleichheit und Verhältnismäßigkeit ieS in dem Umstand, dass bei der Gleichheitsprüfung ein Fallvergleich vorzunehmen sei, während bei der Prüfung der Verhältnismäßigkeit ieS

---

503 *Dechsling*, Verhältnismäßigkeitsgebot 111 ff.
504 *Dechsling*, Verhältnismäßigkeitsgebot 111.
505 *Pöschl*, JBl 1997, 415.
506 *Pöschl*, JBl 1997, 415.
507 *Pöschl*, JBl 1997, 415.
508 *Pöschl*, JBl 1997, 416.
509 *Lerche*, Übermaß 29 f.
510 *Lerche*, Übermaß 30.
511 *Pöschl*, JBl 1997, 420.

eine Bewertung des Einzelfalls zu erfolgen habe.[512] Dies bedeute aber nicht, dass die Gleichheitsprüfung keiner Wertungen bedürfte, es bedeute aber genauso wenig, dass die Prüfung der Verhältnismäßigkeit ieS ohne Vergleich ihr Auslangen finde. Denn die Frage, ob ein Sachverhalt vergleichbar ist, könne nur unter Berücksichtigung von Wertungen entschieden werden und die Bewertung des Einzelfalls komme ohne den Vergleich von Wertungen nicht aus.[513] Folglich erschöpfe sich der Unterschied zwischen der Prüfung der Gleichheit und jener der Verhältnismäßigkeit ieS in der *„gedanklichen Anordnung von Wertung und Vergleich."*[514] Im Ergebnis scheide daher die Ableitung des einen Prinzips aus dem anderen aufgrund ihrer inhaltlichen Identität aus.[515]

Die Verbindung von Gleichheit und Verhältnismäßigkeit ieS kommt auch in einer Untersuchung der verfassungsgerichtlichen Judikatur von *Holoubek* zum Ausdruck: Bei Durchführung einer Gleichheitsprüfung sei in einem ersten Schritt zu ermitteln, ob der Gleichheitssatz anwendbar ist, wobei es darauf ankomme, ob *„an in bestimmter Hinsicht vergleichbare Sachverhalte unterschiedliche Rechtsfolgen geknüpft werden."*[516] In einem zweiten Schritt sei zu überprüfen, ob ein sachlicher Grund für die Differenzierung vorliegt, und ob die durch die Differenzierung bewirkte Benachteiligung in Relation zu Bedeutung und Realisierungsgrad des Regelungsziels nicht unverhältnismäßig ist.[517] *Holoubek* setzt das Verhältnismäßigkeitsgebot des Gleichheitssatzes jedoch nicht mit jenem bei der Prüfung von Freiheitsgrundrechten gleich, da im ersten Fall eine Abwägung *„zwischen dem Interesse an der Realisierung des die rechtliche Ungleichbehandlung begründeten gesetzgeberischen Ziels und dem Interesse an der Gleichbehandlung"* und im zweiten Fall eine Abwägung *„zwischen einem gesetzgeberischen Ziel und den Auswirkungen des zur Zielerreichung eingesetzten Mittels auf die Rechtsposition des einzelnen"* stattfinde.[518] Allerdings dürfte trotz dieser sprachlichen Differenzierung kein materieller Unterschied zwischen der Prüfung der Verhältnismäßigkeit ieS bei Freiheitsgrundrechten und im Rahmen des Gleichheitssatzes vorliegen, da das *„Interesse an der Gleichbehandlung"* umso gewichtiger ist, je einschneidender sich das eingesetzte Mittel auf die geschützte individuelle Rechtsposition auswirkt.[519]

---

512 *Hirschberg*, Grundsatz 112.
513 *Hirschberg*, Grundsatz 109 ff.
514 *Hirschberg*, Grundsatz 120.
515 *Hirschberg*, Grundsatz 122.
516 *Holoubek*, ÖZW 1991, 76.
517 *Holoubek*, ÖZW 1991, 76.
518 *Holoubek*, ÖZW 1991, 78 f mwN.
519 *Pöschl*, JBl 1997, 423 f.

Im Ergebnis haben Verhältnismäßigkeit und Gleichheit unstrittig ihre Wurzeln in der Idee von Gerechtigkeit. Die Verhältnismäßigkeit wird im Rahmen der Gleichheitsprüfung jedenfalls implizit berücksichtigt. Dies gilt nicht nur für die Prüfung durch den VfGH, sondern auch für jene durch das BVerfG. Der VfGH prüft nach Feststellung einer Ungleichbehandlung, ob hierfür ein sachlicher Grund besteht und ob die bewirkte Benachteiligung in Relation zum verfolgten Regelungsziel nicht unverhältnismäßig ist. Das BVerfG geht vergleichbar vor, indem es untersucht, ob sich die Ungleichbehandlung *„sachbereichsbezogen [...] auf einen vernünftigen oder sonstwie einleuchtenden Grund zurückführen läßt.“*[520] Auch diese Untersuchung läuft auf eine Kontrolle der Verhältnismäßigkeit hinaus.[521] Wenngleich also die Prüfung einer Differenzierung im Rahmen des Gleichheitssatzes idR in eine Verhältnismäßigkeitsprüfung mündet, begründet dies noch nicht eine Ableitbarkeit des Verhältnismäßigkeitsgrundsatzes aus dem Gleichheitssatz.

Insgesamt überwiegen mE die Argumente, welche gegen eine Ableitbarkeit sprechen. Besonders bedeutend ist in diesem Zusammenhang die Notwendigkeit eines Vergleichsobjekts im Rahmen der Gleichheitsprüfung, welche für eine Verhältnismäßigkeitskontrolle nicht gegeben ist. Darüber hinaus ist fraglich, ob sämtliche Teilelemente des Verhältnismäßigkeitsgrundsatzes im Gleichheitssatz enthalten sind. Schließlich ist der Einwand von *Hirschberg* zu berücksichtigen, wonach die Prüfung der Gleichheit und der Verhältnismäßigkeit inhaltlich ident seien und sich nur in der Prüfungsreihenfolge unterscheiden. Daraus schließt er, dass eine Herleitung des einen Prinzips aus dem anderen nicht möglich sei.[522]

II.F.8. Verhältnismäßigkeit als Argumentationsmuster im Rahmen der systematisch-teleologischen Auslegung

Eine Möglichkeit die Anwendung des Grundsatzes der Verhältnismäßigkeit nicht nur in einem bestimmten, sondern in jeglichem Rechtsbereich zu begründen, stellt die Ableitung aus der Logik von Mittel und Zweck bzw aus der Logik von Regel und Ausnahme dar.

II.F.8.a. Logik von Mittel und Zweck

Da sinnvolles Handeln die Fragen nach dessen Zielsetzungen und den hierfür anzuwendenden Mitteln zwingend impliziert, ergibt sich der Verhältnismäßigkeitsgrundsatz nach *Röhl/Röhl* schon aus der Logik von Mittel und Zweck.[523]

---

520 BVerfGE 75, 108 (157).

521 Sondervotum des Richters *Katzenstein*, BVerfGE 74, 28 (30).

522 Siehe hierzu bereits in diesem Kapitel oben.

523 *Röhl/Röhl*, Rechtslehre^3 655.

Sofern es um rechtliches Handeln geht, müssen legitime Ziele gewählt werden, welche nur durch ein Mittel, welches den Teilgrundsätzen der Verhältnismäßigkeit genügt, erreicht werden dürfen.[524] Das Mittel muss nicht nur geeignet, sondern auch erforderlich im Sinne einer Minimierung der Kosten und Nebenfolgen sein und darf zudem nicht unangemessen in Relation zu dem angestrebten Ziel sein.[525] Diese Argumentation überschneidet sich sowohl mit dem Ansatz von *Hirschberg*, welcher das Denken in Mittel und Zweck als *„Grundkategorie menschlichen Handelns"* sieht,[526] und der – vor allem von *Wieacker* vertretenen – Ableitung aus dem Rechtsbegriff.[527]

An anderer Stelle erläutern *Röhl/Röhl*, dass bei der teleologischen Auslegung in folgenden Schritten vorzugehen sei:[528] Als Ausgangspunkt dient die Ermittlung des Normzwecks, bevor in weiterer Folge im Rahmen des Normtextes eine Konkretisierung der Norm eruiert wird, welche zur Zweckerreichung geeignet ist. Im nächsten Schritt ist das Mittel im Hinblick auf Kosten und Nebenwirkungen zu analysieren und schließlich müssen die Kosten und Nebenwirkungen in Bezug auf ihre Angemessenheit beurteilt werden.

Aufgrund der Ähnlichkeit der von *Röhl/Röhl* vorgeschlagenen Herleitung des Verhältnismäßigkeitsgrundsatzes aus der Logik von Mittel und Zweck und der von ihnen skizzierten Vorgehensweise bei der teleologischen Interpretation geht *Vranes* davon aus, dass die beiden die drei Teilelemente des Verhältnismäßigkeitsgrundsatzes als Argumentationsmuster im Rahmen der systematisch-teleologischen Interpretation verstehen.[529] Nach ihrer Ansicht tritt der Grundsatz nicht als Rechtsprinzip, sondern als Methode der Auslegung in Erscheinung, um rationale Wertungsentscheidungen treffen zu können.[530] Da die rationale Handhabung von Werten ein Teil der wissenschaftlichen Methode ist, ergibt sich daraus die Anwendbarkeit des Verhältnismäßigkeitsgrundsatzes in sämtlichen Rechtsgebieten.[531]

Bekräftigt wird diese Ansicht durch die Überlegung, dass verbindliche Rechtsnormen bereits als Ergebnis von Abwägungsentscheidungen zugunsten eines vom Normsetzer als besonders bedeutend eingeschätzten Interesses gedeutet

---

524 *Röhl/Röhl*, Rechtslehre[3] 655.
525 *Röhl/Röhl*, Rechtslehre[3] 655 f.
526 Siehe Kapitel II.F.2 oben.
527 Siehe Kapitel II.F.3 oben.
528 *Röhl/Röhl*, Rechtslehre[3] 620.
529 *Vranes*, ArchVR 2009, 12.
530 *Röhl/Röhl*, Rechtslehre[3] 655.
531 *Röhl/Röhl*, Rechtslehre[3] 655.

werden können.[532] Daraus ergibt sich, dass die vom Normsetzer verfolgte Zielsetzung und das Mittel, mit welchem es erreicht werden soll, bei bestehenden Lücken oder Unklarheiten im Rahmen der Interpretation zu berücksichtigen sind, sodass der Zweck-Mittel-Relation, welche der Normsetzer bei Erlass der Regelung vor Augen hatte, ausreichend Rechnung getragen wird.[533] Aus systematisch-teleologischen Erwägungen ist folglich ein Interpretationsergebnis nicht tragfähig, welches nicht geeignet, nicht erforderlich oder unangemessen zur Erreichung des Normzwecks ist.[534]

Das Verständnis, wonach die teleologische Auslegung aus den drei Teilgrundsätzen der Verhältnismäßigkeit besteht, wird konzeptionell auch von *Pirker* bejaht.[535] An der Argumentation von *Röhl/Röhl* bemängelt er jedoch das Fehlen von Aussagen darüber, in welchen Fällen die teleologische Interpretation und damit auch die Prüfung der Verhältnismäßigkeit Anwendung finden solle und in welchem Verhältnis sie zu den übrigen Methoden der Auslegung stehe und befürchtet daher, dass Gerichte durch Heranziehung des Grundsatzes der Verhältnismäßigkeit die teleologische Interpretation über die übrigen Auslegungsmethoden stellen.[536]

II.F.8.b. Logik von Regel und Ausnahme

Aufbauend auf den Überlegungen von *Röhl/Röhl* hat *Vranes* eine im Kern vergleichbare Ableitungsmöglichkeit des Verhältnismäßigkeitsgrundsatzes aufgezeigt:[537] Sofern eine Norm die Qualität einer Grundregel besitzt und eine andere Norm als Ausnahme zu dieser Grundregel verstanden werden kann, vermag ein Mittel, welches zur Erreichung des Ziels der Ausnahme nichts beiträgt, eine Abweichung von der Grundregel nicht zu rechtfertigen. Außerdem kann nur jenes geeignete Mittel gewählt werden, welches zur geringsten Beeinträchtigung der Grundregel führt, um *„aus Sicht der Ausnahme als notwendig [zu] erachtet werden.“*[538] Zuletzt darf das eingesetzte Mittel nicht unverhältnismäßig sein, um von der Ausnahme noch gedeckt zu sein.

Die aus den obigen Erwägungen deutlich zum Vorschein tretenden Teilgrundsätze der Eignung, Erforderlichkeit und Verhältnismäßigkeit ieS können somit als formale Argumentationsmuster verstanden werden, welche im Rahmen der sys-

---

532 Zur Anordnung durch den Gesetzgeber, was verhältnismäßig sein soll vgl *Medicus*, Der Grundsatz der Verhältnismäßigkeit im Privatrecht, AcP 1992, 35 (37).
533 *Vranes*, ArchVR 2009, 13.
534 *Vranes*, ArchVR 2009, 13.
535 *Pirker*, Proportionality 41.
536 *Pirker*, Proportionality 41.
537 *Vranes*, ArchVR 2009, 12 f.
538 *Vranes*, ArchVR 2009, 13.

tematisch-teleologischen Auslegung und hier insbesondere bei der Beurteilung von Regel-Ausnahme-Verhältnissen Relevanz haben.[539]

Ein in der Literatur vorgebrachtes Argument gegen die Ableitung aus dem Verhältnis von Regel und Ausnahme ist die hierarchische Ordnung der betroffenen Werte, da die Ausnahme von der Grundregel grundsätzlich eng auszulegen sei und somit dem Wert, welcher in der Grundregel zum Ausdruck komme, *ex ante* ein größeres Gewicht eingeräumt werde als jenem Wert, welcher hinter der Ausnahme stehe.[540] Da die Verhältnismäßigkeitskontrolle in ihrer Reinform gerade auf den gerechten Ausgleich von zwei *ex ante* gleichrangigen Werten abziele, sei die Herleitung aus der Logik von Regel und Ausnahme in vielen Fällen nicht sachgerecht.[541]

Diesem Argument kann in einem ersten Schritt bereits entgegengehalten werden, dass Ausnahmeregelungen nicht pauschal eng auszulegen sind,[542] wenngleich der EuGH diese Ansicht in ständiger Rechtsprechung vertritt.[543] Denn schon die Ermittlung, welche Vorschrift als Ausnahmeregelung zu qualifizieren ist, erscheint problematisch.[544] Das Ergebnis der Ermittlung stellt nämlich schon das Resultat einer Interpretation dar, weshalb es keinen isolierten Auslegungsgrundsatz darstellen kann, wonach Ausnahmen eng auszulegen sind.[545] Die Ermittlung der Ausnahmeregelung unter Berücksichtigung sämtlicher Auslegungsmethoden ist notwendig, da die Formulierung einer Vorschrift allein noch nicht ausreichend darüber Auskunft gibt, ob die Vorschrift tatsächlich eine Ausnahmeregelung darstellt.[546] Schließlich ist nicht jede negative Formulierung in einem Regelwerk tatsächlich eine Ausnahme. [547] Folglich kann die Regel, wonach Ausnahmen eng auszulegen sind, nur in jenen Fällen Relevanz haben, in denen die Vorschrift auch materiell eine Ausnahme darstellt. Diese Voraussetzung ist vor allem dann erfüllt, wenn das Gesetz einer Vorschrift in möglichst großem Ausmaß Geltung verschaffen will und Durchbrechungen nur in eng umgrenzten Fällen vorsieht.[548]

---

539 *Vranes*, ArchVR 2009, 13.

540 *Pirker*, Proportionality 42.

541 *Pirker*, Proportionality 42.

542 *Bydlinski*, Methodenlehre[2] 440; *Larenz/Canaris*, Methodenlehre der Rechtswissenschaft[3] (1995) 175.

543 Siehe hierzu die Nachweise bei *Riesenhuber*, Auslegung, in: Riesenhuber (Hrsg.), Europäische Methodenlehre[3] (2015) § 10 Rz 63 (Fn 196).

544 *Larenz/Canaris*, Methodenlehre[3] 175.

545 *Müller*, Juristische Methodik[7] (1997) Rz 370.

546 *Larenz/Canaris*, Methodenlehre[3] 175.

547 *Riesenhuber*, Methodenlehre[3] § 10 Rz 64.

548 *Larenz/Canaris*, Methodenlehre[3] 176.

Diese Voraussetzung ist aber gerade in den Hauptanwendungsfällen des Grundsatzes der Verhältnismäßigkeit, wie etwa bei der Prüfung der Rechtfertigung von Grundrechtseingriffen, mE häufig nicht erfüllt. Gegen das oben genannte Argument gegen die Ableitung aus der Logik von Regel und Ausnahme, das im Kern das grundsätzlich gleiche Gewicht von zwei Prinzipien, von welchen das eine in der Grundregel und das andere in der Ausnahmeregel in Erscheinung tritt, in Frage stellt, können folglich bspw die Grundrechte der Art 8-11 EMRK und die Ausnahmen von diesen Grundrechten, welche jeweils im zweiten Absatz dieser Art normiert sind, angeführt werden.

Exemplarisch sei auf Art 10 EMRK verwiesen, wonach die Freiheit der Meinungsäußerung unter anderem zum Schutz der Rechte anderer beschränkt werden darf. Dass bei der Prüfung eines Eingriffs in die Meinungsäußerungsfreiheit zum Zweck des Schutzes des Rechts auf Achtung des Privatlebens eines anderen die beiden Prinzipien nicht gleichberechtigt gegenüberstehen, ist nicht ersichtlich. Lediglich der Umstand, dass die Grundrechtsprüfung das Recht auf freie Meinungsäußerung als Ausgangspunkt nimmt und das Recht auf Achtung des Privatlebens als möglichen Grund für die Beschränkbarkeit der Meinungsfreiheit untersucht, bedeutet nicht, dass diese beiden Grundrechte nicht gleichwertig wären. Andernfalls ginge es bei jeder Grundrechtsprüfung um die Auflösung einer Kollision zwischen zwei nicht gleichwertigen Interessen, obwohl gerade die Prüfung der Verhältnismäßigkeit ieS sicherstellt, dass die beiden widerstreitenden Interessen zum Ausgleich gebracht werden, wobei im Zuge der Abwägung keinem der Interessen von Anfang an Vorrang zukommt.[549]

Zum möglichen Bestehen einer hierarchischen Ordnung von Werten erscheint es an dieser Stelle zielführend auf Erkenntnisse aus der Rechtstheorie zurückzugreifen: Eingangs ist darauf hinzuweisen, dass die Abgrenzung von Werten und Prinzipien oft undeutlich ist.[550] Darüber hinaus werden die Begriffe mE zum Teil auch synonym verwendet. Sofern man eine Abgrenzung dem Inhalt nach vornimmt, wird in der Literatur vertreten, dass Werte – im Gegensatz zu Prinzipien – abstrakte Endzwecke darstellen und folglich nicht auch Mittel zum Zweck sein können. [551] Nach dieser Abgrenzung gelten Menschenwürde, Freiheit und Gleichheit als Werte, die prinzipiell gleichrangig sind,[552] während bspw Grundrechte als Prinzipien zu qualifizieren sind. Denn Prinzipien stellen zwar selbst

549 Dies gilt nicht nur in der dargestellten Konstellation, in welcher das beeinträchtigte Grundrecht gegen ein anderes Grundrecht, sondern auch in jenen Fällen, in denen es gegen ein anderes widerstreitendes Interesse, wie bspw den Schutz der öffentlichen Ordnung, abgewogen wird.

550 *Röhl/Röhl*, Rechtslehre³ 289.

551 *Röhl/Röhl*, Rechtslehre³ 289.

552 *Röhl/Röhl*, Rechtslehre³ 281.

hohe Zwecke, jedoch keine Endzwecke dar, da sie auch als Mittel zur Erreichung eines oder mehrerer der oben genannten Werte verstanden werden können. Aus der prinzipiellen Gleichrangigkeit der Werte ergibt sich mE logisch, dass auch die von ihnen abhängigen Mittel (Prinzipien) prinzipiell gleichrangig sind. Sofern es also in einem konkreten Fall zu einer Kollision von widerstreitenden Prinzipien kommt, muss festgelegt werden, welchem dieser *ex ante* gleichwertigen Prinzipien in diesem Einzelfall das größere Gewicht zukommt.

Die grundsätzliche Gleichrangigkeit von Prinzipien wird auch in der Literatur bejaht. So geht *Dworkin* davon aus, dass im Fall einer Kollision von Prinzipien, *„derjenige, der den Konflikt auflösen muß, das relative Gewicht der beiden Prinzipien berücksichtigen [muss].“*[553] Im Gegensatz dazu müsse bei Regelkonflikten einer der beiden Regeln Vorrang eingeräumt werden, ohne dabei die Dimension des Gewichts der Regel zu berücksichtigen.[554] Auf der Arbeit von *Dworkin* aufbauend vertritt auch *Alexy*, dass im Falle einer Kollision von Prinzipien das Vorgehen eines der beiden Prinzipien im Einzelfall bestimmt werden muss, indem eine bedingte Vorrangrelation zwischen den betroffenen – abstrakt gleichrangigen – Prinzipien festgelegt wird.[555]

Nach diesem kurzen Exkurs zur Frage der Gleichwertigkeit von Werten und Prinzipien, steht nunmehr wieder die Plausibilität der Ableitung aus dem Verhältnis von Regel und Ausnahme im Vordergrund. Diese Ableitungsmöglichkeit kann nämlich auch mit Beispielen aus dem Völkerrecht untermauert werden:[556]

Art 51 UN-Charta legt als Ausnahme vom allgemeinen Gewaltverbot fest, dass einem Staat, welcher Opfer eines bewaffneten Angriffs wird, das Recht auf Selbstverteidigung zusteht. Aus der Logik von Regel und Ausnahme kann gefolgert werden, dass die eingesetzten militärischen Mittel des angegriffenen Staates geeignet, erforderlich und angemessen sein müssen, um den legitimen Zweck, welcher in der Aufrechterhaltung der staatlichen Souveränität besteht, zu erreichen. Im Ergebnis entspricht diese Herangehensweise auch jener des Internationalen Gerichtshofes, der unter Bezugnahme auf das Völkergewohnheitsrecht fordert, dass die eingesetzten Mittel im konkret zu beurteilenden Fall notwendig und verhältnismäßig sind. Darüber hinaus steht die Gewaltanwendung in Ausübung des Rechts auf Selbstverteidigung nach Art 51 UN-Charta unter dem ausdrücklichen Vorbehalt eines etwaigen Tätigwerdens des Sicherheitsrates. Sein Tätigwerden kann in diesem Kontext als typisiertes milderes Mittel aufge-

553 *Dworkin*, Bürgerrechte 62.
554 *Dworkin*, Bürgerrechte 62.
555 Siehe dazu ausführlich Kapitel II.F.5 oben.
556 *Vranes*, ArchVR 2009, 27 ff.

fasst werden, welches einzelstaatliche Alleingänge bei der Selbstverteidigung ausschließt.[557]

Auch die Maßnahmen des Sicherheitsrates im Rahmen von Kapitel VII UN-Charta im Falle einer Gefährdung des Friedens oder von Angriffshandlungen können als Ausnahmen aufgefasst werden. Dies hat nach dem Argumentationsmuster der Verhältnismäßigkeit zur Konsequenz, dass der Sicherheitsrat nur jene Maßnahme zur Wahrung oder Wiederherstellung des Friedens oder der internationalen Sicherheit ergreifen darf, welche unter den geeigneten Maßnahmen als die mildeste zu qualifizieren ist. Diese Vorgabe ist explizit in den Art 40-42 UN-Charta normiert. So sieht Art 40 als gelindestes Mittel lediglich vorläufige Maßnahmen vor, Art 41 bereits friedliche Sanktionen (Wirtschaftssanktionen, Abbruch diplomatischer Beziehungen, etc.) und erst Art 42 als *ultima ratio* militärische Sanktionen.[558]

Darüber hinaus zeigt sich die Relevanz des Argumentationsmusters auch in Fällen humanitärer Intervention, da zur Beurteilung von deren Zulässigkeit die Frage gestellt werden muss, ob von dem allgemeinen Gewaltverbot zum Zwecke des Menschenrechtsschutzes ausnahmsweise abgewichen werden darf.[559]

Schließlich ist bei der Beurteilung, ob die Ausübung extraterritorialer Jurisdiktion dem Völkerrecht entspricht, naheliegend zu argumentieren, dass von der im Grunde auf das Staatsgebiet begrenzten Hoheitsmacht nur abgegangen werden darf, wenn der extraterritorial handelnde Staat mit einem geeigneten, notwendigen und angemessenen Mittel ein legitimes Ziel verfolgt.[560]

Im Ergebnis kann der Verhältnismäßigkeitsgrundsatz somit nicht nur aus der Logik von Mittel und Zweck, sondern auch analog aus der Logik von Regel und Ausnahme abgeleitet werden. Dies hat zur Folge, dass sein Anwendungsbereich nicht auf Fragen der Rechtmäßigkeit von Grundrechtseingriffen beschränkt ist, sondern sich auf sämtliche Rechtsbereiche erstreckt.[561]

---

557 Vgl zu alledem *Vranes*, ArchVR 2009, 27 f mwN.

558 Vgl zu alledem *Vranes*, ArchVR 2009, 28.

559 *Vranes*, ArchVR 2009, 28 f.

560 *Vranes*, ArchVR 2009, 29.

561 Zu dem gleichen Ergebnis gelangt man, wenn man die Ansicht vertritt, dass jedes Recht auf Interessenausgleich gerichtet und somit der Verhältnismäßigkeitsgrundsatz jedem Recht immanent sei (vgl hierzu *Kunig*, Gedanken 150).

II.G. Geltungsgrund und Funktionen des Grundsatzes im Unionsrecht

II.G.1. Vorbemerkung

Wie bereits im vorangehenden Kapitel gezeigt, bestimmt der Geltungsgrund des Verhältnismäßigkeitsgrundsatzes dessen Reichweite. Seine Geltung kann in verschiedenen Rechtsbereichen abweichend begründet werden und verschiedene Begründungsansätze können sich in gewissen Aspekten überschneiden. Im Unionsrecht wird der Grundsatz der Verhältnismäßigkeit vom EuGH in unterschiedlichen Bereichen und Funktionen herangezogen.[562] Aus diesem Grund ist nach *Streinz* eine einheitliche Ableitung für sämtliche Ausprägungen des Verhältnismäßigkeitsgrundsatzes nicht erforderlich.[563]

Im Folgenden soll die Entwicklung des Grundsatzes in der Rechtsprechung des EuGH dargestellt und eine dogmatische Grundlage für seine Anerkennung in der Unionsrechtsordnung gefunden werden. Denn in jenen Fällen, in denen die Anwendung des Grundsatzes nicht explizit in der anwendbaren Rechtsgrundlage normiert ist, wie mittlerweile etwa in Art 5 Abs 4 EUV und Art 52 Abs 1 GRC, bedarf es für seine Anwendung eines anderen Geltungsgrundes. Abschließend werden die verschiedenen Funktionen des Grundsatzes im Unionsrecht erläutert.

II.G.2. Anerkennung als allgemeiner Rechtsgrundsatz durch den EuGH

Der Begriff der allgemeinen Rechtsgrundsätze wird nicht einheitlich verwendet.[564] Für Zwecke der vorliegenden Arbeit ist es jedoch nicht notwendig, die verschiedenen Definitionen dieses Begriffes zu diskutieren. Vielmehr genügt es auf drei Merkmale hinzuweisen, welche für allgemeine Rechtsgrundsätze prägend sind. Dazu zählen ihr grundsätzlicher Charakter, ihre allgemeine Geltung und insbesondere ihre unmittelbare Verbindlichkeit.[565]

Die ersten Ansätze für die Anerkennung des Grundsatzes der Verhältnismäßigkeit oder zumindest einzelner seiner Teilaspekte sind bereits in der Entscheidung des Gerichtshofes in der Rs *Fédération Charbonnière* ersichtlich, wonach das Vorgehen der Hohen Behörde gegen verbotene Handlungen bestimmter Unternehmen *„einem allgemein anerkannten Rechtssatz zufolge [...] in einem gewis-*

---

562 Siehe Kapitel II.G.5 unten.

563 *Streinz*, Bundesverfassungsgerichtlicher Grundrechtsschutz und europäisches Gemeinschaftsrecht: Die Überprüfung grundrechtsbeschränkender deutscher Begründungs- und Vollzugsakte von europäischem Gemeinschaftsrecht durch das Bundesverfassungsgericht (1989) 411 f.

564 *Ossenbühl*, Allgemeine Rechts- und Verwaltungsgrundsätze – eine verschüttete Rechtsfigur? in: Schmidt-Aßmann/Sellner/Hirsch/Kemper/Lehmann-Grube (Hrsg.), Festgabe 50 Jahre Bundesverwaltungsgericht (2003) 289 (289 f).

565 *Lecheler*, Neue allgemeine Rechtsgrundsätze im Gemeinschaftsrecht? (2004) 8 mwN.

sen Verhältnis" zur Schwere der Verfehlung stehen müsse.[566] Dies ist insofern beachtlich als der EuGH erst 13 Jahre später im Urteil *Stauder*[567] die Geltung von Grundrechten in der Gemeinschaftsrechtsordnung anerkannte.[568] Der Verhältnismäßigkeitsgrundsatz diente in der Frühzeit der EuGH-Rechtsprechung somit als Ersatz für den noch nicht durch Gemeinschaftsgrundrechte bestehenden Schutz individueller Interessen vor Eingriffen durch die Organe der Gemeinschaft.[569]

Seine endgültige Anerkennung als allgemeiner Rechtsgrundsatz[570] erfolgte mit dem Urteil in der Rs *Internationale Handelsgesellschaft*.[571] Von dieser Entscheidung ausgehend zieht der Gerichtshof den Grundsatz der Verhältnismäßigkeit zur Begrenzung sämtlicher belastender Gemeinschaftsakte heran.[572] Allerdings lässt sich aus der Judikatur nicht eindeutig ableiten, worin der Geltungsgrund dieses Grundsatzes besteht.[573] Bis zur Rs *Internationale Handelsgesellschaft* äußerten sich weder der Gerichtshof noch die Generalanwälte, warum sie den Grundsatz in ihre Erwägungen miteinbeziehen.[574] Aus diesem Grund wurde argumentiert, dass sowohl der EuGH als auch die Generalanwälte den Grundsatz als ein derartig fundamentales und offensichtliches Prinzip verstanden haben, dessen Geltung in der Gemeinschaftsrechtsordnung selbstverständlich ist und somit keiner Begründung bedurfte.[575]

Ausgehend von den Schlussanträgen in der Rs *Internationale Handelsgesellschaft*[576] entwickelte sich eine intensive Diskussion über denkbare Begründungsansätze für die Geltung der allgemeinen Rechtsgrundsätze und somit auch des Verhältnismäßigkeitsgrundsatzes in der Unionrechtsordnung. Im Folgenden werden die wesentlichen Aspekte dieser Diskussion dargestellt:

---

566 Urteil Fédération Charbonnière de Belgique, 8/55, EU:C:1956:11.

567 Urteil Stauder, 29/69, EU:C:1969:57.

568 *Pernice*, Grundrechtsgehalte im europäischen Gemeinschaftsrecht: ein Beitrag zum gemeinschaftsimmanenten Grundrechtsschutz durch den Europäischen Gerichtshof (1979) 42 f mwN.

569 *Pollak*, Verhältnismäßigkeitsprinzip 41.

570 Vgl etwa *Schwarze*, Verwaltungsrecht² 690 f.

571 Urteil Internationale Handelsgesellschaft, 11/70, EU:C:1970:114.

572 *Pernice*, Gemeinschaftsverfassung und Grundrechtsschutz – Grundlagen, Bestand und Perspektiven, NJW 1990, 2409 (2415 ff); *Pollak*, Verhältnismäßigkeitsprinzip 34; *Pache*, Der Grundsatz der Verhältnismäßigkeit in der Rechtsprechung der Gerichte der Europäischen Gemeinschaften, NVwZ 1999, 1033 (1034).

573 *Pollak*, Verhältnismäßigkeitsprinzip 41.

574 *Emiliou*, Principle 135.

575 *Emiliou*, Principle 135.

576 GA *Dutheillet de Lamothe*, Schlussanträge Internationale Handelsgesellschaft, 11/70, EU:C:1970:100.

II.G.2.a. Nennung des Verhältnismäßigkeitsgrundsatzes im geschriebenen Unionsrecht

In den Schlussanträgen in der Rs *Internationale Handelsgesellschaft* schlug GA *Dutheillet de Lamothe* dem Gerichtshof vor, im gegenständlichen Fall die Geltung des Grundsatzes unter Rückgriff auf geschriebenes Gemeinschaftsrecht zu begründen, wenngleich er eine Ableitung aus dem ungeschriebenen Recht nicht ausschloss.[577] Auch in der Literatur wurde bereits lange Zeit vor Inkrafttreten von Art 5 Abs 4 EUV und Art 52 Ab 1 GRC[578] vertreten, dass sich seine Anwendung aus einzelnen Bestimmungen des geschriebenen Gemeinschaftsrechts ableiten lasse, welche *„erforderliche"*, *„notwendige"* oder *„angemessene"* Maßnahmen sowie Maßnahmen, *„die das Funktionieren des Gemeinsamen Marktes am wenigsten stören"*,[579] fordern.[580] Zum Teil wurde sogar argumentiert, der EuGH habe aus diesen Normen geschlossen, dass der Verhältnismäßigkeitsgrundsatz über den Anwendungsbereich der jeweiligen Norm hinaus im gesamten Gemeinschaftsrecht zu beachten sei.[581]

In seinem Urteil in der Rs *Internationale Handelsgesellschaft* äußerte sich der Gerichtshof nicht zur Frage nach dem Geltungsgrund des Grundsatzes im Gemeinschaftsrecht, sondern folgte ohne näherer Begründung den Schlussanträgen, indem er die streitgegenständliche Regelung am Maßstab der in Art 39 EWGV normierten Ziele der Gemeinsamen Agrarpolitik untersuchte.[582] Allerdings ging er bei seiner Prüfung über die in Art 40 Abs 3 EWGV geforderte Erforderlichkeit der Maßnahme hinaus und untersuchte zusätzlich, ob der Betroffene übermäßig belastet war.[583] Somit inkludierte er in seine Kontrolle auch Erwägungen, welche dem Teilgrundsatz der Verhältnismäßigkeit ieS zuordenbar sind, obwohl dieser in den einschlägigen Bestimmungen nicht normiert war.[584] Dass auf Basis einer Norm, in welcher lediglich ein Teilaspekt der Verhältnismäßigkeit gefordert wird, nach Ansicht von Generalanwalt *Dutheillet de Lamothe* und mancher

---

577 GA *Dutheillet de Lamothe*, Schlussanträge Internationale Handelsgesellschaft, 11/70, EU:C:1970:100, 01149 f.

578 Siehe hierzu Kapitel II.G.4 unten.

579 Vgl hierzu die Nachweise bei *Koch*, Grundsatz 160 und *Emmerich-Fritsche*, Grundsatz 108.

580 *Kutscher*, Zum Grundsatz der Verhältnismäßigkeit im Recht der Europäischen Gemeinschaften, in: Deutsche Sektion der Internationalen Juristen-Kommission (Hrsg.), Der Grundsatz der Verhältnismäßigkeit in europäischen Rechtsordnungen (1985) 89 (91 f mwN).

581 *Kutscher*, Grundsatz 91 f mwN.

582 Urteil Internationale Handelsgesellschaft, 11/70, EU:C:1970:114, Rz 25.

583 Urteil Internationale Handelsgesellschaft, 11/70, EU:C:1970:114, Rz 24.

584 Vgl *Heinsohn*, Grundsatz 92.

Autoren die Geltung des Verhältnismäßigkeitsgrundsatzes begründet werden solle, wurde in der Literatur kritisiert.[585]

Gegen diese Kritik kann eingewendet werden, dass der Grundsatz der Verhältnismäßigkeit vom EuGH nicht immer anhand der drei Teilgrundsätze der Eignung, Erforderlichkeit und Verhältnismäßigkeit ieS geprüft wird, wobei er häufig insbesondere auf den letzten Prüfungsschritt verzichtet.[586] Dieses Gegenargument gewinnt insofern an Überzeugungskraft, wenn man bedenkt, dass die dreiteilige Prüfung der Verhältnismäßigkeit vom EuGH zum ersten Mal in der Rs *Schräder*[587] im Jahr 1989 – und somit erst 19 Jahre nach der Entscheidung in der Rs *Internationale Handelsgesellschaft*[588] – angesprochen wurde.

Kutscher, als bedeutender Befürworter der Ableitung des Grundsatzes aus den Vertragsbestimmungen, bezweifelt die Notwendigkeit, *„hohe Prinzipien des Rechts oder die den Mitgliedstaaten gemeinsamen Rechtsgrundsätze"* heranziehen zu müssen, um die Geltung des Grundsatzes im Gemeinschaftsrecht zu begründen.[589] Für ihn seien diese Vertragsbestimmungen als *„spezifischer Ausdruck des allgemeinen Grundsatzes der Verhältnismäßigkeit"* zu verstehen.[590] Dieser Ansicht widerspricht *Pollak* überzeugend, indem sie argumentiert, dass gerade wenn diese Bestimmungen nur einen *„spezifische[n] Ausdruck"* des Verhältnismäßigkeitsgrundsatzes darstellen sollen, das Bestehen eines allgemeinen Grundsatzes zwingende Voraussetzung sei.[591]

Mit dem Vertrag von Maastricht wurde mit Art 3b Abs 3 EGV eine Norm im Primärrecht verankert, die festlegt, dass sämtliche *„Maßnahmen der Gemeinschaft [...] nicht über das für die Erreichung der Ziele dieses Vertrags erforderliche Maß hinaus[gehen]."* Auch diese Bestimmung wurde als explizite Kodifikation des allgemeinen Verhältnismäßigkeitsgrundsatzes verstanden.[592] Neben dem Umstand, dass auch Art 3b Abs 3 EGV mit dem Teilgrundsatz der Erforderlichkeit nur einen Aspekt der Verhältnismäßigkeit benennt, spricht auch die Zielrichtung der Norm, welche ausschließlich die Mitgliedstaaten vor zu weitgehenden Regelungen durch die Gemeinschaft und nicht auch den Einzelnen vor Eingriffen schützen soll, gegen diese Ansicht.[593] Noch weniger kann in

---

585 *Fuss*, Der Grundrechtsschutz in den Europäischen Gemeinschaften aus deutscher Sicht (1975) 81 f.

586 *Koch*, Grundsatz 163.

587 Urteil Schräder, 265/87, EU:C:1989:303, Rz 18.

588 Urteil Internationale Handelsgesellschaft, 11/70, EU:C:1970:114.

589 *Kutscher*, Grundsatz 91.

590 *Kutscher*, Grundsatz 92.

591 *Pollak*, Verhältnismäßigkeitsprinzip 37.

592 BVerfGE 89, 155 (212).

593 *Koch*, Grundsatz 164 ff.

Art 3b Abs 3 EGV der Grund dafür gesehen werden, dass der EuGH den Verhältnismäßigkeitsgrundsatz in ständiger Rechtsprechung als allgemeinen Rechtsgrundsatz anerkennt, da das Inkrafttreten dieser Bestimmung im Jahr 1992 der Anerkennung des Grundsatzes in der Rs *Internationale Handelsgesellschaft*[594] mehr als 20 Jahre zeitlich nachgelagert ist.

Als Zwischenergebnis kann somit festgehalten werden, dass geschriebene Normen des Unionsrechts die allgemeine Anerkennung des Verhältnismäßigkeitsgrundsatzes durch den Gerichtshof seit den 1970er Jahren nicht überzeugend begründen können.[595]

II.G.2.b. Die Rolle der gemeinsamen Verfassungstraditionen der Mitgliedstaaten und des Völkerrechts

Die gemeinsamen Verfassungstraditionen der Mitgliedstaaten stellen Rechtserkenntnisquellen dar, welche zur Gewinnung allgemeiner Rechtsgrundsätze des Unionsrechts verwendet werden können.[596] Diese Ansicht findet auch in den Verträgen ihre Deckung, da Art 340 AEUV normiert, dass die Union im Bereich der außervertraglichen Haftung den vor ihr verursachten Schaden *„nach den allgemeinen Rechtsgrundsätzen, die den Rechtsgrundsätzen der Mitgliedstaaten gemeinsam sind"*, zu ersetzen hat. Unter Berufung auf diese Formulierung wurde argumentiert, dass ein gemeinsamer Rechtsgrundsatz in allen Mitgliedstaaten vorhanden sein müsse.[597] In der Rechtsprechung des Gerichtshofes findet diese Sichtweise allerdings keine Deckung, da auch ein Rechtsgrundsatz einer einzigen innerstaatlichen Rechtsordnung als für das Unionsrecht verbindlich qualifiziert werden kann.[598] Entscheidend ist vielmehr, dass im Rahmen wertender Rechtsvergleichung unter Berücksichtigung der Ziele und Struktur der Union[599] die beste Lösung herangezogen wird.[600] Daraus ergibt sich auch, dass der Gerichtshof bei der Begründung allgemeiner Rechtsgrundsätze nicht auf den *„kleinsten gemeinsamen Nenner"* abstellt und somit einen Minimalstandard ablehnt.[601] Er zieht aber auch nicht das anspruchsvollste nationale Prinzip her-

---

594 Urteil Internationale Handelsgesellschaft, 11/70, EU:C:1970:114.

595 Vgl auch *Heinsohn*, Grundsatz 92.

596 *Rengeling*, Grundrechtsschutz in der Europäischen Gemeinschaft (1993) 184.

597 *Lecheler*, Der Europäische Gerichtshof und die allgemeinen Rechtsgrundsätze (1971) 189.

598 *Koch*, Grundsatz 178; *Emmerich-Fritsche*, Grundsatz 128.

599 Urteil Internationale Handelsgesellschaft, 11/70, EU:C:1970:114, Rz 4: *„Die Gewährleistung dieser Rechte muß zwar von den gemeinsamen Verfassungsüberlieferungen der Mitgliedstaaten getragen sein, sie muß sich aber auch in die Struktur und die Ziele der Gemeinschaft einfügen."*

600 *Kutscher*, Über den Gerichtshof der Europäischen Gemeinschaft, EuR 1981, 392 (401).

601 *Emmerich-Fritsche*, Grundsatz 127 mwN.

an.[602] Aus diesem Grund scheitert eine Begründung des Verhältnismäßigkeitsgrundsatzes auf Basis der gemeinsamen Verfassungstraditionen der Mitgliedstaaten nicht daran, dass dieser nicht in allen Mitgliedstaaten als eigenständiges Prinzip mit demselben Inhalt anerkannt ist.[603] Darüber hinaus kann argumentiert werden, dass nur jene Staaten in die Betrachtung miteinzubeziehen sind, welche schon zum Zeitpunkt der Anerkennung des Verhältnismäßigkeitsgrundsatzes Mitglieder der Gemeinschaften waren.[604]

Neben den gemeinsamen Verfassungstraditionen zieht der EuGH auch das Völkerrecht heran, um allgemeine Rechtsgrundsätze zu begründen.[605] Eine besondere Rolle nimmt in diesem Zusammenhang die EMRK ein.[606] Denn während eine allgemeine Anerkennung des Verhältnismäßigkeitsgrundsatzes im Völkerrecht nicht unumstritten ist,[607] zieht der EGMR den Grundsatz in ständiger Rechtsprechung heran.[608] In der Entscheidung in der Rs *Nold* kommt die Bedeutung der gemeinsamen Verfassungstraditionen und der völkerrechtlichen Übereinkommen illustrativ zum Ausdruck: Bei der Gewährleistung der Grundrechte sei von den gemeinsamen Verfassungsüberlieferungen der Mitgliedstaaten auszugehen und darüber hinaus seien ebenso *„die internationalen Verträge über den Schutz der Menschenrechte, an deren Abschluß die Mitgliedstaaten beteiligt waren oder denen sie beigetreten sind [...] im Rahmen des Gemeinschaftsrechts zu berücksichtigen.“*[609] Als denkbare Grundlage für die Heranziehung des Völkerrechts kann Art 6 Abs 3 EUV[610] ins Treffen geführt werden, wonach die Grundrechte nach der EMRK allgemeine Grundsätze des Unionsrechts darstellen.[611]

Gegen die beiden genannten Methoden zur Gewinnung allgemeiner Rechtsgrundsätze und damit auch des Grundsatzes der Verhältnismäßigkeit kann die

---

602 *Rengeling*, Grundrechtsschutz 211.

603 Vgl auch *Koch*, Grundsatz 179.

604 *Heinsohn*, Grundsatz 98.

605 Vgl etwa *Zieger*, Die Rechtsprechung des Europäischen Gerichtshofs: Eine Untersuchung der Allgemeinen Rechtsgrundsätze, JÖR 1973, 299 (328 f).

606 Urteil Rutili, 36/75, EU:C:1975:137, Rz 32; Urteil Hauer, 44/79, EU:C:1979:290, Rz 17 ff; Urteil National Panasonic, 136/79, EU:C:1980:169, Rz 18 f.

607 Befürwortend etwa *Bleckmann*, Allgemeine Staats- und Völkerrechtslehre (1995) 680 oder *Gardam*, Proportionality and force in international law, 87 AJIL 1993, 391 (393 ff); ablehnend etwa *Krugmann*, Grundsatz 83 ff.

608 Siehe Kapitel IV.C unten.

609 Urteil Nold, 4/73, EU:C:1974:51, Rz 13.

610 Art 6 Abs 3 EUV: *„Die Grundrechte, wie sie in der Europäischen Konvention zum Schutz der Menschenrechte und Grundfreiheiten gewährleistet sind und wie sie sich aus den gemeinsamen Verfassungsüberlieferungen der Mitgliedstaaten ergeben, sind als allgemeine Grundsätze Teil des Unionsrechts.“*

611 *Koch*, Grundsatz 180.

Autonomie der Unionsrechtsordnung ins Treffen geführt werden.[612] Sie stellt eine Schöpfung des Gerichtshofes dar und ist nicht in den Gründungsverträgen der EU enthalten.[613] Der Gerichtshof vertritt, dass das Unionsrecht gegenüber dem Recht der Mitgliedstaaten und dem Völkerrecht autonom sei.[614] Auf Basis dieser richterlich geschaffenen Autonomie des Unionsrechts argumentiert *Koch*, dass die nationalen Normen und jene des Völkerrechts lediglich als Erkenntnisquellen und nicht als Rechtsquellen für die allgemeinen Rechtsgrundsätze zu qualifizieren seien.[615] Daher müsse ihr Geltungsgrund im Unionsrecht nachgewiesen werden.[616]

Emmerich-Fritsche vertritt dagegen die Ansicht, dass die Geltung des Unionsrechts nicht losgelöst von den Rechtsordnungen der Mitgliedstaaten zu beurteilen sei, da die Union kein „*Staat mit echtem Parlamentarismus*" sei.[617] Wenngleich dies zum heutigen Tag noch immer zutrifft, ist zu berücksichtigen, dass sich die Union mit dem VvL einem solchen Staat weiter angenähert hat. Aus diesem Grund hat das Argument von *Emmerich-Fritsche* aufgrund der Änderungen im europäischen Primärrecht, welche nach ihrer Untersuchung erfolgten, etwas an Überzeugungskraft verloren.

Auch die Autonomie des Unionsrechts im Verhältnis zum Völkerrecht kann kritisch hinterfragt werden. Zum einen hat der EuGH niemals ausgesprochen, dass das Unionsrecht außerhalb des Völkerrechts stehe,[618] zum anderen spricht auch die Entstehungsgeschichte der EG gegen eine vollkommene Autonomie, da die EG in den 1950er Jahren unstrittig auf Basis völkerrechtlicher Verträge als internationale Organisation traditioneller Prägung gegründet wurde[619] und das Gemeinschaftsrecht unzweifelhaft einen Teil des Völkerrechts darstellte.[620] Wenngleich sich die EU mittlerweile weg von einer internationalen hin zu einer supranationalen Organisation entwickelt hat, stellen noch immer die regelmäßig adaptierten Gründungsverträge ihre (völker)rechtliche Grundlage dar.[621]

---

612 *Koch*, Grundsatz 180 f.

613 Vgl *de Witte*, European Union Law: How Autonomous is its Legal Order? ZÖR 2010, 141 (150).

614 Vgl etwa zuletzt Gutachten 2/13, EU:C:2014:2454, Rz 170.

615 *Koch*, Grundsatz 180.

616 *Emiliou*, Principle 135; *Koch*, Grundsatz 180.

617 *Emmerich-Fritsche*, Grundsatz 124.

618 *de Witte*, ZÖR 2010, 147.

619 *Weiler*, The Autonomy of the Community Legal Order: Through the Looking Glass, in: Weiler (Hrsg.), The Constitution of Europe (1999) 286 (295); *Schilling*, The Autonomy of the Community Legal Order: An Analysis of Possible Foundations, 37 HILJ 1996, 389 (403).

620 *de Witte*, ZÖR 2010, 143.

621 *de Witte*, ZÖR 2010, 144.

Nach *de Witte* kann die Autonomie des Unionsrechts auf zwei Arten interpretiert werden:[622] Einerseits könne sie bedeuten, dass das Unionsrecht *leges speciales* enthalten kann, die von allgemeinen Regeln des Völkerrechts abweichen. Diese Autonomie bestehe in der Übertragung von Entscheidungsbefugnissen oder richterlicher Gewalt an Organe der Organisation und sei sowohl bei internationalen Organisationen traditioneller Prägung als auch bei der EU – zugegebenermaßen bei letztgenannter in einem größeren Ausmaß – vorhanden. Andererseits könne die Autonomie des Unionsrechts auch dahingehend verstanden werden, dass interne Regeln von Völkerrechtssubjekten zu einem gewissen Grad Vorrang gegenüber externen Verpflichtungen haben. Nach dem Unionsrecht gehen von der Union eingegangene externe Verpflichtungen entgegenstehendem Sekundärecht, nicht jedoch entgegenstehendem Primärrecht vor. Dies entspricht auch der Auffassung vieler nationaler Verfassungsgerichte, wonach externe Verpflichtungen nationalem Recht mit Ausnahme des Verfassungsrechts vorgehen.

Daraus ergibt sich mE, dass die Autonomie des Unionsrechts nicht allumfassend ist, sondern durchaus Wechselwirkungen mit nationalem Recht und Völkerrecht bestehen und somit die Relevanz der gemeinsamen Verfassungstraditionen und des Völkerrechts für die Entstehung allgemeiner Rechtsgrundsätze nicht jedenfalls zu verneinen ist.

Da jedoch im Ergebnis die Begründung des unionsrechtlichen Verhältnismäßigkeitsgrundsatzes unter alleinigem Rückgriff auf die gemeinsamen Verfassungstraditionen der Mitgliedstaaten bzw auf das Völkerrecht, vor allem aufgrund der Autonomie der Unionsrechtsordnung, nicht unumstritten ist, werden im Folgenden die in den Kapiteln II.F.2-II.F.8 diskutierten Ableitungsmöglichkeiten auf ihre Tragfähigkeit im Unionsrecht untersucht.

II.G.3. Verwertbarkeit der Herleitungsmöglichkeiten?

II.G.3.a. Zweck und Mittel als „Grundkategorie menschlichen Denkens", Rechtsbegriff, Argumentationsmuster im Rahmen der systematisch-teleologischen Interpretation

Sofern man der Ansicht folgt, dass das Denken in Zweck und Mittel eine *„Grundkategorie menschlichen Denkens"* sei,[623] kann dieser Herleitungsweg unstrittig auch die Geltung des Verhältnismäßigkeitsgrundsatzes im Unionsrecht

[622] *de Witte*, ZÖR 2010, 151 ff.
[623] Siehe Kapitel II.F.2 oben.

begründen. Dasselbe gilt für die Ableitungsmöglichkeit aus dem Rechtsbegriff, in deren Zentrum ebenfalls eine Zweck-Mittel-Relation steht.[624]

Darüber hinaus sind auch die Überlegungen von *Röhl/Röhl* und *Vranes*, wonach die drei Teilgrundsätze der Verhältnismäßigkeit – aufgrund der Logik von Mittel und Zweck bzw der Logik von Regel und Ausnahme – Argumentationsmuster der systematisch-teleologischen Auslegung darstellen,[625] auf das Unionsrecht übertragbar. Dies gilt im Besonderen für die Anwendung des Verhältnismäßigkeitsgrundsatzes im Bereich der Grundrechte und Grundfreiheiten, da diese den Charakter einer Grundregel haben und nur auf Basis einer Ausnahmeregelung beschränkt werden dürfen.[626] Mit anderen Worten stellt gerade die Verhältnismäßigkeitsprüfung auf diesem Gebiet das ideale Modell für die Erklärung der Geltung des Grundsatzes als formales Argumentationsmuster systematisch-teleologischer Auslegung dar.

Der Kritik von *Pirker*, wonach die Gefahr bestehe, dass Gerichte durch Anwendung des Verhältnismäßigkeitsgrundsatzes die systematisch-teleologische Auslegung über die übrigen Interpretationsmethoden stellen,[627] ist zu entgegnen, dass die hervorgehobene Stellung dieser Interpretationsmethode in der Rechtsprechung des Gerichtshofs gerechtfertigt werden kann. Denn in einer pluralistischen Rechtsordnung wie jener der Union, in welcher Rechtsnormen aufgrund der Vielzahl der authentischen Sprachfassungen und der aus verschiedenen Rechtstraditionen stammenden Rechtsanwender in erhöhtem Maß mehrdeutig sind, kann primär die systematisch-teleologische Interpretation die einheitliche Anwendung des Unionsrechts sicherstellen.[628]

Ein weiteres Argument von *Pirker* gegen die Herleitung des Grundsatzes aus der Logik von Regel und Ausnahme ist die Annahme, dass Ausnahmen grundsätzlich eng auszulegen seien und daher dem Wert, welcher in der Ausnahmebestimmung zum Ausdruck kommt, *ex ante* ein geringeres Gewicht zukomme als jenem, der in der Grundregel verankert ist. Dies spreche gegen diese Herleitungsalternative, da die Verhältnismäßigkeitsprüfung den Ausgleich von zwei *ex ante* gleichrangigen Werten im Blick habe.[629]

---

624 Siehe Kapitel II.F.3 oben.

625 Siehe Kapitel II.F.8 oben.

626 Diese Ausnahmeregelung muss nicht in den Verträgen kodifiziert sein, sondern kann sich auch aus der Rechtsprechung des EuGH ergeben.

627 Siehe Kapitel II.F.8.a oben.

628 Vgl hierzu näher *Maduro*, Interpreting European Law: Judicial Adjudication in a Context of Constitutional Pluralism, EJLS 2007, 1 (8 f).

629 Siehe Kapitel II.F.8.b oben.

Zu dieser Ansicht ist von einem rechtsdogmatischen Standpunkt aus zu bemerken, dass – wie bereits oben dargelegt – Ausnahmen keinesfalls grundsätzlich eng auszulegen sind.[630] Darüber hinaus spricht auch die ständige Rechtsprechung des EuGH gegen diese Ansicht, da er bei der Prüfung von Beschränkungen der Grundfreiheiten eine Verhältnismäßigkeitskontrolle vornimmt, obwohl nach seiner Rechtsauffassung eine Beschränkung als Ausnahme von den Grundfreiheiten eng auszulegen ist.[631] Folglich erscheint es für den Gerichtshof möglich, eine Prüfung der Verhältnismäßigkeit auch in jenen Fällen vorzunehmen, in denen zwei nicht gleichrangige Werte zum Ausgleich gebracht werden sollen. Schließlich spricht auch das Argument, wonach bei der gerichtlichen Beurteilung von Grundrechtseingriffen die kollidierenden rechtlichen Interessen *ex ante* gleichrangig sind, selbst wenn ein Interesse in einer Ausnahmeregel normiert ist, gegen die Argumentation von *Pirker*.[632]

II.G.3.b. Wesen der Grundrechte und Prinzipienmodell

Eine Begründung der Geltung des Grundsatzes unter Verweis auf das Wesen der Grundrechte[633] ist hingegen nicht schlüssig zu argumentieren, da der Gerichtshof den Grundsatz bereits in seiner Rechtsprechung heranzog bevor er die Geltung der Grundrechte als allgemeine Rechtsgrundsätze in der Rs *Stauder*[634] im Jahr 1969 und noch länger vor Inkrafttreten eines kodifizierten Grundrechtskatalogs mit dem VvL im Jahr 2009 anerkannte. Darüber hinaus könnten die Grundrechte – wenn überhaupt – die Geltung des Verhältnismäßigkeitsgrundsatzes lediglich im Grundrechtsbereich begründen und keine Erklärung für dessen allgemeine Geltung bieten.

Gegen eine Herleitung des unionsrechtlichen Verhältnismäßigkeitsgrundsatzes aus dem Prinzipienmodell nach *Alexy*[635] sprechen schon auf den ersten Blick die im vorangehenden Absatz genannten Argumente, da *Alexy* primär Grundrechte als Prinzipien versteht. Mit anderen Worten verliert die Ableitung aus dem Prinzipienmodell einen Großteil seiner Überzeugungskraft, da Grundrechte, als jene Normen, welche das Musterbeispiel für Prinzipien darstellen, erst nach Anerkennung des Grundsatzes auf Unionsebene Geltung erlangten.

---

630 Siehe Kapitel II.F.8.b oben.

631 Vgl etwa Urteil Bauhuis, 46/76, EU:C:1977:6, Rz 12/15; Urteil Kommission/Griechenland, C-205/89, EU:C:1991:123, Rz 9.

632 Siehe hierzu ausführlich Kapitel II.F.8.b oben.

633 Siehe Kapitel II.F.4 oben.

634 Urteil Stauder, 29/69, EU:C:1969:57.

635 Siehe Kapitel II.F.5 oben.

II.G.3.c. Rechtsstaatsprinzip

Vor allem in der deutschen Literatur wird der Verhältnismäßigkeitsgrundsatz als Ausprägung des gemeinschaftlichen Rechtsstaatsprinzips verstanden.[636] Für die Begründbarkeit dieses Herleitungsweges ist die Verankerung des Rechtsstaatsprinzips im Gemeinschaftsrecht notwendige Vorbedingung.[637] In diesem Zusammenhang geht *Kutscher* in seiner Untersuchung aus dem Jahr 1985 davon aus, dass dieses Prinzip nicht im Gemeinschaftsrecht verankert sei, da es zu dieser Zeit noch nicht explizit in den Verträgen verankert war und der EuGH nur äußerst selten darauf Bezug nahm.[638] Der Gerichtshof sprach den Grundsatz der Rechtsstaatlichkeit zum ersten Mal in der Rs *Granaria*[639] an, welchen er als eine der Grundlagen der Verträge wertet. Allerdings enthält das Urteil keinen Hinweis darauf, welchen Sinngehalt der EuGH dem Begriff der Rechtsstaatlichkeit beimisst.[640] Erst mit dem Vertrag von Amsterdam im Jahr 1997 wurde die Rechtsstaatlichkeit im europäischen Primärrecht verankert.[641]

Nichtsdestotrotz kann argumentiert werden, dass die Rechtsstaatlichkeit bereits vor ihrer Kodifikation zu den Grundpfeilern der Gemeinschaftsrechtsordnung gehörte und ihre späte namentliche Erwähnung auf ihre unterschiedlichen Bezeichnungen in den Mitgliedstaaten zurückzuführen ist.[642] So deute nach Ansicht von *Kulow* bereits die Präambel des EWGV, wonach die Wahrung von *„Frieden und Freiheit“* ein Ziel der Gemeinschaft ist, darauf hin, dass sich die Gemeinschaft als dem rechtsstaatlichen Prinzip verpflichtet erachtet.[643] Darüber hinaus spreche die Eigenschaft der Union als *„eine Schöpfung des Rechts“*,[644] als freiwilliger Zusammenschluss ohne *„durchsetzbares Machtmonopol“*, für die grundlegende Bedeutung der Rechtsstaatlichkeit.[645] Die oben angesprochene Erweiterung des Art 6 Abs 1 EUV um den Begriff der Rechtsstaatlichkeit sei daher lediglich deklaratorischer Natur.[646]

---

636 *von Danwitz*, Europäisches Verwaltungsrecht (2008) 214; *Ipsen*, Europäisches Gemeinschaftsrecht (1972) 512.

637 *Emmerich-Fritsche*, Grundsatz 112.

638 *Kutscher*, Grundsatz 91; aA *Koch*, Grundsatz 188.

639 Urteil Granaria, 101/78, EU:C:1979:38, Rz 5.

640 Vgl auch *Emmerich-Fritsche*, Grundsatz 112.

641 Art 6 Abs 1 EUV in der Fassung des Vertrages von Amsterdam: *„Die Union beruht auf den Grundsätzen der Freiheit, der Demokratie, der Achtung der Menschenrechte und Grundfreiheiten sowie der Rechtsstaatlichkeit; diese Grundsätze sind allen Mitgliedstaaten gemeinsam.“* (Hervorhebung durch den Autor)

642 *Koch*, Grundsatz 188 f mwN.

643 *Kulow*, Inhalte und Funktionen der Präambel des EG-Vertrages (1997) 162.

644 *Hallstein*, Die Europäische Gemeinschaft (1973) 33.

645 *Koch*, Grundsatz 189.

646 *Koch*, Grundsatz 189 f.

Aus der Rechtsprechung des EuGH zu den Grundrechten und den übrigen allgemeinen Rechtsgrundsätzen schließt *Koch*, dass die Sicherung materieller Gerechtigkeit der europäischen Rechtsgemeinschaft immanent sei und folglich rechtsstaatliche Instrumentarien zu deren Verwirklichung notwendig seien.[647] Ein bedeutendes Instrumentarium sei in diesem Zusammenhang der Grundsatz der Verhältnismäßigkeit, weshalb die – dem Gedanken des materiellen Rechtsstaats verpflichtete – europäische Rechtsgemeinschaft als Geltungsgrund des Grundsatzes herangezogen werden könne.[648]

Aufbauend auf der Kritik von *Lerche*, welcher eine Ableitung des Verhältnismäßigkeitsprinzips aus dem materiell verstandenen Rechtsstaatsprinzip schon aus der Perspektive des deutschen Rechts ablehnt,[649] verneint *Emmerich-Fritsche* eine derartige Ableitungsmöglichkeit für den Bereich des Unionsrechts, da sich in dieser Rechtsordnung die Rechtsstaatlichkeit gemeinsam mit jenen Grundsätzen entwickelte, welche für sie charakteristisch sind.[650] Mit anderen Worten sei die Rechtsstaatlichkeit aus den allgemeinen Rechtsgrundsätzen abzuleiten und nicht die allgemeinen Rechtsgrundsätze aus der Rechtsstaatlichkeit.[651]

Stattdessen schlägt sie vor, die vor allem aus der deutschen Terminologie stammende Differenzierung zwischen dem formellen und dem materiellen Rechtsstaatsbegriff aufzugeben und einen formalen Rechtsstaatsbegriff heranzuziehen.[652] Dieser fordere die Rechtsgemeinschaft und somit den Primat des Rechts, worunter sie mehr als nur die Gesetzmäßigkeit des Handelns, welche das formelle Element des Rechtsstaates ausmacht, versteht.[653] In ihren weiteren Ausführungen zum Primat des Rechts zieht *Emmerich-Fritsche* Art 164 EGV heran, wonach der EuGH und das EuG *„die Wahrung des Rechts bei der Auslegung und Anwendung dieses Vertrags"* zu sichern haben.[654] Dieses Recht müsse in einer Rechtsgemeinschaft *„zur Verwirklichung allgemeiner Freiheit auf praktische Vernunft ausgerichtet sein."*[655]

Im Ergebnis begründen sowohl *Koch* als auch *Emmerich-Fritsche* die Geltung des Verhältnismäßigkeitsprinzips mit rechtsstaatlichen Erwägungen. Auch in ihrer Argumentation unterscheiden sie sich nicht wesentlich, obwohl *Emmerich-Fritsche* eine Herleitung aus dem materiell verstandenen Rechtsstaatsprinzip

---

647 *Koch*, Grundsatz 191.
648 *Koch*, Grundsatz 191.
649 Siehe Kapitel II.F.6 oben.
650 *Emmerich-Fritsche*, Grundsatz 114.
651 *Emmerich-Fritsche*, Grundsatz 114.
652 *Emmerich-Fritsche*, Grundsatz 114.
653 *Emmerich-Fritsche*, Grundsatz 114 f.
654 *Emmerich-Fritsche*, Grundsatz 115.
655 *Emmerich-Fritsche*, Grundsatz 115.

ablehnt. Denn für beide ist die Union als Rechtsgemeinschaft der Ausgangspunkt ihrer Überlegungen, welche unter Bezugnahme auf die Idee der Gerechtigkeit in dem Ergebnis münden, dass der Grundsatz aus der Rechtsstaatlichkeit ableitbar sei. Dieses Verständnis kann sich auch auf eine frühe Entscheidung des EuGH in der Rs *Mannesmann* stützen, in welcher er den Grundsatz als Ausdruck eines Gerechtigkeitsgrundsatzes erachtete.[656] Darüber hinaus wird die Ableitbarkeit aus dem Rechtsstaatsprinzip auch von weiteren Autoren bejaht.[657]

II.G.3.d. Gleichheitssatz / Diskriminierungsverbot

Wie bereits oben dargelegt,[658] berücksichtigen VfGH und BVerfG bei ihrer Prüfung im Rahmen des Gleichheitssatzes die Verhältnismäßigkeit der streitgegenständlichen Ungleichbehandlung im Hinblick auf das mit der Ungleichbehandlung verfolgte legitime Ziel. In der Unionsrechtsordnung verbietet Art 18 AEUV – als Ausprägung des allgemeinen Gleichheitssatzes[659] – jede Diskriminierung aus Gründen der Staatsangehörigkeit. Eine Ungleichbehandlung nach dieser Bestimmung kann aus öffentlichen Interessen gerechtfertigt sein, wenn der Grundsatz der Verhältnismäßigkeit beachtet wird.[660] Der Gerichtshof selbst hat in diesem Zusammenhang ausgesprochen, dass der Vorwurf eines Verstoßes gegen das Diskriminierungsverbot unter gewissen Umständen untrennbar mit jenem der Verletzung des Verhältnismäßigkeitsgrundsatzes verbunden ist.[661]

Allerdings bedeutet die Beachtung der Verhältnismäßigkeit im Rahmen der Prüfung einer Diskriminierung oder die untrennbare Verbindung zwischen Diskriminierungsverbot und Verhältnismäßigkeitsgrundsatz nicht zwingend, dass sich letztgenannter aus dem Gleichheitssatz ableiten lässt. Für die Frage, ob diese Ableitung begründbar ist, sei auf die Ausführungen in Kapitel II.F.7 verwiesen, welche grundsätzlich auf die Herleitung des unionsrechtlichen Verhältnismäßigkeitsgrundsatzes übertragbar sind. Gegen die Möglichkeit einer Ableitung spricht vor allem, dass er im Gegensatz zum Gleichheitssatz kein Vergleichsobjekt benötigt. Die Untersuchung, inwiefern alle drei Teilgrundsätze des Grundsatzes auch im Gleichheitssatz enthalten sind, um eine Ableitbarkeit zu bejahen,[662] muss mE für das Unionsrecht nicht mit derselben Strenge durchgeführt werden, da der unionsrechtliche Verhältnismäßigkeitsgrundsatz im Gegensatz zu seinem Pendant in Österreich und Deutschland nicht durchgängig eine

---

656 Urteil Mannesmann, 19/61, EU:C:1962:31, 00749.

657 *von Danwitz*, Europäisches Verwaltungsrecht (2008) 214; *Ipsen*, Gemeinschaftsrecht 512.

658 Siehe Kapitel II.F.7 oben.

659 *Epiney*, in: Calliess/Ruffert (Hrsg.), EUV / AEUV^5 (2016) Art 18 AEUV Rz 8.

660 *Epiney*, in: Calliess/Ruffert (Hrsg.), Art 18 AEUV Rz 38.

661 Urteil Mignini, C-256/90, EU:C:1992:173, Rz 14.

662 Siehe hierzu Kapitel II.F.7 oben.

dreiteilige Struktur aufweist und darüber hinaus zum Zeitpunkt seiner Anerkennung durch den EuGH[663] keinesfalls als aus drei Teilelementen bestehend verstanden wurde.

In der europarechtlichen Literatur setzt man sich vor allem kritisch mit der Frage der möglichen Herleitung aus dem Gleichheitssatz auseinander. So verneint *Koch* explizit diese Herleitungsalternative, da Gleichheitssatz und Verhältnismäßigkeitsgrundsatz als selbständige und gleichrangige Grundsätze des Unionsrechts bestehen und daher die Herleitung des einen aus dem anderen Grundsatz nicht möglich sei.[664] Darüber hinaus würde diese Ableitung die Frage der Rechtsquelle lediglich von einem allgemeinen Rechtsgrundsatz auf einen anderen verschieben.[665] Auch *Emmerich-Fritsche* stellt lediglich fest, dass die beiden Grundsätze unter Umständen einen gemeinsamen Geltungsgrund haben können, ohne jedoch die Ableitung des Verhältnismäßigkeitsgrundsatzes aus dem Gleichheitssatz zu bejahen.[666]

II.G.4. Explizite Normierung im Primärrecht

Mit Art 5 Abs 4 EUV und Art 52 Abs 1 GRC bestehen mittlerweile für zwei der wichtigsten Funktionen des Verhältnismäßigkeitsgrundsatzes im Unionsrecht – namentlich die Beschränkung der Befugnisse der Union gegenüber den Mitgliedstaaten und die Rechtmäßigkeitskontrolle von Grundrechtseingriffen – explizite Grundlagen im europäischen Primärrecht. Anderes gilt für den Verhältnismäßigkeitsgrundsatz in seiner Funktion als Schranken-Schranke der Grundfreiheiten. In diesem Zusammenhang ist das Erfordernis einer Verhältnismäßigkeitsprüfung nur indirekt aus dem AEUV ableitbar, welcher in den Schrankenregelungen der Grundfreiheiten fordert, dass Beschränkungen aus im öffentlichen Interesse liegenden Gründen *„gerechtfertigt"* sein müssen (Art 36, 45 Abs 3, 52 iVm 62, 65 Abs 1 AUEV).[667]

II.G.4.a. Art 5 Abs 4 EUV

Die Bestimmung des Art 5 Abs 4 EUV normiert einen kompetenzbezogenen Verhältnismäßigkeitsgrundsatz:[668]

---

[663] Urteil Internationale Handelsgesellschaft, 11/70, EU:C:1970:114.
[664] *Koch*, Grundsatz 173.
[665] *Koch*, Grundsatz 173.
[666] *Emmerich-Fritsche*, Grundsatz 258 ff.
[667] *Ehlers*, Allgemeine Lehren der Grundfreiheiten, in: Ehlers (Hrsg.), Europäische Grundrechte und Grundfreiheiten[4] (2014) § 7 Rz 129.
[668] *Trstenjak/Beysen*, Das Prinzip der Verhältnismäßigkeit in der Unionsrechtsordnung, EuR 2012, 265 (266).

„Nach dem Grundsatz der Verhältnismäßigkeit gehen die Maßnahmen der Union inhaltlich wie formal nicht über das für die Erreichung der Ziele der Verträge erforderliche Maß hinaus. Die Organe der Union wenden den Grundsatz der Verhältnismäßigkeit nach dem Protokoll über die Anwendung der Grundsätze der Subsidiarität und der Verhältnismäßigkeit an.“

Im Zusammenwirken mit den übrigen Prinzipien des Art 5 EUV bestimmt der Verhältnismäßigkeitsgrundsatz die Kompetenzordnung der Union. Das Prinzip der begrenzten Einzelermächtigung dient in diesem Zusammenhang der Abgrenzung der Zuständigkeiten der Union von jenen der Mitgliedstaaten.[669] Es legt fest, dass der Union keine Kompetenz-Kompetenz zukommt und sie nur in jenen Bereichen tätig werden kann, für die ihr von den Mitgliedstaaten in den Verträgen Zuständigkeiten übertragen wurden.[670] Die Prinzipien der Subsidiarität (Art 5 Abs 3 EUV) und Verhältnismäßigkeit wirken demgegenüber auf die Ausübung der Zuständigkeiten der Union.[671] Sie normieren folglich, ob und ggf wie die Union in einem ihr zugewiesenen Zuständigkeitsbereich handeln kann.[672] Ihnen kommt somit die Funktion von Kompetenzausübungsschranken zu.[673]

Art 5 Abs 4 EUV folgt im Wesentlichen seiner Vorgängerbestimmung in Art 5 Abs 3 EGV,[674] wenngleich nunmehr explizit der Grundsatz der Verhältnismäßigkeit angesprochen wird. Aus dem Wortlaut dieser Bestimmung lässt sich nicht eindeutig ableiten, wie bei der Prüfung der Verhältnismäßigkeit vorzugehen ist. Aus der Formulierung in Art 5 Abs 4 EUV, wonach die Maßnahmen der Union *„nicht über das für die Erreichung der Ziele der Verträge erforderliche Maß hinaus[gehen]“*, kann unmittelbar auf den Teilgrundsatz der Erforderlichkeit geschlossen werden.[675] Da die Erforderlichkeit der Maßnahmen in Bezug auf die *„Erreichung der Ziele der Verfassung“* gefordert ist, kann indirekt auch auf den Teilgrundsatz der Eignung geschlossen werden.[676] Sofern man den Grundsatz der Verhältnismäßigkeit nicht zwingend auch als aus dem Teilgrundsatz der Verhältnismäßigkeit ieS bestehend versteht und daher schon aufgrund der Nennung des Verhältnismäßigkeitsgrundsatzes in Art 5 Abs 4 EUV davon ausgeht, dass die Maßnahmen der Union auch verhältnismäßig ieS sein müssen,

---

669 *Calliess*, in: Calliess/Ruffert (Hrsg.), Art 5 EUV Rz 2.
670 *Trstenjak/Beysen*, EuR 2012, 266.
671 *Calliess*, in: Calliess/Ruffert (Hrsg.), Art 5 EUV Rz 2.
672 *Trstenjak/Beysen*, EuR 2012, 266.
673 *Trstenjak/Beysen*, EuR 2012, 266.
674 Art 5 Abs 3: *„Die Maßnahmen der Gemeinschaft gehen nicht über das für die Erreichung der Ziele dieses Vertrags erforderliche Maß hinaus“* (Art 3b Abs 3 EGV idF Vertrag von Maastricht).
675 Vgl auch *Trstenjak/Beysen*, EuR 2012, 269.
676 *Trstenjak/Beysen*, EuR 2012, 269.

ergibt sich der Teilgrundsatz der Verhältnismäßigkeit ieS nicht aus Art 5 Abs 4 EUV. Der Wortlaut dieser Bestimmung gibt somit die Neigung des Gerichtshofes wieder, die Prüfung der Verhältnismäßigkeit auf die Eignung und Erforderlichkeit zu konzentrieren.[677] Daraus kann aber nicht geschlossen werden, dass im Rahmen der kompetenziellen Verhältnismäßigkeit die Angemessenheit einer Maßnahme niemals eine Rolle spielt.[678]

II.G.4.b. Art 52 Abs 1 GRC

Für den Bereich der Grundrechte normiert Art 52 Abs 1 GRC seit Inkrafttreten des VvL am 1.12.2009 den Grundsatz der Verhältnismäßigkeit:

„Jede Einschränkung der Ausübung der in dieser Charta anerkannten Rechte und Freiheiten muss gesetzlich vorgesehen sein und den Wesensgehalt dieser Rechte und Freiheiten achten. Unter Wahrung des Grundsatzes der Verhältnismäßigkeit dürfen Einschränkungen nur vorgenommen werden, wenn sie notwendig sind und den von der Union anerkannten dem Gemeinwohl dienenden Zielsetzungen oder den Erfordernissen des Schutzes der Rechte und Freiheiten anderer tatsächlich entsprechen."

Wie bereits oben erläutert, bedeutet die Normierung des Verhältnismäßigkeitsgrundsatzes in der GRC nicht, dass der Grundsatz im Zeitraum vor Proklamation der GRC keine wichtige Rolle in der Rechtsprechung des Gerichtshofes spielte.[679] Bestätigt wird diese Auffassung durch die Erläuterungen zu Art 52 GRC, wonach sich die Einschränkungsregelung des Abs 1 an die Rechtsprechung des Gerichtshofes anlehnt.[680]

Der Anwendungsbereich der allgemeinen Schrankenklausel des Art 52 Abs 1 GRC ist umstritten. Nach einer Ansicht in der Literatur komme Abs 1 nur in jenen Fällen zur Anwendung, in denen weder Abs 2 noch Abs 3 als speziellere Regelung greifen, und stelle somit lediglich eine subsidiäre Auffangregel dar.[681]

---

677 *Trstenjak/Beysen*, EuR 2012, 269.

678 *Calliess*, in: Calliess/Ruffert (Hrsg.), Art 5 EUV Rz 44 mwN; *Trstenjak/Beysen*, EuR 2012, 270.

679 Zur Heranziehung des Verhältnismäßigkeitsgrundsatzes als allgemeiner Rechtsgrundsatz durch den EuGH seit den 1970er Jahren siehe Kapitel II.G.2 oben.

680 *„Nach gefestigter Rechtsprechung kann jedoch die Ausübung dieser Rechte, insbesondere im Rahmen einer gemeinsamen Marktorganisation, Beschränkungen unterworfen werden, sofern diese tatsächlich dem Gemeinwohl dienenden Zielen der Gemeinschaft entsprechen und nicht einen im Hinblick auf den verfolgten Zweck unverhältnismäßigen, nicht tragbaren Eingriff darstellen, der diese Rechte in ihrem Wesensgehalt antastet."*

681 *Borowsky*, in: Meyer (Hrsg.), Charta der Grundrechte der Europäischen Union[4] (2014) Art 52 Rz 13; *Rumler-Korinek/Vranes*, in: Holoubek/Lienbacher (Hrsg.), GRC-Kommentar (2014) Art 52 Rz 8.

Kingreen vertritt demgegenüber die Auffassung, dass lediglich Abs 2 als speziellere Regelung im Verhältnis zu Abs 1 anzusehen sei.[682] Gegen diese Sichtweisen wird argumentiert, dass im Sinne der Effektivität und der Einheitlichkeit des Grundrechtsschutzes Art 52 Abs 1 GRC für sämtliche Grundrechte gelten solle.[683] Die Anerkennung des *lex specialis* Charakters von Abs 2 und Abs 3 impliziert jedoch nicht zwingend, dass im Anwendungsbereich dieser beiden Absätze der Grundsatz der Verhältnismäßigkeit nicht relevant ist: Für jene Rechte, die nach Abs 2 auch an anderer Stelle in den Verträgen normiert sind, kann sich seine Relevanz aus der Rechtsprechung des EuGH ergeben.[684] Hinsichtlich jener Rechte, welche gemäß Abs 3 auch in der EMRK verankert sind, ergibt sich die Bedeutung des Verhältnismäßigkeitsgrundsatzes aus der Rechtsprechung des EGMR.

Eine Untersuchung, welche Auslegungsergebnisse Art 52 Abs 1 GRC in Bezug auf die Struktur der Verhältnismäßigkeitsprüfung und die Bedeutung der Wesensgehaltsgarantie bei Eingriffen in Grundrechte zulässt, wird in Kapitel IV.B.6 vorgenommen.

II.G.5. Funktionen

Obgleich der Verhältnismäßigkeitsgrundsatz durch die Judikatur des Gerichtshofes zu den Grundrechten[685] und Grundfreiheiten besonders nachhaltig in das Bewusstsein gerückt ist, besteht er – losgelöst von der Beschränkung eines Grundrechts oder einer Grundfreiheit und unabhängig von einem Eingriff in ein subjektives Interesse – als selbständiger Verfassungsgrundsatz.[686] Er dient als Maßstab, welcher zur Begrenzung des Legislativ- und Exekutivhandelns durch die Union herangezogen wird.[687] Abhängig von der konkreten Fallkonstellation kann der Grundsatz in dieser Funktion sowohl dem Schutz des Einzelnen als auch dem Schutz hoheitlicher bzw allgemeiner Interessen dienen.[688]

---

682 *Kingreen*, in: Calliess/Ruffert (Hrsg.), Art 52 GRCh Rz 59.

683 *von Danwitz*, in: Tettinger/Stern (Hrsg.), Kölner Gemeinschaftskommentar zur Europäischen Grundrechte-Charta (2006) Art 52 Rz 30.

684 Dies ist bspw der Fall, wenn ein Recht der GRC einer Grundfreiheit des AEUV entspricht. In einer derartigen Konstellation muss der Grundsatz der Verhältnismäßigkeit als Schranke einer Beschränkung der betroffenen Grundfreiheit gewahrt werden.

685 *Pache*, Der Grundsatz der Verhältnismäßigkeit in der Rechtsprechung der Gerichte der Europäischen Gemeinschaften, NVwZ 1999, 1033 (1037).

686 *von Danwitz*, EWS 2003, 394.

687 *Calliess*, in: Calliess/Ruffert (Hrsg.), Art 5 EUV Rz 44 mwN; *Kischel*, EuR 2000, 382 ff.

688 *Koch*, Grundsatz 496 f.

Als objektiver Rechtmäßigkeitsmaßstab ist er vor allem bei Kompetenzkonflikten zwischen der Union und den Mitgliedstaaten von Bedeutung.[689] Wie oben dargelegt,[690] kommt ihm somit in diesem Zusammenhang die Rolle einer Kompetenzausübungsschranke zu.[691]

Im Bereich der Grundrechte ist der Grundsatz der Verhältnismäßigkeit in vielen Fällen das entscheidende Instrumentarium, welches einen bloßen Eingriff in ein Grundrecht von dessen Verletzung abgrenzt. Der Grundsatz soll in dieser Funktion den Ausgleich von Individual- und Allgemeininteressen gewährleisten.[692]

Bei der Prüfung der Rechtmäßigkeit von Beschränkungen der Grundfreiheiten dient er sowohl dem Interesse der Union am möglichst reibungslosen Funktionieren des Binnenmarktes als auch dem Interesse des einzelnen Marktbürgers an der Verhinderung von ungerechtfertigten Eingriffen in seine Freiheit.[693] Diese Interessen sind mit den legitimen Interessen des Mitgliedstaates an der Beschränkung der einschlägigen Grundfreiheit in Ausgleich zu bringen.

Dem Schutz des Einzelnen dient der Grundsatz der Verhältnismäßigkeit jedoch nicht nur im Kontext von Grundrechten und Grundfreiheiten. Er kann diese Funktion auch in Konstellationen einnehmen, in denen weder Grundrechte noch Grundfreiheiten betroffen sind. Als *„allgemeiner Verhältnismäßigkeitsgrundsatz"* nimmt er diese Auffangfunktion zum Schutz vor übermäßigen Belastungen durch Hoheitsakte ein und wird in dieser Ausprägung von klagenden Parteien sehr häufig in Verfahren beim EuGH vorgebracht.[694]

Darüber hinaus stellt der Verhältnismäßigkeitsgrundsatz eine Auslegungsregel dar, welche dazu dient, dass durch eine Bestimmung des Unionsrechts weder die Rechtsstellung der Mitgliedstaaten noch die Individualinteressen der Unionsbürger übermäßig beeinträchtigt werden.[695] Dabei kann der Grundsatz sowohl zur Auslegung von Primär- als auch von Sekundärrecht zur Anwendung gelangen.[696] Er kann außerdem auch bei der Interpretation von mitgliedstaatlichem Recht im Zuge der unionsrechtskonformen Auslegung heranzuziehen sein, wenn nationale Rechtsnormen in Umsetzung oder zum Vollzug von Unionsrecht erlassen wurden oder wenn sie Ausnahmen von den Grundfreiheiten normieren.[697] Die Rele-

---

689 *Koch*, Grundsatz 498.

690 Siehe Kapitel II.G.4.a oben.

691 *Trstenjak/Beysen*, EuR 2012, 265.

692 *Pache*, NVwZ 1999, 1037.

693 *Koch*, Grundsatz 502.

694 *Koch*, Grundsatz 506.

695 *Pollak*, Verhältnismäßigkeitsprinzip 41 ff mwN; *Pache*, NVwZ 1999, 1037.

696 *Pache*, NVwZ 1999, 1037; aA *Kutscher*, Grundsatz 94, der die Anwendbarkeit des Verhältnismäßigkeitsgrundsatzes als Auslegungsregel nur für das Sekundärrecht bejaht.

697 *Pache*, NVwZ 1999, 1037.

vanz des Verhältnismäßigkeitsgrundsatzes für die Auslegung ist bereits in dem Urteil *Stauder* aus dem Jahr 1969 nachweisbar: *„In einem Fall wie dem vorliegenden ist der am wenigsten belastenden Auslegung der Vorzug zu geben, wenn sie genügt, um die Ziele zu erreichen, denen die umstrittene Entscheidung dienen soll.“*[698]

Zuletzt hat der Grundsatz nicht nur in den eben genannten Funktionen im Rahmen einer *ex post* Rechtskontrolle durch die Gerichte Bedeutung, sondern wirkt auch präventiv auf die zuständigen Organe beim Erlass legislativer oder exekutiver Akte, da er als Leitfaden für deren Entscheidungsfindung dient.[699]

II.H. Zusammenfassung

In diesem Kapitel wurden die historische Entwicklung des Verhältnismäßigkeitsgrundsatzes, seine denkbaren Geltungsgründe sowie seine Funktionen im Unionsrecht behandelt. Eingangs wurde festgestellt, dass sich die ersten Ansätze des Grundsatzes schon in den Talionsgeboten des Kodex Hammurabi und des Alten Testaments (*„Auge um Auge, Zahn um Zahn“*) nachweisen lassen. In der weiteren Entwicklung wurde der Anwendungsbereich des Grundsatzes von Philosophen der griechischen und römischen Antike auf die Fragen nach dem gerechten Krieg und der Verteilungsgerechtigkeit ausgedehnt, wodurch die antiken Rechtsordnungen beeinflusst wurden.

In der Zeit der Aufklärung und des Liberalismus hatte der Grundsatz primär bei der Strafbemessung rechtliche Relevanz. Die Bedeutung dieser Epoche für die Fortentwicklung des Grundsatzes ist jedoch nicht mit der Strafbemessung, sondern mit den Begriffen der Freiheit und Vernunft verknüpft. Da die bürgerliche Freiheit nicht absolut ist, darf der Staat den Bürgern gewisse Pflichten auferlegen und somit ihre Freiheit beschränken. Damit diese Pflichten nicht zu einem vollkommenen Entzug der Freiheit führen, müssen sie für das Allgemeininteresse nützlich sein. Diese Überlegung kann als dogmatisches Fundament der Gemeinwohlbindung und der Verhältnismäßigkeit von Grundrechtseingriffen erachtet werden. Auch das in der Aufklärung geforderte vernunftgeleitete Denken in Ursache und Wirkung trug zur zunehmenden Popularität des Grundsatzes bei, da die dem Grundsatz innewohnende Zweck-Mittel-Relation das Denken in Ursache und Wirkung fördert.

Die weitere Entwicklung des Verhältnismäßigkeitsgrundsatzes wurde in den Ländern Deutschland, Österreich, Frankreich und England untersucht: Ausge-

---

698 Urteil Stauder, 29/69, EU:C:1969:57, 00425.

699 *Koch*, Grundsatz 517.

hend vom deutschen Verwaltungsrecht breitete sich der Grundsatz nicht nur vertikal auf das deutsche Verfassungsrecht, sondern auch horizontal auf andere Rechtsordnungen aus.[700] In Österreich führten in den 1980er Jahren der Einfluss des deutschen Rechts und der EMRK zur Anerkennung des Grundsatzes als allgemeines Rechtsprinzip. In Frankreich und England ist seine allgemeine Anerkennung demgegenüber bis heute nicht erfolgt, wenngleich vermehrt Verhältnismäßigkeitsüberlegungen in verschiedene Rechtsfiguren der gerichtlichen Kontrolle einfließen.

Als mögliche Geltungsgründe des Grundsatzes wurden Zweck und Mittel als *„Grundkategorie menschlichen Denkens"*, der Rechtsbegriff, das Wesen der Grundrechte, das Prinzipienmodell nach *Alexy*, das rechtsstaatliche Prinzip, der Gleichheitssatz sowie die Logik von Mittel und Zweck bzw von Regel und Ausnahme diskutiert. In der Diskussion zeigten sich gewisse Überschneidungen zwischen den verschiedenen Herleitungsalternativen. Die Frage nach dem Geltungsgrund ist von Relevanz, da er die Reichweite des Grundsatzes bestimmt. Da eine Ableitung aus der Logik von Mittel und Zweck bzw von Regel und Ausnahme nachvollziehbar argumentiert werden kann und insbesondere für die zu behandelnden Fragen nach der Zulässigkeit von Beschränkungen (Ausnahmen) von Grundrechten und Grundfreiheiten geeignet ist, wird in der vorliegenden Arbeit dieser Herleitungsweg vertreten.

Auf Ebene des Unionsrechts erfolgte die Anerkennung des Verhältnismäßigkeitsprinzips durch den EuGH spätestens mit seiner Entscheidung in der Rs *Internationale Handelsgesellschaft*.[701] Allerdings ist bis heute ungeklärt, worin der Gerichtshof den Geltungsgrund des Grundsatzes erblickt. Aus diesem Grund wurden nicht nur die in Kapitel II.F diskutierten allgemeinen Herleitungsalternativen auf ihre Tragfähigkeit im Unionsrecht untersucht, sondern auch eine Ableitung aus dem geschriebenen Unionsrecht und aus den gemeinsamen Verfassungstraditionen der Mitgliedstaaten erörtert. In diesem Zusammenhang wurde festgestellt, dass eine Ableitung aus der Logik von Mittel und Zweck bzw von Regel und Ausnahme auch und gerade für den unionsrechtlichen Verhältnismäßigkeitsgrundsatz in seiner Ausprägung als Schranken-Schranke der Grundrechte und Grundfreiheiten möglich ist.

Mittlerweile ist der Grundsatz der Verhältnismäßigkeit an zwei bedeutenden Stellen des Primärrechts explizit normiert. Nach Art 5 Abs 4 EUV ist der Grundsatz von der Union bei der Ausübung ihrer Kompetenzen zu berücksichtigen und

---

700 Zu den Begriffen der horizontalen und vertikalen Ausdehnung vgl *Schwarze*, Dimensionen des Rechtsgrundsatzes der Verhältnismäßigkeit, in: Ipsen/Stüer (Hrsg.), Europa im Wandel, FS Rengeling (2008) 633 (634).

701 Urteil Internationale Handelsgesellschaft, 11/70, EU:C:1970:114.

nach Art 52 Abs 1 GRC müssen Eingriffe in die von der GRC garantierten Rechte dem Grundsatz genügen. Neben diesen beiden Funktionen als Kompetenzausübungsschranke und Schranken-Schranke der Grundrechte kommt dem Grundsatz auch Bedeutung bei der Kontrolle der Rechtmäßigkeit von Beschränkungen der Grundfreiheiten zu. Darüber hinaus kann er auch als „allgemeiner Verhältnismäßigkeitsgrundsatz" dem Schutz des Einzelnen vor übermäßigen Belastungen durch Hoheitsakte dienen. Schließlich kommt ihm auch die Funktion einer Auslegungsregel zu.

III. Der Grundsatz der Verhältnismäßigkeit als Bestandteil der Grundrechtsprüfung

III.A. Vorbemerkung

Das folgende Kapitel behandelt den Grundsatz der Verhältnismäßigkeit aus der Perspektive des österreichischen und deutschen Rechts. In diesem Zusammenhang werden seine Bedeutung und Struktur im Rahmen der Grundrechtsprüfung erörtert und der Sinngehalt der einzelnen Teilgrundsätze dargestellt. Darüber hinaus soll auch geklärt werden, ob der Garantie des Wesensgehalts der Grundrechte eigenständige Bedeutung zukommt.

III.B. Vergleichbare Dogmatik in Österreich und Deutschland

III.B.1. Die einzelnen Teilgrundsätze

Nach hA besteht der Grundsatz der Verhältnismäßigkeit aus den drei Teilelementen der Eignung (Geeignetheit, Tauglichkeit, Zwecktauglichkeit), Erforderlichkeit (Notwendigkeit, Übermaßverbot, Grundsatz des „mildesten“ bzw „schonendsten“ Mittels) und Verhältnismäßigkeit ieS (Proportionalität, Angemessenheit, Übermaßverbot, Adäquanz).[702] Obwohl die Frage nach dem Zweck des Grundrechtseingriffs nach hA folglich kein Element des Grundsatzes darstellt, wird sie im Folgenden behandelt, da es ohne Bestimmung des Zwecks nicht möglich ist, die beiden Teilgrundsätze der Eignung und Erforderlichkeit zu beurteilen[703] und sie auch für die im Rahmen der Prüfung der Verhältnismäßigkeit ieS vorzunehmenden Abwägung relevant ist, weil der Zweck des Eingriffs gegen die Beschränkung des Grundrechts abzuwägen ist.[704]

---

702 *Gentz*, NJW 1968, 1603; *Ress*, Grundsatz 13; *Hirschberg*, Grundsatz 2 mwN; *Dechsling*, Verhältnismäßigkeitsgebot 5 f; *Michael/Morlok*, Grundrechte[5] Rz 618; *Pollak*, Verhältnismäßigkeitsprinzip 121 ff; *Jarass*, in: Jarass/Pieroth (Hrsg.), Grundgesetz für die Bundesrepublik Deutschland[13] (2014) Art 20 Rz 83 ff; *Grzeszick*, in: Maunz/Dürig/Herzog (Hrsg.), Grundgesetz-Kommentar (2014) Art 20 VII Rz 110 ff mwN aus der Judikatur des BVerfG; *Lepsius*, Die Chancen und Grenzen des Grundsatzes der Verhältnismäßigkeit, in: Jestaedt/Lepsius (Hrsg.), Verhältnismäßigkeit (2015) 1 (17); aA *Hengstschläger/Leeb*, Grundrechte Rz 1/53; *Berka*, Grundrechte Rz 267 u *Merten*, Verhältnismäßigkeitsgrundsatz § 68 Rz 52, vertreten, dass auch die Frage nach dem legitimen Ziel des Grundrechtseingriffs einen Teil des Verhältnismäßigkeitsgrundsatzes darstellt.

703 *Hirschberg*, Grundsatz 45; *Ress*, Grundsatz 13; *Schmalz*, Grundrechte[4] (2001) Rz 184;

704 Vgl etwa *Grabenwarter/Holoubek*, Verfassungsrecht-Allgemeines Verwaltungsrecht[3] Rz 403.

B. Oreschnik, *Verhältnismäßigkeit und Kontrolldichte*,
https://doi.org/10.1007/978-3-658-26160-3_3

III.B.1.a. Verfolgung eines legitimen Zieles?

Ein Grundrechtseingriff kann nur in jenen Fällen gerechtfertigt sein, in denen mit dem Eingriff ein legitimer Zweck (legitimes Ziel) erreicht werden soll. Häufig verfolgt der Gesetzgeber bei Grundrechtseingriffen nicht nur eine, sondern mehrere Zielsetzungen. Um die Legitimität der Zielsetzungen beurteilen zu können, ist eine objektive Bestimmung sämtlicher Zwecke Voraussetzung.[705] Für die daran anschließende Prüfung der Verhältnismäßigkeit ist es essenziell, dass die verschiedenen Zwecke präzise benannt werden und nicht bloß ohne nähere Differenzierung auf „öffentliche Interessen" verwiesen wird.[706]

Bei der Zweckbestimmung dient der Wille des Gesetzgebers als Ausgangspunkt.[707] Nichtsdestotrotz kommen auch Ziele als Rechtfertigungsgründe in Betracht, welche vom Gesetzgeber nicht ausdrücklich verfolgt wurden.[708] Dies bedeutet jedoch nicht, dass sämtliche denkbaren Zwecke relevant sind, sondern nur diejenigen, welche sich im Wege der Gesetzesauslegung feststellen lassen.[709] Der ermittelte Zweck muss in weiterer Folge auf seine Verfassungslegitimität untersucht werden. Ein Zweck ist legitim, wenn er im öffentlichen Interesse liegt und die Verfassung ihn weder explizit noch implizit missbilligt.[710] Die Legitimität des Zwecks hängt vom jeweils betroffenen Grundrecht ab, da bei bestimmten Grundrechten Zweckbeschränkungen zu berücksichtigen sind.[711] Exemplarisch sei in diesem Zusammenhang auf die taxative Aufzählung der legitimen Ziele in den zweiten Absätzen der Art 8-11 EMRK verwiesen.[712]

Bei Beurteilung der Frage, ob der einfache Gesetzgeber mit einer Maßnahme ein Ziel verfolgt, das im öffentlichen Interesse gelegen ist, wird ihm vom VfGH ein weiter rechtspolitischer Gestaltungsspielraum eingeräumt,[713] sodass lediglich eine verfassungsgerichtliche Vertretbarkeitskontrolle vorgenommen wird.[714] So kann der VfGH *„dem Gesetzgeber nur entgegentreten, wenn dieser Ziele verfolgt, die keinesfalls als im öffentlichen Interesse liegend anzusehen sind."*[715] Dieser rechtspolitische Gestaltungsspielraum wurde nach Ansicht des VfGH bspw überschritten als Hauseigentümer dazu verpflichtet werden sollten, Brief-

---

705 *Michael/Morlok*, Grundrechte[5] Rz 614.
706 *Michael/Morlok*, Grundrechte[5] Rz 617.
707 *Michael/Morlok*, Grundrechte[5] Rz 614.
708 BVerfGE 75, 246 (268).
709 *Jarass*, in: Jarass/Pieroth (Hrsg.), Art 20 Rz 83.
710 *Merten*, Verhältnismäßigkeitsgrundsatz § 68 Rz 54; *Jarass*, in: Jarass/Pieroth (Hrsg.), Art 20 Rz 83a.
711 *Michael/Morlok*, Grundrechte[5] Rz 615.
712 Vgl auch *Berka*, Grundrechte Rz 269.
713 Vgl etwa *Öhlinger/Eberhard*, Verfassungsrecht[11] (2016) Rz 889.
714 Vgl etwa *Grabenwarter/Holoubek*, Verfassungsrecht–Allgemeines Verwaltungsrecht[3] Rz 400.
715 VfSlg 12094/1989.

fachanlagen zu errichten, da dies nicht im öffentlichen Interesse, sondern im Interesse der Postdienstleistungen erbringenden Unternehmen gelegen sei.[716] Genauso wenig wurde der Konkurrenzschutz bei Nichtvorliegen zusätzlicher Gründe als im öffentlichen Interesse liegend qualifiziert.[717] Auch dem deutschen Gesetzgeber wird vom BVerfG ein weiter Einschätzungs-,[718] Prognose-[719] und Beurteilungsspielraum bei der Auswahl der Zielsetzungen[720] eingeräumt, sodass es lediglich eine beschränkte Prüfung vornimmt.

Der gesetzgeberische Spielraum bei der Zweckwahl ist jedoch nicht dahingehend zu verstehen, dass sich der Gesetzgeber für jeden beabsichtigten Eingriff einen Zweck ausdenken kann, welcher so eingriffsnah ist, dass nur dieser Eingriff das geeignete und erforderliche Mittel zur Zweckerreichung darstellt.[721]

Einer im Vergleich zur Legislative stärkeren Bindung bei der Wahl der zu verfolgenden Zwecke unterliegt demgegenüber die Verwaltung, da sie nur Zwecke anstreben darf, die gesetzlich normiert sind.[722]

III.B.1.b. Eignung

Den ersten Schritt der eigentlichen Verhältnismäßigkeitsprüfung bildet die Untersuchung der Eignung der grundrechtsbeschränkenden Maßnahme. Ein Mittel ist *„geeignet, wenn mit seiner Hilfe der gewünschte Erfolg gefördert werden kann.“*[723] Diese Definition der Eignung, welche im Gegensatz zu anderen Aussagen in Literatur und Judikatur auf die mögliche „Förderung“ und nicht auf die mögliche „Erreichung“ des legitimen Ziels abstellt ist mE präziser, da sie besser zum Ausdruck bringt, dass der Grundrechtseingriff das legitime Ziel nicht vollumfänglich verwirklichen muss. Ein ungeeigneter Grundrechtseingriff ist auch stets nicht erforderlich, weil die als milder zu qualifizierende Unterlassung des Eingriffs gleich (un)wirksam ist wie die Durchführung dieses Eingriffs.[724]

Die Eignung ist grundsätzlich nicht aufgrund des Umstandes, dass ein intensiverer Grundrechtseingriff noch geeigneter gewesen wäre, zu verneinen.[725] Auch

---

716 VfSlg 17819/2006.
717 VfSlg 13555/1993; 15700/1999; 15740/2000.
718 Vgl etwa BVerfGE 102, 197 (218).
719 Vgl etwa BVerfGE 30, 250 (263).
720 Vgl etwa BVerfGE 33, 125 (159).
721 *Schlink*, Grundsatz 450.
722 Vgl etwa *Schlink*, Grundsatz 450.
723 BVerfGE 30, 292 (316).
724 *Reimer*, Verhältnismäßigkeit im Verfassungsrecht, ein heterogenes Konzept, in: Jestaedt/ Lepsius (Hrsg.), Verhältnismäßigkeit (2015) 60 (66 mwN).
725 *Merten*, Verhältnismäßigkeitsgrundsatz § 68 Rz 65.

nachteilige Nebenwirkungen einer Maßnahme hindern die Eignung nicht, solange die Zielsetzung weiterhin erreicht werden kann.[726] Die Prüfung der Eignung erfolgt idR negativ, dh es wird die Frage aufgeworfen, ob die Maßnahme zur Erreichung der Zwecke ungeeignet ist.[727] Sofern die Maßnahme nicht tauglich ist auch nur eine der legitimen Zielsetzungen zu fördern, ist sie als verfassungswidrig zu qualifizieren.[728]

Die Eignung ist vom grundrechtsbeschränkenden Organ *ex ante* – aus der Sicht zum Zeitpunkt der Beschränkung – zu beurteilen.[729] Da eine exakte Prognose des Kausalverlaufs häufig nicht möglich ist, werden zum Teil Maßnahmen getroffen, die sich *ex post* als ungeeignet darstellen. Dieser Problematik wird durch das BVerfG Rechnung getragen, indem es in Bezug auf die Eignung eine lediglich kursorische Prüfung vornimmt.[730] Dies gilt insbesondere für legislative Akte[731] und ist Ausdruck der Achtung des Willens des demokratisch legitimierten Gesetzgebers.[732] Auch der VfGH verneint das Vorliegen der Eignung einer legislativen Maßnahme nur in jenen Fällen, in denen sie *„von vornherein auszuschließen ist."* [733] Folglich ist die Feststellung der Verfassungswidrigkeit einer Maßnahme aufgrund mangelnder Eignung durch die beiden Verfassungsgerichte äußerst selten. In den Worten von *Hirschberg* kann somit die Prüfung der Eignung als *„weitmaschige[s] Sieb [...], in dem kaum ein Fall hängenbleiben kann"*, bezeichnet werden.[734]

Zu den seltenen Beispielen aus der Judikatur zählen ein Verbot von Mitfahrzentralen, da es weder die Sicherheit des Straßenverkehrs noch den Schutz der einzelnen Mitfahrer erhöht,[735] ein Werbeverbot für Kontaktlinsenoptiker zum Zwecke des Gesundheitsschutzes[736] oder eine Bedarfsprüfung für Fahrschulen zur Erhöhung der Verkehrssicherheit.[737]

III.B.1.c. Erforderlichkeit

Sofern der Regelfall eintritt und der Eingriff in das betroffene Grundrecht als geeignet zur Förderung eines legitimen Zwecks qualifiziert werden kann, ist

---

726 BVerfGE 83, 1 (18).
727 *Schmalz*, Grundrechte[4] Rz 184.
728 *Michael/Morlok*, Grundrechte[5] Rz 619.
729 *Grabitz*, AÖR 1973, 572 f.
730 *Hirschberg*, Grundsatz 51.
731 *Emmerich-Fritsche*, Grundsatz 136 ff.
732 *Hirschberg*, Grundsatz 52.
733 VfSlg 13725/1994.
734 *Hirschberg*, Grundsatz 54.
735 BVerfGE 17, 306 (316 f).
736 VfSlg 10718/1985.
737 VfSlg 11276/1987.

dessen Erforderlichkeit zu prüfen, welche im Allgemeinen eine deutlich höhere Hürde für Grundrechtseingriffe darstellt. Sie ist zu bejahen, wenn kein gleich wirksames Alternativmittel besteht, welches das Grundrecht nicht oder in einem geringeren Ausmaß beeinträchtigt.[738] Folglich hat stets das mildeste[739] bzw gelindeste[740] Mittel zur Anwendung zu gelangen. Bei der Untersuchung, ob das gewählte Mittel tatsächlich das mildeste ist, tritt die Bedeutung der Zweckbestimmung besonders hervor, da die Suche nach möglicherweise gelinderen Alternativmitteln immer im Hinblick auf das verfolgte Ziel erfolgen muss.[741] Ist der Zweck zu eng formuliert, führt dies zu einer Annäherung von Mittel und Zweck, welche die Untersuchung der Erforderlichkeit stets positiv ausfallen lässt und die Prüfung der Verhältnismäßigkeit somit sinnentleert.[742] Ist er zu weit formuliert, kann die Erforderlichkeit kaum jemals bejaht werden, da die Anzahl der Alternativmittel unüberschaubar groß wird und somit die Wahrscheinlichkeit kein gelinderes Alternativmittel ermitteln zu können gegen null tendiert.

Unter der Voraussetzung, dass das Erfordernis des gelindesten Mittels strikt verstanden wird, stellt die Prüfung der Erforderlichkeit eine nahezu unüberwindbare Hürde für einen Grundrechtseingriff dar,[743] selbst wenn der Zweck nicht zu weit formuliert ist. Dies mag aus Sicht des einzelnen Grundrechtsberechtigten begrüßenswert sein, da er unter Berufung auf die Erforderlichkeit eine beträchtliche Anzahl von Grundrechtseingriffen abwehren kann, ist jedoch aus der Perspektive der Gewaltenteilung höchst bedenklich.[744] Denn Gerichte müssten in diesem Fall sämtliche Maßnahmen aufheben, welche dieser strikten Erforderlichkeitsprüfung nicht standhalten und die Bewertung des Urhebers der strittigen Maßnahme in Bezug auf das Nichtbestehen gelinderer Mittel durch ihre eigene ersetzen.[745] Ein Weg dieser Problematik Rechnung zu tragen und zu weitgehende Eingriffe der Judikative in die Zuständigkeitsbereiche der Exekutive und Legislative zu verhindern, besteht in einer Abstufung der Kontrolldichte durch die Gerichte. Dies ist jedoch insofern nicht unproblematisch als ein Mangel an klaren Kriterien, in welchen Fällen Gerichte zurückhaltend prüfen, zu subjektiven

738 Vgl etwa BVerfGE 30, 292 (316).

739 *Gentz*, NJW 1968, 1604.

740 *Grabenwarter/Holoubek*, Verfassungsrecht – Allgemeines Verwaltungsrecht[3] Rz 402.

741 *Logemann*, Grenzen 196.

742 *Schmalz*, Grundrechte[4] (2001) Rz 186.

743 *Bilchitz*, Necessity and Proportionality: Towards A Balanced Approach? in: Lazarus/Mc Crudden/Bowles (Hrsg.), Reasoning Rights (2014) 41 (45).

744 *Bilchitz*, Necessity 45.

745 *Bilchitz*, Necessity 45.

Kontrolldichteabstufungen führen kann, worunter letztendlich der Grundrechtsschutz leidet.[746]

Sofern mit einem Mittel mehrere legitime Zwecke verfolgt werden sollen, ist dessen Erforderlichkeit nur in jenen Fällen zu verneinen, in denen ein gelinderes Alternativmittel besteht, das alle verfolgten Zwecke gleich wirksam zu erreichen vermag.[747] Somit ist es für die Erforderlichkeit des Mittels nicht schädlich, wenn einzelne Zwecke gleich wirksam mit gelinderen Alternativmitteln erreicht werden können.[748]

Die Auswahl des gelindesten Mittels geschieht, indem ein Vergleich der Opfer, die dem Betroffenen durch die verschiedenen in Betracht kommenden Mittel auferlegt werden, durchgeführt wird.[749] Diese vergleichende Beurteilung hat aus der Perspektive des Grundrechtsberechtigten zu erfolgen.[750] Die Prüfung der Erforderlichkeit stößt jedoch an ihre Grenzen, wenn der Betroffene oder die Gruppe von Betroffenen nicht bestimmt ist und mehrere gleichermaßen geeignete Mittel verbleiben, die verschiedene Personen oder Personengruppen unterschiedlich belasten.[751] Der Grundrechtsberechtigte kann sich nicht darauf berufen, dass es ein milderes Mittel darstellt, wenn nicht in seine grundrechtlich verbürgte Freiheit, sondern in die eines anderen eingegriffen wird.[752] Sofern er es als nicht hinnehmbar empfindet, dass er und nicht andere Personen mit einem Grundrechtseingriff belastet wird, kann dies nicht im Rahmen der Prüfung der Erforderlichkeit des Eingriffs, sondern allenfalls als Verstoß gegen den Gleichheitssatz geltend gemacht werden.[753]

Wie beim Teilgrundsatz der Eignung kommt dem Gesetzgeber auch bei jenem der Erforderlichkeit ein Einschätzungsspielraum zu.[754] In den Worten des BVerfG ist bei wirtschaftsordnenden Maßnahmen entscheidend, ob *„bei dem als Alternative vorgeschlagenen geringeren Eingriff in jeder Hinsicht eindeutig feststeht, dass er einen bestimmten Zweck sachlich gleichwertig erreicht."*[755] Auch der VfGH untersucht die Einschätzung des Gesetzgebers in Bezug auf die

---

[746] *Bilchitz*, Necessity 48.

[747] *Michael/Morlok*, Grundrechte⁵ Rz 620.

[748] *Michael/Morlok*, Grundrechte⁵ Rz 620.

[749] *Hirschberg*, Grundsatz 65.

[750] *Michael/Morlok*, Grundrechte⁵ Rz 622.

[751] *Hirschberg*, Grundsatz 70.

[752] *Hillgruber*, Grundrechtsschranken, in: Isensee/Kirchhof (Hrsg.), Handbuch des Staatsrechts der Bundesrepublik Deutschland: Band IX – Allgemeine Grundrechtslehren³ (2011) § 201 Rz 64.

[753] *Hillgruber*, Grundrechtsschranken § 201 Rz 64.

[754] Vgl etwa BVerfGE 104, 337 (347 f); 126, 112 (145).

[755] BVerfGE 105, 17 (36).

Erforderlichkeit des Mittels lediglich in Form einer Vertretbarkeitskontrolle.[756] Ein Mittel wird nur dann als verfassungswidrig verworfen, wenn es offensichtlich nicht erforderlich ist.[757]

Als nicht erforderlich qualifizierte die Rechtsprechung bspw die Beschränkung der Eröffnung neuer Handelsbetriebe jeglicher Art in unbebauten Gebieten zum Zwecke des Schutzes von Einkaufsgebieten in Ortskernen,[758] die Verpflichtung für Schischulen zu bestimmten Zeiten ein Mindestangebot an Schikursen unabhängig von der tatsächlichen Nachfrage anzubieten[759] oder das Verbot einer Versammlung ohne vorangehende Anordnung von Auflagen.[760]

III.B.1.d. Verhältnismäßigkeit ieS

Den finalen Teil der Prüfung der Verhältnismäßigkeit stellt jener der Verhältnismäßigkeit ieS dar. Hierbei wird untersucht, ob zwischen dem konkreten öffentlichen Interesse und der durch die Maßnahme beeinträchtigten Grundrechtsposition ein angemessenes Verhältnis besteht.[761] Im Zuge dieses Prüfungsschrittes findet eine Abwägung zwischen dem Nutzen für den Staat, der entweder in der Herbeiführung eines Vorteils oder in der Abwendung eines Nachteils besteht, und den Nachteilen für die Betroffenen oder die Allgemeinheit statt, wobei auch die Wahrscheinlichkeit für den Eintritt des Nutzens in die Abwägungsentscheidung miteinbezogen wird.[762] Somit unterbindet die Verhältnismäßigkeit ieS, dass *„der Zweck die Mittel heiligt."*[763] Sofern mit einem Grundrechtseingriff mehrere Zwecke verfolgt werden, ist die Prüfung der Eignung und Erforderlichkeit nicht nur für die Frage relevant, ob eine Prüfung der Verhältnismäßigkeit ieS überhaupt stattzufinden hat, sondern auch für die Frage, welche Zwecke im Rahmen der Abwägung zu berücksichtigen sind, da das Mittel zur Verfolgung mancher Zwecke bereits als nicht geeignet oder nicht erforderlich zu qualifizieren sein kann.[764]

---

756 *Berka*, Grundrechte Rz 273.

757 *Grabenwarter/Holoubek*, Verfassungsrecht – Allgemeines Verwaltungsrecht[3] Rz 402.

758 VfSlg 15672/1999.

759 VfSlg 18115/2007.

760 BVerfGE 69, 315 (353).

761 *Öhlinger/Eberhard*, Verfassungsrecht[11] Rz 716.

762 *Schmalz*, Grundrechte[4] Rz 190 f.

763 *Merten*, Verhältnismäßigkeitsgrundsatz § 68 Rz 71; zur großen Bedeutung der Abwägung für effektiven Grundrechtsschutz vgl auch *Schwabe*, Probleme der Grundrechtsdogmatik (1977) 322 f.

764 *Michael*, Das Verhältnismäßigkeitsprinzip als Schlüssel(bund)konzept, in: Jestaedt/Lepsius (Hrsg.), Verhältnismäßigkeit (2015) 42 (50).

Die Untersuchung der Verhältnismäßigkeit ieS beginnt mit einer abstrakten Bewertung der Mittel und Zwecke, welche sich *„an normativen Kategorien"* zu orientieren hat.[765] Abhängig vom jeweiligen Schutzbereich, in welchen das Mittel eingreift, existiert ein abgestufter Grundrechtsschutz, dh es gibt verschiedene Gruppen von Grundrechten, die unterschiedlich stark geschützt sind.[766] Während die abstrakte Bewertung des Mittels darauf abstellt, in welches Grundrecht eingegriffen wird, kommt es bei jener des Zwecks darauf an, dem Schutz welchen Gutes der Eingriff dienen soll, da Eingriffe mit dem Zweck ein Verfassungsgut zu schützen einen höheren Stellenwert haben und somit leichter zu rechtfertigen sind.[767] In einem zweiten Schritt ist das gewählte Mittel konkret zu bewerten, wobei vor allem die Häufigkeit, Dauer und Intensität des Grundrechtseingriffs[768] sowie die Art und Anzahl der beeinträchtigten Grundrechtsträger zu berücksichtigen sind.[769] Daneben ist auch der angestrebte Zweck konkret zu bewerten, indem untersucht wird, in welchem Ausmaß dem Zweck tatsächlich gedient wird.[770] Abschließend findet die eigentliche Abwägung statt, bei der die abstrakten und konkreten Bewertungen von Mittel und Zwecken gegenübergestellt werden.[771] In der Literatur wird die Vornahme einer Angemessenheitsprüfung zum Teil kritisiert, da sie stets gefährdet ist, die subjektiven Meinungen und Vorstellungen des Prüfenden zum Ausdruck zu bringen.[772]

Wenngleich die eben skizzierte Struktur der Prüfung der Verhältnismäßigkeit ieS in den Urteilen des BVerfG und VfGH nicht offen zum Ausdruck kommt, ist dennoch unbestritten, dass die beiden Höchstgerichte eine Untersuchung der Verhältnismäßigkeit ieS vornehmen: Das BVerfG versteht unter diesem Prüfungsschritt, dass die Grundrechtsbeschränkung in einem angemessenen Verhältnis zu der Bedeutung und dem Gewicht des beschränkten Grundrechts stehen muss.[773] Je stärker in das Grundrecht eingegriffen wird, desto gewichtiger muss das öffentliche Interesse am Grundrechtseingriff sein, um die Verhältnismäßigkeit ieS bejahen zu können.[774]

In der Grundrechtsjudikatur des BVerfG taucht bisweilen der Begriff „Zumutbarkeit" auf, dessen Bedeutung nicht geklärt ist. In einigen Urteilen wird die

---

765 *Michael/Morlok*, Grundrechte[5] Rz 624.
766 Vgl hierzu näher *Michael/Morlok*, Grundrechte[5] Rz 624.
767 *Michael/Morlok*, Grundrechte[5] Rz 624.
768 *Michael/Morlok*, Grundrechte[5] Rz 625.
769 BVerfGE 100, 313 (375 f); 113, 348 (382).
770 *Michael/Morlok*, Grundrechte[5] Rz 625.
771 *Michael/Morlok*, Grundrechte[5] Rz 626.
772 *Logemann*, Grenzen 201; *Pieroth/Schlink*, Grundrechte Staatsrecht II[29] § 6 Rz 303.
773 Vgl etwa BVerfGE 67, 157 (173)
774 Vgl etwa BVerfGE 118, 168 (195).

Zumutbarkeit vom BVerfG anstelle der Verhältnismäßigkeit ieS geprüft,[775] während in anderen vom Verfassungsgrundsatz der *„Verhältnismäßigkeit und Zumutbarkeit"* die Rede ist.[776] Häufig resultiert eine übermäßige Belastung des Einzelnen in der Unzumutbarkeit des Grundrechtseingriffs.[777] Ob der Zumutbarkeit eigenständiger Gehalt zukommt, ist aus der Rechtsprechung des BVerfG nicht ersichtlich.[778]

Nach *Hirschberg* kommt es bei der Beurteilung der Zumutbarkeit – im Gegensatz zur Untersuchung der Verhältnismäßigkeit ieS – nur auf die Belastung des Einzelnen an, während die gegenläufigen Interessen keine Rolle spielen.[779] Auch *Ossenbühl* geht davon aus, dass sich die Zumutbarkeit absolut konstatieren lässt und bezeichnet sie als *„Maßstab der Einzelfallgerechtigkeit."*[780] Anders als *Hirschberg* vertritt er jedoch die eigenständige Bedeutung der Zumutbarkeit als Verfassungsmaßstab.[781] Gegen diese Deutung der Zumutbarkeit wird argumentiert, dass sie in den Erkenntnissen des BVerfG keine Deckung findet.[782] Vielmehr habe das BVerfG die Unzumutbarkeit als Synonym für die mangelnde Verhältnismäßigkeit oder die mangelnde Verhältnismäßigkeit ieS verwendet[783] oder den Begriff herangezogen, um sonstige nicht hinnehmbare Grundrechtseingriffe als verfassungswidrig zu qualifizieren.[784] Darüber hinaus sei es auch nicht einsichtig, warum ein im Einzelfall jedenfalls untragbarer Eingriff bestehen solle, da die Untragbarkeit nur anhand des konkreten Sachverhalts unter Berücksichtigung sämtlicher Faktoren beurteilt werden könne.[785]

Der VfGH fordert, dass ein Grundrechtseingriff *„bei einer Gesamtabwägung zwischen der Schwere des Eingriffs und dem Gewicht der ihn rechtfertigenden Gründe verhältnismäßig [ist]"*[786] oder spricht davon, dass der Eingriff nur verhältnismäßig ist, wenn er *„unter Bedachtnahme auf die Intensität der Grundrechtsbeschränkung eine angemessene Relation der Erfordernisse des Allge-*

---

775 BVerfGE 74, 203 (216); 92, 262 (274); 109, 64 (86).
776 Vgl etwa BVerfGE 77, 1 (44).
777 Vgl etwa BVerfGE 72, 9 (23); 100, 226 (243).
778 *Merten*, Verhältnismäßigkeitsgrundsatz § 68 Rz 75.
779 *Hirschberg*, Grundsatz 98 ff.
780 *Ossenbühl*, Zumutbarkeit als Verfassungsmaßstab, in: Rüthers/Stern (Hrsg.), Freiheit und Verantwortung im Verfassungsstaat (1984) 315 (318).
781 *Ossenbühl*, Zumutbarkeit 315 ff.
782 *Schlink*, Grundsatz 452.
783 *Schlink*, Grundsatz 452.
784 *Albrecht*, Zumutbarkeit als Verfassungsmaßstab: Der eigenständige Gehalt des Zumutbarkeitsgedankens in Abgrenzung zum Grundsatz der Verhältnismäßigkeit (1995) 79 f.
785 *Schlink*, Grundsatz 452.
786 VfSlg 11558/1987.

meininteresses zu den Grundrechtsschutzinteressen des Einzelnen bewirkt."[787] Auch die Formulierung des VfGH, wonach ein Grundrechtseingriff zur Zielerreichung nicht *„adäquat"* sei, bedeutet dessen mangelnde Verhältnismäßigkeit ieS.[788]

Wie hinsichtlich der Teilgrundsätze der Eignung und Erforderlichkeit kommt dem Gesetzgeber auch in Bezug auf die Verhältnismäßigkeit ieS ein Wertungsspielraum zu.[789] Dieser schließt jedoch nicht aus, dass der Gesetzeber im Falle unangemessener Belastungen des Einzelnen ggf verpflichtet ist, Übergangsregelungen zu erlassen.[790]

III.B.2. Ausrichtung der Verhältnismäßigkeitsprüfung auf Freiheitsgrundrechte

Die größte Bedeutung entfaltet der Grundsatz der Verhältnismäßigkeit bei jenen Grundrechten, die dem Einzelnen einen Freiheitsbereich gegenüber dem Staat einräumen. Er stellt die maßgebliche Schranke für staatliche Eingriffe in diesen privaten Bereich dar und ist bei sämtlichen Freiheitsrechten zu beachten.[791]

Darüber hinaus ist er auch bei der Prüfung der Rechtfertigung im Bereich der besonderen Gleichheitsrechte und des allgemeinen Gleichheitssatzes zu beachten.[792] Denn sowohl das BVerfG als auch der VfGH prüfen bei Vorliegen einer Ungleichbehandlung, ob für diese ein sachlicher Grund besteht.[793] Diese Prüfung mündet in eine Kontrolle der Verhältnismäßigkeit, da die durch die Differenzierung bewirkte Benachteiligung in Relation zu Bedeutung und Realisierungsgrad des ins Treffen geführten sachlichen Grundes nicht unverhältnismäßig sein darf.[794] Auch im Rahmen des – sich aus dem Gleichheitssatz ergebenden – allgemeinen Sachlichkeitsgebots zieht der VfGH Verhältnismäßigkeitserwägungen in seiner Beurteilung heran.[795]

Bei grundrechtlichen Schutzpflichten bestimmt nach der deutschen Literatur das Untermaßverbot, welches gewisse Ähnlichkeiten mit dem Verhältnismäßigkeitsgrundsatz aufweist, die Grenzlinie, ob der Einsatz der gewählten Mittel bzw das

---

787 VfSlg 19687/2012.
788 Vgl etwa VfSlg 11558/1987.
789 Vgl etwa BVerfGE 13, 97 (113).
790 Vgl etwa BVerfGE 75, 246 (279).
791 BVerfGE 16, 194 (201 f).
792 *Jarass*, in: Jarass/Pieroth (Hrsg.), vor Art 1 Rz 54.
793 Siehe Kapitel II.F.7 oben.
794 *Holoubek*, ÖZW 1991, 76. Zu den Schwierigkeiten bei der Integration des Verhältnismäßigkeitsgrundsatzes in die Gleichheitsprüfung vgl *Huster*, Gleichheit und Verhältnismäßigkeit, JZ 1994, 541.
795 VfSlg 17890/2006.

Unterlassen des Mitteleinsatzes noch der Verfassung entspricht.[796] Es fordert, dass die vom Staat ergriffenen Maßnahmen wirksam, ausreichend und angemessen sind.[797] In diesem Zusammenhang kann das Erfordernis der Wirksamkeit der Maßnahme dahingehend verstanden werden, dass sie zur Erreichung des Schutzzieles geeignet sein muss.[798] Als ausreichend kann eine Maßnahme qualifiziert werden, wenn sie das erforderliche Maß an Schutz bietet.[799] Andere Autoren verneinen hingegen, dass das Untermaßverbot die beiden Teilgrundsätze der Eignung und Erforderlichkeit beinhaltet, da diese bei Schutzpflichten nicht sinnvoll geprüft werden können.[800] Eine Prüfung anhand des Untermaßverbots sei somit ausschließlich eine Prüfung der Verhältnismäßigkeit ieS.[801]

Wenngleich in Österreich der Begriff des Untermaßverbots nicht gebräuchlich ist, besteht Einigkeit darüber, dass eine grundrechtliche Schutzpflicht verletzt ist, wenn der Staat dieser Pflicht auf unverhältnismäßige Weise nicht nachkommt.[802]

Bei justiziellen Grundrechten erfolgt keine an Eingriff und Rechtfertigung orientierte Prüfung, sondern eine Untersuchung, ob das Verhalten der staatlichen Organe mit dem jeweiligen Grundrecht zu vereinbaren ist.[803] Aufgrund der konkreteren Formulierung der Justizgarantien im Vergleich zu den Freiheitsgrundrechten liegt der Fokus der Rechtsanwendung auf der Subsumtion und nicht auf der Abwägung widerstreitender Interessen.[804] Nichtsdestotrotz spielen Verhältnismäßigkeitsüberlegungen bei einzelnen Justizgarantien eine wichtige Rolle.[805] Dies gilt in erster Linie für das Recht auf Zugang zu Gericht, welcher nur bei Vorliegen eines legitimen Zieles verhältnismäßigen Beschränkungen[806] unterworfen werden darf.[807] Als möglicher Rechtfertigungszweck kommt in diesem Zusammenhang vor allem die Verhinderung von missbräuchlichen und wiederholten Klagen in Frage.[808] Auch bei den Fragen, ob Verfahrenshilfe zu gewähren

---

796 *Michael/Morlok*, Grundrechte[5] Rz 627 ff; *Jarass*, in: Jarass/Pieroth (Hrsg.), vor Art 1 Rz 56.

797 *Mayer*, Untermaß, Übermaß und Wesensgehaltsgarantie (2005) 154.

798 *Mayer*, Untermaß 155.

799 *Mayer*, Untermaß 155.

800 Vgl etwa *Kingreen/Poscher*, Grundrechte: Staatsrecht II[29] (2013) Rz 308 f.

801 *Schlink*, Grundsatz 464.

802 *Grabenwarter/Holoubek*, Verfassungsrecht – Allgemeines Verwaltungsrecht[3] Rz 417.

803 *Grabenwarter/Pabel*, EMRK[6] § 18 Rz 30.

804 *Grabenwarter/Pabel*, EMRK[6] § 18 Rz 30.

805 *Grabenwarter/Pabel*, Der Grundsatz des fairen Verfahrens, in: Dörr/Grote/Marauhn (Hrsg.), EMRK/GG Konkordanzkommentar zum europäischen und deutschen Grundrechtsschutz[2] (2013), Band I, Kapitel 14, Rz 175 ff.

806 Häufige Beschränkungen des Zugangs zu Gericht sind Gerichtsgebühren, Anwaltszwang, Formvorschriften, Fristen oder Prozesskostensicherheiten.

807 *Grabenwarter/Holoubek*, Verfassungsrecht – Allgemeines Verwaltungsrecht[3] Rz 634.

808 EGMR, 28.5.1985, *Ashingdane ./. GBR*, Nr. 8225/78.

oder die Öffentlichkeit von einem Verfahren auszuschließen ist, beim Gebot angemessener Verfahrensdauer und bei der Beurteilung, ob ein Verfahren unter Berücksichtigung des Gebots der Waffengleichheit der Parteien geführt wird, spielen Verhältnismäßigkeitserwägungen eine Rolle.[809] Allerdings ist die im Zusammenhang mit diesen Fragen vorzunehmende Abwägung nicht vergleichbar umfassend und strukturiert wie jene bei den Freiheitsgrundrechten.[810]

III.B.3. Die Verhältnismäßigkeitsprüfung von VfGH und BVerfG

Die vom VfGH im Zusammenhang mit den Garantien des StGG regelmäßig verwendete Formel, wonach Beschränkungen der Grundrechte nur zulässig sind, *„wenn sie durch ein öffentliches Interesse geboten, zur Zielerreichung geeignet, adäquat und auch sonst sachlich zu rechtfertigen sind"*,[811] drückt in gewisser Unschärfe die verschiedenen Teilelemente des Verhältnismäßigkeitsgrundsatzes aus.[812] Mit der Formulierung *„auch sonst sachlich zu rechtfertigen"* soll möglicherweise zum Ausdruck gebracht werden, dass Eingriffe nicht nur am betroffenen Grundrecht, sondern auch am Sachlichkeitsgebot des Gleichheitssatzes zu messen sind. Da die Kriterien des Verhältnismäßigkeitsgrundsatzes bereits vorgeben, unter welchen Voraussetzungen ein Grundrechtseingriff sachlich gerechtfertigt ist, scheint diese Wortfolge keine eigenständige Bedeutung zu haben.[813]

Sofern der VfGH eine Grundrechtsprüfung nach der EMRK vornimmt, verweist er unter Bezugnahme auf den EGMR auf die Notwendigkeit des Eingriffs in einer demokratischen Gesellschaft[814] und bekennt sich auf diese Weise zur Kontrolle der Verhältnismäßigkeit.[815]

Eine konsequente Trennung der einzelnen Teilgrundsätze im Zuge der Prüfung nimmt der VfGH nicht immer vor.[816] Die Prüfung der Erforderlichkeit lässt er zum Teil in der Prüfung der Verhältnismäßigkeit ieS aufgehen.[817]

Auch in der Rechtsprechung des BVerfG sind Eignung, Erforderlichkeit und Verhältnismäßigkeit ieS als die drei Teilgrundsätze des Verhältnismäßigkeits-

---

809 *Grabenwarter/Pabel*, EMRK[6] § 18 Rz 31.
810 *Grabenwarter/Pabel*, EMRK[6] § 18 Rz 31.
811 Vgl etwa VfSlg 17960/2006.
812 *Öhlinger/Eberhard*, Verfassungsrecht[11] Rz 888.
813 *Hengstschläger/Leeb*, Grundrechte Rz 1/55.
814 Vgl etwa VfSlg 12886/1991; 16296/2001; 19662/2012.
815 Zur Bedeutung der Notwendigkeit in einer demokratischen Gesellschaft in der Judikatur des EGMR siehe Kapitel IV.C unten.
816 *Öhlinger/Eberhard*, Verfassungsrecht[11] Rz 888.
817 *Pollak*, Verhältnismäßigkeitsprinzip 123.

prinzips anerkannt.[818] Die Prüfung folgt idR einer klaren Abfolge aufgrund derer eine Untersuchung eines Teilgrundsatzes erst nach positivem Befund über den vorangehenden Teilgrundsatz stattfindet.[819] Nichtsdestotrotz unterlässt das BVerfG bisweilen die Untersuchung eines Teilgrundsatzes, sofern das Vorliegen des nachfolgenden offensichtlich zu verneinen ist.[820] Es konzentriert sich somit in diesen Fällen nur auf jene Aspekte des Verhältnismäßigkeitsgrundsatzes, die für die Urteilsfindung ausschlaggebend sind. In manchen Urteilen wird die dreiteilige Prüfung auch durch einen pauschalen Verweis auf die Verhältnismäßigkeit ersetzt.[821] Darüber hinaus werden zum Teil einzelne Teilgrundsätze in der Prüfung zusammengefasst.[822] Fallweise werden im Rahmen des dritten Teilgrundsatzes auch das Gebot des Vertrauensschutzes und das mit ihm zusammenhängende Verbot rückwirkender Gesetze geprüft.[823]

III.B.4. Verhältnismäßigkeit als „formales Prinzip"

Der Grundsatz der Verhältnismäßigkeit dient im Zuge der Grundrechtsprüfung der Auflösung von Kollisionen zwischen verschiedenen Grundrechten oder zwischen einem Grundrecht und einem anderen rechtlich geschützten Interesse. Er gibt für die Entscheidung über die Zulässigkeit des Grundrechtseingriffs jedoch selbst keine inhaltlichen Maßstäbe vor.[824] Aus diesem Grund wird er in der Literatur als *„formales Prinzip"*[825] bezeichnet. Seine drei Teilgrundsätze stellen formale Argumentationsmuster dar, welche dazu dienen, das relative Gewicht der widerstreitenden, rechtlich geschützten Interessen zu beurteilen.[826] Als formale Struktur ist er neutral, muss aber mit Argumenten ausgefüllt werden, welche auf das Gewicht der widerstreitenden Interessen schließen lassen, damit er seine Funktion erfüllen kann.[827] Im Rahmen dieser Struktur werden die unterschiedlichen Aspekte eines Falles einander gegenübergestellt.[828] Welche Aspekte in diese Argumentation einfließen und welcher Wert ihnen beigemessen wird,

---

818 Vgl etwa BVerfGE 30, 292 (316).
819 *Merten*, Verhältnismäßigkeitsgrundsatz § 68 Rz 51.
820 Vgl etwa BVerfGE 78, 77 (86).
821 BVerfGE 76, 256 (359); 80, 244 (255); 80, 367 (380).
822 *Streinz*, Grundrechtsschutz 389; *Schlink*, Abwägung im Verfassungsrecht (1976) 147 f.
823 *Möller/Rührmair*, Die Bedeutung der Grundrechte für die verfassungsrechtlichen Anforderungen an rückwirkende Gesetze, NJW 1999, 908 (910 f) mwN.
824 *Vranes*, ArchVR 2009, 16; *Hirschberg*, Grundsatz 77.
825 *Hirschberg*, Grundsatz 77.
826 *Vranes*, ArchVR 2009, 16
827 *Klatt/Meister*, Verhältnismäßigkeit als universelles Verfassungsprinzip, Der Staat 2012, 159 (174).
828 *Hirschberg*, Grundsatz 79.

hängt letztendlich von philosophischen Vorstellungen und grundlegenden politischen Wertungsentscheidungen ab.[829]

Der Grundsatz der Verhältnismäßigkeit sorgt dafür, dass bei einer Entscheidung über Interessenkollisionen, welche jeweils einzelfallbezogen die Bestimmung des Vorranges eines der beiden *ex ante* gleichwertigen Interessen erfordert,[830] die relevanten Argumente offengelegt werden. Durch ihre mehrstufige Struktur verhindert die Verhältnismäßigkeitsprüfung eine wahllose Vermengung von unterschiedlichsten und möglicherweise zum Teil irrelevanten Argumenten. Sie sorgt somit für Stabilität und Berechenbarkeit in der gerichtlichen Entscheidungsfindung und kann als *„der Rechtssicherheit verpflichtetes Rationalitäts-Versprechen"* bezeichnet werden.[831] Dies darf jedoch nicht dahingehend missverstanden werden, dass der Ausgang einer Verhältnismäßigkeitsprüfung stets vorhersehbar ist. Vielmehr bezieht sich diese Aussage auf die Stabilität und Berechenbarkeit in Bezug auf das anzuwendende Procedere, an dessen Ende die Feststellung der Verhältnismäßigkeit oder Unverhältnismäßigkeit eines Grundrechtseingriffs steht.

III.B.5. Zur Kritik am Verhältnismäßigkeitsgrundsatz

Trotz oder gerade wegen seiner Popularität und seiner weit verbreiteten Anwendung war und ist der Grundsatz der Verhältnismäßigkeit Kritik ausgesetzt.[832] So wurde er bereits in den 1960er Jahren als *„Einfallstor eines unkontrollierbaren und unkontrollierten Gerechtigkeitsgefühls"* kritisiert.[833] Der gemeinsame Nenner der kritischen Stimmen in der Literatur ist die Befürchtung, dass durch Anwendung des Verhältnismäßigkeitsgrundsatzes in der gerichtlichen Prüfung die Rationalität auf der Strecke bleiben könnte und subjektiver Willkür Tür und Tor geöffnet würde.[834] Diese Kritik betrifft vor allem den Teilgrundsatz der Angemessenheit, da dieser keine klaren Kriterien zu seiner Beurteilung vorgebe.[835] Zudem bestehe die Gefahr, dass Verfassungsrechte als Optimierungsgebote im Rahmen der Abwägung verschwinden.[836] Verschärft werde diese Problematik, wenn Gerichte Akte der Legislative dahingehend prüfen, ob der Teilgrundsatz

---

829 *Klatt/Meister*, Der Staat 2012, 174.

830 Besonders illustrativ ist in diesem Zusammenhang das Prinzipienmodell nach *Alexy*; siehe Kapitel II.F.5 oben.

831 *Saurer*, Der Staat 2012, 30.

832 Vgl etwa die Nachweise bei *Merten*, Verhältnismäßigkeitsgrundsatz § 68 Rz 1.

833 *Gentz*, NJW 1968, 1601.

834 Vgl *Arnauld*, Zur Rhetorik der Verhältnismäßigkeit, in: Jestaedt/Lepsius (Hrsg.), Verhältnismäßigkeit (2015) 276 (278).

835 Vgl etwa *Harbo*, The Function of the Proportionality Principle in EU Law, ELJ 2010, 158 (165).

836 *Habermas*, Between facts and norms (2010), 259.

der Angemessenheit gewahrt wurde, da sie anders als der Gesetzgeber nicht demokratisch legitimiert sind, Bewertungen und Abwägungen vorzunehmen.[837] Demgegenüber ist es aus dieser Überlegung heraus unproblematisch, wenn der Gesetzgeber die Verwaltung zur Beachtung der Angemessenheit verpflichtet und die Verwaltungsakte in weiterer Folge von den Gerichten auch auf ihre Angemessenheit überprüft werden.[838]

Die Befürworter der Anwendung des Verhältnismäßigkeitsgrundsatzes gehen davon aus, dass er die gerichtliche Entscheidungsfindung rationalisiert und objektiviert, weshalb auch die Nachvollziehbarkeit und Legitimität der Entscheidungen erhöht werden.[839] Darüber hinaus werde die gerichtliche Effizienz gesteigert, weil der Verhältnismäßigkeitsgrundsatz die Argumente begrenzt, die das Gericht bei der Entscheidungsfindung berücksichtigen muss.[840] Indem die Abwägung in den Grundsatz der Verhältnismäßigkeit eingebettet ist, bezieht sie sich nur auf jene Rechtsgüter, die mit den Zielen angestrebt und durch die ergriffenen Maßnahmen bedroht werden.[841] Bezogen auf den Grundrechtsschutz sei der Verhältnismäßigkeitsgrundsatz *„ein letztes Sicherheitsventil für die Freiheit des einzelnen [...].“*[842] Seine Anwendung ergebe sich bereits daraus, dass es sich bei Grundrechten um Prinzipien handle und Prinzipien als Optimierungsgebote eines Instruments bedürfen, welches die widerstreitenden Prinzipien miteinander in Einklang bringen kann.[843] Dieses Instrument sei nach *Alexy* der Verhältnismäßigkeitsgrundsatz.[844]

Die Sorge um effektiven Grundrechtsschutz wird in der Literatur näher konkretisiert, indem darauf hingewiesen wird, dass die Vorrangstellung der Grundrechte, wie sie in den verschiedenen Grundrechtskatalogen normiert ist, mit dem Konzept der Abwägung nicht vereinbar sei.[845] Dagegen ist einzuwenden, dass Grundrechte kraft ihrer verfassungsrechtlichen Verankerung Vorrang gegenüber außerhalb des Verfassungsrechts angesiedelten Erwägungen haben, da diese durch eine enge Definition der legitimen Zielsetzung (des Grundrechtseingriffs) nicht berücksichtigt werden.[846] Zudem wird den Grundrechten ein abstrakt höhe-

---

837 *Schlink*, Grundsatz 461 f.

838 *Schlink*, Grundsatz 461.

839 *Harbo*, ELJ 2010, 160; siehe auch bereits Kapitel III.B.4 oben.

840 *Harbo*, ELJ 2010, 161.

841 *Lepsius*, Die Chancen und Grenzen des Grundsatzes der Verhältnismäßigkeit, in: Jestaedt/Lepsius (Hrsg.), Verhältnismäßigkeit (2015) 1 (24).

842 *Merten*, Verhältnismäßigkeitsgrundsatz § 68 Rz 3.

843 Vgl *Harbo*, ELJ 2010, 167.

844 Siehe Kapitel II.F.5 oben.

845 *Tsakyrakis*, Proportionality: An assault on human rights? International Journal of Constitutional Law 2010, 468 (471)

846 *Klatt/Meister*, Der Staat 2012, 164 f.

res Gewicht zugeordnet als anderen ebenfalls verfassungsrechtlich abgesicherten Erwägungen, weshalb ihnen ein *prima-facie*-Vorrang zukommt.[847] Schließlich bleibt auch jedenfalls ein Minimum an Grundrechtsschutz erhalten, da mit steigender Eingriffstiefe die Wirkung der Grundrechte überproportional steigt.[848]

Auch die Ablehnung des Verhältnismäßigkeitsgrundsatzes in der US-amerikanischen Rechtsprechung hat ihren Kern in der Sorge um effektiven Grundrechtsschutz:[849] In den USA sind Grundrechte überwiegend absolut definiert. Begrenzt werden sie, indem gewisse Handlungen erst gar nicht in den Schutzbereich des jeweiligen Grundrechts fallen (bspw ist die Preisgabe von Staatsgeheimnissen nicht von der Meinungsfreiheit geschützt). Kritisch gesehen wird die Möglichkeit, Grundrechte durch verhältnismäßige Eingriffe legitim zu begrenzen, da somit Grundrechte relativiert würden.

Allerdings führen enge Schutzbereiche unter Verzicht auf eine Verhältnismäßigkeitsprüfung weder zwingend zu mehr Grundrechtsschutz noch machen sie die Grundrechtsprüfung für den Rechtsunterworfenen nachvollziehbarer.[850] Das Absehen von einer Verhältnismäßigkeitsprüfung bedeutet auch nicht, dass das Gericht ohne Abwägungen auskommt, es verlagert sie lediglich auf die Schutzbereichsebene, jedoch ohne diesen Umstand offenzulegen.[851] Dies hat eine Reduktion staatlicher Begründungslasten zur Folge,[852] fördert dezisionistische Entscheidungen und erschwert deren Überprüfbarkeit.[853]

Ein anderer Kritikpunkt besteht darin, dass Verhältnismäßigkeit keine rechtliche Kategorie, sondern vielmehr ein Prinzip moralischer Vernunft sei, jedoch ungeachtet dessen der Anschein erweckt werde, ihre Beurteilung sei frei von moralischen Erwägungen.[854] Dem Befund, wonach bei Anwendung des Verhältnismäßigkeitsgrundsatzes moralische Erwägungen einfließen, ist zuzustimmen.[855] Allerdings wird dieser Umstand keinesfalls verschleiert, da die Verhältnismäßigkeitsprüfung eindeutig aufzeigt, dass und an welchen Stellen diese Erwägungen für die rechtliche Beurteilung wesentlich sind.[856] Es kommt somit zu der

---

847 *Klatt/Meister*, Der Staat 2012, 165 f.

848 *Klatt/Meister*, Der Staat 2012, 168 unter Verweis auf *Alexy*, Constitutional Rights, Balancing, and Rationality, 16 Ratio Juris 2003, 131 (140).

849 *Saurer*, Der Staat 2012, 21 f.

850 *Klatt/Meister*, Der Staat 2012, 185 f mwN.

851 *Klatt/Meister*, Der Staat 2012, 184 f mwN.

852 *Kahl*, Neuere Entwicklungslinien der Grundrechtsdogmatik: Von Modifikationen und Erosionen des grundrechtlichen Freiheitsparadigmas, AöR 2006, 578 (610 f mwN).

853 *Klatt/Meister*, Der Staat 2012, 186.

854 *Tsakyrakis*, International Journal of Constitutional Law 2010, 474 f.

855 *Klatt/Meister*, Der Staat 2012, 170.

856 *Klatt/Meister*, Der Staat 2012, 170 ff.

bereits oben angesprochenen Rationalisierung der Argumentation in der richterlichen Prüfung.[857]

Die Rationalisierung besteht in einer dreifachen Strukturierung, welche durch die einzelnen Teilgrundsätze der Verhältnismäßigkeit sichergestellt wird:[858] Es werden die Tatsachen- von den Rechtsfragen getrennt, die eher juristisch von den politisch geprägten Fragestellungen, und Entscheidungsbereiche rein juristischer Natur von jenen, die gegenüber interdisziplinären Einflüssen offen sind. Darüber hinaus erlegt der Verhältnismäßigkeitsgrundsatz der Legislative Begründungslasten auf, wodurch es auch zu einer Rationalisierung der Gesetzgebung kommt.[859]

Zudem wird kritisiert, dass manche Prinzipien nicht quantifizierbar und nicht auf einer gemeinsamen Skala (fehlender Vergleichsmaßstab) darstellbar seien.[860] Dazu sei bemerkt, dass eine mathematisch exakte Angabe des Gewichts der betroffenen Prinzipien nicht notwendig ist, sondern bereits eine Einordnung auf einer zumindest zweistufigen Skala ausreicht.[861] Dies bedeutet freilich nicht, dass die Einschätzung des Gewichts in einem bestimmten Fall nicht kritisch hinterfragt werden kann, ist jedoch kein Argument gegen den Einsatz der Skala.[862] Dem Einwand des fehlenden Vergleichsmaßstabes ist entgegenzuhalten, dass im Wege der externen Argumentation eine gemeinsame Skala geschaffen werden kann.[863] Dass die Treffsicherheit jeder Abwägung von den externen Begründungen ihrer Prämissen abhängig ist, stellt keinen Nachteil des Modells der Abwägung dar.[864] Vielmehr ist dieser Umstand als Vorteil zu sehen, da Schwächen in der Argumentation klar ersichtlich werden.[865]

Zum Teil wird in der Literatur auch vertreten, dass eine Abwägung mit der Objektivität richterlicher Entscheidungen nicht vereinbar und für die Beurteilung von Grundrechtseingriffen nicht erforderlich sei, weil bspw der Gleichheitssatz oder das Prinzip des Vertrauensschutzes die nach Durchführung einer Prüfung der Eignung und Erforderlichkeit noch bestehenden Fragen beantworte.[866] Dagegen spricht, dass eine fundamentale Aufgabe des Rechts darin besteht, Interessen in Rechte zu transformieren und sie in ein Verhältnis zu setzen, wofür eine Ab-

---

857 *Klatt/Meister*, Der Staat 2012, 170 ff.
858 Vgl hierzu ausführlich *Lepsius*, Chancen 19 ff.
859 *Lepsius*, Chancen 21 f.
860 *Tsakyrakis*, International Journal of Constitutional Law 2010, 471.
861 Vgl hierzu ausführlich *Klatt/Meister*, Der Staat 2012, 175 ff.
862 *Klatt/Meister*, Der Staat 2012, 176.
863 *Klatt/Meister*, Der Staat 2012, 178.
864 *Klatt/Meister*, Der Staat 2012, 182.
865 *Klatt/Meister*, Der Staat 2012, 182.
866 *Schlink*, Grundsatz 458 ff.

wägung unabdingbar ist.[867] Denn eine Abwägung ist erforderlich, um die Vorrangrelationen zwischen diesen Rechten normativ zu begründen.[868]

Im Ergebnis ist die dreiteilige Verhältnismäßigkeitsprüfung trotz der – insbesondere auf den Teilgrundsatz der Angemessenheit bezogenen – Kritikpunkte, trotz seiner mangelnden Nützlichkeit in manchen Fällen und trotz mancher bei seiner Anwendung auftretenden Probleme,[869] mE das Mittel der Wahl um effektiven Grundrechtsschutz zu gewährleisten.

III.B.6. Eigenständige Bedeutung der Garantie des Wesensgehalts der Grundrechte?

III.B.6.a. Vorbemerkung

Nach Art 19 Abs 2 GG darf ein Grundrecht in keinem Fall in seinem Wesensgehalt angetastet werden. Wenngleich es nicht fern liegt, die Garantie des Wesensgehalts mit jener der Menschenwürde in Art 1 Abs 1 GG gleichzusetzen, spricht vor allem ein systematisches Argument gegen diese Sichtweise. Die Normierung der Wesensgehaltsgarantie in Art 19 Abs 2 GG wäre nicht notwendig, wenn man die Identität der beiden Garantien bejahte.[870] Zur Frage, wie der Wesensgehalt eines Grundrechts zu bestimmen ist, haben sich in der deutschen Literatur mit der absoluten und der relativen Theorie zwei Sichtweisen entwickelt.[871]

In Österreich ist in keinem der Verfassungstexte eine mit Art 19 Abs 2 GG vergleichbare Bestimmung enthalten, welche die Wesensgehaltsgarantie als allgemeine Schranken-Schranke der Grundrechte normiert. Nichtsdestotrotz hat der VfGH bei einzelnen Grundrechten die sogenannte „Wesensgehaltssperre“ herangezogen, um die Zulässigkeit von Eingriffen zu überprüfen.[872] Nach dieser Schranken-Schranke darf ein Grundrechtseingriff nicht gegen das „Wesen“ des betroffenen Grundrechts verstoßen, dh die Wirkung des Eingriffs darf nicht der Aufhebung des Grundrechts gleichkommen.[873] Mit der Beurteilung von Grundrechtseingriffen anhand der Wesensgehaltssperre hat sich der VfGH erkennbar

867 *Arnauld*, Rhetorik 278.

868 *Cornils*, in: Grabenwarter (Hrsg.), Europäischer Grundrechteschutz – Enzyklopädie Europarecht, Band 2 (2014) § 5 Rz 108.

869 Siehe hierzu ausführlich *Lepsius*, Chancen 27 ff.

870 *Kingreen/Poscher*, Grundrechte: Staatsrecht II[29] Rz 320.

871 Siehe Kapitel III.B.6.b und III.B.6.c unten.

872 Erstmals in VfSlg 3118/1956; siehe hierzu auch Kapitel II.E.2.b oben.

873 *Berka*, Grundrechte Rz 262; *Hengstschläger/Leeb*, Grundrechte Rz 1/52.

an Art 19 Abs 2 GG orientiert, jedoch ohne diese Schranken-Schranke dogmatisch zu begründen.[874]

III.B.6.b. Absolute Theorie

Nach der absoluten Theorie muss ein bestimmter Kern des Schutzgehalts des Grundrechts jedenfalls erhalten bleiben.[875] Dies hat für die Grundrechtsprüfung zur Konsequenz, dass nach positiver Beurteilung der Verhältnismäßigkeit in einem nächsten Schritt ein etwaiges Antasten des Wesensgehalts zu untersuchen ist.[876] Sohin kommt der Wesensgehaltsgarantie nach diesem Verständnis eigenständige Bedeutung zu. Selbst ein intensiver Grundrechtseingriff, der aufgrund des Gewichts der mit ihm verfolgten Ziele verhältnismäßig ist, kann den Wesensgehalt des betroffenen Grundrechts antasten und somit verfassungswidrig sein.[877] Das BVerfG spricht in diesem Zusammenhang von einem *„absolut geschützten Kernbereich"*,[878] in welchen nicht eingegriffen werden darf. Wie *Merten*[879] zutreffend ausführt, können auch Formulierungen des BVerfG, wonach verhältnismäßige Grundrechtseingriffe verfassungslegitim sind, *„soweit sie nicht den unantastbaren Bereich privater Lebensgestaltung beeinträchtigen"*[880] und wonach bei Grundrechtseingriffen, welche den absolut geschützten Bereich privater Lebensgestaltung betreffen, *„eine Abwägung nach Maßgabe des Verhältnismäßigkeitsgrundsatzes"* nicht vorzunehmen ist,[881] für eine absolute Deutung der Wesensgehaltsgarantie ins Treffen geführt werden.

Was den nicht beschränkbaren Wesensgehalt eines Grundrechts ausmacht, wurde bislang nicht präzise definiert.[882] Unstrittig ist, dass er bei jedem Grundrecht gesondert festzustellen ist[883] und dass von dem betroffenen Grundrecht noch etwas erhalten bleiben muss, damit der Wesensgehalt nicht angetastet wird.[884] Es ist auch fraglich, auf welche Person bzw welchen Personenkreis bei der Untersuchung des Wesensgehalts abzustellen ist. Entweder ist entscheidend, wie viel Schutz beim konkret betroffenen Grundrechtsträger verbleibt (individuelle Betrachtung) oder in welchem Ausmaß das Grundrecht noch für die Allgemeinheit

---

874 *Berka*, Grundrechte Rz 262.

875 Vgl etwa *Jarass*, in: Jarass/Pieroth (Hrsg.), Art 19 Rz 9; *Schmalz*, Grundrechte^4 Rz 179.

876 Vgl etwa BVerfGE 16, 194 (201).

877 Vgl etwa *Hillgruber*, Grundrechtsschranken § 201 Rz 100.

878 BVerfGE 34, 238 (245).

879 *Merten*, Verhältnismäßigkeitsgrundsatz § 68 Rz 28.

880 BVerfGE 27, 344 (351).

881 BVerfGE 34, 238 (245).

882 *Kingreen/Poscher*, Grundrechte: Staatsrecht II^{29} Rz 314.

883 BVerfGE 22, 180 (219); 109, 133 (156).

884 *Kingreen/Poscher*, Grundrechte: Staatsrecht II^{29} Rz 315.

Bedeutung hat (kollektive Betrachtung).[885] Das BVerfG hat sich bis dato zu dieser Frage nicht eindeutig deklariert.[886]

Für die Maßgeblichkeit der individuellen Betrachtungsweise spricht vor allem die primäre und ursprüngliche Funktion der Grundrechte, welche im Schutz des Einzelnen besteht.[887] Folglich könne es nicht darauf ankommen, ob das betroffene Grundrecht für die Allgemeinheit in ausreichendem Maße bestehen bleibt, sondern lediglich, ob es für die konkret in einem Grundrecht beeinträchtigte Person noch hinreichend gewahrt bleibt.[888] Gegen diese Ansicht wird mitunter der unter gewissen Voraussetzungen zulässige Todesschuss des Polizisten angeführt, welcher bei individueller Betrachtung des Wesensgehalts niemals zu rechtfertigen sei, da in einer derartigen Konstellation das Recht auf Leben[889] des Betroffenen keine Bedeutung mehr hätte.[890] Aus diesem Grund sei bei Eingriffen in dieses Grundrecht der Wesensgehalt nicht in individueller, sondern in kollektiver Betrachtung zu beurteilen.[891] Diesem Argument kann nach *Hillgruber* insofern widersprochen werden als die Wesensgehaltsgarantie nicht die Unantastbarkeit des Lebens, sondern die des Grundrechts auf Leben gewährleiste.[892] Dieses Grundrecht sei in seinem Kern nicht angetastet, wenn der Einzelne seine Tötung vermeiden kann, indem er nicht andere in ihrem Leben bedroht.[893]

Bislang bestand noch keine Notwendigkeit den unantastbaren Wesensgehalt exakt zu definieren, da dies nur dann notwendig ist, wenn Grundrechtseingriffe von derartiger Intensität sind, dass die Preisgabe des betroffenen Grundrechts droht.[894] Die Frage nach dem Wesensgehalt nach absolutem Verständnis wird somit erst ab jenem Zeitpunkt relevant, ab dem in der Gesellschaft erbitterte Verteilungskämpfe geführt werden, sodass Positionen, welche als äußerste Grenze grundrechtlichen Schutzes verstanden werden, gefährdet sind.[895] Der Umstand, dass in der derzeitigen wirtschaftlichen, politischen und gesellschaftlichen Situation effektiver Grundrechtsschutz durch Anwendung des Verhältnismäßigkeitsgrundsatzes gewährleistet werden kann, bedeute nach *Schlink* nicht, dass die

---

885 *Schmalz*, Grundrechte[4] Rz 179; für eine Kombination der beiden Ansätze vgl *Jarass*, in: Jarass/Pieroth (Hrsg.), Art 19 Rz 9.

886 Vgl *Jarass*, in: Jarass/Pieroth (Hrsg.), Art 19 Rz 9; *Hillgruber*, Grundrechtsschranken § 201 Rz 102.

887 *Hillgruber*, Grundrechtsschranken § 201 Rz 103.

888 *Hillgruber*, Grundrechtsschranken § 201 Rz 103.

889 Art 2 Abs 2 GG.

890 *Schmalz*, Grundrechte[4] Rz 180.

891 *Kingreen/Poscher*, Grundrechte: Staatsrecht II[29] Rz 318.

892 *Hillgruber*, Grundrechtsschranken § 201 Rz 106.

893 *Hillgruber*, Grundrechtsschranken § 201 Rz 106.

894 *Kingreen/Poscher*, Grundrechte: Staatsrecht II[29] Rz 314.

895 *Schlink*, Grundsatz 453.

absoluten Grundrechtsgehalte aufgegeben werden dürfen, da sich die relevanten Rahmenbedingungen im Zeitablauf ändern können.[896]

III.B.6.c. Relative Theorie

Nach der relativen Theorie ist der Wesensgehalt anders als nach der absoluten Theorie nicht nur gesondert für jedes einzelne Grundrecht, sondern für jeden Einzelfall zu ermitteln.[897] Er ist somit fallbezogen aus der Gewichtung und Abwägung der widerstreitenden Interessen zu bestimmen.[898] Folglich kommt dem Wesensgehalt nach diesem Verständnis keine eigenständige Bedeutung zu, da er keine absolute Grenze für Grundrechtseingriffe festlegt, sondern lediglich fordert, dass Eingriffe dem Grundsatz der Verhältnismäßigkeit genügen müssen.

Gegen die Gleichsetzung von Verhältnismäßigkeit und Wesensgehalt wird argumentiert, dass unverhältnismäßige Eingriffe denkbar seien, welche den Schutzbereich eines Grundrechts lediglich am Rande betreffen und somit den Wesensgehalt dieses Grundrechts nicht berühren.[899] Darüber hinaus spreche auch der Wortlaut des Art 19 Abs 2 GG, wonach ein Grundrecht *„in keinem Fall"* in seinem Wesensgehalt berührt werden darf, gegen ein relatives Verständnis, da der Verfassungsgesetzgeber mit dieser Formulierung zum Ausdruck bringen wollte, dass die Wesensgehaltsgarantie als zusätzliche und letzte Schranke bei Grundrechtseingriffen zu beachten sei.[900]

In der deutschen Literatur wird daher die relative Theorie überwiegend abgelehnt.[901] Nichtsdestotrotz finden sich in der jüngeren Judikatur des BVerfG vereinzelt Entscheidungen, in welchen das BVerfG den Wesensgehalt in der Verhältnismäßigkeitsprüfung aufgehen lässt und ihn somit bedeutungslos macht.[902] Nach dieser Rechtsprechung ist der Wesensgehalt der Grundrechte nach § 2 Abs 2 GG (Recht auf Leben, Freiheit der Person) nicht angetastet, sofern der

---

896 *Schlink*, Grundsatz 453.

897 *Kingreen/Poscher*, Grundrechte: Staatsrecht II[29] Rz 313.

898 Vgl etwa *Häberle*, Die Wesensgehaltsgarantie des Art. 19 Abs. 2 GG[2] (1972) 51 ff; *Alexy*, Theorie 271 f; *Drews*, Die Wesensgehaltsgarantie des Art. 19 II GG (2005) 294 ff.

899 *Merten*, Verhältnismäßigkeitsgrundsatz § 68 Rz 29.

900 Vgl *Merten*, Verhältnismäßigkeitsgrundsatz § 68 Rz 29.
Dieses Argument ist für die Bestimmung des Wesensgehalts nach österreichischem Recht mangels einer mit Art 19 Abs 2 GG vergleichbaren Norm nicht verwertbar; vgl hierzu vertiefend *Stelzer*, Wesensgehaltsargument 100 ff.

901 Vgl etwa *Jarass*, in: Jarass/Pieroth (Hrsg.), Art 19 Rz 9; *Leisner*, Grundrechte und Privatrecht (1960) 154 f; *Leisner-Egensperger*, Wesensgehaltsgarantie, in: Merten/Papier (Hrsg.), Handbuch der Grundrechte in Deutschland und Europa: Band III – Grundrechte in Deutschland: Allgemeine Lehren II (2009) § 70 Rz 28 ff; *Merten*, Verhältnismäßigkeitsgrundsatz § 68 Rz 29; vgl auch die Darstellung bei *Drews*, Wesensgehaltsgarantie 299.

902 *Hillgruber*, Grundrechtsschranken § 201 Rz 101.

Grundrechtseingriff legitimen Zielen dient und der Grundsatz der Verhältnismäßigkeit beachtet wird.[903]

[903] BVerfGE 117, 71 (96); 109, 133 (156).

IV. Der Grundsatz der Verhältnismäßigkeit im Unionsrecht

IV.A. Vorbemerkung

Im folgenden Kapitel werden die Struktur und Bedeutung der Verhältnismäßigkeitsprüfung auf Ebene des Unionsrechts untersucht, wobei die Analyse der Rechtsprechung des EuGH nicht auf den Bereich der Grundrechte beschränkt bleibt, sondern auch die Grundfreiheiten miteinbezieht. Ergänzt wird dieser Teil durch eine Untersuchung der Bedeutung des Wesensgehalts der Grundrechte in der Judikatur des EuGH.

Darüber hinaus werden die unterschiedlichen Auslegungsmöglichkeiten von Art 52 Abs 1 GRC in Bezug auf Verhältnismäßigkeitsgrundsatz und Wesensgehaltsgarantie behandelt sowie die Struktur und Schwerpunkte der Verhältnismäßigkeitsprüfung durch den EGMR beleuchtet.

IV.B. Grundrechte

IV.B.1. Frühe Urteile des EuGH

Mit der Entscheidung in der Rs *Stauder* vom 12.11.1969 erfolgte die Anerkennung der Grundrechte als allgemeine Rechtsgrundsätze der Gemeinschaftsrechtsordnung.[904] Aufgrund des Umstandes, dass die Grundrechte nur in einem *obiter dictum* angesprochen wurden, überrascht es nicht, dass in diesem Urteil die Grundrechte noch nicht mit dem Verhältnismäßigkeitsgrundsatz verknüpft wurden. In der im darauffolgenden Jahr ergangenen Entscheidung in der Rs *Internationale Handelsgesellschaft*[905] mangelt es zwar noch an einem expliziten Bekenntnis zum Verhältnismäßigkeitsgrundsatz, dennoch sind bereits Erwägungen zur Verhältnismäßigkeit der strittigen Maßnahme unübersehbar. So spricht der Gerichtshof davon, dass die *„Unkosten der Kautionsstellung [...] gemessen am Gesamtwert der Ware [...] nicht unverhältnismäßig hoch [sind]“*[906] oder dass

---

[904] Urteil Stauder, 29/69, EU:C:1969:57, Rz 7: *„Bei dieser Auslegung enthält die streitige Vorschrift nichts, was die in den allgemeinen Grundsätzen der Gemeinschaftsordnung, deren Wahrung der Gerichtshof zu sichern hat, enthaltenen Grundrechte der Person in Frage stellen könnte.“*

[905] Urteil Internationale Handelsgesellschaft, 11/70, EU:C:1970:114.

[906] Urteil Internationale Handelsgesellschaft, 11/70, EU:C:1970:114, Rz 15.

B. Oreschnik, *Verhältnismäßigkeit und Kontrolldichte*,
https://doi.org/10.1007/978-3-658-26160-3_4

„sich die Belastung durch die Kautionsregelung als nicht übermäßig [erweist].“[907]

Demgegenüber äußert sich der Gerichtshof in seiner nächsten grundlegenden Entscheidung zum Grundrechtsschutz in der Rs *Nold*[908] nicht zur Verhältnismäßigkeit des behaupteten Eingriffs in das Recht auf Eigentum,[909] sondern verneint das Vorliegen einer Grundrechtsverletzung mit dem schlichten Verweis darauf, dass im vorliegenden Fall Grundrechte nicht in ihrem Wesen angetastet seien.[910] In der Rs *Hauer* verweist der EuGH auf das in Art 1 1. ZPEMRK[911] verankerte Grundrecht auf Eigentum und betont dessen Abs 2, wonach der Staat diejenigen Gesetze anwenden darf, *„die er für die Regelung der Benutzung des Eigentums im Einklang mit dem Allgemeininteresse [...] für erforderlich hält“*[912] und fordert in weiterer Folge, dass die Maßnahmen *„dem allgemeinen Wohl dienenden Zielen der Gemeinschaft entsprechen und [...] nicht einen im Hinblick auf den verfolgten Zweck unverhältnismäßigen, nicht tragbaren Eingriff in die Vorrechte des Eigentümers darstellen, der das Eigentumsrecht in seinem Wesensgehalt antastet.“*[913]

IV.B.2. Anerkennung der Teilgrundsätze der Eignung, Erforderlichkeit und Verhältnismäßigkeit ieS

Der Gerichtshof hat in seiner Judikatur die Verhältnismäßigkeit von Grundrechtseingriffen bereits unter Rückgriff auf einen Teilgrundsatz, zwei oder drei Teilgrundsätze oder auch ohne Bezugnahme auf einzelne Teilgrundsätze untersucht.[914] Zum ersten Mal umschrieb der EuGH den Grundsatz der Verhältnismäßigkeit als aus den drei – auch in Österreich und Deutschland anerkannten – Teilelementen der Eignung, Erforderlichkeit und Verhältnismäßigkeit ieS bestehend in seiner Urteilsbegründung in der Rs *Schräder*:

„Nach diesem Grundsatz sind Maßnahmen, durch die den Wirtschaftsteilnehmern finanzielle Belastungen auferlegt werden, nur rechtmäßig, wenn sie zur Erreichung der zulässigerweise mit der fraglichen Regelung verfolgten Ziele geeignet und erforderlich sind. Dabei ist, wenn mehrere geeignete Maßnahmen

---

907 Urteil Internationale Handelsgesellschaft, 11/70, EU:C:1970:114, Rz 16.

908 Urteil Nold, 4/73, EU:C:1974:51.

909 aA *Bühler*, Einschränkung 105, die unter Verweis auf Rz 14 dieses Urteils vertritt, dass aus dem Wort „gerechtfertigt“ schon auf die Verhältnismäßigkeit geschlossen werden kann.

910 Urteil Nold, 4/73, EU:C:1974:51, Rz 14.

911 Ein Verweis auf die Art 8, 9, 10 und 11 EMRK erfolgte durch den Gerichtshof bereits früher im Urteil Rutili, EU:C:1975:137 Rz 32.

912 Urteil Hauer, 44/79, EU:C:1979:290, Rz 19.

913 Urteil Hauer, 44/79, EU:C:1979:290, Rz 23.

914 Siehe Kapitel IV.B.4 unten.

zur Auswahl stehen, die am wenigsten belastende zu wählen; ferner müssen die auferlegten Belastungen in angemessenem Verhältnis zu den angestrebten Zielen stehen. "[915]

Bemerkenswert ist, dass diese Definition im Rahmen der Prüfung anhand des „allgemeinen Verhältnismäßigkeitsgrundsatzes"[916] vorgenommen wurde und von der Umschreibung des Grundsatzes im Rahmen der – im gegenständlichen Fall separat vorgenommenen – Grundrechtsprüfung abweicht.[917] Denn letztgenannte orientiert sich an der Umschreibung in der Rs *Hauer*.[918] Auch in nachfolgenden Urteilen benannte der Gerichtshof in Anlehnung an seine Entscheidung in der Rs *Schräder* explizit die drei Teilgrundsätze im Rahmen der Prüfung anhand des „allgemeinen Verhältnismäßigkeitsgrundsatzes", während er – der Aussage in der Rs *Hauer* folgend – die Verhältnismäßigkeit im Rahmen der Grundrechtsrechtsprüfung nicht näher spezifizierte.[919]

Es ergingen jedoch auch Urteile des Gerichtshofes, in denen bei Untersuchung von Grundrechtseingriffen die Definition der Verhältnismäßigkeit im Sinne der Rs *Hauer* nicht angesprochen wird. Dies gilt einerseits für einen Teil jener Judikate, in denen der EuGH einen Grundrechtseingriff an einem in der EMRK verbürgten Recht misst, andererseits auch für Entscheidungen, in denen er auf die GRC Bezug nimmt.

In Zusammenhang mit Art 8 EMRK spricht er davon, dass bei einem Eingriff in dieses Konventionsrecht die *„Verhältnismäßigkeit im Hinblick auf die verfolgten Ziele"*[920] zu untersuchen und dabei zu prüfen ist, ob der Eingriff *„in einer demokratischen Gesellschaft für die Erreichung des mit ihm verfolgten berechtigten*

---

915 Urteil Schräder, 265/87, EU:C:1989:303, Rz 21 (Hervorhebung durch den Autor).

916 Zum „allgemeinen Verhältnismäßigkeitsgrundsatz" siehe Kapitel IV.B.3 unten.

917 Urteil Schräder, 265/87, EU:C:1989:303, Rz 15: *„Folglich können die Ausübung des Eigentumsrechts und die freie Berufsausübung namentlich im Rahmen einer gemeinsamen Marktorganisation Beschränkungen unterworfen werden, sofern diese Beschränkungen tatsächlich dem Gemeinwohl dienenden Zielsetzungen der Gemeinschaft entsprechen und nicht einen im Hinblick auf den verfolgten Zweck unverhältnismäßigen, nicht tragbaren Eingriff darstellen, der die so gewährleisteten Rechte in ihrem Wesensgehalt antastet."*

918 Siehe Kapitel IV.B.1 oben.

919 Vgl etwa Urteil Wachauf, 5/88, EU:C:1989:321, Rz 18; Urteil Fedesa, C-331/88, EU:C:1990:391, Rz 13; Urteil Faust, C-24/90, EU:C:1991:387, Rz 12; Urteil Wünsche, C-25/90, EU:C:1991:388, Rz 13; Urteil Von Deetzen, 44/89, EU:C:1991:401, Rz 28; Urteil Kühn, C-177/90, EU:C:1992:2, Rz 16; Urteil Crispoltoni, C-133/93, C-300/93 u C-362/93, EU:C:1994:364, Rz 41; Urteil Deutschland/Rat, C-280/93, EU:C:1994:367, Rz 78; Urteil SMW Winzersekt, C-306/93, EU:C:1994:407, Rz 22; Urteil Irish Farmers Association, C-22/94, EU:C:1997:187, Rz 27.

920 Urteil ORF, C-465/00, C-138/01 u C-139/01, EU:C:2003:294, Rz 80.

Zwecks notwendig ist.“[921] Unter Verweis auf Judikatur des EGMR führt er in weiterer Folge aus, dass die Notwendigkeit des Eingriffs zu bejahen ist, wenn *„ein zwingendes gesellschaftliches Bedürfnis“* vorliegt und der Eingriff *„in einem angemessenen Verhältnis zu dem verfolgten berechtigten Zweck“* steht.[922]

In Urteilen, in denen der Eingriff in ein Charta-Grundrecht geprüft wird, gibt der Gerichtshof regelmäßig[923] Art 52 Abs 1 GRC wieder, wenn er die materiellen Voraussetzungen für die Zulässigkeit des Eingriffs erläutert.[924] Dies hindert ihn zum Teil jedoch nicht zusätzlich auf Judikatur des EGMR zu verweisen, wonach Einschränkungen der Charta-Grundrechte *„in einem angemessenen Verhältnis zu dem verfolgten berechtigten Zweck“* stehen müssen.[925] Dieser Verweis, welcher die Prüfung der Verhältnismäßigkeit ieS explizit anspricht, ist insofern sinnvoll als in der Lehre nicht endgültig geklärt ist, ob Art 52 Abs 1 GRC neben den Elementen der Eignung und Erforderlichkeit auch jenes der Verhältnismäßigkeit ieS beinhaltet.[926] Aus dem eben Gesagten ist aber nicht zu schließen, dass ohne zusätzlichen Verweis auf die Angemessenheit diese vom Gerichtshof nicht geprüft wird.[927] Redundant ist demgegenüber die Aussage, wonach der Grundsatz der Verhältnismäßigkeit fordert, dass die *„eingesetzten Mittel zur Erreichung des verfolgten Ziels geeignet sind und nicht über das dazu Erforderliche hinausgehen“*, wenn in vorangehenden Urteilspassagen bereits die materiellen Anforderungen des Art 52 Abs 1 GRC genannt wurden.[928]

Als vorläufiges Zwischenergebnis kann festgehalten werden, dass der Gerichtshof idR die Teilgrundsätze der Eignung und Erforderlichkeit und vermehrt auch

921 Urteil ORF, C-465/00, C-138/01 u C-139/01, EU:C:2003:294, Rz 82.

922 Urteil ORF, C-465/00, C-138/01 u C-139/01, EU:C:2003:294, Rz 83.

923 Keine Erwähnung findet Art 52 Abs 1 GRC bspw im Urteil Deutsches Weintor, C-544/10, EU:C:2012:526, obwohl sich der Gerichtshof in diesem Urteil zur Verhältnismäßigkeit von Eingriffen in Art 16 u 17 GRC äußert.

924 Urteil Digital Rights Ireland, C-293/12 u C-594/12, EU:C:2014:238, Rz 38: *„Nach Art. 52 Abs. 1 der Charta muss jede Einschränkung der Ausübung der in der Charta anerkannten Rechte und Freiheiten gesetzlich vorgesehen sein und den Wesensgehalt dieser Rechte und Freiheiten achten; unter Wahrung des Grundsatzes der Verhältnismäßigkeit dürfen Einschränkungen nur vorgenommen werden, wenn sie erforderlich sind und den von der Union anerkannten dem Gemeinwohl dienenden Zielsetzungen oder den Erfordernissen des Schutzes der Rechte und Freiheiten anderer tatsächlich entsprechen.“* Vgl auch Urteil Glatzel, C-356/12, EU:C:2014:350, Rz 42; Urteil Schwarz, C-291/12, EU:C:2013:670, Rz 34; Urteil Schaible, C-101/12, EU:C:2013:661, Rz 27.

925 Urteil Schecke und Eifert, C-92/09 u C-93/09, EU:C:2010:662, Rz 72.

926 Zu dem Bedeutungsgehalt von Art 52 Abs 1 GRC siehe Kapitel IV.B.6 unten.

927 Urteil Glatzel, C-356/12, EU:C:2014:350, Rz 57 ff.

928 Urteil Schecke und Eifert, C-92/09 u C-93/09, EU:C:2010:662, Rz 74; vgl Urteil Digital Rights Ireland, C-293/12 u C-594/12, EU:C:2014:238, Rz 46.

jenen der Verhältnismäßigkeit ieS[929] bei der Prüfung von Grundrechtseingriffen benennt. In aktuelleren Urteilen wird der Grundsatz der Verhältnismäßigkeit wie folgt charakterisiert:

„[N]ach ständiger Rechtsprechung [dürfen] die Handlungen der Unionsorgane nicht die Grenzen dessen überschreiten [...], was zur Erreichung der mit der fraglichen Regelung zulässigerweise verfolgten Ziele geeignet und erforderlich ist, wobei zu beachten ist, dass dann, wenn mehrere geeignete Maßnahmen zur Auswahl stehen, die am wenigsten belastende zu wählen ist und die verursachten Nachteile nicht außer Verhältnis zu den angestrebten Zielen stehen dürfen.“[930]

Die formelhafte Nennung der verschiedenen Teilgrundsätze in einem Urteil bedeutet jedoch nicht zwingend, dass diese auch tatsächlich geprüft werden.[931] Allerdings kann mE auch nicht jedenfalls davon ausgegangen werden, dass nicht vorhandene Aussagen des Gerichtshofes zu einzelnen Teilgrundsätzen bedeuten, dass er sich mit diesen nicht auseinandergesetzt hat. So ist es bspw denkbar, dass sich der Gerichtshof zur Eignung einer Maßnahme nicht äußert, weil sie für ihn ohnedies auf der Hand liegt.[932] Der Frage, inwiefern der Gerichtshof tatsächlich Erwägungen zu den einzelnen Teilgrundsätzen in seine Urteilsbegründungen einfließen lässt, wird in Kapitel IV.B.4 nachgegangen.

Nachfolgend wird erläutert, was der EuGH in Verfahren mit Grundrechtsbezug unter den einzelnen Teilgrundsätzen versteht. Da in der vorliegenden Arbeit vertreten wird, dass die Frage nach dem legitimen Ziel eines Grundrechtseingriffs kein Element des Verhältnismäßigkeitsgrundsatzes darstellt,[933] ist eine Auseinandersetzung mit dieser Frage nicht erforderlich.

IV.B.2.a. Eignung

Der Teilgrundsatz der Eignung wird in fast allen Entscheidungen zur Verhältnismäßigkeit untersucht,[934] wenngleich der Gerichtshof ihn vor allem in Fällen, in denen die Eignung der Maßnahme evident ist, nicht explizit anspricht. Exemp-

---

929 Der Gerichtshof spricht nicht davon, dass Eingriffe „verhältnismäßig ieS“ sein müssen, sondern verwendet idR das Wort „angemessen.“

930 Urteil Sky Österreich, C-283/11, EU:C:2013:28, Rz 50; Urteil Nelson, C-581/10 u C-629/10, EU:C:2012:657, Rz 71; Urteil Schaible, C-101/12, EU:C:2013:661, Rz 29.

931 So auch *Koch*, Grundsatz 204.

932 Für die Transparenz und Nachvollziehbarkeit gerichtlicher Entscheidungen ist dies freilich nicht förderlich.

933 Siehe hierzu Kapitel III.B.1.a oben; zur Verfolgung eines legitimen Ziels als eigenständige Grundrechtsschranke im Unionsrecht vgl etwa *Bühler*, Einschränkung 94, 109, 237 oder aus der aktuellen Rechtsprechung das Urteil Digital Rights Ireland, C-293/12 u C-594/12, EU:C:2014:238, Rz 41 ff (legitimes Ziel) und Rz 45 ff (Verhältnismäßigkeit).

934 *Koch*, Grundsatz 205.

larisch sei in diesem Zusammenhang auf die Rs *ORF* verwiesen, in welcher zu beurteilen war, ob die verpflichtende Veröffentlichung der Gehälter von Bediensteten bestimmter öffentlicher Rechtsträger eine Verletzung von Grundrechten darstellt.[935] Nach den Ausführungen des Gerichtshofes bestand der Zweck dieser Regelung darin, *„auf die betroffenen Rechtsträger Druck auszuüben, um die Bezüge in angemessenen Grenzen zu halten.“*[936] Die Unterlassung der Feststellung der Eignung kann mE nachvollziehbar darauf zurückgeführt werden, dass für den Gerichtshof die Eignung der Regelung auf der Hand lag. Dies erscheint auch vor dem Hintergrund der anschließenden umfangreichen Erwägungen zur Erforderlichkeit und Angemessenheit plausibel.[937]

Die Eignung des Grundrechtseingriffs ist – wie auch nach deutscher und österreichischer Dogmatik – zu bejahen, wenn er das angestrebte legitime Ziel erreichen kann.[938] Bei ihrer Beurteilung ist zu berücksichtigen, dass die Entscheidung über die Einführung einer Maßnahme eine Prognose über ihren Kausalverlauf voraussetzt und diese Prognose sich nachträglich als falsch erweisen kann. Allein der Umstand, dass sich in der Retrospektive eine gewählte Maßnahme als ungeeignet zur Zielerreichung erweist, hat nach dem EuGH nicht die Feststellung einer Grundrechtsverletzung aufgrund mangelnder Eignung zur Folge.[939] Dies wird besonders an der Formulierung des Gerichtshofes deutlich, wonach *„die Rechtmäßigkeit einer Gemeinschaftshandlung nicht von einer rückschauenden Beurteilung ihres Wirkungsgrades abhängen [kann].“*[940]

Der Teilgrundsatz der Eignung fordert nicht, dass der Grundrechtseingriff das optimale Mittel zur Zielerreichung darstellt, sondern lediglich wirksam die Zielerreichung fördern kann.[941] Der Gerichtshof spricht in diesem Zusammenhang davon, dass die grundrechtsbeschränkenden Mittel zur Zielerreichung beitragen müssen.[942] Im Rahmen der Eignungsprüfung ist es folglich auch nicht beachtlich, wenn die Eignung einer Maßnahme beschränkt ist. Wörtlich führt der EuGH hierzu in der Rs *Digital Rights Ireland und Seitlinger* aus: *„Dieser Umstand vermag zwar die Eignung der in der Vorratsspeicherung der Daten bestehenden*

---

935 Urteil ORF, C-465/00, C-138/01 u C-139/01, EU:C:2003:294.

936 Urteil ORF, C-465/00, C-138/01 u C-139/01, EU:C:2003:294, Rz 81.

937 Urteil ORF, C-465/00, C-138/01 u C-139/01, EU:C:2003:294, Rz 82 ff.

938 *Pollak*, Verhältnismäßigkeitsprinzip 124; *Kischel*, EuR 2000, 383 mwN aus der Judikatur des EuGH.

939 Urteil Schröder, 40/72, EU:C:1973:14, Rz 14; Urteil Crispoltoni, C-133/93, C-300/93 u C-362/93, EU:C:1994:364, Rz 43; siehe hierzu für das deutsche und österreichische Recht bereits Kapitel III.B.1.b oben.

940 Urteil Jippes, C-189/01, EU:C:2001:420, Rz 84; vgl auch Urteil Schröder, 40/72, EU:C:1973:14, Rz 14.

941 *Koch*, Grundsatz 207.

942 Urteil Kadi, C-402/05 P u C-415/05 P, EU:C:2008:461, Rz 362.

Maßnahme zur Erreichung des verfolgten Ziels zu begrenzen, [...] führt aber [...] nicht zur Ungeeignetheit dieser Maßnahme.“[943]

Dieses Verständnis des Kriteriums der Eignung findet Bestätigung in weiteren Entscheidungen des Gerichtshofes: Zur Speicherung von Fingerabdrücken in Reisepässen führt er aus, dass dieser Grundrechtseingriff die „*Gefahr der Fälschung von Pässen zu verringern*“ und die Passkontrollen an den Grenzen „*zu erleichtern*“ vermag.[944] Im Zusammenhang mit einem verpflichtenden Kennzeichnungssystem für Schafe und Ziegen sieht er in technischen Funktionsmängeln des Systems keinen Beweis für dessen mangelnde Eignung.[945]

Aus alledem ergibt sich, dass der Teilgrundsatz der Eignung nicht das optimale oder fehlerfreie Mittel fordert, sondern lediglich eines, das einen Beitrag leisten kann, um dem legitimen Ziel näherzukommen. Folglich überrascht es nicht, dass der Gerichtshof bis dato keine Grundrechtsverletzung aufgrund mangelnder Eignung des Eingriffs festgestellt hat. Eine bedeutendere Rolle nimmt dieser Teilgrundsatz demgegenüber bei der gerichtlichen Rechtfertigungsprüfung von mitgliedstaatlichen Beschränkungen der Grundfreiheiten ein.[946]

IV.B.2.a.i. Die Formel von der „offensichtlichen Ungeeignetheit“

In jenen Fällen, in denen dem Unionsgesetzgeber bei der Entscheidung über den Erlass einer Maßnahme ein weiter Ermessensspielraum zukommt,[947] spricht der Gerichtshof häufig davon, dass sich seine Prüfung auf die Frage beschränke, ob die Maßnahme zur Erreichung des Ziels des Unionsgesetzgebers „*offensichtlich ungeeignet*“ ist.[948] Die Reduktion der gerichtlichen Prüfung auf den Teilgrundsatz der Eignung, welche darüber hinaus nur im Falle der offensichtlich man-

---

943 Urteil Digital Rights Ireland und Seitlinger, C-293/12 u C-594/12, EU:C:2014:238, Rz 50.

944 Urteil Schwarz, C-291/12, EU:C:2013:670, Rz 41.

945 Urteil Schaible, C-101/12, EU:C:2013:661, Rz 41.

946 Siehe Kapitel IV.D.2.a unten.

947 Siehe Kapitel V.D.2 unten.

948 Vgl etwa Urteil Schräder, 265/87, EU:C:1989:303, Rz 22; Urteil Fedesa, C-331/88, EU:C:1990:391, Rz 14; Urteil Deutschland/Rat, C-280/93, EU:C:1994:367, Rz 90; Urteil Emesa Sugar, C-17/98, EU:C:2000:70, Rz 53; Urteil British American Tobacco (Investments) und Imperial Tobacco, C-491/01, EU:C:2002:741, Rz 123; Urteil Spanien/Rat, C-310/04, EU:C:2006:521, Rz 98; Urteil IATA und ELFAA, C-344/04, EU:C:2006:10, Rz 80; Urteil Agrana Zucker I, C-33/08, EU:C:2009:367, Rz 32; Urteil Afton Chemical, C-343/09, EU:C:2010:419, Rz 46; Urteil Agrana Zucker II, C-365/08, EU:C:2010:283, Rz 30; Urteil Etimine, C-15/10, EU:C:2011:504, Rz 125; Urteil Beneo-Orafti, C-150/10, EU:C:2011:507, Rz 76; Urteil Luxemburg/Parlament und Rat, C-176/09, EU:C:2011:290, Rz 62.

gelnden Eignung zur Unverhältnismäßigkeit der streitgegenständlichen Maßnahme führen soll, wurde in der Literatur kritisiert.[949]

Zum Teil wurde jedoch zutreffend argumentiert, dass der Gerichtshof der genannten Formel von der „offensichtlichen Ungeeignetheit“ nicht die oben genannte eingeschränkte Bedeutung beimisst, sondern auch die Teilgrundsätze der Erforderlichkeit und Verhältnismäßigkeit ieS prüft.[950] So untersuchte der Gerichtshof in der Rs *Fedesa* ungeachtet seiner Ausführungen zur „offensichtlichen Ungeeignetheit“ auch explizit die beiden anderen Teilgrundsätze.[951] In den Entscheidungen *Schräder* und *Deutschland/Rat* wurden Erforderlichkeit und Angemessenheit zwar nicht offen untersucht, dennoch fanden ihnen zuordenbare Erwägungen in den Urteilen zumindest teilweise ihren Niederschlag.[952] Aus diesen Urteilspassagen folgerte *Kischel* bereits im Jahr 2000, dass der Gerichtshof die Formel von der „offensichtlichen Ungeeignetheit“ verwendet, um zum Ausdruck zu bringen, dass seine Kontrolle aller drei Teilgrundsätze auf offensichtliche Fehler beschränkt ist.[953]

Die Verwendung dieser Formel ist in den Urteilsbegründungen im Rahmen der Prüfung anhand des allgemeinen Verhältnismäßigkeitsgrundsatzes verortet.[954] Dies gilt auch für jene Entscheidungen, in denen der Gerichtshof neben der Prüfung einer etwaigen Verletzung des allgemeinen Verhältnismäßigkeitsgrundsatzes zusätzlich eine separate Grundrechtsprüfung vornahm.[955] Wenngleich die Formel im Rahmen der Grundrechtsprüfung keine Rolle spielt, spricht der Gerichtshof auch in diesem Kontext bisweilen seine beschränkte Nachprüfungsbefugnis in Bezug auf Rechtsakte des Unionsgesetzgebers an, indem er bspw festhält, dass *„der Unionsrichter die Beurteilung des Unionsgesetzgebers nicht*

---

949 Vgl etwa *Nettesheim*, EuZW 1995, 106 ff; *Storr*, Der Staat 1997, 551 ff.

950 *Kischel*, EuR 2000, 399 f; *Koch*, Grundsatz 212.

951 Urteil Fedesa, C-331/88, EU:C:1990:391, Rz 16 f.

952 Urteil Schräder, 265/87, EU:C:1989:303, Rz 16, 18, u 23; Urteil Deutschland/Rat, C-280/93, EU:C:1994:367, Rz 97.

953 *Kischel*, EuR 2000, 399.

954 Vgl etwa Urteil Emesa Sugar, C-17/98, EU:C:2000:70, Rz 53; Urteil Spanien/Rat, C-310/04, EU:C:2006:521, Rz 98; Urteil IATA und ELFAA, C-344/04, EU:C:2006:10, Rz 80; Urteil Agrana Zucker I, C-33/08, EU:C:2009:367, Rz 32; Urteil Afton Chemical, C-343/09, EU:C:2010:419, Rz 46; Urteil Agrana Zucker II, C-365/08, EU:C:2010:283, Rz 30; Urteil Etimine, C-15/10, EU:C:2011:504, Rz 125.
Sofern keine Prüfung anhand des „allgemeinen“ Verhältnismäßigkeitsgrundsatzes vorgenommen wird, spricht der Gerichtshof bisweilen auch im Rahmen der grundrechtlichen Verhältnismäßigkeitsprüfung davon, dass eine Maßnahme nicht *„offensichtlich ungeeignet“* ist (vgl etwa Urteil Giordano, C-611/12 P, EU:C:2014:2282, Rz 50).

955 Vgl etwa Urteil British American Tobacco (Investments) und Imperial Tobacco, C-491/01, EU:C:2002:741; Urteil Beneo-Orafti, C-150/10, EU:C:2011:507; Urteil Luxemburg/Parlament und Rat, C-176/09, EU:C:2011:290.

durch seine eigene ersetzen [darf], sondern [...] sich auf die Prüfung beschränken [muss], ob sie mit einem offensichtlichen Fehler oder einem Ermessensmissbrauch behaftet ist oder ob der Gesetzgeber die Grenzen seiner Rechtsetzungsbefugnis offensichtlich überschritten hat."[956]

In der jüngeren Vergangenheit wandten sich einige Generalanwälte offen gegen die Reduktion der Verhältnismäßigkeitsprüfung auf eine Prüfung der „offensichtlichen Ungeeignetheit."[957] In diesem Zusammenhang wurde auch darauf hingewiesen, dass der Gerichtshof die Formel von der „offensichtlichen Ungeeignetheit" nicht konsequent dahingehend verstehe, dass er lediglich prüft, ob die Maßnahme offensichtlich ungeeignet ist.[958] Vielmehr sei in einigen Entscheidungen eine Prüfung nachweisbar, welche sich mit der Frage von potentiell weniger belastendenden Maßnahmen auseinandersetzt;[959] zum Teil finde auch eine Prüfung der Angemessenheit statt.[960]

Nach Ansicht von GA *Trstenjak* führe die Vornahme einer bloßen Eignungskontrolle anstelle der dreiteiligen Verhältnismäßigkeitsprüfung *„zu einer allzu weitgehenden Aushebelung des dem Primärrecht zuzurechnenden Verhältnismäßigkeitsgrundsatzes."*[961] Dies sei vor allem aus dem Blickwinkel der individualrechtsschützenden Komponente des Grundsatzes bedenklich, da die Teilgrundsätze der Erforderlichkeit und Angemessenheit anders als jener der Eignung für den Individualrechtsschutz wesentlich seien und bedeute faktisch die Unterlassung einer *„praktischen Überprüfung der Verhältnismäßigkeit"*,[962] wodurch sich der Verhältnismäßigkeitsgrundsatz – entgegen seiner primären Ausrichtung – in eine objektive Ermessenskontrolle verwandle.[963] Vielmehr müsse bei Einräumung weiten Ermessens an den Unionsgesetzgeber die Prüfung der Verhältnismäßigkeit stets darin bestehen, die streitgegenständliche Maßnah-

---

956 Urteil Luxemburg/Parlament und Rat, C-176/09, EU:C:2011:290, Rz 35.

957 GA *Sharpston*, Schlussanträge Saint Louis Sucre, C-23/06, C-24/06, C-25/06, C-26/06, C-27/06, C-28/06, C-29/06, C-30/06, C-31/06, C-32/06, C-33/06, C-34/06, C-35/06 u C-36/06, Rz 65; GA *Kokott*, Schlussanträge S.P.C.M., C-558/07, EU:C:2009:142, Rz 71 ff; GA *Trstenjak*, Schlussanträge Agrana Zucker II, C-365/08, EU:C:2010:27, Rz 64 ff.

958 GA *Kokott*, Schlussanträge S.P.C.M., C-558/07, EU:C:2009:142, Rz 73 ff.

959 Urteil Deutschland/Rat, C-280/93, EU:C:1994:367, Rz 97; Urteil Emesa Sugar, C-17/98, EU:C:2000:70, Rz 54 ff; Urteil British American Tobacco (Investments) und Imperial Tobacco, C-491/01, EU:C:2002:741, Rz 126, 128 ff, 132 u 139 f; Urteil IATA und ELFAA, C-344/04, EU:C:2006:10, Rz 87; Urteil Association Kokopelli, C-59/11, EU:C:2012:447, Rz 51 ff.

960 Urteil IATA und ELFAA, C-344/04, EU:C:2006:10, Rz 88 f; Urteil Association Kokopelli, C-59/11, EU:C:2012:47, Rz 61 ff.

961 GA *Trstenjak*, Schlussanträge Agrana Zucker II, C-365/08, EU:C:2010:27, Rz 64.

962 GA *Trstenjak*, Schlussanträge Agrana Zucker II, C-365/08, EU:C:2010:27, Rz 66 f.

963 *von Danwitz*, EWS 2003, 397; GA *Trstenjak*, Schlussanträge Agrana Zucker II, C-365/08, EU:C:2010:27, Rz 66.

me dahingehend zu untersuchen, ob sie zur Zielerreichung offensichtlich ungeeignet, offensichtlich nicht erforderlich oder offensichtlich unangemessen ist.[964]

Unmissverständlich vertritt auch GA *Kokott* diese Meinung, wenn sie fordert dem Betroffenen Rechtsschutz auch in jenen Konstellationen zu gewähren, in denen *„offensichtlich weniger belastende Maßnahmen mit gleicher Wirksamkeit“* existieren oder *„die getroffenen Maßnahmen offensichtlich außer Verhältnis zu den verfolgten Zielen stehen“*, damit der Grundsatz der Verhältnismäßigkeit nicht seine praktische Wirksamkeit verliert.[965]

In den letzten Jahren hat die dreiteilige Verhältnismäßigkeitsprüfung bei Einräumung weiten Ermessens an den Unionsgesetzgeber tatsächlich vermehrt Eingang in die Rechtsprechung gefunden. In Anbetracht des Umstandes, dass der Gerichtshof in ungefähr 80% der Fälle den Schlussanträgen des/der GA folgt,[966] kann an dieser Stelle zumindest vermutet werden, dass unter anderem die in den vorherigen Absätzen zitierten Schlussanträge einen Teil zu dieser Entwicklung beigetragen haben. In der Mehrzahl der Judikate, in welcher eine Prüfung sämtlicher Teilelemente des Verhältnismäßigkeitsgrundsatzes erfolgt, hält der Gerichtshof dennoch an der Formel von der „offensichtlichen Ungeeignetheit“ fest.[967] Nichtsdestotrotz ergehen weiterhin Urteile, in denen der Gerichtshof bei Nennung dieser Formel seine Untersuchung auf den Teilgrundsatz der Eignung beschränkt.[968]

Die eingeschränkte gerichtliche Nachprüfungsbefugnis bei der dreiteiligen Verhältnismäßigkeitsprüfung wird bei Bestehen eines weiten Ermessensspielraumes für den Unionsgesetzgeber vom Gerichtshof bisweilen auch ohne Verwendung der Formel von der „offensichtlichen Ungeeignetheit“ signalisiert. Vielmehr findet sie zum Teil auch Ausdruck in der Aussage, wonach der Gerichtshof nur zu kontrollieren habe, *„ob der Unionsgesetzgeber die Grenzen seines Ermessens nicht offensichtlich überschritten hat.“*[969] In älteren Erkenntnissen wird die

---

964 GA *Trstenjak*, Schlussanträge Agrana Zucker II, C-365/08, EU:C:2010:27, Rz 70; *Winkler*, Die Grundrechte der Europäischen Union (2006) 282.

965 GA *Kokott*, Schlussanträge S.P.C.M., C-558/07, EU:C:2009:142, Rz 74.

966 *Kokott*, Anwältin des Rechts – Zur Rolle der Generalanwälte beim Europäischen Gerichtshof (2006) 6.

967 Vgl etwa Urteil Afton Chemical, C-343/09, EU:C:2010:419; Urteil Agrana Zucker II, C-365/08, EU:C:2010:283; Urteil Luxemburg/Parlament und Rat, C-176/09, EU:C:2011:290; Urteil Vodafone, C-58/08; EU:C:2010:321.

968 Vgl etwa Urteil AJD Tuna, C-221/09, EU:C:2011:153, Rz 81 ff; Urteil Etimine, C-15/10, EU:C:2011:504, Rz 125 ff.

969 Urteil Schaible, C-101/12, EU:C:2013:661, Rz 48; vgl in diesem Sinn auch das Urteil Glatzel, C-356/12, EU:C:2014:350, Rz 52, in welchem der EuGH im Rahmen der Prüfung einer etwaigen Verletzung von Art 21 Abs 1 GRC eine dreiteilige Verhältnismäßigkeitsprüfung vornimmt.

Nachprüfungsbefugnis des Gerichtshofes bisweilen noch dahingehend umschrieben, dass *„eine erlassene Maßnahme nur dann rechtswidrig [sei], wenn sie im Hinblick auf das Ziel, das die zuständigen Organe verfolgen, offensichtlich unverhältnismäßig ist.“* [970]

Im Ergebnis bedeutet die Formel von der „offensichtlichen Ungeeignetheit“, dass der Gerichtshof in jenen Bereichen, in denen dem Unionsgesetzgeber ein weiter Ermessensspielraum zukommt, eine nur zurückhaltende Prüfung der erlassenen Maßnahmen vornimmt. Mit anderen Worten ist seine Kontrolldichte in diesen Bereichen eingeschränkt, sodass er nur offensichtliche Fehler des Unionsgesetzgebers aufgreift.[971] Die Formel impliziert jedoch nicht zwingend, dass nur offensichtliche Fehler in Bezug auf die Eignung der erlassenen Maßnahme zur Feststellung ihrer Rechtswidrigkeit führen können, sondern auch derartige Fehler in Bezug auf die Erforderlichkeit oder Angemessenheit.

Insgesamt ergibt sich für den Teilgrundsatz der Eignung, dass dieser schon im Allgemeinen – wie auch im österreichischen und deutschen Recht – keine hohe Hürde im Zuge der Prüfung der Rechtmäßigkeit eines Grundrechtseingriffs darstellt. Im Besonderen gilt dies für jene Bereiche, in denen der Gerichtshof seine Kontrolle der Eignung lediglich auf offensichtliche Fehler des Unionsgesetzgebers beschränkt.[972]

IV.B.2.b. Erforderlichkeit

Die Prüfung des Teilgrundsatzes der Erforderlichkeit ist nicht nur in Art 52 Abs 1 GRC normiert,[973] sondern auch ständige Rechtsprechung des Gerichtshofes. Nach der in diesem Zusammenhang häufig verwendeten Formel *„verlangt der Grundsatz der Verhältnismäßigkeit [...], dass die [...] eingesetzten Mittel zur Erreichung des verfolgten Ziels geeignet sind und nicht über das dazu Erforder-*

---

970 Urteil ABNA, C-453/03, C-11/04, C-12/04 u C-194/04, EU:C:2005:741, Rz 69 mwN aus der Judikatur des EuGH.

971 Vgl auch *Koch*, Grundsatz 212.

972 Vgl auch *Emmerich-Fritsche*, Grundsatz 652, die davon ausgeht, dass dieser Teilgrundsatz jedenfalls gegenüber Rechtsakten der Union ein noch schwächeres Prüfkriterium als nach deutschem Recht darstellt.

973 *„Jede Einschränkung der Ausübung der in dieser Charta anerkannten Rechte und Freiheiten muss gesetzlich vorgesehen sein und den Wesensgehalt dieser Rechte und Freiheiten achten. Unter Wahrung des Grundsatzes der Verhältnismäßigkeit dürfen Einschränkungen nur vorgenommen werden, wenn sie erforderlich sind und den von der Union anerkannten dem Gemeinwohl dienenden Zielsetzungen oder den Erfordernissen des Schutzes der Rechte und Freiheiten anderer tatsächlich entsprechen.“* (Hervorhebung durch den Autor).

liche hinausgehen."[974] Unter Erforderlichkeit versteht der Gerichtshof, „*dass dann, wenn mehrere geeignete Maßnahmen zur Auswahl stehen, die am wenigsten belastende zu wählen ist.*"[975]

Somit verlangt dieser Teilgrundsatz auch im Unionsrecht das Fehlen milderer Mittel, welche gleich wirksam zur Erreichung des legitimen Ziels beitragen.[976] Im Zuge der Erforderlichkeitsprüfung sind somit die in Betracht kommenden Handlungsalternativen zu identifizieren und zu prognostizieren, inwiefern sie zur Zielerreichung geeignet sind.[977] In den Verfahren vor dem Gerichtshof konzentrieren sich die Ausführungen der Parteien zum Verhältnismäßigkeitsgrundsatz regelmäßig auf den Aspekt der Erforderlichkeit,[978] welcher auch meist im Zentrum der gerichtlichen Prüfung steht.[979] Dabei ist eine umfassende Auseinandersetzung mit weniger belastenden Alternativmaßnahmen relativ selten.[980] Trotz Unterlassung einer Prüfung gelinderer Mittel hat der Gerichtshof bisweilen bereits Maßnahmen aufgrund mangelnder Erforderlichkeit als unverhältnismäßig qualifiziert.[981]

In Bereichen, in denen dem Unionsgesetzgeber weites Ermessen eingeräumt wird und sich der Gerichtshof zur Formel von der „offensichtlichen Ungeeignetheit" bekennt, ist eine an die Eignung anschließende Prüfung der Erforderlichkeit nicht ausgeschlossen.[982] Sofern eine Erforderlichkeitsprüfung durchgeführt wird, ist diese insofern weniger streng als möglicherweise gelindere Mittel nicht oder nicht umfassend behandelt werden.[983]

Es ist nicht ungewöhnlich, dass der Gerichtshof in die Prüfung der Erforderlichkeit, welche in der Rechtsprechung auch als Notwendigkeit bezeichnet wird,[984]

---

974 Urteil Schecke und Eifert, C-92/09 u C-93/09, EU:C:2010:662, Rz 74; vgl etwa auch Urteil ABNA, C-453/03, C-11/04, C-12/04 u C-194/04, EU:C:2005:741, Rz 68 mwN aus der Judikatur des EuGH.

975 Urteil Sky Österreich, C-283/11, EU:C:2013:28, Rz 50; vgl etwa auch bereits das Urteil Schräder, 265/87, EU:C:1989:303, Rz 22.

976 Vgl etwa *Emmerich-Fritsche*, Grundsatz 652.

977 *Koch*, Grundsatz 579, 581.

978 *Tridimas*, 31 Irish Jurist 1996, 87.

979 *Pollak*, Verhältnismäßigkeitsprinzip 122; *Emiliou*, Principle 192; *Heinsohn*, Grundsatz 113 mwN aus der Judikatur des EuGH.

980 Vgl aber die umfassende Prüfung gelinderer Mittel im Urteil Schecke und Eifert, C-92/09 u C-93/09, EU:C:2010:662, Rz 76 ff.

981 Urteil Bela Mühle, 114/76, EU:C:1977:116, Rz 7; Urteil Granaria, 116/76, EU:C:1977:117, Rz 21/25.

982 Siehe Kapitel IV.B.2.a.i oben; vgl auch *Koch*, Grundsatz 212.

983 *de Búrca*, The Principle of Proportionality and its Application in EC Law, 13 YEL 1993, 105 (118).

984 Urteil ORF, C-465/00, C-138/01 u C-139/01, EU:C:2003:294, Rz 88.

Erwägungen miteinbezieht, welche dem Teilgrundsatz der Verhältnismäßigkeit ieS (Angemessenheit) zuzuordnen sind.[985]

So leitet der Gerichtshof in der Rs *Luxemburg/Parlament und Rat* die Erwägungen zum Verhältnismäßigkeitsgrundsatz ein, indem er ausführt, dass die eingesetzten Mittel zur Zielerreichung geeignet sein müssen und nicht über das hierzu Erforderliche hinausgehen dürfen.[986] Ungeachtet dessen untersucht er im Anschluss, *„ob die mit der gewählten Maßnahme verfolgten Ziele nachteilige wirtschaftliche Folgen, und seien sie beträchtlich, für bestimmte Wirtschaftsteilnehmer rechtfertigen können"*[987] und prüft sodann die Angemessenheit der streitgegenständlichen Maßnahme.[988]

Eine vergleichbare Herangehensweise wählte der Gerichtshof auch in der Rs *Vodafone*, in welcher er ebenfalls den Verhältnismäßigkeitsgrundsatz als aus den beiden Elementen der Eignung und Erforderlichkeit bestehend definiert[989] und unmittelbar nach der Verneinung gelinderer Mittel ausspricht, dass *„ein Eingriff [...], der zeitlich begrenzt ist und die Verbraucher unverzüglich vor überhöhten Entgelten schützt [...], selbst wenn er möglicherweise negative wirtschaftliche Folgen für einzelne Betreiber hat, in angemessenem Verhältnis zum verfolgten Ziel [steht]."*[990]

Die mangelnde *„Begriffsstrenge"*[991] des Gerichtshofes in Bezug auf die drei Teilelemente des Verhältnismäßigkeitsgrundsatzes manifestiert sich nicht nur in Überlegungen zur Angemessenheit im Rahmen der Prüfung der Erforderlichkeit, sondern auch in dem Umstand, dass der Begriff „angemessen" zum Teil in Urteilspassagen verwendet wird, welche lediglich die Erforderlichkeit behandeln. Besonders augenscheinlich wird dies in der Urteilsbegründung in der Rs *IATA und ELFAA*, in welcher die Verhältnismäßigkeit der Verpflichtung von Luftfahrtunternehmen zur Leistung von Ausgleichszahlungen an Fluggäste im Falle annullierter oder verspäteter Flüge zu beurteilen war:[992]

Zur Frage der Erforderlichkeit dieser Verpflichtung wird vom Gerichtshof die Frage untersucht, ob der Abschluss freiwilliger Versicherungen durch die Fluggäste es ihnen ermöglicht, in jedem Fall den erlittenen Schaden ersetzt zu be-

---

985 *Koch*, Grundsatz 213; *Kingreen*, in: Calliess/Ruffert (Hrsg.), Art 52 GRCh Rz 71.

986 Urteil Luxemburg/Parlament und Rat, C-176/09, EU:C:2011:290, Rz 61.

987 Urteil Luxemburg/Parlament und Rat, C-176/09, EU:C:2011:290, Rz 63.

988 Urteil Luxemburg/Parlament und Rat, C-176/09, EU:C:2011:290, Rz 68 ff.

989 Urteil Vodafone, C-58/08; EU:C:2010:321, Rz 51.

990 Urteil Vodafone, C-58/08; EU:C:2010:321, Rz 69.

991 *Koch*, Grundsatz 213.

992 Urteil IATA und ELFAA, C-344/04, EU:C:2006:10.

kommen.[993] Dabei kommt er zu dem Ergebnis, dass es keinen Beweis für die gleiche Wirksamkeit von freiwillig abgeschlossenen Versicherungen gebe[994] und verneint somit das Vorliegen gelinderer Mittel. Wörtlich spricht er jedoch aus, dass die *„Maßnahme“* (der Abschluss freiwilliger Versicherungen) *„daher dem angestrebten Zweck nicht eher angemessen [ist] als jene für die sich der Gemeinschaftsgesetzgeber entschieden hat.“*[995]

Sofern mehrere gleichermaßen geeignete Mittel existieren, die verschiedene Personen oder Personengruppen unterschiedlich belasten, ist die Prüfung der Erforderlichkeit mit Schwierigkeiten behaftet.[996] Insbesondere komplexe wirtschaftspolitische Entscheidungen des Unionsgesetzgebers neigen dazu, unterschiedlich starke Auswirkungen auf verschiedene Personen zu haben. In diesem Bereich untersucht der EuGH, ob die möglichen Alternativmaßnahmen im Hinblick auf alle betroffenen Wirtschaftsteilnehmer und nicht nur im Hinblick auf die Verfahrenspartei, welche einen Verstoß gegen den Grundsatz der Verhältnismäßigkeit geltend macht, als milder einzustufen sind.[997] Die Prüfung der Erforderlichkeit, welche im Regelfall eine eindeutige Entscheidungsregel darstellt, wird somit zu einer komplexen Abwägungsentscheidung, im Zuge derer mehrere verschiedene Interessen berücksichtigt werden.[998] Dies hat auch zur Konsequenz, dass die Beurteilung der Erforderlichkeit subjektiv durch die Einstellungen der zuständigen Richter geprägt wird und somit – wie die Prüfung der Verhältnismäßigkeit ieS – schwierig vorherzusehen ist.[999]

Die Bemühungen des Gerichtshofes eine Prüfung der Erforderlichkeit gänzlich zu vermeiden oder diese nur kursorisch mit eingeschränkter Kontrolldichte durchzuführen, können im Fall von unterschiedlich belasteten Personen als Hinweis darauf verstanden werden, dass sich der Gerichtshof dieser Schwierigkeiten bewusst ist.[1000] Allerdings ist der Verzicht auf eine praktisch wirksame Erforderlichkeitsprüfung aus Sicht des Individualrechtsschutzes abzulehnen, da diese für den Betroffenen idR die „wirkungsvollste Waffe“ gegen übermäßige Belastungen darstellt. Dies gilt umso mehr als in diesen Fällen häufig auch eine sorgfältige Prüfung der Verhältnismäßigkeit ieS unterbleibt.

---

993 Urteil IATA und ELFAA, C-344/04, EU:C:2006:10, Rz 87.

994 Urteil IATA und ELFAA, C-344/04, EU:C:2006:10, Rz 87.

995 Urteil IATA und ELFAA, C-344/04, EU:C:2006:10, Rz 87.

996 Zu den Schwierigkeiten bei verschiedenen betroffenen Personen siehe bereits Kapitel III.B.1.c oben.

997 *Koch*, Grundsatz 215.

998 *Koch*, Grundsatz 216.

999 Zur subjektiven Prägung der Beurteilung der Verhältnismäßigkeit ieS siehe Kapitel III.B.1.d oben.

1000 *Koch*, Grundsatz 580 spricht in diesem Zusammenhang drastisch vom *„Versagen der Erforderlichkeitsprüfung.“*

IV.B.2.c. Verhältnismäßigkeit ieS

Der Teilgrundsatz der Verhältnismäßigkeit ieS wird in der europarechtlichen Literatur als „Angemessenheit" bezeichnet[1001] und ist in Art 52 Abs 1 GRC nicht explizit normiert.[1002] Unter dem Begriff versteht der Gerichtshof, dass die grundrechtsbeschränkenden Mittel in einem ausgewogenen Verhältnis zu dem verfolgten legitimen Ziel stehen. Es hat folglich eine Abwägung zwischen dem beeinträchtigten Grundrecht und dem Allgemeininteresse stattzufinden.[1003]

Erste Hinweise auf die Berücksichtigung von Angemessenheitsüberlegungen finden sich schon in frühen Urteilen des Gerichtshofes: In der Urteilsbegründung in der Rs *Internationale Handelsgesellschaft* wird ausgeführt, dass *„sich die Belastung durch die Kautionsregelung als nicht übermäßig [erweist]."*[1004] Auch die Aussage in der Rs *Hauer*, wonach zu untersuchen sei, ob die Einschränkungen *„nicht einen im Hinblick auf den verfolgten Zweck unverhältnismäßigen, nicht tragbaren Eingriff [...] darstellen"*[1005], weist auf die Relevanz der Angemessenheit hin.[1006]

In der Judikatur findet sich die erste ausdrückliche Erwähnung der Angemessenheit als Bestandteil des Verhältnismäßigkeitsgrundsatzes in der Rs *Schräder*, in welcher der EuGH nicht nur die Teilgrundsätze der Eignung und Erforderlichkeit anführt, sondern in derselben Rz auch fordert, dass *„die auferlegten Belastungen in angemessenem Verhältnis zu den angestrebten Zielen stehen."*[1007] Von diesem Urteil ausgehend sprach der Gerichtshof immer wieder, aber keineswegs konsistent die Angemessenheit als Teil des Verhältnismäßigkeitsgrundsatzes an. Die zunehmende Berücksichtigung der Angemessenheit kann zumindest zum Teil durch die Annäherung des Gerichtshofes an die Judikatur des EGMR erklärt werden. So verlangte der EuGH bspw in der Rs *Regione autonoma Friuli-Venezia Giulia und ERSA* unter ausdrücklichem Verweis auf einschlägige Rechtsprechung des EGMR, dass eine Maßnahme zur Regelung der Eigentumsbenut-

---

1001 Vgl etwa *Kingreen*, in: Calliess/Ruffert (Hrsg.), Art 52 GRCh Rz 70; *Emmerich-Fritsche*, Grundsatz 213; *Koch*, Grundsatz 217; *Bühler*, Einschränkung 111.

1002 Zu den Auslegungsmöglichkeiten von Art 52 Abs 1 GRC siehe Kapitel IV.B.6 unten.

1003 Urteil Schecke und Eifert, C-92/09 u C-93/09, EU:C:2010:662, Rz 77; Urteil Sky Österreich, C-283/11, EU:C:2013:28, Rz 59; Urteil Schaible, C-101/12, EU:C:2013:661, Rz 60.

1004 Urteil Internationale Handelsgesellschaft, 11/70, EU:C:1970:114, Rz 16.

1005 Urteil Hauer, 44/79, EU:C:1979:290, Rz 23.

1006 Vor Anerkennung der Grundrechte in der Unionsrechtsordnung weist auch bereits die Passage im Urteil Fédération charbonnière de Belgique/Hohe Behörde, 8/55, EU:C:1956:11, 311, wonach *„ein solches [...] Vorgehen der Hohen Behörde gegen ein unerlaubtes Verhalten der Unternehmen zu dem Ausmaß des letzteren in einem gewissen Verhältnis stehen [müsse,]"* auf die Angemessenheit hin.

1007 Urteil Schräder, 265/87, EU:C:1989:303, Rz 21.

zung *„ein berechtigtes Ziel mit Mitteln verfolgt, die dazu in einem vernünftigen Verhältnis stehen“*,[1008] und nahm anschließend eine Prüfung der Angemessenheit vor.[1009] Auch nach Inkrafttreten der GRC verweist der Gerichtshof zum Teil auf EGMR-Judikatur und spricht davon, dass zu untersuchen ist, *„ob die Einschränkung der [...] Rechte in einem angemessenen Verhältnis zu dem verfolgten berechtigten Zweck steht.“*[1010]

Wie *Emmerich-Fritsche* zutreffend ausführt, sind auch die Aussagen des Gerichtshofes und der Generalanwälte wie *„kraß unangemessenes Verhältnis“*[1011] oder *„übermäßig streng“*[1012] als Hinweis auf den Teilgrundsatz der Angemessenheit zu verstehen.[1013] Dies gilt in gleicher Weise für Entscheidungen des Gerichtshofes, in denen er untersucht, *„ob die Mittel, die in der Bestimmung zur Erreichung des verfolgten Zwecks eingesetzt werden, der Bedeutung dieses Zwecks entsprechen.“*[1014]

Besonders offensichtlich ist die Anerkennung des Teilgrundsatzes der Angemessenheit in jenen Urteilen, in denen er vom Gerichtshof unter ausdrücklicher Erwähnung des Begriffes der Angemessenheit untersucht wird.[1015] Mit der hL kann somit davon ausgegangen werden, dass der unionsrechtliche Grundsatz der Verhältnismäßigkeit auch den Teilgrundsatz der Angemessenheit beinhaltet,[1016] wenngleich dieser in den Entscheidungen des EuGH zum Teil tatsächlich nicht geprüft oder lediglich im Rahmen des Teilgrundsatzes der Erforderlichkeit berücksichtigt wird.[1017]

Nach der Literatur wird die Abwägung im Rahmen der Angemessenheit vom Gerichtshof häufig nicht wie im deutschen Recht als Gegenüberstellung von Allgemein- und Individualinteresse verstanden,[1018] sodass das subjektive Element der Angemessenheitsprüfung im Hintergrund bleibe.[1019] Dies gelte insbe-

---

1008 Urteil Regione autonoma Friuli-Venezia Giulia und ERSA, C-347/03, EU:C:2005:285, Rz 125.

1009 Urteil Regione autonoma Friuli-Venezia Giulia und ERSA, C-347/03, EU:C:2005:285, Rz 130 ff.

1010 Urteil Schecke und Eifert, C-92/09 u C-93/09, EU:C:2010:662, Rz 72.

1011 GA *Reischl*, Schlussanträge Fromançais, 66/82, EU:C:1982:388, 414.

1012 Urteil Buitoni, 122/78, EU:C:1979:43, Rz 19/20.

1013 *Emmerich-Fritsche*, Grundsatz 214.

1014 *Emmerich-Fritsche*, Grundsatz 214 mN aus der Judikatur des EuGH.

1015 Vgl etwa Urteil Melli Bank / Rat, C-380/09 P, EU:C:2012:137, Rz 53 u 61; Urteil Luxemburg/Parlament und Rat, C-176/09, EU:C:2011:290, Rz 68 ff.

1016 Vgl etwa *Trstenjak/Beysen*, EuR 2012, 280; *Emmerich-Fritsche*, Grundsatz 213; *Kingreen*, in: Calliess/Ruffert (Hrsg.), Art 52 GRCh Rz 70.

1017 Vgl auch *Bühler*, Einschränkung 112.

1018 *Bühler*, Einschränkung 113.

1019 *Winkler*, Grundrechte 279.

sondere für die Untersuchung der Verhältnismäßigkeit von Eingriffen in Wirtschaftsgrundrechte, wie die Eigentums- oder Berufsfreiheit, und nicht in demselben Maße für die Prüfung von Beschränkungen von persönlichkeitsbezogenen Grundrechten, wie des Rechts auf Leben, der Religionsfreiheit oder des Persönlichkeitsrechts.[1020]

Im Schrifttum ist aus diesem Grund von einer „objektiven Proportionalitätsprüfung“ durch den EuGH die Rede.[1021] So geht der EuGH davon aus, dass der Unionsgesetzgeber bei Einführung einer Quotenregelung, die alle Unternehmen in einem bestimmten Bereich betrifft, nicht die Lage jedes einzelnen Unternehmens berücksichtigen muss[1022] oder dass er sich bei Beurteilung der Verhältnismäßigkeit nicht *„an den besonderen Verhältnissen eines bestimmten Wirtschaftskreises“* zu orientieren hat.[1023] Dies wird auch ersichtlich, wenn der Gerichtshof ausspricht, dass das *„besonders zwingende Erfordernis der Praktikabilität wirtschaftlicher Maßnahmen [...] vorliegend eine Globalabwägung zwischen den Vorteilen und den Unzuträglichkeiten der beabsichtigten Maßnahmen [rechtfertigte].“*[1024]

Ein Verzicht auf die Berücksichtigung der subjektiven Komponente ist auch aus der Aussage ablesbar, wonach *„unverhältnismäßige Belastungen“* nicht vorliegen, da zu bedenken ist, dass *„einige Unternehmen im Interesse der europäischen Solidarität mehr Opfer auf sich nehmen müssen als andere.“*[1025] Der Unionsgesetzgeber verstößt auch bei Erlass von Härtefallregelungen nicht gegen den Teilgrundsatz der Angemessenheit, wenn *„er nicht alle denkbaren [...] Sonder-*

1020 *Emmerich-Fritsche*, Grundsatz 658; zur Bedeutung des betroffenen Grundrechts für die Bestimmung der gerichtlichen Kontrolldichte siehe Kapitel V.D.3 unten.

1021 *Emmerich-Fritsche*, Grundsatz 216.

1022 Urteil Roquette/Rat, 138/79, EU:C:1980:249, Rz 30.

1023 Urteil Forges de Thy-Marcinelle und Monceau/Kommission, 26/79 u 86/79, EU:C:1980:82, Rz 6; vgl hierzu auch *Ostermann*, Entwicklung und gegenwärtiger Stand der europäischen Grundrechte nach der Rechtsprechung des Europäischen Gerichtshofs sowie des Gerichts erster Instanz (2009) 179.

1024 Urteil Balkan Import Export, 5/73, EU:C:1973:109, Rz 22.

1025 Urteil Valsabbia/Kommission, 154/78, 205/78, 206/78, 226/78 bis 228/78, 263/78 u 264/78, 39/79, 31/79, 83/79 u 85/79, EU:C:1980:81, Rz 120; vgl hierzu auch *Emmerich-Fritsche*, Grundsatz 217 f.
Der objektive Charakter der Angemessenheitsprüfung kommt auch in folgender Passage des Urteils Jippes C-189/01, EU:C:2001:420, Rz 99 zum Ausdruck: *„Führt dagegen eine solche Politik dazu, dass Tiere, die einem Einzelnen oder einer bestimmten Gruppe von Viehhaltern gehören, nicht vorbeugend geimpft werden können, so mag dies noch so bedauerlich sein, doch folgt daraus nicht, dass diese Politik aufgrund der speziellen Situation dieses Einzelnen oder dieser Gruppe in Frage gestellt werden müsste.“*

fälle berücksichtigt [hat].“[1026] Schließlich deutet auch die Urteilspassage, wonach die Bedeutung des Ziels des Verbraucherschutzes „*negative wirtschaftliche Folgen selbst beträchtlichen Ausmaßes für bestimmte Wirtschaftsteilnehmer rechtfertigen [kann]*“,[1027] auf die objektive Prägung der Angemessenheitsprüfung hin.

Somit nehme der Gerichtshof eine Gesamtabwägung aller beteiligten Interessen vor ohne Allgemein- und Individualinteresse einander gegenüberzustellen.[1028] *Koch* spricht in diesem Zusammenhang davon, dass es im Rahmen der Prüfung der Angemessenheit eher um Ausgewogenheit als um individuelle Zumutbarkeit gehe.[1029] Im Zuge dieser Prüfung werden sämtliche Vor- und Nachteile in einer Gesamtschau gewürdigt ohne jedoch die subjektive Perspektive des Betroffenen zu berücksichtigen.[1030] Damit sei die Angemessenheitskontrolle des Gerichtshofes eher mit der von der französischen Gerichtsbarkeit durchgeführten Kontrolle anhand des Maßstabes der *théorie bilan coût-avantages* als der deutschen Verhältnismäßigkeitsprüfung vergleichbar.[1031]

Unter Berücksichtigung der jüngeren Judikatur kann der Befund einer objektiven Angemessenheitsprüfung jedoch nicht mehr vollumfänglich aufrechterhalten werden. Dies gilt vor allem für Fälle, in denen Eingriffe in das Recht auf Privatleben und das Recht auf Schutz personenbezogener Daten untersucht werden.[1032] In geringerem Umfang trifft dies auch auf Sachverhalte zu, in denen die Berufsfreiheit / unternehmerische Freiheit gegen andere kollidierende Grundrechte abgewogen wird.[1033]

IV.B.3. Bestandteil der Grundrechtsprüfung oder eigenständiger Rechtmäßigkeitsmaßstab

In Entscheidungen des Gerichtshofes, die Sachverhalte zum Gegenstand haben, bei denen grundrechtliche Schutzgehalte berührt sind, zeigt sich der Grundsatz der Verhältnismäßigkeit in verschiedenen Formen. Er tritt zum einen – dem deutschen und österreichischen Verständnis folgend – als Bestandteil der Grund-

---

1026 Urteil Erpelding/Secrétaire d'État à l'Agriculture et à la Viticulture, 84/87, EU:C:1988:245, Rz 28; vgl hierzu auch *Bühler*, Einschränkung 113.

1027 Urteil McDonagh, C-12/11, EU:C:2013:43, Rz 48.

1028 *Bühler*, Einschränkung 113.

1029 *Koch*, Grundsatz 226 ff.

1030 *Koch*, Grundsatz 228.

1031 Zur *théorie bilan coût-avantages* siehe Kapitel II.E.3.c.ii oben; vgl auch *Koch*, Grundsatz 228.

1032 Urteil Schecke und Eifert, C-92/09 u C-93/09, EU:C:2010:662, Rz 77; Urteil Google Spain, C-131/12, EU:C:2014:317, Rz 81 u 98; Urteil ORF, C-465/00, C-138/01 u C-139/01, EU:C:2003:294, Rz 84.

1033 Urteil UPC Telekabel Wien, C-314/12, EU:C:2014:192, Rz 46 ff; Urteil Scarlet Extended, C-70/10, EU:C:2011:771, Rz 46 ff; Urteil SABAM, C-360/10, EU:C:2012:85, Rz 46 ff.

rechtsprüfung in Erscheinung; zum anderen wird er auch losgelöst von einem konkret genannten Grundrecht geprüft, um den Rechtsunterworfenen vor übermäßigen Belastungen seiner individuellen Interessenspositionen zu schützen.[1034] Die gemeinsame Zielrichtung beider Ausprägungen besteht somit in der Gewährleistung von Individualrechtsschutz.[1035] Ersichtlich wird dies bereits in der Rs *Hoechst*, in welcher der EuGH die Nachprüfungsbefugnisse der Kommission in Geschäftsräumlichkeiten von Unternehmen, welche unter Verdacht standen, kartellrechtswidrige Absprachen getroffen zu haben, zu beurteilen hatte.[1036] Der Gerichtshof verneinte zwar die Anwendbarkeit von Art 8 EMRK auf Geschäftsräumlichkeiten[1037] und vermied auf diese Weise eine Verhältnismäßigkeitsprüfung im Rahmen einer Grundrechtsprüfung, gewährte aber durch die Anwendung des allgemeinen Verhältnismäßigkeitsgrundsatzes und anderer allgemeiner rechtsstaatlicher Grundsätze wohl gleichwertigen Individualrechtsschutz.[1038]

Als eigenständiger Rechtmäßigkeitsmaßstab ist der Verhältnismäßigkeitsgrundsatz seit den 1970er Jahren in der Judikatur des Gerichtshofes anerkannt.[1039] Besonders augenscheinlich wird die Existenz der beiden Ausprägungen des Grundsatzes, wenn sie im selben Urteil behandelt werden. *Bühler* spricht in ihrer Untersuchung von einer „integrierten Prüfung" der Verhältnismäßigkeit, wenn der Grundsatz im Rahmen der Grundrechtsprüfung untersucht wird, und von einer „isolierten Prüfung", wenn der Grundsatz als eigenständiger Rechtmäßigkeitsmaßstab dient.[1040] In ihrer Untersuchung zeigt sie die unterschiedlichen Herangehensweisen des EuGH in Bezug auf diese Thematik:[1041]

Sofern grundrechtliche Schutzgehalte berührt sind, prüft der Gerichtshof die Verhältnismäßigkeit bisweilen „integriert" im Rahmen der Grundrechtsprüfung. Zum Teil geht er allerdings auch dahingehend vor, dass er zwar im Rahmen der Grundrechtsprüfung das Erfordernis der Verhältnismäßigkeit des Eingriffs benennt, aber in weiterer Folge keine Erwägungen zur Verhältnismäßigkeit vornimmt, sondern schlicht das Nicht-Vorliegen einer Verletzung des Wesensgehalts des betroffenen Grundrechts feststellt und im Anschluss daran eine isolierte Verhältnismäßigkeitsprüfung ohne Bezugnahme auf das betroffene Grundrecht

---

1034 Vgl etwa *Holoubek*, Begründung 117.

1035 *Schwarze*, Verwaltungsrecht² 707.

1036 Urteil Hoechst, 46/87 u 227/88, EU:C:1989:337.

1037 Urteil Hoechst, 46/87 u 227/88, EU:C:1989:337, Rz 17 f.

1038 *Holoubek*, Begründung 118.

1039 Urteil Balkan Import Export, 5/73, EU:C:1973:109, Rz 19 ff; Urteil De beste Boter, 99/76 u 100/76, EU:C:1977:77, Rz 9 ff; Urteil Bela Mühle, 114/76, EU:C:1977:116, Rz 5 ff.

1040 *Bühler*, Einschränkung 106.

1041 *Bühler*, Einschränkung 106 f.

vornimmt.[1042] Darüber hinaus existieren Entscheidungen, in denen im Rahmen der Grundrechtsprüfung tatsächlich Verhältnismäßigkeitserwägungen vorgenommen werden und zusätzlich eine „isolierte Prüfung" der Verhältnismäßigkeit durchgeführt wird, wobei bei deren Durchführung nicht auf die betroffenen Grundrechte Bezug genommen wird.[1043] Es liegen schließlich auch Entscheidungen vor, in denen im Rahmen einer isolierten Verhältnismäßigkeitsprüfung auf Grundrechte Bezug genommen wird.[1044]

Zu den eben genannten Kategorien der Verhältnismäßigkeitsprüfung bei Fällen mit Grundrechtsbezug ist mE noch eine zusätzliche hinzuzufügen. Diese beinhaltet jene Entscheidungen, in denen eine „isolierte Prüfung" der Verhältnismäßigkeit vorgenommen wird ohne dass in deren Rahmen auf Grundrechte Bezug genommen wird <u>und</u> ohne dass andere Urteilspassagen Erwägungen zu Grundrechten enthalten, obwohl der zugrunde liegende Sachverhalt Grundrechte berührt. Ein Beispiel für diese Kategorie bildet das Urteil in der Rs *Nelson*, in welcher die Rechtmäßigkeit der Verpflichtung von Flugunternehmen ihren Kunden im Falle von Verspätungen Ausgleichszahlungen zu leisten, zu beurteilen war.[1045] In dieser Konstellation ist das Recht auf freie Berufsausübung der Flugunternehmen beeinträchtigt, weshalb „isolierte Prüfungen" der Verhältnismäßigkeit in diesem und vergleichbaren Fällen für Zwecke der vorliegenden Arbeit mitberücksichtigt wurden.

An der grundsätzlichen Problematik, dass der Verhältnismäßigkeitsgrundsatz vom Gerichtshof einerseits als Rechtfertigungsanforderung an den Eingriff in Grundrechte und andererseits als eigenständiger Grundsatz zum Schutz vor übermäßigen grundrechtsrelevanten Belastungen des Betroffenen herangezogen wird, hat sich seit der Untersuchung von *Bühler* nichts geändert.[1046] Nach wie vor prüft der Gerichtshof bisweilen grundrechtsbeschränkende Maßnahmen lediglich am Maßstab des allgemeinen Verhältnismäßigkeitsgrundsatzes ohne ein betroffenes Grundrecht im Rahmen der Prüfung zu benennen.[1047] Ebenso ergehen weiterhin Urteile, in welchen der Verhältnismäßigkeitsgrundsatz sowohl als selbständiger Grundsatz als auch als Schranken-Schranke der Grundrechte

---

1042 Urteil Deutschland/Rat, C-280/93, EU:C:1994:367, Rz 78 ff; Urteil Irish Farmers Association, C-22/94, EU:C:1997:187, Rz 26 ff; Urteil SAM Schiffahrt und Stapf, C-248/95 u C-249/95, EU:C:1997:377, Rz 66 ff; Urteil Duff, C-63/93, EU:C:1996:51, Rz 27 ff.

1043 Urteil Schräder, 265/87, EU:C:1989:303, Rz 15 ff u 20 ff.

1044 Urteil Fedesa, C-331/88, EU:C:1990:391, Rz 12 ff u 17; Urteil Affish, C-183/95, EU:C:1997:373, Rz 29 ff u 41 f; vgl hierzu auch *Kischel*, EuR 2000, 385.

1045 Urteil Nelson, C-581/10 u C-629/10, EU:C:2012:657.

1046 Vgl auch *Cornils*, in: Grabenwarter (Hrsg.), Europäischer Grundrechteschutz – Enzyklopädie Europarecht, Band 2 (2014) § 5 Rz 12.

1047 Urteil Nelson, C-581/10 u C-629/10, EU:C:2012:657, Rz 70 ff; Urteil Afton Chemical, C-343/09, EU:C:2010:419, Rz 43 ff; Urteil Vodafone, C-58/08; EU:C:2010:321, Rz 50 ff.

untersucht wird.[1048] Somit hat sich ungeachtet der Formulierung in Art 52 Abs 1 GRC das Verständnis, wonach die Verhältnismäßigkeit einen Bestandteil der Rechtmäßigkeitsprüfung von Grundrechtseingriffen darstellt, (noch) nicht vollständig gegen die lange Zeit dominante Auffassung des gleichberechtigten Nebeneinanders von Verhältnismäßigkeitsgrundsatz und Grundrechten durchgesetzt.[1049]

Es ist aus der Judikatur nicht ersichtlich, warum der Gerichtshof die Prüfung der Verhältnismäßigkeit von grundrechtsbeschränkenden Maßnahmen in der skizzierten Weise differenziert.[1050] Einzig für jene Fälle, in denen die Maßnahme ausschließlich am Maßstab des allgemeinen Verhältnismäßigkeitsgrundsatzes (in seiner individualrechtsschützenden Funktion) geprüft wird, kann vermutet werden, dass dies auf die – auf den allgemeinen Verhältnismäßigkeitsgrundsatz beschränkten – Ausführungen des Vorlagegerichts[1051] bzw Vorbringen der Parteien[1052] zurückzuführen ist. Es ist anzunehmen, dass diese Vorbringen aufgrund der längeren Tradition des allgemeinen Verhältnismäßigkeitsgrundsatzes[1053] und dessen häufiger Anwendung durch den Gerichtshof, vor allem in dem Bereich der Gemeinsamen Agrarpolitik,[1054] oft auf den allgemeinen Verhältnismäßigkeitsgrundsatz limitiert bleiben.

Bei grundrechtsbeschränkenden Maßnahmen ist die ausschließliche Heranziehung des allgemeinen Verhältnismäßigkeitsgrundsatzes problematisch, da der Gerichtshof im Zuge der Erforderlichkeitsprüfung nicht jene Maßnahme zu ermitteln versucht, die das betroffene Grundrecht am wenigsten beeinträchtigt, sondern jene, die insgesamt am wenigsten belastet, wobei verschiedenste Interessen in die Beurteilung miteinbezogen werden.[1055] Der Teilgrundsatz der Erforderlichkeit verliert auf diese Weise seinen Charakter als klare Entscheidungs-

---

1048 Vgl etwa Urteil McDonagh, C-12/11, EU:C:2013:43, Rz 45 ff u 64.

1049 *Cornils*, in: Grabenwarter (Hrsg.), Europäischer Grundrechteschutz § 5 Rz 12.

1050 So auch *Bühler*, Einschränkung 107.

1051 *Cornils*, in: Grabenwarter (Hrsg.), Europäischer Grundrechteschutz § 5 Rz 12.

1052 *Bühler*, Einschränkung 107.

1053 Die Entwicklung des Verhältnismäßigkeitsgrundsatzes im Rahmen der Grundrechtsprüfung begann in der Judikatur des EuGH erst nachdem der allgemeine Verhältnismäßigkeitsgrundsatz bereits Eingang in die Rechtsprechung gefunden hatte. Siehe Kapitel II.G.2 oben.

1054 Aus der umfangreichen Rechtsprechung vgl etwa Urteil Pardini, 808/79, EU:C:1980:173; Urteil Faust, C-24/90, EU:C:1991:387; Urteil Wünsche, C-25/90, EU:C:1991:388; Urteil Crispoltoni, C-133/93, C-300/93 u C-362/93, EU:C:1994:364; Urteil Hüpeden, C-295/94; EU:C:1996:267; Urteil Pietsch, C-296/94, EU:C:1996:268; Urteil Affish, C-183/95, EU:C:1997:373; Urteil Jippes, C-189/01, EU:C:2001:420; Urteil AJD Tuna, C-221/09, EU:C:2011:153; Urteil Beneo-Orafti, C-150/10, EU:C:2011:507.

1055 *Schildknecht*, Grundrechtsschranken in der Europäischen Gemeinschaft (2000) 62 f.

regel und büßt einen bedeutenden Teil seiner individualrechtsschützenden Funktion ein.

IV.B.4. Uneinheitliche Struktur der Verhältnismäßigkeitsprüfung

Im Folgenden wird dargelegt, dass der Gerichtshof bei der Prüfung der Verhältnismäßigkeit von grundrechtsbeschränkenden Maßnahmen unterschiedlich vorgeht. Die Bandbreite reicht dabei vom pauschalen Ausspruch über die Verhältnismäßigkeit über ein- und zweistufige bis hin zu umfassenden dreistufigen Verhältnismäßigkeitsprüfungen.

IV.B.4.a. Pauschale Beurteilung ohne Prüfung einzelner Teilgrundsätze

In der Anfangszeit der Rechtsprechung zur Verhältnismäßigkeit legte der Gerichtshof noch nicht offen, welchen Sinngehalt er diesem Begriff beimaß und nach welchen Kriterien er verhältnismäßige von unverhältnismäßigen Maßnahmen unterschied.[1056] Diese Urteile behandelten noch nicht die Verhältnismäßigkeit von Grundrechtseingriffen, da die Grundrechte zu dieser Zeit in der Rechtsprechung des Gerichtshofes noch nicht anerkannt waren, demonstrieren jedoch anschaulich die Entwicklung des Verhältnismäßigkeitsgrundsatzes. So sprach der Gerichtshof in seinem Urteil in der Rs *Schmitz* schlicht aus, dass *„die Reaktion der Beklagten [...] unverhältnismäßig [war].“*[1057] Bereits in der Entscheidung *Internationale Handelsgesellschaft* sind eine Konkretisierung des Verhältnismäßigkeitsgrundsatzes und eine Abkehr von dem pauschalen Verweis auf die Verhältnismäßigkeit bzw Unverhältnismäßigkeit einer Maßnahme erkennbar, indem der Gerichtshof *„ein notwendiges und angemessenes Mittel“* fordert.[1058]

Obwohl der Gerichtshof den Verhältnismäßigkeitsgrundsatz von dieser Entscheidung ausgehend immer weiter ausformte und schließlich als aus den drei Teilelementen der Eignung, Erforderlichkeit und Angemessenheit bestehend verstand,[1059] finden sich auch noch danach vereinzelt Entscheidungen zum Verhältnismäßigkeitsgrundsatz, in denen keiner der Teilgrundsätze geprüft wird. In der Rs *Kreil* definierte der Gerichtshof den Grundsatz zwar dreiteilig,[1060] qualifizierte anschließend jedoch den Ausschluss von Frauen vom aktiven Militärdienst bei der Bundeswehr als unverhältnismäßig ohne auch nur einen Teilgrundsatz zu untersuchen.[1061] Auch in der Rs *Napoli* beurteilte der Gerichtshof die gerügte

---

1056 *Koch*, Grundsatz 204 unter Verweis auf das Urteil Fédération charbonnière de Belgique, 8/55, EU:C:1956:11, 311; Urteil Schmitz, 18/63, EU:C:1964:15.
1057 Urteil Schmitz, 18/63, EU:C:1964:15, 204.
1058 Urteil Internationale Handelsgesellschaft, 11/70, EU:C:1970:114, Rz 12.
1059 Siehe Kapitel IV.B.2 oben.
1060 Urteil Kreil, C-285/98, EU:C:2000:2, Rz 23.
1061 Urteil Kreil, C-285/98, EU:C:2000:2, Rz 25 ff.

Ungleichbehandlung von Männern und Frauen pauschal als unverhältnismäßige Maßnahme und folglich als Verletzung des Gleichbehandlungsgrundsatzes.[1062]

In der Rs *Baumbast* gelangte der Gerichtshof nach knappen Erwägungen, welche nicht den einzelnen Teilgrundsätzen zugeordnet sind, zu dem Ergebnis eines unverhältnismäßigen Eingriffs in das Aufenthaltsrecht des Art 18 Abs 1 EGV[1063] (heute Art 21 AUEV),[1064] obwohl er eingangs erwähnte, dass die nationalen Maßnahmen zur Zielerreichung *„geeignet und erforderlich sein müssen."*[1065]

Der Verzicht auf die Untersuchung sämtlicher Teilgrundsätze ist jedoch nicht nur in Entscheidungen des Gerichtshofes nachweisbar, in denen die Unverhältnismäßigkeit der Maßnahme festgestellt wird. In der Rs *Bosphorus* qualifizierte der Gerichtshof die Beschlagnahme von zwei Flugzeugen einer türkischen Fluglinie, welche letztgenannte von einer jugoslawischen Fluglinie während aufrechter Wirtschaftssanktionen aufgrund des Bosnien-Krieges geleast hatte, als verhältnismäßigen Eingriff in das Grundrecht auf Eigentum.[1066] In der Urteilsbegründung führt der EuGH aus, dass die Ausübung des betroffenen Grundrechts *„Beschränkungen unterworfen werden [kann], die durch dem Gemeinwohl dienende Ziele der Gemeinschaft gerechtfertigt sind"*,[1067] und hebt hervor, dass die große Bedeutung der verfolgten legitimen Ziele *„erhebliche negative Konsequenzen für bestimmte Wirtschaftsteilnehmer rechtfertigen [kann]."*[1068] Inwiefern die Beschlagnahme zur Wiederherstellung von Frieden in der betroffenen Region geeignet, erforderlich und angemessen war, wird jedoch nicht untersucht.[1069]

Auch in der Rs *Sirdar*, welcher ein ähnlicher Sachverhalt wie der Rs *Kreil* zugrunde lag, qualifizierte der Gerichtshof den Ausschluss von Frauen von einer

---

1062 Urteil Napoli, C-595/12, EU:C:2014:128, Rz 35 ff.

1063 Mittlerweile ist das Recht auf Freizügigkeit und Aufenthalt auch in Art 45 GRC verankert. Vgl hierzu auch die Erläuterungen zu Art 45 GRC, welche explizit auf das Urteil Baumbast verweisen.

1064 Urteil Baumbast, C-413/99; EU:C:2002:493, Rz 92 f.

1065 Urteil Baumbast, C-413/99; EU:C:2002:493, Rz 91.

1066 Urteil Bosphorus, C-84/95, EU:C:1996:312, Rz 26.

1067 Urteil Bosphorus, C-84/95, EU:C:1996:312, Rz 21.

1068 Urteil Bosphorus, C-84/95, EU:C:1996:312, Rz 23. Vgl auch die Hervorhebung der Bedeutung der legitimen Ziele im Zusammenhang mit dem Einfrieren von Geldern während des Bosnien-Krieges im Beschluss "Invest" Import und Export und Invest Commerce, C-317/00 P(R), EU:C:2000:621, Rz 60.

1069 Die oben zitierte Betonung der hohen Bedeutung des legitimen Ziels kann zwar als Hinweis auf die Untersuchung der Angemessenheit verstanden werden. Allerdings findet keine Abwägung gegen die Nachteile für den Betroffenen statt.

militärischen Spezialeinheit als verhältnismäßig ohne die einzelnen Teilelemente zu prüfen, obwohl er diese in den Urteilsgründen erwähnte.[1070]

IV.B.4.b. Prüfung eines Teilgrundsatzes

IV.B.4.b.i. Eignung

Eine Reduktion des Verhältnismäßigkeitsgrundsatzes auf den Teilgrundsatz der Eignung nimmt der Gerichtshof insbesondere in jenen Fällen vor, in denen marktordnende Maßnahmen des Unionsgesetzgebers in dem Bereich der Gemeinsamen Agrarpolitik auf ihre Vereinbarkeit mit dem Verhältnismäßigkeitsgrundsatz zu untersuchen sind. In diesem Bereich gesteht der Gerichtshof dem Unionsgesetzgeber einen weiten Spielraum zu[1071] und spricht idR davon, dass sich seine Prüfung der Verhältnismäßigkeit auf die Untersuchung beschränke, ob die Maßnahme zur Erreichung des Ziels *„offensichtlich ungeeignet"* ist.[1072] Die Nennung der Formel von der „offensichtlichen Ungeeignetheit" durch den Gerichtshof hat eine eingeschränkte gerichtliche Kontrolldichte zur Folge.[1073] In manchen dieser Fälle wird jedoch nicht nur mit reduzierter Intensität, sondern im Rahmen der Verhältnismäßigkeit tatsächlich auch nur der Aspekt der Eignung geprüft.[1074] Eine auf diesen Teilgrundsatz reduzierte Prüfung ist in dem Bereich der Gemeinsamen Agrarpolitik jedoch nicht zwingend mit der Formel von der „offensichtlichen Ungeeignetheit" verbunden.[1075]

Auch außerhalb der Gemeinsamen Agrarpolitik verfügt die Union über weites Ermessen, sofern von ihr *„politische, wirtschaftliche und soziale Entscheidungen verlangt werden und [...] komplexe Prüfungen"* vorzunehmen sind, sodass auch in diesem Bereich eine Maßnahme *„nur dann rechtswidrig [ist], wenn sie zur Erreichung des Ziels [...] offensichtlich ungeeignet ist."*[1076] Vereinzelt beschränkt sich der Gerichtshof auch in diesen Fällen auf eine Untersuchung der Eignung im Rahmen der Verhältnismäßigkeitsprüfung.[1077]

Der Gerichtshof hat in älteren Urteilen auch außerhalb der oben genannten Bereiche vereinzelt nur die Eignung untersucht. In der Rs *National Panasonic* erblickte er in der streitgegenständlichen Durchsuchung von Geschäftsräumlich-

---

1070 Urteil Sirdar, C-273/97, EU:C:1999:523, Rz 28 ff.

1071 Siehe Kapitel V.D.2 unten.

1072 Siehe Kapitel IV.B.2.a.i oben.

1073 Siehe Kapitel IV.B.2.a.i oben.

1074 Urteil AJD Tuna, C-221/09, EU:C:2011:153, Rz 81 ff; Urteil Beneo-Orafti, C-150/10, EU:C:2011:507, Rz 76 ff; Urteil Giordano, C-611/12 P, EU:C:2014:2282, Rz 50.

1075 Urteil Irish Farmers Association, C-22/94, EU:C:1997:187, Rz 27 f.

1076 Vgl etwa das Urteil Afton Chemical, C-343/09, EU:C:2010:419, Rz 46.

1077 Urteil Etimine, C-15/10, EU:C:2011:504, Rz 125 ff.

keiten durch die Kommission in Ausübung ihrer kartellrechtlichen Befugnisse keine Verletzung von Art 8 EMRK.[1078] In der Begründung findet sich zwar die Formel, wonach der Eingriff in einer demokratischen Gesellschaft notwendig sein muss, eine tatsächliche Untersuchung wird jedoch nur im Hinblick auf die Legitimität des Ziels und die Eignung der Maßnahme vorgenommen.[1079]

Insgesamt sind Entscheidungen des Gerichtshofes selten, in denen ausschließlich die Eignung überprüft wird. Darüber hinaus muss einschränkend angemerkt werden, dass sich auch in einigen der oben zitierten Urteile Erwägungen finden, welche den Teilgrundsätzen der Erforderlichkeit oder Angemessenheit zuordenbar sind, jedoch vom Gerichtshof nicht im Rahmen der Grundrechtsprüfung, sondern im Rahmen der Prüfung anhand des allgemeinen Verhältnismäßigkeitsgrundsatzes[1080] oder im Rahmen anderer Klagegründe erwähnt wurden.[1081]

IV.B.4.b.ii. Verhältnismäßigkeit ieS

IV.B.4.b.ii.a) Grundrechtskollisionen

Eine ausschließliche Untersuchung der Verhältnismäßigkeit ieS nimmt der Gerichtshof bisweilen in jenen Fällen vor, in welchen er kollidierende Grundrechte zu einem angemessenen Ausgleich führen muss. Besonders augenscheinlich wird dieses Vorgehen in den Entscheidungen *UPC Telekabel Wien*[1082] und *Google Spain*:[1083]

In der Rs *UPC Telekabel Wien* hatte der Gerichtshof zu beurteilen, ob die Grundrechte einer Anordnung eines innerstaatlichen Gerichts entgegenstehen, mit welcher einem Unternehmen, das Internetzugangsdienste anbietet, untersagt wird, seinen Kunden Zugang zu einer Website zu gewähren, auf welcher Inhalte ohne Zustimmung des Rechteinhabers zugänglich gemacht werden.[1084] Die streitgegenständliche Anordnung enthielt keine Angaben darüber, welche Maß-

---

1078 Urteil National Panasonic, 136/79, EU:C:1980:169.

1079 Urteil National Panasonic, 136/79, EU:C:1980:169, Rz 20.

1080 Im Urteil Irish Farmers Association, C-22/94, EU:C:1997:187, untersucht der EuGH im Rahmen der Prüfung einer etwaigen Verletzung der Eigentumsfreiheit lediglich die Eignung der Maßnahme (Rz 28) und spricht anschließend den Wesensgehalt des Grundrechts an (Rz 29), während er eine Aussage zur Erforderlichkeit ausschließlich im Rahmen der Prüfung des allgemeinen Verhältnismäßigkeitsgrundsatzes tätigt (Rz 31).

1081 Im Urteil O'Dwyer/Rat, T-469/93, T-473/93, T-474/93 und T-477/93, EU:T:1995:136, untersucht das Gericht im Rahmen der Verhältnismäßigkeitsprüfung ausschließlich den Teilgrundsatz der Eignung (Rz 107 f), während es eine Aussage zur Erforderlichkeit im Rahmen der Prüfung eines etwaigen Verstoßes gegen Art 190 des Vertrages tätigt (Rz 89).

1082 Urteil UPC Telekabel Wien, C-314/12, EU:C:2014:192.

1083 Urteil Google Spain, C-131/12, EU:C:2014:317.

1084 Urteil UPC Telekabel Wien, C-314/12, EU:C:2014:192, Rz 42.

nahmen von dem Unternehmen zu setzen waren, und Beugestrafen konnten abgewendet werden, indem es den Nachweis erbringt, dass es sämtliche zumutbaren Maßnahmen ergriffen hat, um den Zugang zu verhindern.[1085]

In diesem Sachverhalt ist *„ein angemessenes Gleichgewicht"* zwischen den Urheberrechten des Rechteinhabers (Art 17 Abs 2 GRC), der Informationsfreiheit der Internetnutzer (Art 11 GRC) und der unternehmerischen Freiheit der Anbieter von Internetzugangsdiensten (Art 16 GRC) zu gewährleisten.[1086] Der Gerichtshof prüft die streitgegenständliche Anordnung eingangs als Beschränkung der unternehmerischen Freiheit, stellt dabei fest, dass der Wesensgehalt dieses Grundrechts nicht angetastet ist und unterlässt Ausführungen zur Eignung und Erforderlichkeit.[1087] Erst im Anschluss folgt im Rahmen der Abwägung ein rudimentärer Hinweis auf die Eignung der Maßnahme, indem ausgeführt wird, dass es denkbar ist, dass die Anordnung *„nicht zu einer vollständigen Beendigung der Verletzung des Rechts des geistigen Eigentums der Betroffenen führt."*[1088]

Vielmehr gibt der Gerichtshof den nationalen Behörden und Gerichten Hinweise, worauf diese zu achten haben, damit ein angemessener Ausgleich zwischen den betroffenen Grundrechten hergestellt wird. Dieser setze voraus, dass die ergriffenen Maßnahmen *„zum einen den Internetnutzern nicht unnötig die Möglichkeit vorenthalten, in rechtmäßiger Weise Zugang zu den verfügbaren Informationen zu erlangen, und zum anderen bewirken, dass unerlaubte Zugriffe auf die Schutzgegenstände verhindert oder zumindest erschwert werden und dass die Internetnutzer, die die Dienste des Adressaten der Anordnung in Anspruch nehmen, zuverlässig davon abgehalten werden, auf die ihnen unter Verletzung des Rechts des geistigen Eigentums zugänglich gemachten Schutzgegenstände zuzugreifen."*[1089] Darüber hinaus müssen die Internetznutzer die Möglichkeit haben, von einem nationalen Gericht prüfen zu lassen, ob ihnen der Zugang zu Informationen zu Recht verweigert wird.[1090]

1085 Urteil UPC Telekabel Wien, C-314/12, EU:C:2014:192, Rz 42.

1086 Urteil UPC Telekabel Wien, C-314/12, EU:C:2014:192, Rz 46 f.

1087 Urteil UPC Telekabel Wien, C-314/12, EU:C:2014:192, Rz 48-57. Als Hinweis auf den Teilgrundsatz der Eignung könnte allenfalls die Aussage, wonach die auf Basis der Anordnung ergriffenen Maßnahmen *„streng zielorientiert sein"* müssen (Rz 56), gedeutet werden. Allerdings dient die Aussage in diesem Kontext dazu, die Angemessenheit der Maßnahme im Verhältnis zur Informationsfreiheit der Internetnutzer zu bewerten.

1088 Urteil UPC Telekabel Wien, C-314/12, EU:C:2014:192, Rz 58.

1089 Urteil UPC Telekabel Wien, C-314/12, EU:C:2014:192, Rz 63.

1090 Urteil UPC Telekabel Wien, C-314/12, EU:C:2014:192, Rz 56 f; vgl hierzu *Rauer/Ettig*, Sperrverfügung gem. Art. 8 Abs. 13 InfoSoc-Richtlinie gegenüber Access-Provider als „Vermittler" des Zugangs zu einer Schutzrechte verletzenden Website – Grundrechtsabwägung bei Richtlinienumsetzung – „UPC Telekabel Wien/Constantin Film u.a." EWS 2014, 225 (231).

Dieses Urteil zeigt mE sehr deutlich, dass bei der Kollision von mehreren Grundrechten der Prüfung der Angemessenheit entscheidende Bedeutung zukommt.[1091] Von diesem Verständnis geht offenbar auch der Gerichtshof aus, da er mehrfach das Erfordernis eines „angemessenen Gleichgewichts" zwischen den betroffenen Grundrechten anspricht. Die Schwierigkeit in dem vorliegenden Fall zu einem Ergebnis zu gelangen wird in den zum Teil unstrukturierten Erwägungen in dem Urteil und vor allem in der oben zitierten Aussage augenscheinlich. So fordert der Gerichtshof im Rahmen der Abwägung erst, dass die Maßnahme den unerlaubten Zugriff auf Schutzgegenstände *„zumindest erschwert"*, während sie im folgenden Halbsatz die Internetnutzer *„zuverlässig"* von einem Zugriff abhalten soll,[1092] womit er ungleich strengere Anforderungen stellt.

In der Rs *Google Spain* hatte der Gerichtshof ebenfalls über einen das Internet betreffenden Sachverhalt zu urteilen, in welchem die Grundrechte verschiedener Grundrechtsträger angemessen zum Ausgleich gebracht werden mussten.[1093] Für die vorliegende Arbeit ist die folgende Vorlagefrage von Relevanz: Sind Art 12 lit b und Art 14 Abs 1 lit a der Datenschutz-RL 95/46/EG dahin auszulegen, dass eine Person von dem Suchmaschinenbetreiber verlangen kann, dass von der Ergebnisliste, welche als Resultat einer Suche nach dem Namen dieser Person aufscheint, Links zu von Dritten betriebenen Internetseiten, welche wahrheitsgemäße Informationen über diese Person enthalten, entfernt werden?[1094]

Der Gerichtshof behandelt diese Frage nicht indem er untersucht, ob eine Verpflichtung zur Entfernung der Links aus der Ergebnisseite einen allenfalls unzulässigen Eingriff in die unternehmerische Freiheit des Suchmaschinenbetreibers darstellt, sondern prüft aus der Perspektive der betroffenen Person. Wohl aufgrund der Bestimmungen in der Datenschutz-RL 95/46/EG, welche relativ detailliert festlegen, unter welchen Umständen eine Verarbeitung von personenbezogenen Daten, worunter auch die Tätigkeit des Suchmaschinenbetreibers fällt,[1095] im Lichte der Art 7 und 8 GRC zulässig ist,[1096] verzichtet der Gerichts-

---

1091 Vgl hierzu auch Urteil Bonnier Audio, C-461/10, EU:C:2012:219, Rz 49 ff sowie Urteil Promusicae, C-275/06, EU:C:2008:54, Rz 61 ff: In beiden Fällen hatte der EuGH zu beurteilen, ob ein Internetdienstleister durch gerichtliche Anordnung dazu verpflichtet werden kann, die Daten von Internetnutzern, welche urheberrechtlich geschützte Werke ins Internet gestellt und damit öffentlich zugänglich gemacht hatten, an den Urheberrechtsinhaber herauszugeben. Zur Bedeutung der Angemessenheit bei mehrpoligen Rechtsverhältnissen vgl *Hillgruber*, Grundrechtsschranken § 201 Rz 77.

1092 Ohne den Teilgrundsatz der Eignung explizit zu nennen oder zu prüfen, fließen somit Überlegungen zur Eignung in Ansätzen in die Abwägung ein.

1093 Urteil Google Spain, C-131/12, EU:C:2014:317.

1094 Urteil Google Spain, C-131/12, EU:C:2014:317, Rz 89.

1095 Urteil Google Spain, C-131/12, EU:C:2014:317, Rz 41.

1096 Vgl die Art 6, 7, 12, 14 u 28 der Datenschutz-RL 95/46/EG.

hof auf eine Prüfung, ob die Verarbeitung der personenbezogenen Daten des Betroffenen als geeigneter und erforderlicher Grundrechtseingriff qualifiziert werden kann.[1097]

In Bezug auf die Verhältnismäßigkeit ieS hält der Gerichtshof fest, dass die Rechte aus den Art 7 und 8 GRC *„grundsätzlich nicht nur gegenüber dem wirtschaftlichen Interesse des Suchmaschinenbetreibers, sondern auch gegenüber dem Interesse der breiten Öffentlichkeit daran, die Information bei einer anhand des Namens der betroffenen Person durchgeführten Suche zu finden, überwiegen.“*[1098] Zu dieser Schlussfolgerung gelangt er aufgrund der erheblichen Beeinträchtigung dieser Grundrechte durch die Datenverarbeitung.[1099] Denn diese ermögliche jedem Internetnutzer *„einen strukturierten Überblick“* über *„potenziell zahlreiche Aspekte“* des Privatlebens des Betroffenen zu erhalten, wobei eine Verknüpfung der im Internet verfügbaren Informationen ohne die Dienste eines Suchmaschinenbetreibers nur äußerst schwer zu bewerkstelligen wäre.[1100] Dies sei auch der Grund, warum es nicht zwingend inkonsequent ist, die weitere Bereitstellung der Informationen durch den Inhalte-Anbieter zuzulassen und gleichzeitig den Suchmaschinenbetreiber zur Löschung dieses Suchergebnisses zu verpflichten.[1101]

Ungeachtet des grundsätzlichen Überwiegens der Rechte aus den Art 7 und 8 GRC seien bei dem zu schaffenden Ausgleich der widerstreitenden Interessen die *„Art der betreffenden Information, [...] deren Sensibilität für das Privatleben der betroffenen Person und [...] das Interesse der Öffentlichkeit am Zugang zu der Information“* zu berücksichtigen.[1102] Im konkreten Sachverhalt erachtet der Gerichtshof die Information über eine vor 16 Jahren erfolgte Zwangsversteigerung eines Grundstücks als sensibel und erkennt – unter anderem auch aufgrund der langen Zeitspanne seit der Exekutionsführung – kein überwiegendes Interesse der Öffentlichkeit, weshalb er das Recht des Betroffenen, die Entfernung des Links aus der Ergebnisliste des Suchmaschinenbetreibers zu verlangen, bejaht.[1103]

1097 Urteil Google Spain, C-131/12, EU:C:2014:317, Rz 92 ff.

1098 Urteil Google Spain, C-131/12, EU:C:2014:317, Rz 97.

1099 Urteil Google Spain, C-131/12, EU:C:2014:317, Rz 80.

1100 Urteil Google Spain, C-131/12, EU:C:2014:317, Rz 80.

1101 *Kühling*, Rückkehr des Rechts: Verpflichtung von „Google & Co.“ zu Datenschutz, EuZW 2014, 527 (529).

1102 Urteil Google Spain, C-131/12, EU:C:2014:317, Rz 81.

1103 Urteil Google Spain, C-131/12, EU:C:2014:317, Rz 98; vgl zu diesem Urteil auch *Skouris*, Leitlinien der Rechtsprechung des EuGH zum Datenschutz, NVwZ 2016, 1359 (1361 f).

Bisweilen nimmt der Gerichtshof auch bei Grundrechtskollisionen, die nicht im Zusammenhang mit dem Internet auftreten, exklusiv auf den Teilgrundsatz der Angemessenheit Bezug.[1104]

IV.B.4.b.ii.b) Verfahrensgarantien

Ausschließliche Erwägungen zur Angemessenheit enthalten jedoch nicht nur Urteile, in denen mehrere Grundrechte zum Ausgleich gebracht werden, sondern auch Urteile, welche sich mit einer potenziellen Verletzung von Verfahrensgarantien beschäftigen:

In der Rs *DEB* hatte der Gerichtshof zu beurteilen, ob einer juristischen Person, die einen unionsrechtlichen Staatshaftungsanspruch geltend machen will und den hierfür erforderlichen Prozesskostenvorschuss nicht leisten kann, die Gewährung von Prozesskostenhilfe verwehrt werden darf.[1105] Die streitgegenständliche nationale Regelung prüft der EuGH in seinem Urteil an dem in Art 47 GRC verankerten Recht auf einen wirksamen Rechtsbehelf. Da speziell Art 47 Abs 3 GRC das Thema Prozesskostenhilfe anspricht und dieser Abs nach den Erläuterungen zur GRC Art 6 Abs 1 EMRK entspricht,[1106] weist der Gerichtshof explizit darauf hin, dass die einschlägige Rechtsprechung des EGMR zu berücksichtigen ist.[1107] Nach der Judikatur des EGMR dürfen Beschränkungen des Rechts auf Zugang zu Gericht keine Beeinträchtigung des Wesensgehalts dieses Rechts darstellen, müssen einem legitimen Ziel dienen und das eingesetzte Mittel muss in einem angemessenen Verhältnis zu dem verfolgten legitimen Ziel stehen.[1108]

Wenngleich der Gerichtshof dem nationalen Gericht aufträgt, die genannten Voraussetzungen zu überprüfen,[1109] gibt er Hinweise darauf, welche Faktoren bei der Beurteilung eines angemessenen Verhältnisses berücksichtigt werden können.[1110] Diese umfassen unter anderem den Streitgegenstand des Verfahrens, die Komplexität des anwendbaren materiellen und prozessualen Rechts, die Erfolgsaussichten der Partei, die Bedeutung des Rechtsstreits für die Partei, die

---

1104 Vgl etwa Urteil Varec, C-450/06, EU:C:2008:91 (Abwägung zwischen den kollidierenden Rechten nach Art 6 und Art 8 EMRK im Rahmen eines Vergabeverfahrens); Urteil Coty Germany, C-580/13, EU:C:2015:485 (Abwägung zwischen dem Recht auf einen wirksamen Rechtsbehelf, dem Eigentumsrecht und dem Recht auf den Schutz personenbezogener Daten).

1105 Urteil DEB, C-279/09, EU:C:2010:811, Rz 26 f.

1106 Vgl die Erläuterungen zu Art 52 GRC.

1107 Urteil DEB, C-279/09, EU:C:2010:811, Rz 35 f.

1108 Urteil DEB, C-279/09, EU:C:2010:811, Rz 47 unter Verweis auf EGMR, 13.7.1995, Tolstoy Miloslavsky ./. UK, Nr. 18139/91, Rz 59-67; 19.6.2011, Kreuz ./. POL, Nr. 28249/95, Rz 54 f.

1109 Urteil DEB, C-279/09, EU:C:2010:811, Rz 60.

1110 Urteil DEB, C-279/09, EU:C:2010:811, Rz 61.

Fähigkeit der Partei ihr *„Anliegen wirksam zu verteidigen"* sowie die Höhe des erforderlichen Prozesskostenvorschusses.[1111]

In der Rs *ZZ* war fraglich, ob im Rechtsmittelverfahren gegen eine Entscheidung, mit der einem Unionsbürger die Einreise in einen Mitgliedstaat aus Gründen der öffentlichen Sicherheit verwehrt wurde, dem Betroffenen im Lichte vom Art 47 GRC die wesentlichen Gründe für diese Entscheidung mitzuteilen sind.[1112] Die Ermächtigung zur Unterlassung der Mitteilung an den Betroffenen ist in Art 30 Abs 2 der Unionsbürger-RL 2004/38/EG vorgesehen, welche voraussetzt, dass Gründe der Sicherheit des Staates der Mitteilung entgegenstehen. Diese Bestimmung ist als Ausnahmeregelung eng auszulegen, ohne ihr jedoch die praktische Wirksamkeit zu nehmen.[1113] Bei der Auslegung ist auf die Bedeutung des in Art 47 GRC verankerten Rechts ausreichend Bedacht zu nehmen.[1114] Art 47 GRC erfordert nach ständiger Rechtsprechung des Gerichtshofes, dass *„der Betroffene Kenntnis von den Gründen, auf denen die ihm gegenüber ergangene Entscheidung beruht, erlangen kann, [...] um [...] seine Rechte unter den bestmöglichen Bedingungen zu verteidigen und in Kenntnis aller Umstände zu entscheiden, ob es für ihn von Nutzen ist, das zuständige Gericht anzurufen [...]."*[1115]

Von einer genauen und umfassenden Mitteilung kann jedoch in Ausnahmefällen aus Gründen der nationalen Sicherheit abgesehen werden. In diesem Fall muss *„das zuständige Gericht [...] verfahrensrechtliche Techniken und Regeln zu seiner Verfügung haben und anwenden, die es ermöglichen, die legitimen Erwägungen der Sicherheit des Staates in Bezug auf die Art und die Quellen der Informationen, die beim Erlass der betreffenden Entscheidung berücksichtigt worden sind, auf der einen und das Erfordernis, dem Einzelnen seine Verfahrensrechte [...] und den Grundsatz des kontradiktorischen Verfahrens hinreichend zu gewährleisten, auf der anderen Seite zum Ausgleich zu bringen."*[1116]

In der Rs *Kadi II* hatte der Gerichtshof über die Zulässigkeit der Verweigerung des Zugangs zu belastenden Beweisen zu urteilen, auf welche die Kommission

---

1111 Da der EuGH eine mögliche Beschränkung des Grundrechts in den Voraussetzungen für die Gewährung von Prozesskostenhilfe erblickt (Rz 61), ist der Hinweis auf die Höhe des zu leistenden Prozesskostenvorschusses nicht als Aspekt einer Erforderlichkeitsprüfung, sondern einer Angemessenheitsprüfung zu qualifizieren. Anderes würde gelten, wenn der Prozesskostenvorschuss selbst als Beschränkung des Grundrechts geprüft wird.

1112 Urteil ZZ, C-300/11, EU:C:2013:363.

1113 Urteil ZZ, C-300/11, EU:C:2013:363, Rz 49.

1114 Urteil ZZ, C-300/11, EU:C:2013:363, Rz 51.

1115 Urteil ZZ, C-300/11, EU:C:2013:363, Rz 53.

1116 Urteil ZZ, C-300/11, EU:C:2013:363, Rz 57 (Hervorhebung durch den Autor); sehr ähnlich formulierte der Gerichtshof dieses Erfordernis bereits im Urteil Kadi, C-402/05 P u C-415/05 P, EU:C:2008:461, Rz 344.

restriktive Maßnahmen gegen Personen stützte, welche mit der Al-Qaida in Verbindung stehen.[1117] Ob dieses Vorgehen die Verteidigungsrechte nach Art 41 Abs 2 GRC und das Recht auf effektiven gerichtlichen Rechtsschutz nach Art 47 GRC achtet, beurteilte der Gerichtshof unter Bezugnahme auf seine eigene Rechtsprechung mit Überlegungen zur Angemessenheit.[1118] Wie in der Rs *ZZ* sprach der Gerichtshof aus, dass Gründe der öffentlichen Sicherheit eine Beschränkung des Zuganges zu belastenden Beweisen rechtfertigen können und verwies explizit auf die oben genannte Urteilspassage, wonach eine umfassende Abwägung der widerstreitenden Interessen zu erfolgen habe.[1119]

In einigen weiteren Urteilen betreffend restriktive Maßnahmen zur Bekämpfung des Terrorismus würdigt der Gerichtshof bei der Beurteilung der gerügten Verstöße gegen Verfahrensgarantien im Rahmen einer nicht immer klar erkennbaren Abwägung die im Einzelfall widerstreitenden Interessen.[1120] Zum Teil erwähnt er auch explizit das Erfordernis, die wiederstreitenden Interessen *„in angemessener Weise zum Ausgleich zu bringen."*[1121]

Auch die Frage, ob das EuG die Behandlung eines Rechtsmittels verweigern darf, wenn dieses nicht innerhalb angemessener Frist eingebracht wird, beurteilte der Gerichtshof ohne Heranziehung der Teilgrundsätze der Eignung und Erforderlichkeit.[1122] Ausschließlich entscheidend war die Auslegung des Begriffs der „angemessenen Frist", welche anhand der Umstände des Einzelfalls unter Berücksichtigung *„der Interessen, die in dem Rechtsstreit für den Betroffenen auf dem Spiel stehen, der Komplexität der Rechtssache sowie des Verhaltens der Parteien"* zu erfolgen habe.[1123] Da diese Abwägung im gegenständlichen Fall nicht vorgenommen und somit der Begriff der „angemessenen Frist" falsch aus-

---

1117 Urteil Kadi II, C-584/10 P, C-593/10 P u C-595/10 P, EU:C:2013:518.

1118 Urteil Kadi II, C-584/10 P, C-593/10 P u C-595/10 P, EU:C:2013:518, Rz 97 ff.

1119 Urteil Kadi II, C-584/10 P, C-593/10 P u C-595/10 P, EU:C:2013:518, Rz 125 unter Verweis auf Urteil ZZ, C-300/11, EU:C:2013:363, Rz 57. In der Entscheidung des EuG wird bereits die mangelnde Abwägung der Interessen des Betroffenen gegen das Erfordernis des Schutzes der Vertraulichkeit der Information kritisiert vgl Urteil Kadi II, T-85/09, EU:T:2010:418, Rz 173.

1120 Urteil Kadi, C-402/05 P u C-415/05 P, EU:C:2008:46; Urteil Hassan und Ayadi, C-399/06 P u C-403/06 P, EU:C:2009:748; Urteil Fulmen und Mahmoudian, C-280/12 P, EU:C:2013:775; Urteil Manufacturing Support & Procurement Kala Naft, C-348/12 P, EU:C:2013:776.

1121 Urteil Fulmen und Mahmoudian, C-280/12 P, EU:C:2013:775, Rz 73; Urteil Kadi II, C-584/10 P, C-593/10 P u C-595/10 P, EU:C:2013:518, Rz 128.

1122 Urteil Réexamen Arango Jaramillo, C-334/12 RX-II, EU:C:2013:134.

1123 Urteil Réexamen Arango Jaramillo, C-334/12 RX-II, EU:C:2013:134, Rz 28 unter Verweis auf das Urteil Limburgse Vinyl Maatschappij, C-238/99 P, C-244/99 P, C-245/99 P, C-247/99 P, C-250/99 P, C-251/99 P, C-252/99 P u C-254/99 P, EU:C:2002:582, Rz 187.

gelegt worden war, qualifizierte der Gerichtshof das Vorgehen des EuG als Verletzung von Art 47 GRC.[1124]

In einer in gewissen Aspekten vergleichbaren Rs, in welcher das Verfahren zur Verhängung einer Zwangsstrafe wegen nicht rechtzeitiger Veröffentlichung des Jahresabschlusses zu beurteilen war, untersuchte der Gerichtshof, ob das streitgegenständliche Verfahren *„zum angestrebten Ziel außer Verhältnis"* steht.[1125]

IV.B.4.c. Prüfung von zwei Teilgrundsätzen

IV.B.4.c.i. Eignung und Erforderlichkeit

Besonders ergiebig ist in diesem Zusammenhang die Judikatur betreffend die Verhältnismäßigkeit von Marktordnungsmaßnahmen auf dem Gebiet der Gemeinsamen Agrarpolitik. Untersuchungen zur Eignung und Erforderlichkeit werden dabei vom Gerichtshof häufig im Rahmen der Prüfung anhand des allgemeinen Verhältnismäßigkeitsgrundsatzes und nicht im Rahmen einer Grundrechtsprüfung vorgenommen.[1126]

Zum Teil erfolgte in diesen Entscheidungen ein Verzicht auf eine tatsächliche Auseinandersetzung mit dem Teilgrundsatz der Angemessenheit, obwohl der Verhältnismäßigkeitsgrundsatz dreiteilig definiert wurde.[1127] Darüber hinaus sind die Erwägungen des Gerichtshofes zur Erforderlichkeit bisweilen äußert knapp. Besonders offensichtlich ist dies in der stark kritisierten Entscheidung[1128] zur Bananenmarktordnung, in welcher mit einem einzigen Satz die Erforderlichkeit bejaht wird: *„Im übrigen ist nicht offenkundig, daß die von der Klägerin vorgeschlagenen Alternativmaßnahmen geeignet wären, das Ziel einer Integration der Märkte, das jeder gemeinsamen Marktorganisation zugrunde liegt, zu verwirklichen."*[1129]

Erklärbar ist die äußert kursorische Prüfung der Erforderlichkeit von Markordnungsmaßnahmen mit dem weiten Ermessensspielraum der Unionsorgane in

---

1124 Urteil Réexamen Arango Jaramillo, C-334/12 RX-II, EU:C:2013:134, Rz 45.

1125 Urteil Texdata Software, C-418/11, EU:C:2013:588, Rz 86.

1126 Vgl etwa Urteil De beste Boter, 99/76 u 100/76, EU:C:1977:77, Rz 9 ff; Urteil Fromançais, 66/82, EU:C:1983:42, Rz 8 ff; Urteil Denkavit Nederland, 15/83, EU:C:1984:183, Rz 24 ff; Urteil Kommission/Deutschland, 116/82, EU:C:1986:322, Rz 19 ff; Urteil Zuckerfabrik Bedburg, 281/84, EU:C:1987:3, Rz 35 ff; Urteil Crispoltoni, C-133/93, C-300/93 u C-362/93, EU:C:1994:364, Rz 41 ff; Urteil Deutschland/Rat, C-280/93, EU:C:1994:367, Rz 88 ff.

1127 Urteil Crispoltoni, C-133/93, C-300/93 u C-362/93, EU:C:1994:364, Rz 41.

1128 *Berrisch*, EuR 1994, 465 ff; *Selmer*, Die Gewährleistung der unabdingbaren Grundrechtsstandards durch den EuGH (1998) 165 ff; *Storr*, Der Staat 1997, 551 ff.

1129 Urteil Deutschland/Rat, C-280/93, EU:C:1994:367, Rz 97; vgl hierzu auch *Kischel*, EuR 2000, 400.

dem Bereich der Gemeinsamen Agrarpolitik. Ungeachtet dessen führte die zweiteilige Prüfung der Verhältnismäßigkeit von Marktordnungsmaßnahmen bereits in der älteren Rechtsprechung bisweilen zur Feststellung der Unverhältnismäßigkeit aufgrund mangelnder Erforderlichkeit.[1130]

Zweiteilige Verhältnismäßigkeitsprüfungen sind allerdings nicht auf die Beurteilung von Marktordnungsmaßnahmen beschränkt und kommen auch außerhalb des allgemeinen Verhältnismäßigkeitsgrundsatzes zur Anwendung:

Die Rechtfertigung von Ungleichbehandlungen erfordert nach der Literatur das Vorliegen objektiver Gründe sowie die Verhältnismäßigkeit.[1131] Auch der Gerichtshof lässt regelmäßig Erwägungen zur Verhältnismäßigkeit in seine Rechtfertigungsprüfung von Ungleichbehandlungen einfließen. Sowohl in seiner älteren[1132] als auch jüngeren[1133] Rechtsprechung zur Frage der Rechtmäßigkeit von Ungleichbehandlungen werden vom EuGH lediglich die beiden Teilgrundsätze der Eignung und Erforderlichkeit untersucht.

Darüber hinaus lassen sich auch in der älteren[1134] und jüngeren[1135] Judikatur zum Recht auf freie Berufsausübung bisweilen Urteile nachweisen, in denen ausschließlich die beiden genannten Teilgrundsätze eine Rolle spielen. Ein Beispiel aus der aktuellen Rechtsprechung stellt das Urteil *Pillbox 38* dar, in welchem der Gerichtshof (unter anderem) das in Art 20 Abs 5 der RL 2014/40/EU normierte Verbot der kommerziellen Kommunikation und des Sponsorings für elektronische Zigaretten im Hinblick auf Art 16 GRC zu beurteilen hatte.[1136] Dieses Verbot erachtete der Gerichtshof zum Schutz der menschlichen Gesundheit nach knappen Ausführungen zu Eignung und Erforderlichkeit unter Betonung des Vorsorgeprinzips als nicht unverhältnismäßig.[1137]

Im Ergebnis hat die aus Eignung und Erforderlichkeit bestehende Verhältnismäßigkeitsprüfung im Grundrechtsbereich stetig an Bedeutung verloren und stellt anders als bei der Beurteilung der Rechtmäßigkeit von Beschränkungen der Grundfreiheiten[1138] nicht die präferierte Vorgehensweise des Gerichtshofes dar.

1130 Urteil Bela Mühle, 114/76, EU:C:1977:116, Rz 7; Urteil Granaria, 116/76, EU:C:1977:117, Rz 21/25.

1131 Vgl etwa *Schmahl*, in: Grabenwarter (Hrsg.), Europäischer Grundrechteschutz – Enzyklopädie Europarecht, Band 2 (2014) § 15 Rz 169.

1132 Vgl etwa das Urteil Nolte, C-317/93, EU:C:1995:438, Rz 28 ff; Urteil Rinke, C-25/02, EU:C:2003:435, Rz 36 ff.

1133 Vgl etwa das Urteil Elbal Moreno, C-385/11, EU:C:2012:746, Rz 32 ff.

1134 Vgl etwa das Urteil Keller, 234/85, EU:C:1986:377, Rz 8 ff.

1135 Vgl etwa das Urteil Pillbox 38, C-477/14, EU:C:2016:324.

1136 Urteil Pillbox 38, C-477/14, EU:C:2016:324.

1137 Urteil Pillbox 38, C-477/14, EU:C:2016:324, Rz 162 unter Verweis auf die Rz 109-118.

1138 Siehe Kapitel IV.D.3.c unten.

Anzumerken ist, dass nach der in der vorliegenden Arbeit vorgenommenen Kategorisierung auch sehr knappe Erwägungen zur Angemessenheit, welche insbesondere unter dem Titel der Erforderlichkeit (Notwendigkeit) vorgenommen werden,[1139] als ausreichend erachtet werden, um das betreffende Urteil nicht mehr in diesem Kapitel einzuordnen. Denn sachgerecht ist nur eine Kategorisierung, welche sich am Inhalt und nicht an der Bezeichnung der gerichtlichen Ausführungen orientiert. Darüber hinaus erscheint dieser Ansatz auch vor dem Hintergrund gerechtfertigt, dass auch Erwägungen zu den Teilgrundsätzen der Eignung und Erforderlichkeit bisweilen äußerst knapp ausfallen und / oder nicht explizit als solche gekennzeichnet werden ohne dass die Untersuchung dieser Teilgrundsätze in Frage gestellt wird.

IV.B.4.c.ii. Erforderlichkeit und Verhältnismäßigkeit ieS

Verhältnismäßigkeitsentscheidungen des Gerichtshofes, in welchen er sich nur zu den beiden Teilelementen der Erforderlichkeit und Angemessenheit äußert, sind selten. Der Verzicht auf Erwägungen zur Eignung kann in diesen Fällen darauf zurückgeführt werden, dass ihr Vorliegen für den Gerichtshof evident war.[1140] Exemplarisch sei in diesem Zusammenhang auf das Urteil in der Rs *Scarlet Extended* verwiesen, in welchem die Zulässigkeit einer gerichtlichen Anordnung zu beurteilen war, die Internetzugangsdienstleister dazu verpflichtete, ein Filtersystem einzurichten, um Urheberrechtsverletzungen zu verhindern.[1141] Dieses Filtersystem sollte die vollständige elektronische Kommunikation sämtlicher Kunden präventiv auf unbegrenzte Dauer überwachen und die gegen das Urheberrecht verstoßenden Übertragungen von Dateien blockieren.[1142] Aufgrund dieser Eigenschaften des streitigen Filtersystems ist anzunehmen, dass der Gerichtshof keine Zweifel daran hatte, dass es zur Zielerreichung geeignet ist.

Da der Sachverhalt mit jenem in der Rs *UPC Telekabel Wien*[1143] vergleichbar ist, verwundert es nicht, dass auch die beiden Urteilsbegründungen Ähnlichkeiten aufweisen: Hervorgehoben wird das Erfordernis *„ein angemessenes Gleichgewicht"* zwischen dem Schutz des Rechts auf geistiges Eigentum der Urheberrechtsinhaber (Art 17 Abs 2 GRC) und der unternehmerischen Freiheit der Internetzugangsdienstleister (Art 16 GRC) herzustellen,[1144] wobei auch das Recht auf

---

[1139] Zur Einbindung von Angemessenheitserwägungen in die Erforderlichkeitsprüfung vgl etwa *Bühler*, Einschränkung 110; siehe auch Kapitel IV.B.2.b oben.

[1140] Im Sinne einer besseren Nachvollziehbarkeit von Verhältnismäßigkeitsentscheidungen wäre ein zumindest kurzer Hinweis auf die Eignung der Maßnahme dennoch wünschenswert.

[1141] Urteil Scarlet Extended, C-70/10, EU:C:2011:771.

[1142] Urteil Scarlet Extended, C-70/10, EU:C:2011:771, Rz 29.

[1143] Siehe Kapitel IV.B.4.b.ii oben.

[1144] Urteil Scarlet Extended, C-70/10, EU:C:2011:771, Rz 46.

Schutz personenbezogener Daten (Art 8 GRC) und die Informationsfreiheit (Art 11 GRC) der Internetnutzer zu berücksichtigen sind.[1145]

Im Unterschied zum Urteil in der Rs *UPC Telekabel Wien* fließen in die Begründung jedoch Erwägungen zur Erforderlichkeit ein, wenn der Gerichtshof anspricht, dass *„sämtliche elektronische Kommunikationen im Netz des fraglichen Providers überwacht werden"* und *„diese Überwachung zudem zeitlich unbegrenzt ist."*[1146] Somit bezweifelt er offenbar, dass eine derartig weitgehende Verpflichtung zur Zielerreichung notwendig ist. Die streitgegenständliche Anordnung führe zu *„einer qualifizierten Beeinträchtigung"* des Internetzugangsdienstleisters in seinem Recht nach Art 16 GRC, weshalb kein angemessenes Verhältnis zwischen diesem Grundrecht und jenem nach Art 17 Abs 2 GRC vorliege.[1147] Zur Untermauerung seines Auslegungsergebnisses führt der EuGH in weiterer Folge zusätzlich aus, dass die Anordnung ebenso wenig einen angemessenen Ausgleich zwischen den betroffenen Grundrechten der Internetnutzer und jenem nach Art 17 Abs 2 GRC schaffe, wobei er insbesondere die *„systematische Prüfung aller Inhalte sowie die Sammlung und Identifizierung der IP-Adressen der Nutzer"*[1148] und *„die Gefahr [...], dass das System nicht hinreichend zwischen einem unzulässigen und einem zulässigen Inhalt unterscheiden kann"*,[1149] als maßgeblich erachtet. Da die Maßnahme im gegenständlichen Fall als deutlich gravierender zu qualifizieren ist als in der Rs *UPC Telekabel Wien*,[1150] ist die Feststellung der Unverhältnismäßigkeit durch den Gerichtshof nicht überraschend.

Eine ähnliche Argumentation mit einem starken Fokus auf die Angemessenheit der Maßnahme wählte der Gerichtshof auch in seinem Urteil in der Rs *SABAM*, in welcher ebenfalls die Zulässigkeit eines Filtersystems zur Verhinderung von Urheberrechtsverstößen zur Debatte stand.[1151]

Ein weiteres Beispiel für eine zweiteilige Verhältnismäßigkeitsprüfung ohne Untersuchung der Eignung stellt das Urteil in der Rs *ORF* dar.[1152] Streitgegenständlich war eine nationale Bestimmung, wonach die Bezüge von Bediensteten bestimmter öffentlicher Rechtsträger zu veröffentlichen waren, um eine *„spar-*

1145 Urteil Scarlet Extended, C-70/10, EU:C:2011:771, Rz 50.
1146 Urteil Scarlet Extended, C-70/10, EU:C:2011:771, Rz 47.
1147 Urteil Scarlet Extended, C-70/10, EU:C:2011:771, Rz 48 ff.
1148 Urteil Scarlet Extended, C-70/10, EU:C:2011:771, Rz 51.
1149 Urteil Scarlet Extended, C-70/10, EU:C:2011:771, Rz 52.
1150 Vgl auch *Karl*, Urheberrecht: Verpflichtung von Internetprovidern zur Sperrung illegaler Webseiten, EuZW 2014, 388 (392).
1151 Urteil SABAM, C-360/10, EU:C:2012:85, Rz 39 ff.
1152 Urteil ORF, C-465/00, C-138/01 u C-139/01, EU:C:2003:294; siehe hierzu bereits Kapitel IV.B.2.a oben.

same und sachgerechte Verwendung öffentlicher Mittel" sicherzustellen.[1153] Auch in diesem Fall erscheint die Annahme plausibel, dass die Eignung dieser Maßnahme aufgrund der zu erwartenden öffentlichen Debatte für den Gerichtshof offensichtlich war, sodass im Zuge der Verhältnismäßigkeitsprüfung ausschließlich die beiden Teilelemente der Erforderlichkeit und Angemessenheit untersucht wurden.[1154]

IV.B.4.d. Prüfung von drei Teilgrundsätzen

Im Folgenden werden die Urteile des Gerichtshofes, in welchen Erwägungen zu allen drei Teilgrundsätzen nachweisbar sind, auf Basis des Umfangs der Ausführungen zur Angemessenheit in zwei Kategorien unterteilt. In die erste Kategorie fallen Entscheidungen, die nur kursorische Erwägungen zur Angemessenheit enthalten. In die zweite Kategorie fallen demgegenüber jene Entscheidungen, in denen der Gerichtshof umfangreichere Überlegungen zur Angemessenheit anstellt.

IV.B.4.d.i. Kursorische Erwägungen zur Angemessenheit

IV.B.4.d.i.a) Beispiele aus der älteren Rechtsprechung

Insbesondere ältere Entscheidungen im Bereich der Gemeinsamen Agrarpolitik beinhalten – sofern überhaupt eine dreiteilige Verhältnismäßigkeitsprüfung vorgenommen wurde – nur äußerst knappe Aussagen zur Angemessenheit. Diese sind entweder im Rahmen der Prüfung anhand des allgemeinen Verhältnismäßigkeitsgrundsatzes oder im Rahmen der grundrechtlichen Verhältnismäßigkeitsprüfung verortet. Bemerkenswert ist in diesem Zusammenhang, dass bereits vor dem Urteil *Schräder*, in welchem der EuGH sich erstmals offen zur dreiteiligen Struktur des Verhältnismäßigkeitsgrundsatzes bekannt hat,[1155] vereinzelt Überlegungen zur Angemessenheit in Urteilsbegründungen eingeflossen sind:

In der Rs *Pardini* beschäftigte sich der Gerichtshof mit der VO 193/75/EWG, welche die Erteilung von Einfuhr- und Ausfuhrlizenzen sowie Vorausfestsetzungsbescheinigungen für landwirtschaftliche Erzeugnisse regelte.[1156] Nach der gemeinschaftlichen Regelung erhielten die Exporteure einen Erstattungsbetrag, welcher die Differenz zwischen den Preisen in der Gemeinschaft und den idR niedrigeren Weltmarkpreisen ausgleichen sollte. Dieser Betrag wurde entweder zum Zeitpunkt der tatsächlichen Ausfuhr oder auf Antrag des Exporteuers im

---

1153 Urteil ORF, C-465/00, C-138/01 u C-139/01, EU:C:2003:294, Rz 81.
1154 Urteil ORF, C-465/00, C-138/01 u C-139/01, EU:C:2003:294, Rz 82 ff.
1155 Siehe Kapitel IV.B.2.c oben.
1156 Urteil Pardini, 808/79, EU:C:1980:173.

Wege der Vorausfestsetzung bereits zum Zeitpunkt des Ersuchens um Ausstellung einer Lizenz bemessen. Im streitgegenständlichen Sachverhalt erhielt die Firma Pardini von der zuständigen Stelle eine Ausfuhrlizenz und machte dabei von der Möglichkeit zur Vorausfestsetzung Gebrauch. Allerdings wurde ihr die erteilte Lizenz bereits vor der Ausfuhr gestohlen und anschließend bestand für sie keine Möglichkeit, eine Ersatzlizenz zu erhalten, mit welcher der Export zu den in der gestohlenen Lizenz festgelegten Bedingungen zulässig war.

Der behauptete Verstoß dieser Regelung gegen den Grundsatz der Verhältnismäßigkeit wurde vom Gerichtshof verworfen. In seiner Begründung stellt er fest, dass diese Maßnahme zur Betrugsbekämpfung geeignet und erforderlich ist.[1157] Dies markiert jedoch noch nicht das Ende der Verhältnismäßigkeitsprüfung, da er auch die Lage der betroffenen Marktteilnehmer in die Beurteilung miteinbezieht und die Angemessenheit der Maßnahme wie folgt anspricht: *„Wenn die Marktteilnehmer diese Vorteile durch Beantragung der Vorausfestsetzung in Anspruch nehmen, ist es demnach gerechtfertigt, daß sie die Nachteile in Kauf nehmen, die sich aus der Notwendigkeit für die Gemeinschaft ergeben, jeden Mißbrauch zu verhindern."*[1158]

In der Rs *Schräder* definierte der EuGH den Verhältnismäßigkeitsgrundsatz zwar erstmals dreiteilig,[1159] in der Untersuchung der streitgegenständlichen Regelung anhand des allgemeinen Verhältnismäßigkeitsgrundsatzes fehlt jedoch eine Auseinandersetzung mit dem Teilgrundsatz der Angemessenheit. Er kommt lediglich im Rahmen der separat vorgenommenen Prüfung am Maßstab des Rechts auf freie Berufsausübung am Rande zum Ausdruck, indem der Gerichtshof feststellt, dass die Regelung *„dem Gemeinwohl dienenden Zielen [entspricht], deren Verfolgung die geringfügigen Nachteile rechtfertigt, die diese Verpflichtung für die Gruppe der betroffenen Wirtschaftsteilnehmer mit sich bringt."*[1160]

Erst in dem bekannten Urteil *Fedesa* folgte auf die Definition des Grundsatzes im Sinne der *Schräder*-Rechtsprechung auch tatsächlich eine dreiteilige Verhältnismäßigkeitsprüfung.[1161] In dem Urteil hatte der Gerichtshof die Rechtmäßigkeit des – in der RL 88/146/EWG normierten – Verbots, bestimmte Stoffe mit hormonaler Wirkung an Nutztiere zu verabreichen, zu beurteilen. In der Begründung kommt die Angemessenheit der Maßnahme nur mit einem einzigen Satz

---

1157 Urteil Pardini, 808/79, EU:C:1980:173, Rz 18 f.
1158 Urteil Pardini, 808/79, EU:C:1980:173, Rz 21.
1159 Urteil Schräder, 265/87, EU:C:1989:303, Rz 21; siehe hierzu bereits Kapitel IV.B.2 oben.
1160 Urteil Schräder, 265/87, EU:C:1989:303, Rz 18.
1161 Urteil Fedesa, C-331/88, EU:C:1990:391, Rz 13 ff.

zum Ausdruck,[1162] in welchem der Gerichtshof festhält, dass *„die Bedeutung der angestrebten Ziele sogar beträchtliche negative Folgen wirtschaftlicher Art zum Nachteil bestimmter Wirtschaftsteilnehmer rechtfertigen kann.“* [1163] Folglich erblickte der Gerichtshof in diesem Verbot keine Verletzung des Verhältnismäßigkeitsgrundsatzes.[1164]

Auch nach dem Urteil *Schräder* setzte die Durchführung einer dreiteiligen Verhältnismäßigkeitsprüfung nicht zwingend voraus, dass der Grundsatz in dem betreffenden Urteil als aus den drei Teilelementen bestehend definiert wurde. Im Urteil *SMW Winzersekt* untersuchte der Gerichtshof die Rechtmäßigkeit des Verbots Qualitätsschaumwein, welcher nicht mit der Ursprungsbezeichnung „Champagne“ in den Verkehr gebracht werden durfte, mit dem Hinweis „Champagnerverfahren“ oder „méthode champenoise“ zu vertreiben.[1165] Im Rahmen der Prüfung des Eingriffs in die freie Berufsausübung sind in dem Urteil knappe Erwägungen zu allen Teilelementen des Grundsatzes nachweisbar.[1166] Aus den Ausführungen zur Eignung und Erforderlichkeit schließt der EuGH, dass das streitgegenständliche Verbot im Hinblick auf das verfolgte Ziel nicht *„offensichtlich unverhältnismäßig“* ist.[1167] Zur Bestätigung dieses Ergebnisses führt er anschließend aus, dass die Situation der betroffenen Hersteller gebührend berücksichtigt wurde, da zum einen Übergangsregelungen erlassen worden waren und zum anderen Alternativangaben wie bspw „Flaschengärung nach dem traditionellen Verfahren“ verwendet werden durften.[1168] Auf diese Weise spricht der EuGH die Angemessenheit des Verbots an.

In der Rs *Di Lenardo und Dilexport*, in welcher die Gültigkeit von Sekundärrecht, das die Einfuhr von Bananen in die Gemeinschaft regelte, zu beurteilen war, erfolgte ebenfalls eine dreiteilige Verhältnismäßigkeitsprüfung, obwohl der Verhältnismäßigkeitsgrundsatz nicht dreiteilig definiert wurde.[1169] Aufgrund des weiten Ermessens der Gemeinschaftsorgane in dieser Materie fielen die Ausführungen zu sämtlichen Teilgrundsätzen äußerst knapp aus und die Gültigkeit der streitgegenständlichen Bestimmungen wurde durch den Gerichtshof bestätigt.

Lediglich am Rande wird die Angemessenheit auch in den Entscheidungen in der Rs *Jippes*, welche verpflichtende Schutzmaßnahmen zur Bekämpfung der

---

1162 Vgl *Kischel*, EuR 2000, 398.

1163 Urteil Fedesa, C-331/88, EU:C:1990:391, Rz 17.

1164 Urteil Fedesa, C-331/88, EU:C:1990:391, Rz 18.

1165 Urteil SMW Winzersekt, C-306/93, EU:C:1994:407.

1166 Die Eignung und Erforderlichkeit werden vom Gerichtshof in Rz 25 angesprochen; vgl hierzu näher *Kischel*, EuR 2000, 398.

1167 Urteil SMW Winzersekt, C-306/93, EU:C:1994:407, Rz 27.

1168 Urteil SMW Winzersekt, C-306/93, EU:C:1994:407, Rz 28.

1169 Urteil Di Lenardo und Dilexport, C-37/02 u C-38/02, EU:C:2004:443, Rz 82 ff.

Maul- und Klauenseuche zum Gegenstand hat,[1170] und in der Rs *Affish*, betreffend ein Einfuhrverbot von Fischen aus Japan, geprüft.[1171] In beiden Fällen wurde die Gültigkeit der streitgegenständlichen Maßnahme vom Gerichtshof bestätigt.

Die genannten Urteile mögen den Eindruck erwecken, dass eine kursorische Untersuchung der Angemessenheit stets zur Folge hat, dass die Maßnahme im Ergebnis als verhältnismäßig qualifiziert wird. Dieser Eindruck wird jedoch bereits in älteren Entscheidungen widerlegt, da der Gerichtshof im Fall von offensichtlich übermäßigen Belastungen sehr wohl gewillt war, eine Maßnahme nach nur kurzer Untersuchung der Angemessenheit als unverhältnismäßig zu qualifizieren. In den Rs *Faust*[1172] und *Wünsche*[1173] beschäftigte sich der Gerichtshof mit der Verhältnismäßigkeit eines sogenannten Zusatzbetrages, welcher von Importeuren von Champignons bei der Einfuhr in das Gemeinschaftsgebiet zu entrichten war, sofern sie nicht im Besitz einer gültigen Einfuhrlizenz waren. Die Erhebung des Zusatzbetrages war zum Schutz des gemeinschaftlichen Marktes für Champignons eingeführt worden.[1174] Aufgrund der pauschalen Festsetzung des Zusatzbetrages, die nicht nach der Güteklasse der importierten Champignons differenzierte und somit zur Folge hatte, dass Importeure von Champignons niedrigerer Qualität erheblich intensiver belastet wurden und zudem die Höhe des Zusatzbetrages die Kosten der in der Gemeinschaft hergestellten Champignonkonserven niedrigerer Qualität erheblich überstieg, beanstandete der Gerichtshof die Angemessenheit der Maßnahme: *„Ein Zusatzbetrag in einer solchen Höhe, der für die Importeure eine beträchtliche finanzielle Belastung darstellte, ist deshalb gegenüber dem Ziel [...] unverhältnismäßig.“*[1175]

IV.B.4.d.i.b) Beispiele aus der jüngeren Rechtsprechung

Wenngleich in den letzten Jahren eine Entwicklung zu einer intensiveren Untersuchung der Angemessenheit feststellbar ist,[1176] ergehen bisweilen nach wie vor Entscheidungen, in denen die Angemessenheit nur äußert kursorisch behandelt wird. Ein illustratives Beispiel stellt in diesem Zusammenhang das Urteil in der Rs *Deutsches Weintor* dar, in dem der Gerichtshof die Vereinbarkeit von Vor-

---

1170 Urteil Jippes, C-189/01, EU:C:2001:420, Rz 99.
1171 Urteil Affish, C-183/95, EU:C:1997:373, Rz 43.
1172 Urteil Faust, C-24/90, EU:C:1991:387.
1173 Urteil Wünsche, C-25/90, EU:C:1991:388.
1174 Urteil Faust, C-24/90, EU:C:1991:387, Rz 17; Urteil Wünsche, C-25/90, EU:C:1991:388, Rz 18.
1175 Urteil Faust, C-24/90, EU:C:1991:387, Rz 26; Urteil Wünsche, C-25/90, EU:C:1991:388, Rz 27.
1176 Siehe Kapitel IV.B.4.d.ii unten.

schriften zur Etikettierung von alkoholischen Getränken zum Schutz der Gesundheit mit der Berufsfreiheit nach Art 15 Abs 1 GRC und der unternehmerischen Freiheit nach Art 16 GRC bejahte:[1177]

Obwohl der Gerichtshof die Vorschriften ausdrücklich am Maßstab von Charta-Grundrechten untersucht und auf den Grundsatz der Verhältnismäßigkeit verweist, fehlt in der Urteilsbegründung ein Hinweis auf die allgemeine Schrankenklausel des Art 52 GRC. Vielmehr zitiert er zur Einschränkbarkeit der betroffenen Grundrechte seine eigene Rechtsprechung, wenn er festhält, dass *„die freie Berufsausübung [...] nicht absolut gewährleistet wird, sondern im Zusammenhang mit ihrer gesellschaftlichen Funktion zu sehen ist"* und dass Einschränkungen *„keinen im Hinblick auf den verfolgten Zweck unverhältnismäßigen und untragbaren Eingriff darstellen [dürfen], der diese Rechte in ihrem Wesensgehalt antastet."*[1178]

Anschließend verweist er auf seine – den Ausführungen zur Verhältnismäßigkeit vorangestellten – Erwägungen zum Gesundheitsschutz und begründet mE auf diese Weise die Eignung der Maßnahme.[1179] Unter ausdrücklicher Bezugnahme auf den Grundsatz der Verhältnismäßigkeit hält er sodann fest, dass den betroffenen Wirtschaftsteilnehmern *„bezüglich eines konkreten Aspekts [ihrer Berufstätigkeit] bestimmte Beschränkungen auferlegt werden"* und dass *„doch die Beachtung der wesentlichen Aspekte dieser Freiheiten sichergestellt [ist]."*[1180] In dieser Aussage kann zumindest in Ansätzen eine Überlegung zur Angemessenheit erblickt werden, da die Schwere der Beeinträchtigung der Berufsfreiheit angesprochen wird. An anderer Stelle im Urteil ist auch davon die Rede, dass *„ein angemessenes Gleichgewicht"* zwischen den betroffenen Grundrechten[1181] geschaffen wurde.[1182] Schließlich kommt auch rudimentär die Erforderlichkeit zur Sprache, indem der Gerichtshof feststellt, dass die Regelung weder die Herstellung noch den Vertrieb alkoholischer Getränke verbiete, sondern lediglich die Etikettierung und Werbung reglementiere,[1183] weshalb sich somit die gegenständliche Regelung als das gegenüber einem Totalverbot gelindere Mittel her-

---

1177 Urteil Deutsches Weintor, C-544/10, EU:C:2012:526, vgl auch das Urteil Lidl, C-134/15, EU:C:2016:498 (Etikettierung von Geflügelfleisch).

1178 Urteil Deutsches Weintor, C-544/10, EU:C:2012:526, Rz 54.

1179 Urteil Deutsches Weintor, C-544/10, EU:C:2012:526, Rz 55.

1180 Urteil Deutsches Weintor, C-544/10, EU:C:2012:526, Rz 56.

1181 Das legitime Ziel des Gesundheitsschutzes wurde vom EuGH als im gegenständlichen Fall mit der Berufsfreiheit kollidierendes Grundrecht (Art 35 GRC) behandelt.

1182 Urteil Deutsches Weintor, C-544/10, EU:C:2012:526, Rz 59.

1183 Urteil Deutsches Weintor, C-544/10, EU:C:2012:526, Rz 57.

ausstellt. Insgesamt erweist sich in diesem Urteil die Verhältnismäßigkeitsprüfung als wenig sorgfältig.[1184]

In der *Rs McDonagh* hatte der Gerichtshof ebenfalls eine Regelung zu untersuchen, welche (unter anderem) die unternehmerische Freiheit nach Art 16 GRC beeinträchtigte:[1185] Nach der einschlägigen VO 261/2004/EG müssen Fluglinien für die Fluggäste im Fall der Annullierung ihrer Flüge Betreuungsleistungen (Mahlzeiten, Hotelunterbringung) erbringen bis diese ihre Reise fortsetzen können. In seinen Ausführungen zur Verhältnismäßigkeit[1186] verweist der Gerichtshof auf das Urteil *IATA und ELFAA*,[1187] in welchem er bereits die Verpflichtungen der Fluglinien nach der VO anhand der drei Teilgrundsätze beurteilt und als zum Schutz der Fluggäste verhältnismäßig qualifiziert hat. Das Argument der im streitgegenständlichen Fall übermäßigen finanziellen Belastung aufgrund der Annullierung unzähliger Flüge wegen eines Vulkanausbruchs verwirft der Gerichtshof, indem er schlicht darauf verweist, dass die *„finanzielle[n] Folgen für die Luftfahrtunternehmen [...] gemessen an dem Ziel eines hohen Schutzniveaus für die Fluggäste"* nicht unverhältnismäßig sind.[1188] Denn aufgrund der hohen Bedeutung des Verbraucherschutzes könnten *„negative wirtschaftliche Folgen selbst beträchtlichen Ausmaßes für bestimmte Wirtschaftsteilnehmer"* gerechtfertigt werden.[1189]

In der Rs *Ledra Advertising / Kommission und EZB* war (unter anderem) fraglich, ob die Kommission im Rahmen der von dem Direktorium des Europäischen Stabilitätsmechanismus gewährten Finanzhilfe an zypriotische Banken zu einer Verletzung des Eigentumsrechts der Rechtsmittelführer beigetragen habe.[1190] Diese sahen sich in ihrem Grundrecht nach Art 17 GRC verletzt, da im Zuge des Hilfsprogramms Teile ihrer Einlagen bei einer Bank in Aktien dieser notleidenden Bank umgewandelt wurden und andere Teile vorübergehend eingefroren wurden. Der EuGH führt in seiner Begründung aus, dass diese Maßnahmen dem

---

1184 So auch *Wollenschläger*, Die unternehmerische Freiheit (Art. 16 GRCh) als grundrechtlicher Pfeiler der EU-Wirtschaftsverfassung, EuZW 2015, 285 (288). Eine wenig sorgfältige Verhältnismäßigkeitsprüfung findet sich auch in dem Urteil Neptune Distribution, C-157/14, EU:C:2015:823, welchem ebenfalls Vorschriften zur Etikettierung von Getränken zugrunde lagen.

1185 Urteil McDonagh, C-12/11, EU:C:2013:43.

1186 Urteil McDonagh, C-12/11, EU:C:2013:43, Rz 45 ff. Diese Erwägungen sind bei der Prüfung anhand des „allgemeinen Verhältnismäßigkeitsgrundsatzes" verortet. Im Zuge der Grundrechtsprüfung wird anschließend auf sie verwiesen (Rz 64).

1187 Urteil IATA und ELFAA, C-344/04, EU:C:2006:10, Rz 78-92.

1188 Urteil McDonagh, C-12/11, EU:C:2013:43, Rz 47.

1189 Urteil McDonagh, C-12/11, EU:C:2013:43, Rz 48.

1190 Urteil Ledra Advertising / Kommission und EZB, C-8/15 P, C-9/15 P u C-10/15 P, EU:C:2016:701, Rz 68 ff.

legitimen Ziel, nämlich der Sicherung der *„Stabilität des Bankensystems des Euro-Währungsgebiets“* entsprechen[1191] und bejaht auf diese Weise deren Eignung. Seine weiteren Ausführungen, wonach die Aktien unter bestimmten Voraussetzungen in Zukunft wieder rückumgewandelt und bestimmte Beträge an die Inhaber der Einlagen zurückgezahlt werden könnten,[1192] können mE als für eine Erforderlichkeitsprüfung relevante Aspekte qualifiziert werden.[1193] Schließlich stellt der Gerichtshof unter Berücksichtigung des genannten legitimen Ziels fest, dass die streitgegenständlichen Maßnahmen *„in Anbetracht der [...] unmittelbar drohenden Gefahr finanzieller Verluste“* keinen unverhältnismäßigen Grundrechtseingriff für die Einleger darstellen[1194] und bejaht auf diese Weise auch die Angemessenheit.

IV.B.4.d.i.c) Indiz für richterliche Zurückhaltung?

In der großen Mehrzahl jener Urteile, in denen der Gerichtshof nur äußerst kursorische Erwägungen zur Angemessenheit des Grundrechtseingriffs vorgenommen hat, stellte er keinen Verstoß gegen den Grundsatz der Verhältnismäßigkeit fest. Folglich stellt sich – insbesondere wenn keine für eine tatsächliche Angemessenheitsprüfung typische Gegenüberstellung der widerstreitenden Interessen vorgenommen wird – die Frage, ob diese Erwägungen tatsächlich einen eigenen Prüfschritt der Verhältnismäßigkeitsprüfung darstellen oder nicht vielmehr vom EuGH verwendet werden, um die anderen beiden Teilgrundsätze weniger intensiv zu überprüfen. Dass diese Erwägungen in den Urteilen regelmäßig im Rahmen der Untersuchung der Erforderlichkeit auftauchen, spricht mE für deren primäre Relevanz bei der Erforderlichkeitsprüfung. Unabhängig davon ist ein möglicher – die Kontrolldichte reduzierender – Einfluss auf die Prüfung dieses Teilgrundsatzes in der Praxis wesentlich bedeutender als auf die Prüfung der Eignung, da der EuGH die Eignung eines Grundrechtseingriffs ohnehin nur sehr zurückhaltend untersucht.[1195]

Eine mögliche Erklärung für die Heranziehung von Angemessenheitsüberlegungen zur Abschwächung der Erforderlichkeitsprüfung findet sich bei *Bilchitz*: Ausgehend von dem Befund, dass die Höchstgerichte in verschiedenen Staaten die Prüfung der Erforderlichkeit dergestalt verstehen, dass kein alternatives Mit-

---

1191 Urteil Ledra Advertising / Kommission und EZB, C-8/15 P, C-9/15 P u C-10/15 P, EU:C:2016:701, Rz 71.

1192 Urteil Ledra Advertising / Kommission und EZB, C-8/15 P, C-9/15 P u C-10/15 P, EU:C:2016:701, Rz 73.

1193 Mit anderen Worten ist das streitgegenständliche Maßnahmenpaket ein gelinderes Mittel als ein alternatives, welches diese Möglichkeiten für die Inhaber der Einlagen nicht vorsieht.

1194 Urteil Ledra Advertising / Kommission und EZB, C-8/15 P, C-9/15 P u C-10/15 P, EU:C:2016:701, Rz 74.

1195 Zur zurückhaltenden Prüfung der Eignung siehe Kapitel IV.B.2.a oben.

tel vorhanden sein darf, das das angestrebte Ziel gleich wirksam erreicht, untersucht er die dogmatische Rechtfertigung für diese strikte Erforderlichkeitsprüfung (*"strict interpretation of necessity"*).[1196] Er erblickt sie in dem Prinzipienmodell nach *Alexy*,[1197] wonach jede Norm entweder als Regel oder als Prinzip zu qualifizieren sei.[1198] Da Grundrechte als Prinzipien zu qualifizieren seien und als solche Optimierungsgebote darstellen, folge daraus das Erfordernis einer strikten Erforderlichkeitsprüfung.[1199] Dies habe jedoch die aus dem Blickwinkel der Gewaltenteilung bedenkliche Konsequenz, dass die Rechtfertigung von Grundrechtseingriffen eine hohe Hürde für die zuständigen staatlichen Organe darstellt.[1200] Zur Lösung dieser Problematik schlägt *Bilchitz* eine gemäßigte Erforderlichkeitsprüfung (*"moderate interpretation of necessity"*) vor.[1201] Dabei gehe es im Kern um die Beurteilung, ob die gewählte Maßnahme im Vergleich zu den tatsächlich realisierbaren Alternativmaßnahmen die beste ist.[1202] Ob die Maßnahme die beste ist, hänge vom Grad der Zielerreichung und der Grundrechtsbeeinträchtigung ab.[1203] Durch das Einfließen lassen von Angemessenheitsüberlegungen in die Prüfung der Erforderlichkeit wird sie somit in ihrer Strenge abgemildert.

Da nicht nur nationale Verfassungsgerichte, sondern auch der EuGH das Kriterium der Erforderlichkeit grundsätzlich im Sinne des Fehlens gleich wirksamer, aber das Grundrecht weniger beeinträchtigender Mittel verstehen,[1204] liegt nahe, dass auch der EuGH bisweilen unter Heranziehung von Angemessenheitsüberlegungen eine gemäßigte Erforderlichkeitsprüfung vornimmt, um die Anforderungen an die Legitimität eines Grundrechtseingriffs herabzusetzen. Dies soll im Folgenden anhand des Urteils in der Rs *Deutsches Weintor*[1205] veranschaulicht werden:

Streitgegenständlich war die Vereinbarkeit von Vorschriften zur Etikettierung von alkoholischen Getränken zum Schutz der Gesundheit mit dem Recht auf freie wirtschaftliche Betätigung.[1206] Bereits am Beginn der Rechtfertigungsprüfung weist der EuGH in seiner Begründung darauf hin, dass das Grundrecht auf

---

1196 *Bilchitz*, Necessity 43.
1197 Siehe hierzu ausführlich Kapitel II.G.3.b oben
1198 *Bilchitz*, Necessity 43.
1199 *Bilchitz*, Necessity 43.
1200 *Bilchitz*, Necessity 44 f.
1201 *Bilchitz*, Necessity 51 ff.
1202 *Bilchitz*, Necessity 56.
1203 *Bilchitz*, Necessity 56.
1204 Siehe Kapitel IV.B.2.b oben.
1205 Urteil Deutsches Weintor, C-544/10, EU:C:2012:526.
1206 Siehe hierzu bereits Kapitel IV.B.4.d.i.b) oben.

wirtschaftliche Betätigung mit jenem auf Gesundheitsschutz in Einklang gebracht werden müsse, sodass ein angemessenes Gleichgewicht bestehe.[1207] Anschließend hebt er die besondere Gefährlichkeit von alkoholischen Getränken für die menschliche Gesundheit hervor[1208] und unterstreicht auf diese Weise mE das Gewicht des legitimen Ziels. In weiterer Folge führt er aus, dass sich das Verbot mit der Notwendigkeit rechtfertigen lasse, ein hohes Gesundheitsschutzniveau sicherzustellen[1209] und dass weder die Herstellung noch der Vertrieb von alkoholischen Getränken verboten werden, weshalb dieser Grundrechtseingriff gerechtfertigt sei.[1210] Mit anderen Worten begründete der Gerichtshof die Erforderlichkeit somit äußert kursorisch ausschließlich mit der Bedeutung eines hohen Gesundheitsschutzniveaus und der Nennung eines totalen Verbots der Produktion und des Verkaufs von alkoholischen Getränken als denkbare, jedoch das Grundrecht weit schwerer beeinträchtigende, Alternativmaßnahme.

IV.B.4.d.ii. Umfassende Prüfung der Angemessenheit

IV.B.4.d.ii.a) Die Rechte nach Art 6, 7 und 8 GRC

Die stetig wachsende Bedeutung des Teilgrundsatzes der Angemessenheit zeigt sich vor allem in Urteilen, in welchen sich der Gerichtshof mit den Rechten nach Art 7 und 8 GRC beschäftigt.[1211] Dabei tritt er zum einen – wie in Kapitel IV.B.4.b.ii dargestellt – als einziges Kriterium der Verhältnismäßigkeit auf, zum anderen stellt er in vielen Urteilen einen Teil der Verhältnismäßigkeitsprüfung dar. Darüber hinaus ist eine umfassende Auseinandersetzung mit der Angemessenheit auch in Urteilen zu Art 6 GRC nachweisbar.

Besonders eindrücklich zeigt sich die Relevanz der Angemessenheit bereits in der Rs *Schecke und Eifert*:[1212] Streitgegenständlich war die Grundrechtskonformität einer Verpflichtung nach der VO 259/2008/EG, wonach die Mitgliedstaaten die Empfänger von Agrarbeihilfen im Internet veröffentlichen mussten. Diese Maßnahme hatte das Ziel, die Transparenz in Bezug auf die Verwendung von Gemeinschaftsmitteln zu erhöhen und die Wirtschaftlichkeit der Fonds, welche die Beihilfen verwalten, zu verbessern.[1213] Wenngleich das vorlegende Gericht Bedenken im Lichte von Art 8 EMRK hatte, nahm der Gerichtshof seine Prüfung

---

[1207] Urteil Deutsches Weintor, C-544/10, EU:C:2012:526, Rz 47.

[1208] Urteil Deutsches Weintor, C-544/10, EU:C:2012:526, Rz 48.

[1209] Urteil Deutsches Weintor, C-544/10, EU:C:2012:526, Rz 52.

[1210] Urteil Deutsches Weintor, C-544/10, EU:C:2012:526, Rz 57 ff.

[1211] Zur zentralen Rolle der Abwägung im Rahmen der Verhältnismäßigkeitsprüfung bei Eingriffen in die Rechte nach Art 7 und 8 GRC vgl *Nettesheim*, in: Grabenwarter (Hrsg.), Europäischer Grundrechtsschutz – Enzyklopädie Europarecht, Band 2 (2014) § 9 Rz 58.

[1212] Urteil Schecke und Eifert, C-92/09 u C-93/09, EU:C:2010:662.

[1213] Urteil Schecke und Eifert, C-92/09 u C-93/09, EU:C:2010:662, Rz 19.

anhand der Art 7 und 8 GRC vor, jedoch nicht ohne auf die einschlägige Judikatur des EGMR Bezug zu nehmen.[1214]

Im Rahmen der Prüfung der Rechtfertigung des Eingriffs zitiert der Gerichtshof einleitend Art 52 Abs 1 GRC, hält anschließend in Anlehnung an den EGMR fest, dass untersucht werden müsse, ob die Einschränkungen der einschlägigen Rechte der GRC *„in einem angemessenen Verhältnis zu dem verfolgten berechtigten Zweck"* stehen, und verweist in weiterer Folge auf seine eigene Rechtsprechung, wonach der Eingriff geeignet und erforderlich sein müsse.[1215] Nach Feststellung der Eignung[1216] spricht der EuGH aus, dass bei der Untersuchung der Erforderlichkeit zu berücksichtigen ist, dass die Verfolgung des legitimen Ziels mit den Rechten nach Art 7 und 8 GRC in Einklang zu bringen ist.[1217] Dabei sei zu prüfen, ob die Unionsorgane die widerstreitenden Interessen *„ausgewogen gewichtet haben."*[1218] Nach dieser Urteilspassage misst der Gerichtshof der Erforderlichkeit offensichtlich den Sinngehalt des Teilgrundsatzes der Angemessenheit bei.[1219] Im Anschluss kritisiert er, dass die Unionsorgane prüfen hätten müssen, ob die Information auf einer jederzeit und von jedem Ort frei zugänglichen Internetseite veröffentlicht werden musste ohne nach Häufigkeit, Bezugshöhe oder Umfang der gewährten Beihilfen zu differenzieren, um *„eine ausgewogene Gewichtung der verschiedenen beteiligten Interessen" sicherzustellen.*[1220] *Aufgrund dieser Erwägungen qualifiziert der* Gerichtshof die Veröffentlichung der Daten von natürlichen Personen als unverhältnismäßig, während er bei juristischen Personen keine Bedenken hegt, da der Schutz personenbezogener Daten bei diesen ein anderes Gewicht habe und da für juristische Personen grundsätzlich eine erweiterte Verpflichtung zur Veröffentlichung von Daten bestehe.[1221]

Die Ausführungen zur Verhältnismäßigkeit sind in dem Urteil dadurch gekennzeichnet, dass der Gerichtshof die Prüfung der Erforderlichkeit mit jener der Angemessenheit vermengt und sich nur die Untersuchung der Eignung als eigen-

---

1214 Urteil Schecke und Eifert, C-92/09 u C-93/09, EU:C:2010:662, Rz 44 ff. Die Prüfung anhand der beiden Charta-Grundrechte ist insofern bemerkenswert, als die GRC zum Zeitpunkt der Streitanhängigkeit noch nicht in Kraft getreten war.

1215 Urteil Schecke und Eifert, C-92/09 u C-93/09, EU:C:2010:662, Rz 65, 72 u 74.

1216 Urteil Schecke und Eifert, C-92/09 u C-93/09, EU:C:2010:662, Rz 75.

1217 Urteil Schecke und Eifert, C-92/09 u C-93/09, EU:C:2010:662, Rz 76.

1218 Urteil Schecke und Eifert, C-92/09 u C-93/09, EU:C:2010:662, Rz 77; vgl hierzu auch *Guckelberger,* Veröffentlichung der Leistungsempfänger von EU-Subventionen und unionsgrundrechtlicher Datenschutz, EuZW 2011, 126 (129).

1219 *Kottmann,* Introvertierte Rechtsgemeinschaft (2014) 100 (Fn 107) spricht von einer Prüfung der Angemessenheit *„unter dem Etikett der Erforderlichkeit"*.

1220 Urteil Schecke und Eifert, C-92/09 u C-93/09, EU:C:2010:662, Rz 79.

1221 Urteil Schecke und Eifert, C-92/09 u C-93/09, EU:C:2010:662, Rz 86 f; kritisch *Riesz,* Grundrechtsschutz personenbezogener Daten durch den EuGH – quo vadis? ZfV 2012, 636 (640).

ständiger Prüfschritt lokalisieren lässt.[1222] Dass der Gerichtshof häufig keine klare Trennung zwischen diesen beiden Teilgrundsätzen vornimmt, wurde in der Literatur bereits einige Zeit vor dieser Entscheidung festgestellt.[1223] Bemerkenswert ist folglich nicht die mangelnde Trennung der Teilgrundsätze als vielmehr die umfassende Auseinandersetzung mit den Argumenten im Rahmen der Verhältnismäßigkeitsprüfung, welche letztlich zur Ungültigerklärung der Maßnahme im Hinblick auf natürliche Personen führte. Das Urteil stellt folglich den Ausgangspunkt für die nachfolgende Rechtsprechung des Gerichtshofes dar, die im Hinblick auf die Rechte nach Art 7 und 8 GRC umfassende Erwägungen zur Verhältnismäßigkeit vornimmt:

In der Rs *Schwarz* hatte der Gerichtshof zu beurteilen, ob die verpflichtende Speicherung von Fingerabdrücken in Reisepässen aufgrund der VO 2252/2004/EG gegen europäische Grundrechte verstößt.[1224] Durch Speicherung der Fingerabdrücke sollten Reisepässe zum einen vor Fälschung geschützt werden und zum anderen sollte verhindert werden, dass sie von anderen Personen als dem berechtigten Inhaber verwendet werden.[1225] Nachdem der Gerichtshof wenig überraschend die Eignung des Eingriffs in die Rechte nach Art 7 und Art 8 GRC bejaht,[1226] untersucht er dessen Erforderlichkeit. Dabei hebt er hervor, dass nur die Speicherung der Abdrücke zweier Finger vorgeschrieben sei und vor allem, dass lediglich die Speicherung eines Bildes der Iris des Auges gleich wirksam die legitimen Ziele erreichen könne.[1227] Da für den Gerichtshof nichts darauf hindeutet, dass die Erfassung der Iris weniger intensiv in die betroffenen Grundrechte eingreift, verwirft er sie als gelinderes Mittel zu Zielerreichung.[1228] In weiterer Folge nimmt der Gerichtshof eine ineinander übergehende Prüfung der Erforderlichkeit und Angemessenheit vor. Dabei hebt er hervor, dass die Fingerabdrücke nach den Bestimmungen der VO ausschließlich *„auf einem in den Reisepass integrierten Speichermedium mit hohem Sicherheitsstandard gespeichert werden“*[1229] und sie an keinem Ort zentral aufbewahrt werden.[1230] Aufgrund dieser Vorkehrungen gegen eine missbräuchliche Verwendung der gespeicherten Daten und aufgrund der hohen Bedeutung von Fingerabdrücken

---

1222 Vgl hierzu auch ausführlich *Wagner*, Neuanlauf bei der Beihilfentransparenz in der GAP, in: Jaeger/Haslinger (Hrsg.), Jahrbuch Beihilferecht 2013 (2013) 569 (580 ff).

1223 *Tridimas*, Proportionality 68.

1224 Urteil Schwarz, C-291/12, EU:C:2013:670.

1225 Urteil Schwarz, C-291/12, EU:C:2013:670, Rz 36.

1226 Urteil Schwarz, C-291/12, EU:C:2013:670, Rz 41-45.

1227 Urteil Schwarz, C-291/12, EU:C:2013:670, Rz 46 ff.

1228 Urteil Schwarz, C-291/12, EU:C:2013:670, Rz 51.

1229 Urteil Schwarz, C-291/12, EU:C:2013:670, Rz 57.

1230 Urteil Schwarz, C-291/12, EU:C:2013:670, Rz 60 ff.

bei der Identifizierung von Personen, erachtet der Gerichtshof die verpflichtende Speicherung von Fingerabdrücken als gerechtfertigt.[1231]

Umfassende Erwägungen zur Verhältnismäßigkeit finden sich auch im viel beachteten Urteil *Digital Rights Ireland und Seitlinger*, in welchem die Ungültigkeit der Vorratsdaten-RL 2006/24/EG festgestellt wurde.[1232] Streitgegenständlich war die Verpflichtung von Unternehmen im Kommunikationssektor, gewisse Daten ihrer Kunden, die im Zuge der elektronischen Kommunikation erzeugt oder verarbeitet werden, für einen bestimmten Zeitraum zu speichern.[1233] Die Zielsetzung dieser Maßnahme bestand in der Bekämpfung schwerer Kriminalität und des internationalen Terrorismus, sohin in der Aufrechterhaltung der öffentlichen Sicherheit.[1234]

Schon bei der Frage nach dem Vorliegen eines Eingriffs in die Rechte nach Art 7 und Art 8 GRC hebt der EuGH dessen besondere Schwere hervor, da die Vorratsdatenspeicherung *„geeignet [ist], bei den Betroffenen [...] das Gefühl zu erzeugen, dass ihr Privatleben Gegenstand einer ständigen Überwachung ist.“*[1235] Die dadurch zum Ausdruck kommende Angst vor *„Verhältnissen eines orwellschen Überwachungsstaats“*[1236] führt ihn gemeinsam mit der großen Bedeutung des Schutzes personenbezogener Daten für die Achtung der Privatsphäre zu der Schlussfolgerung, dass der Unionsgesetzgeber im Rahmen der Verhältnismäßigkeitsprüfung einer strengen Kontrolle unterliegt.[1237]

Die Eignung der Maßnahme bejaht der EuGH mit dem Hinweis, dass die Speicherung der Daten *„zusätzliche Möglichkeiten [...] für strafrechtliche Ermittlungen“* bietet und sieht in dem Umstand, dass es Kommunikationswege gibt, welche von der streitgegenständlichen RL nicht erfasst sind und somit anonyme Kommunikation ermöglichen, kein Hindernis für die Eignung.[1238] Unter dem

---

1231 Urteil Schwarz, C-291/12, EU:C:2013:670, Rz 57 ff.

1232 Urteil Digital Rights Ireland und Seitlinger, C-293/12 u C-594/12, EU:C:2014:238. Eine intensive Verhältnismäßigkeitsprüfung vollzog der EuGH auch in dem Urteil Tele2 Sverige, C-203/15 u C-698/15, EU:C:2016:970, in dem er die nationalen gesetzlichen Grundlagen für die Vorratsdatenspeicherung in Schweden und dem Vereinigten Königreich in Anlehnung an das Urteil Digital Rights Ireland und Seitlinger als unverhältnismäßig qualifizierte.

1233 Urteil Digital Rights Ireland und Seitlinger, C-293/12 u C-594/12, EU:C:2014:238, Rz 25.

1234 Urteil Digital Rights Ireland und Seitlinger, C-293/12 u C-594/12, EU:C:2014:238, Rz 41 ff.

1235 Urteil Digital Rights Ireland und Seitlinger, C-293/12 u C-594/12, EU:C:2014:238, Rz 37.

1236 *Lenaerts*, In Vielfalt geeint / Grundrechte als Basis des europäischen Integrationsprozesses, EuGRZ 2015, 353 (356).

1237 Urteil Digital Rights Ireland und Seitlinger, C-293/12 u C-594/12, EU:C:2014:238, Rz 48; vgl auch *Priebe*, Reform der Vorratsdatenspeicherung – strenge Maßstäbe des EuGH, EuZW 2014, 456 (458).

1238 Urteil Digital Rights Ireland und Seitlinger, C-293/12 u C-594/12, EU:C:2014:238, Rz 49 f.

Titel der Erforderlichkeit prüft der Gerichtshof anschließend wiederum die beiden Teilgrundsätze der Erforderlichkeit und Angemessenheit:

Einschränkungen des Schutzes personenbezogener Daten seien *„auf das absolut Notwendige [zu] beschränken."*[1239] Darüber hinaus müsse die RL gewisse Anforderungen normieren, damit ein wirksamer Schutz gegen den Zugang zu den gespeicherten Daten durch nicht berechtigte Personen und sonstige Missbrauchsmöglichkeiten besteht.[1240] Da die RL auf sämtliche weit verbreitete elektronische Kommunikationsmittel Anwendung finde, werde folglich in die Grundrechte des größten Teils der europäischen Bevölkerung eingegriffen.[1241]

In seinen weiteren Ausführungen bemängelt der Gerichtshof das Fehlen einer in der RL vorgesehenen Einschränkung der Vorratsdatenspeicherung auf bestimmte Personen, bestimmte Zeiträume und / oder ein bestimmtes geografisches Gebiet.[1242] In diesem Zusammenhang weist *Grabenwarter* darauf hin, dass dieser Umstand nicht die Mangelhaftigkeit der RL bewirken könne, da eine *ex ante* vorgenommene Einschränkung gerade nicht mit dem Wesen einer Datenspeicherung auf Vorrat vereinbar sei.[1243] Vielmehr könne die mangelnde Einschränkung lediglich als Argument für die Schwere des Grundrechtseingriffs ins Treffen geführt werden.[1244] Aufgrund der Einbettung der Erwägungen zu der mangelnden Einschränkung in der kombinierten Prüfung von Erforderlichkeit und Angemessenheit kann mE davon ausgegangen werden, dass der Gerichtshof diese Erwägungen als Hinweis auf die Schwere des Eingriffs verstanden wissen will.

Überdies beanstandet der Gerichtshof, dass in der RL *„kein objektives Kriterium"* enthalten ist, welches die Verwendung der gespeicherten Daten durch die nationalen Behörden auf schweren Straftaten beschränkt.[1245] Denn die Verwendung der Daten für sämtliche Straftaten sei aufgrund der Schwere des Eingriffs nicht zu rechtfertigen,[1246] womit der EuGH unzweifelhaft die Angemessenheit der Maßnahme anspricht. Auch in der Kritik, wonach die Speicherung der Daten pauschal für mindestens sechs Monate zu erfolgen habe, ohne ihren potenziellen Nutzen für die Erreichung des verfolgten Ziels zu berücksichtigen,[1247] kommt die Angemessenheit zum Ausdruck. Dies gilt darüber hinaus auch für die Rüge des

1239 Urteil Digital Rights Ireland und Seitlinger, C-293/12 u C-594/12, EU:C:2014:238, Rz 52.
1240 Urteil Digital Rights Ireland und Seitlinger, C-293/12 u C-594/12, EU:C:2014:238, Rz 54.
1241 Urteil Digital Rights Ireland und Seitlinger, C-293/12 u C-594/12, EU:C:2014:238, Rz 56.
1242 Urteil Digital Rights Ireland und Seitlinger, C-293/12 u C-594/12, EU:C:2014:238, Rz 57 ff.
1243 *Grabenwarter*, Das Recht auf informationelle Selbstbestimmung im Europarecht und im Verfassungsrecht, AnwBl 2015, 404 (407).
1244 *Grabenwarter*, AnwBl 2015, 407 unter Verweis auf VfGH 27.6.2014, G 47/2012 ua.
1245 Urteil Digital Rights Ireland und Seitlinger, C-293/12 u C-594/12, EU:C:2014:238, Rz 60.
1246 Urteil Digital Rights Ireland und Seitlinger, C-293/12 u C-594/12, EU:C:2014:238, Rz 60.
1247 Urteil Digital Rights Ireland und Seitlinger, C-293/12 u C-594/12, EU:C:2014:238, Rz 63.

Gerichtshofes, dass die RL keine speziellen Bestimmungen gegen Missbrauch enthält, welche der großen Menge und dem sensiblen Charakter der gespeicherten Daten sowie der Gefahr vor unberechtigter Nutzung gerecht werden.[1248]

In der Rs *N.* hatte der Gerichtshof zu beurteilen, ob Art 8 Abs 3 lit e der RL 2013/33/EU, welcher die Mitgliedstaaten berechtigt, einen Asylantragsteller in Haft zu nehmen, wenn es aus Gründen der öffentlichen Ordnung oder nationalen Sicherheit erforderlich ist, gegen Art 6 GRC verstößt.[1249] In seiner Begründung fordert der EuGH die Beachtung aller drei Elemente des Verhältnismäßigkeitsgrundsatzes[1250] und prüft sie anschließend auch tatsächlich.[1251] Die Eignung ergibt sich für den EuGH nachvollziehbar aus dem Umstand, dass die Inhaftnahme einer Person, deren Verhalten eine Gefahr darstellen kann, die Öffentlichkeit schützen kann.[1252] Die Erforderlichkeit begründet der EuGH vor allem mit dem Wortlaut von Art 8 der RL, da eine Inhaftnahme nur zulässig ist, wenn sie *„erforderlich ist"*[1253] und die verschiedenen Gründe für eine Inhaftnahme in dieser Bestimmung taxativ aufgezählt werden.[1254] In Bezug auf die Angemessenheit hält der Gerichtshof fest, dass eine Inhaftnahme nur nach erfolgter Einzelfallprüfung der nationalen Behörden erfolgen kann, wenn die Gefährdung der öffentlichen Ordnung oder nationalen Sicherheit durch die betroffene Person *„der Schwere des mit solchen Maßnahmen verbundenen Eingriffs in das Recht auf Freiheit [...] entspricht"*[1255] und wendet diese Erfordernisse anschließend auf den konkreten Sachverhalt an.[1256] Im Ergebnis bejaht er die Gültigkeit der streitgegenständlichen Bestimmung im Lichte der Art 6 und 52 GRC.[1257]

IV.B.4.d.ii.b) Gleichbehandlung und Nichtdiskriminierung

Eine umfassende Untersuchung der Angemessenheit nimmt der Gerichtshof nicht nur bei der Prüfung von Eingriffen in die Rechte nach den Art 6, 7 und 8 GRC vor: In der Rs *Glatzel* war zu beurteilen, ob die in der RL 2006/126/EG vorgesehenen Mindestanforderungen an das Sehvermögen für die Erteilung einer Fahrerlaubnis gegen die Rechte auf Gleichheit vor dem Gesetz nach Art 20 GRC

1248 Urteil Digital Rights Ireland und Seitlinger, C-293/12 u C-594/12, EU:C:2014:238, Rz 66.
1249 Urteil N., C-601/15 PPU, EU:C:2016:84.
1250 Urteil N., C-601/15 PPU, EU:C:2016:84, Rz 54.
1251 Urteil N., C-601/15 PPU, EU:C:2016:84, Rz 55 ff.
1252 Urteil N., C-601/15 PPU, EU:C:2016:84, Rz 55.
1253 Urteil N., C-601/15 PPU, EU:C:2016:84, Rz 58.
1254 Urteil N., C-601/15 PPU, EU:C:2016:84, Rz 59.
1255 Urteil N., C-601/15 PPU, EU:C:2016:84, Rz 69.
1256 Urteil N., C-601/15 PPU, EU:C:2016:84, Rz 71 ff.
1257 Urteil N., C-601/15 PPU, EU:C:2016:84, Rz 82.

und Nichtdiskriminierung nach Art 21 GRC verstoßen.[1258] Im Rahmen der Verhältnismäßigkeitsprüfung hält der Gerichtshof eingangs fest, dass *„der Unionsgesetzgeber in Bezug auf komplexe medizinische Prüfungen [...] über ein weites Ermessen verfügt"* und sich seine Kontrolle daher auf offensichtliche Ermessensfehler beschränkt.[1259]

Während der Teilgrundsatz der Eignung nur implizit untersucht wird, indem der EuGH festhält, dass es sich bei der Untersagung der Teilnahme am Straßenverkehr um *„ein wirksames Mittel zur Verbesserung der Verkehrssicherheit"*[1260] handelt, spricht er explizit die Erforderlichkeit an.[1261] In weiterer Folge wird umfassend geprüft, ob die konkrete Festlegung der Mindestsehschärfe *„nicht außer Verhältnis zu dem verfolgten Ziel steht."*[1262] Für den Ausgang der Abwägung ist wesentlich, dass einschlägige wissenschaftliche Arbeiten betreffend Art und Umfang der Gefährdung der menschlichen Gesundheit durch Verkehrsteilnehmer, welche diese Mindestsehschärfe nicht aufweisen, nicht vorhanden waren.[1263] In derartigen Konstellationen sei der Unionsgesetzgeber berechtigt, Schutzmaßnahmen zu treffen *„ohne abwarten zu müssen, bis das Vorliegen und die Schwere der Risiken in vollem Umfang nachgewiesen sind."*[1264] Dem Ziel der Erhöhung der Verkehrssicherheit, welches letztendlich dem Gesundheitsschutz diene, dürfe im gegenständlichen Fall Vorrang gegenüber dem Recht des Betroffenen auf Nichtdiskriminierung eingeräumt werden, weshalb die Gültigkeit der RL 2006/126/EG bestätigt wurde.[1265]

Im jüngst ergangenen Urteil in der Rs *Léger* nimmt der Gerichtshof ebenfalls eine umfassende dreiteilige Verhältnismäßigkeitsprüfung im Rahmen der Untersuchung einer etwaigen Verletzung von Art 21 GRC vor.[1266] Streitgegenständlich war in diesem Verfahren die Rechtmäßigkeit des dauerhaften Ausschlusses von Männern Blut zu spenden, sofern sie sexuelle Beziehungen zu anderen Männern hatten, da sie einem höheren Risiko an – durch das Blut übertragbaren – Infektionskrankheiten zu leiden, unterliegen.[1267]

[1258] Urteil Glatzel, C-356/12, EU:C:2014:350.
[1259] Urteil Glatzel, C-356/12, EU:C:2014:350, Rz 52.
[1260] Urteil Glatzel, C-356/12, EU:C:2014:350, Rz 55.
[1261] Urteil Glatzel, C-356/12, EU:C:2014:350, Rz 54.
[1262] Urteil Glatzel, C-356/12, EU:C:2014:350, Rz 57.
[1263] Urteil Glatzel, C-356/12, EU:C:2014:350, Rz 65.
[1264] Urteil Glatzel, C-356/12, EU:C:2014:350, Rz 65.
[1265] Urteil Glatzel, C-356/12, EU:C:2014:350, Rz 66 ff.
[1266] Urteil Léger, C-528/13, EU:C:2015:288, Rz 50 ff.
[1267] Urteil Léger, C-528/13, EU:C:2015:288, Rz 30.

Auch die Urteile in den Rs *HK Danmark,*[1268] *Hörnfeldt,*[1269] *Fuchs und Köhler,*[1270] *Mangold,*[1271] *Ingeniørforeningen i Danmark,*[1272] *Georgiev*[1273] und *Kommission / Ungarn*[1274] betreffend gerügte Diskriminierungen wegen des Alters weisen Erwägungen zu sämtlichen Teilgrundsätzen des Verhältnismäßigkeitsgrundsatzes auf,[1275] wenngleich im Gegensatz zum Urteil *Léger* nicht auf Art 52 Abs 1 GRC Bezug genommen wird.[1276]

IV.B.4.d.ii.c) Die Rechte nach Art 15 und Art 16 GRC

Das Recht auf wirtschaftliche Betätigung, welches in der Rechtsprechung des EuGH lange Zeit „vernachlässigt" wurde, indem häufig nicht mehr als oberflächliche Erwägungen zum Verhältnismäßigkeitsgrundsatz vorgenommen wurden, hat in den letzten Jahren eine Aufwertung erfahren. Als Musterbeispiele für umfassende und klar strukturierte Verhältnismäßigkeitsprüfungen sind die Urteile in den Rs *Sky Österreich*[1277] und *Schaible*[1278] hervorzuheben:

Nach der in der Rs *Sky Österreich* anwendbaren Rechtslage hatten Fernsehveranstalter, welche Inhaber exklusiver Übertragungsrechte waren, den übrigen Fernsehveranstaltern Zugang zu ihren Exklusiv-Übertragungen von Ereignissen von großem öffentlichen Interesse zum Zwecke der Kurzberichterstattung zu gewähren. Fraglich war, ob die in der RL 2010/13/EU vorgesehene Entschädi-

---

1268 Urteil HK Danmark, C-476/11, EU:C:2013:590, Rz 55 ff. Unstrukturierte Überlegungen zur Verhältnismäßigkeit im Rahmen einer Gleichheitsprüfung finden sich auch im Urteil Arcelor Atlantique und Lorraine, C-127/07, EU:C:2008:78, Rz 46 ff.

1269 Urteil Hörnfeldt, C-141/11, EU:C:2012:421, Rz 37 ff.

1270 Urteil Fuchs und Köhler, C-159/10 u C-160/10, EU:C:2011:508, Rz 35 ff.

1271 Urteil Mangold, C-144/04, EU:C:2005:709, Rz 59 ff.

1272 Urteil Ingeniørforeningen i Danmark, C-499/08, EU:C:2010:600, Rz 31 ff.

1273 Urteil Georgiev, C-250/09 u C-268/09, EU:C:2010:699, Rz 49 ff.

1274 Urteil Kommission / Ungarn, C-286/12, EU:C:2012:687, Rz 55 ff.

1275 Häufig verschwimmen im Rahmen der Verhältnismäßigkeitsprüfung die Erwägungen zur Erforderlichkeit und Angemessenheit. Vgl etwa besonders augenscheinlich im Urteil Kommission / Ungarn, C-286/12, EU:C:2012:687, Rz 65 ff.

1276 Erklärbar ist dies durch den Umstand, dass diese Urteile häufig mitgliedstaatliche Ungleichbehandlungen zum Gegenstand hatten, welche nicht anhand der primärrechtlichen Gleichbehandlungsgebote und Diskriminierungsverbote, sondern anhand des hierzu ergangenen Sekundärrechts zu beurteilen waren. Folglich stützte der EuGH in diesen Fällen seine Erwägungen zur Verhältnismäßigkeit nicht auf Art 52 Abs 1 GRC, sondern auf das Verhältnismäßigkeitsgebot der jeweils anwendbaren RL (vgl etwa Art 6 Abs 1 der RL 2000/78/EG).

1277 Urteil Sky Österreich, C-283/11, EU:C:2013:28; so auch *Grabenwarter*, in: Grabenwarter (Hrsg.), Europäischer Grundrechteschutz – Enzyklopädie Europarecht, Band 2 (2014) § 13 Rz 47 u *von Danwitz*, Verfassungsrechtlich Herausforderungen in der jüngeren Rechtsprechung des EuGH, EuGRZ 2013, 253 (256).

1278 Urteil Schaible, C-101/12, EU:C:2013:661.

gung für die Inhaber exklusiver Rechte gegen Art 16 GRC verstoße, da sie die direkt mit der Zugangsgewährung verbundenen Kosten nicht übersteigen durfte.

Die legitimen Ziele des Grundrechtseingriffs bestehen nach den Ausführungen des EuGH in der Sicherung der Informationsfreiheit nach Art 11 Abs 1 GRC und des Medienpluralismus nach Art 11 Abs 2 GRC.[1279] Nach Bejahung der Eignung[1280] prüft der Gerichtshof, ob die Gewährung des Zugangs gegen Erstattung eines höheren Betrages, welcher auch einen Teil der Kosten für den Erwerb der Exklusivrechte inkludiert, einen gelinderen und gleich wirksamen Eingriff in die unternehmerische Freiheit darstellt.[1281] Aufgrund des Umstandes, dass ein höherer Erstattungsbetrag bestimmte Fernsehveranstalter davon abhalten könnte, ihr Recht auf Zugang geltend zu machen und somit potenziell die Information der Öffentlichkeit über bedeutende Ereignisse erschwert, beurteilt der Gerichtshof das Alternativmittel als nicht gleich wirksam und bejaht somit die Erforderlichkeit des Eingriffs.[1282]

Im Zuge der abschließenden Abwägung zwischen den kollidierenden Grundrechten erachtet der Gerichtshof insbesondere als maßgeblich, dass der wirtschaftliche Vorteil der übrigen Fernsehveranstalter präzise beschränkt ist, da die Kurzberichterstattung nur im Rahmen von allgemeinen Nachrichtensendungen erfolgen und die Dauer von 90 Sekunden nicht überschreiten darf, sowie mit einer Quellenangabe zu versehen ist.[1283] Darüber hinaus weist er darauf hin, dass Ereignisse von öffentlichem Interesse zunehmend exklusiv vermarktet werden[1284] und gelangt somit schlussendlich zur Feststellung der Angemessenheit.[1285]

In der Rs *Schaible* hatte sich der Gerichtshof mit der Verpflichtung, Schafe und Ziegen elektronisch zu kennzeichnen, um die Verbreitung ansteckender Tierkrankheiten zu verhindern, auseinanderzusetzen.[1286] Im Rahmen der Verhältnismäßigkeitsprüfung des Eingriffs in Art 16 GRC findet sich in dem Urteil der Hinweis auf das weite Ermessen des Unionsgesetzgebers im Bereich der Gemeinsamen Agrarpolitik, weshalb die gerichtliche Kontrolle auf offensichtliche Ermessensfehler beschränkt sei.[1287] Ungeachtet dieser Einschränkung der Kon-

---

1279 Urteil Sky Österreich, C-283/11, EU:C:2013:28, Rz 51 f.
1280 Urteil Sky Österreich, C-283/11, EU:C:2013:28, Rz 53.
1281 Urteil Sky Österreich, C-283/11, EU:C:2013:28, Rz 54 ff.
1282 Urteil Sky Österreich, C-283/11, EU:C:2013:28, Rz 54 ff.
1283 Urteil Sky Österreich, C-283/11, EU:C:2013:28, Rz 61 ff.
1284 Urteil Sky Österreich, C-283/11, EU:C:2013:28, Rz 65.
1285 Urteil Sky Österreich, C-283/11, EU:C:2013:28, Rz 67.
1286 Urteil Schaible, C-101/12, EU:C:2013:661.
1287 Urteil Schaible, C-101/12, EU:C:2013:661, Rz 48.

trolldichte nimmt der Gerichtshof zu allen drei Teilgrundsätzen ausführliche Erwägungen vor:

Zur Eignung führt er aus, dass die Rückverfolgbarkeit der Tiere im Seuchenfall von essenzieller Bedeutung ist und diese durch die streitige Maßnahme gewährleistet wird, und spricht aus, dass gewisse Funktionsmängel nicht die mangelnde Eignung des gesamten Kennzeichnungssystems bewirken.[1288] Zum Argument des Klägers, wonach das zuvor in Geltung stehende Bestandskennzeichnungssystem weniger belastend und gleich wirksam sei, verweist der Gerichtshof vor allem auf die Maul- und Klauenseuche des Jahres 2001, während der die Tiere mit Ansteckungsverdacht nicht rasch genug identifiziert werden konnten.[1289] Bei der Untersuchung der Angemessenheit hebt der Gerichtshof hervor, dass Ausnahme- und Übergangsregelungen geschaffen wurden und den Mitgliedstaaten erlaubt wurde, den betroffenen Tierhaltern Beihilfen der Union zu gewähren, sodass sich deren Belastungen in Grenzen halten.[1290]

IV.B.4.d.ii.d) Allgemeiner Verhältnismäßigkeitsgrundsatz

Marktordnungsmaßnahmen auf dem Gebiet der Gemeinsamen Agrarpolitik stellen traditionell den Hauptanwendungsbereich des allgemeinen Verhältnismäßigkeitsgrundsatzes dar. Das dem Unionsgesetzgeber eingeräumte weite Ermessen in dieser Materie führt bisweilen nicht nur zu einer verminderten Kontrolldichte, sondern auch zu einer Reduktion des Verhältnismäßigkeitsgrundsatzes auf den Teilgrundsatz der Eignung.[1291] Aufgrund der Kritik einiger Generalanwälte[1292] sind in der jüngeren Vergangenheit vermehrt Urteile nachweisbar, in welchen alle drei Teilgrundsätze untersucht wurden. Allerdings finden sich auch schon davor vereinzelt Urteile mit dreiteiliger Verhältnismäßigkeitsprüfung, welche zudem eine intensive Prüfung der Angemessenheit beinhalten. Exemplarisch sei in diesem Zusammenhang auf das Urteil in der Rs *Pietsch* verwiesen, in welcher der Gerichtshof die Verhältnismäßigkeit der Einhebung eines Zusatzbetrages für die Einfuhr von Zuchtpilzkonserven zu beurteilen hatte.[1293]

Zu den Urteilen aus der jüngeren Rechtsprechung des Gerichtshofes zählen die Rs *Association Kokopelli* betreffend Regelungen für die Zulassung von Saatgut für Gemüsesorten,[1294] die Rs *Agrana Zucker I* betreffend die Verpflichtung zur

---

1288 Urteil Schaible, C-101/12, EU:C:2013:661, Rz 39 ff.
1289 Urteil Schaible, C-101/12, EU:C:2013:661, Rz 52 ff.
1290 Urteil Schaible, C-101/12, EU:C:2013:661, Rz 63 ff.
1291 Siehe Kapitel IV.B.2.a.i oben.
1292 Siehe Kapitel IV.B.2.a.i oben.
1293 Urteil Pietsch, C-296/94, EU:C:1996:268.
1294 Urteil Association Kokopelli, C-59/11, EU:C:2012:47.

Entrichtung von Umstrukturierungsbeträgen für zugeteilte Zuckerquoten,[1295] die Rs *Agrana Zucker II* betreffend die Bemessungsgrundlage der Produktionsabgabe für Zucker[1296] und die Rs *Afton Chemical* betreffend die Begrenzung von metallischen Zusätzen in Kraftstoffen.[1297]

Abschließend ist zu bemerken, dass die Durchführung einer dreiteiligen Verhältnismäßigkeitsprüfung mit umfassender Befassung mit der Angemessenheit im Rahmen des allgemeinen Verhältnismäßigkeitsgrundsatzes weiterhin die Ausnahme darstellt. Da der Grundsatz der Verhältnismäßigkeit in diesem Bereich nach der dominanten Rechtsprechungslinie zweiteilig definiert wird,[1298] verwundert dieser Befund nicht. Allerdings darf aus einer dreiteiligen Definition des Grundsatzes auch nicht geschlossen werden, dass alle drei Teilgrundsätze im jeweiligen Urteil tatsächlich umfassend geprüft werden.[1299] Die Schlussanträge zu den oben genannten Urteilen wurden allesamt entweder von GA *Kokott* oder GA *Trstenjak* verfasst, woraus geschlossen werden kann, dass in diesem Bereich die konkrete Anwendung der Verhältnismäßigkeitsprüfung maßgeblich vom jeweils zuständigen GA determiniert wird.

IV.B.4.e. Ergebnis

Der Gerichtshof definiert mittlerweile den Grundsatz der Verhältnismäßigkeit in grundrechtsrelevanten Fällen mehrheitlich als aus den drei Teilelementen der Eignung, Erforderlichkeit und Angemessenheit bestehend und untersucht diese in seinen Urteilen auch tatsächlich. Wenngleich die Untersuchung der Angemessenheit einer Maßnahme erst in den letzten Jahren klarer als eigenständiger Aspekt der Verhältnismäßigkeitsprüfung hervortrat, lassen sich auch bereits in einigen älteren Entscheidungen (meist kurze) Erwägungen zur Angemessenheit nachweisen.

In der jüngeren Rechtsprechung ist eine einheitliche Struktur bei der Untersuchung der Verhältnismäßigkeit trotz der deutlichen Zunahme von dreiteiligen Verhältnismäßigkeitsprüfungen nicht ersichtlich. Weiterhin ergehen Entscheidungen, in denen entgegen der dominanten Rechtsprechungslinie eine Maßnahme lediglich pauschal am Maßstab der Verhältnismäßigkeit, an einem Teilgrundsatz oder an zwei Teilgrundsätzen gemessen wird.

1295 Urteil Agrana Zucker I, C-33/08, EU:C:2009:367.

1296 Urteil Agrana Zucker II, C-365/08, EU:C:2010:283.

1297 Urteil Afton Chemical, C-343/09, EU:C: 2010:419.

1298 *Trstenjak/Beysen*, EuR 2012, 270.

1299 Vgl etwa Urteil Maatschap, C-45/05, EU:C:2007:96; Urteil SFIR, C-187/12, C-188/12 u C-189/12, EU:C:2013:737; Urteil Beneo-Orafti, C-150/10, EU:C:2011:507; Urteil Etimine, C-15/10, EU:C:2011:504.

Eine pauschale Qualifikation einer Maßnahme als (un)verhältnismäßig ist selten, aber bisweilen vor allem bei Prüfungen anhand der Gleichheitsgrundrechte nachweisbar. Eine nur aus dem Teilelement der Eignung bestehende Untersuchung der Verhältnismäßigkeit findet sich insbesondere in Urteilen auf dem Gebiet der Gemeinsamen Agrarpolitik und darüber hinaus auch in anderen Bereichen, in denen dem Unionsgesetzgeber vom Gerichtshof ein weiter Ermessensspielraum eingeräumt wird.

In einigen Fällen, in denen der Gerichtshof mehrere kollidierende Grundrechte zum Ausgleich bringen muss, prüft er ausschließlich die Angemessenheit. Besonders augenscheinlich wird dies bei der Behandlung von grundrechtlichen Fragestellungen, die das Internet betreffen. Abgesehen von Grundrechtskollisionen beschränken sich die Überlegungen des Gerichtshofes zur Verhältnismäßigkeit auch bei der Untersuchung etwaiger Verletzungen von Verfahrensgarantien bisweilen auf die Angemessenheit.[1300] Diese Herangehensweise kann mE darauf zurückgeführt werden, dass die idealtypische dreiteilige Verhältnismäßigkeitsprüfung auf die Rechtfertigungsprüfung von Eingriffen in Freiheitsgrundrechte ausgerichtet ist und auf Einschränkungen justizieller Rechte allenfalls beschränkt anwendbar ist, sodass es in diesen Konstellationen maßgeblich auf die Abwägung der widerstreitenden Interessen ankommt.

Bis zum Urteil des EuGH in der Rs *Schräder* war die zweiteilige – aus Eignung und Erforderlichkeit bestehende – Verhältnismäßigkeitsprüfung der Regelfall. Auch noch danach prüfte der Gerichtshof vor allem Marktordnungsmaßnahmen auf dem Gebiet der Gemeinsamen Agrarpolitik ausschließlich anhand dieser beiden Teilgrundsätze. In der jüngeren Rechtsprechung sind diese Entscheidungen, mit Ausnahme von Fällen, in denen eine Maßnahme am Maßstab des allgemeinen Verhältnismäßigkeitsgrundsatzes gemessen wird, äußerst selten geworden. Jene Urteile, in denen sich lediglich Erwägungen zur Erforderlichkeit und Angemessenheit finden, stellen Einzelfälle dar und können damit erklärt werden, dass das Vorliegen der Eignung für den Gerichtshof evident war und er es folglich nicht für notwendig erachtete, sie in den Urteilsgründen anzusprechen.

Die mittlerweile als Regelfall anzusehende dreiteilige Verhältnismäßigkeitsprüfung wird – insbesondere den Teilgrundsatz der Angemessenheit betreffend – unterschiedlich umfassend durchgeführt. Kursorische Prüfungen der Angemessenheit sind vor allem in Urteilen nachweisbar, welche sich mit Eingriffen in die

---

[1300] Vgl aber auch die ausschließliche Berücksichtigung der Angemessenheit in vereinzelten Entscheidungen abseits dieser Fallgruppen: Urteil Carpenter, C-60/00, EU:C:2002:434, Rz 41 ff (Auslegung von Art 49 EG im Lichte des Recht auf Achtung des Familienlebens); Urteil Damgaard, C-421/07, EU:C:2009:222, Rz 25 ff (Meinungsfreiheit).

Berufsfreiheit auseinandersetzen. Eine ausführliche Prüfung der Angemessenheit zeigt sich am stärksten in jenen Entscheidungen, in denen die Rechte auf Achtung des Privat- und Familienlebens und auf Schutz personenbezogener Daten betroffen sind.[1301] Darüber hinaus sind auch bei Gleichheitsgrundrechten sowie bisweilen bei dem Recht auf Freiheit und Sicherheit, zunehmend bei dem Recht auf freie Berufsausübung[1302] und zum Teil bei der Untersuchung von Marktordnungsmaßnahmen auf dem Gebiet der Gemeinsamen Agrarpolitik umfassende Erwägungen zur Angemessenheit zu konstatieren.

IV.B.5. Eigenständige Bedeutung der Garantie des Wesensgehalts der Grundrechte?

IV.B.5.a. Vorbemerkung

Die Garantie des Wesensgehalts der Grundrechte wurde vom EuGH bereits lange vor deren Normierung in Art 52 Abs 1 GRC zur Beurteilung der Rechtmäßigkeit von Grundrechtseingriffen herangezogen. Ein erster Hinweis[1303] auf diese Schranken-Schranke der Grundrechte findet sich bereits im Urteil *Nold*:

„Die so garantierten Rechte sind aber weit davon entfernt, uneingeschränkten Vorrang zu genießen; sie müssen im Hinblick auf die soziale Funktion der geschützten Rechtsgüter und Tätigkeiten gesehen werden. Aus diesem Grunde werden Rechte dieser Art in der Regel nur unter dem Vorbehalt von Einschränkungen geschützt, die im öffentlichen Interesse liegen. In der Gemeinschaftsrechtsordnung erscheint es weiterhin auch berechtigt, für diese Rechte bestimmte Begrenzungen vorzubehalten, die durch die dem allgemeinen Wohl dienenden Ziele der Gemeinschaft gerechtfertigt sind, <u>solange die Rechte nicht in ihrem Wesen angetastet werden.</u>“[1304]

Wie im deutschen Rechtskreis[1305] stellt sich auch in der Unionsrechtsordnung die Frage, ob die Garantie des Wesensgehalts der Grundrechte relativ im Sinne einer Gleichsetzung mit dem Verhältnismäßigkeitsgrundsatz oder als absolute Eingriffsschranke zu verstehen ist. Während die Literatur davon ausgeht, dass der

---

1301 Vgl neben den in Kapitel IV.B.4.d.ii genannten Entscheidungen auch das Urteil ASNEF, C-468/10 u C-469/10, EU:C:2011:777, Rz 42 ff oder das Urteil WebMindLicenses, C-419/14, EU:C:2015:832.

1302 Die umfassendere Auseinandersetzung mit der Angemessenheit geht mit einer intensiveren gerichtlichen Kontrolle in der jüngeren Rechtsprechung einher. Zur höheren Kontrolldichte bei Eingriffen in dieses Grundrecht siehe Kapitel V.D.3.c.ii unten.

1303 *Walter*, in: Grabenwarter (Hrsg.), Europäischer Grundrechteschutz – Enzyklopädie Europarecht, Band 2 (2014) § 12 Rz 45 (Fn 147).

1304 Urteil Nold, 4/73, EU:C:1974:51, Rz 14 (Hervorhebung durch den Autor).

1305 Siehe Kapitel III.B.6 oben.

EuGH dem Begriff des Wesensgehalts in seinen Entscheidungen traditionell eine relative Bedeutung beimaß,[1306] wird im Hinblick auf die jüngere Judikatur vertreten, dass eine Tendenz in Richtung absolutes Verständnis zu erkennen sei.[1307] Dieser Umstand kann möglichweise auf die Normierung der Wesensgehaltsgarantie in Art 52 Abs 1 GRC zurückgeführt werden, da wohl die Mehrzahl der Argumente für eine Interpretation dieser Bestimmung im Sinne der absoluten Theorie spricht.[1308] Im Folgenden wird untersucht, ob in der Rechtsprechung tatsächlich eine Entwicklung von einem relativen zu einem absoluten Wesensgehaltsverständnis nachweisbar ist.

IV.B.5.b. Uneinheitliches Wesensgehaltsverständnis in der älteren Rechtsprechung

Bereits in seinem Urteil in der Rs *Hauer* verwendete der Gerichtshof eine – auch in Folgeurteilen immer wieder herangezogene – Formulierung,[1309] welche für einen relativen Wesensgehaltsbegriff spricht: *„[...] so ist doch noch zu prüfen, ob die [...] Einschränkungen tatsächlich dem allgemeinen Wohl dienenden Zielen der Gemeinschaft entsprechen und ob sie nicht einen im Hinblick auf den verfolgten Zweck unverhältnismäßigen, nicht tragbaren Eingriff in die Vorrechte des Eigentümers darstellen, der das Eigentumsrecht in seinem Wesensgehalt antastet.“*[1310] In dieser Entscheidung weisen nicht nur die zitierte Passage auf eine Gleichsetzung von Wesensgehalt und Verhältnismäßigkeitsgrundsatz hin, sondern auch die weiteren Ausführungen des Gerichtshofes, da er in den folgenden Rz eine Verhältnismäßigkeitsprüfung durchführt, an deren Ende er ein Antasten des Wesensgehalts verneint.[1311] Auch in der Rs *Schräder* zog der EuGH eine fast idente Formel heran, führte anschließend eine Untersuchung der streitgegenständlichen Maßnahme anhand des Verhältnismäßigkeitsgrundsatzes durch und stellte fest, dass der Wesensgehalt nicht angetastet war.[1312]

Aus der Verwendung dieser Formel allein kann aber mE nicht geschlossen werden, dass der Gerichtshof in dem jeweiligen Urteil jedenfalls der relativen Theorie folgt. Wie in manchen Urteilen in Bezug auf die Struktur des Verhältnismäßigkeitsgrundsatzes besteht auch zum Teil im Hinblick auf die Bedeutung des

---

1306 *Bühler*, Einschränkung 114 ff; *Rengeling*, Grundrechtsschutz 26; *Koch*, Grundsatz 231 ff; *Cornils*, in: Grabenwarter (Hrsg.), Grundrechteschutz § 5 Rz 106.

1307 *Rumler-Korinek/Vranes*, in: Holoubek/Lienbacher (Hrsg.), Art 52 Rz 18 unter Verweis auf das Urteil Sky Österreich, C-283/11, EU:C:2013:28, Rz 48 ff.

1308 Siehe Kapitel IV.B.6.b unten.

1309 *Bühler*, Einschränkung 115.

1310 Urteil Hauer, 44/79, EU:C:1979:290, Rz 23.

1311 Urteil Hauer, 44/79, EU:C:1979:290, Rz 24 ff.

1312 Urteil Schräder, 265/87, EU:C:1989:303, Rz 15 ff.

Wesensgehalts eine Divergenz zwischen den formelhaften Aussagen des Gerichtshofes am Beginn der Untersuchung und der im Anschluss daran tatsächlich durchgeführten Prüfung.

Augenscheinlich wird diese Divergenz bereits in den beiden Entscheidungen *Wachauf*[1313] und *SMW Winzersekt.*[1314] Während der Gerichtshof in beiden Urteilen eine Formel verwendete, die für ein relatives Verständnis des Wesensgehalts ins Treffen geführt werden kann,[1315] sprechen die weiteren Ausführungen für ein absolutes Verständnis:

In der Rs *Wachauf* stellte der EuGH unmittelbar auf die Wesensgehaltsformel folgend fest, dass *„eine gemeinschaftsrechtliche Regelung, die dazu führen würde, dass der Pächter [...] entschädigungslos um die Früchte seiner Arbeit [...] gebracht würde, mit den Erfordernissen des Grundrechtsschutzes in der Gemeinschaftsordnung unvereinbar wäre."*[1316] Daraus ist abzuleiten, dass der Gerichtshof im entschädigungslosen Entzug einer Rechtsposition ein Antasten des Wesensgehalts des Eigentumsrechts erblickte, weshalb er die Durchführung einer Verhältnismäßigkeitsprüfung als nicht erforderlich erachtete, da in den geschützten Kernbereich eines Grundrechts nach der absoluten Theorie auch nicht durch verhältnismäßige Maßnahmen eingegriffen werden darf.[1317]

In der Rs *SMW Winzersekt* unterließ der Gerichtshof eine Verhältnismäßigkeitsprüfung demgegenüber nicht, da er sowohl im Hinblick auf die Eigentumsfreiheit als auch im Hinblick auf das Recht auf freie Berufsausübung ein Antasten des Wesensgehalts verneinte.[1318] Auch dieses Vorgehen ist vor dem Hintergrund eines absoluten Wesensgehaltsverständnisses konsequent, da die Wesensgehaltsgarantie – verstanden als eigenständige Eingriffsschranke – in Abhängigkeit von ihrer konkreten Beurteilung im jeweiligen Sachverhalt Unterschiedliches erfordert: Ist ein Antasten des Wesensgehalts – wie im Urteil *Wachauf* – zu bejahen, erübrigt sich die Vornahme einer Verhältnismäßigkeitsprüfung, während im Fall der Feststellung, dass das jeweilige Grundrecht nicht in seinem Wesen angetastet ist, eine Verhältnismäßigkeitsprüfung notwendig ist, um die Grundrechtskonformität beurteilen zu können. Somit ist auch das Urteil in der Rs *SMW Winzersekt* unzweifelhaft der absoluten Theorie zuordenbar.[1319]

1313 Urteil Wachauf, 5/88, EU:C.1989:321.

1314 Urteil SMW Winzersekt, C-306/93, EU:C:1994:407.

1315 Urteil Wachauf, 5/88, EU:C.1989:321, Rz 18; Urteil SMW Winzersekt, C-306/93, EU:C:1994:407, Rz 22.

1316 Urteil Wachauf, 5/88, EU:C.1989:321, Rz 19.

1317 Vgl auch *Ostermann*, Entwicklung 175.

1318 Urteil SMW Winzersekt, C-306/93, EU:C:1994:407, Rz 23 ff.

1319 aA *Ostermann*, Entwicklung 174 f (Fn 641).

Weitere Beispiele aus der älteren Judikatur zum Recht auf freie Berufsausübung und zum Eigentumsrecht, welche trotz der genannten Wesensgehaltsformel auf ein absolutes Verständnis der Wesensgehaltsgarantie schließen lassen, stellen die Urteile zur Bananenmarktordnung,[1320] in den Rs *Kühn,*[1321] *Fishermen's Organisations*[1322] und *Standley*[1323] dar.

Nach *Koch* sei eine eigenständige Bedeutung der Wesensgehaltsgarantie nicht nachweisbar, weil die Prüfung von Wesensgehalt und Verhältnismäßigkeit häufig zusammenfalle oder nur die Verhältnismäßigkeit des Eingriffs untersucht werde, ohne auf den Wesensgehalt des betroffenen Grundrechts einzugehen.[1324] Dieser Ansicht können jene Urteile entgegengehalten werden, in denen eine Untersuchung des Wesensgehalts ohne Bezugnahme auf den Verhältnismäßigkeitsgrundsatz durchgeführt und ein Konnex zwischen Verhältnismäßigkeit und Wesensgehalt nicht durch Erwähnung der Wesensgehaltsformel angedeutet wird. So finden sich in den Entscheidungen in den Rs *Keller,*[1325] *Biovilac,*[1326] *Marshall*[1327] und *Duff*[1328] im Rahmen der Grundrechtsprüfung betreffend die Rechte auf freie Berufsausübung und Eigentum ausschließlich Ausführungen zum We-

---

1320 Im Urteil Deutschland/Rat, C-280/93, EU:C:1994:367, prüft der Gerichtshof in den Rz 77-87 eine Verletzung der Rechte auf Eigentum und freie Berufsausübung anhand der Wesensgehaltsgarantie und stellt ohne Heranziehung des Verhältnismäßigkeitsgrundsatzes fest, dass eine Verletzung der beiden Grundrechte nicht vorliegt. Erst anschließend untersucht er die streitgegenständliche Maßnahme am Maßstab des allgemeinen Verhältnismäßigkeitsgrundsatzes (Rz 88-98).
Zu demselben Ergebnis gelangt auch *Günter*, Berufsfreiheit und Eigentum in der Europäischen Union (1998) 30 f.

1321 Im Urteil Kühn, C-177/90, EU:C:1992:2, prüft der Gerichtshof in den Rz 16 u 17 eine Verletzung der Rechte auf Eigentum und freie Berufsausübung anhand der Wesensgehaltsgarantie und stellt ohne Heranziehung des Verhältnismäßigkeitsgrundsatzes fest, dass eine Verletzung der beiden Grundrechte nicht vorliegt.

1322 Im Urteil The Queen / Minister of Agriculture, Fisheries and Food, ex parte Fishermen's Organisations, C-44/94, EU:C:1995:325, stellt der Gerichtshof in den Rz 55 u 56 ohne Durchführung einer Verhältnismäßigkeitsprüfung und ohne nähere Begründung fest, dass die streitigen Maßnahmen weder den Wesensgehalt des Rechts auf freie Berufsausübung noch des Eigentumsrechts antasten. Erst anschließend untersucht er die streitgegenständliche Maßnahme am Maßstab des allgemeinen Verhältnismäßigkeitsgrundsatzes (Rz 57-59).

1323 Im Urteil The Queen / Secretary of State for the Environment, Minister of Agriculture, Fisheries and Food, ex parte Standley und Metson, C-293/97, EU:C:1999:215, verneint der Gerichtshof im Rahmen der Prüfung einer möglichen Verletzung des Eigentumsrechts ein Antasten des Wesensgehalts (Rz 56) und bejaht anschließend die Wahrung des Verhältnismäßigkeitsgrundsatzes (Rz 57).

1324 *Koch*, Grundsatz 232 f.

1325 Urteil Keller, 234/85, EU:C:1986:377, Rz 7 f.

1326 Urteil Biovilac, 59/83, EU:C:1984:380, Rz 21 ff.

1327 Urteil Marshall, C-370/88, EU:C:1990:392, Rz 27 f.

1328 Urteil Duff, C-63/93, EU:C:1996:51, Rz 30.

sensgehalt, während der Verhältnismäßigkeitsgrundsatz gänzlich unerwähnt bleibt.

Die eigenständige Bedeutung der Wesensgehaltsgarantie bedeutete aber in diesen Urteilen keine substanzielle Schranke für Grundrechtseingriffe. Vielmehr wurde der Wesensgehalt vom Gerichtshof häufig dazu verwendet, um eine Verletzung des betroffenen Grundrechts ohne nähere Begründung sogleich ohne Durchführung einer Verhältnismäßigkeitsprüfung zu verwerfen[1329] oder um zu äußert kursorischen Verhältnismäßigkeitsüberlegungen überzuleiten,[1330] welche an der Zulässigkeit des Grundrechtseingriffs ebenfalls nichts änderten.

Ungeachtet der genannten Entscheidungen kann jedoch nicht davon ausgegangen werden, dass der Gerichtshof bereits in seiner älteren Rechtsprechung überwiegend von einem absoluten Verständnis des Wesensgehalts ausging. Denn in vielen Urteilen, in denen der Gerichtshof die – für ein relatives Verständnis sprechende – Wesensgehaltsformel an den Beginn seiner Ausführungen stellte, folgte auch tatsächlich eine Grundrechtsprüfung, welche die Wesensgehaltsgarantie in der (zum Teil schwach ausgeprägten) grundrechtlichen Verhältnismäßigkeitsprüfung aufgehen ließ und ihr somit keine eigenständige Bedeutung beimaß.[1331]

Wenngleich die Wesensgehaltsgarantie in Urteilen, in welchen noch nicht auf Charta-Grundrechte Bezug genommen wird, vornehmlich im Zusammenhang mit dem Recht auf freie Berufsausübung und dem Eigentumsrecht angeführt wurde, war ihre Nennung nicht auf diese Grundrechte beschränkt. So erwähnte der Gerichtshof bspw die Wesensgehaltsformel auch in der Rs *Karlsson* im Rahmen der Prüfung einer behaupteten Verletzung des Diskriminierungsverbots und maß dem Wesensgehalt dabei keine vom Verhältnismäßigkeitsgrundsatz eigenständige Bedeutung bei.[1332]

1329 Vgl etwa Urteil Kühn, C-177/90, EU:C:1992:2, Rz 16 f.

1330 Vgl etwa Urteil The Queen / Minister of Agriculture, Fisheries and Food, ex parte Fishermen's Organisations, C-44/94, EU:C:1995:325, Rz 56 ff.

1331 Vgl etwa Urteil Zuckerfabrik Süderdithmarschen und Zuckerfabrik Soest, C-143/88 u C-92/89, EU:C:1991:65; Rz 72 ff; Urteil Von Deetzen, 44/89, EU:C:1991:401, Rz 28 ff; Urteil Irish Farmers Association, C-22/94, EU:C:1997:187, Rz 26 ff; Urteil Affish, C-183/95, EU:C:1997:373, Rz 42 ff; Urteil SAM Schiffahrt und Stapf, C-248/95 u C-249/95, EU:C:1997:377, Rz 71 ff; Urteil Metronome Musik GmbH, C-200/96, EU:C:1998:172, Rz 21 ff; Urteil Generics (UK), C-368/96, EU:C:1998:583, Rz 85; Urteil Booker Aquaculture und Hydro Seafoood, C-20/00 u C-64/00, EU:C:2003:397, Rz 67 ff; Urteil Di Lenardo und Dilexport, C-37/02 u C-38/02, EU:C:2004:443, Rz 82 ff; Urteil Springer, C-435/02 u C-103/03, EU:C:2004:552, Rz 48 ff; Urteil Swedish Match, C-210/03, EU:C:2004:802, Rz 72 ff; Urteil Regione autonoma Friuli-Venezia Giulia und ERSA, C-347/03, EU:C:2005:285, Rz 118 ff; Urteil Alliance for Natural Health, C-154/04 u C-155/04, EU:C:2005:449, Rz 126 ff.

1332 Urteil Karlsson, C-292/97, EU:C:2000:202, Rz 45 ff; vgl zum Aufenthaltsrecht das Urteil Kommission / Belgien, C-408/03, EU:C:2006:192, Rz 67.

IV.B.5.c. Tendenz in Richtung absolutes Wesensgehaltsverständnis in der jüngeren Rechtsprechung

Mit Inkrafttreten der GRC und der häufigen Bezugnahme auf Charta-Grundrechte durch den EuGH fand auch die Garantie des Wesensgehalts der Grundrechte vermehrt Erwähnung in der Rechtsprechung. Denn idR zitiert der Gerichtshof am Beginn der Rechtfertigungsprüfung einer Beschränkung eines Charta-Grundrechts Art 52 Abs 1 GRC und spricht somit nicht nur den Verhältnismäßigkeitsgrundsatz, sondern auch die Wesensgehaltsgarantie an.[1333] Dies hat zur Konsequenz, dass die Wesensgehaltsgarantie, welche vom Gerichtshof bereits seit den 1980er Jahren beim Recht auf freie Berufsausübung und beim Eigentumsrecht herangezogen wird, auch regelmäßig bei anderen Grundrechten zumindest genannt wird. Inwiefern die Wesensgehaltsgarantie im Zuge der Grundrechtsprüfung tatsächlich eine eigenständige Rolle einnimmt, soll im Folgenden geklärt werden.

IV.B.5.c.i. Die Rechte nach Art 7 und 8 GRC

In seinem Urteil zur Vorratsdatenspeicherung geht der Gerichtshof davon aus, dass sie den Wesensgehalt des Grundrechts auf Achtung des Privat- und Familienlebens nach Art 7 GRC nicht antastet, da sie *„die Kenntnisnahme des Inhalts elektronischer Kommunikation"* nicht gestattet.[1334] Ebenso sei der Wesensgehalt des Rechts auf den Schutz personenbezogener Daten nach Art 8 GRC nicht angetastet, da die Vorratsdaten-RL 2006/24/EG auch *„eine Vorschrift zum Datenschutz und zur Datensicherheit"* zum Inhalt habe.[1335] Diese klaren Feststellungen sowie die im Anschluss vorgenommene Verhältnismäßigkeitsprüfung[1336] sprechen eindeutig für ein absolutes Verständnis des Wesensgehalts. Dass der Zugriff auf den Inhalt elektronischer Kommunikation den Wesensgehalt des Rechts nach Art 7 GRC verletzen würde, bekräftigte der Gerichtshof in weiterer Folge in den Urteilen *Schrems*[1337] und *Tele2 Sverige*.[1338]

Im Urteil *Schwarz* verneinte der EuGH ohne nähere Begründung, dass die verpflichtende Speicherung von Fingerabdrücken in Reisepässen den Wesensgehalt

---

[1333] Vgl aber bspw die Rechtfertigungsprüfung im Urteil Deutsches Weintor, C-544/10, EU:C:2012:526, Rz 42 ff, welche nicht auf Art 52 Abs 1 GRC verweist.

[1334] Urteil Digital Rights Ireland und Seitlinger, C-293/12 u C-594/12, EU:C:2014:238, Rz 39.

[1335] Urteil Digital Rights Ireland und Seitlinger, C-293/12 u C-594/12, EU:C:2014:238, Rz 40.

[1336] Urteil Digital Rights Ireland und Seitlinger, C-293/12 u C-594/12, EU:C:2014:238, Rz 45 ff.

[1337] Urteil Schrems, C-362/14, EU:C:2015:650, Rz 94.

[1338] Urteil Tele2 Sverige, C-203/15 u C-698/15, EU:C:2016:970, Rz 101.

der Grundrechte nach Art 7 und 8 GRC nicht antaste und prüfte in weiterer Folge ebenfalls die Verhältnismäßigkeit.[1339]

Auch in der Rs *Deutsche Telekom* erblickte der Gerichtshof in der Weitergabe personenbezogener Kundendaten durch ein Unternehmen, welches ein öffentliches Teilnehmerverzeichnis betrieb, an andere Unternehmen, welche ebenfalls öffentliche Teilnehmerverzeichnisse veröffentlichen wollten, kein Antasten des Wesensgehalts des in Art 8 GRC verankerten Rechts, sofern der betroffene Kunde bereits der Veröffentlichung durch das erste Unternehmen zugestimmt hatte.[1340] Wenngleich der EuGH im Gegensatz zu den Urteilen *Digital Rights Ireland und Seitlinger* und *Schwarz* keine nachgeschaltete Verhältnismäßigkeitsprüfung vornahm, kann das Urteil in der Rs *Deutsche Telekom* nicht als Hinweis auf ein relatives Wesensgehaltsverständnis ins Treffen geführt werden, da die Beurteilung eines etwaigen Antastens des Wesensgehalts ohne Erwägungen zur Verhältnismäßigkeit auskommt.

Anderes gilt für das Urteil in der Rs *Schecke und Eifert*, in welchem der Gerichtshof die streitgegenständliche Maßnahme – trotz Bezugnahme auf die in Art 52 Abs 1 GRC normierte Wesensgehaltsgarantie – ausschließlich unter Heranziehung des Verhältnismäßigkeitsgrundsatzes beurteilte.[1341]

IV.B.5.c.ii. Die Rechte nach Art 15 und 16 GRC

Eindeutige Hinweise auf die absolute Theorie sind auch in jüngeren Urteilen zu Art 15 und 16 GRC ersichtlich:

In der Rs *Sky Österreich*[1342] war fraglich, ob die verpflichtende Gewährung von Zugang zu Exklusiv-Übertragungen zugunsten von Fernsehveranstaltern, welche nicht im Besitz der Übertragungsrechte waren, zum Zwecke der Kurzberichterstattung über Ereignisse von großem öffentlichen Interesse gegen Grundrechte verstößt. Im Detail hatte der Gerichtshof zu beurteilen, ob die gemäß Art 15 Abs 6 der RL 2010/13/EU mit einem Höchstbetrag begrenzte Entschädigung für die Zugangsgewährung das Recht auf unternehmerische Freiheit des Inhabers der exklusiven Rechte verletzte. Ein Antasten des Wesensgehalts des Grundrechts verneinte der EuGH, da der betroffene Unternehmer durch Art 15 Abs 6 der RL 2010/13/EU *„an der Ausübung der unternehmerischen Tätigkeit als solcher nicht gehindert"* werde.[1343] Die Bestimmung verhindere auch nicht, dass er entweder durch entgeltliche Übertragung des Ereignisses oder durch Verkauf

1339 Urteil Schwarz, C-291/12, EU:C:2013:670, Rz 39 ff.
1340 Urteil Deutsche Telekom, C-543/09, EU:C:2011:279, Rz 66.
1341 Urteil Schecke und Eifert, C-92/09 u C-93/09, EU:C:2010:662, Rz 65 ff.
1342 Urteil Sky Österreich, C-283/11, EU:C:2013:28.
1343 Urteil Sky Österreich, C-283/11, EU:C:2013:28, Rz 49.

seines Rechts an andere Unternehmen seine Rechtsposition verwerte.[1344] Unmittelbar auf diese Erwägungen folgend nahm der EuGH eine eindeutig abgegrenzte Verhältnismäßigkeitsprüfung vor.[1345]

Im Urteil *UPC Telekabel Wien* verneinte der Gerichtshof in Bezug auf eine gerichtliche Anordnung, welche einen Internetzugangsdienstleister verpflichtete, seinen Kunden den Zugang zu einer Website zu verwehren, auf der Inhalte ohne Zustimmung des Rechteinhabers abrufbar waren, ein Antasten des Wesensgehalts des Rechts auf unternehmerische Freiheit.[1346] Begründend führte er hierzu aus, dass es dem Unternehmen freistehe, jene Maßnahmen zur Verhinderung des Zugangs zur Website auszuwählen, die mit der Ausübung seiner Tätigkeit am besten zu vereinbaren sind.[1347] Darüber hinaus könne es sich im Falle der Nicht-Befolgung der Anordnung von einer etwaigen Haftung befreien, indem es nachweist, dass es *„alle zumutbaren Maßnahmen ergriffen hat"*, um der Anordnung nachzukommen.[1348]

In der Rs *Neptune Distribution* war fraglich, ob das Verbot, auf Etiketten von Mineralwasser Angaben zu einem niedrigen Natriumgehalt zu machen, wenn diese geeignet sind, den Verbraucher irrezuführen, (unter anderem) gegen Art 16 GRC verstößt.[1349] Ein Antasten des Wesensgehalts verneinte der Gerichtshof, da die Bestimmung den Vertrieb von Mineralwasser nicht verbiete, sondern lediglich *„die Etikettierung und Werbung für solche Getränke"* regle.[1350]

Im Urteil *Pillbox 38* verneinte der EuGH, dass das in Art 20 Abs 5 der RL 2014/40/EU normierte Werbeverbot für elektronische Zigaretten den Wesensgehalt des Rechts auf unternehmerische Freiheit nach Art 16 GRC berührt, da die Wirtschaftsteilnehmer nicht daran gehindert seien, diese Produkte *„herzustellen und in den Verkehr zu bringen."*[1351]

In anderen jüngeren Entscheidungen zum Recht auf unternehmerische Freiheit scheint der Gerichtshof jedoch davon auszugehen, dass dem Wesensgehalt keine eigenständige Funktion zukommt: Zur Frage der Grundrechtskonformität von verpflichtenden Angaben auf alkoholischen Getränken zum Schutz der Gesundheit nahm der EuGH im Urteil *Deutsches Weintor* äußerst kursorische Erwägun-

1344 Urteil Sky Österreich, C-283/11, EU:C:2013:28, Rz 49.
1345 Urteil Sky Österreich, C-283/11, EU:C:2013:28, Rz 50 ff.
1346 Urteil UPC Telekabel Wien, C-314/12, EU:C:2014:192, Rz 51.
1347 Urteil UPC Telekabel Wien, C-314/12, EU:C:2014:192, Rz 52.
1348 Urteil UPC Telekabel Wien, C-314/12, EU:C:2014:192, Rz 53.
1349 Urteil Neptune Distribution, C-157/14, EU:C:2015:823.
1350 Urteil Neptune Distribution, C-157/14, EU:C:2015:823, Rz 71.
1351 Urteil Pillbox 38, C-477/14, EU:C:2016:324, Rz 161.

gen zur Verhältnismäßigkeit vor, an deren Ende eine Berührung des Wesensgehalts verneint wird.[1352] Bei der Beurteilung von Regelungen betreffend die Saatgutzulassung verwendete der Gerichtshof im Urteil *Association Kokopelli* die Formel, wonach das betroffene Grundrecht *„Beschränkungen unterworfen werden [kann], sofern diese [...] einen im Hinblick auf den verfolgten Zweck unverhältnismäßigen, nicht tragbaren Eingriff darstellen, der die so gewährleisteten Rechte in ihrem Wesensgehalt antastet“,*[1353] und führte anschließend lediglich eine Verhältnismäßigkeitsprüfung durch.[1354] Im Urteil *Schaible* geht der EuGH ebenfalls von einem relativen Wesensgehaltsbegriff aus, da er den Wesensgehalt zwar erwähnte, indem er Art 52 Abs 1 GRC zitierte,[1355] eine inhaltliche Prüfung der Maßnahme aber nur anhand des Verhältnismäßigkeitsgrundsatzes vornahm.[1356]

Wenngleich die Judikatur zur Berufsfreiheit in Bezug auf die Frage, ob der EuGH einem relativen oder absoluten Wesensgehaltsverständnis folgt, uneinheitlich ist, kann ihr dennoch eine wesentliche Aussage entnommen werden. Solange lediglich die Art der Berufsausübung und nicht der Bestand der Freiheit als solcher gefährdet ist, kann der Wesensgehalt des Grundrechts nicht angetastet sein.[1357]

IV.B.5.c.iii. Sonstige Grundrechte

Eindeutig der absoluten Theorie zuzurechnen sind die Ausführungen des Gerichtshofes in seiner Entscheidung in der Rs *Léger*, in welcher fraglich war, ob der dauerhafte Ausschluss von homosexuellen Männern von Blutspenden eine Verletzung des Diskriminierungsverbots nach Art 21 GRC darstellt.[1358] Die streitgegenständliche Maßnahme achte nach Ansicht des EuGH den Wesensgehalt des Diskriminierungsverbots, da sie *„diesen Grundsatz als solchen nicht in Frage [stelle], da es nur um die spezifische Frage der Ausschlüsse von der Blutspende im Hinblick auf den Gesundheitsschutz der Empfänger geh[e].“*[1359] In der folgenden Rz stellt der EuGH fest, dass noch *„weiter zu prüfen [sei], ob diese Einschränkung [...] den Grundsatz der Verhältnismäßigkeit [...] wahrt.“*[1360]

[1352] Urteil Deutsches Weintor, C-544/10, EU:C:2012:526, Rz 54 ff.
[1353] Urteil Association Kokopelli, C-59/11, EU:C:2012:47, Rz 77.
[1354] Urteil Association Kokopelli, C-59/11, EU:C:2012:47, Rz 79.
[1355] Urteil Schaible, C-101/12, EU:C:2013:661, Rz 27.
[1356] Urteil Schaible, C-101/12, EU:C:2013:661, Rz 29 ff.
[1357] Vgl auch *Grabenwarter*, in: Grabenwarter (Hrsg.), Grundrechteschutz § 13 Rz 21.
[1358] Urteil Léger, C-528/13, EU:C:2015:288.
[1359] Urteil Léger, C-528/13, EU:C:2015:288, Rz 54.
[1360] Urteil Léger, C-528/13, EU:C:2015:288, Rz 55.

Der absoluten Theorie zuordenbare Urteile finden sich auch im Zusammenhang mit den in Art 47 GRC normierten Verfahrensgarantien: Bei der Frage, ob einer juristischen Person für die Geltendmachung eines unionsrechtlichen Staatshaftungsanspruches Prozesskostenhilfe zuzuerkennen ist, muss nach der Judikatur des EuGH untersucht werden, *„ob die Voraussetzungen für die Gewährung von Prozesskostenhilfe eine Beschränkung des Rechts auf Zugang zu den Gerichten darstellen, die dieses Recht in seinem Wesensgehalt selbst beeinträchtigen [...] und ob die angewandten Mittel in einem angemessenen Verhältnis zum verfolgten Ziel stehen.“*[1361]

Die Verhängung einer Zwangsstrafe in Höhe von EUR 700,-- wegen nicht rechtzeitiger Veröffentlichung des Jahresabschlusses ohne Gelegenheit sich in der Sache zu äußern, erachtete der EuGH als nicht geeignet, den Wesensgehalt der durch Art 47 GRC garantierten Verteidigungsrechte anzutasten.[1362] Er begründete dies mit der Möglichkeit der Erhebung eines Einspruchs gegen die Strafverfügung, welche zur Konsequenz hat, dass die Strafverfügung außer Kraft tritt und ein ordentliches Verfahren eingeleitet wird, in dessen Zuge *„der Anspruch auf rechtliches Gehör gewahrt werden kann.“*[1363]

Demgegenüber verletzt eine nationale Bestimmung, die es einer Person nicht ermöglicht, durch Erhebung eines Rechtsbehelfs Einsicht in jene personenbezogenen Daten zu nehmen, die sie selbst betreffen, oder ihre Berichtigung / Löschung durchzusetzen, den Wesensgehalt des Rechts auf wirksamen gerichtlichen Rechtsschutz.[1364]

Ein absolutes Wesensgehaltsverständnis liegt auch der Aussage des EuGH in der Rs *N.* zugrunde, wonach die – auf bestimmte Fälle beschränkte – Möglichkeit der Inhaftnahme von Asylantragstellern den Wesensgehalt des Rechts auf Freiheit nach Art 6 GRC nicht berührt, da sie *„die Gewährleistung dieses Rechts nicht in Frage“* stellt.[1365] Der absoluten Theorie ist auch das Urteil *Delvigne* zuordenbar, in welchem der Gerichtshof den Ausschluss vom aktiven Wahlrecht bei den Wahlen zum Europäischen Parlament wegen der rechtskräftigen Verurteilung zu einer zwölfjährigen Freiheitsstrafe untersuchte, da die maßgebliche nationale Bestimmung nach den Ausführungen des EuGH nicht das *„Recht [nach Art 39 Abs 2 GRC] als solches [...] in Frage [stellt]“*, sondern lediglich bestimmt, *„dass bestimmte Personen unter ganz bestimmten Voraussetzungen wegen ihres Verhaltens von den Wahlberechtigten bei den Wahlen [...] ausge-*

1361 Urteil DEB, C-279/09, EU:C:2010:811, Rz 60 (Hervorhebung durch den Autor).
1362 Urteil Texdata Software, C-418/11, EU:C:2013:588, Rz 85.
1363 Urteil Texdata Software, C-418/11, EU:C:2013:588, Rz 85.
1364 Urteil Schrems, C-362/14, EU:C:2015:650, Rz 95.
1365 Urteil N., C-601/15 PPU, EU:C:2016:84, Rz 52.

schlossen werden."[1366] Schließlich geht der Gerichtshof auch in der Rs *Neptune Distribution* von einem absoluten Wesensgehaltsverständnis aus, da er das Verbot von bestimmten Angaben auf den Etiketten von Mineralwasser nicht als Beeinträchtigung des Wesensgehalts der Meinungsäußerungsfreiheit nach Art 11 GRC qualifiziert, weil die maßgeblichen Bestimmungen „*lediglich für die Informationen, die dem Verbraucher in Bezug auf den Natrium- oder Salzgehalt [...] übermittelt werden können, bestimmte Bedingungen aufstellen [...].*"[1367]

Im Gegensatz zu den genannten Grundrechten ist in den jüngeren Urteilen des Gerichtshofes zur Eigentumsfreiheit nach Art 17 GRC kein eindeutiger Hinweis ersichtlich,[1368] wonach der Wesensgehalt dieses Grundrechts eigenständige Bedeutung habe. Der EuGH erwähnt den Begriff des Wesensgehalts zwar weiterhin in seinen Urteilen, zieht aber im Rahmen der Rechtfertigungsprüfung ausschließlich den Grundsatz der Verhältnismäßigkeit heran:

Exemplarisch sei in diesem Zusammenhang auf die Entscheidung in der Rs *Kadi* verwiesen, in welcher das Einfrieren von Geldern zum Zwecke der Terrorismusbekämpfung (unter anderem) anhand der Eigentumsfreiheit zu beurteilen war.[1369] Zu Beginn seiner diesbezüglichen Ausführungen verwendete der Gerichtshof seine seit den 1980er Jahren herangezogene Formel, der zufolge das Eigentumsrecht eingeschränkt werden kann, sofern die Beschränkungen keinen „*unverhältnismäßigen und nicht tragbaren Eingriff darstellen, der das so gewährleistete Recht in seinem Wesensgehalt antasten würde.*"[1370] Im Anschluss nahm er in Anlehnung an die einschlägige Judikatur des EGMR eine Verhältnismäßigkeitsprüfung vor, in dessen Zentrum der Teilgrundsatz der Angemessenheit stand,[1371] und maß somit der Wesensgehaltsgarantie keine eigenständige Bedeutung zu.

Ein noch aktuelleres Beispiel stellt das Urteil in der Rs *Ledra Advertising / Kommission und EZB* dar, in welcher aus grundrechtlicher Sicht fraglich war, ob die finanziellen Einbußen für die Inhaber von Einlagen bei zypriotischen Banken im Rahmen eines europäischen Banken-Hilfsprogramms als Verletzung von Art 17 GRC zu qualifizieren sind.[1372] In seinen Ausführungen zur Rechtfertigung

---

1366 Urteil Delvigne, C-650/13, EU:C:2015:648, Rz 48.

1367 Urteil Neptune Distribution, C-157/14, EU:C:2015:823, Rz 70.

1368 Unter Umständen kann die Rz 164 im Urteil Pillbox 38, C-477/14, EU:C:2016:324, als Indiz für die absolute Theorie interpretiert werden.

1369 Urteil Kadi, C-402/05 P u C-415/05 P, EU:C:2008:46; vgl etwa auch das Urteil British American Tobacco (Investments) und Imperial Tobacco, C-491/01, EU:C:2002:741.

1370 Urteil Kadi, C-402/05 P u C-415/05 P, EU:C:2008:46, Rz 355.

1371 Urteil Kadi, C-402/05 P u C-415/05 P, EU:C:2008:46, Rz 360 ff.

1372 Urteil Ledra Advertising / Kommission und EZB, C-8/15 P, C-9/15 P u C-10/15 P, EU:C:2016:701, Rz 68 ff; siehe ausführlicher zu diesem Urteil bereits Kapitel IV.B.4.d.i.b) oben.

des Grundrechtseingriffs sprach der Gerichtshof die Wesensgehaltsgarantie lediglich am Ende der kursorischen Verhältnismäßigkeitsprüfung an, indem er zu dem Ergebnis kommt, dass die *„Maßnahmen keinen unverhältnismäßigen und nicht tragbaren Eingriff dar[stellen], der das gewährleistete Eigentumsrecht der Rechtsmittelführer in ihrem Wesensgehalt antastet.“*[1373] Eine eigenständige Bedeutung der Wesensgehaltsgarantie ergibt sich somit auch aus diesem Urteil nicht.

Der Umstand, dass der EuGH den Wesensgehalt des Eigentumsrechts nicht im Sinne der absoluten Theorie versteht, kann mE durch die Natur dieses Grundrechts erklärt werden: Aufgrund der grundsätzlichen Zulässigkeit der Eigentumsentziehung ist nämlich ein absoluter Wesensgehalt bezogen auf den individuell Betroffenen nicht denkbar.[1374] Ausgeschlossen ist aber auch ein objektiv-absoluter Wesensgehalt, da dieser einer Institutsgarantie entspräche, welche einen bestimmten grundsätzlichen Normbestand gewährleistet und gewisse *„Strukturmerkmale des Eigentums“* festlegt.[1375] Denn diese Ausformung der Eigentümerpositionen erfolgt durch das Recht der Mitgliedstaaten, wohingegen der Unionsgesetzgeber lediglich Teilaspekte dieser Materie regeln darf.[1376] Eine absolute Wesensgehaltsgarantie kann in Bezug auf das Eigentumsrecht folglich nicht relevant sein.

IV.B.5.d. Ergebnis

Die Rechtsprechung des Gerichtshofes zur Garantie des Wesensgehalts der Grundrechte nahm in jenen Fällen ihren Ausgang, in denen eine Verletzung der Berufsfreiheit und / oder des Eigentumsrechts gerügt wurde. Traditionell verwendete der EuGH in seinen Urteilsgründen die Formel, wonach Beschränkungen keinen unverhältnismäßigen Eingriff darstellen dürfen, welcher den Wesensgehalt des betroffenen Grundrechts antastet. Aus diesem Grund wurde in der Literatur vertreten, dass der EuGH den Wesensgehalt relativ versteht. Die Verwendung dieser Wesensgehaltsformel kann jedoch lediglich als Indiz dafür verstanden werden, dass der Gerichtshof in jenen Urteilen tatsächlich davon ausging, dass dem Wesensgehalt keine vom Grundsatz der Verhältnismäßigkeit eigenständige Bedeutung zukommt.

1373 Urteil Ledra Advertising / Kommission und EZB, C-8/15 P, C-9/15 P u C-10/15 P, EU:C: 2016:701, Rz 74.

1374 *Sonnevend*, in: Grabenwarter (Hrsg.), Europäischer Grundrechteschutz – Enzyklopädie Europarecht, Band 2 (2014) § 14 Rz 60.

1375 *Sonnevend*, in: Grabenwarter (Hrsg.), Grundrechteschutz § 14 Rz 60.

1376 *Sonnevend*, in: Grabenwarter (Hrsg.), Grundrechteschutz § 14 Rz 60.

Es wurde festgestellt, dass der Gerichtshof der Wesensgehaltsgarantie trotz Heranziehung der genannten Formel bisweilen bereits in seiner älteren Rechtsprechung absolute Bedeutung beigemessen hat. Dies hatte jedoch keine Verbesserung des Grundrechtsschutzes zur Folge, da der EuGH eine Grundrechtsverletzung aus Mangel eines Antastens des Wesensgehalts idR sogleich ohne nähere Begründung verneinte oder mit der Verneinung des Antastens des Wesensgehalts zu einer fragmentarischen und zurückhaltenden Untersuchung der Verhältnismäßigkeit überleitete.

Die Aufnahme der Wesensgehaltsgarantie in die allgemeine Schrankenklausel des Art 52 Abs 1 GRC führte dazu, dass der Gerichtshof regelmäßig den Begriff des Wesensgehalts am Beginn der Rechtfertigungsprüfung von Grundrechtseingriffen erwähnt. Sofern in weiterer Folge tatsächlich Erwägungen zum Wesensgehalt vorgenommen werden, sind diese mittlerweile häufiger der absoluten Theorie zuordenbar. Besonders augenscheinlich wird diese Tendenz in jenen Urteilen, in denen eine mögliche Verletzung der Rechte nach Art 7 und 8 GRC sowie der Rechte nach Art 15 und 16 GRC thematisiert wird. Nichtsdestotrotz sind auch nach Inkrafttreten der GRC weiterhin Entscheidungen zu den genannten Rechten ergangen, welchen ein relatives Wesensgehaltsverständnis zugrunde liegt. Die wachsende Bedeutung der absoluten Theorie in der EuGH-Rechtsprechung ist überdies – wenngleich in geringerem Ausmaß – in Urteilen zum Recht auf Freiheit und Sicherheit, zur Meinungsäußerungsfreiheit, zum Recht auf Gleichbehandlung und zum Recht auf effektiven Rechtsschutz nach Art 47 GRC nachweisbar.

Ein Antasten des Wesensgehalts verneint der Gerichtshof zum Teil nach wie vor ohne Begründung.[1377] Sofern die Urteile eine Begründung enthalten, ist diese regelmäßig äußerst kurz gehalten und bietet den Rechtsunterworfenen in den seltensten Fällen Orientierung für zukünftige Entscheidungen. Eine Ausnahme stellt in diesem Zusammenhang die Rechtsprechung zu den Art 15 und 16 GRC dar, der zufolge der Wesensgehalt des Grundrechts nicht angetastet sein kann, solange lediglich die Art der Berufsausübung und nicht der Bestand der Freiheit als solcher gefährdet ist. Inwiefern auch andere Aussagen des Gerichtshofes, welche einen absolut geschützten Wesenskern festzulegen scheinen,[1378] zu einer Rechtsprechungslinie verdichtet werden und den Organen somit beständige Grenzen setzen, bleibt abzuwarten.

1377 Eine Verletzung des Wesensgehalts wurde vom EuGH bis dato nicht festgestellt (vgl *von Danwitz*, in: Tettinger/Stern [Hrsg.], Art 52 Rz 21).

1378 Vgl etwa die Aussage im Urteil Schrems, wonach die Kenntnisnahme des Inhalts elektronischer Kommunikation den Wesensgehalt des Rechts nach Art 7 GRC verletzt.

IV.B.6. Auslegungsmöglichkeiten von Art 52 Abs 1 GRC

Der europäische Gesetzgeber entschied sich die Voraussetzungen für einen zulässigen Grundrechtseingriff nicht für jedes Grundrecht separat zu normieren, sondern in einer allgemeinen Schrankenklausel festzuschreiben. Mit diesem Vorgehen sollten die Bestimmungen, welche die grundrechtlichen Gewährleistungen enthalten, prägnant und verständlich gehalten werden.[1379] Der „Preis" für diese Herangehensweise ist die umfangreiche und schwer verständliche Schrankenklausel des Art 52 GRC. Bevor Art 52 Abs 1 GRC im Hinblick auf die beiden für die vorliegende Arbeit relevanten Eingriffsschranken – Verhältnismäßigkeitsgrundsatz und Wesensgehaltsgarantie – ausgelegt werden soll, erscheint es sinnvoll den Zweck der GRC zu betonen. Ausweislich ihrer Präambel sollte sie den Grundrechtsschutz in der Union sichtbarer machen und auf diese Weise stärken. Somit sollten keine neuen Grundrechte geschaffen, sondern lediglich die bestehenden Rechte, *„die sich vor allem aus den gemeinsamen Verfassungstraditionen und den gemeinsamen internationalen Verpflichtungen der Mitgliedstaaten, aus dem Vertrag über die Europäische Union und den Gemeinschaftsverträgen, aus der Europäischen Konvention zum Schutze der Menschenrechte und Grundfreiheiten, aus den von der Gemeinschaft und dem Europarat beschlossenen Sozialchartas sowie aus der Rechtsprechung des Gerichtshofs der Europäischen Gemeinschaften und des Europäischen Gerichtshofs für Menschenrechte ergeben"*, bekräftigt werden.[1380]

IV.B.6.a. Grundsatz der Verhältnismäßigkeit

Art 52 Abs 1 zweiter Satz GRC legt den Grundsatz der Verhältnismäßigkeit als Eingriffsschranke fest. Dieser Satz fordert explizit, dass Einschränkungen der Grundrechte *„erforderlich"* sein müssen.[1381] Hinsichtlich der beiden anderen Teilgrundsätze (Eignung, Angemessenheit) ist der Wortlaut dieser Bestimmung nicht eindeutig. Dennoch kann auch die Eignung als Bestandteil von Art 52 Abs 1 zweiter Satz verstanden werden, indem man argumentiert, dass ungeeignete Mittel niemals erforderlich sein können.[1382] Alternativ kann sie aus der Passa-

---

1379 *Borowsky*, in: Meyer (Hrsg.), Art 52 Rz 2; *Rumler-Korinek/Vranes*, in: Holoubek/Lienbacher (Hrsg.), Art 52 Rz 2.

1380 Präambel der GRC.

1381 *Bühler*, Einschränkung 253, weist aufgrund der separaten Nennung der Notwendigkeit neben dem Verhältnismäßigkeitsgrundsatz darauf hin, dass dies als Hinweis gedeutet werden könne, dass der Teilgrundsatz der Erforderlichkeit vom Gerichtshof besonders streng zu prüfen ist.

1382 *Becker*, in: Schwarze (Hrsg.), EU-Kommentar[3] (2012) Art 52 GRC Rz 6.

ge, wonach Grundrechtseingriffe legitimen Zielen *„tatsächlich entsprechen"* müssen, abgeleitet werden.[1383]

Auf den Teilgrundsatz der Angemessenheit kann aus dem Wortlaut der Bestimmung nicht ohne Weiteres geschlossen werden. Nichtsdestotrotz nimmt die hL zutreffend an, dass er bei der Beurteilung von Eingriffen in Charta-Grundrechte zu berücksichtigen ist.[1384] Als Ansatzpunkt für diese Interpretation kann die Wortfolge *„[u]nter Wahrung des Grundsatzes der Verhältnismäßigkeit"* herangezogen werden.[1385] Da die Erläuterungen zu Art 52 GRC darauf verweisen, dass sich Abs 1 an die Rechtsprechung des Gerichtshofes anlehnt, ist diese gebührend zu berücksichtigen. In den einschlägigen Urteilen, welche vor Verfassen der GRC ergingen, wurde der Teilgrundsatz der Angemessenheit vom EuGH zum Teil untersucht,[1386] weshalb schon aus diesem Grund vertreten werden kann, dass der EuGH die Angemessenheit als dem Grundsatz der Verhältnismäßigkeit inhärent betrachtet.

Der Umstand, dass die Erläuterungen explizit die Rz 45 des Urteils in der Rs Karlsson nennen, wonach Beschränkungen der Grundrechte *„nicht einen [...] unverhältnismäßigen, nicht tragbaren Eingriff darstellen [dürfen], der diese Rechte in ihrem Wesensgehalt antastet"*[1387], spricht isoliert betrachtet noch nicht für das Erfordernis der Angemessenheit. Allerdings wird in der Urteilsbegründung eine Verletzung des Verhältnismäßigkeitsgrundsatzes damit verneint, dass es keine Hinweise darauf gebe, dass die Beschränkung nicht *„angemessen und erforderlich"* sei.[1388] Somit ist davon auszugehen, dass nach Art 52 Abs 1 GRC die Angemessenheit bei der Beurteilung von Grundrechtseingriffen zu beachten ist.

Fraglich bleibt jedoch, ob diese Bestimmung eine eigenständige Prüfung der Angemessenheit oder lediglich die Berücksichtigung der Angemessenheit im Rahmen der Untersuchung der Erforderlichkeit verlangt. Gegen das Erfordernis einer eigenständigen Prüfung spricht die Rechtsprechung des Gerichtshofes vor Verfassen der GRC, welche häufig keine Trennung dieser beiden Teilgrundsätze vorgenommen, sondern Überlegungen zur Angemessenheit mit jenen zur Erfor-

---

1383 *Rumler-Korinek/Vranes*, in: Holoubek/Lienbacher (Hrsg.), Art 52 Rz 16.

1384 Vgl etwa *von Danwitz*, in: Tettinger/Stern (Hrsg.), Art 52 Rz 42; *Rumler-Korinek/Vranes*, in: Holoubek/Lienbacher (Hrsg.), Art 52 Rz 17; *Kingreen*, in: Calliess/Ruffert (Hrsg.), Art 52 GRCh Rz 70.

1385 Vgl *Jarass*, EU-Grundrechte (2005) § 6 Rz 49.

1386 Siehe Kapitel IV.B.4.d oben.

1387 Urteil Karlsson, C-292/97, EU:C:2000:202, Rz 45.

1388 Urteil Karlsson, C-292/97, EU:C:2000:202, Rz 59.

derlichkeit vermengt hat,[1389] was nicht zuletzt in der oben genannten – und in der Rechtsprechung häufig zitierten – Wortfolge angedeutet wird, wonach Grundrechtseingriffe *„angemessen und erforderlich"* sein müssten. Weder der Wortlaut von Art 52 Abs 1 GRC spricht für eine separate Untersuchung der Angemessenheit noch weisen die Erläuterungen auf Judikatur des EuGH hin, welche im Sinne einer eigenständigen Bedeutung der Angemessenheit interpretiert werden kann. Somit ist nicht davon auszugehen, dass diese Bestimmung eine eigenständige Prüfung der Angemessenheit fordert. Auch *Bühler* vertritt diese Ansicht mit dem Hinweis darauf, dass eine gesonderte Angemessenheitsprüfung vor allem ein Spezifikum des deutschen Rechts sei, welche in der Mehrzahl der Mitgliedstaaten nicht vorgenommen werde.[1390] Aus diesem Grund sei anzunehmen, dass auch nach Inkrafttreten der GRC Erwägungen zur Angemessenheit weiterhin in die Erforderlichkeitsprüfung einfließen.[1391]

Als Gegenargument könnte die Kritik an der – vor Verfassen der GRC ergangenen – EuGH-Rechtsprechung zu den Grundrechten ins Treffen geführt werden, wonach der europäische Grundrechtsschutz gravierende Defizite aufweise.[1392] Denn wohl aufgrund der Kritik, welche sich nicht nur auf die zu geringe Kontrolldichte, sondern auch auf die Vernachlässigung des Teilgrundsatzes der Angemessenheit bezog,[1393] wurde im Grundrechtskonvent gefordert, die Schrankensystematik zu präzisieren.[1394] Diese Forderung steht jedoch in einem Spannungsverhältnis zur Präambel der GRC, wonach die GRC lediglich den Grundrechtsschutz sichtbarer machen und somit keine Änderung der Rechtsprechung bewirken solle, da sie auf eine Modifikation des Verhältnismäßigkeitsgrundsatzes abzielt. Sie fand auch im Wortlaut von Art 52 Abs 1 GRC keinen Niederschlag.

Im Ergebnis ist mit der hL davon auszugehen, dass Art 52 Abs 1 GRC die Beachtung sämtlicher Teilelemente des Verhältnismäßigkeitsgrundsatzes fordert. Eine von der Prüfung der Eignung und Erforderlichkeit getrennte Untersuchung der Angemessenheit lässt sich aus dieser Bestimmung jedoch nicht ableiten.

1389 Zur Vermengung von Erforderlichkeit und Angemessenheit in der Judikatur des EuGH vgl etwa *Koch*, Grundsatz 213; *Kingreen*, in: Calliess/Ruffert (Hrsg.), Art 52 GRCh Rz 71.

1390 *Bühler*, Einschränkung 256.

1391 *Bühler*, Einschränkung 256.

1392 Vgl etwa *Berrisch*, EuR 1994, 465 ff; *Bühler*, Einschränkung 203 ff; *von Danwitz*, EWS 2003, 395 ff; *Huber*, EuZW 1997, 520 f; *Nettesheim*, EuZW 1995, 106 f; *Storr*, Der Staat 1997, 547 ff.

1393 Vgl etwa *von Danwitz*, EWS 2003, 395 f.

1394 13. Protokoll der 13. Sitzung des Konvents am 28./29./30. Juni 2000, abgedruckt in: *Bernsdorff/Borowsky*, Die Charta der Grundrechte der Europäischen Union (2002) 299; vgl hierzu *von Danwitz*, in: Tettinger/Stern (Hrsg.), Art 52 Rz 39.

IV.B.6.b. Wesensgehaltsgarantie

Mit Ausnahme des 6. Entwurfs enthielten sämtliche Entwürfe der allgemeinen Schrankenklausel die Garantie des Wesensgehalts der Grundrechte. Die ersten drei Entwürfe forderten jeweils die Achtung des Wesensgehalts und die Wahrung des Verhältnismäßigkeitsgrundsatzes in einem Satz. Ab dem 4. Entwurf wurden die beiden Eingriffsschranken in zwei aufeinanderfolgenden Sätzen genannt. Die textliche Trennung von Wesensgehaltsgarantie und Verhältnismäßigkeitsgrundsatz wurde auch im finalen Entwurf beibehalten und findet sich folglich heute in Art 52 Abs 1 GRC. Der Umstand, dass der erste Satz dieser Bestimmung eine gesetzliche Grundlage und die Achtung des Wesensgehalts fordert, während der zweite separat die Wahrung der Verhältnismäßigkeit vorschreibt, spricht für ein absolutes Wesensgehaltsverständnis.[1395]

Darüber hinaus deutet auch die Entstehungsgeschichte der Norm darauf hin, dass der Wesensgehaltsgarantie eigenständige Bedeutung zukommen soll. Wenn der Wesensgehaltsgarantie keine vom Verhältnismäßigkeitsgrundsatz unabhängige Funktion zukommen sollte, hätte man sie im Grundrechtekonvent wohl kaum wieder in die Bestimmung aufgenommen, nachdem man sie bereits im 6. Entwurf gestrichten hatte.[1396] Schließlich kann auch die in Art 1 GRC normierte Garantie der Menschenwürde als Argument für die absolute Theorie fruchtbar gemacht werden, da die Erläuterungen zu dieser Norm davon sprechen, dass die Würde des Menschen zum Wesensgehalt der Charta-Grundrechte gehört und bei Eingriffen in diese Rechte nicht angetastet werden darf.[1397] Folglich gingen die Verfasser der GRC augenscheinlich davon aus, dass ein Kernbereich der Grundrechte bestehen soll, welcher einer Relativierung nicht zugänglich ist.[1398]

Für ein relatives Verständnis der Wesensgehaltsgarantie werden in der Literatur demgegenüber die Erläuterungen zu Art 52 GRC, wonach sich die Regelungen zur Einschränkbarkeit der Grundrechte an die Rechtsprechung des EuGH anlehnen, ins Treffen geführt.[1399] Allerdings ist die Rechtsprechung des Gerichtshofes vor Verfassen der GRC wohl kaum eindeutig im Sinne der relativen Theorie zu deuten,[1400] weshalb man sich als Vertreter eines relativen Wesensgehaltsverständnisses nur noch auf das in den Erläuterungen genannte Urteil in der Rs

---

1395 Vgl *Bühler*, Einschränkung 258; *Borowsky*, in: Meyer (Hrsg.), Art 52 Rz 23; *von Danwitz*, in: Tettinger/Stern (Hrsg.), Art 52 Rz 44.

1396 Vgl *Bühler*, Einschränkung 259.

1397 Zur Verknüpfung von Menschenwürde und Wesensgehaltsgarantie vgl auch *Borowsky*, in: Meyer (Hrsg.), Art 1 Rz 31.

1398 Vgl *Ostermann*, Entwicklung 176.

1399 Vgl etwa *Bühler*, Einschränkung 259.

1400 Siehe Kapitel IV.B.5.b oben.

Karlsson stützen kann. In der zitierten Rz wird nämlich ein unverhältnismäßiger mit einem den Wesensgehalt antastenden Grundrechtseingriff gleichgesetzt.[1401]

Zusätzlich wird in der Literatur das Mittel der Rechtsvergleichung herangezogen, um ein relatives Wesensgehaltsverständnis zu begründen.[1402] Aufgrund des Umstandes, dass das Ergebnis des Rechtsvergleichs keineswegs für die relative Theorie spricht,[1403] kann mE der insofern unmissverständliche Wortlaut des Art 52 Abs 1 GRC nicht im Sinne eines relativen Wesensgehalts verstanden werden. Hervorzuheben ist in diesem Zusammenhang, dass die Wesensgehaltsgarantie in Art 19 Abs 2 GG, welche auf die Verankerung des Wesensgehalts in Art 52 Abs 1 GRC bedeutenden Einfluss hatte, wohl im Sinne der absoluten Theorie zu verstehen ist.[1404] Abgesehen davon kann auch Normen der EMRK nicht eindeutig ein relatives Wesensgehaltsverständnis entnommen werden.[1405] Zuletzt kann auch auf die Rechtsprechung des EuGH zu den Grundfreiheiten rekurriert werden, welche den Wesensgehalt zwar nicht explizit anspricht, aber implizit einen absoluten Wesensgehaltsschutz beinhaltet.[1406]

Im Ergebnis sprechen daher mit dem Wortlaut und der Entstehungsgeschichte der Norm mE die besseren Gründe dafür, die Wesensgehaltsgarantie als eigenständige Eingriffsschranke zu verstehen, welche die Feststellung eines absolut geschützten Kernbereichs des betroffenen Grundrechts erfordert und auch verhältnismäßige Eingriffe in diesen Bereich nicht zulässt.

IV.C. Exkurs: Verhältnismäßigkeit im Recht der EMRK

IV.C.1. Vorbemerkung

Wenngleich der Grundsatz der Verhältnismäßigkeit im Text der EMRK nicht ausdrücklich als Eingriffsschranke genannt wird, kommt in einigen Bestimmungen eindeutig zum Ausdruck, dass Verhältnismäßigkeitserwägungen bei der Beurteilung von Grundrechtseingriffen zwingend vorzunehmen sind. In erster Linie gilt dies für die Schrankenbestimmungen in den zweiten Abs der Art 8-11 EMRK.[1407] Nach diesen Normen sind Grundrechtseingriffe nur zulässig, wenn sie i) auf Basis einer gesetzlichen Grundlage erfolgen, ii) einem der genannten

---

1401 Urteil Karlsson, C-292/97, EU:C:2000:202, Rz 45.

1402 *Bühler*, Einschränkung 260 f.

1403 Ausführlicher zur Rechtsvergleichung vgl *Borowsky*, in: Meyer (Hrsg.) Art 52 Rz 23a.

1404 Siehe Kapitel III.B.6 oben.

1405 *Stieglitz*, Allgemeine Lehren im Grundrechtsverständnis nach der EMRK und der Grundrechtsjudikatur des EuGH (2002) 86.

1406 *Streinz*, Grundrechtsschutz 422 mwN; *Stieglitz*, Lehren 137.

1407 Vgl aber auch die Schrankenbestimmung in Art 2 Abs 3 4. ZPEMRK.

legitimen Ziele dienen und iii) in einer demokratischen Gesellschaft notwendig sind (*"necessary in a democratic society"*).

Auch in anderen Bestimmungen finden sich Hinweise auf einzelne Teilelemente des Verhältnismäßigkeitsgrundsatzes: Die Tötung eines Menschen als Eingriff in dessen Recht auf Leben darf nur erfolgen, *„wenn sie sich aus einer unbedingt erforderlichen Gewaltanwendung ergibt"* und einem der taxativ genannten Zwecke dient.[1408] Ein Festgenommener hat das Recht *„auf Aburteilung innerhalb einer angemessenen Frist"*[1409] und jedermann hat das Recht auf ein faires Verfahren, welches eine Entscheidung durch ein unabhängiges und unparteiisches Gericht *„innerhalb einer angemessenen Frist"* garantieren soll.[1410] Bestimmte Rechte der EMRK dürfen im Notstandsfall außer Kraft gesetzt werden, insoweit es *„die Lage unbedingt erfordert."*[1411] Der Staat darf Nutzungsregelungen für das Eigentum nur erlassen, wenn er sie *„in Übereinstimmung mit dem Allgemeininteresse [...] für erforderlich hält."*[1412]

IV.C.2. Die Rechtsprechung des EGMR

Im Zusammenhang mit dem Erfordernis der Notwendigkeit in einer demokratischen Gesellschaft nahm der EGMR bereits in seiner frühen Rechtsprechung auf die Verhältnismäßigkeit Bezug.[1413] Regelmäßig fordert der EGMR im Rahmen der Untersuchung der Notwendigkeit in einer demokratischen Gesellschaft, dass der Eingriff einem dringenden sozialen Bedürfnis (*"pressing social need"*) entsprechen und verhältnismäßig zur Erreichung des verfolgten legitimen Ziels (*"proportionate to the legitimate aim pursued"*) sein muss.[1414] Häufig spricht der EGMR im Zuge dieser Untersuchung davon, dass die Gründe für den Eingriff relevant und ausreichend (*"relevant and sufficient"*) sein müssen.[1415] Dabei sind unter anderem die Natur, die Schwere und die Auswirkungen des Eingriffs zu berücksichtigen.[1416]

1408 Art 2 Abs 2 EMRK.

1409 Art 5 Abs 3 EMRK.

1410 Art 6 Abs 1 EMRK

1411 Art 15 Abs 1 EMRK.

1412 Art 1 Abs 2 1. ZPEMRK.

1413 Vgl etwa EGMR, 26.4.1979, Sunday Times ./. GBR, Nr. 6538/74, Rz 67: *„That restraint proves not to be proportionate to the legitimate aim pursued; it was not necessary in a democratic society for maintaining the authority of the judiciary."*

1414 Siehe hierzu die Rechtsprechungsnachweise bei *Arai*, in: van Dijk/van Hoof/van Rijn/Zwaak (Hrsg.), Theory and Practice of the European Convention on Human Rights[4] (2006) 340 (Fn 50).

1415 Siehe hierzu die Rechtsprechungsnachweise bei *Arai*, in: van Dijk/van Hoof/van Rijn/Zwaak (Hrsg.), Theory 341 (Fn 53).

1416 *Arai*, in: van Dijk/van Hoof/van Rijn/Zwaak (Hrsg.), Theory 341 mwN.

Aussagen in manchen Urteilen vermitteln den Eindruck, die Prüfung der Verhältnismäßigkeit und die Untersuchung, ob die vorgebrachten Gründe relevant und ausreichend sind, seien getrennt voneinander vorzunehmen.[1417] Da die Beantwortung der Frage nach relevanten und ausreichenden Gründen stets im Hinblick auf den konkreten Fall und unter Berücksichtigung der Auswirkungen des Eingriffs zu erfolgen hat und somit Elemente einer Abwägung enthält, erscheint es jedoch stringenter, sie als Teil der Verhältnismäßigkeitsprüfung zu begreifen.

Aufgrund der obigen Ausführungen ist die Ansicht in der Literatur zutreffend, wonach das Erfordernis der Notwendigkeit in einer demokratischen Gesellschaft die Einhaltung des Grundsatzes der Verhältnismäßigkeit fordert.[1418] Der Verweis auf die demokratische Gesellschaft hat zur Folge, dass sich der EGMR bei der Abwägung der widerstreitenden Interessen am Leitbild einer demokratischen Gesellschaft orientiert.[1419] Allerdings darf aus der grundsätzlichen Bindung an den Verhältnismäßigkeitsgrundsatz nicht geschlossen werden, dass der EGMR in seinen Urteilen alle drei Teilelemente des Grundsatzes nach deutscher Dogmatik einer Prüfung unterzieht.[1420] Die für das deutsche Recht charakteristische Prüfungsstruktur lässt sich aus seiner Rechtsprechung nur selten deutlich entnehmen.[1421]

In Bezug auf den Teilgrundsatz der Eignung beschränkt sich der EGMR grundsätzlich auf eine implizite Untersuchung und spricht ihn in seinen Urteilen nur in Ausnahmefällen explizit an.[1422] Auch eine separate Prüfung im Hinblick auf die Erforderlichkeit wird vom EGMR nicht vorgenommen, wenngleich er etwaige mildere Alternativmaßnahmen gelegentlich nennt und bei der Beurteilung der Verhältnismäßigkeit ieS berücksichtigt.[1423] Im Zentrum der Verhältnismäßigkeitsprüfung des EGMR steht unzweifelhaft eine Abwägung zwischen dem Gewicht des verfolgten legitimen Ziels und dem Gewicht des beeinträchtigten

---

1417 Vgl etwa EGMR, 25.11.1997 (GK), Zana ./. TUR, Nr. 18954/91, Rz 51: "*[...] whether the interference in issue was 'proportionate to the legitimate aims pursued' and whether the reasons adduced by the national authorities to justify it are 'relevant and sufficient' [...].*" Vgl auch die Nachweise bei *Lavender*, The Problem of the Margin of Appreciation, EHRLR 1997, 380 (386 f).

1418 Vgl etwa *Grabenwarter/Pabel*, EMRK^6 § 18 Rz 14; *Arai*, in: van Dijk/van Hoof/van Rijn/Zwaak (Hrsg.), Theory 341.

1419 *Stieglitz*, Lehren 70 mN aus der Judikatur des EGMR.

1420 Ähnlich *Stieglitz*, Lehren 69.

1421 *Uwer*, Medienkonzentration und Pluralismussicherung im Lichte des europäischen Menschenrechts der Pressefreiheit (1998) 165 ff.

1422 *Grabenwarter/Pabel*, EMRK^6 § 18 Rz 15.

1423 *Grabenwarter/Pabel*, EMRK^6 § 18 Rz 15.

Grundrechts.[1424] Besonders deutlich kommt dieser Abwägungsgedanke in jenen Urteilen zum Ausdruck, in denen der EGMR von einer *"fair balance"* zwischen den zum Ausgleich zu bringenden widerstreitenden Interessen spricht.[1425] Die Abwägung des EGMR unterscheidet sich von der Angemessenheitsprüfung nationaler Verfassungsgerichte vor allem durch dessen Bestreben Einzelfallgerechtigkeit zu gewährleisten und durch häufige Verweise auf ältere Urteile, um auf diese Weise die Entscheidung zu begründen.[1426]

Bei der Beurteilung, ob ein Grundrechtseingriff in einer demokratischen Gesellschaft tatsächlich notwendig ist, gesteht der EGMR den Vertragsstaaten einen Beurteilungsspielraum zu.[1427] Dieser wird als *"margin of appreciation"* bezeichnet und determiniert die Kontrolldichte durch den EGMR. Je größer der gewährte Beurteilungsspielraum ist, desto zurückhaltender fällt die Prüfung des Grundrechtseingriffs aus. Wenngleich einige Zeit angenommen wurde, dass die „Margin of Appreciation-Doktrin" nur im Zusammenhang mit dem Außerkraftsetzen von Grundrechten im Notstandsfall und mit den Rechten nach den Art 8-11 EMRK sowie dem Diskriminierungsverbot nach Art 14 EMRK zur Anwendung komme, ist mittlerweile unumstritten, dass sie bei sämtlichen Gewährleistungen der EMRK inklusive der Zusatzprotokolle relevant ist.[1428] Für die Organe der Legislative, Exekutive und Judikative in den Vertragsstaaten bedeutet die Einräumung eines Beurteilungsspielraumes jedoch nicht, dass sie in ihren Entscheidungen vollkommen ungebunden sind.[1429] Vielmehr unterliegen sie einer europäischen Kontrolle durch den EGMR (*"European supervision by the Court"*),[1430] welche abhängig von der Weite des Beurteilungsspielraumes unterschiedlich streng ist.[1431]

1424 Vgl etwa *von Danwitz*, in: Tettinger/Stern (Hrsg.), Art 52 Rz 24; *Koch*, Grundsatz 578; *Engel*, Die Schranken der Schranken in der Europäischen Menschenrechtskonvention, ÖZöRV 1986, 261 (263).

1425 Vgl etwa EGMR, 30.6.2015 (GK), Khoroshenko ./. RUS, Nr. 41418/04, Rz 148; EGMR, 23.2.1995, Gasus Dosier- u Fördertechnik GmbH ./. NED, Nr. 15375/89, Rz 62; EGMR, 26.9.1995 (GK), Vogt ./. GER, Nr. 17851/91, Rz 53.

1426 *Grabenwarter/Pabel*, EMRK^6 § 18 Rz 17 mN aus der Judikatur des EGMR.

1427 Vgl etwa *Prepeluh*, ZaöRV 2001, 772 f.

1428 Vgl etwa *Brems*, ZaöRV 1996, 242.

1429 Vgl etwa *Prepeluh*, ZaöRV 2001, 773.

1430 Vgl etwa EGMR, 25.8.1993, Chorherr ./. AUT, Nr. 13308/87, Rz 31: *"The Court has consistently held that the Contracting States enjoy a certain margin of appreciation in assessing whether and to what extent an interference is necessary, but this margin goes hand in hand with European supervision embracing both the legislation and the decisions applying it; when carrying out that supervision the Court must ascertain [...]"* (Hervorhebung durch den Autor).

1431 Zu den Determinanten der Kontrolldichte in der Rechtsprechung des EGMR siehe Kapitel V.C unten.

IV.D. Grundfreiheiten

IV.D.1. Vorbemerkung

Die Grundfreiheiten des Binnenmarkts gelten wie die europäischen Grundrechte nicht absolut, sondern dürfen unter bestimmten Voraussetzungen eingeschränkt werden. Zwingende Voraussetzung für eine zulässige Beschränkung einer Grundfreiheit ist, dass mit der Beschränkung ein legitimes Ziel verfolgt wird. Als legitime Ziele gelten die in den Verträgen explizit normierten Rechtfertigungsgründe („geschriebene Rechtfertigungsgründe"),[1432] die in der Rechtsprechung des EuGH entwickelten „zwingenden Erfordernisse" („ungeschriebene Rechtfertigungsgründe")[1433] und auch die Grundrechte, welche lange Zeit keine eigenständige Rolle bei der Rechtfertigungsprüfung innehatten, sondern lediglich dazu dienten, ein zwingendes Erfordernis zu begründen oder einen geschriebenen Rechtfertigungsgrund zu präzisieren.[1434]

Bereits im bekannten Urteil in der Rs *Cassis de Dijon* aus dem Jahr 1979 bekannte sich der Gerichtshof – wenn auch nur implizit – zum Grundsatz der Verhältnismäßigkeit[1435] als er die Rechtmäßigkeit des Erfordernisses eines bestimmten Alkoholmindestgehalts für die Einfuhr von Weingeist zu beurteilen hatte.[1436] Wörtlich führte er wie folgt aus: *„Hemmnisse für den Binnenhandel der Gemeinschaft [...] müssen hingenommen werden, soweit diese Bestimmungen notwendig sind, um zwingenden Erfordernissen gerecht zu werden [...]."*[1437] Das zwingende Erfordernis der Lauterkeit des Handelsverkehrs erfordere im gegenständlichen Fall jedoch nicht ein Verbot der Einfuhr, da dieser Zweck auch durch verpflichtende Angaben über Herkunft und Alkoholgehalt auf den Etiket-

---

1432 Zu den geschriebenen Rechtfertigungsgründen zählen die öffentliche Sittlichkeit, Ordnung und Sicherheit und der Schutz der Gesundheit (vgl Art 36, 45 Abs 3, 52 Abs 1, 62, 65 Abs 1 lit b AEUV).

1433 Zu den ungeschriebenen Rechtfertigungsgründen zählen unter anderem der Verbraucherschutz, die Lauterkeit des Handelsverkehrs, der Umweltschutz, der Schutz der Systeme der sozialen Sicherheit, die Wirksamkeit der steuerlichen Kontrolle, die Sicherheit des Straßenverkehrs sowie kulturelle Zwecke (vgl etwa *Kingreen*, in: Calliess/Ruffert [Hrsg.], Art 34-36 AEUV Rz 210 ff).

1434 *Kingreen*, in: Calliess/Ruffert (Hrsg.), Art 34-36 AEUV Rz 218; aA *Morijn*, Balancing Fundamental Rights and Common Market Freedoms in Union Law: Schmidberger and Omega in the Light of the European Constitution, 12 ELJ 2006, 15 (39).

1435 *Reich*, „Verhältnismäßigkeit" als „Mega-Prinzip" im Unionsrecht? in: Mehde/Ramsauer/Seckelmann (Hrsg.), Staat, Verwaltung, Information, FS Bull (2011) 259 (266). Vgl aber auch *Koch*, Grundsatz 415, der bereits in dem Urteil Marimex, 29/72, EU:C:1972:126, in Rz 5 einen noch früheren Hinweis auf das Erfordernis der Verhältnismäßigkeit erblickt.

1436 Urteil Rewe / Bundesmonopolverwaltung für Branntwein, 120/78, EU:C:1979:42.

1437 Urteil Rewe / Bundesmonopolverwaltung für Branntwein, 120/78, EU:C:1979:42, Rz 8.

ten der Produkte erreicht werden könne.[1438] Während der Gerichtshof in diesem Urteil lediglich die Erforderlichkeit der staatlichen Maßnahme ausdrücklich untersuchte, spricht er in späteren Urteilen auch den Teilgrundsatz der Eignung an.[1439]

Richtungsweisend formulierte der EuGH im Urteil *Gebhardt* die Anforderungen an zulässige mitgliedstaatliche Beschränkungen der Grundfreiheiten: „*Sie müssen in nichtdiskriminierender Weise angewandt werden, sie müssen aus zwingenden Gründen des Allgemeininteresses gerechtfertigt sein, sie müssen geeignet sein, die Verwirklichung des mit ihnen verfolgten Zieles zu gewährleisten, und sie dürfen nicht über das hinausgehen, was zur Erreichung dieses Zieles erforderlich ist.*“[1440] In Folgeentscheidungen verwies er häufig auf diese Formel.[1441]

In anderen Urteilen bezeichnet der Gerichtshof die beiden Teilelemente der Eignung und Erforderlichkeit nicht nur ausdrücklich, sondern ordnet sie auch direkt dem Grundsatz der Verhältnismäßigkeit zu.[1442] Wenngleich der Verhältnismäßigkeitsgrundsatz nicht immer bei der Prüfung der Rechtfertigung einer Beschränkung einer Grundfreiheit vom Gerichtshof explizit benannt wird, sind die beiden Teilelemente der Eignung und Erforderlichkeit jedenfalls im Rahmen der Rechtfertigungsprüfung zu berücksichtigen. Diffiziler ist die Frage, ob der Gerichtshof auch die Einhaltung des Teilgrundsatzes der Angemessenheit fordert, da er ihn in seinen Urteilen regelmäßig nicht gesondert anspricht.[1443] Ungeachtet dessen wird von der hL die Ansicht vertreten, dass auch die Angemessenheit bei

---

1438 Urteil Rewe / Bundesmonopolverwaltung für Branntwein, 120/78, EU:C:1979:42, Rz 13.

1439 Vgl etwa Urteil Kraus, C-19/92, EU:C:1993:125, Rz 32.

1440 Urteil Gebhardt, C-55/94, EU:C:1995:411, Rz 37 (Hervorhebung durch den Autor).

1441 Vgl etwa Urteil Reisebüro Broede, C-3/95, EU:C:1996:487, Rz 28; Urteil Centros, C-212/97, EU:C:1999:126, Rz 34; Urteil Pfeiffer, C-255/97, EU:C:1999:240, Rz 19; Urteil Arblade, C-369/96 u 376/96, EU:C:1999:575, Rz 35; Urteil Inspire Art, C-167/01, EU:C:2003:512, Rz 133; Urteil Colegio de Ingenieros de Caminos, Canales y Puertos, C-330/03, EU:C:2006:45, Rz 30.

1442 Urteil Oteiza Olazabal, C-100/01, EU:C:2002:712, Rz 43: „*Zudem kann eine Maßnahme, mit der eine der durch den Vertrag garantierten grundlegenden Freiheiten eingeschränkt wird, nur gerechtfertigt sein, wenn sie den Grundsatz der Verhältnismäßigkeit beachtet. In dieser Hinsicht muss eine solche Maßnahme geeignet sein, die Verwirklichung des mit ihr verfolgten Zieles zu gewährleisten, und sie darf nicht über das hinausgehen, was zur Erreichung dieses Zieles erforderlich ist*“ (Hervorhebung durch den Autor). Vgl auch Urteil Kommission / Frankreich, C-483/99, EU:C:2002:327, Rz 45; Urteil Corsten, C-58/98, EU:C:2000:527, Rz 39; Urteil Kommission / Niederlande, C-299/02, EU:C:2004:620, Rz 18.

1443 *Kingreen*, in: Calliess/Ruffert (Hrsg.), Art 34-36 AEUV Rz 98; vgl aber etwa das Urteil Aragonesa de Publicidad Exterior und Publivia / Departamento de Sanidad y Seguridad Social de Cataluña, C-1/90 u C-176/90, EU:C:1991:327, Rz 14 oder das Urteil Schmidberger, C-112/00, EU:C:2003:33, Rz 82.

der Beurteilung der Verhältnismäßigkeit von Beschränkungen der Grundfreiheiten eine Rolle spielt.[1444]

IV.D.2. Die drei Teilgrundsätze der Verhältnismäßigkeit

Aufbauend auf dem Meinungsstand in der Literatur, wonach der Verhältnismäßigkeitsgrundsatz bei der Rechtfertigungsprüfung von Beschränkungen der Grundfreiheiten aus den Teilelementen der Eignung, Erforderlichkeit und Angemessenheit besteht und aufgrund des Umstandes, dass der EuGH zumindest in einigen Urteilen Überlegungen zur Angemessenheit einfließen lässt, wird im Folgenden der Sinngehalt aller drei Teilgrundsätze dargestellt. In diesem Zusammenhang sollen insbesondere Gemeinsamkeiten mit und Unterschiede zu den korrespondierenden Teilgrundsätzen bei der Verhältnismäßigkeitsprüfung von Grundrechtseingriffen hervorgehoben werden.

Da der Gerichtshof in Bezug auf die Bedeutung der einzelnen Teilgrundsätze unabhängig von der betroffenen Grundfreiheit einem einheitlichen Verständnis folgt, ist eine gesonderte Untersuchung für jede einzelne Grundfreiheit nicht erforderlich. Besonders augenscheinlich tritt dieser Umstand im Urteil *Libert* zu Tage, in welchem der Gerichtshof die Beschränkung der Arbeitnehmerfreizügigkeit, der Dienstleistungsfreiheit, der Niederlassungsfreiheit und der Kapitalverkehrsfreiheit im Rahmen einer gemeinsamen Verhältnismäßigkeitsprüfung untersuchte.[1445]

IV.D.2.a. Eignung

Eine Maßnahme, welche eine Grundfreiheit beschränkt, muss in den Worten des Gerichtshofes *„geeignet sein, die Verwirklichung des mit ihr verfolgten legitimen Ziels zu gewährleisten."*[1446] Sie muss jedoch das Ziel nicht in vollem Umfang erreichen; vielmehr genügt es, wenn sie das Ziel voranbringen, es mithin fördern kann.[1447] Mit anderen Worten muss die Maßnahme für die Zielerreichung *„nützlich"* sein.[1448] Diese Voraussetzung ist in jenen Fällen nicht erfüllt,

---

1444 Vgl etwa *Trstenjak/Beysen*, EuR 2012, 276; *Ehlers*, Allgemeine Lehren der Grundfreiheiten § 7 Rz 130; *Frenz*, Handbuch Europarecht: Band 1 – Europäische Grundfreiheiten^2 (2012) Rz 587; *Kingreen*, in: Calliess/Ruffert (Hrsg.), Art 34-36 AEUV Rz 98; *Jarass*, Elemente einer Dogmatik der Grundfreiheiten II, EuR 2000, 705 (721).

1445 Urteil Libert, C-197/11 u C-203/11, EU:C:2013:288, Rz 48 ff.

1446 Vgl etwa das Urteil Oteiza Olazabal, C-100/01, EU:C:2002:712, Rz 43.

1447 *Frenz*, Grundfreiheiten^2 Rz 592.

1448 *Kellerhals*, Das Binnenmarktrecht der Warenverkehrsfreiheit, in: Müller-Graff (Hrsg.), Europäisches Wirtschaftsordnungsrecht – Enzyklopädie Europarecht, Band 4 (2015) § 6 Rz 55.

in denen das Ziel einer Maßnahme die Abwendung eines Schadens ist, welcher bereits verursacht wurde und nicht mehr rückgängig gemacht werden kann.[1449]

Der Gerichtshof beschränkt sich bei der Prüfung der Eignung auf eine Plausibilitätskontrolle,[1450] sodass er nur jene Maßnahmen verwirft, welche in keinem Zusammenhang mit dem verfolgten Ziel stehen.[1451] So qualifizierte der Gerichtshof bspw die Verpflichtung für den Erwerber eines landwirtschaftlichen Grundstücks seinen ständigen Wohnsitz auf diesem Grundstück zu begründen als ungeeignet, das Ziel der Bewirtschaftung dieses Grundstücks durch den Erwerber zu erreichen.[1452]

Als Zwischenergebnis kann somit festgehalten werden, dass der EuGH nicht nur bei der Prüfung der Eignung von Grundrechtseingriffen, sondern auch von Beschränkungen der Grundfreiheiten zurückhaltend vorgeht und somit dem Umstand Rechnung trägt, dass sich die vom Urheber einer Maßnahme *ex ante* vorzunehmende Beurteilung über die genauen Auswirkungen einer Maßnahme nachträglich als falsch erweisen kann.

Dennoch stellt das Kriterium der Eignung bei Beeinträchtigungen der Grundfreiheiten idR eine höhere Hürde als bei Grundrechtseingriffen dar. Der Gerichtshof judiziert nämlich seit einigen Jahren in bedeutenden Rechtsbereichen, dass *„eine nationale Regelung nur dann geeignet [ist], die Erreichung des geltend gemachten Ziels zu gewährleisten, wenn sie tatsächlich dem Anliegen gerecht wird, es in kohärenter und systematischer Weise zu erreichen.“*[1453] In diesem Zusammenhang ist auch relevant, dass eine beschränkende nationale Regelung nicht nur im Zeitpunkt ihres Erlasses, sondern auch in weiterer Folge dem Kohärenzkriterium zu entsprechen hat, weshalb auch nachträglich eingetretene Umstände zu berücksichtigen sind.[1454]

IV.D.2.a.i. Das Kriterium der Kohärenz

IV.D.2.a.i.a) Vorbemerkung

Das Kriterium der Kohärenz verlangt, dass nationale Maßnahmen das angegebene Ziel stringent[1455] und widerspruchsfrei[1456] verfolgen.[1457] Es wurde maßgeblich

1449 *Frenz*, Grundfreiheiten² Rz 592.

1450 *Müller-Graff*, in: Streinz (Hrsg.), EUV/AUEV² (2012) Art 49 AEUV Rz 94.

1451 *Lübke*, Die binnenmarktliche Kapital- und Zahlungsverkehrsfreiheit, in: Müller-Graff (Hrsg.), Europäisches Wirtschaftsordnungsrecht – Enzyklopädie Europarecht, Band 4 (2015) § 5 Rz 139.

1452 Urteil Festersen, C-370/05, EU:C:2007:59, Rz 30.

1453 Urteil Pfleger, C-390/12, EU:C:2014:281, Rz 43.

1454 Urteil Admiral Casinos & Entertainment, C-464/15, EU:C:2016:500, Rz 34 ff.

1455 *Frenz*, Grundfreiheiten² Rz 592.

in der Judikatur des EuGH zur Glücksspielregulierung entwickelt und findet in diesem Bereich nach wie vor seinen Hauptanwendungsbereich.[1458] Allerdings darf nicht übersehen werden, dass der Gerichtshof bereits lange vor seiner umfangreichen Rechtsprechung im Glücksspielbereich anerkannt hat, dass staatliches Handeln, welches die Grundfreiheiten beschränkt, in sich „stimmig" sein muss, um gerechtfertigt zu sein. So verwarf er bereits in einem Urteil aus dem Jahr 1982 die Berufung des belgischen Staates auf den Grund der öffentlichen Ordnung, mit welchem dieser ein Verbot der Einreise und des Aufenthalts von Bürgern anderer Mitgliedstaaten zu rechtfertigen versuchte, die in Belgien als Prostituierte Geld verdienen wollten, da Prostitution durch belgische Staatsbürger nicht tatsächlich bekämpft wurde.[1459] Somit spielten die Erwägungen, welche heute im Rahmen der Untersuchung der Kohärenz relevant sind, bereits vor ausdrücklicher Bezugnahme auf die Kohärenz im Rahmen der Rechtfertigungsprüfung eine Rolle.

IV.D.2.a.i.b) Glücksspielregulierung

Mit dem Kriterium der Kohärenz soll im Glücksspielbereich verhindert werden, dass Mitgliedstaaten unter Berufung auf zwingende Gründe des Allgemeininteresses, wie auf den Schutz der Verbraucher vor Spielsucht oder die Verhinderung von Kriminalität im Zusammenhang mit Glücksspielen, aus ausschließlich wirtschaftlichen Motiven die Grundfreiheiten durch Monopolsysteme oder Konzessionsregelungen beschränken.

1456 *Leidenmühler*, Das Glücksspielmonopol auf dem Prüfstand des Kohärenzgebots, MuR 2014, 42 (43).

1457 Demgegenüber ist die Kohärenz des Steuersystems ein vom Gerichtshof anerkannter Rechtfertigungsgrund für die Beschränkung von Grundfreiheiten auf dem Gebiet der direkten Steuern. Vgl hierzu grundlegend das Urteil Bachmann, C-204/90, EU:C:1992:35.

1458 Urteil Gambelli, C-243/01, EU:C:2003:597, Rz 67; Urteil Placanica, C-338/04, C-359/04 u C-360/04, EU:C:2007:133, Rz 53; Urteil Liga Portuguesa de Futebol Profissional und Bwin International, C-42/07, EU:C:2009:519, Rz 61; Urteil Stoß, C-316/07, C-358/07, C-359/07, C-360/07, C-409/07 u C-410/07, EU:C:2010:504, Rz 88 ff; Urteil Carmen Media Group, C-46/08, EU:C:2010:505, Rz 53 ff; Urteil Engelmann, C-64/08, EU:C:2010:506, Rz 35; Urteil Costa und Cifone, C-72/10 u C-77/10, EU:C:2012:80, Rz 63; Urteil HIT und HIT LARIX, C-176/11, EU:C:2012:454, Rz 22; Urteil Stanleybet International, C-186/11 u C-209/11, EU:C:2013:33, Rz 27; Urteil Pfleger, C-390/12, EU:C:2014:281, Rz 43; Urteil Digibet und Albers, C-156/13, EU:C:2014:1756, Rz 26; Urteil Blanco und Fabretti, C-344/13 u C-367/13, EU:C:2014:2311, Rz 39; Urteil Berlington Hungary, C-98/14, EU:C:2015:386, Rz 64; Urteil Admiral Casinos & Entertainment, C-464/15, EU:C:2016:500, Rz 32 ff.

1459 Urteil Adoui und Cornuaille / Belgischer Staat, 115/81 u 116/81, EU:C:1982:183, Rz 8; vgl hierzu auch *Siekemeier/Wendland*, Die binnenmarktliche Niederlassungsfreiheit der Selbständigen, in: Müller-Graff (Hrsg.), Europäisches Wirtschaftsordnungsrecht – Enzyklopädie Europarecht, Band 4 (2015) § 3 Rz 96.

Zur Erreichung der genannten zwingenden Gründe des Allgemeininteresses können staatliche Monopol- oder Konzessionssysteme grundsätzlich gerechtfertigt sein.[1460] Sie werden jedoch von den Mitgliedstaaten zum Teil als Vorwand benutzt, um ihre Staatseinnahmen zu maximieren. Besonders problematisch ist dies in jenen Fällen, in denen der Monopolist oder die Konzessionäre durch umfangreiche Werbung eine expansive Geschäftspolitik betreiben.

Der EuGH fordert daher in derartigen Konstellationen im Rahmen der Kohärenz, dass der betroffene Mitgliedstaat darzulegen hat, dass die ins Treffen geführten Gründe (Spielsucht, Kriminalität) im maßgeblichen Zeitraum *„tatsächlich ein erhebliches Problem darstellten."*[1461] Darüber hinaus dürfen die nationalen Behörden nicht zulassen, dass die Verbraucher dazu ermuntert werden, *„an Glücksspielen teilzunehmen, damit der Staatskasse daraus Einnahmen zufließen."*[1462] Eine kontrolliert expansive Geschäftspolitik des Monopolunternehmens kann jedoch als kohärent qualifiziert werden, wenn dadurch *„die Verbraucher zu dem Angebot des Inhabers des staatlichen Monopols gelenkt werden [...]."*[1463] Beim Angebot des Monopolunternehmens kann nämlich davon ausgegangen werden, dass es besser geeignet ist, die Verbraucher *„vor übermäßigen Ausgaben und vor Spielsucht"* zu schützen,[1464] Dies ergibt sich aus dem Umstand, dass da es einer Kontrolle durch die öffentliche Gewalt unterworfen ist.[1465] Die staatliche Kontrolle muss naturgemäß wirksam sein, um tatsächlich die Verbraucher zu schützen.[1466]

Die Werbung des Monopolunternehmens darf die Gefahren des Glücksspiels nicht durch Verleihung eines positiven Images verharmlosen oder dessen Attraktivität durch verführerische Hinweise auf hohe Gewinne steigern.[1467] Letztlich soll die Geschäftspolitik nicht dazu beitragen, dass das Monopolunternehmen

---

1460 Vgl etwa Urteil H.M. Customs and Excise / Schindler, C-275/92, EU:C:1994:119, Rz 58 ff; Urteil Läärä, C-124/97, EU:C:1999:435, Rz 35; Urteil Zenatti, C-67/98, EU:C:1999:514, Rz 31 ff.

1461 Urteil Pfleger, C-390/12, EU:C:2014:281, Rz 53.

1462 Urteil Dickinger und Ömer, C-347/09, EU:C:2011:582, Rz 62; vgl in diesem Sinne bereits das Urteil Gambelli, C-243/01, EU:C:2003:597, Rz 69.

1463 Urteil Berlington Hungary, C-98/14, EU:C:2015:386, Rz 69; vgl in diesem Sinne bereits das Urteil Stoß, C-316/07, C-358/07, C-359/07, C-360/07, C-409/07 u C-410/07, EU:C:2010:504, Rz 101 f.

1464 Urteil Berlington Hungary, C-98/14, EU:C:2015:386, Rz 69; vgl in diesem Sinne bereits das Urteil Stoß, C-316/07, C-358/07, C-359/07, C-360/07, C-409/07 u C-410/07, EU:C:2010:504, Rz 101 f.

1465 Urteil Liga Portuguesa de Futebol Profissional und Bwin International, C-42/07, EU:C:2009:519, Rz 67.

1466 Urteil Stanleybet International, C-186/11 u C-209/11, EU:C:2013:33, Rz 27.

1467 Urteil Stoß, C-316/07, C-358/07, C-359/07, C-360/07, C-409/07 u C-410/07, EU:C:2010:504, Rz 103; Urteil Dickinger und Ömer, C-347/09, EU:C:2011:582, Rz 68.

Menschen als Kunden gewinnt, die bis dato nicht an Glücksspielen teilnahmen, sondern lediglich bereits glücksspielende Menschen an sich ziehen.[1468] Sofern ein staatliches Monopol auf Sportwetten und Lotterien besteht, um Spielsucht zu bekämpfen, ist es nicht kohärent, wenn private Veranstalter andere Arten von Glücksspielen anbieten dürfen, diese ein höheres Suchtpotenzial als Lotterien und Sportwetten aufweisen und die staatlichen Behörden eine *„Politik der Angebotserweiterung betreiben."*[1469]

Wenn ein Mitgliedstaat, der unionsrechtswidrig bestimmte Wirtschaftsteilnehmer von der Vergabe von Wettkonzessionen ausgeschlossen hat, und zur Wiederherstellung eines unionsrechtskonformen Zustandes zusätzliche Konzessionen ausschreibt und dabei die Geschäftspositionen der etablierten Konzessionäre schützt, indem er den neuen Konzessionären die Einhaltung von Mindestabständen zu den Betriebsstätten der etablierten Konzessionäre vorschreibt, ist diese Regelung als inkohärent zu qualifizieren, sofern zwischen den Betriebsstätten der etablierten Konzessionäre kein derartiger Mindestabstand erforderlich ist.[1470] Als unproblematisch qualifizierte der Gerichtshof demgegenüber die unterschiedliche Rechtslage in den verschiedenen Bundesländern Deutschlands, der zufolge für einen zeitlich beschränkten Zeitraum in sämtlichen Bundesländern mit Ausnahme Schleswig-Holsteins die Veranstaltung von Glücksspielen im Internet grundsätzlich verboten war.[1471]

IV.D.2.a.i.c) Regulierung zum Schutz der menschlichen Gesundheit

Die Bedeutung der Kohärenz ist in der Rechtsprechung des Gerichtshofes nicht auf den Bereich des Glücksspielrechts beschränkt, wenngleich die Kohärenz dort am häufigsten und deutlichsten in Erscheinung tritt. Auch nationale Bestimmungen, welche Voraussetzungen für den Zugang zu Gesundheitsberufen oder für deren Ausübung festlegen oder die Werbung für diese Berufe beschränken, werden vom EuGH in einigen Urteilen intensiv auf ihre Kohärenz untersucht,[1472] während in anderen die Kohärenz der Regelung nicht einmal erwähnt wird.[1473]

1468 Urteil Dickinger und Ömer, C-347/09, EU:C:2011:582, Rz 69.

1469 Urteil Carmen Media Group, C-46/08, EU:C:2010:505, Rz 71.

1470 Urteil Costa und Cifone, C-72/10 u C-77/10, EU:C:2012:80, Rz 63 ff.

1471 Urteil Digibet und Albers, C-156/13, EU:C:2014:1756, Rz 36.

1472 Vgl etwa Urteil Apothekerkammer des Saarlandes, C-171/07 u C-172/07, EU:C:2009:316, Rz 42-50 (Apotheke); Urteil Ottica New Line di Accardi Vincenzo, C-539/11, EU:C:2013:591, Rz 47-55 (Optikergeschäft); Urteil Sokoll-Seebacher, C-367/12, EU:C:2014:68, Rz 39 ff (Apotheke).

1473 Vgl etwa Urteil Susisalo, C-84/11, EU:C:2012:374 (Apotheke); Urteil Venturini, C-159/12, C-160/12 u C-161/12, EU:C:2013:791 (Apotheke).

Die Bedeutung der Kohärenz soll anhand der folgenden Beispiele aus der Rechtsprechung demonstriert werden:

Im Urteil *Corporación Dermoestética* kam der Gerichtshof zu dem Ergebnis, dass eine nationale Regelung, welche faktisch zu einem Verbot von Werbung für chirurgische Eingriffe über nationale Fernsehsender führt, nicht dazu geeignet ist, das Ziel des Gesundheitsschutzes kohärent zu erreichen, wenn die Werbung über regionale Fernsehsender zulässig ist.[1474]

In der Rs *Hartlauer* untersuchte der EuGH die Voraussetzung eines hinreichenden Bedarfs für die Erteilung einer Bewilligung zum Betrieb eines privaten Zahnambulatoriums.[1475] Diese Voraussetzung kann nach dem EuGH unverzichtbar sein, um in manchen Regionen Versorgungslücken und in anderen Regionen ein Überangebot an medizinischen Leistungen zu verhindern, sodass die gesamte Bevölkerung medizinisch ausreichend versorgt ist.[1476] Im gegenständlichen Fall mangelte es der gesetzlichen Regelung allerdings an der Kohärenz, da lediglich Zahnambulatorien von der Bewilligungspflicht erfasst waren, während Gruppenpraxen, welche im Wesentlichen dasselbe Leistungsangebot aufweisen, ohne Bewilligung betrieben werden durften.[1477]

Eine nationale Bestimmung, welche den Betrieb eines Optikergeschäfts vom Vorliegen eines hinreichenden Bedarfs abhängig macht und keine genauen Kriterien für die diesbezügliche Beurteilung durch die Behörde festlegt, sowie eine obligatorische Stellungnahme des Ausschusses der Handelskammer vorschreibt, welcher sich aus den unmittelbaren Mitbewerbern jenes Optikers zusammensetzt, der sich in der Region niederlassen möchte, hält der Gerichtshof aus dem Blickwinkel der Kohärenz für bedenklich.[1478]

Eine Bedarfsregelung, der zufolge eine neue Apotheke nur dann errichtet werden darf, wenn aufgrund der Neuerrichtung die Zahl der zu versorgenden Personen im Umkreis von 4 km nicht unter 5.500 sinkt, ist für den EuGH nicht kohärent, da diese starre Grenze den nationalen Behörden keine Möglichkeit gibt, regionale Besonderheiten zu berücksichtigen.[1479] Dieser Umstand ist insbesondere in ländlichen Gebieten mit geringer Bevölkerungsdichte problematisch, da die Bedarfsregelung dazu führen kann, dass die betroffenen Bewohner keine Apotheke in angemessener Entfernung von ihrem Wohnort vorfinden.[1480] Demge-

[1474] Urteil Corporación Dermoestética, C-500/06, EU:C:2008:421, Rz 39 f.
[1475] Urteil Hartlauer, C-169/07, EU:C:2009:141.
[1476] Urteil Hartlauer, C-169/07, EU:C:2009:141, Rz 52.
[1477] Urteil Hartlauer, C-169/07, EU:C:2009:141, Rz 55 ff.
[1478] Urteil Ottica New Line di Accardi Vincenzo, C-539/11, EU:C:2013:591, Rz 52 ff.
[1479] Urteil Sokoll-Seebacher, C-367/12, EU:C:2014:68, Rz 39 ff.
[1480] Urteil Sokoll-Seebacher, C-367/12, EU:C:2014:68, Rz 41 ff.

genüber erachtet der Gerichtshof es nicht als inkohärent, wenn der Betrieb von Apotheken Apothekern vorbehalten ist und von diesem Erfordernis für die Erben des Apothekers für einen befristeten Zeitraum nach dessen Tod eine Ausnahmeregelung vorgesehen ist.[1481]

Abseits der genannten Bereiche setzt sich der EuGH nur vereinzelt mit dem Kriterium der Kohärenz auseinander.[1482] Exemplarisch sei in diesem Zusammenhang auf die intensive Untersuchung des sektoralen Fahrverbots für LKW im Vertragsverletzungsverfahren gegen Österreich verwiesen:[1483] Das Verbot betraf lediglich LKW, welche bestimmte Güter beförderten und sollte zur Verbesserung der Luftqualität im Bereich des betroffenen Autobahnabschnitts, sohin zum Gesundheits- und Umweltschutz beitragen. Den Umstand, dass die streitige Regelung zuließ, dass LKW mit hohem Schadstoffausstoß von dem Verbot nicht betroffen waren, wenn sie bestimmte Güter beförderten, während umweltfreundlichere LKW von dem Verbot erfasst waren, wenn sie andere Güter beförderten, erachtete der EuGH nicht als inkohärent.[1484] Er begründete dies mit der Erwägung, dass das Verbot die Beförderung jener Güter betraf, welche sich besonders gut für den alternativen Transport mit der Bahn eignen, und die Verlagerung des Güterverkehrs auf die Schiene zu den anerkannten Zielen der gemeinsamen Verkehrspolitik zähle.[1485]

IV.D.2.a.i.d) Dogmatische Einordnung

Aus den obenstehenden Ausführungen zur Kohärenz ergibt sich, dass sie vom EuGH vor allem herangezogen wird, um nationale Maßnahmen, welche nur vorgeblich anerkannten Rechtfertigungsgründen dienen, tatsächlich aber aus wirtschaftlichen Motiven erlassen werden, kritisch zu hinterfragen. Daher wird in der Literatur zum Teil vertreten, dass die Kohärenz schon vor der eigentlichen Verhältnismäßigkeitsprüfung im Rahmen der Untersuchung, ob mit der Maß-

---

1481 Urteil Kommission / Italien, C-531/06, EU:C:2009:315, Rz 65 ff.

1482 Urteil Attanasio Group, C-384/08, EU:C:2010:133, Rz 51 ff (Mindestentfernung zwischen Tankstellen); Urteil Kommission / Frankreich, C-89/09, EU:C:2010:772, Rz 69 ff (Betrieb von Laboren für biomedizinische Analysen durch Biologen); Urteil Josemans, C-137/09, EU:C:2010:774, Rz 70 ff (Zutrittsverbot zu Coffeeshops); Urteil Kakavetsos-Fragkopoulos, C-161/09, EU:C:2011:110, Rz 42 ff (Inverkehrbringen von getrockneten Weintrauben); Urteil Jyske Bank Gibraltar, C-212/11, EU:C:2013:270, Rz 66 f (Verpflichtende Meldung verdächtiger Finanztranskationen durch Kreditinstitute); Urteil Grupo Itelvesa, C-168/14, EU:C:2015:685, Rz 76 ff (Mindestentfernung zwischen den Stationen zur technischen Überwachung von Kraftfahrzeugen).

1483 Urteil Kommission / Österreich, C-28/09, EU:C:2011:854.

1484 Urteil Kommission / Österreich, C-28/09, EU:C:2011:854, Rz 133.

1485 Urteil Kommission / Österreich, C-28/09, EU:C:2011:854, Rz 133.

nahme ein legitimes Ziel verfolgt wird, zu berücksichtigen sei.[1486] Trotz der Stoßrichtung der Kohärenzprüfung, Maßnahmen als unzulässige Beschränkungen der Grundfreiheiten zu verwerfen, wenn sie in Wahrheit ausschließlich wirtschaftlichen Zielsetzungen dienen, ist es wohl zutreffender die Kohärenz als Bestandteil der Eignungsprüfung zu begreifen.[1487] Denn das Ergebnis der gerichtlichen Beurteilung der Kohärenz ist nicht, dass ein Mitgliedstaat ein verpöntes wirtschaftliches Motiv, sondern dass er die vorgebrachte legitime Zielsetzung nicht kohärent verfolgt hat. Auch die Ansicht, dass die Kohärenz eine eigenständige Schranken-Schranke darstelle,[1488] ist mE nicht mit den Ausführungen des Gerichtshofes in seinen Urteilen zu vereinbaren, da für ihn eine Maßnahme nur in jenen Fällen geeignet ist, in denen sie das legitime Ziel kohärent verfolgt.

An dieser Einordnung vermag auch das denkbare Argument, wonach der Gerichtshof mit der Feststellung der Inkohärenz zumindest zum Teil wohl implizit die Verfolgung der behaupteten legitimen Zielsetzung in Frage stellt, nichts zu ändern. Neben dem Wortlaut der Urteile spricht auch eine praktische Überlegung für die hier vertretene Auffassung: Die Frage, welche Zielsetzung(en) ein Mitgliedstaat durch eine die Grundfreiheiten beeinträchtigende Maßnahme erreichen will, ist für den Gerichtshof zum einen schwer zu beantworten, da er über die tatsächlichen Intentionen der zuständigen Organe des Mitgliedstaates idR nur Mutmaßungen anstellen kann; zum anderen ist er wohl aus nachvollziehbaren Gründen bestrebt, eine Feststellung, wonach ein Mitgliedstaat eine bestimmte Maßnahme nur erlassen hat, um heimische Unternehmen vor ausländischen Wettbewerbern zu schützen oder um seine Staatseinnahmen zu maximieren, soweit wie möglich zu vermeiden.

Sofern man das Teilelement der Angemessenheit umfassend im Sinne einer Abwägung sämtlicher als relevant erachteter Gesichtspunkte versteht, erscheint es auch denkbar, manche Erwägungen zur Kohärenz diesem Teilgrundsatz zuzuordnen. Nach der deutschen Grundrechtsdogmatik ist im Rahmen der Angemessenheitsprüfung der konkrete Grad der Zweckerreichung festzustellen und bei der Abwägung zu berücksichtigen.[1489] Dieser wird vom EuGH zum Teil im Zuge der Kohärenzprüfung angesprochen, wenn er bspw kritisiert, dass es bei Beste-

---

1486 *Dederer*, Stürzt das deutsche Sportwettenmonopol über das Bwin-Urteil des EuGH? NJW 2010, 198 (199).

1487 Zur dogmatischen Einordnung der Kohärenzprüfung als Element des Teilgrundsatzes der Eignung vgl *Kirschner*, Grundfreiheiten 186; *Streinz/Kruis*, Unionsrechtliche Vorgaben und mitgliedstaatliche Gestaltungsspielräume im Bereich des Glücksspielrechts, NJW 2010, 3745 (3747); *Talos/Strass*, Das Kohärenzgebot im Glücksspielsektor, wbl 2013, 481 (482); *Windoffer*, Der neue Glücksspielstaatsvertrag: Ein wichtiger Beitrag zur Gesamtkohärenz des deutschen Regulierungsregimes, GewArch 2012, 388 (389).

1488 *Lippert*, Das Kohärenzerfordernis des EuGH, EuR 2012, 90 (92 f).

1489 Siehe Kapitel III.B.1.d oben.

hen eines Monopolsystems im Bereich des Glücksspiels dem Monopolunternehmen gestattet ist, intensiv um Kunden zu werben, die bis dato nicht an Glücksspielen teilnahmen.[1490] Auch der Kritik an dem Erfordernis einer Stellungnahme durch die Handelskammer vor der Bewilligung der Genehmigung zum Betrieb eines Optikergeschäfts[1491] könnten Zweifel, in welchem Ausmaß ein derartiges Procedere dem Ziel der flächendeckenden Versorgung dient, zugrunde liegen. Allerdings spricht mE selbst bei dieser Leseart der genannten und ähnlicher Urteilspassagen der Umstand, dass auf die Erwägungen zum Grad der Zweckerreichung keine – für den Teilgrundsatz der Angemessenheit charakteristische – Gegenüberstellung der Bewertungen von Mittel und Zweck folgt, gegen die Zuordnung von Kohärenz-Erwägungen zum Teilgrundsatz der Angemessenheit.

IV.D.2.b. Erforderlichkeit

Die Untersuchung der Erforderlichkeit steht regelmäßig im Mittelpunkt der Verhältnismäßigkeitsprüfung von Beschränkungen der Grundfreiheiten durch den EuGH.[1492] In den Worten des Gerichtshofes ist *„zu prüfen, ob die beschränkende Maßnahme nicht über das hinausgeht, was erforderlich ist, um die verfolgten Ziele zu erreichen."*[1493] Es darf somit keine mildere Alternativmaßnahme vorhanden sein, die das angestrebte Ziel gleich wirksam erreichen kann.[1494] Als milder ist eine Alternativmaßnahme zu qualifizieren, wenn sie weniger restriktiv auf die betroffene Grundfreiheit einwirkt.[1495] Wenngleich der Mitgliedstaat dazu verpflichtet ist, die Erforderlichkeit der Beschränkung einer Grundfreiheit darzulegen, geht seine Verpflichtung *„jedoch nicht so weit, dass er positiv belegen müsste, dass sich dieses Ziel mit keiner anderen vorstellbaren Maßnahme unter den gleichen Bedingungen erreichen lasse."*[1496]

Der Umstand, dass ein anderer Mitgliedstaat zur Erreichung desselben legitimen Ziels eine weniger restriktive Regelung eingeführt hat, begründet für sich genommen nicht die mangelnde Erforderlichkeit der beschränkenden Maßnah-

---

1490 Vgl etwa das Urteil Dickinger und Ömer, C-347/09, EU:C:2011:582, Rz 68 f.

1491 Urteil Ottica New Line di Accardi Vincenzo, C-539/11, EU:C:2013:591, Rz 53.

1492 Vgl etwa *Kingreen*, in: Calliess/Ruffert (Hrsg.), Art 34-36 AEUV Rz 93; *Koch*, Grundsatz 580; *Frenz*, Grundfreiheiten² Rz 587.

1493 Urteil Marks & Spencer, C-446/03, EU:C:2005:763, Rz 53.

1494 Vgl aus der Literatur etwa *Kellerhals*, in: Müller-Graff (Hrsg.), § 6 Rz 55 oder aus der Judikatur das Urteil Smits und Peerbooms, C-157/99, EU:C:2001:404, Rz 75.

1495 Vgl etwa das Urteil Sanz de Lera, C-163/94, C-165/94 u C-250/94, EU:C:1995:451, Rz 23.

1496 Urteil Kommission / Italien, C-110/05, EU:C:2009:66, Rz 66; vgl auch Urteil Kommission / Spanien, C-400/08, EU:C:2011:172, Rz 75.

me.[1497] Die Erforderlichkeitsprüfung hat folglich maßgeblich auf Grundlage der Verhältnisse auf dem nationalen Markt zu erfolgen.[1498] Auch wenn somit bei der Beurteilung der Erforderlichkeit nationale Besonderheiten beachtlich sind, unterliegt der mitgliedstaatliche Spielraum regelmäßig einer strengen Kontrolle durch den Gerichtshof,[1499] welche eine höhere Intensität als hinsichtlich des Teilgrundsatzes der Eignung aufweist.[1500] Anders als auf dem Gebiet der Grundrechte hat die Prüfung der Erforderlichkeit im Bereich der Grundfreiheiten durch die Rechtsprechung des EuGH deutliche Konturen erhalten. Dies zeigt sich daran, dass sie durch verschiedene Prinzipien konkretisiert wurde:[1501]

Die bedeutendste Stellung nimmt dabei das Herkunftslandprinzip (Ursprungslandprinzip) ein,[1502] wonach Maßnahmen zur Erreichung eines legitimen Ziels, welche bereits im Herkunftsland gesetzt wurden, nicht noch ein weiteres Mal im Bestimmungsland gefordert werden dürfen.[1503] Die Durchführung von Schutz- oder Kontrollmaßnahmen im Herkunftsland verhindert somit die Erforderlichkeit einer nochmaligen Durchführung derartiger Maßnahmen im Bestimmungsland. Daraus folgt die Verpflichtung des Bestimmungslandes gleichwertige Diplome und Genehmigungen des Herkunftslandes anzuerkennen.[1504] Die Berücksichtigung der Maßnahmen im Herkunftsland bei Untersuchung der Erforderlichkeit von Maßnahmen im Bestimmungsland ist ein Spezifikum der grundfreiheitlichen Verhältnismäßigkeitsprüfung. Es kommt somit nicht nur darauf an, dass die vom Bestimmungsland gewählte Maßnahme die mildeste ist, sondern auch auf die Regelungen und Verfahren im Herkunftsland, welche das verfolgte Ziel des Bestimmungslandes zu erreichen vermögen.[1505]

Der prinzipielle Vorrang des Herkunfts- vor dem Bestimmungslandprinzip wurde vom Gerichtshof erstmalig in dem bekannten Urteil *Cassis de Dijon*[1506] im Zusammenhang mit der Warenverkehrsfreiheit judiziert und ist mittlerweile in

---

1497 Urteil Alpine Investments, C-384/93, EU:C:1995:126, Rz 51; Urteil Reisebüro Broede, C-3/95, EU:C:1996:487, Rz 42; Urteil Mac Queen, C-108/96, EU:C:2001:67, Rz 33; Urteil Dynamic Medien, C-244/06, EU:C:2008:85, Rz 48; Urteil Kommission / Italien, C-110/05, EU:C:2009:66, Rz 65; Urteil Bogendorff von Wolffersdorff, C-438/14, EU:C:2016:401, Rz 73.

1498 *Tridimas*, 31 Irish Jurist 1996, 93.

1499 *Frenz*, Grundfreiheiten^2 Rz 596.

1500 *Kingreen*, in: Calliess/Ruffert (Hrsg.), Art 34-36 AEUV Rz 93.

1501 *Müller-Graff*, in: Streinz (Hrsg.), Art 56 AEUV, Rz 112.

1502 *Kingreen*, in: Calliess/Ruffert (Hrsg.), Art 34-36 AEUV Rz 96.

1503 Vgl etwa *Kirschner*, Grundfreiheiten 199.

1504 Zur Anerkennung gleichwertiger Diplome und Genehmigungen vgl *Koch*, Grundsatz 419 ff mN aus der Judikatur des EuGH.

1505 *Waldheim*, Dienstleistungsfreiheit und Herkunftslandprinzip (2008) 182 f.

1506 Urteil Rewe / Bundesmonopolverwaltung für Branntwein, 120/78, EU:C:1979:42, Rz 14.

der allgemeinen Dogmatik der Grundfreiheiten anerkannt.[1507] Sinnvoll ergänzt wird das Herkunftsland- durch das Kooperationsprinzip, wonach Mitgliedstaaten einer Verpflichtung zur Zusammenarbeit unterliegen, wenn dadurch doppelte Schutz- oder Kontrollmaßnahmen vermieden werden können.[1508]

In der steuerrechtlichen Judikatur des EuGH wird die Bedeutung der Pflicht zur Kooperation für die Erforderlichkeit besonders augenscheinlich. So dürfen Mitgliedstaaten vom Steuerpflichtigen zur Verhinderung von Steuerhinterziehung zwar Nachweise verlangen bevor ihm ein steuerlicher Vorteil gewährt wird.[1509] Als nicht erforderlich qualifiziert der Gerichtshof jedoch die Versagung eines steuerlichen Vorteils bei unterlassener Vorlage der geforderten Nachweise durch den Steuerpflichtigen, wenn diese von anderen Mitgliedstaaten im Wege der Amtshilfe auf Basis der einschlägigen RL[1510] erlangt werden können.[1511]

Bei der Prüfung etwaiger gelinderer Mittel spielt vor allem das Informationsprinzip, welches insbesondere bei der Beurteilung von Import- und Verkehrsverboten relevant ist,[1512] eine bedeutende Rolle. Es fordert die Untersuchung, ob das angestrebte legitime Ziel nicht ebenso wirksam durch ausreichende Information des Verbrauchers erreicht werden kann. Wie das Herkunftslandprinzip ist auch das Informationsprinzip bereits im Urteil *Cassis de Dijon* nachweisbar, in welchem der Gerichtshof ausführte, dass die Vorgabe eines bestimmten Mindestalkoholgehalts in Likör zum Schutz der Lauterkeit des Handelsverkehrs nicht erforderlich sei, da sich *„eine angemessene Unterrichtung der Käufer [...] ohne Schwierigkeiten dadurch erreichen [lässt], daß man die Angabe von Herkunft und Alkoholgehalt auf der Verpackung des Erzeugnisses vorschreibt.“*[1513]

Maßnahmen zur Aufklärung des Verbrauchers, wie bspw Angaben auf Etiketten, erweisen sich somit als Musterbeispiele gelinderer Mittel als Import- oder Verkehrsverbote.[1514] Die geringere Intensität der Beeinträchtigung der betroffenen

---

1507 Urteil Säger, C-76/90, EU:C:1991:331, Rz 15 (Dienstleistungsfreiheit); *Pache*, in: Schulze/Zuleeg/Kadelbach (Hrsg.), Europarecht[3] (2015) § 10 Rz 230 (Kapitalverkehrsfreiheit).

1508 *Kingreen*, in: Calliess/Ruffert (Hrsg.), Art 34-36 AEUV Rz 97 unter Verweis auf das Urteil Kommission / Vereinigtes Königreich, 124/81, EU:C:1983:30, Rz 30.

1509 *Lübke*, in: Müller-Graff (Hrsg.), § 5 Rz 144.

1510 Amtshilfe-RL 2011/16/EU; bis zum 31.12.2012: Amtshilfe-RL 77/799/EWG.

1511 Vgl etwa Urteil Cadbury Schweppes und Cadbury Schweppes Overseas, C-196/04, EU:C:2006:544, Rz 71; Urteil Kommission / Italien, C-540/07, EU:C:2009:717, Rz 60 f; Urteil Kommission / Portugal, C-493/09, EU:C:2011:635, Rz 49; Urteil Kommission / Belgien, C-296/12, EU:C:2014:24, Rz 43.

1512 *Kingreen*, in: Calliess/Ruffert (Hrsg.), Art 34-36 AEUV Rz 95.

1513 Urteil Rewe / Bundesmonopolverwaltung für Branntwein, 120/78, EU:C:1979:42, Rz 13.

1514 Vgl Urteil Kommission / Deutschland, 178/84, EU:C:1987:126, Rz 30 ff (Reinheitsgebot für Bier).

Grundfreiheit durch derartige Maßnahmen resultiert zum einen aus der Ermöglichung des Marktzuganges für den Unternehmer, zum anderen aus der Steigerung der Wahlmöglichkeiten für den Verbraucher.[1515] Allerdings steht der Vorrang der Information des Verbrauchers stets unter dem Vorbehalt, dass die Aufklärung das legitime Ziel tatsächlich zu erreichen vermag. Daher verwirft der EuGH vor allem Maßnahmen, welche Gefahren für die menschliche Gesundheit abwenden sollen, nicht unter Verweis auf eine alternative Möglichkeit der Kennzeichnung des Produktes, da eine Kennzeichnung regelmäßig nicht sämtliche Gefahren für die Gesundheit ausschließen kann.[1516]

IV.D.2.c. Verhältnismäßigkeit ieS

Wenngleich die Angemessenheit einer nationalen Beschränkung einer Grundfreiheit vom EuGH im Rahmen der Verhältnismäßigkeitsprüfung häufig nicht explizit untersucht wird, nimmt die hL an, dass sie einen Teil des Grundsatzes der Verhältnismäßigkeit darstellt.[1517] Dies ist insofern nachvollziehbar als eine Verhältnismäßigkeitsprüfung unter ausschließlicher Berücksichtigung der Eignung und Erforderlichkeit, ohne Erwägungen zur Angemessenheit in irgendeiner Form einfließen zu lassen, zu nicht sachgerechten Ergebnissen führen kann. Dass der Gerichtshof diese Erwägungen vorzugsweise nicht explizit als eine Abwägung zwischen widerstreitenden Interessen darstellt, ist ebenso verständlich, da er sich damit der Kritik aussetzen würde, eine politische Entscheidung zwischen dem Interesse der Union auf der einen Seite und nationalen Interessen auf der anderen Seite zu treffen.[1518] *Jans* spricht in diesem Zusammenhang davon, dass der Gerichtshof nur bei Vorliegen außergewöhnlicher Umstände gewillt ist, die Angemessenheit einer nationalen Maßnahme ausdrücklich zu untersuchen.[1519]

Ein illustratives Beispiel für einen Fall, in dem ein Verzicht auf Erwägungen zur Angemessenheit mE zu einem nicht sachgerechten Resultat geführt hätte, ist das Urteil des EuGH in der Rs *Radlberger*.[1520] Strittig war, ob die Verpflichtung für Unternehmen, welche Getränke in Einwegverpackungen vertreiben, ein Pfand- und Rücknahmesystem einzuführen, eine unverhältnismäßige Beschränkung des freien Warenverkehrs darstellt. Unzweifelhaft kann eine derartige Maßnahme

---

1515 *Kingreen*, in: Calliess/Ruffert (Hrsg.), Art 34-36 AEUV Rz 95.

1516 *Koch*, Grundsatz 418 f mN aus der Judikatur des EuGH.

1517 Siehe Kapitel IV.D.1 oben.

1518 Vgl aber das Urteil Council of the City of Stoke-on-Trent und Norwich City Council / B&Q Plc, C-169/91, EU:C:1992:519, Rz 15: „*Die Frage der Verhältnismäßigkeit einer nationalen Regelung, die ein gemeinschaftsrechtlich gerechtfertigtes Ziel verfolgt, erfordert eine Abwägung des nationalen Interesses an der Erreichung dieses Ziels mit dem Gemeinschaftsinteresse am freien Warenverkehr.*"

1519 *Jans*, Proportionality Revisited, 27 LIEI 2000, 239 (248).

1520 Urteil Radlberger Getränkegesellschaft und S. Spitz, C-309/02, EU:C:2004:799.

wirksam zum Schutz der Umwelt beitragen.[1521] Die maßgebliche nationale Bestimmung muss nach dem EuGH jedoch eine angemessene Übergangsfrist für die betroffenen Unternehmen vorsehen, innerhalb derer sich die Unternehmen auf die geänderten gesetzlichen Rahmenbedingungen einstellen können.[1522] Die Forderung nach einer Übergangsfrist ordnet der Gerichtshof in seinem Urteil der Prüfung der Erforderlichkeit zu,[1523] obgleich Übergangsfristen dogmatisch im Rahmen des Teilgrundsatzes der Angemessenheit zu berücksichtigen sind.[1524]

Der Gerichtshof versteht unter dem Begriff der Angemessenheit, dass die beschränkende Maßnahme nicht *„außer Verhältnis zu dem mit ihr offensichtlich verfolgten Zweck"*[1525] bzw *„in einem angemessenen Verhältnis zum angestrebten Ziel"*[1526] steht. Der durch die Maßnahme bewirkte Grad der Freiheitsbeeinträchtigung muss in einem angemessenen Verhältnis zum Ausmaß der Erreichung des legitimen Zieles stehen.[1527] Dieses Erfordernis ist erfüllt, sofern die durch die Maßnahme erzielten Vorteile für den legitimen Zweck bedeutender als die Freiheitsbeeinträchtigung sind.[1528] Der Gerichtshof geht im Rahmen seiner grundrechtlichen Angemessenheitsprüfung nicht anders vor, wenn er eine Abwägung zwischen dem Interesse an der Freiheitsverwirklichung und dem Interesse an der Erreichung des legitimen Zieles vornimmt.[1529]

In der Literatur ist bisweilen davon die Rede, dass eine Abwägung zwischen dem Interesse des Mitgliedstaates und dem Unionsinteresse stattfinde.[1530] Wenngleich hinter dem Ziel der Durchsetzung der Grundfreiheit die Union und hinter der Erreichung des vorgebrachten legitimen Zieles der jeweilige Mitgliedstaat

---

1521 Urteil Radlberger Getränkegesellschaft und S. Spitz, C-309/02, EU:C:2004:799, Rz 76 ff.

1522 Urteil Radlberger Getränkegesellschaft und S. Spitz, C-309/02, EU:C:2004:799, 80 ff.

1523 In Rz 79 des Urteils formuliert der EuGH wie folgt: *„Eine Regelung entspricht jedoch nur dann dem Grundsatz der Verhältnismäßigkeit, wenn die gewählten Mittel nicht nur zur Erreichung des angestrebten Zweckes geeignet sind, sondern auch das Maß des hierzu Erforderlichen nicht übersteigen."* Unmittelbar im Anschluss an diese Passage folgen seine Ausführungen zum Erfordernis angemessener Übergangsfristen.

1524 Siehe Kapitel III.B.1.d oben.

1525 Urteil Aragonesa de Publicidad Exterior und Publivia / Departamento de Sanidad y Seguridad Social de Cataluña, C-1/90 u C-176/90, EU:C:1991:327, Rz 18 (Warenverkehrsfreiheit); vgl auch Urteil Kommission / Griechenland, C-198/89, EU:C:1991:79, Rz 25 (Dienstleistungsfreiheit).

1526 Urteil Radlberger Getränkegesellschaft und S. Spitz, C-309/02, EU:C:2004:799, Rz 75.

1527 *Obwexer/Ianc*, Das binnenmarktliche Recht der Dienstleistungsfreiheit, in: Müller-Graff (Hrsg.), Europäisches Wirtschaftsordnungsrecht – Enzyklopädie Europarecht, Band 4 (2015) § 7 Rz 86.

1528 *Frenz*, Grundfreiheiten[2] Rz 597.

1529 Zur Bedeutung der Angemessenheit auf dem Gebiet der Grundrechte siehe Kapitel IV.B.2.c oben.

1530 *Tridimas*, Proportionality 66; *ders.*, 31 Irish Jurist 1996, 85.

steht, erscheint es mE präziser von einer Abwägung zwischen dem Interesse an der Freiheitsverwirklichung und jenem an der Zielerreichung zu sprechen. Denn zum einen ist das Interesse an der Durchsetzung der jeweiligen Grundfreiheit nicht nur im Interesse der Union, sondern auch des einzelnen Unionsbürgers, zum anderen verhindert diese Auffassung, dass der Eindruck erweckt wird, die Verfolgung bestimmter legitimer Ziele, wie bspw des Gesundheitsschutzes, liege nicht im Interesse der Union.

IV.D.3. Struktur der Verhältnismäßigkeitsprüfung

Im Folgenden wird dargelegt, dass der Gerichtshof bei der Prüfung der Verhältnismäßigkeit nationaler Beschränkungen der Grundfreiheiten idR die Teilelemente der Eignung und vor allem der Erforderlichkeit untersucht. Diese Vorgehensweise wählt er jedoch nicht konsistent, da er bisweilen die Verhältnismäßigkeit ohne Rückgriff auf die einzelnen Teilgrundsätze beurteilt, nur einen Teilgrundsatz heranzieht oder Erwägungen zu allen drei Teilgrundsätzen vornimmt.

IV.D.3.a. Pauschale Beurteilung ohne Prüfung einzelner Teilgrundsätze

Urteile des Gerichtshofes, in denen er die Beeinträchtigung einer Grundfreiheit pauschal als unverhältnismäßig qualifiziert, sind äußerst selten. Als denkbare Erklärung kann mE der Umstand dienen, dass in diesen Fällen die Unverhältnismäßigkeit der Maßnahme für den EuGH evident war. Ein illustratives Beispiel stellt in diesem Zusammenhang das Urteil *Yellow Cab* dar:[1531]

Fraglich war, ob das Erfordernis einer behördlichen Bewilligung zum Betrieb einer Buslinie mit Art 49 AEUV vereinbar ist. Nach der einschlägigen nationalen Bestimmung sollte eine Bewilligung nur dann erteilt werden, wenn der rentable Betrieb der bereits bestehenden Buslinie aufgrund der zusätzlichen neuen Bewilligung nicht gefährdet wird.[1532] Eine derartige Beschränkung kann grundsätzlich aus Gründen der Tourismusförderung, der Verkehrssicherheit oder des Umweltschutzes gerechtfertigt sein.[1533] In seiner Begründung weist der EuGH im Rahmen der Verhältnismäßigkeitsprüfung nicht auf die einzelnen Teilgrundsätze hin, sondern führt lediglich aus, dass *„ein System der vorherigen behördlichen Genehmigung [...] auf objektiven, nicht diskriminierenden und im Voraus bekannten Kriterien beruhen [muss], die sicherstellen, dass der Ermessensausübung durch die nationalen Behörden hinreichende Grenzen gesetzt werden."*[1534] Al-

---

1531 Urteil Yellow Cab, C-338/09, EU:C:2010:814.
1532 Urteil Yellow Cab, C-338/09, EU:C:2010:814, Rz 42.
1533 Urteil Yellow Cab, C-338/09, EU:C:2010:814, Rz 50.
1534 Urteil Yellow Cab, C-338/09, EU:C:2010:814, Rz 53.

lerdings verstößt eine Auslegung der nationalen Bestimmung, wonach die zuständige Behörde ihre Entscheidung einzig auf Basis der Angaben des etablierten Unternehmens über die Wirtschaftlichkeit seines Betriebs zu treffen hat, gegen die Niederlassungsfreiheit, da somit die Objektivität der Entscheidung ernsthaft in Frage gestellt wäre.[1535]

Dass eine derartige Beschränkung nach der Rechtsprechung des EuGH nicht gerechtfertigt ist, liegt auf der Hand. Bisweilen hat der Gerichtshof vergleichbare Bewilligungsregelungen, welche die Entscheidung der Behörde maßgeblich von den Aussagen unmittelbarer Mitbewerber abhängig machen, auch aufgrund mangelnder Kohärenz[1536] oder auf Basis eigenständiger Erwägungen im Anschluss an die Kohärenzprüfung[1537] als unionsrechtswidrig qualifiziert.

Ähnlich offensichtlich unionsrechtswidrig war die belgische Bestimmung in der Rs *Kommission / Belgien*, wonach Bewerber um eine Stelle in der lokalen Verwaltung ihre Sprachkenntnisse nur durch eine Bescheinigung nachweisen konnten, welche von einer einzigen Institution in Belgien ausgestellt wurde.[1538] Auch diese Beschränkung einer Grundfreiheit wurde vom EuGH ohne nähere Erwägungen zum Grundsatz der Verhältnismäßigkeit als unverhältnismäßig verworfen.[1539]

Dies gilt ebenso für eine Regelung im portugiesischen Recht, wonach inländische – im Gegensatz zu ausländischen – Pensionsfonds von der Körperschaftsteuer befreit waren.[1540] Zur Rechtfertigung der Beschränkung brachte Portugal vor, dass portugiesische Pensionsfonds nach innerstaatlichem Recht strenge Anforderungen erfüllen müssten, welche auch durch die Finanzverwaltung kontrolliert würden, damit der Fortbestand des portugiesischen Systems der Altersvorsorge gewährleistet wäre.[1541] Den pauschalen Ausschluss ausländischer Pensionsfonds in den Genuss dieser Steuerbefreiung zu kommen, ohne ihnen die Möglichkeit zu geben, die Erfüllung dieser Anforderungen nachzuweisen, erach-

---

1535 Urteil Yellow Cab, C-338/09, EU:C:2010:814, Rz 54 f.

1536 Urteil Ottica New Line di Accardi Vincenzo, C-539/11, EU:C:2013:591, Rz 52 ff; siehe auch Kapitel IV.D.2.a.i oben.

1537 Urteil Hartlauer, C-169/07, EU:C:2009:141, Rz 69: *„Im Land Oberösterreich erfolgt die maßgebliche Prüfung [des Bedarfs] anhand der Antworten der Zahnärzte, die im Einzugsgebiet des selbständigen Zahnambulatoriums, dessen Errichtung geplant ist, praktizieren, obwohl Letztere unmittelbare potenzielle Konkurrenten dieser Einrichtung sind. Eine solche Methode ist geeignet, die Objektivität und Unparteilichkeit der Behandlung des betreffenden Bewilligungsantrags zu beeinträchtigen."*

1538 Urteil Kommission / Belgien, C-317/14, EU:C:2015:63, Rz 25 ff.

1539 Urteil Kommission / Belgien, C-317/14, EU:C:2015:63, Rz 28.

1540 Urteil Kommission / Portugal, C-493/09, EU:C:2011:635.

1541 Urteil Kommission / Portugal, C-493/09, EU:C:2011:635, Rz 43 f.

tete der Gerichtshof vor allem vor dem Hintergrund, dass die portugiesische Finanzverwaltung die erforderlichen Informationen von den Behörden des anderen Mitgliedstaates auf Basis der Amtshilfe-RL[1542] erhalten konnte, als unverhältnismäßig.[1543]

Sofern eine nationale Regelung einer Grundfreiheit jede praktische Wirksamkeit nimmt, wie bspw das Erfordernis der Errichtung einer Zweigniederlassung in jenem Mitgliedstaat, in dem Dienstleistungen erbracht werden sollen, gelangt der Gerichtshof bisweilen auch ohne Bezugnahme auf den Verhältnismäßigkeitsgrundsatz zur Feststellung der Unionsrechtswidrigkeit.[1544]

IV.D.3.b. Prüfung eines Teilgrundsatzes

IV.D.3.b.i. Eignung

Eine Reduktion der Verhältnismäßigkeitsprüfung auf den Teilgrundsatz der Eignung findet in der Rechtsprechung zu den Grundfreiheiten anders als in einigen Urteilen im Grundrechtsbereich, in denen der Gerichtshof die Rechtmäßigkeit des Grundrechtseingriffs bereits nach positiver Beurteilung der Eignung bejahte,[1545] nicht statt. Ungeachtet dessen ist es üblich und folgerichtig, dass der Gerichtshof im Falle der mangelnden Eignung einer Beschränkung einer Grundfreiheit keine weiteren Erwägungen zur Verhältnismäßigkeit vornimmt. Aufgrund der idR zurückhaltenden gerichtlichen Kontrolle der Eignung ist dies jedoch selten und findet sich vornehmlich in Urteilen, in denen der Gerichtshof die Eignung aufgrund mangelnder Kohärenz der nationalen Maßnahme als nicht gegeben erachtet.[1546] In diesem Zusammenhang bleibt zu bemerken, dass bei der Untersuchung der Kohärenz zum Teil Abwägungstendenzen wahrnehmbar sind, die zumindest ansatzweise auf die Berücksichtigung der Angemessenheit schließen lassen.[1547]

1542 Amtshilfe-RL 77/799/EWG.

1543 Urteil Kommission / Portugal, C-493/09, EU:C:2011:635, Rz 45 ff.

1544 Urteil UPC DTH, C-475/12, EU:C:2014:285, Rz 101 ff; vgl auch das Urteil Caves Krier Frères, C-379/11, EU:C:2012:798, Rz 53 (Wohnsitzerfordernis für Wander- und Grenzarbeitnehmer).

1545 Siehe Kapitel IV.B.4.b.i oben.

1546 Urteil Carmen Media Group, C-46/08, EU:C:2010:505, Rz 53 ff; Urteil Ottica New Line di Accardi Vincenzo, C-539/11, EU:C:2013:591, Rz 33 ff; Urteil Sokoll-Seebacher, C-367/12, EU:C:2014:68, Rz 39 ff; Urteil Pfleger, C-390/12, EU:C:2014:281, Rz 43 ff; Urteil Blanco und Fabretti, C-344/13 u C-367/13, EU:C:2014:2311, Rz 44 ff; Urteil Berlington Hungary, C-98/14, EU:C:2015:386, Rz 64 ff; Urteil Grupo Itevelesa, C-168/14, EU:C:2015:685, Rz 62 ff.

1547 Vgl etwa das Urteil Sokoll-Seebacher, C-367/12, EU:C:2014:68, Rz 41 ff.

IV.D.3.b.ii. Erforderlichkeit

Der Gerichtshof prüft bisweilen lediglich das Teilelement der Erforderlichkeit, ohne zuvor die Eignung der beschränkenden Maßnahme zu bejahen. Diese Vorgehensweise ist sowohl in Urteilen nachweisbar, in denen der Gerichtshof keine formelhaften Aussagen zu den Elementen des Verhältnismäßigkeitsgrundsatzes trifft,[1548] als auch in jenen, in denen er explizit die Eignung und Erforderlichkeit fordert.[1549] Gehäuft greift der Gerichtshof ausschließlich auf den Teilgrundsatz der Erforderlichkeit zurück, wenn es evident ist, dass die Beschränkung der Grundfreiheit nicht das gelindeste Mittel zur Zielerreichung darstellt.[1550] In diesen Fällen mag man argumentieren, dass der Verzicht auf eine Eignungsprüfung insofern nachvollziehbar sei, als der EuGH seinen Zeitaufwand reduziert, indem er sich direkt mit jenem Teilgrundsatz beschäftigt, welcher für das Urteil entscheidend ist. Eine gesonderte – der Erforderlichkeitsprüfung vorgeschaltete – Untersuchung der Eignung ist dogmatisch zwar nicht zwingend notwendig, da im Zuge der Erforderlichkeitsprüfung ohnehin nicht nur die denkbaren Alternativmittel, sondern auch das gewählte Mittel auf ihre Eignung zu untersuchen ist.[1551] Dennoch ist es unverständlich, warum der EuGH bisweilen darauf verzichtet, die Eignung vor Untersuchung der Erforderlichkeit zumindest kurz zu bejahen. Ein strukturierteres Vorgehen wäre mE zur besseren Nachvollziehbarkeit der Urteilsbegründungen wünschenswert.

IV.D.3.c. Eignung und Erforderlichkeit

Die aus den Teilelementen der Eignung und Erforderlichkeit bestehende Prüfung der Verhältnismäßigkeit stellt den Regelfall in der EuGH-Rechtsprechung zu den Grundfreiheiten dar. Nicht selten fließen dabei Erwägungen zur Angemessenheit der Beschränkung in die Prüfung der Erforderlichkeit ein.[1552] Wenngleich eine Abgrenzung zwischen den Urteilen, in denen die Angemessenheit der nationalen Maßnahme keine Rolle spielt, und jenen, in denen sie bei der Untersuchung der Erforderlichkeit mitberücksichtigt wird, kaum trennscharf möglich und zum Teil

---

1548 Vgl etwa das Urteil Mac, C-108/13, EU:C:2014:2346, Rz 39 f.

1549 Vgl etwa das Urteil Meilicke, C-262/09, EU:C:2011:438, Rz 42 f; Urteil Kommission / Belgien, C-577/10, EU:C:2012:814, Rz 49 ff; Urteil Kommission / Belgien, C-296/12, EU:C: 2014:24, Rz 32 u 41 ff; Urteil Kommission / Deutschland, C-591/13, EU:C:2015:230, Rz 63 ff.

1550 Vgl etwa das Urteil Meilicke, C-262/09, EU:C:2011:438, Rz 43; Urteil Kommission / Belgien, C-296/12, EU:C:2014:24, Rz 43 ff; Urteil Mac, C-108/13, EU:C:2014:2346, Rz 39 f; Urteil Kommission / Deutschland, C-591/13, EU:C:2015:230, Rz 63 ff.

1551 So bereits *Hirschberg*, Grundsatz 59.

1552 Vgl etwa das Urteil Radlberger Getränkegesellschaft und S. Spitz, C-309/02, EU:C:2004:799 oder aus der Literatur *Andenas/Zleptnig*, Proportionality: WTO Law: in Comparative Perspective, 42 TILJ 2006-2007, 371 (390) mwN.

subjektiv geprägt ist, soll im Folgenden versucht werden, eine dahingehende Kategorisierung der jüngeren Entscheidungen des Gerichtshofes vorzunehmen.

Aufgrund der dominanten Stellung der aus den beiden Teilgrundsätzen der Eignung und Erforderlichkeit bestehenden Verhältnismäßigkeitsprüfung verwundert es nicht, dass zweistufige Prüfungen ohne Beachtung der Angemessenheit bei der Warenverkehrs-,[1553] Niederlassungs-,[1554] Dienstleistungs-[1555] und Kapitalverkehrsfreiheit[1556] sowie bei der Arbeitnehmerfreizügigkeit,[1557] sohin bei allen Grundfreiheiten, regelmäßig nachweisbar sind. Ihr Anwendungsbereich ist auch nicht auf einzelne Rechtfertigungsgründe beschränkt, sondern erstreckt sich von den relativ allgemeinen Gründen des Umweltschutzes,[1558] Gesundheitsschutzes[1559] und Verbraucherschutzes[1560] über den Schutz der Rechte des geistigen,[1561] gewerblichen und kommerziellen Eigentums,[1562] die Sicherheit des Straßenverkehrs,[1563] die Förderung der Mobilität von Studenten[1564] und die Sicherstellung eines hohen Ausbildungsstandards[1565] bis hin zu den spezifischen Gründen aus der steuerrechtlichen Rechtsprechung, wie der Notwendigkeit der effizienten Erhebung von Steuern,[1566] der wirksamen steuerlichen Kontrolle,[1567] der Kohä-

---

1553 Vgl aus der jüngeren Rechtsprechung das Urteil Kommission / Italien, C-110/05, EU:C:2009:66, Rz 60 ff; Urteil Kakavetsos-Fragkopoulos, C-161/09, EU:C:2011:110, Rz 37 ff; Urteil Kommission / Österreich, C-28/09, EU:C:2011:854, Rz 118 ff; Urteil ANETT, C-456/10, EU:C:2012:241, Rz 50 ff; Urteil Kommission / Belgien, C-150/11, EU:C:2012:539, Rz 53 ff; Urteil Elenca, C-385/10, EU:C:2012:634, Rz 26 ff; Urteil Kommission / Litauen, C-61/12, EU:C:2014:172, Rz 58 ff; Urteil Kommission / Polen, C-639/11, EU:C:2014:173, Rz 53 ff; Urteil Ålands Vindkraft, C-573/12, EU:C:2014:2037, Rz 76 ff.

1554 Vgl aus der jüngeren Rechtsprechung das Urteil A, C-123/11, EU:C:2013:84, Rz 46 ff; Urteil Venturini, C-159/12, C-160/12 u C-161/12, EU:C:2013:791, Rz 37 ff.

1555 Vgl aus der jüngeren Rechtsprechung das Urteil X, C-498/10, EU:C:2012:635, Rz 36 ff; Urteil Dirextra Alta Formazione, C-523/12, EU:C:2013:381, Rz 24 ff; Urteil Citroën Belux, C-265/12, EU:C:2013:498, Rz 37 ff; Urteil OSA, C-351/12, EU:C:2014:110, Rz 70 ff; Urteil Kommission / Spanien, C-678/11, EU:C:2014:2434, Rz 42 ff.

1556 Vgl aus der jüngeren Rechtsprechung das Urteil K, C-322/11, EU:C:2013:716, Rz 71 ff.

1557 Vgl aus der jüngeren Rechtsprechung das Urteil Kommission / Niederlande, C-542/09, EU:C:2012:346, Rz 73 ff.

1558 Urteil Kommission / Österreich, C-28/09, EU:C:2011:854.

1559 Urteil Elenca, C-385/10, EU:C:2012:634; Urteil Venturini, C-159/12, C-160/12 u C-161/12, EU:C:2013:791.

1560 Urteil ANETT, C-456/10, EU:C:2012:241; Urteil Citroën Belux, C-265/12, EU:C:2013:498.

1561 Urteil OSA, C-351/12, EU:C:2014:110.

1562 Urteil Kakavetsos-Fragkopoulos, C-161/09, EU:C:2011:110.

1563 Urteil Kommission / Italien, C-110/05, EU:C:2009:66; Urteil Kommission / Belgien, C-150/11, EU:C:2012:539; Urteil Kommission / Litauen, C-61/12, EU:C:2014:172; Urteil Kommission / Polen, C-639/11, EU:C:2014:173.

1564 Urteil Kommission / Niederlande, C-542/09, EU:C:2012:346.

1565 Urteil Dirextra Alta Formazione, C-523/12, EU:C:2013:381.

1566 Urteil X, C-498/10, EU:C:2012:635.

1567 Urteil Kommission / Spanien, C-678/11, EU:C:2014:2434, Rz 44.

renz des Steuersystems,[1568] der Aufteilung der Besteuerungsbefugnis zwischen den Mitgliedstaaten, der Verhinderung der doppelten Berücksichtigung von Verlusten oder der Steuerflucht.[1569] Selbst wenn ein Grundrecht als Rechtfertigungsgrund für die Beschränkung einer Grundfreiheit ins Treffen geführt wird, verzichtet der EuGH bisweilen auf Ausführungen zur Angemessenheit.[1570]

Gegen den denkbaren Einwand, Erwägungen zur Angemessenheit würden deshalb entfallen, weil nationale Maßnahmen häufig schon an der Erforderlichkeit scheitern, ist zum einen darauf hinzuweisen, dass in der Rechtsprechung auch nach positiver Beurteilung der Erforderlichkeit Erwägungen zur Angemessenheit idR fehlen;[1571] zum anderen ist die Bejahung der Erforderlichkeit in der Judikatur zu den Grundfreiheiten gerade nicht logische Voraussetzung für Erwägungen zur Angemessenheit, da diese regelmäßig nicht separat, sondern im Rahmen der Untersuchung der Erforderlichkeit berücksichtigt werden.[1572]

IV.D.3.d. Prüfung von Eignung, Erforderlichkeit und Angemessenheit

Wie bereits bei der korrespondierenden Untersuchung auf dem Gebiet der Grundrechte[1573] zeigt sich auch bei der Verhältnismäßigkeitsprüfung von Beschränkungen der Grundfreiheiten, dass die formelhafte Forderung nach *„einem angemessenen Verhältnis zum angestrebten Ziel"*[1574] nicht zwingend eine tatsächliche Untersuchung der Angemessenheit zur Folge hat.

Zum Teil behandelt der EuGH unter Bezugnahme auf ein angemessenes Verhältnis auch die Erforderlichkeit der Beschränkung. Im Urteil *Jyske Bank Gibraltar* hatte der EuGH die verpflichtende Meldung von verdächtigen Finanztransaktionen durch ein Kreditinstitut, welches im Mitgliedstaat der Dienstleistungserbringung über keine Niederlassung verfügte, an die zentrale Meldestelle dieses Mitgliedstaates zu beurteilen.[1575] Nach den Ausführungen des Gerichtshofes kann eine derartige Verpflichtung in einem angemessenen Verhältnis zum Ziel der Verhinderung von Geldwäsche und Terrorismusfinanzierung stehen,

1568 Urteil K, C-322/11, EU:C:2013:716, Rz 64.

1569 Urteil A, C-123/11, EU:C:2013:84, Rz 40 ff.

1570 Urteil Omega, C-36/02, EU:C:2004:614; Urteil The International Transport Workers' Federation and The Finnish Seamen's Union, C-438/05, EU:C:2007:772 (Viking).

1571 Vgl etwa das Urteil Kommission / Italien, C-110/05, EU:C:2009:66; Urteil Dirextra Alta Formazione, C-523/12, EU:C:2013:381; Urteil Citroën Belux, C-265/12, EU:C:2013:498; Urteil Venturini, C-159/12, C-160/12 u C-161/12, EU:C:2013:791; Urteil OSA, C-351/12, EU:C:2014:110.

1572 Siehe Kapitel IV.D.3.d unten.

1573 Siehe Kapitel IV.B.4.c.i oben.

1574 Urteil Kommission / Österreich, C-28/09, EU:C:2011:854, Rz 119.

1575 Urteil Jyske Bank Gibraltar, C-212/11, EU:C:2013:270, Rz 57.

sofern *„ein wirksamer Mechanismus fehlt, der eine vollständige und lückenlose Zusammenarbeit der zentralen Meldestellen gewährleistet.“*[1576] Somit ist die verpflichtende Meldung an die zentrale Meldestelle des Aufnahmemitgliedstaates nach Ansicht des EuGH nur gerechtfertigt, wenn diese die geforderten Informationen nicht auch von der zentralen Meldestelle des Herkunftsmitgliedstaates erlangen kann, die Meldung mit anderen Worten also erforderlich ist, weil gelindere Mittel nicht vorhanden sind.

Im Folgenden werden Urteile des Gerichtshofes dargestellt und klassifiziert, in denen er entweder im Rahmen der Struktur der Verhältnismäßigkeitsprüfung eindeutig dem Teilgrundsatz der Angemessenheit zuordenbare Erwägungen vornahm oder die Verhältnismäßigkeitsprüfung durch eine umfassende Abwägung der widerstreitenden Rechte ersetzte.

IV.D.3.d.i. Frühe Urteile

In der Literatur wird häufig das Urteil *Danish Bottles*[1577] aus dem Jahr 1988 als Beispiel für ein frühes Urteil des Gerichtshofes genannt, in dem er sich mit der Angemessenheit einer Maßnahme auseinandersetzte.[1578] In seiner Begründung qualifizierte der EuGH die Einrichtung eines Pfandsystems und die damit für Händler einhergehende Verpflichtung, nur bestimmte (genehmigte) Getränkeverpackungen zu verwenden, als wirksames Mittel zum Schutz der Umwelt.[1579] Die für Importeure bestehende Ausnahmeregelung, wonach diese nicht die genehmigten Verpackungen verwenden mussten, sofern sie ein eigenes Pfandsystem einrichteten und der Getränkeimport eine bestimmte jährliche Höchstmenge nicht überstieg, qualifizierte der EuGH jedoch aufgrund der Begrenzung des jährlichen Getränkeimports als *„im Hinblick auf das verfolgte Ziel unverhältnismäßig.“*[1580]

1576 Urteil Jyske Bank Gibraltar, C-212/11, EU:C:2013:270, Rz 85.

1577 Urteil Kommission / Dänemark, 302/86, EU:C:1988:421.

1578 Vgl etwa *Andenas/Zleptnig*, 42 TILJ 2006-2007, 391; *Pirker*, Proportionality 271; *Ueda*, Is the Principle of Proportionality the European Approach?: A Review and Analysis of Trade and Environment Cases before the European Court of Justice, EBLR 2003, 557 (566 ff); *de Vries*, The Protection of Fundamental Rights within Europe's Internal Market after Lisbon – An Endeavour for More Harmony, in: de Vries/Bernitz/Weatherill (Hrsg.), The Protection of Fundamental Rights in the EU After Lisbon (2013) 59 (80).

1579 Urteil Kommission / Dänemark, 302/86, EU:C:1988:421, Rz 20.

1580 Urteil Kommission / Dänemark, 302/86, EU:C:1988:421, Rz 21.

Auf die Verhältnismäßigkeit im Hinblick auf den verfolgten Zweck stellte der Gerichtshof auch schon bei der Frage ab, ob das Verbot, Einzelhandelsgeschäfte auch an Sonntagen offen zu halten, gegen die Warenverkehrsfreiheit verstößt.[1581]

IV.D.3.d.ii. Grundrechte bei der Rechtfertigungsprüfung

Aus nachvollziehbaren Gründen zog der Gerichtshof Überlegungen zur Angemessenheit in einigen Fällen heran, in denen Grundrechte im Rahmen der Rechtfertigungsprüfung eine Rolle spielten.[1582] Ein illustratives Beispiel stellt in diesem Zusammenhang das Urteil in der Rs *Familiapress* dar:[1583] Strittig war, ob das Verbot des Vertriebs von periodischen Druckschriften, in denen Preisrätsel oder Gewinnspiele enthalten sind, gegen die Warenverkehrsfreiheit verstößt. Dieses Verbot sollte kleine Verleger schützen und auf diese Weise den Medienpluralismus und somit das Recht auf freie Meinungsäußerung gemäß Art 10 EMRK sichern.[1584] In seiner Urteilsbegründung hebt der EuGH mehrfach hervor, dass dieses Verbot in einem angemessenen Verhältnis zu dem verfolgten Ziel stehen muss,[1585] wobei jedoch auch zu berücksichtigen sei, dass das Verbot nicht nur dem Recht auf freie Meinungsäußerung dienen soll, sondern auch dieses Grundrecht beeinträchtigen kann.[1586] Somit konnte Art 10 EMRK von beiden Parteien des Verfahrens für ihren Standpunkt ins Treffen geführt werden.[1587] Dem Grundrecht kam folglich eine Doppelfunktion als Schranke und Schranken-Schranke der Warenverkehrsfreiheit zu.

In dem bekannten Urteil in der Rs *Schmidberger*, in dem einem Grundrecht erstmals in der EuGH-Rechtsprechung unmittelbar Vorrang gegenüber einer Grundfreiheit eingeräumt wurde,[1588] nahm der Gerichtshof anstelle einer strukturierten Untersuchung der Verhältnismäßigkeit eine umfassende Abwägung der widerstreitenden Rechte vor:[1589]

1581 Urteil Council of the City of Stoke-on-Trent und Norwich City Council / B & Q Plc, C-169/91, EU:C:1992:519, Rz 16; vgl hierzu auch *Pirker*, Proportionality 272.

1582 Vgl auch *Pirker*, Proportionality 272.

1583 Urteil Vereinigte Familiapress Zeitungsverlags- und vertriebs GmbH / Bauer Verlag, C-368/95, EU:C:1997:325.

1584 Urteil Vereinigte Familiapress Zeitungsverlags- und vertriebs GmbH / Bauer Verlag, C-368/95, EU:C:1997:325, Rz 15 ff.

1585 Urteil Vereinigte Familiapress Zeitungsverlags- und vertriebs GmbH / Bauer Verlag, C-368/95, EU:C:1997:325, Rz 19, 27 u 34.

1586 Urteil Vereinigte Familiapress Zeitungsverlags- und vertriebs GmbH / Bauer Verlag, C-368/95, EU:C:1997:325, Rz 26.

1587 Vgl hierzu auch *Gratzl*, Grundrechte als Grenzen der Marktfreiheiten (2011) 132.

1588 *Gratzl*, Grundrechte 232.

1589 Urteil Schmidberger, C-112/00, EU:C:2003:333.

Fraglich war, ob die Beeinträchtigung der Warenverkehrsfreiheit durch Duldung bzw Unterlassen der Untersagung einer fast 30 Stunden andauernden Blockade der Brenner-Autobahn aufgrund der mit der Blockade verbundenen Ausübung von Grundrechten gerechtfertigt ist. Durch die Blockade sollte nämlich in Ausübung der Meinungsäußerungs- und Versammlungsfreiheit auf die Gefahren für die Umwelt durch den Anstieg des Schwerverkehrs auf der Brenner-Autobahn aufmerksam gemacht werden.[1590]

Im Rahmen der Rechtfertigungsprüfung hebt der EuGH hervor, dass die Grundrechte zu den allgemeinen Rechtsgrundsätzen der Gemeinschaft gehören[1591] und die Warenverkehrsfreiheit ein Grundprinzip des EG-Vertrages darstellt.[1592] Beide gelten jedoch nicht uneingeschränkt, sondern dürfen unter gewissen Voraussetzungen beschränkt werden.[1593] Somit geht es um einen Konflikt von zwei *ex ante* gleichrangigen Prinzipien,[1594] der durch eine Abwägung aufzulösen ist. Die Notwendigkeit einer Abwägung erkennt der Gerichtshof und spricht aus, dass *„die bestehenden Interessen abzuwägen [sind], und [...] anhand sämtlicher Umstände des jeweiligen Einzelfalls festzustellen [ist], ob das rechte Gleichgewicht zwischen diesen Interessen gewahrt worden ist."*[1595]

Als für die Abwägung maßgebliche Gesichtspunkte erachtet der EuGH, dass die Versammlung von den nationalen Behörden genehmigt war, ihre Auswirkungen zeitlich und örtlich auf eine einzige Strecke beschränkt waren, sie sich nicht gezielt gegen den Verkehr bestimmter Waren richtete und ein Versammlungsverbot eine nicht zu rechtfertigende Beeinträchtigung der Grundrechte der Demonstrationsteilnehmer dargestellt hätte.[1596] Abschließend weist der EuGH noch darauf hin, dass eine kürzere Dauer oder die Durchführung neben der Autobahn der Demonstration einen wesentlichen Teil ihrer Wirkung genommen hätte[1597] und bezieht somit implizit Überlegungen zur Erforderlichkeit mit ein.

[1590] Urteil Schmidberger, C-112/00, EU:C:2003:333, Rz 65 ff.

[1591] Urteil Schmidberger, C-112/00, EU:C:2003:333, Rz 71.

[1592] Urteil Schmidberger, C-112/00, EU:C:2003:333, Rz 78.

[1593] Urteil Schmidberger, C-112/00, EU:C:2003:333, Rz 78 ff.

[1594] *Kahl/Schwind*, Europäische Grundrechte und Grundfreiheiten – Grundbausteine einer Interaktionslehre, EuR 2014, 170 (173 f); GA *Trstenjak*, Schlussanträge Kommission/Deutschland, C-271/08, EU:C:2010:183, Rz 195: *„Tragender Gedanke des Urteils Schmidberger war demnach die Gleichrangigkeit der kollidierenden Grundrechte und Grundfreiheiten, die im Ergebnis über eine Verhältnismäßigkeitsprüfung der in Frage stehenden gegenseitigen Einschränkungen einem gerechten Ausgleich zugeführt wurden."*

[1595] Urteil Schmidberger, C-112/00, EU:C:2003:333, Rz 81.

[1596] Urteil Schmidberger, C-112/00, EU:C:2003:333, Rz 84 ff.

[1597] Urteil Schmidberger, C-112/00, EU:C:2003:333, Rz 92.

Auch in der aktuellen Entscheidung in der Rs *Safe Interenvios*[1598] untersuchte der EuGH bei der Prüfung der Vereinbarkeit von verstärkten Sorgfaltspflichten für Kreditinstitute mit Art 56 AEUV den Teilgrundsatz der Angemessenheit. Mit der streitgegenständlichen nationalen Bestimmung, die über die Anforderungen nach der Geldwäsche-RL 2010/78/EU hinausging, sollte die Nutzung des Finanzsystems zur Geldwäsche und Terrorismusfinanzierung bekämpft werden.[1599] Nach dem EuGH sei dieses Ziel *„gegen den Schutz anderer Interessen, einschließlich der Dienstleistungsfreiheit, abzuwägen [...].“* Im Rahmen dieser Abwägung sei unter anderem auch zu berücksichtigen, inwiefern die Sorgfaltspflichten in den Schutz personenbezogener Daten nach Art 8 GRC eingreifen.[1600]

Schließlich fordert der EuGH auch bei Beschränkungen der in Art 21 AEUV garantierten Freizügigkeit von Personen bisweilen die Beachtung sämtlicher Teilgrundsätze des Verhältnismäßigkeitsgrundsatzes, wenn die Mitgliedstaaten unter Berufung auf den Rechtfertigungsgrund der öffentlichen Ordnung die Gleichheit aller Bürger vor dem Gesetz gewährleisten wollen. So judizierte der Gerichtshof im Urteil *Bogendorff von Wolffersdorff*, dass das Verbot, Adelsbezeichnungen zu führen, grundsätzlich mit diesem Ziel gerechtfertigt werden kann, wenn es geeignet, erforderlich und angemessen ist.[1601]

IV.D.3.d.iii. Ermessen und Verfahrensgarantien

Sofern die Beschränkung einer Grundfreiheit auf eine nationale Regelung zurückzuführen ist, die den zuständigen nationalen Behörden einen nicht näher begrenzten Ermessensspielraum einräumt, oder wenn bestimmte Verfahrensgarantien nicht eingehalten werden, beanstandet der EuGH dies zum Teil im Rahmen der Verhältnismäßigkeitsprüfung:

In der Rs *Kommission / Griechenland* hatte sich der Gerichtshof mit dem Erwerb von Anteilen an Gesellschaften auseinanderzusetzen.[1602] Streitgegenständlich war eine Regelung, wonach der Erwerb von mehr als 20% der Anteile an „strategischen“ Aktiengesellschaften, in deren Besitz nationale Infrastrukturnetze stehen, von der vorherigen Genehmigung durch eine griechische Behörde abhängig gemacht wurde.[1603] Diese Bestimmung erachtete der EuGH als zur Gewährleistung der Energieversorgung unverhältnismäßiges Mittel, da er (unter

---

1598 Urteil Safe Interenvios, C-235/14, EU:C:2016:154.

1599 Urteil Safe Interenvios, C-235/14, EU:C:2016:154, Rz 103 f.

1600 Urteil Safe Interenvios, C-235/14, EU:C:2016:154, Rz 109.

1601 Urteil Bogendorff von Wolffersdorff, C-438/14, EU:C:2016:401, Rz 72 u 77 ff.

1602 Urteil Kommission / Griechenland, C-244/11, EU:C:2012:694.

1603 Urteil Kommission / Griechenland, C-244/11, EU:C:2012:694, Rz 2.

anderem) deren Angemessenheit verneinte.[1604] Die mangelnde Angemessenheit begründete er damit, dass die gesetzliche Regelung die Kriterien für die Erteilung nicht hinreichend genau benannte.[1605] Aus diesem Grund stehe der Ermessensspielraum der nationalen Behörde *„außer Verhältnis zu den verfolgten Zielen."*[1606]

Auch den Umstand, dass für die Beurteilung durch die zuständige nationale Behörde, ob eine ausreichende Bindung zwischen dem Interessenten für den Kauf oder die Miete einer Liegenschaft und der Belegenheitsgemeinde der Liegenschaft besteht, keine *„objektiven, nicht diskriminierenden im Voraus bekannten Kriterien"* gesetzlich vorgesehen waren, qualifizierte der Gerichtshof als eine nicht angemessene Beschränkung und begründete dies wiederum mit der mangelnden Begrenzung des behördlichen Ermessens.[1607]

Darüber hinaus kann argumentiert werden, dass auch die Forderung des Gerichtshofes nach gewissen Verfahrensgarantien im Anschluss an die Prüfung von Eignung und Erforderlichkeit bzw im Rahmen der Erforderlichkeitsprüfung als Ausdruck des Teilgrundsatzes der Angemessenheit zu verstehen ist. Denn mithilfe von Verfahrensgarantien kann bei einer Beschränkung, welche im Hinblick auf das verfolgte Ziel relativ schwerwiegend ist, ein angemessenes Verhältnis zwischen dem verfolgten Ziel und der Intensität der Beschränkung hergestellt werden. Exemplarisch sei in diesem Zusammenhang auf die Urteile in den Rs *Dynamic Medien*[1608] und *Peñarroja Fa*[1609] verwiesen:

Streitgegenständlich war im erstgenannten Fall die Frage, ob das deutsche Verbot des Verkaufs von Bildträgern, welche nicht durch die entsprechende – von einer deutschen Behörde ausgestellte – Jugendfreigabe gekennzeichnet sind, eine unzulässige Beschränkung des freien Warenverkehrs darstellt. Der Gerichtshof erachtete diese Maßnahme als geeignet und erforderlich, um das Ziel des Jugendschutzes zu erreichen.[1610] Zusätzlich forderte er, dass das Prüfverfahren zur Erlangung der Jugendfreigabe *„leicht zugänglich"* ist, innerhalb einer angemessenen Frist abgeschlossen ist und eine etwaige abweisende Entscheidung mit

---

1604 Urteil Kommission / Griechenland, C-244/11, EU:C:2012:694, Rz 64 ff.

1605 Urteil Kommission / Griechenland, C-244/11, EU:C:2012:694, Rz 76 ff.

1606 Urteil Kommission / Griechenland, C-244/11, EU:C:2012:694, Rz 75; vgl auch die ähnliche Argumentation im Urteil Kommission / Italien, C-326/06, EU:C:2009:193, Rz 52.

1607 Urteil Libert, C-197/11 u C-203/11, EU:C:2013:288, Rz 57; vgl auch bereits das Urteil Woningstichting Sint Servatius, C-567/07, EU:C:2009:593, Rz 35.

1608 Urteil Dynamic Medien, C-244/06, EU:C:2008:85.

1609 Urteil Peñarroja Fa, C-372/09 u C-373/09, EU:C:2011:156.

1610 Urteil Dynamic Medien, C-244/06, EU:C:2008:85, Rz 42 ff.

einem Rechtsmittel in einem gerichtlichen Verfahren angefochten werden kann.[1611]

Im zweitgenannten Fall stellte sich die Frage, ob eine nationale Regelung, welche es nur jenen Personen erlaubt, die Bezeichnung „Gerichtssachverständiger“ zu tragen, die von den nationalen Gerichtsbehörden (bei Erfüllung bestimmter Qualifikationsvoraussetzungen) in eine Sachverständigenliste eingetragen wurden, aus Gründen des Schutzes der Rechtssuchenden und der geordneten Rechtspflege gerechtfertigt sein kann.[1612] Während die Eignung der nationalen Bestimmung für den EuGH evident war,[1613] führte er daran anschließend in seiner Begründung aus, dass die Qualifikationen, welche bereits in einem anderen Mitgliedstaat anerkannt wurden, angemessen berücksichtigt werden müssen[1614] und insbesondere im Hinblick auf die Berücksichtigung dieser Qualifikationen ein effektiver gerichtlicher Rechtsschutz bestehen muss.[1615]

Die in diesen Urteilen geforderten Voraussetzungen haben eine gemeinsame Stoßrichtung, welche darin besteht, das Ermessen der nationalen Behörden zu beschränken und Schutz vor Willkür zu bieten. Da auch der Verhältnismäßigkeitsgrundsatz maßgeblich dazu beiträgt, der Ermessensübung Grenzen zu setzen, ist es naheliegend, dass der Gerichtshof die oben genannten Erwägungen dem Verhältnismäßigkeitsgrundsatz zuordnet. Es ist darüber hinaus auch historisch erklärbar, da der Gerichtshof in seiner älteren Rechtsprechung zu den Grundfreiheiten bisweilen nicht auf diese Erwägungen verzichten wollte, obwohl zu dieser Zeit weder das rechtsstaatliche Prinzip noch Garantien für effektiven Rechtsschutz in der Gemeinschaftsrechtsordnung kodifiziert waren.[1616] Da mittlerweile nicht zuletzt durch das Inkrafttreten der GRC die Rechte auf gute Verwaltung[1617] und effektiven Rechtsschutz[1618] normiert sind, wird in der Literatur vertreten, dass diese Erwägungen im Rahmen der Verhältnismäßigkeitsprüfung keine Rolle mehr spielen sollten.[1619] Wie zutreffend argumentiert wird, ist es nämlich schwierig, sie als Teil der Zweck-Mittel-Beziehung, die dem Grundsatz der Verhältnismäßigkeit zugrunde liegt, zu begreifen.[1620]

1611 Urteil Dynamic Medien, C-244/06, EU:C:2008:85, Rz 50.
1612 Urteil Peñarroja Fa, C-372/09 u C-373/09, EU:C:2011:156, Rz 46 ff.
1613 Urteil Peñarroja Fa, C-372/09 u C-373/09, EU:C:2011:156, Rz 56.
1614 Urteil Peñarroja Fa, C-372/09 u C-373/09, EU:C:2011:156, Rz 58.
1615 Urteil Peñarroja Fa, C-372/09 u C-373/09, EU:C:2011:156, Rz 64 f.
1616 *Prechal*, Free Movement and Procedural Requirements: Proportionality Reconsidered, 35 LIEI 2008, 201 (213 ff).
1617 Art 41 GRC.
1618 Art 47 GRC.
1619 *Prechal*, 35 LIEI 2008, 215 f.
1620 *Prechal*, 35 LIEI 2008, 216.

IV.D.3.d.iv. Verhältnismäßigkeit von Sanktionen

Bei der Beurteilung der Verhältnismäßigkeit von Geldbußen wegen Verstößen gegen kartellrechtliche Bestimmungen berücksichtigt der EuGH in ständiger Rechtsprechung den Teilgrundsatz der Angemessenheit, indem er die Höhe der Geldbuße der Dauer und der Schwere des Verstoßes gegenüberstellt.[1621] Dieses Prüfungsschema wendet der Gerichtshof auch in jenen Fällen an, in denen die Beschränkung einer Grundfreiheit die Verhängung einer Sanktion beinhaltet und die Beschränkung am Maßstab des Verhältnismäßigkeitsgrundsatzes gemessen wird.

Ein nationaler Regelungsrahmen, der im Fall der grenzüberschreitenden Dienstleistungserbringung durch vom Dienstleister entsandte Arbeitnehmer vorsieht, dass der Dienstleistungsempfänger eine Meldung an die Behörden zu erstatten hat, sofern der Arbeitgeber (Dienstleister) dies zu Unrecht verabsäumt hat, und eine Strafe bei Unterlassung der Meldung normiert, kann zum Zwecke des Schutzes der Arbeitnehmer und der Betrugsbekämpfung geeignet und erforderlich sein.[1622] Allerdings müssen *„Art und Höhe der verhängten Sanktion gemessen an der Schwere der mit ihr geahndeten Zuwiderhandlung in jedem Einzelfall verhältnismäßig [sein].“*[1623]

Die Bedeutung der Angemessenheit zeigt sich auch im Urteil in der Rs *Konstantinides*:[1624] Die Verpflichtung zur Beachtung des deutschen Standesrechts durch einen griechischen Arzt, der seine Dienstleistungsfreiheit in Anspruch nimmt, indem er gelegentlich Operationen in Deutschland ausführt, kann aus Gründen des Gesundheitsschutzes gerechtfertigt sein, sofern die Beschränkung zur Zielerreichung geeignet und erforderlich ist[1625] und die Sanktion bei Nichtbeachtung *„in angemessenem Verhältnis zu dem Verhalten“* des Arztes steht.[1626]

IV.D.3.d.v. Sonstige Urteile

In der Rs *Kommission / Frankreich* erachtete der EuGH nationale Bestimmungen, wonach zum Zwecke des Gesundheitsschutzes maximal ein Viertel des Kapitals und der Stimmrechte an Gesellschaften, welche biomedizinische Analysen erbringen, von Nichtbiologen gehalten werden dürfen, als verhältnismäßige Beschränkung der Niederlassungsfreiheit.[1627] Aufgrund dieser Regelungen sei

---

[1621] Siehe die Nachweise bei *Koch*, Grundsatz 328 ff.
[1622] Urteil De Clercq, C-315/13, EU:C:2014:2408, Rz 62 ff.
[1623] Urteil De Clercq, C-315/13, EU:C:2014:2408, Rz 73.
[1624] Urteil Konstantinides, C-475/11, EU:C:2013:542.
[1625] Urteil Konstantinides, C-475/11, EU:C:2013:542, Rz 50 ff.
[1626] Urteil Konstantinides, C-475/11, EU:C:2013:542, Rz 57.
[1627] Urteil Kommission / Frankreich, C-89/09, EU:C:2010:772.

„[d]er Besitz von Kapital und Stimmrechten durch Nichtbiologen [...] nur möglich, soweit diese keinen Einfluss auf [wichtige] Entscheidungen nehmen können."[1628] Dies ergebe sich aus dem Umstand, dass diese Entscheidungen mit einer ¾-Mehrheit beschlossen werden könnten.[1629] Folglich seien *„die [...] beanstandeten Bestimmungen auch verhältnismäßig im Hinblick auf das verfolgte Ziel, da sie sicherstellen, dass die Biologen ihre Unabhängigkeit bei der Ausübung ihrer Entscheidungsbefugnis behalten, und zugleich eine gewisse Öffnung [dieser Gesellschaften] für externes Kapital innerhalb der Begrenzung auf 25% des Gesellschaftskapitals erlauben."*[1630]

Weniger deutlich kommen Ansätze des Teilgrundsatzes der Angemessenheit in jenen Urteilen zum Ausdruck, in denen der Gerichtshof nicht die Relation zu dem verfolgten Ziel anspricht, sondern im Rahmen der Erforderlichkeitsprüfung lediglich die Angemessenheit einer beschränkenden Maßnahme fordert. So sprach der EuGH betreffend ein Verkaufs- und Verwendungsverbot von ausländischen Decodiervorrichtungen für den Empfang von Satellitenrundfunkdiensten aus einem anderen Mitgliedstaat aus, dass diese Beschränkung nur dann zum Zweck des Schutzes des geistigen Eigentums der Exklusivrechteinhaber erforderlich ist, wenn damit eine angemessene (und nicht eine darüber hinausgehende) Vergütung der Exklusivrechteinhaber gesichert wird.[1631]

Änderungen der Rechtslage, welche als Beschränkung einer Grundfreiheit zu qualifizieren sind, können unverhältnismäßig sein, wenn den Marktteilnehmern kein angemessener Zeitraum gewährt wird, um sich auf die geänderten rechtlichen Rahmenbedingungen einzustellen.[1632] Wenngleich der Gerichtshof die Forderung nach einer Übergangsfrist häufig im Rahmen der Erforderlichkeitsprüfung stellt, sind Übergangsregelungen dogmatisch bei der Beurteilung der Angemessenheit einzuordnen.[1633]

IV.D.3.e. Ergebnis

Bei der Rechtfertigungsprüfung von Beschränkungen der Grundfreiheiten definiert der Gerichtshof den Grundsatz der Verhältnismäßigkeit fast ausschließlich

---

1628 Urteil Kommission / Frankreich, C-89/09, EU:C:2010:772, Rz 88.

1629 Urteil Kommission / Frankreich, C-89/09, EU:C:2010:772, Rz 88.

1630 Urteil Kommission / Frankreich, C-89/09, EU:C:2010:772, Rz 88.

1631 Urteil Football Association Premier League, C-403/08 u C-429/08, EU:C:2011:631, Rz 105 ff.

1632 Urteil Kommission / Deutschland, C-463/01, EU:C:2004:797, Rz 79 f (zur verpflichtenden Einführung eines Pfand- und Rücknahmesystems); Urteil Radlberger Getränkegesellschaft und S. Spitz, C-309/02, EU:C:2004:799, Rz 80 f (ebenfalls zur verpflichtenden Einführung eines Pfand- und Rücknahmesystems); Urteil Kommission / Österreich, C-320/03, EU:C:2005:684, Rz 90 (Sektorales Fahrverbot).

1633 Siehe Kapitel III.B.1.d oben.

als aus Eignung und Erforderlichkeit bestehend und prüft die beiden Teilgrundsätze in den Urteilsbegründungen auch tatsächlich. Bereits in Entscheidungen, die Ende der 1980er und Anfang der 1990er Jahre ergingen, sind jedoch vereinzelt Erwägungen zur Angemessenheit nachweisbar.

Wenngleich die zweistufige Verhältnismäßigkeitsprüfung nach wie vor den Regelfall darstellt, spielen Überlegungen zur Angemessenheit in der Rechtsprechung mittlerweile häufiger eine Rolle. Dies gilt vor allem für jene Fälle, in denen

i) das Ermessen der nationalen Behörden einer Einschränkung bedarf und / oder keine ausreichenden Verfahrensgarantien zum Schutz des Einzelnen vor Willkür vorhanden sind,
ii) die Beschränkung einer Grundfreiheit die Verhängung einer Sanktion beinhaltet, oder
iii) Grundrechte im Rahmen der Rechtfertigungsprüfung zu berücksichtigen sind.

Die Relevanz von Grundrechten ergibt sich aus dem Umstand, dass sie einen Rechtfertigungsgrund für Beschränkungen der Grundfreiheiten darstellen. Wenngleich bei der Prüfung, ob in Ausübung eines Grundrechts eine Beschränkung einer Grundfreiheit gerechtfertigt werden kann, das betroffene Grundrecht und die betroffene Grundfreiheit als *ex ante* gleichrangige Prinzipien gegeneinander abzuwägen sind, verzichtet der EuGH jedoch zum Teil auf eine Untersuchung der Angemessenheit.

In den seltenen Fällen, in denen der Gerichtshof die Verhältnismäßigkeit ohne Rückgriff auf die einzelnen Teilgrundsätze beurteilt, dürfte dies auf den Umstand zurückzuführen sein, dass die Unverhältnismäßigkeit der Maßnahme für ihn evident war. Eine ausschließliche Bezugnahme auf den Teilgrundsatz der Eignung nimmt der EuGH nur vor, sofern er die Eignung der Maßnahme verneint. Bisweilen erörtert der Gerichtshof auch nur den Teilgrundsatz der Erforderlichkeit, wenn für ihn offensichtlich ist, dass die streitgegenständliche Maßnahme nicht das gelindeste Mittel zur Zielerreichung darstellt.

V. Überlegungen zur gerichtlichen Kontrolldichte

Im Folgenden werden nach einleitenden Worten zu den Gründen für die Variation der Kontrolldichte durch die Gerichte (Kapitel V.A) und zu den verschiedenen Möglichkeiten richterliche Zurückhaltung zu zeigen (Kapitel V.B), die maßgeblichen Determinanten der Kontrolldichte in der Rechtsprechung des EGMR erläutert (Kapitel V.C). Anschließend folgt mit der Untersuchung der Determinanten der Kontrolldichte in der Rechtsprechung des EuGH zu den Grundrechten (Kapitel V.D) und Grundfreiheiten (Kapitel V.E) der zentrale Abschnitt dieses Kapitels. Abgeschlossen wird dieser Abschnitt mit der Behandlung der Frage, ob zwischen Eingriffen in Grundrechte und Beschränkungen der Grundfreiheiten Unterschiede in der Kontrolldichte bestehen (Kapitel V.F).

V.A. Vorbemerkung

Gerichtliche Kontrolldichte bezeichnet den Grad der Bereitschaft der Gerichte, Entscheidungen von Legislative und Exekutive zu hinterfragen und durch eigene Beurteilungen zu ersetzen.[1634] Sie ist stets vom Einzelfall abhängig.[1635] Wenngleich sie nicht nur bei der Beurteilung anhand des Verhältnismäßigkeitsgrundsatzes eine Rolle spielt, tritt ihre Bedeutung in diesem Kontext am deutlichsten hervor. In der Literatur wird aus diesem Grund zutreffend die enge Verknüpfung zwischen Verhältnismäßigkeitsgrundsatz und gerichtlicher Kontrolldichte hervorgehoben.[1636] Eine große Bereitschaft der Gerichtsbarkeit, Entscheidungen der beiden anderen Gewalten zu hinterfragen, bedeutet eine hohe gerichtliche Kontrolldichte und hat zur Folge, dass Akte der Legislative und Exekutive häufiger aufgrund einer Verletzung des Verhältnismäßigkeitsgrundsatzes beanstandet werden.

Eine zu niedrige Kontrolldichte hat zur Folge, dass Individualrechtspositionen möglicherweise nicht ausreichend geschützt werden, während eine zu hohe Kontrolldichte dazu führt, dass Gerichte anstelle der Exekutive und der Legislative deren Entscheidungen treffen. Die letztgenannte Problematik wird in der englischsprachigen Literatur als *"judicial activism"* bezeichnet.[1637] Schon aufgrund der Funktion der Gerichtsbarkeit, welche in das Gefüge der verschiedenen

---

[1634] *Koch*, Grundsatz 526.
[1635] Vgl etwa *Pirker*, Proportionality 64.
[1636] Vgl *Emiliou*, Principle 171 ff.
[1637] Ausführlich zu dieser Thematik im Zusammenhang mit dem EuGH siehe *Dawson/De Witte/Muir* (Hrsg.), Judicial Activism at the European Court of Justice (2013).

B. Oreschnik, *Verhältnismäßigkeit und Kontrolldichte*,
https://doi.org/10.1007/978-3-658-26160-3_5

Staatsgewalten eingebettet liegt, ist eine allzu „aktive" Gerichtsbarkeit abzulehnen. In einem Staat, in dem die Erfüllung der verschiedenen Aufgaben auf Gesetzgebung, Vollziehung und Gerichtsbarkeit verteilt ist, ergibt sich aus dieser Aufgabenverteilung auch, wer für bestimmte Entscheidungen und Bewertungen zuständig ist.[1638] Aus diesem Grund muss die Gerichtsbarkeit die Beurteilung eines Urteilsadressaten grds akzeptieren, wenn dieser für sie originär zuständig ist.[1639]

Bei der Frage nach dem richtigen Maß richterlicher Kontrolle spielen neben dem Prinzip der Gewaltenteilung auch die Prinzipien der Demokratie und der Rechtsstaatlichkeit eine Rolle. In der Problematik der „richtigen" Kontrolldichte tritt der Konflikt zwischen Demokratie- und Rechtsstaatsprinzip zu Tage.[1640] Das Demokratieprinzip wirkt dabei einschränkend auf die richterliche Kontrolle, da in einem demokratischen Staat das Recht vom Volk ausgeht und daher die gewählten Repräsentanten zur Gesetzgebung legitimiert sind. Dies bedeutet im Umkehrschluss, dass Gerichte nicht dazu befugt sind, sich durch eine zu strenge Kontrolle legislativer Akte auf die Stufe eines „Ersatzgesetzgebers" zu stellen. In diesem Zusammenhang wird in der Literatur mE zu Recht vertreten, dass die Zurückhaltung gegenüber dem demokratisch gewählten Gesetzgeber weniger stark auszufallen habe, wenn die Qualität der demokratischen Entscheidungsfindung mangelhaft ist.[1641] Dieses Defizit äußere sich in der Nichtbeachtung fundamentaler Werte der Verfassung oder in der systematischen Benachteiligung bestimmter Gruppen.[1642] In eine ähnliche Richtung geht die Aussage in der Literatur, wonach eine hohe gerichtliche Kontrolldichte zum Schutz von Minderheiten, wie bspw Ausländern, gerechtfertigt sei, da diese im nationalen politischen Prozess nicht ausreichend repräsentiert sind.[1643]

Im Gegensatz zum Demokratieprinzip spricht das Rechtsstaatsprinzip gegen richterliche Zurückhaltung. Denn es fordert die Bindung der Exekutive an die Gesetze und die Bindung der Legislative an die Verfassung sowie eine unabhängige Gerichtsbarkeit, welche die Einhaltung dieser Bindungen tatsächlich wirksam kontrolliert.[1644] Besonders bedeutend ist in diesem Zusammenhang die Bindung an die in der Verfassung garantierten Grundrechte, da effektiver Grund-

---

1638 *Kirschner*, Grundfreiheiten 36.
1639 *Kirschner*, Grundfreiheiten 36.
1640 *Bleckmann*, Ermessensfehlerlehre (1997) 217.
1641 *Pirker*, Proportionality 73 ff.
1642 *Pirker*, Proportionality 77 mwN.
1643 *Andenas/Zleptnig*, 42 TILJ 2006-2007, 407.
1644 *Stern*, Das Staatsrecht der Bundesrepublik Deutschland, Band 1^2 (1984) 841 f.

rechtsschutz stets der Herstellung von Einzelfallgerechtigkeit durch Gerichte bedarf.[1645]

Die Gerichtsbarkeit bewegt sich stets im Spannungsfeld der drei eben genannten Verfassungsprinzipien. Sie wird jedoch nicht nur von diesen Prinzipien beeinflusst, da sie auch selbst in der Lage ist, das Gleichgewicht dieser Prinzipien mittels Variation der Kontrolldichte zu steuern.[1646] Dies gilt nicht nur für den nationalen Verfassungsstaat, sondern auch für ein politisches Mehrebenensystem wie die EU. Die Intensität der Einwirkungen dieser Prinzipien in der Unionsrechtsordnung ist jedoch anders als in einer nationalen Rechtsordnung ist. Aufgrund des Umstandes, dass die Rechtsetzung durch die Unionsorgane nicht in demselben Maße demokratisch legitimiert ist wie jene durch die nationalen Parlamente in den Mitgliedstaaten,[1647] ist mE auf Grundlage der obigen Überlegungen davon auszugehen, dass das demokratische Prinzip auf die Kontrolldichte der Unionsgerichtsbarkeit weniger einschränkend einwirkt als auf jene der nationalen Gerichtsbarkeit. Im Gegensatz dazu spricht das Prinzip der Gewaltenteilung im Unionskontext wohl stärker als im rein nationalen Kontext für richterliche Zurückhaltung. Wenn Nationalstaaten Teile ihrer Souveränität an eine übergeordnete Ebene abgeben, ist nämlich neben der „klassischen" horizontalen Gewaltenteilung auch die vertikale Gewaltenteilung zu berücksichtigen.[1648] Die Unionsgerichtsbarkeit hat sich somit nicht nur behutsam zwischen den legislativen und exekutiven Kompetenzen der Union, sondern auch zwischen den Kompetenzen der Mitgliedstaaten und der Union zu bewegen.[1649]

Die genannten Prinzipien vermögen vor allem Hinweise darauf zu geben, warum Gerichte in verschiedenen Rechtsordnungen die Akte der Legislative und Exekutive unterschiedlich streng prüfen. Die anzulegende Kontrolldichte hängt von der Bedeutung dieser Prinzipien in einer Rechtsordnung und ihrem relativen Gewicht zueinander ab. Allerdings liefern sie kaum Anhaltspunkte, warum ein und dasselbe Gericht seine Kontrolldichte variiert. Aus diesem Grund wird in den folgenden Kapiteln versucht, weitere die Kontrolldichte bestimmende Faktoren, welche weniger abstrakt sind, aus der Rechtsprechung des EGMR und des EuGH abzuleiten. Davor muss jedoch geklärt werden, wie sich gerichtliche Zurückhaltung äußern kann.

1645 *Kirschner*, Grundfreiheiten 48.

1646 *Schuppert*, Funktionell-rechtliche Grenzen der Verfassungsinterpretation (1980) 1 ff.

1647 *Hoppe*, in: Bergmann (Hrsg.), Handlexikon der Europäischen Union[5] (2015) 631 f.

1648 *Kirschner*, Grundfreiheiten 46.

1649 Siehe bereits Kapitel I.A oben.

V.B. Möglichkeiten richterlicher Zurückhaltung

V.B.1. Ausspruch über die mangelnde Justiziabilität der Maßnahme

Eine Möglichkeit richterliche Zurückhaltung zu zeigen, welche nicht bei der Frage der Verhältnismäßigkeit, sondern bereits davor relevant ist, besteht im Ausspruch, dass eine bestimmte Maßnahme nicht justiziabel ist.[1650] Angesprochen sind damit jene Fälle, in denen das Gericht den Begriff der Beschränkung oder den Schutzbereich einer Norm eng auslegt.[1651] Aus der Rechtsprechung des EuGH zu den Grundfreiheiten kann in diesem Zusammenhang die Keck-Formel als Beispiel genannt werden.[1652] Mit dem Ausspruch, dass verkaufsbezogene Beschränkungen, die unterschiedslos auf importierte und heimische Waren anwendbar sind, nicht in den Schutzbereich der Grundfreiheiten fallen,[1653] gesteht der EuGH den Mitgliedstaaten einen Gestaltungsspielraum zu. Auch auf dem Gebiet der Grundrechte ist diese Vorgehensweise des Gerichtshofes nachweisbar, wenn er bspw festhält, dass das Grundrecht auf Eigentum *„nicht das Recht zur kommerziellen Verwertung eines Vorteils, der wie die Referenzmengen, im Rahmen einer gemeinsamen Marktorganisation zugeteilt werden,"* umfasst.[1654]

V.B.2. Formulierung der Verhältnismäßigkeit und Beweislast

Wie streng ein Gericht Akte der Legislative und der Exekutive prüft, zeigt sich auch anhand der Beweislastverteilung und der Formulierung des Verhältnismäßigkeitsgrundsatzes. In einem ersten Schritt ist zu fragen, wer beweisen muss, dass die Maßnahme den Anforderungen des Verhältnismäßigkeitsgrundsatzes genügt (nicht genügt) und in einem zweiten Schritt stellt sich die Frage, was bewiesen werden muss.[1655] Die zweitgenannte Frage ergibt sich daraus, dass das Gericht entweder untersucht, ob die Maßnahme verhältnismäßig ist oder lediglich, ob sie nicht unverhältnismäßig ist. Wenn das Gericht dem Autor der Maßnahme die Beweislast auferlegt, spricht dies für weniger richterliche Zurückhaltung, während die Beweislasttragung durch den Betroffenen für größere Zurückhaltung spricht.[1656] Sofern das Gericht die Verhältnismäßigkeit negativ formuliert, dh lediglich untersucht, ob die streitgegenständliche Maßnahme unverhältnismäßig ist, kann dies für eine eingeschränkte Kontrolldichte spre-

---

1650 *de Búrca*, 13 YEL 1993, 112.
1651 *Kirschner*, Grundfreiheiten 31 ff.
1652 *Kirschner*, Grundfreiheiten 31.
1653 Urteil Keck und Mithouard, C-267/91 u C-268/91, EU:C:1993:905, Rz 16 f.
1654 Urteil The Queen / Ministry of Agriculture, Fisheries and Food, ex parte Dennis Clifford Bostock, C-2/92, EU:C:1994:116, Rz 19.
1655 *Jans*, 27 LIEI 2000, 259.
1656 *de Búrca*, 13 YEL 1993, 112.

chen.[1657] Die negative Formulierung kann sich auch nur auf einzelne Teilelemente des Verhältnismäßigkeitsgrundsatzes beziehen, indem gefragt wird, ob die Maßnahme ungeeignet, nicht erforderlich oder unangemessen ist. Demgegenüber kann die Frage, ob die Maßnahme verhältnismäßig ist, für eine höhere Kontrolldichte sprechen.[1658]

Da der EuGH – anders als die deutsche (und österreichische) Verwaltungsgerichtsbarkeit – nicht an das Prinzip der Amtswegigkeit der Sachverhaltsermittlung gebunden ist, ist es ihm gestattet, die Kontrolldichte durch eine unterschiedliche Beweislastverteilung abzustufen.[1659] Auf dem Gebiet der Grundrechte forfordert der EuGH, dass derjenige, der sich auf die Unverhältnismäßigkeit einer Maßnahme beruft (der Betroffene), diese auch zu beweisen hat.[1660] Aus diesem Grund kann von einer *„Vermutung der Verhältnismäßigkeit"* gesprochen werden.[1661]

Nachweisbar ist eine negative Formulierung der Verhältnismäßigkeit bereits in dem Urteil *Internationale Handelsgesellschaft*, in dem der EuGH ausführte, dass die *„Unkosten der Kautionsstellung [...] nicht unverhältnismäßig hoch [sind]"*[1662] und dass *„sich die Belastung [...] als nicht übermäßig [erweist]."*[1663] Auch in dem Urteil *Hauer* forderte der Gerichtshof, dass Beschränkungen des Eigentums *„nicht einen im Hinblick auf den verfolgten Zweck unverhältnismäßigen [...] Eingriff in die Vorrechte des Eigentümers darstellen [...]."*[1664] Demgegenüber vertrat er in dem Urteil *Schräder*, dass *„die auferlegten Belastungen in angemessenem Verhältnis zu den angestrebten Zielen stehen [müssten]."*[1665] Gerade das eben genannte Urteil zeigt aufgrund der äußert kursorischen Untersuchung des Verhältnismäßigkeitsgrundsatzes, dass eine positive Formulierung der Verhältnismäßigkeit lediglich ein Indiz für eine hohe Kontrolldichte darstellt und keinesfalls zwingend eine strenge Verhältnismäßigkeitsprüfung impliziert. Auch in Fällen, in denen der EuGH Rechte nach der EMRK in seiner Beurteilung berücksichtigt, formuliert er das Angemessenheitskriterium positiv.[1666]

In der jüngeren Judikatur spricht der Gerichtshof häufig nach positiver Formulierung der Eignung und Erforderlichkeit davon, dass *„die verursachten Nachteile*

1657 *Hirschberg*, Grundsatz 96.
1658 *Hirschberg*, Grundsatz 96.
1659 *Koch*, Grundsatz 534.
1660 *von Danwitz*, EWS 2003, 396; *Emmerich-Fritsche*, Grundsatz 230.
1661 *Koch*, Grundsatz 535.
1662 Urteil Internationale Handelsgesellschaft, 11/70, EU:C:1970:114, Rz 15.
1663 Urteil Internationale Handelsgesellschaft, 11/70, EU:C:1970:114, Rz 16.
1664 Urteil Hauer, 44/79, EU:C:1979:290, Rz 23.
1665 Urteil Schräder, 265/87, EU:C:1989:303, Rz 21.
1666 Vgl etwa das Urteil ORF, C-465/00, C-138/01 u C-139/01, EU:C:2003:294, Rz 83.

nicht außer Verhältnis zu den angestrebten Zielen stehen dürfen.“[1667] Allerdings misst der EuGH der – die eigentliche Prüfung einleitende – Formulierung der Verhältnismäßigkeit wohl keine substanzielle Bedeutung bei, da er offensichtlich keinen Unterschied zwischen der oben genannten Formulierung und jener im Urteil *Afton Chemical* erblickt, wonach *„die Nachteile in angemessenem Verhältnis zu den angestrebten Zielen stehen müssen.“*[1668] Dies ergibt sich augenscheinlich bereits daraus, dass jene Rz im Urteil *Sky*, welche die oben zitierte negative Formulierung enthält, explizit auf die positive Formulierung im Urteil *Afton Chemical* verweist.[1669] Darüber hinaus fällt die gerichtliche Überprüfung der streitgegenständlichen Maßnahme im Urteil *Afton Chemical* trotz positiver Formulierung der Verhältnismäßigkeit zurückhaltend aus.[1670]

Aussagekräftiger als die negative Formulierung der Angemessenheit ist demgegenüber jene der Eignung. Dies gilt insbesondere, wenn der Gerichtshof ausspricht, dass er zu prüfen habe, ob die Maßnahme zur Erreichung des Ziels des Unionsgesetzgebers *„offensichtlich ungeeignet“* ist.[1671] Die Formel von der „offensichtlichen Ungeeignetheit“ spricht für eine nur zurückhaltende Prüfung der erlassenen Maßnahme, im Zuge derer der EuGH nur evidente Fehler des Unionsgesetzgebers aufgreift.[1672] Sie bedeutet jedoch nicht jedenfalls, dass nur offensichtliche Fehler betreffend die Eignung der erlassenen Maßnahme, sondern auch derartige Fehler betreffend die beiden anderen Teilgrundsätze zur Feststellung der Rechtswidrigkeit der Maßnahme führen.[1673]

Die richterliche Zurückhaltung im Grundrechtsbereich wurde aus rechtsstaatlichen Gründen bereits auf Basis von Art 220 EGV (heute Art 19 EUV) kritisiert, wonach der Gerichtshof das Recht zu wahren und folglich auch zu ermitteln habe.[1674] Seit Inkrafttreten der GRC kann sich diese Kritik nunmehr auch auf das

---

1667 Urteil Sky Österreich, C-283/11, EU:C:2013:28, Rz 50; Urteil Nelson, C-581/10 u C-629/10, EU:C:2012:657, Rz 71; Urteil Schaible, C-101/12, EU:C:2013:661, Rz 29.

1668 Urteil Afton Chemical, C-343/09, EU:C: 2010:419, Rz 45.

1669 Urteil Sky Österreich, C-283/11, EU:C:2013:28, Rz 50.

1670 Urteil Afton Chemical, C-343/09, EU:C: 2010:419, Rz 46, 50 u 68.

1671 Vgl etwa Urteil Schräder, 265/87, EU:C:1989:303, Rz 22; Urteil Fedesa, C-331/88, EU:C: 1990:391, Rz 14; Urteil Deutschland/Rat, C-280/93, EU:C:1994:367, Rz 90; Urteil Emesa Sugar, C-17/98, EU:C:2000:70, Rz 53; Urteil British American Tobacco (Investments) und Imperial Tobacco, C-491/01, EU:C:2002:741, Rz 123; Urteil Spanien/Rat, C-310/04, EU:C: 2006:521, Rz 98; Urteil IATA und ELFAA, C-344/04, EU:C:2006:10, Rz 80; Urteil Agrana Zucker I, C-33/08, EU:C:2009:367, Rz 32; Urteil Afton Chemical, C-343/09, EU:C:2010:419, Rz 46; Urteil Agrana Zucker II, C-365/08, EU:C:2010:283, Rz 30; Urteil Etimine, C-15/10, EU:C:2011:504, Rz 125; Urteil Beneo-Orafti, C-150/10, EU:C:2011:507, Rz 76; Urteil Luxemburg/Parlament und Rat, C-176/09, EU:C:2011:290, Rz 62.

1672 Siehe Kapitel IV.B.2.a.i oben.

1673 Siehe Kapitel IV.B.2.a.i oben.

1674 *Emmerich-Fritsche*, Grundsatz 231.

Recht auf effektiven Rechtsschutz nach Art 47 GRC stützen. Darüber hinaus wurde die Kritik auch auf Art 253 EGV (heute Art 296 AEUV) gestützt, wonach die Unionsorgane einer Begründungspflicht bei Erlass ihrer Rechtsakte unterliegen, welche auch die Einhaltung des Verhältnismäßigkeitsgrundsatzes umfasst.[1675]

Bei Beschränkungen der Grundfreiheiten liegt es an dem jeweiligen Mitgliedstaat, somit dem Autor der beschränkenden Maßnahme, zu beweisen, dass der Grundsatz der Verhältnismäßigkeit gewahrt wurde.[1676] Dies gilt für die Rechtfertigungsprüfung bei Beschränkungen sämtlicher Grundfreiheiten[1677] und bedeutet, dass der Grundsatz *„in dubio pro reo"* bei der Beweislastverteilung in derartigen Verfahren vor dem EuGH nicht anwendbar ist.[1678] Allerdings fordert der EuGH von dem Mitgliedstaat keinen positiven Beleg dafür, dass die angestrebte Zielsetzung mit keiner anderen denkbaren Alternativmaßnahme unter den gleichen Voraussetzungen erreichbar ist.[1679]

Ungeachtet dessen ist dennoch nicht von einer generellen *„Vermutung der Unverhältnismäßigkeit"* mitgliedstaatlicher Beschränkungen auszugehen, da der Gerichtshof in manchen Bereichen von der Beweislastverteilung zu Lasten der Mitgliedstaaten abweicht und von der Kommission fordert, dass diese den Beweis der Unverhältnismäßigkeit zu erbringen habe.[1680] Insbesondere im Zusammenhang mit der Pflicht zur gegenseitigen Anerkennung geht der Gerichtshof davon aus, dass die Gleichwertigkeit des ausländischen Regelungsrahmens nicht vermutet werden kann, sondern die Kommission die Gleichwertigkeit in strittigen Fällen zu beweisen habe.[1681] Darüber hinaus erfolgt bisweilen in Bereichen, in denen der Gerichtshof den Mitgliedstaaten mehr Spielraum einräumen möchte, der Ausspruch, dass eine Beschränkung einer Grundfreiheit *„nicht unverhältnismäßig"* sei:[1682] So stellte der Gerichtshof bspw in dem Urteil *Alpine Investments* betreffend das niederländische Verbot des *"cold calling"* auf dem Finanz-

1675 *Emmerich-Fritsche*, Grundsatz 231.

1676 *Zierke*, Die Steuerungswirkung der Darlegungs- und Beweislast im Verfahren vor dem Gerichtshof der Europäischen Union (2015) 89 mwN; *Jans*, 27 LIEI 2000, 259; *Pirker*, *Proportionality* 269 f.

1677 *Koch*, Grundsatz 537 unter Verweis auf *Baumhof*, Die Beweislast im Verfahren vor dem Europäischen Gerichtshof (1996) 158 ff, 164 ff u 170 ff.

1678 *Baumhof*, Beweislast 129.

1679 *Frenz*, Grundfreiheiten^2 Rz 562 unter Verweis auf das Urteil Kommission / Spanien, C-400/08, EU:C:2011:172, Rz 75; vgl auch *Zierke*, Steuerungswirkung 198.

1680 *Koch*, Grundsatz 538.

1681 *Koch*, Grundsatz 538.

1682 *Jans*, 27 LIEI 2000, 261.

dienstleistungssektor fest, dass diese Beschränkung der Dienstleistungsfreiheit als nicht unverhältnismäßig zum Schutz der Verbraucher zu qualifizieren ist.[1683]

Der Umstand, dass einer Partei des Verfahrens die Beweislast auferlegt wird, bedeutet in der Praxis jedoch nicht, dass nur die beweispflichtige Partei Vorbringen zur Frage der Verhältnismäßigkeit erstattet, da idR auch die anderen Parteien diesbezügliche Vorbringen erstatten.[1684] Erst wenn die Tatsachenvorbringen der Parteien den Gerichtshof nicht in die Lage versetzen, zu entscheiden, ob die streitgegenständliche Maßnahme mit dem Grundsatz der Verhältnismäßigkeit vereinbar ist, wird die Frage der Beweislast entscheidend.[1685]

V.B.3. Keine genaue Überprüfung der Rechtfertigung

Der Gerichtshof kann Zurückhaltung auch und vor allem dadurch üben, indem er tatsächlich nur eine ungenaue Überprüfung der Rechtfertigung einer Beschränkung einer Grundfreiheit bzw eines Grundrechtseingriffs vornimmt.[1686] Diese Möglichkeit besteht für ihn sowohl bei der Untersuchung, ob überhaupt ein anerkannter Rechtfertigungsgrund gegeben ist, als auch bei der Überprüfung, ob der Grundsatz der Verhältnismäßigkeit eingehalten wurde.[1687]

Während die Beweislastverteilung und die positive oder negative Formulierung des Verhältnismäßigkeitsgrundsatzes unmittelbar aus den Urteilen des Gerichtshofes ablesbar sind, fällt es idR schwerer festzustellen, ob tatsächlich eine intensive oder zurückhaltende gerichtliche Überprüfung der Rechtfertigung stattgefunden hat. Wenngleich der EuGH zum Teil in seinen Urteilen darauf hinweist, dass sich seine Prüfung auf offensichtliche Beurteilungsfehler beschränke,[1688] oder er auf Ermessensspielräume der für die Erlassung der Maßnahme zuständigen Organe verweist,[1689] legt er eine zurückhaltende Prüfung keinesfalls immer offen.

Auf Ebene der Eignung kann der Gerichtshof Zurückhaltung üben, indem er nicht die tatsächliche Erreichung des legitimen Ziels, sondern lediglich die Möglichkeit der Förderung dieses Ziels fordert. Da der EuGH bei der Eignungsprüfung im Allgemeinen einen niedrigen Maßstab – sowohl bei der Prüfung von Grundrechtseingriffen[1690] als auch von Beschränkungen der Grundfreiheiten[1691] –

1683 Urteil Alpine Investments, C-384/93, EU:C:1995:126, Rz 51 u 55.
1684 *Krämer*, E.C. environmental law^4 (2000) 84.
1685 *Jans*, 27 LIEI 2000, 259.
1686 Vgl zu dieser Möglichkeit gerichtlicher Zurückhaltung auch *de Búrca*, 13 YEL 1993, 112.
1687 *Kirschner*, Grundfreiheiten 142.
1688 Vgl etwa das Urteil Luxemburg/Parlament und Rat, C-176/09, EU:C:2011:290, Rz 35.
1689 Vgl etwa das Urteil Etimine, C-15/10, EU:C:2011:504, Rz 125.
1690 Siehe Kapitel IV.B.2.a oben.
1691 Siehe Kapitel IV.D.2.a oben.

anlegt, sind die beiden Teilgrundsätze der Erforderlichkeit und Angemessenheit für Zwecke der vorliegenden Arbeit ergiebiger.

Bei der Untersuchung, ob eine Maßnahme erforderlich ist, kann der EuGH Zurückhaltung üben, indem er selbst keine Erwägungen zu etwaigen gelinderen Mitteln vornimmt oder die gleiche Wirksamkeit von denkbaren Alternativmaßnahmen ohne nähere Prüfung verwirft. Schließlich sprechen auch der gänzliche Verzicht auf die Untersuchung der Angemessenheit oder die mangelnde Auseinandersetzung mit den einander widerstreitenden Interessen im Zuge der Abwägung für gerichtliche Zurückhaltung. Der Umkehrschluss, wonach Erwägungen zur Angemessenheit eine strenge Verhältnismäßigkeitsprüfung durch den Gerichtshof bedeuten, ist jedoch vor allem in jenen Fällen nicht zulässig, in denen sie dazu verwendet werden, die Prüfung der Erforderlichkeit aufzuweichen.[1692]

V.B.4. Verweis an nationale Gerichte

Der Grundsatz der Verhältnismäßigkeit kann vom Gerichtshof in verschiedenen Verfahrensarten anzuwenden sein, wobei ihm die jeweilige Verfahrensart unterschiedliche Möglichkeiten in Bezug auf die Variation der Kontrolldichte bietet. Dies ergibt sich aus dem Umstand, dass der EuGH nicht in jeder Verfahrensart abschließend in der Sache zu entscheiden hat. Die folgenden Verfahrensarten sind zu unterscheiden:

Der Gerichtshof ist nach den Verträgen für Vertragsverletzungsverfahren,[1693] Nichtigkeits- und Untätigkeitsklagen,[1694] Vorabentscheidungsverfahren[1695] und Rechtsmittel gegen Entscheidungen des EuG[1696] und der Fachgerichte[1697] zuständig.

Mit dem Instrument des Vertragsverletzungsverfahrens sollen objektive Verstöße gegen das Unionsrecht durch Mitgliedstaaten festgestellt werden und diese dazu bewogen werden, die Bestimmungen der Verträge und das auf deren Grundlage erlassene Unionsrecht anzuwenden.[1698] Sofern in einem Vertragsverletzungsverfahren die Beschränkung einer Grundfreiheit oder – im Anwendungsbereich des Unionsrechts – der Eingriff in ein Grundrecht durch einen Mitgliedstaat gerügt wird, hat der Gerichtshof im Zuge der Rechtfertigungsprüfung auch die Verhältnismäßigkeit abschließend zu beurteilen.

1692 Siehe Kapitel IV.B.4.d.i.c) oben.
1693 Art 258 ff AEUV.
1694 Art 263, 265 AEUV.
1695 Art 267 AEUV.
1696 Art 256 AEUV.
1697 Art 257 AEUV.
1698 Urteil Kommission / Deutschland, C-422/92, EU:C:1995:125, Rz 16.

Gleiches gilt auch in Fällen, in denen der Gerichtshof bei gerügten Verstößen gegen Grundfreiheiten oder Grundrechte im Rahmen einer Nichtigkeitsklage gegen Handlungen der Unionsorgane eine Verhältnismäßigkeitsprüfung durchführt. Schließlich hat der EuGH auch eine abschließende Beurteilung im Hinblick auf relevierte Rechtsfehler betreffend die Anwendung des Verhältnismäßigkeitsgrundsatzes durch das EuG / Fachgericht vorzunehmen, wenn er als Rechtsmittelinstanz tätig wird.

Im Rahmen des Vorabentscheidungsverfahrens entscheidet der Gerichtshof gemäß Art 267 AEUV a) über die Auslegung der Verträge und b) über die Auslegung und Gültigkeit der Handlungen der Unionsorgane sowie der Einrichtungen oder sonstiger Stellen der Union. Für Zwecke der vorliegenden Arbeit ist in diesem Zusammenhang anzumerken, dass auch Fragen betreffend den Inhalt und die Tragweite der als allgemeine Rechtsgrundsätze gewährleisteten Grundrechte sowie der Charta-Grundrechte auf Grundlage von Art 6 EUV zulässig sind.[1699]

Im Gegensatz zu den weiter oben genannten Verfahren beurteilt der Gerichtshof im Rahmen des Vorabentscheidungsverfahren nach Art 267 AEUV nicht jedenfalls abschließend die von einem nationalen Gericht vorgelegten Fragen. Dies eröffnet ihm die Möglichkeit, Zurückhaltung zu üben, indem er die Beurteilung der Verhältnismäßigkeit nicht selbst vornimmt, sondern sie dem vorlegenden Gericht in dem betroffenen Mitgliedstaat überlässt.[1700]

Sofern in einem Vorabentscheidungsverfahren die Vereinbarkeit eines nationalen Rechtsaktes mit dem Unionsrecht fraglich ist, legt der EuGH in seiner Antwort lediglich das Unionsrecht aus.[1701] Er ist nur befugt, die ihm vorgelegte Frage nach einem Vorliegen eines Konflikts zwischen Unionsrecht und nationalem Recht bzw nach der Auflösung eines solchen Konflikts abstrakt und unionsrechtlich zu beantworten.[1702] Die endgültige Entscheidung über den Rechtsstreit fällt jedoch erst auf Ebene des nationalen Gerichts, welches das vom EuGH ausgelegte Recht auf den Einzelfall anwendet.[1703] Wenngleich somit der Gerichtshof nicht dazu befugt ist, die Vereinbarkeit des nationalen Rechtsaktes mit dem Unionsrechts zu beurteilen, kann er *„dem vorlegenden Gericht alle Hinweise zur Auslegung des Gemeinschaftsrechts geben, die es diesem ermöglichen, die Frage der Vereinbarkeit bei der Entscheidung des bei ihm anhängigen Verfah-*

1699 *Wegener*, in: Calliess/Ruffert (Hrsg.), Art 267 AEUV Rz 9.

1700 So auch *Neumann/Türk*, Necessity Revisited: Proportionality in World Trade Organization Law After Korea-Beef, EC-Asbestos and EC-Sardines, 37 JWT 2003, 199 (204 f); *Koch*, Grundsatz 532 mwN.

1701 *Wegener*, in: Calliess/Ruffert (Hrsg.), Art 267 AEUV Rz 6.

1702 *Kirschner*, Grundfreiheiten 89.

1703 Vgl etwa das Urteil ICAP / Beneventi, 222/78, EU:C:1979:90, Rz 10 ff.

rens zu beurteilen.“[1704] Dies betont der EuGH auch im Hinblick auf den Verhältnismäßigkeitsgrundsatz, wenn er ausführt, dass *„das vorlegende Gericht unter Berücksichtigung der Hinweise des Gerichtshofs zu prüfen [habe], ob die durch den betreffenden Mitgliedstaat auferlegten Beschränkungen den sich aus der Rechtsprechung des Gerichtshofs ergebenden Anforderungen an ihre Verhältnismäßigkeit genügen.“*[1705] Die Hinweise des EuGH können in qualitativer als auch quantitativer Hinsicht unterschiedlich ausfallen. In Bezug auf den Verhältnismäßigkeitsgrundsatz sind die folgenden beiden Extrempositionen denkbar:

Zum einen kann der EuGH lediglich aussprechen, dass ein nationaler Rechtsakt mit der ausgelegten Norm des Unionsrechts vereinbar ist, wenn der Grundsatz der Verhältnismäßigkeit gewahrt wird, und diese Beurteilung dem nationalen Gericht überlassen. Mit diesem Vorgehen zeigt der EuGH größtmögliche Zurückhaltung und legt die Entscheidung über die Vereinbarkeit des nationalen Rechts mit dem Unionsrecht faktisch fast ausschließlich in die Hände des nationalen Gerichts.

Demgegenüber kann er auch aussprechen, dass die Vereinbarkeit eines nationalen Rechtsaktes mit dem Unionsrecht nur gegeben ist, wenn die einzelnen Teilelemente des Verhältnismäßigkeitsgrundsatzes gewahrt werden und sehr präzise Angaben dazu machen, unter welchen Umständen eine nationale Regelung wie jene, die Gegenstand des Vorabentscheidungsersuchens ist, geeignet, erforderlich und angemessen ist. Wenngleich auch in diesem Fall die endgültige Beurteilung der Verhältnismäßigkeit dem nationalen Gericht obliegt, ist es oft faktisch kaum in der Lage von den Aussagen des EuGH abzuweichen. [1706] Auch *Kirschner* spricht in ihrer Arbeit davon, dass zwischen den Urteilen des Gerichtshofes in Vorabentscheidungsersuchen beträchtliche Unterschiede bestehen und daher zwischen *„exakten, unausweichlichen Aussagen des EuGH und bloß abstrakten Anweisungen bzw. weiten Spielräumen der nationalen Gerichte“* zu differenzieren ist.[1707]

Sofern der Gerichtshof in einem Vorabentscheidungsverfahren nicht über die Auslegung des Unionsrechts, sondern über die Gültigkeit der Handlungen der Organe, Einrichtungen oder sonstigen Stellen der Union absprechen muss, ent-

---

1704 Vgl etwa das Urteil Sodiprem u.a. et Albert / Direction générale des douanes, C-37/96 u C-38/96, EU:C:1998:179, Rz 22 mwN aus der Judikatur des EuGH.

1705 Vgl etwa das Urteil Pfleger, C-390/12, EU:C:2014:281, Rz 48.

1706 In diesem Zusammenhang ist auch zu berücksichtigen, dass die Angaben des Gerichtshofes umso genauer sein können, je präziser ihm der Sachverhalt und die anzuwendenden nationalen Normen zur Kenntnis gebracht werden.

1707 *Kirschner*, Grundfreiheiten 89 mwN aus der Judikatur des EuGH.

scheidet er endgültig und hat dabei auch die Einhaltung des Verhältnismäßigkeitsgrundsatzes abschließend zu beurteilen. Dies bedeutet jedoch nicht, dass nationale Gerichte in diesem Zusammenhang keine Bedeutung haben, da sie Spielräume, welche ihnen das sekundäre Unionsrecht bietet, für dessen verhältnismäßige Anwendung und Auslegung zu verwenden haben.[1708] Nur in jenen Fällen, in denen ein solcher Spielraum nicht besteht, hat der Gerichtshof eine etwaige Unverhältnismäßigkeit und daraus folgende Ungültigkeit des Sekundärrechtsaktes festzustellen.[1709] Die Rolle der nationalen Gerichte ist bei Fragen nach der Gültigkeit somit eine andere als bei Fragen nach der Auslegung des Unionsrechts, da der EuGH nur im zweiten Fall seine Kontrolldichte durch die Präzision seiner Vorgaben an die zuständigen nationalen Gerichte variieren kann.

V.C. Kontrolldichte in der Rechtsprechung des EGMR

V.C.1. Vorbemerkung

Wenn der EGMR über die Verhältnismäßigkeit („*Notwendigkeit in einer demokratischen Gesellschaft*")[1710] eines Grundrechtseingriffs zu entscheiden hat, verweist er in ständiger Rechtsprechung auf den Beurteilungsspielraum der Vertragsstaaten.[1711] Dieser Spielraum wird als "*margin of appreciation*" bezeichnet und dient dem EGMR als Mittel zur Variation seiner Kontrolldichte.[1712] Je geringer der Beurteilungsspielraum ist, den der EGMR dem betroffenen Vertragsstaat gewährt, desto strenger fällt seine Prüfung ("*European supervision by the Court*") aus und *vice versa*.[1713]

Ihre aus dem Normtext der Konvention ableitbare Rechtfertigung findet die Doktrin in Art 1, wonach für die Sicherung der Konventionsrechte primär die Vertragsstaaten zuständig sind.[1714] Folglich ist der Grundrechtsschutz durch den EGMR im Verhältnis zum innerstaatlichen Schutz nur subsidiär.[1715] Die Doktrin kann somit als logische Folge der Gewaltenteilung zwischen dem EGMR und den nationalen Behörden verstanden werden[1716] und hebt die grundsätzliche

---

1708 *Wegener*, in: Calliess/Ruffert (Hrsg.), Art 267 AEUV Rz 15.
1709 *Wegener*, in: Calliess/Ruffert (Hrsg.), Art 267 AEUV Rz 15.
1710 Siehe hierzu ausführlich Kapitel IV.C.2 oben.
1711 *Grabenwarter/Pabel*, EMRK[6] § 18 Rz 20.
1712 *Grabenwarter/Pabel*, EMRK[6] § 18 Rz 20.
1713 Der "*margin of appreciation*" hat nicht nur Einfluss auf die gerichtliche Zurückhaltung bei der Verhältnismäßigkeit, sondern auch bei dem Schutzbereich (vgl *Bezemek*, Grundrechte in der Rechtsprechung der Höchstgerichte [2016] § 4 Rz 14).
1714 *Mahoney*, 19 HRLJ 1998, 2.
1715 EGMR, 7.12.1976, Handyside ./. GBR, Nr. 5493/72, Rz 48.
1716 *Mahoney*, 19 HRLJ 1998, 2.

Eigenverantwortlichkeit der Vertragsstaaten bei der Gewährung von Grundrechtsschutz hervor.[1717] Darüber hinaus sprechen auch praktische Gründe für die Einräumung eines Beurteilungsspielraumes, da die nationalen Behörden im Allgemeinen besser als der EGMR in der Lage sind, bestimmte Erfordernisse an die Legitimität des Grundrechtseingriffs sachgerecht zu beurteilen.[1718] Schließlich wird durch Heranziehung der Doktrin dem Umstand Rechnung getragen, dass die EMRK kein Grundrechtskatalog ist, der eine einheitliche Lösung einer grundrechtlichen Fragestellung in jedem Vertragsstaat erfordert.[1719]

V.C.2. Determinanten der Kontrolldichte

Die Weite des Beurteilungsspielraumes der Vertragsstaaten und somit auch die Kontrolldichte des EGMR hängen von mehreren Faktoren ab. Die Schwierigkeit bei der Ableitung dieser Faktoren aus den Urteilen besteht vor allem darin, dass idR viele verschiedene Faktoren die gerichtliche Kontrolldichte letztlich bestimmen. Sie sind zudem nicht absolut, sondern vielmehr ist ihr Einfluss in einem bestimmten Fall relativ: Ein Faktor kann einen anderen Faktor verstärken, wenn er in dieselbe Richtung in Bezug auf die gerichtliche Kontrolldichte weist; genauso kann er einen anderen Faktor aufwiegen, wenn er in die entgegengesetzte Richtung weist.[1720]

Sofern man sich der Frage nach den wesentlichen Determinanten der Kontrolldichte annähern will, bietet sich in einem ersten Schritt an, den Normtext der Konvention heranzuziehen.[1721] So könnte bspw bei einem Eingriff in Art 10 EMRK eine strengere Kontrolle als bei einem Eingriff in Art 11 EMRK geboten sein, da er im ersten Fall in einer demokratischen Gesellschaft *„unentbehrlich"* sein muss, während er im zweiten Fall lediglich *„notwendig"* sein muss. Auch Art 1 1. ZPEMRK würde für eine zurückhaltende gerichtliche Prüfung sprechen, da nach dieser Bestimmung der Staat *„diejenigen Gesetze anwenden [darf], die er für die Regelung der Benutzung des Eigentums [...] für erforderlich hält."* Allerdings hat sich der Rückgriff auf den Wortlaut der maßgeblichen Konventionsbestimmung als nicht tauglich zur Erklärung eines gewissen Kontrolldichtegrades erwiesen.[1722]

1717 *Berka*, Die Gesetzesvorbehalte der Europäischen Menschenrechtskonvention, ÖZöRV 1986, 71 (86 f)

1718 *Schokkenbroek*, 19 HRLJ 1998, 31

1719 *Mahoney*, 19 HRLJ 1998, 4.

1720 *Schokkenbroek*, 19 HRLJ 1998, 35.

1721 Zum Normtext der EMRK als möglicher Faktor für die Kontrolldichte siehe auch *Mahoney*, 19 HRLJ 1998, 5.

1722 *Grabenwarter/Pabel*, EMRK[6] § 18 Rz 21.

V.C.2.a. Gemeinsamer Konsens in den Vertragsstaaten

Das Bestehen oder Nichtbestehen eines gemeinsamen Konsenses in den Vertragsstaaten wird in der Literatur regelmäßig als bedeutender Faktor für die Bestimmung der Kontrolldichte genannt.[1723] Der EGMR hat die Relevanz eines gemeinsamen Konsenses für die „Margin of Appreciation-Doktrin“ auch bereits explizit ausgesprochen.[1724] Die Bedeutung dieses Faktors ergibt sich aus dem Umstand, dass den politischen Systemen der Vertragsstaaten im Wesentlichen homogene Werte in Bezug auf die Staatsorganisation und das Verhältnis zwischen Bürger und Staat zugrunde liegen.[1725] Dieser Konsens stellt bei der Prüfung eines Grundrechtseingriffs den Ausgangspunkt bei der Untersuchung der Notwendigkeit in einer demokratischen Gesellschaft dar.[1726] Sofern ein Grundrechtseingriff, von dem ein Vertragsstaat behauptet, dass er der EMRK entspreche, in keinem anderen Vertragsstaat ersichtlich ist, besteht eine Vermutung für dessen Unzulässigkeit und der *“margin of appreciation“* ist enger.[1727] Der Mangel an einem vergleichbaren Grundrechtseingriff in anderen Vertragsstaaten stellt also ein Indiz dafür dar, dass der Eingriff in einer demokratischen Gesellschaft nicht notwendig ist.[1728] Demgegenüber ist ein Grundrechtseingriff, der von seinem Wesen und seinen Auswirkungen ein Pendant in anderen Vertragsstaaten hat, leichter zu rechtfertigen, da eine Vermutung für dessen Zulässigkeit besteht und der *“margin of appreciation“* folglich weiter ist.[1729]

Die Beantwortung der Frage, ob ein gemeinsamer Konsens vorliegt, erfolgt durch einen Vergleich der Rechtsordnungen der Vertragsstaaten, wobei auch Rechtsordnungen von anderen Staaten mit vergleichbarem Demokratie- und Menschenrechtsverständnis ergänzend in die Beurteilung miteinbezogen werden können.[1730] Darüber hinaus können zu diesem Zweck auch die EMRK selbst oder andere internationale Übereinkommen herangezogen werden.[1731] Der hohe Stellenwert der Rechtsvergleichung beruht auf dem Umstand, dass die EMRK kein gegenüber dem Recht der Vertragsstaaten höherrangiges Recht darstellt,

---

[1723] *Brems*, ZaöRV 1996, 276 ff; *Mahoney*, 19 HRLJ 1998, 5; *Schokkenbroek*, 19 HRLJ 1998, 34; *Prepeluh*, ZaöRV 2001, 774 ff.
[1724] EGMR, 28.11.1984, Rasmussen ./. DEN, Nr. 8777/79, Rz 40.
[1725] *Prepeluh*, ZaöRV 2001, 774 f.
[1726] *Prepeluh*, ZaöRV 2001, 775.
[1727] *Brems*, ZaöRV 1996, 276.
[1728] *Prepeluh*, ZaöRV 2001, 775.
[1729] *Brems*, ZaöRV 1996, 276.
[1730] *Logemann*, Grenzen 158 mwN.
[1731] *Schokkenbroek*, 19 HRLJ 1998, 34 mN aus der Judikatur des EGMR.

sondern ein Regelungskomplex ist, dessen Garantien als Teil eines gemeinsamen europäischen Erbes aus den nationalen Rechtsordnungen abgeleitet wurden.[1732]

V.C.2.b. Bedeutung des beeinträchtigten Koventionsrechts

Neben dem Bestehen eines etwaigen gemeinsamen Konsenses kann auch die Bedeutung des beeinträchtigten Konventionsrechts Einfluss auf den *"margin of appreciation"* haben.[1733] Dabei kommt es maßgeblich darauf an, wie wichtig das betroffene Konventionsrecht für die demokratische Willensbildung, aber auch für das einzelne Individuum ist.[1734] So besteht bei den beiden fundamentalsten Garantien der EMRK, namentlich bei dem Recht auf Leben[1735] und dem Verbot der Folter,[1736] kein Beurteilungsspielraum der nationalen Behörden.[1737]

Einen geringen Spielraum gesteht der EGMR vor allem bei Eingriffen in die Meinungsäußerungsfreiheit zu, da sie für das Funktionieren einer demokratischen und pluralistischen Gesellschaft von besonderer Bedeutung ist.[1738] Dies gilt insbesondere für die Pressefreiheit, als Teilaspekt von Art 10 EMRK, da Medien für die Bildung der politischen Meinung unverzichtbar sind.[1739] Die strenge Kontrolle bei diesem Grundrecht kann sich insofern auch auf den Wortlaut von Art 10 Abs 2 EMRK stützen, als für die Zulässigkeit eines Eingriffs nicht bloß die „Notwendigkeit", sondern die „Notwendigkeit in einer demokratischen Gesellschaft" gefordert wird. Denn daraus kann abgeleitet werden, dass bei der Prüfung der Verhältnismäßigkeit die Bedeutung des Grundrechts in einer demokratischen Gesellschaft zu berücksichtigen ist. Da nicht jede Form der Meinungsäußerung für den politischen Prozess bedeutend ist, nimmt der EGMR bei Eingriffen in dieses Grundrecht jedoch nicht pauschal eine strenge Kontrolle vor.[1740]

Einer strengen Kontrolle unterliegen auch Teile des Schutzbereiches des Rechts auf Achtung des Privat- und Familienlebens nach Art 8 EMRK. Dies gilt primär für jene Fälle, in denen mit der Sexualität der intimste Aspekt des Privatlebens betroffen ist und darüber hinaus auch für den Schutz der eigenen Wohnung.[1741] Die Bedeutung des Schutzes der eigenen Wohnung ergibt sich für den EGMR

1732 *Brems*, ZaöRV 1996, 276 f, 300.
1733 *Brems*, ZaöRV 1996, 264 ff.
1734 *Prepeluh*, ZaöRV 2001, 777 mwN.
1735 Art 2 EMRK.
1736 Art 3 EMRK.
1737 *Brems*, ZaöRV 1996, 274.
1738 *Brems*, ZaöRV 1996, 265 ff; *Prepeluh*, ZaöRV 2001, 777.
1739 *Prepeluh*, ZaöRV 2001, 777.
1740 Siehe Kapitel V.C.2.d unten.
1741 *Brems*, ZaöRV 1996, 267.

aus dem Umstand, dass dieses Recht eng mit der persönlichen Sicherheit und dem persönlichen Wohlbefinden verknüpft ist.[1742]

Demgegenüber legt der EGMR bei der Prüfung von Eingriffen in das Eigentumsrecht regelmäßig eine geringere Kontrolldichte an den Tag, indem er lediglich untersucht, ob ein vernünftiges Verhältnis zwischen eingesetztem Mittel und verfolgtem Zweck besteht.[1743] Erklärbar ist dies (auch) durch die abweichenden Ansichten in den Vertragsstaaten, wie das Spannungsverhältnis zwischen individueller Freiheit und den Interessen der Allgemeinheit in einer demokratischen Gesellschaft aufzulösen ist.[1744] An diesem Beispiel zeigt sich auch eindrücklich, dass die Determinanten der Kontrolldichte nicht isoliert betrachtet werden können, da nicht nur die geringe Bedeutung dieses Rechts für das Funktionieren einer demokratischen Gesellschaft, sondern auch der mangelnde Konsens in den Vertragsstaaten für das Zugestehen eines weiten Beurteilungsspielraumes sprechen.

V.C.2.c. Bedeutung des verfolgten Ziels

Der EGMR betonte bereits in seiner frühen Rechtsprechung, dass der staatliche Beurteilungsspielraum nach dem jeweils verfolgten Eingriffszweck variiert.[1745] Unstrittig besteht bei Grundrechtseingriffen zum Schutz der Moral ein weiter Beurteilungsspielraum.[1746] Dies begründet der EGMR damit, dass sich der Begriff der Moral von Ort zu Ort unterscheide, sodass in den Vertragsstaaten kein einheitliches Verständnis betreffend diesen Begriff besteht.[1747] Augenscheinlich ist auch bei diesem Kontrolldichtefaktor seine Nähe zu jenem betreffend das Bestehen eines gemeinsamen Konsenses in den Vertragsstaaten.[1748] Sofern mit dem Grundrechtseingriff das Ansehen und die Unparteilichkeit der Rechtsprechung gewährleistet werden sollen, besteht ein geringerer Spielraum.[1749] Diese Ansicht wird zum Teil auch für Fälle vertreten, in denen zum Schutz der Rechte anderer in ein Grundrecht eingegriffen wird.[1750]

[1742] EGMR, 24.11.1986, Gillow ./. GBR, Nr. 9063/80, Rz 55.

[1743] *van Rijn*, in: van Dijk/van Hoof/van Rijn/Zwaak (Hrsg.), Theory 865 u 881; *Bühler*, Einschränkung 255.

[1744] *Mahoney*, 19 HRLJ 1998, 5.

[1745] EGMR, 26.4.1979, Sunday Times / GBR, Nr. 6538/74, Rz 59; 22.10.1981, Dudgeon / GBR, Nr. 7525/76, Rz 52.

[1746] *Brems*, ZaöRV 1996, 258 f mN aus der Judikatur des EGMR; *Schokkenbroek*, 19 HRLJ 1998, 34; *Prepeluh*, ZaöRV 2001, 778; *Logemann*, Grenzen 342.

[1747] EGMR, 7.12.1976, Handyside ./. GBR, Nr. 5493/72, Rz 48.

[1748] Vgl auch *Schokkenbroek*, 19 HRLJ 1998, 34.

[1749] *Schokkenbroek*, 19 HRLJ 1998, 34; *Prepeluh*, ZaöRV 2001, 778; *Grabenwarter/Pabel*, EMRK^6 § 18 Rz 21.

[1750] *Schokkenbroek*, 19 HRLJ 1998, 34; aA *Brems*, ZaöRV 1996, 261.

In Bezug auf den Rechtfertigungsgrund der nationalen Sicherheit wird in der Literatur bisweilen argumentiert, dass der EGMR einen weiten Beurteilungsspielraum einräumt.[1751] Begründet wird dies damit, dass die Frage nach der Legitimität eines Grundrechtseingriffs zum Zwecke der nationalen Sicherheit eng mit der nationalen Souveränität des betroffenen Vertragsstaates verbunden ist, welche vom EGMR zu achten ist.[1752] Auf Basis der jüngeren Judikatur wird der Befund einer eingeschränkten Kontrolldichte bei diesem Rechtfertigungsgrund jedoch nicht aufrechterhalten.[1753]

Schließlich spricht vor allem bei Eingriffen in Art 1 1. ZPEMRK die Verfolgung von wirtschaftlichen, sozialen oder ökologischen Zielen durch die Politik für richterliche Zurückhaltung,[1754] da die nationalen Stellen besser in der Lage sind, zu beurteilen, ob derartige Eingriffe aus gesellschaftspolitischer Sicht notwendig sind.[1755]

V.C.2.d. Kontext der geschützten Tätigkeit und Grad der Rechtsbeeinträchtigung

Die Gründe, warum in zwei Fällen, in denen dasselbe Konventionsrecht beeinträchtigt wird, dasselbe legitime Ziel verfolgt wird und das Kriterium eines gemeinsamen Konsenses in den Vertragsstaaten gleich zu beurteilen ist, liegen häufig in dem unterschiedlichen Kontext der geschützten Tätigkeit und dem unterschiedlichen Grad der Rechtsbeeinträchtigung. Da diese Faktoren eng miteinander verbunden sind,[1756] werden sie im Folgenden gemeinsam dargestellt.

Der Kontext der geschützten Tätigkeit bedeutet zum einen, dass die Bedeutung der Ausübung eines Rechts für das Wohlergehen und die Entwicklung des Individuums auf die gerichtliche Kontrolldichte Einfluss hat.[1757] Nach *Schokkenbroek* sind in diesem Zusammenhang die folgenden Fallgruppen denkbar, in denen der EGMR einen Grundrechtseingriff strenger prüft:[1758] Wenn i) die Ausübung eines Konventionsrechts dessen Kern betrifft, ii) auf Seiten des Grundrechtsberechtigten besondere Umstände vorliegen, die die Ausübung des Rechts im konkreten Fall außerordentlich bedeutend machen, oder iii) das Recht im Allgemeinen für das Wohlergehen des Individuums essenziell ist. Anzumerken

---

1751 *Logemann*, Grenzen 342.

1752 *Brems*, ZaöRV 1996, 269 f.

1753 *Prepeluh*, ZaöRV 2001, 778; *Grabenwarter/Pabel*, EMRK[6] § 18 Rz 21.

1754 *Schokkenbroek*, 19 HRLJ 1998, 34.

1755 *Prepeluh*, ZaöRV 2001, 779.

1756 Vgl auch *Schokkenbroek*, 19 HRLJ 1998, 35.

1757 *Mahoney*, 19 HRLJ 1998, 5; *Schokkenbroek*, 19 HRLJ 1998, 35.

1758 *Schokkenbroek*, 19 HRLJ 1998, 35.

bleibt, dass letztgenannte Fallgruppe mE wohl eher dem oben genannten Faktor der Bedeutung des beeinträchtigten Konventionsrechts zuzuordnen ist.

Zum anderen bedeutet der Kontext der geschützten Tätigkeit auch, dass die Bedeutung der Grundrechtsausübung für den demokratischen Prozess die Kontrolldichte beeinflusst.[1759] *Prepeluh* bezeichnet diesen Aspekt treffend als die *„politische Relevanz des Menschenrechtsgebrauchs“*.[1760] Mit anderen Worten spielt die Bedeutung für die demokratische Gesellschaft nicht nur des beeinträchtigten Konventionsrechts, sondern auch der konkreten Grundrechtsausübung bei der Bestimmung der Kontrolldichte eine Rolle. Aus diesem Grund differenziert der EGMR bei Eingriffen in Art 10 EMRK nach der Art der Meinungsäußerung. Während er bei politischen Meinungsäußerungen (*"political speech"*) nur einen engen Beurteilungsspielraum einräumt, gesteht er bei kommerziellen Meinungsäußerungen oder Werbung (*"speech in commercial matters or advertising"*) einen weiteren Spielraum zu.[1761]

Da die Bedeutung der Grundrechtsausübung für das Individuum und die demokratische Gesellschaft für den Grad der gerichtlichen Kontrolldichte relevant ist, liegt es auch nahe, dass die Schwere des Grundrechtseingriffs ebenfalls eine Rolle spielt. So prüft der EGMR bspw im Schutzbereich von Art 8 EMRK abhängig von der Schwere des Grundrechtseingriffs unterschiedlich streng.[1762] Die Schwere des Grundrechtseingriffs ist vor allem von seiner Dauer, seinen Auswirkungen und der Frage, ob der Eingriff irreversibel ist, abhängig.[1763]

V.C.2.e. Sonstige Determinanten der Kontrolldichte

Einen weiten Beurteilungsspielraum gesteht der EGMR in außergewöhnlichen Situationen und im Notstandsfall, sowie ganz allgemein in Situationen, die ein rasches Tätigwerden der nationalen Behörden erfordern, zu.[1764] Damit trägt der EGMR dem Umstand Rechnung, dass in derartigen Situationen eine umfassende Bewertung der zur Verfügung stehenden Handlungsmöglichkeiten kaum möglich ist.[1765] Darüber hinaus übt er auch in Bereichen, die einem starken gesellschaftlichen Wandel unterliegen und für die die nationalen Behörden zwischen

---

1759 *Mahoney*, 19 HRLJ 1998, 5; *Schokkenbroek*, 19 HRLJ 1998, 35.

1760 *Prepeluh*, ZaöRV 2001, 777.

1761 Vgl etwa EGMR, 13.7.2012 (GK), *Mouvement Raëlien Suisse ./. SUI*, Nr. 16354/06, Rz 61 mwN aus der Judikatur.

1762 *Schokkenbroek*, 19 HRLJ 1998, 35 unter Verweis auf EGMR, 22.10.1981, Dudgeon ./. GBR, Nr. 7525/76; 26.3.1987, Leander ./. SWE, Nr. 9248/81.

1763 *Logemann*, Grenzen 343.

1764 *Brems*, ZaöRV 1996, 292 f; *Mahoney*, 19 HRLJ 1998, 5; *Schokkenbroek*, 19 HRLJ 1998, 35; *Prepeluh*, ZaöRV 2001, 779.

1765 *Schokkenbroek*, 19 HRLJ 1998, 35.

mehreren neuartigen Regelungsmöglichkeiten wählen können, gerichtliche Zurückhaltung.[1766]

Schließlich können gewichtige regionale Besonderheiten manchmal ein Abgehen von einem gemeinsamen Konsens[1767] und eine eingeschränkte gerichtliche Kontrolle rechtfertigen.[1768] Der EGMR versteht darunter insbesondere Besonderheiten, die als Ausfluss kultureller oder historischer Traditionen, wie etwa in Bezug auf den Lehrplan in Schulen, das Eherecht oder Regelungen betreffend den Anwaltsberuf, bestehen.[1769]

V.D. Determinanten der Kontrolldichte in der Rechtsprechung des EuGH zu den Grundrechten

V.D.1. Vorbemerkung

Wenngleich der Gerichtshof sich relativ selten und wenig ausführlich zu der anzulegenden Kontrolldichte äußert,[1770] soll im Folgenden anhand einer Analyse der grundrechtsrelevanten Urteile versucht werden, die wesentlichen Determinanten der Kontrolldichte zu identifizieren. In der Literatur werden der Ermessensspielraum des zuständigen Organs, die Komplexität der Materie, die Bedeutung des beeinträchtigten Rechts, der Grad der Rechtsbeeinträchtigung, die Bedeutung des legitimen Ziels sowie die Dringlichkeit der das Grundrecht beeinträchtigenden Maßnahme als wesentliche Einflussfaktoren auf den Kontrolldichtegrad genannt.[1771] Darüber hinaus wird vertreten, dass Maßnahmen der Mitgliedstaaten strenger geprüft werden als Maßnahmen der Union.[1772]

Die Schwierigkeit bei der Analyse der Kontrolldichtefaktoren besteht zum einen darin, dass der Gerichtshof nur selten explizit ausspricht, dass und aus welchen Gründen seine Nachprüfungsbefugnis eingeschränkt oder umfassend ist. Eine Ausnahme bildet in diesem Zusammenhang die Rechtsprechung zu Marktordnungsmaßnahmen auf dem Gebiet der Gemeinsamen Agrarpolitik. In zahlreichen Urteilen hat der EuGH ausgesprochen, dass sich die gerichtliche Nachprüfung aufgrund des dem Gemeinschafts- / Unionsgesetzgeber in diesem Bereich zustehenden Ermessensspielraumes auf die Frage zu beschränken habe, ob die

---

1766 *Prepeluh*, ZaöRV 2001, 779.

1767 Siehe Kapitel V.C.2.a oben.

1768 *Brems*, ZaöRV 1996, 290 ff; *Logemann*, Grenzen 343.

1769 *Brems*, ZaöRV 1996, 291 mN aus der Judikatur des EGMR.

1770 Vgl auch *Pirker*, Proportionality 253.

1771 *Tridimas*, Proportionality 76 f.

1772 *Schwab*, Der Europäische Gerichtshof und der Verhältnismäßigkeitsgrundsatz: Untersuchung der Prüfungsdichte (2002) 309; *Bühler*, Einschränkung 206 mwN.

Maßnahme zur Zielerreichung offensichtlich ungeeignet ist.[1773] Zum anderen ist auch zu bedenken, dass in einem konkreten Fall idR das Zusammenspiel mehrerer Faktoren einen bestimmten Kontrolldichtegrad zur Konsequenz hat. Folglich besteht aufgrund des Mangels an eindeutigen Aussagen des EuGH zu den einzelnen Faktoren auch die Gefahr, dass der außenstehende Beobachter deren Bedeutung höher oder geringer einschätzt als sie nach Auffassung der entscheidenden Richter tatsächlich ist.

V.D.2. Ermessensspielraum des zuständigen Organs

In manchen Sachbereichen sind die Urteile des EuGH durch die Bezugnahme auf das den Unionsorganen oder den Mitgliedstaaten zustehende Ermessen gekennzeichnet. Die Einräumung von Ermessen hat zur Folge, dass die Kontrolldichte des Gerichtshofes geringer ist.[1774] Diese Sachbereiche werden im Folgenden unter Bezugnahme auf die einschlägigen Urteile dargestellt. In diese Darstellung werden auch Urteile aufgenommen, in denen die Komplexität der Materie die Kontrolldichte beeinflusst, da sie mE nicht zwingend als eigenständiger Faktor verstanden werden muss, sondern auch einen weiten Ermessensspielraum begründen kann. Dieses Verständnis entspricht auch der Herangehensweise des Gerichtshofes, da dieser ausgesprochen hat, dass die Kommission *„über ein weites Ermessen in einem Bereich [verfügt], in dem von ihr politische, wirtschaftliche und soziale Entscheidungen verlangt werden und in dem sie komplexe Prüfungen durchführen muss, so dass diese Handlungen nur einer beschränkten gerichtlichen Rechtmäßigkeitskontrolle unterliegen.“*[1775]

V.D.2.a. Ermessen der Unionsorgane

V.D.2.a.i. Gemeinsame Agrarpolitik

Mit Abstand am häufigsten betont der Gerichtshof den Ermessensspielraum der Unionsorgane im Bereich der Gemeinsamen Agrarpolitik. Regelmäßig bescheinigt er dem Unionsgesetzgeber auf diesem Gebiet *„ein weites Ermessen [...], das der politischen Verantwortung entspricht, die ihm die Art. 40 AEUV und 43 AEUV übertragen.“*[1776] Aus diesem Grund judiziert er in ständiger Rechtsprechung, *„dass die Rechtmäßigkeit einer [...] Maßnahme nur dann beeinträchtigt sein kann, wenn diese Maßnahme zur Erreichung des Ziels, das das zuständige*

[1773] Vgl etwa bereits das Urteil Schräder, 265/87, EU:C:1989:303, Rz 22; siehe auch die Nachweise in Kapitel IV.B.2.a.i oben.

[1774] *Jarass*, Charta der Grundrechte der EU^3 (2016) Art 52 Rz 46 mN aus der Judikatur.

[1775] Urteil Etimine, C-15/10, EU:C:2011:504, Rz 125 (Hervorhebung durch den Autor).

[1776] Vgl etwa das Urteil Association Kokopelli, C-59/11, EU:C:2012:447, Rz 39; vgl auch *Cornils*, in: Grabenwarter (Hrsg.), Europäischer Grundrechteschutz § 5 Rz 112.

Organ verfolgt, offensichtlich ungeeignet ist.“[1777] Die Formel von der „offensichtlichen Ungeeignetheit“ bedeutet jedoch nicht jedenfalls, dass nur offensichtliche Beurteilungsfehler in Bezug auf den Teilgrundsatz der Eignung vom Gerichtshof aufgegriffen werden.[1778] Vielmehr wird diese Formel mittlerweile zunehmend dahingehend interpretiert, dass offensichtliche Beurteilungsfehler auch in Bezug auf einen anderen Teilgrundsatz zur Feststellung der Unverhältnismäßigkeit durch den EuGH führen.[1779] Somit wird in diesen Fällen überprüft, ob die streitgegenständliche Maßnahme offensichtlich unverhältnismäßig ist. Treffender ist somit die vom Gerichtshof seltener verwendete Formulierung, wonach *„eine erlassene Maßnahme nur dann rechtswidrig [sei], wenn sie im Hinblick auf das Ziel, das die zuständigen Organe verfolgen, offensichtlich unverhältnismäßig ist.“*[1780]

Die Formel von der „offensichtlichen Ungeeignetheit“ wird vom Gerichtshof regelmäßig im Rahmen der Prüfung anhand des allgemeinen Verhältnismäßigkeitsgrundsatzes erwähnt.[1781] Sofern Marktordnungsmaßnahmen auf dem Gebiet der Gemeinsamen Agrarpolitik im Lichte der Grundrechte auf Berufs- und / oder Eigentumsfreiheit untersucht werden, wird die Formel vom EuGH bisweilen ebenfalls verwendet.[1782] Selbst wenn der EuGH auf die Bezugnahme auf diese Formel verzichtet, prüft er den Grundrechtseingriff idR zurückhaltend. Er fragt dabei im Rahmen der Verhältnismäßigkeitsprüfung nicht, ob die Beschränkung der Grundrechte verhältnismäßig ist, sondern stellt darauf ab, ob sie *„nicht einen im Hinblick auf den verfolgten Zweck unverhältnismäßigen, nicht tragbaren Eingriff darstell[t], der die so gewährleisteten Rechte in ihrem Wesensgehalt antastet.“*[1783] Darüber hinaus bedient er sich zum Teil anderer Formulierungen als der Formel von der „offensichtlichen Ungeeignetheit“, um seine eingeschränkte Nachprüfungsbefugnis offenzulegen: Er spricht in diesem Zusammenhang bisweilen davon, dass er zu prüfen habe, *„ob der Unionsgesetzgeber die Grenzen seines Ermessens nicht offensichtlich überschritten hat“*[1784] oder unter-

1777 Urteil Association Kokopelli, C-59/11, EU:C:2012:447, Rz 39 mwN aus der Judikatur.

1778 Siehe Kapitel IV.B.2.a.i oben.

1779 Siehe Kapitel IV.B.2.a.i oben.

1780 Urteil ABNA, C-453/03, C-11/04, C-12/04 u C-194/04, EU:C:2005:741, Rz 69.

1781 Siehe Kapitel IV.B.2.a.i oben.

1782 Urteil SMW Winzersekt, C-306/93, EU:C:1994:407, Rz 21; Urteil Regione autonoma Friuli-Venezia Giulia und ERSA, C-347/03, EU:C:2005:285, Rz 131.

1783 Urteil Zuckerfabrik Süderdithmarschen und Zuckerfabrik Soest, C-143/88 u C-92/89, EU:C:1991:65; Rz 73; vgl etwa auch das Urteil Di Lenardo und Dilexport, C-37/02 u C-38/02, EU:C:2004:443, Rz 82.

1784 Urteil Schaible, C-101/12, EU:C:2013:661, Rz 48.

sucht, ob der Gemeinschaftsgesetzgeber das ihm zustehende Ermessen missbraucht hat.[1785]

In der jüngeren Judikatur begründet der Gerichtshof das weite Ermessen des Unionsgesetzgebers auf dem Gebiet der Gemeinsamen Agrarpolitik nicht ausschließlich unter Verweis auf die ihm durch die Verträge übertragene politische Verantwortung. Vielmehr führt er zusätzlich aus, dass *„dem Unionsgesetzgeber bei der Ausübung der ihm übertragenen Befugnisse ein weites Ermessen [zukommt], in denen er politische, wirtschaftliche und soziale Entscheidungen treffen und komplexe Beurteilungen vornehmen muss."*[1786]

Wenngleich der Gerichtshof dem Unions- bzw vormals dem Gemeinschaftsgesetzgeber auf dem Gebiet der Gemeinsamen Agrarpolitik bereits seit Jahrzehnten einen weiten Ermessensspielraum zugesteht, variiert seine Kontrolldichte im Zeitablauf: In der älteren Rechtsprechung prüfte er Marktordnungsmaßnahmen äußerst zurückhaltend,[1787] sodass er nur in krassen Fällen deren Unverhältnismäßigkeit feststellte.[1788] Seine Zurückhaltung manifestierte sich in der Bejahung der Rechtmäßigkeit der streitgegenständlichen Maßnahme unter Verzicht auf eine nähere Begründung. Nachweisbar sind in diesem Zusammenhang sowohl Entscheidungen, in denen der EuGH eine Verletzung der ins Treffen geführten Grundrechte unter Verzicht auf eine Verhältnismäßigkeitsprüfung verwarf,[1789] als auch Entscheidungen, in welchen nicht alle drei Teile des Verhältnismäßigkeitsgrundsatzes thematisiert wurden.[1790]

1785 Urteil Duff, C-63/93, EU:C:1996:51, Rz 27.

1786 Urteil Schaible, C-101/12, EU:C:2013:661, Rz 47; vgl auch Urteil Association Kokopelli, C-59/11, EU:C:2012:447, Rz 59; *Jarass*, Charta der Grundrechte der EU³ Art 16 Rz 31.

1787 Urteil De beste Boter, 99/76 u 100/76, EU:C:1977:77, Rz 9 ff; Urteil Fromançais, 66/82, EU:C:1983:42, Rz 8 ff; Urteil Denkavit Nederland, 15/83, EU:C:1984:183, Rz 24 ff; Urteil Kommission/Deutschland, 116/82, EU:C:1986:322, Rz 19 ff; Urteil Zuckerfabrik Bedburg, 281/84, EU:C:1987:3, Rz 35 ff; Urteil Schräder, 265/87, EU:C:1989:303, Rz 13 ff; Urteil Crispoltoni, C-133/93, C-300/93 u C-362/93, EU:C:1994:364, Rz 37 ff; Urteil Deutschland/Rat, C-280/93, EU:C:1994:367, Rz 64 ff; Urteil Duff, C-63/93, EU:C:1996:51, Rz 27 ff; Urteil Irish Farmers Association, C-22/94, EU:C:1997:187, Rz 26 ff.

1788 Urteil Bela Mühle, 114/76, EU:C:1977:116, Rz 7; Urteil Granaria, 116/76, EU:C:1977:117, Rz 21/25; Urteil Faust, C-24/90, EU:C:1991:387, Rz 26 ff; Urteil Wünsche, C-25/90, EU:C:1991:388, Rz 27 ff.

1789 Urteil Hauer, 44/79, EU:C:1979:290, Rz 17 ff; Urteil Zuckerfabrik Bedburg, 281/84, EU:C:1987:3, Rz 25 ff; Urteil Deutschland/Rat, C-280/93, EU:C:1994:367, Rz 77 ff; Urteil Duff, C-63/93, EU:C:1996:51, Rz 28 ff. Zum Teil erfolgte in diesen Urteilen außerhalb der Grundrechtsprüfung eine gesonderte Untersuchung anhand des allgemeinen Verhältnismäßigkeitsgrundsatzes.

1790 Urteil Fromançais, 66/82, EU:C:1983:42, Rz 8 ff; Urteil Kommission/Deutschland, 116/82, EU:C:1986:322, Rz 19 ff; Urteil Zuckerfabrik Bedburg, 281/84, EU:C:1987:3, Rz 35 ff; Urteil Crispoltoni, C-133/93, C-300/93 u C-362/93, EU:C:1994:364, Rz 37 ff; Urteil Deutsch-

Diese aus der Perspektive des Individualrechtsschutzes bedenkliche Rechtsprechung wurde nicht nur in der Literatur, sondern in weiterer Folge auch von einigen GA zu Recht kritisiert.[1791] Dabei wurde unter anderem argumentiert, dass der Verweis auf das Ermessen des Gemeinschaftsgesetzgebers häufig zu einem faktischen Ausfall der Verhältnismäßigkeitsprüfung führte.[1792] In diesem Zusammenhang ist zu betonen, dass – wie auch die Judikatur des BVerfG zeigt – die Einräumung eines Ermessensspielraumes an den Gesetzgeber *per se* nicht bedenklich ist.[1793] Zu beanstanden ist vielmehr, wenn im Einzelfall nicht genau geprüft wird, ob ein Ermessensspielraum und somit auch eine Rücknahme der gerichtlichen Kontrolle gerechtfertigt sind.[1794] Die Verneinung der Verletzung eines Grundrechtseingriffs ohne nähere Untersuchung im Hinblick auf einen möglicherweise zustehenden Ermessensspielraum und unter Verzicht auf eine Verhältnismäßigkeitsprüfung ist jedoch nicht gerechtfertigt.

In der jüngeren Rechtsprechung prüft der EuGH unter Hinweis auf das weite Ermessen des Unionsgesetzgebers zwar im Vergleich zu anderen Rechtsbereichen weiterhin zurückhaltend. Der Grad der richterlichen Zurückhaltung verminderte sich jedoch in einigen Urteilen augenscheinlich. Illustrativ zum Ausdruck kommt diese Tendenz in den Entscheidungen *Schaible*[1795] und *Association Kokopelli*,[1796] in denen sich der Gerichtshof relativ umfassend damit beschäftigte, ob die streitgegenständlichen Maßnahmen als ungeeignet, nicht erforderlich oder unangemessen zu qualifizieren sind.

V.D.2.a.ii. Andere Rechtsbereiche

Weites Ermessen gesteht der Gerichtshof mit dem Verweis auf politische, wirtschaftliche und soziale Entscheidungen, welche vom Unionsgesetzgeber nach Durchführung von komplexen Prüfungen getroffen werden müssen, auch in Bereichen abseits der Gemeinsamen Agrarpolitik zu: In der aktuellen Entscheidung in der Rs *Pillbox 38* hatte der EuGH die Gültigkeit der RL 2014/40/EU über die Produktion und den Verkauf von Tabakerzeugnissen und verwandten Erzeugnissen im Lichte des allgemeinen Verhältnismäßigkeitsgrundsatzes sowie

---

land/Rat, C-280/93, EU:C:1994:367, Rz 88 ff; Urteil Irish Farmers Association, C-22/94, EU:C:1997:187, Rz 26 ff.

1791 Siehe Kapitel IV.B.2.a.i oben.

1792 *Ostermann*, Entwicklung 180.

1793 *Wollenschläger*, in: von der Groeben/Schwarze/Hatje (Hrsg.), Europäisches Unionsrecht[7] (2015) GRC Art 15 Rz 44 mwN.

1794 *Wollenschläger*, in: von der Groeben/Schwarze/Hatje (Hrsg.), GRC Art 15 Rz 44.

1795 Urteil Schaible, C-101/12, EU:C:2013:661.

1796 Urteil Association Kokopelli, C-59/11, EU:C:2012:447.

der Eigentums- und Berufsfreiheit zu beurteilen.[1797] Unter Verwendung der oben genannten Begründung betont der Gerichtshof in seiner Urteilsbegründung das weite Ermessen des Unionsgesetzgebers und weist darauf hin, dass die erlassene Maßnahme nur bei offensichtlicher Ungeeignetheit als rechtswidrig zu beurteilen ist.[1798] Nichtsdestotrotz beschränkt er sich bei der nachfolgenden Prüfung nicht auf den Teilgrundsatz der Eignung.[1799] Folgerichtig spricht er in einer anderen Rz auch nicht mehr davon, dass die Maßnahme nicht offensichtlich ungeeignet ist, sondern dass *„die Grenzen des Ermessens [...] nicht offensichtlich überschritten"* wurden.[1800]

Das genannte Urteil stellt eine konsequente Fortsetzung der Rechtsprechung des Gerichtshofes dar, da dieser bereits in den Rs *British American Tobacco*[1801] und *Swedish Match*[1802] bei der Beurteilung der Gültigkeit von RL betreffend Tabakerzeugnisse mit identer Begründung (politische, wirtschaftliche und soziale Entscheidungen und komplexe Prüfungen) auf das weite Ermessens des Gemeinschaftsgesetzgebers verwies. Entgegen seiner selbst auferlegten Beschränkung des Prüfungsumfangs auf die offensichtliche Ungeeignetheit der erlassenen Maßnahmen[1803] untersuchte der Gerichtshof auch in diesen Rs nicht nur den Teilgrundsatz der Eignung.[1804] Nichtsdestotrotz prüfte er aufgrund des weiten Ermessens nur zurückhaltend und stellte in beiden Fällen keinen Verstoß gegen den Grundsatz der Verhältnismäßigkeit fest.[1805]

Politische, wirtschaftliche und soziale Entscheidungen und die Durchführung von komplexen Prüfungen dienen dem Gerichtshof darüber hinaus auch als Begründung für die Einräumung weiten Ermessens an den Unionsgesetzgeber,

---

1797 Urteil Pillbox 38, C-477/14, EU:C:2016:324.

1798 Urteil Pillbox 38, C-477/14, EU:C:2016:324, Rz 49.

1799 Urteil Pillbox 38, C-477/14, EU:C:2016:324, Rz 65, 72 ff, 87, 97, 103 ff, 113 ff, 125 ff, 135 ff u 160 ff.

1800 Urteil Pillbox 38, C-477/14, EU:C:2016:324, Rz 61; vgl ähnlich die Rz 65, 97, 107 u 115; zum weiten Gestaltungsspielraum des Unionsgesetzgebers vgl auch *Epiney*, Die Rechtsprechung des EuGH im Jahr 2016, NVwZ 2017, 761 (762).

1801 Urteil British American Tobacco (Investments) und Imperial Tobacco, C-491/01, EU:C:2002:741, Rz 123.

1802 Urteil Swedish Match, C-210/03, EU:C:2004:802, Rz 48.

1803 Urteil British American Tobacco (Investments) und Imperial Tobacco, C-491/01, EU:C:2002:741, Rz 123; Urteil Swedish Match, C-210/03, EU:C:2004:802, Rz 48.

1804 Urteil British American Tobacco (Investments) und Imperial Tobacco, C-491/01, EU:C:2002:741, Rz 126 ff u Rz 139; Urteil Swedish Match, C-210/03, EU:C:2004:802, Rz 56.

1805 Urteil British American Tobacco (Investments) und Imperial Tobacco, C-491/01, EU:C:2002:741, Rz 141; Urteil Swedish Match, C-210/03, EU:C:2004:802, Rz 58.

wenn er restriktive Maßnahmen, wie etwa das Einfrieren von Geldern zum Zwecke der Verhinderung der nuklearen Proliferation, zu beurteilen hat.[1806]

Die Komplexität der Materie erwähnt der Gerichtshof auch, wenn er dem Unionsgesetzgeber auf dem Gebiet der gemeinsamen Verkehrspolitik einen Ermessensspielraum einräumt: In dem Urteil *Sam Schiffahrt und Stapf* führt er aus, dass dem Rat bei *„der Einführung einer gemeinsamen Verkehrspolitik [...] eine weit reichende Rechtsetzungsbefugnis zum Erlaß [...] gemeinsamer Regeln"* zukommt.[1807] Folglich dürfe der Richter im Rahmen der Kontrolle dieser Befugnis *„die Beurteilung des Gemeinschaftsgesetzgebers nicht durch seine eigene ersetzen."*[1808] Vielmehr habe sich die gerichtliche Kontrolle auf einen etwaigen Ermessensmissbrauch sowie das etwaige offensichtliche Überschreiten des Ermessens zu beschränken.[1809] Da der Rat *„einen komplexen wirtschaftlichen Sachverhalt [zu] beurteilen"* habe, beziehe sich das ihm zustehende Ermessen *„nicht ausschließlich auf die Art und die Tragweite der zu erlassenden Bestimmungen [...], sondern in bestimmtem Umfang auch auf die Feststellung von Grunddaten"*, sodass er auch berechtigt ist, sich *„auf globale Feststellungen zu stützen."*[1810] Auch in weiteren Urteilen betonte der Gerichtshof den weiten Ermessensspielraum im Bereich der gemeinsamen Verkehrspolitik.[1811]

Darüber hinaus berücksichtigt der EuGH, wenn sich der Unionsgesetzgeber mit komplexen medizinischen Fragen auseinanderzusetzen hat und gesteht ihm auch in diesem Fall einen Ermessensspielraum zu: In der Rs *Glatzel* hatte der Gerichtshof die Gültigkeit der RL 2006/126/EG über körperliche Mindestanforderungen für das Führen eines Kraftfahrzeuges zu beurteilen.[1812] Bei der Frage, inwiefern er befugt ist, die vom Unionsgesetzgeber aufgestellten Anforderungen in Bezug auf die zumindest erforderliche Sehschärfe zu überprüfen, weist er auf dessen weites Ermessen *„in Bezug auf komplexe medizinische Prüfungen"* hin.[1813] Aus diesem Grund habe sich seine nachprüfende Kontrolle darauf zu beschränken, *„ob die Ausübung dieses Ermessens nicht offensichtlich fehler-*

1806 Urteil Rat / Manufacturing Support & Procurement Kala Naft, C-348/12 P, EU:C:2013:776, Rz 120; vgl auch bereits das Urteil Sison / Rat, C-266/05 P, EU:C:2007:75, Rz 33 (Restriktive Maßnahmen im Kampf gegen den Terrorismus).

1807 SAM Schiffahrt und Stapf, C-248/95 u C-249/95, EU:C:1997:377, Rz 23.

1808 SAM Schiffahrt und Stapf, C-248/95 u C-249/95, EU:C:1997:377, Rz 24.

1809 SAM Schiffahrt und Stapf, C-248/95 u C-249/95, EU:C:1997:377, Rz 24.

1810 SAM Schiffahrt und Stapf, C-248/95 u C-249/95, EU:C:1997:377, Rz 25.

1811 Urteil Omega Air, C-27/00 u C-122/00, EU:C:2002:161, Rz 63; Urteil IATA und ELFAA, C-344/04, EU:C:2006:10, Rz 80; vgl auch *Wollenschläger*, in: von der Groeben/Schwarze/Hatje (Hrsg.), GRC Art 15 Rz 42; *Oft*, Der EuGH und das WTO-Recht: Die Entdeckung der politischen Gegenseitigkeit – altes Phänomen oder neuer Ansatz? EuR 2003, 504 (514).

1812 Urteil Glatzel, C-356/12, EU:C:2014:350.

1813 Urteil Glatzel, C-356/12, EU:C:2014:350, Rz 52.

haft ist, einen Ermessensmissbrauch darstellt oder dieser Gesetzgeber die Grenzen seines Ermessens offensichtlich überschritten hat."[1814] Daraus folge auch, dass „*der Unionsrichter [...] nicht seine Beurteilung der tatsächlichen Umstände wissenschaftlicher und technischer Art an die Stelle derjenigen des Unionsgesetzgebers setzen [darf].*"[1815]

Auch in anderen Urteilen, in denen medizinische Fragen im engeren Sinn oder Maßnahmen zum Schutz vor potenziellen Auswirkungen auf die menschliche Gesundheit streitgegenständlich waren, hob der EuGH aufgrund der Komplexität der Materie das Ermessen des Unionsgesetzgebers hervor und beschränkte sich in seiner Nachprüfungsbefugnis.[1816]

V.D.2.b. Ermessen der Mitgliedstaaten

Wenn der EuGH nationale Ungleichbehandlungen im Berufsleben würdigt, weist er auf einen Ermessensspielraum der Mitgliedstaaten hin.[1817] Die Prüfung der Ungleichbehandlung erfolgt dabei idR auf Basis der einschlägigen RL zur Gleichbehandlung, welche das primärrechtlich verankerte Gleichbehandlungsgebot konkretisieren. Zum Teil legt der Gerichtshof in seinen Urteilen jedoch nicht nur die einschlägige RL, sondern auch Art 21 GRC (Nichtdiskriminierung) aus.[1818]

Nach der Rechtsprechung des Gerichtshofes verfügen die Mitgliedstaaten „*nicht nur bei der Entscheidung, welches konkrete Ziel von mehreren im Bereich der Arbeits- und Sozialpolitik sie verfolgen wollen, sondern auch bei der Festlegung der Maßnahmen zu seiner Erreichung über einen weiten Ermessensspielraum.*"[1819] Bedeutend für die Verhältnismäßigkeitsprüfung ist dabei der zweite Halbsatz, der von einem Spielraum bei der Wahl der Mittel spricht. Dieser Spielraum wird vom EuGH auch konsequent in seinen Urteilen offengelegt.[1820] Aller-

---

1814 Urteil Glatzel, C-356/12, EU:C:2014:350, Rz 52.

1815 Urteil Glatzel, C-356/12, EU:C:2014:350, Rz 64.

1816 Urteil Generics (UK), C-368/96, EU:C:1998:583, Rz 67 (Zulassung von Arzneimitteln); Urteil Afton Chemical, C-343/09, EU:C:2010:419, Rz 28 u 46 (Metallische Zusätze in Kraftstoffen).

1817 Vgl etwa *Brors*, Wann ist eine Altersdiskriminierung nach der Rechtsprechung des EuGH gerechtfertigt? RdA 2012, 346 (350).

1818 Vgl etwa das Urteil Hennigs und Mai, C-297/10 u C-298/10, EU:C:2011:560.

1819 Urteil Rosenbladt, C-45/09, EU:C:2010:601, Rz 41; vgl auch Urteil Palacios de la Villa, C-411/05, EU:C:2007:604, Rz 68; Urteil Georgiev, C-250/09 u C-268/09, EU:C:2010:699, Rz 50; Urteil Hennigs und Mai, C-297/10 u C-298/10, EU:C:2011:560, Rz 65; Urteil Hörnfeldt, C-141/11, EU:C:2012:421, Rz 32; Urteil HK Danmark, C-476/11, EU:C:2013:590, Rz 60.

1820 Urteil Nolte / Landesversicherungsanstalt Hannover, C-317/93, EU:C:1995:438, Rz 33; Urteil Mangold, C-144/04, EU:C:2005:709, Rz 63; Urteil Age Concern England, C-388/07, dings darf der den Mitgliedstaaten zustehende Ermessensspielraum nicht zur Folge haben, dass das Diskriminierungsverbot *„ausgehöhlt wird."*[1821] Damit eine Ungleichbehandlung vom EuGH als rechtmäßig qualifiziert werden kann, muss sie nach seiner Standardprüfformel zur Erreichung eines legitimen Zieles *„angemessen und erforderlich"* sein.[1822] Aus dieser Formel darf jedoch nicht der Schluss gezogen werden, die Eignung der Maßnahme wäre für deren Rechtmäßigkeit irrelevant.[1823]

Der Gerichtshof gibt in vielen seiner Urteile lediglich Anleitungen zu den Kriterien des Verhältnismäßigkeitsgrundsatzes, gesteht die endgültige Beurteilung der Erforderlichkeit und Angemessenheit jedoch ausdrücklich dem nationalen Gericht zu.[1824] Diese Anleitungen sind häufig dadurch gekennzeichnet, dass sie aufgrund des den Mitgliedstaaten zustehenden Ermessens zurückhaltend formuliert sind. So spricht der EuGH bisweilen davon, dass eine bestimmte Annahme des Mitgliedstaats *„nicht unvernünftig"* scheint,[1825] eine Maßnahme zur Zielerreichung *„nicht offensichtlich ungeeignet ist,"*[1826] der nationale Gesetzgeber *„in vertretbarer Weise davon ausgehen [konnte], dass die fraglichen Rechtsvorschriften [...] erforderlich waren",*[1827] oder das Unionsrecht einer nationalen Regelung nicht entgegensteht, sofern die Mittel zur Erreichung des legitimen Zieles *„nicht unangemessen und nicht erforderlich erscheinen."*[1828]

Allerdings ist das mitgliedstaatliche Ermessen in diesem Bereich nicht als „Freifahrtschein" für nationale Ungleichbehandlungen zu verstehen, da der Gerichts-

---

EU:C:2009:128, Rz 51; Urteil Ingeniørforeningen i Danmark, C-499/08, EU:C:2010:600, Rz 33; Urteil Fuchs und Köhler, C-159/10 u C-160/10, EU:C:2011:508, Rz 61.

1821 Urteil Ingeniørforeningen i Danmark, C-499/08, EU:C:2010:600, Rz 33.

1822 Urteil Mangold, C-144/04, EU:C:2005:709, Rz 58; Urteil Age Concern England, C-388/07, EU:C:2009:128, Rz 35; Urteil Kücükdeveci, C-555/07, EU:C:2010:21, Rz 33; Urteil Ingeniørforeningen i Danmark, C-499/08, EU:C:2010:600, Rz 32; Urteil Rosenbladt, C-45/09, EU:C:2010:601, Rz 53; Urteil Georgiev, C-250/09 u C-268/09, EU:C:2010:699, Rz 36 u 49; Urteil Fuchs und Köhler, C-159/10 u C-160/10, EU:C:2011:508, Rz 35; Urteil Hennigs und Mai, C-297/10 u C-298/10, EU:C:2011:560, Rz 65; Urteil Hörnfeldt, C-141/11, EU:C:2012:421, Rz 31; Urteil HK Danmark, C-476/11, EU:C:2013:590, Rz 63.

1823 Urteil Nolte / Landesversicherungsanstalt Hannover, C-317/93, EU:C:1995:438, Rz 33; Urteil Ingeniørforeningen i Danmark, C-499/08, EU:C:2010:600, Rz 34 f; Urteil Hörnfeldt, C-141/11, EU:C:2012:421, Rz 32; Urteil Kommission / Ungarn, C-286/12, EU:C:2012:687, Rz 63.

1824 Urteil Age Concern England, C-388/07, EU:C:2009:128, Rz 52; Urteil Georgiev, C-250/09 u C-268/09, EU:C:2010:699, Rz 68; Urteil HK Danmark, C-476/11, EU:C:2013:590, Rz 68.

1825 Urteil Palacios de la Villa, C-411/05, EU:C:2007:604, Rz 72; Urteil Ingeniørforeningen i Danmark, C-499/08, EU:C:2010:600, Rz 34; Urteil Petersen, C-341/08, EU:C:2010:4, Rz 70.

1826 Urteil Ingeniørforeningen i Danmark, C-499/08, EU:C:2010:600, Rz 35.

1827 Urteil Nolte / Landesversicherungsanstalt Hannover, C-317/93, EU:C:1995:438, Rz 34.

1828 Urteil Palacios de la Villa, C-411/05, EU:C:2007:604, Rz 77.

hof bisweilen auch strenge Verhältnismäßigkeitsprüfungen durchführt.[1829] Sofern für ihn die Unverhältnismäßigkeit einer nationalen Regelung evident ist, scheut er sich nicht davor auszusprechen, dass das Unionsrecht dieser Regelung entgegensteht.[1830]

V.D.3. Bedeutung des beeinträchtigten Rechts

In der Literatur wird vertreten, dass die Strenge der gerichtlichen Kontrolle von Grundrechtseingriffen unter anderem von der Art des betroffenen Grundrechts abhängt.[1831] Dabei wird in erster Linie danach unterschieden, ob ein „wirtschaftliches" oder ein sonstiges Grundrecht betroffen ist.[1832] Unter „wirtschaftlichen" Grundrechten werden in diesem Zusammenhang die Erwerbs- und die Eigentumsfreiheit verstanden. Bei ihnen ist die gerichtliche Kontrolle der Einhaltung des Verhältnismäßigkeitsgrundsatzes idR zurückhaltend.[1833] Am anderen Ende des Spektrums stehen typischerweise jene Grundrechte, die entweder für die Freiheit des Einzelnen[1834] oder für das Funktionieren einer demokratischen Gesellschaftsordnung besonders bedeutend sind. Angesprochen sind damit primär die Fundamentalgarantien, das Recht auf Achtung des Privat- und Familienlebens und die Religionsfreiheit sowie die Freiheit der Meinungsäußerung und die Versammlungs- und Vereinigungsfreiheit. Die unterschiedliche Bedeutung dieser beiden Gruppen von Grundrechten kommt auch in der Verhältnismäßigkeitsprüfung des BVerfG zum Ausdruck.[1835]

V.D.3.a. Die Rechte nach Art 7 und 8 GRC

Von jenen Grundrechten, die im Allgemeinen eine strenge gerichtliche Kontrolle der Eingriffe erfordern, beschäftigt sich der Gerichtshof in der jüngeren Recht-

---

[1829] *Brors*, RdA 2012, 349 f.

[1830] Urteil Kreil, C-285/98, EU:C:2000:2, Rz 29; Urteil Kücükdeveci, C-555/07, EU:C:2010:21, Rz 40 ff; Urteil Ingeniørforeningen i Danmark, C-499/08, EU:C:2010:600, Rz 47 ff; Urteil Hennigs und Mai, C-297/10 u C-298/10, EU:C:2011:560, Rz 77 f; Urteil Kommission / Ungarn, C-286/12, EU:C:2012:687, Rz 64 ff; Urteil Elbal Moreno, C-385/11, EU:C:2012:746, Rz 35; Urteil Napoli, C-595/12, EU:C:2014:128, Rz 36.

[1831] *de Búrca*, 13 YEL 1993, 148; *Brems*, ZaöRV 1996, 264 ff; *Bühler*, Einschränkung 206. Alternativ kann mE vertreten werden, dass die Bedeutung des beeinträchtigten Rechts nicht als Kontrolldichtefaktor, sondern als zu berücksichtigender Aspekt im Rahmen der Untersuchung der Angemessenheit auf das Ergebnis der Verhältnismäßigkeitsprüfung Einfluss nimmt. Siehe hierzu ausführlich Kapitel V.D.4.c unten (zur vergleichbaren Problematik im Zusammenhang mit der Schwere des Eingriffs).

[1832] *Bühler*, Einschränkung 206; *Koch*, Grundsatz 412; *Ostermann*, Entwicklung 172 f.

[1833] *Koch*, Grundsatz 399 ff; *Ostermann*, Entwicklung 172.

[1834] *Jarass*, Charta der Grundrechte der EU[3] Art 52 Rz 47, spricht in diesem Zusammenhang von einer hohen Kontrolldichte bei *„personalen Grundrechten"*; so auch *Koch*, Grundsatz 529.

[1835] *Jarass*, in: Jarass/Pieroth (Hrsg.), Art 20 Rz 88 mN aus der Judikatur des BVerfG.

sprechung wohl am häufigsten mit dem Recht auf Achtung des Privat- und Familienlebens nach Art 7 GRC. In Sachverhalten, welche einen Bezug zum Internet aufweisen, untersucht er Eingriffe häufig nicht nur am Maßstab von Art 7 GRC, sondern auch am Maßstab von Art 8 GRC, welcher das Recht auf Schutz personenbezogener Daten zum Gegenstand hat.[1836] Art 8 GRC formt in diesem Zusammenhang als Recht auf informationelle Selbstbestimmung einen bedeutenden Aspekt der Privatsphäre näher aus.[1837]

Ein illustratives Beispiel, in dem die Relevanz der betroffenen Grundrechte für die gerichtliche Kontrolldichte offen zum Ausdruck kommt, stellt das Urteil zur Vorratsdatenspeicherung in der Rs *Digital Rights Ireland und Seitlinger* dar:

Der EuGH hält in seinen Ausführungen fest, dass „*angesichts der besonderen Bedeutung des Schutzes personenbezogener Daten für das Grundrecht auf Achtung des Privatlebens […] der Gestaltungsspielraum des Unionsgesetzgebers eingeschränkt [ist]*[1838]*, so dass die Richtlinie einer strikten Kontrolle unterliegt.*“[1839] Damit betont er die große Bedeutung des Datenschutzes in der EU.[1840]

Darüber hinaus verlange das Grundrecht auf Achtung des Privatlebens, „*dass sich die Ausnahmen vom Schutz personenbezogener Daten und dessen Einschränkungen auf das absolut Notwendige beschränken […].*“ [1841] Nicht zuletzt aufgrund der Bedeutung der beeinträchtigten Grundrechte kommt der EuGH nach intensiver Prüfung zu dem Ergebnis, dass der Grundsatz der Verhältnismäßigkeit nicht eingehalten wurde.[1842]

Auf Basis ähnlicher Erwägungen zur Bedeutung der beeinträchtigten Rechte qualifizierte der EuGH in dem Urteil *Tele2 Sverige* auch die gesetzlichen Grund-

---

1836 Vgl etwa das Urteil Schecke und Eifert, C-92/09 u C-93/09, EU:C:2010:662, Rz 72 ff.

1837 *Kingreen*, in: Calliess/Ruffert (Hrsg.), Art 8 GRCh Rz 1.

1838 Wenngleich die Bedeutung des betroffenen Grundrechts den Gestaltungsspielraum des Unionsgesetzgebers einschränkt und als Folge dessen eine strikte gerichtliche Kontrolle gefordert wird, erscheint es für Zwecke der vorliegenden Arbeit dennoch zweckmäßiger dieses Urteil (sowie vergleichbare Urteile) diesem und nicht dem vorangehenden Kapitel, welches den Ermessensspielraum des Unionsgesetzgebers als Faktor für die Kontrolldichte zum Gegenstand hat, zuzuordnen. Andernfalls bestünde die Gefahr, dass zu viele unterschiedliche Aspekte in das Kapitel zum Ermessensspielraum des Unionsgesetzgebers einfließen, wodurch die Nachvollziehbarkeit leiden würde.

1839 Urteil Digital Rights Ireland und Seitlinger, C-293/12 u C-594/12, EU:C:2014:238, Rz 48.

1840 *Skouris*, Leitlinien der Rechtsprechung des EuGH zum Datenschutz, NVwZ 2016, 1359 (1361).

1841 Urteil Digital Rights Ireland und Seitlinger, C-293/12 u C-594/12, EU:C:2014:238, Rz 52.

1842 Urteil Digital Rights Ireland und Seitlinger, C-293/12 u C-594/12, EU:C:2014:238, Rz 69.

lagen, auf denen die Vorratsdatenspeicherung in Schweden und dem Vereinigten Königreich erfolgte, als unverhältnismäßig.[1843]

Auch in der Rs *Schrems*, in welcher der Gerichtshof die Zulässigkeit der Übermittlung von personenbezogenen Nutzerdaten durch *Facebook Ireland Ltd* in die USA und deren Speicherung auf US-amerikanischen Servern zu beurteilen hatte, weist er in der Urteilsbegründung auf die besondere Bedeutung des Grundrechts auf den Schutz personenbezogener Daten für das Grundrecht auf Achtung des Privatlebens hin, weshalb eine *„strikte Kontrolle [...] im Lichte der Charta"* vorzunehmen sei.[1844] Er bestätigt in seinen Erwägungen auch, dass Eingriffe in das Grundrecht auf den Schutz personenbezogener Daten absolut notwendig sein müssen, um als rechtmäßig qualifiziert werden zu können[1845] und erklärt im Ergebnis die streitige Entscheidung der Kommission für ungültig.[1846] Die Forderung, wonach derartige Eingriffe absolut notwendig sein müssten, findet sich auch in weiteren,[1847] jedoch nicht allen Urteilen[1848] des Gerichtshofes zu Art 7 und Art 8 GRC.

Die Relevanz der betroffenen Grundrechte kommt mitunter auch anders als in den genannten Urteilen zum Ausdruck: In der Rs *Google Spain* war fraglich, ob eine Person vor dem Hintergrund der Rechte auf Achtung des Privat- und Familienlebens und auf Schutz personenbezogener Daten von dem Suchmaschinenbetreiber verlangen kann, dass bestimmte Links zu Internetseiten mit sie betreffenden Informationen aus dessen Ergebnisliste gelöscht werden.[1849] Im Hinblick auf den Einfluss der beiden genannten Grundrechte auf die gerichtliche Kontrolle führt der Gerichtshof in der Urteilsbegründung aus, dass bei der Abwägung der widerstreitenden Grundrechte *„die Bedeutung der Rechte der betroffenen Person, die sich aus den Art. 7 und 8 der Charta ergeben, zu berücksichtigen ist."*[1850]

Wenngleich der Gerichtshof in anderen Urteilen nicht darauf hinweist, dass im Rahmen der Beurteilung der Verhältnismäßigkeit die besondere Bedeutung der Rechte nach Art 7 und / oder 8 GRC zu berücksichtigen sei, ist die Hervorhebung des Erfordernisses einer genauen Abwägung bei diesen beiden Grundrech-

---

1843 Urteil Tele2 Sverige, C-203/15 u C-698/15, EU:C:2016:970, Rz 93 u 96.

1844 Urteil Schrems, C-362/14, EU:C:2015:650, Rz 78; vgl auch *Kühling/Heberlein*, EuGH „reloaded": „unsafe harbour" USA vs „Datenfestung" EU, NVwZ 2016, 7 (9).

1845 Urteil Schrems, C-362/14, EU:C:2015:650, Rz 92.

1846 Urteil Schrems, C-362/14, EU:C:2015:650, Rz 106.

1847 Urteil Satakunnan Markkinapörssi und Satamedia, C-73/07, EU:C:2008:727, Rz 56; Urteil Schecke und Eifert, C-92/09 u C-93/09, EU:C:2010:662, Rz 86; Urteil IPI, C-473/12, EU:C:2013:715, Rz 39; Urteil Ryneš, C-212/13, EU:C:2014:2428, Rz 28.

1848 Urteil ORF, C-465/00, C-138/01 u C-139/01, EU:C:2003:294; Urteil Deutsche Telekom, C-543/09, EU:C:2011:279; Urteil Google Spain, C-131/12, EU:C:2014:317.

1849 Urteil Google Spain, C-131/12, EU:C:2014:317.

1850 Urteil Google Spain, C-131/12, EU:C:2014:317, Rz 74.

ten auffallend. Dies ist jedoch wohl auch auf den Umstand zurückzuführen, dass diese beiden Grundrechte in der Judikatur besonders häufig gegen widerstreitende Grundrechte abzuwägen sind. Dass bei derartigen Grundrechtskollisionen dem Teilgrundsatz der Angemessenheit besondere Bedeutung zukommt, liegt auf der Hand. Die Betonung der Relevanz des dritten Teilschrittes der Verhältnismäßigkeitsprüfung unterscheidet die Rechte nach Art 7 und 8 GRC auch von anderen Grundrechten und weist in Relation auf eine erhöhte Kontrolldichte hin. In diesen Fällen spricht der Gerichtshof davon, dass *„ein angemessenes Gleichgewicht zwischen den verschiedenen durch die Unionsrechtsordnung geschützten Grundrechten sicherzustellen [ist]"* oder dass eine Prüfung dahingehend zu erfolgen habe, ob der Grundrechtseingriff *„im Hinblick auf das verfolgte Ziel verhältnismäßig ist."*[1851] Dass der Gerichtshof bei Grundrechtskollisionen eine gesteigerte Kontrolldichte anlegt, wird auch in der Literatur vertreten.[1852]

Eine strenge Kontrolle wird vom EuGH überdies auch dann vorgenommen, wenn der Eingriff in das Recht auf Achtung des Privat- und Familienlebens nicht gemeinsam mit einem Eingriff in Art 8 GRC untersucht wird.[1853] So qualifizierte der Gerichtshof die Befragung von Asylwerbern über ihre sexuellen Praktiken, wenn diese ihren Asylantrag auf die Angst vor Verfolgung wegen ihrer sexuellen Ausrichtung gestützt hatten, als Verstoß gegen Art 7 GRC.[1854] Anzumerken bleibt in Bezug auf dieses Urteil, dass die strenge Haltung des Gerichtshofes auch auf die Schwere des Grundrechtseingriffs zurückzuführen sein kann.[1855]

V.D.3.b. Freiheit der Meinungsäußerung

Das Erfordernis einer Abwägung mit den mit dem Grundrechtseingriff verfolgten Zielen kommt auch in den Urteilen betreffend die Freiheit der Meinungsäußerung zum Ausdruck.[1856] Gekennzeichnet sind diese Urteile durch eine häufige Bezugnahme auf Art 10 EMRK sowie die zu dieser Bestimmung ergangene Judikatur des EGMR. Vor Inkrafttreten der GRC zitierte der Gerichtshof in seinen Urteilen explizit die Voraussetzungen des Art 10 Abs 2 EMRK, wonach der Grundrechtseingriff einem im Allgemeininteresse liegenden Ziel dienen, gesetzlich vorgesehen und in einer demokratischen Gesellschaft notwendig sein muss

[1851] Urteil WebMindLicenses, C-419/14, EU:C:2015:832, Rz 82.

[1852] *Borowsky*, in: Meyer (Hrsg.), Charta der Grundrechte der Europäischen Union[4] (2014) Art 52 Rz 22b.

[1853] Urteil Carpenter, C-60/00, EU:C:2002:434, Rz 41 ff; Urteil A, C-148/13, C-149/13 u C-150/13, EU:C:201:2406, Rz 64 ff.

[1854] Urteil A, C-148/13, C-149/13 u C-150/13, EU:C:201:2406, Rz 64.

[1855] Siehe Kapitel V.D.4.a unten.

[1856] Urteil Connolly / Kommission, C-274/99 P, EU:C:2001:127, Rz 48; Urteil Karner, C-71/02, EU:C:2004:181, Rz 50; Urteil Damgaard, C-421/07, EU:C:2009:222, Rz 26.

und hob dabei insbesondere hervor, dass der Eingriff *„in einem angemessenen Verhältnis zu dem verfolgten legitimen Ziel stehen [muss].“*[1857] Mittlerweile verweist er auf Grundlage von Art 52 Abs 3 GRC und der Erläuterungen zur GRC darauf, dass die Freiheit der Meinungsäußerung nach Art 11 GRC die gleiche Bedeutung und Tragweite wie Art 10 EMRK hat.[1858]

Aufgrund der starken Anlehnung an die EMRK und die Judikatur des EGMR überrascht es nicht, dass auch der EuGH die Angemessenheit regelmäßig in den Mittelpunkt der Verhältnismäßigkeitsprüfung stellt[1859] und Erwägungen zur Kontrolldichte aus Urteilen des EGMR entnimmt. So hebt er ganz im Stile des EGMR hervor, dass die Freiheit der Meinungsäußerung *„eines der wesentlichen Grundrechte einer demokratischen Gesellschaft darstellt“* und bei Eingriffen der Grundsatz der Verhältnismäßigkeit strikt zu beachten ist.[1860] Darüber hinaus bedient er sich auch der Unterscheidung, welchem Zweck die Ausübung der Meinungsfreiheit dient. Sofern sie keinen Beitrag zu einer *„Debatte von allgemeinem Interesse“* leistet und somit für das Funktionieren einer demokratischen Gesellschaft von geringer Bedeutung ist, prüft der Gerichtshof den Eingriff zurückhaltender.[1861] Dies betrifft Meinungsäußerungen im Geschäftsverkehr, insbesondere in der Werbung.[1862] Zum Teil ist die Variation der Kontrolldichte in Abhängigkeit von dem Zweck der Meinungsäußerung nicht so augenscheinlich wie in den eben zitierten Urteilen, wenn der EuGH scheinbar nur beiläufig er-

---

1857 Urteil Karner, C-71/02, EU:C:2004:181, Rz 50; Urteil Damgaard, C-421/07, EU:C:2009:222, Rz 26.

1858 Urteil Neptune Distribution, C-157/14, EU:C:2015:823, Rz 65; Urteil Philip Morris Brands, C-547/14, EU:C:2016:325, Rz 147.

1859 Urteil Karner, C-71/02, EU:C:2004:181, Rz 48 ff; Urteil Damgaard, C-421/07, EU:C:2009:222, Rz 25 ff.

1860 Urteil Connolly / Kommission, C-274/99 P, EU:C:2001:127, Rz 53; zur Bedeutung der Meinungsfreiheit in einer demokratischen Gesellschaft vgl auch Urteil Satakunnan Markkinapörssi und Satamedia, C-73/07, EU:C:2008:727, Rz 56; Urteil Patriciello, C-163/10, EU:C:2011:543, Rz 31; Urteil Tele2 Sverige, C-203/15 u C-698/15, EU:C:2016:970, Rz 93; *Sandhu*, Die Tele2-Entscheidung des EuGH zur Vorratsdatenspeicherung in den Mitgliedstaaten und ihre Auswirkungen auf die Rechtslage in Deutschland und in der Europäischen Union, EuR 2017, 453 (459).

1861 Urteil Karner, C-71/02, EU:C:2004:181, Rz 51; Urteil Damgaard, C-421/07, EU:C:2009:222, Rz 27; zur Abhängigkeit der Kontrolldichte von der Bedeutung der Meinungsäußerung für die Öffentlichkeit vgl auch *Jarass*, Charta der Grundrechte der EU[3] Art 52 Rz 47.

1862 Urteil Karner, C-71/02, EU:C:2004:181, Rz 51; Urteil Damgaard, C-421/07, EU:C:2009:222, Rz 27. Dies entspricht auch der Rechtsprechung des EuG (vgl etwa das Urteil Dextro Energy / Kommission, T-100/15, EU:C:2016:150, Rz 81). Zur zurückhaltenden gerichtlichen Prüfung bei Werbebotschaften vgl auch *Shmatenko*, Einheitsverpackungen von Tabakerzeugnissen und die Charta der Grundrechte der EU, ZfRV 2014, 4 (17).

wähnt, dass die streitgegenständliche Meinungsäußerung geschäftlichen Interessen diene und den Eingriff anschließend nicht sonderlich streng prüft.[1863]

V.D.3.c. Wirtschaftliche Grundrechte

Nach der Literatur ist die gerichtliche Kontrolle bei Eingriffen in „wirtschaftliche" Grundrechte weniger streng.[1864] Dabei handelt es sich um die traditionellen Grundrechte wirtschaftlicher Betätigung, sohin die Berufs- und Eigentumsfreiheit. Seit Inkrafttreten der Charta kennt die Unionsrechtsordnung die „Berufsfreiheit und das Recht zu arbeiten" (Art 15), die „Unternehmerische Freiheit" (Art 16) und das „Eigentumsrecht" (Art 17).

V.D.3.c.i. Ältere Rechtsprechung

Im Zusammenhang mit Beschränkungen wirtschaftlicher Grundrechte verwendete der Gerichtshof traditionell die Prüfformel, wonach diese *„nicht einen im Hinblick auf den verfolgten Zweck unverhältnismäßigen, nicht tragbaren Eingriff darstellen [dürfen], der die so gewährleisteten Rechte in ihrem Wesensgehalt antastet."*[1865] Bereits diese Formulierung indiziert, dass die gerichtliche Kontrolle nicht sonderlich streng ausfällt, da es lediglich darauf ankommen soll, dass der Eingriff nicht unverhältnismäßig ist und nicht, dass er verhältnismäßig ist. Tatsächlich fiel die Überprüfung durch den EuGH in der älteren Rechtsprechung regelmäßig äußerst zurückhaltend aus. Die richterliche Zurückhaltung manifestierte sich dabei auf unterschiedliche Arten:

Entweder i) verneinte der Gerichtshof ohne Durchführung einer Verhältnismäßigkeitsprüfung eine Grundrechtsverletzung[1866] oder ii) er beschränkte die Ver-

---

1863 Urteil Philip Morris Brands, C-547/14, EU:C:2016:325, Rz 155 ff.

1864 *Koch*, Grundsatz 399 ff; *Bühler*, Einschränkung 206; *Ostermann*, Entwicklung 172; *Jarass*, Charta der Grundrechte der EU^3 Art 16 Rz 29; *Gundel*, Der Schutz der unternehmerischen Freiheit durch die EU-Grundrechtecharta, ZHR 2016, 323 (357).

1865 Urteil Schräder, 265/87, EU:C:1989:303, Rz 15; vgl auch Urteil Zuckerfabrik Süderdithmarschen und Zuckerfabrik Soest, C-143/88 u C-92/89, EU:C:1991:65; Rz 73; Urteil Von Deetzen, 44/89, EU:C:1991:401, Rz 28; Urteil Kühn, C-177/90, EU:C:1992:2, Rz 16; Urteil Deutschland/Rat, C-280/93, EU:C:1994:367, Rz 78; Urteil The Queen / Minister of Agriculture, Fisheries and Food, ex parte Fishermen's Organisations, C-44/94, EU:C:1995:325, Rz 55; Urteil Irish Farmers Association, C-22/94, EU:C:1997:187, Rz 27; Urteil Affish, C-183/95, EU:C:1997:373, Rz 42; Urteil SAM Schiffahrt und Stapf, C-248/95 u C-249/95, EU:C:1997:377, Rz 72; Urteil Metronome Musik GmbH, C-200/96, EU:C:1998:172, Rz 21; Urteil The Queen / Secretary of State for the Environment, Minister of Agriculture, Fisheries and Food, ex parte Standley und Metson, C-293/97, EU:C:1999:215, Rz 54.

1866 Urteil Biovilac, 59/83, EU:C:1984:380, Rz 21 ff; Urteil Keller, 234/85, EU:C:1986:377, Rz 8 ff; Urteil Schräder, 265/87, EU:C:1989:303, Rz 15 ff; Urteil Marshall, C-370/88, EU:C:1990:392, Rz 27 f; Urteil Zuckerfabrik Süderdithmarschen und Zuckerfabrik Soest, Chältnismäßigkeitsprüfung nur auf den Teilgrundsatz der Eignung[1867] oder iii) er untersuchte die Teilgrundsätze[1868] nur oberflächlich.[1869] Allerdings ist auf Basis der zitierten älteren Rechtsprechung mE nicht die Schlussfolgerung zu ziehen, dass allein der Eingriff in ein wirtschaftliches Grundrecht der ausschlaggebende Grund für eine äußerst zurückhaltende gerichtliche Prüfung war. Denn diese Rechtsprechung befasste sich zum allergrößten Teil mit der Frage der Rechtmäßigkeit von Grundrechtseingriffen auf dem Gebiet der Gemeinsamen Agrarpolitik, sohin in einer Materie, in welcher dem europäischen Gesetzgeber ein weiter Ermessensspielraum zugestanden wird.[1870]

Auch abseits der Gemeinsamen Agrarpolitik konnte vor Inkrafttreten der GRC die gerichtliche Zurückhaltung bei der Untersuchung von Eingriffen in ein wirtschaftliches Grundrecht nicht allein mit diesem Umstand erklärt werden. Zurückzuführen ist dies primär darauf, dass der EuGH in der einschlägigen Judikatur auch außerhalb der Gemeinsamen Agrarpolitik den Ermessensspielraum des europäischen Gesetzgebers betonte und in weiterer Folge nur zurückhaltend prüfte.[1871] Allerdings legte er zum Teil auch aufgrund der Bedeutung des mit dem Grundrechtseingriff verfolgten Zwecks gerichtliche Zurückhaltung an den Tag.[1872] Besonders augenscheinlich kam die eingeschränkte gerichtliche Kontrolle aufgrund der Relevanz des legitimen Zieles in Erledigungen des Gerichtshofes zum Ausdruck, welche die wirtschaftlichen Sanktionsmaßnahmen während des Jugoslawien-Krieges zum Gegenstand hatten.[1873]

143/88 u C-92/89, EU:C:1991:65, Rz 74 f; Urteil Von Deetzen, 44/89, EU:C:1991:401, Rz 26 ff; Urteil Kühn, C-177/90, EU:C:1992:2, Rz 16; Deutschland/Rat, C-280/93, EU:C:1994:367, Rz 79 f; Urteil The Queen / Minister of Agriculture, Fisheries and Food, ex parte Fishermen's Organisations, C-44/94, EU:C:1995:325, Rz 56; Urteil Duff, C-63/93, EU:C:1996:51, Rz 28 ff.

1867 Deutschland/Rat, C-280/93, EU:C:1994:367, Rz 88 ff; Urteil Irish Farmers Association, C-22/94, EU:C:1997:187, Rz 28.

1868 In diesem Zusammenhang wurden weder jedenfalls alle drei Teilgrundsätze thematisiert noch die Prüfung der Teilgrundsätze explizit als solche gekennzeichnet.

1869 Urteil SMW Winzersekt, C-306/93, EU:C:1994:407, Rz 22 ff; Urteil SAM Schiffahrt und Stapf, C-248/95 u C-249/95, EU:C:1997:377, Rz 72 ff; Urteil Metronome Musik GmbH, C-200/96, EU:C:1998:172, Rz 21 ff.

1870 Siehe Kapitel V.D.2.a.i oben.

1871 Vgl etwa das Urteil SAM Schiffahrt und Stapf, C-248/95 u C-249/95, EU:C:1997:377, Rz 23-25 u Rz 71-75 (Maßnahme der gemeinsamen Verkehrspolitik); Urteil Urteil Swedish Match, C-210/03, EU:C:2004:802, Rz 48 ff (Verbot von Tabakerzeugnissen zum oralen Gebrauch).

1872 Vgl etwa das Urteil The Queen / Secretary of State for the Environment, Minister of Agriculture, Fisheries and Food, ex parte Standley und Metson, C-293/97, EU:C:1999:215, Rz 54 ff (Schutz der Gewässer vor Verunreinigung).

1873 Urteil Bosphorus, C-84/95, EU:C:1996:312, Rz 21 ff (Beendigung des Kriegszustands und der Menschenrechtsverletzungen); Beschluss "Invest" Import und Export und Invest Com-

V.D.3.c.ii. Jüngere Rechtsprechung

Die dargestellte Schwierigkeit der Zurückführbarkeit eines bestimmten Kontrolldichtegrades auf das beeinträchtigte wirtschaftliche Grundrecht besteht in der jüngeren Rechtsprechung im Wesentlichen unverändert fort, wenngleich sie insofern etwas abgemildert ist, als die Zahl jener Urteile, welche nicht den Bereich der Gemeinsamen Agrarpolitik betreffen, deutlich angestiegen ist. Auf Basis der aktuelleren Urteile können die folgenden Rechtsprechungstendenzen abgeleitet werden:

Auf dem Gebiet der Gemeinsamen Agrarpolitik ist die richterliche Zurückhaltung nicht mehr so markant ausgeprägt wie in der Vergangenheit als ein Verzicht auf eine strukturierte Verhältnismäßigkeitsprüfung durchaus üblich war. Nichtsdestotrotz steht die Untersuchung der Verhältnismäßigkeit unter dem Einfluss des dem Unionsorgan eingeräumten Ermessensspielraumes.[1874] Ein besonders illustratives Beispiel stellt in diesem Zusammenhang das Urteil in der Rs *Schaible* dar, in welcher der EuGH eine strukturierte dreiteilige Verhältnismäßigkeitsprüfung durchführte und dabei gleichzeitig das Ermessen des Unionsgesetzgebers gebührend berücksichtigte.[1875] Darüber hinaus ist bemerkenswert, dass der Gerichtshof in diesem Urteil entgegen seiner jahrzehntelangen Rechtsprechung nicht mehr die Prüfformel verwendet, wonach der Eingriff nicht unverhältnismäßig, untragbar und den Wesensgehalt des Grundrechts antastend sein darf, sondern stattdessen Art 52 Abs 1 GRC zitiert[1876] und den Verhältnismäßigkeitsgrundsatz somit positiv formuliert.[1877]

Noch deutlicher wird die schwindende gerichtliche Zurückhaltung in Bereichen, in denen der Gerichtshof nicht das Ermessen des Unionsgesetzgebers betont. So unterzog er die in der Rs *Sky Österreich* streitgegenständliche Regelung, wonach der Inhaber der exklusiven Übertragungsrechte bei Ereignissen von großem öffentlichen Interesse anderen Fernsehveranstaltern zum Zwecke der Kurzberichterstattung Zugang zu seinem Videomaterial gewähren musste und die dafür zu leistende Entschädigung eine bestimmte Grenze nicht überschreiten durfte, einer umfassenden Verhältnismäßigkeitsprüfung.[1878] Diese findet ihren Ab-

---

merce, C-317/00 P(R), EU:C:2000:621, Rz 58 ff (Beendigung des Kriegszustands und der Menschenrechtsverletzungen).

1874 Vgl etwa das Urteil Association Kokopelli, C-59/11, EU:C:2012:447, Rz 38-69 u 77-79.

1875 Urteil Schaible, C-101/12, EU:C:2013:661, Rz 27 ff; siehe hierzu ausführlich Kapitel IV.B.4.d.ii.c) oben.

1876 Urteil Schaible, C-101/12, EU:C:2013:661, Rz 27.

1877 Negativ formuliert der Gerichtshof lediglich den Teilgrundsatz der Angemessenheit in den Rz 60 (*„Unverhältnismäßigkeit"*) u 75 (*„nicht unangemessen"*).

1878 Urteil Sky Österreich, C-283/11, EU:C:2013:28, Rz 50 ff; so auch *Epiney*, Die Rechtsprechung des EuGH im Jahr 2013, NVwZ 2014, 1059 (1062).

schluss in einer Untersuchung der Angemessenheit, in deren Zuge eine Abwägung zwischen dem Schutz der unternehmerischen Freiheit auf der einen Seite, und dem Grundrecht auf Information sowie der Freiheit und dem Pluralismus der Medien auf der anderen Seite vorgenommen wurde.[1879]

Während im eben genannten Urteil *Sky Österreich* die Durchführung der Verhältnismäßigkeitsprüfung nicht zur Feststellung einer Grundrechtsverletzung führte, kam der Gerichtshof in den Rs *Scarlet Extended*[1880] und *SABAM*[1881] zu dem Ergebnis eines unverhältnismäßigen Eingriffs in Art 16 GRC. In beiden Fällen war fraglich, ob eine gerichtliche Anordnung, die Internetzugangsdienstleister dazu verpflichtete, ein Filtersystem einzurichten, um Urheberrechtsverletzungen zu verhindern, einen zulässigen Eingriff in das Recht auf unternehmerische Freiheit der Interzugangsdienstleister darstellt. Den zentralen Teil der Verhältnismäßigkeitsprüfung stellte dabei die Abwägung zwischen Art 16 GRC und den widerstreitenden Grundrechten dar.[1882]

Ungeachtet dieser Urteile ist die gerichtliche Kontrolldichte von Eingriffen in wirtschaftliche Grundrechte idR immer noch geringer als bei Eingriffen in andere Grundrechte, wobei dieser Umstand unter anderem darauf zurückzuführen ist, dass der Gerichtshof dem Unionsgesetzgeber mittlerweile auch öfter in Bereichen außerhalb der Gemeinsamen Agrarpolitik einen weiten Ermessensspielraum zugesteht. Ein in den letzten Jahren in der Rechtsprechung stetig in seiner Bedeutung wachsender Bereich ist in diesem Zusammenhang die Verhängung von restriktiven Maßnahmen, wie insbesondere das Einfrieren von Geldern, um die Förderung des Terrorismus oder der nuklearen Proliferation zu verhindern. Begründet wird dieses Ermessen vom EuGH, indem er auf die vom Unionsgesetzgeber vorzunehmenden komplexen Prüfungen bei politischen, wirtschaftlichen und soziale Entscheidungen hinweist.[1883] Bemerkenswert ist mE auch die Aussage des Gerichtshofes, wonach die unternehmerische Freiheit aufgrund *„des Wortlauts von Art. 16 der Charta [...] einer Vielzahl von Eingriffen der öffentlichen Gewalt unterworfen werden kann [...].“*[1884] Im Urteil *Kala Naft*

[1879] Urteil Sky Österreich, C-283/11, EU:C:2013:28, Rz 58 ff.

[1880] Urteil Scarlet Extended, C-70/10, EU:C:2011:771.

[1881] Urteil SABAM, C-360/10, EU:C:2012:85.

[1882] Urteil Scarlet Extended, C-70/10, EU:C:2011:771, Rz 43 ff; Urteil SABAM, C-360/10, EU:C:2012:85, Rz 42 ff; vgl auch *Trstenjak*, Das Verhältnis zwischen Immaterialgüterrecht und Datenschutzrecht in der Informationsgesellschaft im Lichte der Rechtsprechung des Europäischen Gerichtshofs, GRURInt 2012, 393 (401 f).

[1883] Urteil Sison / Rat, C-266/05 P, EU:C:2007:75, Rz 33; Urteil Rat / Manufacturing Support & Procurement Kala Naft, C-348/12 P, EU:C:2013:776, Rz 120.

[1884] Urteil Rat / Manufacturing Support & Procurement Kala Naft, C-348/12 P, EU:C:2013:776, Rz 123.

folgten im Anschluss an diese Aussage nur äußert kursorische Ausführungen zur Verhältnismäßigkeit.[1885]

Es erscheint daher denkbar, dass der Gerichtshof diese Passage verwendet, um auf diese Weise eine reduzierte Kontrolldichte bei Eingriffen in Art 16 GRC zu rechtfertigen. Um dies zu beurteilen, ist in einem ersten Schritt der Wortlaut dieser Bestimmung zu untersuchen: *„Die unternehmerische Freiheit wird nach dem Unionsrecht und den einzelstaatlichen Rechtsvorschriften und Gepflogenheiten anerkannt."*[1886] Mit dieser Formulierung unterscheidet sich die Bestimmung von den anderen in der GRC verankerten Freiheiten, da diese jeweils festlegen, dass jede Person bzw jeder Mensch bestimmte Rechte hat. Nach der Literatur kann der Verweis auf das Unionsrecht und einzelstaatliche Rechtsvorschriften und Gepflogenheiten dahingehend verstanden werden, dass Eingriffe in die unternehmerische Freiheit leichter gerechtfertigt werden können.[1887] Dies kann nicht nur auf den Wortlaut des Art 16 GRC, sondern auch auf die allgemeine Schrankenklausel des Art 52 GRC gestützt werden:

Art 52 Abs 4 GRC[1888] hat nach dem Schlussbericht der Gruppe II des Verfassungskonvents den Zweck, ein hohes Schutzniveau der Grundrechte in jenen Konstellationen zu gewährleisten, in denen keine Vorgaben durch die EMRK nach Art 52 Abs 3 GRC bestehen.[1889] Dies ist der Fall, wenn ein bestimmtes Grundrecht – wie bspw die Berufsfreiheit – nicht in der EMRK enthalten ist.[1890] Dies spricht mE auf den ersten Blick gegen die Annahme, dass der Verweis auf die gemeinsamen Verfassungsüberlieferungen im Sinne einer wenig strengen Prüfung des Grundrechtseingriffs verstanden werden soll. Dagegen kann eingewendet werden, dass Abs 4 deutlich zurückhaltender als Abs 3 formuliert ist[1891]: Charta-Grundrechte, die auch in der EMRK verankert sind, haben nach Abs 3 *„die gleiche Bedeutung und Tragweite"* wie nach der EMRK, während Charta-Grundrechte, die sich aus den gemeinsamen Verfassungsüberlieferungen ergeben, *„im Einklang mit diesen Überlieferungen ausgelegt [werden]."*

1885 Urteil Rat / Manufacturing Support & Procurement Kala Naft, C-348/12 P, EU:C:2013:776, Rz 126.

1886 Art 16 GRC.

1887 *Durner*, Wirtschaftliche Grundrechte, in: Merten/Papier (Hrsg.), Handbuch der Grundrechte in Deutschland und Europa: Band VI/1 – Europäische Grundrechte I (2010) § 162 Rz 38.

1888 *„Soweit in dieser Charta Grundrechte anerkannt werden, wie sie sich aus den gemeinsamen Verfassungsüberlieferungen der Mitgliedstaaten ergeben, werden sie im Einklang mit diesen Überlieferungen ausgelegt."*

1889 CONVENT 354/02 vom 22.10.2002, Schlussbericht der Gruppe II über die Charta, 7.

1890 *Kingreen*, in: Calliess/Ruffert (Hrsg.), Art 52 GRCH Rz 39.

1891 *Kingreen*, in: Calliess/Ruffert (Hrsg.), Art 52 GRCH Rz 40; *Jarass*, Charta der Grundrechte der EU^3 Art 52 Rz 67.

Nach Art 52 Abs 6 GRC[1892] ist den einzelstaatlichen Rechtsvorschriften und Gepflogenheiten Rechnung zu tragen. Dies gilt aber aufgrund der Wortfolge *„wie es in dieser Charta bestimmt ist"* nur insoweit als die in der Charta verankerten Grundrechte einen derartigen Vorbehalt zugunsten dieser Rechtsvorschriften und Gepflogenheiten enthalten (wie bspw Art 16 GRC).[1893] Ein Vorbehalt zugunsten des Unionsrechts ist zwar in Art 16 GRC und anderen Grundrechtsgewährleistungen enthalten, er fehlt jedoch in Art 52 Abs 6 GRC. Daraus ist aber nicht zu schließen, dass der Vorbehalt zugunsten des Unionsrechts eine geringere Bedeutung hat.[1894] Die beiden Vorbehalte haben nach der Literatur zu Folge, dass ein größerer Spielraum besteht, wenn derartige Grundrechte beschränkt werden, weshalb auch die Verhältnismäßigkeitsprüfung weniger streng ausfällt.[1895]

Wenngleich somit der Wortlaut des Art 16 GRC, welcher einen Vorbehalt zugunsten der einzelstaatlichen Rechtsvorschriften und Gepflogenheiten sowie des Unionsrechts enthält, für eine zurückhaltenden Prüfung der Verhältnismäßigkeit ins Treffen geführt werden kann, spricht die Rechtsprechung gegen dessen Relevanz für eine eingeschränkte gerichtliche Kontrolldichte, da ihn der Gerichtshof auch in Urteilen heranzieht, in denen er eine relativ strenge Verhältnismäßigkeitsprüfung vornimmt.[1896]

Auch andere Eingriffe in wirtschaftliche Grundrechte als restriktive Maßnahmen unterliegen idR nur einer eingeschränkten gerichtlichen Nachprüfung. Angesprochen sind damit primär jene Fälle, in denen der Gerichtshof die Gesundheit betreffende Fragen zu beurteilen hat. Von dieser Fallgruppe umfasst sind (unter anderem) nicht nur Beschränkungen des Verkaufs und der Aufmachung von bekanntermaßen gesundheitsschädlichen Produkten wie Alkohol,[1897] sondern bspw auch von Mineralwasser.[1898] Wenngleich diese Fallgruppe typischerweise dadurch gekennzeichnet ist, dass der Gerichtshof auf das Ermessen des Unionsgesetzgebers infolge der vorzunehmenden komplexen Prüfungen hinweist,[1899]

1892 *„Den einzelstaatlichen Rechtsvorschriften und Gepflogenheiten ist, wie es in dieser Charta bestimmt ist, in vollem Umfang Rechnung zu tragen."*

1893 *Jarass*, Charta der Grundrechte der EU^3 Art 52 Rz 83.

1894 *Jarass*, Charta der Grundrechte der EU^3 Art 52 Rz 84.

1895 *Jarass*, Charta der Grundrechte der EU^3 Art 52 Rz 86.

1896 Urteil Sky Österreich, C-283/11, EU:C:2013:28.

1897 Urteil Deutsches Weintor, C-544/10, EU:C:2012:526.

1898 Urteil Neptune Distribution, C-157/14, EU:C:2015:823.

1899 Urteil Neptune Distribution, C-157/14, EU:C:2015:823, Rz 76; Urteil Pillbox 38, C-477/14, EU:C:2016:324, Rz 49.

setzt eine zurückhaltende Prüfung diese Ausführungen nicht zwingend voraus.[1900]

Erklärbar wäre der Verzicht auf den Hinweis auf den weiten Ermessensspielraum des Unionsgesetzgebers, wenn kein legislativer Akt der Union einer gerichtlichen Überprüfung unterzogen wird. So ist es mE folgerichtig, wenn das EuG in einem Rechtsstreit betreffend die Zulassung eines Arzneimittels durch die Europäische Arzneimittel-Agentur nicht das Ermessen des Unionsgesetzgebers betont, da diese Behörde nicht als Gesetzgeber zu qualifizieren ist.[1901] Allerdings verzichtet der EuGH bisweilen auf die Ausführungen zum Ermessen, obwohl ein Akt des Unionsgesetzgebers streitgegenständlich ist.[1902] Dies kann mE als Argument dafür ins Treffen geführt werden, dass bei Eingriffen in wirtschaftliche Grundrechte (durch den Unionsgesetzgeber) nicht jedenfalls der Ermessensspielraum des Unionsgesetzgebers für eine eingeschränkte gerichtliche Kontrolldichte verantwortlich ist.

V.D.3.d. Recht auf Gleichbehandlung

Die GRC enthält verschiedene Rechte, welche die Gleichbehandlung sicherstellen sollen. Dazu zählen vor allem das Recht auf Gleichheit vor dem Gesetz (Art 20), das Verbot der Diskriminierung (Art 21) und das Recht auf Gleichheit von Frauen und Männern (Art 23). Darüber hinaus existiert in Form von RL umfangreiches Sekundärrecht, welches die primärrechtlichen Gleichheitsgarantien konkretisiert.[1903] Für die Beantwortung der Frage, ob der Umstand, dass in ein Gleichheitsrecht eingegriffen wird, im Hinblick auf die anzulegende Kontrolldichte relevant ist, erscheint es zweckmäßig danach zu differenzieren, ob die Ungleichbehandlung durch die Union oder einen Mitgliedstaat erfolgt:

V.D.3.d.i. Maßnahmen durch die Mitgliedstaaten

Mitgliedstaatliche Ungleichbehandlungen stellen in der Mehrzahl der Fälle Maßnahmen der Arbeitsmarktpolitik dar, welche anhand der einschlägigen RL – zum Teil auch in Verbindung mit Art 21 GRC[1904] – auf ihre Vereinbarkeit mit dem Unionsrecht zu untersuchen sind. In ständiger Rechtsprechung fordert der EuGH, dass derartige Maßnahmen zur Zielerreichung *„angemessen und erforderlich“* sein müssen, um als unionsrechtskonform beurteilt werden zu kön-

---

1900 Urteil Deutsches Weintor, C-544/10, EU:C:2012:526, Rz 54 ff.

1901 Urteil Nycomed Danmark / EMA, T-52/09, EU:T:2011:738, Rz 88 ff.

1902 Urteil Deutsches Weintor, C-544/10, EU:C:2012:526, Rz 54 ff.

1903 Vgl etwa die RL 2000/78/EG.

1904 Siehe Kapitel V.D.2.b oben.

nen.[1905] Die Beurteilung, ob eine Ungleichbehandlung in einem konkreten Fall diesen Anforderungen entspricht, überlässt er regelmäßig den nationalen Gerichten und beschränkt sich auch häufig darauf, allgemein gehaltene Anleitungen zur Durchführung der Verhältnismäßigkeitsprüfung durch die nationalen Gerichte zu geben.[1906]

Die gerichtliche Zurückhaltung liegt in diesen Fällen in dem weiten Ermessensspielraum begründet, welchen der Gerichtshof den Mitgliedstaaten bei Maßnahmen auf dem Gebiet der Arbeits- und Sozialpolitik zugesteht.[1907] Dies bedeutet, dass aufgrund des Wortlauts der Urteile nicht das betroffene Grundrecht, sondern das den Mitgliedstaaten eingeräumte Ermessen für die geringe Kontrolldichte des Gerichtshofes ausschlaggebend ist. Aus diesem Grund ist mE nicht davon auszugehen, dass ein mitgliedstaatlicher Eingriff in das Recht auf Gleichbehandlung unabhängig von dem betroffenen Sachbereich eine zurückhaltende Prüfung durch den EuGH impliziert.[1908] Dafür spricht auch, dass der Gerichtshof in Fällen, in denen er das Ermessen der Mitgliedstaaten nicht betont, umfassendere Erwägungen zur möglichen Rechtfertigung und hier insbesondere zur Verhältnismäßigkeit des Grundrechtseingriffs vornimmt.[1909] Schließlich können für diese Ansicht auch jene Urteile des EuGH ins Treffen geführt werden, in denen er mitgliedstaatliche Beschränkungen des Rechts auf Gleichbehandlung als unverhältnismäßig qualifizierte.[1910]

V.D.3.d.ii. Maßnahmen durch die Union

Eine Abhängigkeit des Kontrolldichtegrades von dem betroffenen Recht auf Gleichbehandlung ist auch bei Eingriffen durch die Unionsorgane nicht nachweisbar. Dies gilt ungeachtet des Umstandes, dass der Gerichtshof derartige Eingriffe bisweilen zurückhaltend prüft. Exemplarisch sei an dieser Stelle auf das Urteil *Glatzel*[1911] verwiesen, in dem fraglich war, ob die Festlegung einer bestimmten Mindestsehschärfe für das Führen eines Kraftfahrzeuges eine unionsrechtswidrige Diskriminierung (Art 21 GRC) darstellt. Die zurückhaltende richterliche Kontrolle begründet der Gerichtshof in diesem Urteil jedoch mit dem Ermessen des Unionsgesetzgebers bei komplexen medizinischen Prüfungen[1912] und führt zusätzlich aus, dass bei Unsicherheiten im Hinblick auf den Bestand

---

1905 Siehe Kapitel V.D.2.b oben.
1906 Siehe Kapitel V.D.2.b oben.
1907 Siehe Kapitel V.D.2.b oben.
1908 Für eine detaillierte Verhältnismäßigkeitsprüfung bei Eingriffen in den allgemeinen Gleichheitssatz vgl *Ostermann*, Entwicklung 173.
1909 Urteil Léger, C-528/13, EU:C:2015:288, Rz 55 ff.
1910 Vgl etwa Urteil Kreil, C-285/98, EU:C:2000:2 oder Urteil Napoli, C-595/12, EU:C:2014:128.
1911 Urteil Glatzel, C-356/12, EU:C:2014:350.
1912 Urteil Glatzel, C-356/12, EU:C:2014:350, Rz 52.

und das Ausmaß von Risiken für die Gesundheit des Menschen Schutzmaßnahmen getroffen werden können bevor ein voller Nachweis über diese Risiken vorliegt.[1913]

V.D.4. Schwere des Eingriffs

V.D.4.a. Grundregel: Strenge Prüfung bei schweren Eingriffen

Sofern ein Grundrechtseingriff als schwer zu qualifizieren ist, spricht dies nach der Literatur für eine strenge Verhältnismäßigkeitsprüfung durch den Gerichtshof.[1914] Besonders deutlich wird dies nunmehr in seiner Judikatur zu den Rechten nach Art 7 und Art 8 GRC, und hier vor allem in Sachverhalten, in denen die moderne Kommunikation über das Internet betroffen ist:

In der Rs *Schrems*, in der fraglich war, ob die Übermittlung und Speicherung von personenbezogenen Daten der Nutzer von *Facebook Ireland Ltd* in die / den USA mit europäischen Grundrechten vereinbar ist, wenn dort kein angemessenes Datenschutzniveau gewährleistet ist, betont der EuGH – angesichts der Millionen an europäischen Facebook-Nutzern – die große Zahl der von diesem Grundrechtseingriff betroffenen Personen.[1915] Daraus folgert er, dass eine strikte richterliche Kontrolle der streitgegenständlichen Maßnahme erforderlich ist.[1916]

Im Urteil *Google Spain* spricht der Gerichtshof aus, dass die von einem Suchmaschinenbetreiber durchgeführte Verarbeitung personenbezogener Daten jeden Internetnutzer in die Lage versetzt, *„einen strukturierten Überblick"* über die im Internet abrufbaren Informationen der gesuchten natürlichen Person zu erhalten und somit zu einer erheblichen Beeinträchtigung der nach Art 7 und 8 GRC garantierten Grundrechte führen kann.[1917] Die Tätigkeit des Suchmaschinenbetreibers betreffe *„potenziell zahlreiche Aspekte"* aus dem Privatleben der gesuchten Person und darüber hinaus sei es ohne Verwendung einer Suchmaschine nicht oder nur sehr schwer möglich, die verschiedenen Informationen über die Person zu einem *„mehr oder weniger detaillierte[n] Profil"* zu verknüpfen.[1918] Überdies sei *„die Wirkung des Eingriffs [...] durch die bedeutende Rolle des Internet und der Suchmaschinen in der modernen Gesellschaft gesteigert [...]."*[1919] Aus diesen Erwägungen folgert der EuGH, dass der Grundrechtsein-

1913 Urteil Glatzel, C-356/12, EU:C:2014:350, Rz 65 mN aus der Judikatur.
1914 *de Búrca*, 13 YEL 1993, 148.
1915 Urteil Schrems, C-362/14, EU:C:2015:650, Rz 78.
1916 Urteil Schrems, C-362/14, EU:C:2015:650, Rz 78.
1917 Urteil Google Spain, C-131/12, EU:C:2014:317, Rz 80.
1918 Urteil Google Spain, C-131/12, EU:C:2014:317, Rz 80.
1919 Urteil Google Spain, C-131/12, EU:C:2014:317, Rz 80.

griff aufgrund *„seiner potenziellen Schwere [...] nicht allein mit dem wirtschaftlichen Interesse des Suchmaschinenbetreibers [...] gerechtfertigt werden [kann].“*[1920]

Noch unmissverständlicher äußert sich der Gerichtshof in der Rs *Digital Rights Ireland und Seitlinger* zur Bedeutung der Schwere des Eingriffs für die anzulegende Kontrolldichte. Wörtlich führt er in der Urteilsbegründung aus, dass der gesetzgeberische Spielraum der Union unter anderem auch durch die *„Art und Schwere des Eingriffs“* eingeschränkt sein kann.[1921] Aufgrund der mit der Vorratsdatenspeicherung verbundenen erheblichen Beeinträchtigung der betroffenen Grundrechte unterzieht der Gerichtshof die einschlägige RL *„einer strikten Kontrolle“*,[1922] an deren Ende er die Verletzung von Grundrechten wegen eines Verstoßes gegen den Verhältnismäßigkeitsgrundsatz feststellt.[1923]

Auch im Urteil *Tele2 Sverige*, in welchem der EuGH die gesetzlichen Grundlagen für die Vorratsdatenspeicherung in Schweden und im Vereinigten Königreich als unverhältnismäßig qualifizierte, hebt er die Schwere dieses Grundrechtseingriffs hervor:

„Aus der Gesamtheit dieser Daten können sehr genaue Schlüsse auf das Privatleben der Personen [...] gezogen werden, etwa auf Gewohnheiten des täglichen Lebens, ständige oder vorübergehende Aufenthaltsorte, tägliche oder in anderem Rhythmus erfolgende Ortsveränderungen, ausgeübte Tätigkeiten, soziale Beziehungen dieser Personen und das soziale Umfeld, in dem sie verkehren [...]. Diese Daten ermöglichen insbesondere [...] die Erstellung des Profils der betroffenen Personen, das im Hinblick auf das Recht auf Achtung der Privatsphäre eine genauso sensible Information darstellt wie der Inhalt der Kommunikationen selbst. Der mit einer solchen Regelung verbundene Eingriff in die in den Art. 7 und 8 der Charta verankerten Grundrechte ist von großem Ausmaß und als besonders schwerwiegend anzusehen.“[1924]

Die Schwere der Beeinträchtigung des betroffenen Grundrechts auf Achtung des Privatlebens hob der Gerichtshof bisweilen auch schon vor Inkrafttreten der GRC hervor, jedoch ohne in der Urteilsbegründung aus dieser Feststellung explizit das Erfordernis einer strengen Rechtfertigungsprüfung abzuleiten. So qualifizierte er in der Rs *ORF* die verpflichtende Veröffentlichung der Gehälter von Bediensteten bestimmter öffentlicher Rechtsträger als intensiven Grundrechtseingriff, da die betroffenen Personen aufgrund der Veröffentlichung in Bezug

1920 Urteil Google Spain, C-131/12, EU:C:2014:317, Rz 81.
1921 Urteil Digital Rights Ireland und Seitlinger, C-293/12 u C-594/12, EU:C:2014:238, Rz 47.
1922 Urteil Digital Rights Ireland und Seitlinger, C-293/12 u C-594/12, EU:C:2014:238, Rz 48.
1923 Urteil Digital Rights Ireland und Seitlinger, C-293/12 u C-594/12, EU:C:2014:238, Rz 49 ff.
1924 Urteil Tele2 Sverige, C-203/15 u C-698/15, EU:C:2016:970, Rz 99 f.

auf ihre Jobchancen bei anderen Unternehmen benachteiligt sein können[1925] und bezweifelte, dass das Erfordernis einer namentlichen Nennung der Bediensteten dem Grundsatz der Verhältnismäßigkeit entspricht.[1926]

Wenngleich nicht in derselben Deutlichkeit wie bei Eingriffen in die Rechte nach Art 7 und 8 GRC ist die Relevanz der Eingriffsschwere bisweilen auch in Urteilen zu Art 16 GRC nachweisbar. So führt der EuGH in seiner Urteilsbegründung in der Rs *Scarlet Extended* betreffend die Internetzugangsprovidern obliegende Verpflichtung zur Einrichtung eines Filtersystems aus, dass dieses Filtersystem eine Überwachung der gesamten *„elektronischen Kommunikation im Netz des fraglichen Providers"* bedeutet und *„zudem zeitlich unbegrenzt ist [...]."*[1927] Daraus schließt er, dass von *„einer qualifizierten Beeinträchtigung der unternehmerischen Freiheit"*[1928] auszugehen ist und unterzieht den Grundrechtseingriff einer strengen Kontrolle.[1929] Konsistent spricht der Gerichtshof auch in einem späteren Urteil betreffend die Einrichtung eines ähnlichen Filtersystems von der Schwere des Eingriffs[1930] und nimmt in weiterer Folge eine rigide Überprüfung vor, welche im Ergebnis zur Feststellung der Unionsrechtswidrigkeit führt.[1931]

Die Intensität der Beeinträchtigung wird vom EuGH nicht immer wie in den genannten Urteilen explizit betont, lässt sich jedoch bisweilen auch eindeutig aus den Begründungen ableiten. Besonders illustrativ ist in diesem Zusammenhang ein Urteil des Gerichtshofes, in dem es um die Frage der Anerkennung von Personen als Flüchtlinge ging, welche behaupteten aufgrund ihrer sexuellen Orientierung in ihrem Heimatstaat verfolgt zu werden.[1932] Die Methoden der nationalen Behörden, um den Wahrheitsgehalt dieser Behauptungen zu überprüfen, stellten gravierende Eingriffe in die Rechte nach Art 1 und Art 7 GRC dar, da unter anderem Details zu ihren sexuellen Praktiken abgefragt wurden.[1933] Darüber hinaus bestand für die nationalen Behörden auch die Möglichkeit, die Glaubwürdigkeit der betroffenen Personen zu verneinen, wenn sie den Verfolgungsgrund der sexuellen Orientierung nicht bei erster Gelegenheit geltend

---

1925 Urteil ORF, C-465/00, C-138/01 u C-139/01, EU:C:2003:294, Rz 89.

1926 Urteil ORF, C-465/00, C-138/01 u C-139/01, EU:C:2003:294, Rz 82 ff.

1927 Urteil Scarlet Extended, C-70/10, EU:C:2011:771, Rz 47.

1928 Urteil Scarlet Extended, C-70/10, EU:C:2011:771, Rz 48.

1929 Urteil Scarlet Extended, C-70/10, EU:C:2011:771, Rz 41 ff.

1930 Urteil SABAM, C-360/10, EU:C:2012:85, Rz 46.

1931 Urteil SABAM, C-360/10, EU:C:2012:85, Rz 39 ff; vgl auch *Kastl*, Filter – Fluch oder Segen? GRUR 2016, 671 (677).

1932 Urteil A, C-148/13, C-149/13 u C-150/13, EU:C:201:2406.

1933 Urteil A, C-148/13, C-149/13 u C-150/13, EU:C:201:2406, Rz 64.

machten.[1934] Aufgrund *„des sensiblen Charakters"* der die *„persönliche Sphäre"* betreffenden Fragen folgerte der Gerichtshof, dass der Grundrechtseingriff nicht zu rechtfertigen ist.[1935]

V.D.4.b. Ausnahme: Erhebliche wirtschaftliche Nachteile

Ungeachtet der genannten Urteile kann aus der Feststellung einer schweren Beeinträchtigung des betroffenen Grundrechts durch den Gerichtshof nicht jedenfalls die Schlussfolgerung gezogen werden, dass er eine strenge Verhältnismäßigkeitsprüfung vornimmt und eine Grundrechtsverletzung bejaht. Dies betrifft vor allem jene Fälle, in denen *„erhebliche negative Konsequenzen"* wirtschaftlicher Natur festgestellt werden[1936] und mit dem Grundrechtseingriff bedeutende Ziele, wie die Beendigung des Kriegszustandes und die Unterbindung gravierender Verletzungen der Menschenrechte,[1937] verfolgt werden. Auch das Einfrieren von Geldern zum Zwecke der Terrorismusbekämpfung beurteilt der Gerichtshof trotz der erheblich nachteiligen Auswirkungen auf den Betroffenen in Anbetracht der Bedeutung des legitimen Zieles als grundsätzlich zulässigen Eingriff in das Grundrecht auf Eigentum,[1938] sofern bestimmte Verfahrensrechte gewahrt werden.[1939] Selbst wenn eine Maßnahme im Vergleich zu den oben genannten Zielen „nur" dem Schutz der Verbraucher dienen soll und die betroffenen Unternehmen wirtschaftlich erheblich beeinträchtigt, hindert dies den Gerichtshof nicht, die Verhältnismäßigkeit der Maßnahme ohne umfangreiche Prüfungen zu bejahen.[1940]

V.D.4.c. Abschließende Erwägungen

Zur Relevanz der Schwere des Grundrechtseingriffs für die Kontrolldichte sind an dieser Stelle abschließend die folgenden Punkte hervorzuheben: Eine schwere Beeinträchtigung einer grundrechtlichen Garantie spricht im Allgemeinen dafür, dass der Gerichtshof eine strenge Kontrolle vornimmt und dies bisweilen auch explizit ausspricht. Dies gilt im Besonderen für schwere Eingriffe in Art 7 und 8 GRC. Sofern ein Eingriff in ein wirtschaftliches Grundrecht als schwerwiegend zu qualifizieren ist, kann ebenfalls eine strenge Kontrolle geboten sein. Häufiger ist in diesen Fällen jedoch eine zurückhaltende Prüfung, weil mit dem Eingriff

---

1934 Urteil A, C-148/13, C-149/13 u C-150/13, EU:C:201:2406, Rz 67.

1935 Urteil A, C-148/13, C-149/13 u C-150/13, EU:C:201:2406, Rz 69 ff.

1936 Urteil Bosphorus, C-84/95, EU:C:1996:312, Rz 23; Beschluss "Invest" Import und Export und Invest Commerce, C-317/00 P(R), EU:C:2000:621, Rz 60.

1937 Urteil Bosphorus, C-84/95, EU:C:1996:312, Rz 25 f; Beschluss "Invest" Import und Export und Invest Commerce, C-317/00 P(R), EU:C:2000:621, Rz 1.

1938 Urteil Kadi, C-402/05 P u C-415/05 P, EU:C:2008:461, Rz 361 ff.

1939 Urteil Kadi, C-402/05 P u C-415/05 P, EU:C:2008:461, Rz 367 ff.

1940 Urteil Nelson, C-581/10 u C-629/10, EU:C:2012:657, Rz 81 ff.

oft ein bedeutender legitimer Zweck verfolgt wird, den der EuGH höher gewichtet als die negativen wirtschaftlichen Konsequenzen. Daraus ergibt sich, dass die Schwere eines Grundrechtseingriffs isoliert betrachtet keinen Hinweis auf die anzulegende Kontrolldichte geben kann, sondern nur im Zusammenhang mit anderen Faktoren, wie vor allem dem beeinträchtigten Grundrecht und dem verfolgten legitimen Ziel, aussagekräftig ist. Wenngleich dieser Befund auch für andere Determinanten der gerichtlichen Kontrolldichte gilt, ist er in Bezug auf die Schwere des Grundrechtseingriffs besonders ausgeprägt.

Abgesehen von der eben skizzierten Problematik stellt sich auf Basis der Judikatur auch die Frage, ob der Gerichtshof die Schwere des Eingriffs als Determinante der Kontrolldichte oder als zu berücksichtigenden Aspekt im Rahmen der Angemessenheitsprüfung versteht. Da er in manchen Urteilen von der Feststellung einer schweren Grundrechtsbeeinträchtigung ausgehend eine strikte Kontrolle fordert,[1941] während er in anderen Urteilen diese Feststellung in Relation zu dem verfolgten Ziel setzt,[1942] kann die Frage anhand der ergangenen Rechtsprechung nicht beantwortet werden. Für den Ausgang eines Rechtsstreits macht dies mE häufig auch keinen Unterschied. Denn wenn der Richter über die (Un)verhältnismäßigkeit eines Grundrechtseingriffs zu urteilen hat, kann die Schwere des Eingriffs im Wesentlichen auf zwei Arten auf die Verhältnismäßigkeitsprüfung einwirken, die beide dieselbe Konsequenz haben:

Dies lässt sich auf anschauliche Weise demonstrieren, indem man sich die Prüfung des Teilgrundsatzes der Angemessenheit als Wiegen mit einer Balkenwaage vorstellt, mit deren Hilfe untersucht wird, ob der Grundrechtseingriff in einem angemessenen Verhältnis zu dem verfolgten Ziel steht.[1943] Während die eine Waagschale den streitgegenständlichen Grundrechtseingriff beinhaltet, liegt in der anderen Waagschale der Zweck des Grundrechtseingriffs. Der Richter hat nun die Aufgabe zu untersuchen, ob sich der Balken der Waage in oder relativ nahe an der Horizontale befindet. Mit anderen Worten prüft er, ob ein angemessenes bzw ein nicht unangemessenes Verhältnis zwischen dem Eingriff und dem verfolgten Zweck besteht. Aufgrund der mangelnden Quantifizierbarkeit der beiden Schaleninhalte kann dieser Vorgang naturgemäß kein mathematisch exakter sein.

Die Schwere des Grundrechtseingriffs kann nun als etwas, das die eine Schale nach unten und somit weg von einem angemessenen Verhältnis zu dem verfolg-

---

1941 Vgl etwa das Urteil Digital Rights Ireland und Seitlinger, C-293/12 u C-594/12, EU:C:2014:238, Rz 48 oder das Urteil Schrems, C-362/14, EU:C:2015:650, Rz 78.

1942 Vgl etwa das Urteil Google Spain, C-131/12, EU:C:2014:317, Rz 80 f.

1943 Zur Verhältnismäßigkeitsprüfung als Wiegen mit einer Waage vgl etwa *Haverkate*, Rechtsfragen des Leistungsstaats (1983) 143.

ten Zweck zieht, verstanden werden. Dies hat zur Folge, dass der Balken der Waage nur in die Richtung eines angemessenen Gleichgewichts gebracht werden kann, wenn sich auch in der anderen Waagschale etwas von ähnlichem Gewicht befindet. Im Ergebnis führt ein intensiver Grundrechtseingriff dazu, dass er schwieriger zu rechtfertigen ist, weil auch die Waagschale, die das legitime Ziel enthält, zusätzliches Gewicht benötigt, damit der Richter zu dem Ergebnis kommen kann, dass die beiden Waagschalen in etwa gleich schwer sind.

Wenn man die Schwere des Eingriffs hingegen als Determinante der Kontrolldichte versteht, bedeutet dies nicht, dass die eine Waagschale schwerer wird. Dennoch wird auch nach diesem Verständnis die Rechtfertigung des Eingriffs schwieriger. Es kann nämlich argumentiert werden, dass der Richter in diesem Fall prüft, ob sich der Balken der Waage tatsächlich exakt in der Horizontale befindet und es nicht genügen lässt, wenn die beiden Waagschalen ungefähr gleich schwer sind.

Die eben angestellten Überlegungen sprechen somit dafür, dass die Frage, ob die Schwere des Eingriffs als Determinante der Kontrolldichte oder als Aspekt im Rahmen der Abwägung zwischen Eingriff und verfolgtem Ziel zu qualifizieren ist, für die Beurteilung des Teilgrundsatzes der Angemessenheit im Ergebnis keinen Unterschied macht. Darüber hinaus ist mE auch davon auszugehen, dass Richter bei ihrer Urteilsfindung die beiden unterschiedlichen Perspektiven im Hinblick auf die Bedeutung der Schwere des Eingriffs für die Untersuchung der Angemessenheit nicht trennen, weil dies in der Praxis wohl auch nicht möglich ist.

Allerdings hat die Kontrolldichte im Allgemeinen nicht nur auf die Prüfungsstrenge in Bezug auf die Angemessenheit, sondern vor allem hinsichtlich der Eignung und der Erforderlichkeit Auswirkungen. Aus der Judikatur kann mE nur in den seltenen Fällen, in denen der Gerichtshof explizit eine strikte Kontrolle aufgrund der Schwere des Eingriffs fordert, abgeleitet werden, dass dieser Faktor auch Auswirkungen auf die Teilgrundsätze der Eignung und Erforderlichkeit hat. Nicht nachweisbar ist hingegen, dass lediglich die Feststellung eines gravierenden Grundrechtseingriffs Auswirkungen auf andere Teilgrundsätze als jenen der Angemessenheit hätte.

V.D.5. Bedeutung des verfolgten legitimen Ziels

Sofern mit einem Grundrechtseingriff bestimmte „gewichtige“ Ziele verfolgt werden, ist es wahrscheinlicher, dass der Gerichtshof den Eingriff letztendlich als verhältnismäßig qualifiziert. Aus diesem Grund wird in der Literatur argumentiert, dass die Kontrolldichte auch von dem verfolgten legitimen Ziel abhängt.[1944] Wie bereits im vorangehenden Kapitel in Bezug auf die Schwere des Eingriffs dargelegt,[1945] kann auch die hohe Bedeutung eines legitimen Ziels auf zwei Arten auf den Ausgang der Verhältnismäßigkeitsprüfung Einfluss nehmen. Entweder indem sie eine strenge Prüfung zumindest einzelner Kriterien des Verhältnismäßigkeitsgrundsatzes nach sich zieht oder indem sie im Rahmen der Angemessenheitsprüfung das Gewicht in einer der Waagschalen erhöht.

V.D.5.a. Gesundheitsschutz

Der Schutz der Gesundheit wird an mehreren Stellen im europäischen Primärrecht betont und nimmt daher eine besondere Stellung im Katalog der legitimen Ziele ein. Diese Sonderstellung beruht vor allem auf Art 168 AEUV, wonach bei allen Unionspolitiken ein hohes Gesundheitsschutzniveau sicherzustellen ist, und auf Art 35 GRC. Nach der letztgenannten Bestimmung ist das Ziel eines hohen Gesundheitsschutzniveaus seit dem Inkrafttreten der GRC nunmehr auch grundrechtlich abgesichert. Dies hat zur Folge, dass ein Eingriff in Grundrechte mit dem Ziel, die menschliche Gesundheit zu fördern, vom Gerichtshof als Kollision von zwei Grundrechten beurteilt werden kann und die widerstreitenden Grundrechte folglich im Rahmen einer Abwägung zum Ausgleich zu bringen sind. Explizit betonte der Gerichtshof das Erfordernis, ein angemessenes Gleichgewicht zwischen den Rechten nach Art 15 und 16 GRC und jenem nach Art 35 GRC zu schaffen, bspw in seinem Urteil in der Rs *Deutsches Weintor*, in welchem das Verbot bestimmter Angaben auf den Etiketten alkoholischer Getränke streitgegenständlich war.[1946] Aufgrund der Gefahren des Alkohols für die menschliche Gesundheit erachtete der EuGH den Grundrechtseingriff nach Durchführung einer nur äußerst kursorischen Verhältnismäßigkeitsprüfung als gerechtfertigt.[1947]

Allerdings wird selbst in der jüngeren Judikatur das Erfordernis einer Abwägung zwischen dem beeinträchtigten Grundrecht und dem Recht auf Gesundheitsschutz nach Art 35 GRC nicht konsistent betont. Nichtsdestotrotz äußert sich die Bedeutung des Gesundheitsschutzes regelmäßig in einer zurückhaltenden Verhältnismäßigkeitsprüfung durch den EuGH. In ständiger Rechtsprechung judiziert er, dass Unsicherheiten über die Auswirkungen von bestimmten Produkten auf die menschliche Gesundheit dem Unionsgesetzgeber nicht die Möglichkeit

---

1944 *Jarass*, Charta der Grundrechte der EU^3 Art 52 Rz 45 mwN; *de Búrca*, 13 YEL 1993, 147.

1945 Siehe Kapitel V.D.4.c oben.

1946 Urteil Deutsches Weintor, C-544/10, EU:C:2012:526, Rz 47; zum Erfordernis eines angemessenen Gleichgewichts vgl auch das Urteil Neptune Distribution, C-157/14, EU:C:2015:823, Rz 73 ff (Verbotene Angaben auf Etiketten für Mineralwasser).

1947 Zur kursorischen Verhältnismäßigkeitsprüfung in diesem Urteil siehe bereits Kapitel IV.B.4.d.i.2 oben.

nehmen, den Verkauf dieser Produkte zum Zwecke des Gesundheitsschutzes zu regulieren.[1948] Denn in derartigen Situationen gilt für den Unionsgesetzgeber das Vorsorgeprinzip, dem zufolge *„Schutzmaßnahmen getroffen werden können, ohne dass abgewartet werden müsste, dass das Bestehen und die Schwere dieser Risiken vollständig dargelegt werden."* [1949] Fortbestehende wissenschaftliche Unsicherheiten nehmen somit dem Unionsgesetzgeber nicht die Möglichkeit derartige Schutzmaßnahmen zu erlassen.[1950]

Das Vorsorgeprinzip hat zur Folge, dass der Gerichtshof im Rahmen seiner Prüfung nur offensichtliche Ermessensfehler aufgreift[1951] oder auch ohne Bezugnahme auf offensichtliche Beurteilungsfehler nur zurückhaltend prüft,[1952] wobei die gerichtliche Zurückhaltung in diesen Fällen durchaus variiert. In den Urteilen, in denen das Vorsorgeprinzip thematisiert wird, führt der Gerichtshof mit dem Ermessen des Unionsgesetzgebers regelmäßig auch einen anderen Faktor an, welcher eine zurückhaltende gerichtliche Kontrolle indiziert.[1953] Er begründet das weite Ermessen damit, dass der Unionsgesetzgeber in dieser Materie *„politische, wirtschaftliche und soziale Entscheidungen [treffen] und [...] komplexe Beurteilungen vornehmen muss."*[1954]

Auch in jenen Fällen, in denen der EuGH das Vorsorgeprinzip nicht erwähnt, werden Grundrechtseingriffe mit dem Ziel des Gesundheitsschutzes zurückhaltend geprüft. Dabei betont er das hohe Gesundheitsschutzniveau[1955] und / oder verweist auf den Ermessensspielraum des zuständigen Unionsorgans.[1956] In der jüngeren Judikatur begründet der Gerichtshof das weite Ermessen nunmehr zum

---

[1948] Urteil Acino / Kommission, C-269/13 P, EU:C:2014:255, Rz 57 mwN aus der älteren Judikatur (Inverkehrbringen von Humanarzneimitteln); Urteil Neptune Distribution, C-157/14, EU:C:2015:823, Rz 81; Urteil Pillbox 38, C-477/14, EU:C:2016:324, Rz 51 ff (Verbot der kommerziellen Kommunikation und des Sponsorings für elektronische Zigaretten).

[1949] Urteil Neptune Distribution, C-157/14, EU:C:2015:823, Rz 81; vgl auch Urteil Pillbox 38, C-477/14, EU:C:2016:324, Rz 55; Urteil Glatzel, C-356/12, EU:C:2014:350, Rz 65.

[1950] Urteil Pesce, C-78/16, EU:C:2016:428, Rz 49.

[1951] Urteil Pillbox 38, C-477/14, EU:C:2016:324, Rz 56 ff; Urteil Pesce, C-78/16, EU:C:2016:428, Rz 49.

[1952] Urteil Neptune Distribution, C-157/14, EU:C:2015:823, Rz 83 ff.

[1953] Urteil Neptune Distribution, C-157/14, EU:C:2015:823, Rz 76; Urteil Pillbox 38, C-477/14, EU:C:2016:324, Rz 49; Urteil Pesce, C-78/16, EU:C:2016:428, Rz 49.

[1954] Urteil Neptune Distribution, C-157/14, EU:C:2015:823, Rz 76; vgl auch das Urteil Pillbox 38, C-477/14, EU:C:2016:324, Rz 49; ähnlich die Begründung im Urteil Pesce, C-78/16, EU:C:2016:428, Rz 49.

[1955] Urteil British American Tobacco (Investments) und Imperial Tobacco, C-491/01, EU:C:2002:741, Rz 124; Urteil Rinke, C-25/02, EU:C:2003:435, Rz 38; Urteil Swedish Match, C-210/03, EU:C:2004:802, Rz 32.

[1956] Urteil British American Tobacco (Investments) und Imperial Tobacco, C-491/01, EU:C:2002:741, Rz 123; Urteil Swedish Match, C-210/03, EU:C:2004:802, Rz 48; Urteil Schaible, C-101/12, EU:C:2013:661, Rz 47.

Teil auch explizit damit, dass der Unionsgesetzgeber auf diesem Gebiet *„komplexe Fragen medizinscher Art“* zu beurteilen hat.[1957] Da es dabei um die Beurteilung wissenschaftlicher Umstände geht, ist der Unionsrichter nicht befugt, seine eigene Einschätzung an die Stelle des Unionsgesetzgebers zu setzen.[1958]

Die Kontrolle des Gerichtshofes ist bei Grundrechtseingriffen durch die zuständigen Organe der Mitgliedstaaten weniger zurückhaltend als bei Eingriffen durch die Unionsorgane. So behandelte der EuGH im Urteil *Léger* alle drei Teilgrundsätze des Verhältnismäßigkeitsgrundsatzes und betonte auch nicht das mitgliedstaatliche Ermessen als er eine nationale Regelung zu beurteilen hatte, wonach homosexuelle Männer von der Möglichkeit, Blut zu spenden, dauerhaft ausgeschlossen waren.[1959] Dennoch übte er mE mehr Zurückhaltung als bei mitgliedstaatlichen Eingriffen in Verfolgung anderer legitimer Ziele, indem er die endgültige Beurteilung der Verhältnismäßigkeit gänzlich dem nationalen Gericht überließ und die Bedeutung der Sicherstellung eines hohen Gesundheitsschutzniveaus bei den Empfängern von Blutspenden hervorhob.[1960]

V.D.5.b. Verbraucherschutz

Wie der Gesundheitsschutz ist auch der Schutz der Verbraucher im europäischen Primärrecht mehrfach abgesichert. Für Zwecke der vorliegenden Arbeit sind mE insbesondere zwei dieser Bestimmungen relevant: Zum einen findet sich in Art 169 AEUV ein Bekenntnis zur Sicherstellung eines hohen Verbraucherschutzniveaus, zum anderen ist der Verbraucherschutz seit dem VvL auch in Art 38 GRC verankert. Neben diesen Bestimmungen zitiert der EuGH in seinen Urteilen bisweilen auch Art 12 AEUV, wonach den Erfordernissen des Verbraucherschutzes von der Union Rechnung zu tragen ist, und Art 114 Abs 3 AEUV, wonach die Kommission bei ihren Vorschlägen zur Rechtsangleichung (unter anderem) im Bereich des Verbraucherschutzes von einem hohen Schutzniveau ausgeht.[1961]

In dem Urteil *McDonagh,* in welchem der Gerichtshof die in der VO 261/2004/EG normierte Verpflichtung, wonach Fluglinien für die Fluggäste im Fall der Annullierung ihrer Flüge Betreuungsleistungen (Mahlzeiten, Hotelunterbringung) erbringen müssen bis diese ihre Reise fortsetzen können, zu untersuchen

---

[1957] Urteil Glatzel, C-356/12, EU:C:2014:350, Rz 52 u 64.

[1958] Urteil Glatzel, C-356/12, EU:C:2014:350, Rz 64.

[1959] Urteil Léger, C-528/13, EU:C:2015:288, Rz 50 ff; zur umfassenden Prüfung der Erforderlichkeit vgl *Ogorek*, Diskriminierung durch Blutspendeverbot für homosexuelle Männer, JA 2015, 638 (640).

[1960] Urteil Léger, C-528/13, EU:C:2015:288, Rz 69.

[1961] Urteil Neptune Distribution, C-157/14, EU:C:2015:823, Rz 73.

hatte, treten die Relevanz des Verbraucherschutzes für die Kontrolldichte und das Erfordernis einer Abwägung zu Tage.[1962] Denn der EuGH führt in seiner Begründung aus, dass die *„Bedeutung, die dem Ziel des Schutzes der Verbraucher [...] zukommt, [...] negative wirtschaftliche Folgen selbst beträchtlichen Ausmaßes für bestimmte Wirtschaftsteilnehmer rechtfertigen [kann].“*[1963] In weiterer Folge betont er das hohe Verbraucherschutzniveau, welches von Art 38 GRC gefordert wird, und das Erfordernis eines angemessenen Gleichgewichts zwischen den betroffenen Grundrechten.[1964] Unter dem schlichten Verweis auf eines seiner früheren Urteile kommt er schließlich ohne nähere Untersuchung der einzelnen Teilgrundsätze des Verhältnismäßigkeitsgrundsatzes zu dem Ergebnis, dass die streitgegenständliche Verpflichtung keinen unverhältnismäßigen Grundrechtseingriff darstellt.[1965]

Das vom Gerichtshof zur Begründung zitierte Urteil *IATA und ELFAA* erging bereits vor Inkrafttreten der GRC, betraf aber ebenfalls die Gültigkeit der oben genannten VO.[1966] Wenngleich er somit in diesem Urteil die hohe Bedeutung des Verbraucherschutzes noch nicht unter Bezugnahme auf die GRC begründen konnte und sie auch nicht auf andere Weise betonte, konnte das Ziel des Verbraucherschutzes die wirtschaftlich nachteiligen Konsequenzen für die Fluglinien rechtfertigen. Dies weist mE darauf hin, dass Grundrechtseingriffe zum Zwecke des Verbraucherschutzes bereits vor dessen grundrechtlicher Verankerung tendenziell zurückhaltend geprüft wurden. Einschränkend muss zu dem Urteil *IATA und ELFAA* freilich angemerkt werden, dass auch die Betonung des weiten Ermessensspielraums auf dem Gebiet der gemeinsamen Verkehrspolitik[1967] für eine geringe Kontrolldichte spricht, weshalb nicht allein das verfolgte legitime Ziel auf die Intensität der gerichtlichen Prüfung Einfluss nahm.

Typischerweise spielt der Rechtfertigungsgrund des Verbraucherschutzes bei Vorschriften zur Produktetikettierung eine wichtige Rolle. Diese sollen gewährleisten, dass die Konsumenten genaue und transparente Informationen über die Merkmale der Produkte erhalten, weshalb der EuGH auch deren enge Verbundenheit mit dem Gesundheitsschutz betont.[1968] Die Folge der grundrechtlichen Normierung des Verbraucherschutzes ist bisweilen auch im Bereich der Produktetikettierung, dass der Gerichtshof sowohl die Bedeutung eines hohen Verbraucherschutzniveaus als auch die Notwendigkeit, die verschiedenen betroffenen

---

1962 Urteil McDonagh, C-12/11, EU:C:2013:43.
1963 Urteil McDonagh, C-12/11, EU:C:2013:43, Rz 48.
1964 Urteil McDonagh, C-12/11, EU:C:2013:43, Rz 63 f.
1965 Urteil McDonagh, C-12/11, EU:C:2013:43, Rz 45 ff.
1966 Urteil IATA und ELFAA, C-344/04, EU:C:2006:10.
1967 Urteil IATA und ELFAA, C-344/04, EU:C:2006:10, Rz 80.
1968 Urteil Neptune Distribution, C-157/14, EU:C:2015:823, Rz 74.

Grundrechte miteinander in Einklang zu bringen, hervorhebt.[1969] Neben dem verfolgten legitimen Ziel kann die zurückhaltende gerichtliche Prüfung mE jedoch auch auf das dem Unionsgesetzgeber vom EuGH eingeräumte Ermessen zurückgeführt werden, welches ihm aufgrund der von ihm verlangten politischen, wirtschaftlichen und sozialen Entscheidungen und den vom ihm vorzunehmenden komplexen Beurteilungen zusteht.[1970]

Selbst in der jüngsten Rechtsprechung des Gerichtshofes werden Vorschriften zur Produktetikettierung ungeachtet dessen, dass bisweilen die Bedeutung eines hohen Verbraucherschutzniveaus nicht erwähnt, Art 38 GRC nicht zitiert, auf das Erfordernis einer Abwägung nicht hingewiesen und das Ermessen des Unionsgesetzgebers nicht betont wird, zurückhaltend geprüft. So untersuchte der EuGH in seinem Urteil in der Rs *Lidl* die verpflichtende Angabe des Gesamtpreises und des Preises pro Gewichtseinheit auf den Etiketten von Geflügelfleisch vor dem Hintergrund von Art 16 GRC zwar strukturiert, aber nur äußert zurückhaltend, indem er zu den einzelnen Teilgrundsätzen des Verhältnismäßigkeitsgrundsatzes nur kursorische Erwägungen anstellte.[1971]

Insgesamt ergingen bis dato jedoch nur vereinzelt Urteile des EuGH zu Vorschriften zur Produktetikettierung, in denen er diese an den Grundrechten und nicht an den Grundfreiheiten maß, sodass noch keine verlässlichen Aussagen in Bezug auf die Vorgehensweise des EuGH in derartigen Fallkonstellationen getroffen werden können.

V.D.5.c. Öffentliche Ordnung und Sicherheit

Die Sicherstellung der öffentlichen Ordnung und Sicherheit stellt traditionell einen wichtigen Rechtfertigungsgrund für Grundrechtseingriffe dar. Da es sich dabei um eine Kernaufgabe des Staates handelt, kann argumentiert werden, dass Eingriffe zur Erreichung dieses Zieles von Gerichten nur zurückhaltend zu prüfen sind. Dieser Gedanke kann – wenngleich mit gewissen Einschränkungen – auf die Union übertragen werden, da auch sie ihren Bürgern einen Raum der Sicherheit bieten soll.[1972] In den letzten Jahren wurde die Union auf diesem Feld auch zunehmend aktiv, um den globalen Herausforderungen wie Terrorismus oder nuklearer Aufrüstung zu begegnen. Es verwundert daher nicht, dass sich in

---

1969 Urteil Neptune Distribution, C-157/14, EU:C:2015:823, Rz 72 u 75.

1970 Urteil Neptune Distribution, C-157/14, EU:C:2015:823, Rz 76.

1971 Urteil Lidl, C-134/15, EU:C:2016:498, Rz 38 f; vgl auch *Drechsler*, Der EuGH auf dem Weg zu einer Dogmatik der Wirtschaftsgrundrechte? – Anmerkung zum Urteil des EuGH vom 30. Juni 2016 in der Rechtssache Lidl (C-134/15), EuR 2016, 691 (699).

1972 Art 3 Abs 2 EUV.

der jüngeren Vergangenheit einige Urteile des EuGH mit diesen Themen befasst haben.

V.D.5.c.i. *Maßnahmen durch die Union*

In der älteren Rechtsprechung übte der Gerichtshof höchste Zurückhaltung, sofern die Union in Grundrechte zum Zwecke der öffentlichen Ordnung und Sicherheit eingriff.[1973] Besonders augenscheinlich wird dies in jenen Urteilen, in denen wirtschaftliche Sanktionen zur Beendigung des Kriegszustandes im ehemaligen Jugoslawien vom Gerichtshof zu beurteilen waren. So kam der EuGH im Urteil in der Rs *Bosphorus* zu dem Ergebnis, dass die Beschlagnahme von zwei Flugzeugen einer türkischen Fluglinie, welche von einer jugoslawischen Fluglinie während aufrechter Sanktionen geleast worden waren, als verhältnismäßiger Eingriff in das Eigentumsrecht zu bewerten ist.[1974] In seiner Begründung hebt er hervor, dass das Gewicht der verfolgten legitimen Ziele *„erhebliche negative Konsequenzen für bestimmte Wirtschaftsteilnehmer rechtfertigen [kann]“,*[1975] und betont anschließend, dass das *„verfolgte Ziel eine erhebliche Bedeutung“* hat.[1976] Die „Prüfung“ der Verhältnismäßigkeit besteht aus einem einzigen Satz, welcher auszugsweise wie folgt lautet: *„Angesichts eines für die internationale Völkergemeinschaft derart grundlegenden, dem Gemeinwohl dienenden Zieles, das dahin geht, den Kriegszustand [...] zu beenden, kann die Beschlagnahme [...] nicht als unangemessen oder unverhältnismäßig angesehen werden.“*[1977] Die im Wesentlichen selbe Begründung verwendete der Gerichtshof auch in der Rs *"Invest" Import und Export und Invest Commerce*, in welcher er das Einfrieren von Geldern während des Jugoslawien-Krieges in Anbetracht der Bedeutung der verfolgten legitimen Ziele als nicht unverhältnismäßig qualifizierte.[1978]

Mittlerweile unterliegen Grundrechtseingriffe durch den Unionsgesetzeber zur Gewährleistung der öffentlichen Ordnung und Sicherheit einer strengeren Rechtmäßigkeitskontrolle[1979] und werden vom EuGH mitunter auch als unverhältnismäßig qualifiziert. Wenngleich der EuGH nach wir vor in ständiger

---

1973 *de Búrca*, 13 YEL 1993, 114.

1974 Urteil Bosphorus, C-84/95, EU:C:1996:312; siehe hierzu auch Kapitel IV.B.4.a oben.

1975 Urteil Bosphorus, C-84/95, EU:C:1996:312, Rz 23.

1976 Urteil Bosphorus, C-84/95, EU:C:1996:312, Rz 25.

1977 Urteil Bosphorus, C-84/95, EU:C:1996:312, Rz 26.

1978 Beschluss "Invest" Import und Export und Invest Commerce, C-317/00 P(R), EU:C:2000:621, Rz 60.

1979 Zur hohen Kontrolldichte bei Grundrechtseingriffen im „Kampf gegen den Terrorismus“ vgl auch *von Danwitz*, Verfassungsrechtlich Herausforderungen in der jüngeren Rechtsprechung des EuGH, EuGRZ 2013, 253 (254 f) u *Schroeder*, Neues zur Grundrechtskontrolle in der Europäischen Union, EuZW 2011, 462 (465).

Rechtsprechung judiziert, dass die Bedeutung der verfolgten legitimen Ziele *„erhebliche negative Konsequenzen für bestimmte Wirtschaftsteilnehmer rechtfertigen [kann],“*[1980] achtet er nunmehr darauf, dass diese Eingriffe in das Eigentumsrecht der Betroffenen nur unter Einhaltung bestimmter Verfahrensgarantien vorgenommen werden.[1981]

In der Rs *Kadi II* beschäftigte sich der Gerichtshof umfassend mit dem Umfang der Verteidigungsrechte nach Art 41 Abs 2 GRC und dem Recht auf effektiven gerichtlichen Rechtsschutz nach Art 47 GRC bei der Beurteilung restriktiver Maßnahmen gegen Personen, welche mit der Al-Qaida in Verbindung stehen.[1982] Fraglich war, ob die Verweigerung des Zugangs zu den belastenden Informationen und Beweisen, aufgrund derer Herr Kadi in die Liste der von den restriktiven Maßnahmen betroffenen Personen aufgenommen worden war, die oben genannten Grundrechte verletzt, wobei auch der Unionsrichter diese Informationen und Beweise nicht einsehen konnte.[1983]

In seiner Begründung hält der EuGH fest, dass der Unionsrichter zu prüfen habe, ob die Gründe für die Aufnahme einer bestimmten Person in die Liste *„hinreichend präzise und konkret sind.“*[1984] Hierbei erfordere effektiver gerichtlicher Rechtsschutz, dass die Beurteilung des Unionsrichters *„auf einer hinreichend gesicherten tatsächlichen Grundlage beruht.“*[1985] Zu diesem Zwecke müsse er gegebenenfalls auch vertrauliche Informationen oder Beweise von der für die Verhängung der restriktiven Maßnahmen zuständigen Unionsbehörde anfordern.[1986] Sofern sich die Behörde aus Erwägungen der öffentlichen Sicherheit nicht dazu in der Lage sieht, die Informationen herauszugeben, habe der Unionsrichter jene Gründe, deren tatsächliche Grundlage er aufgrund der ihm nicht vorliegenden Informationen nicht würdigen kann, bei seiner Beurteilung außer Acht zu lassen, sodass sie die Aufnahme in die Liste nicht rechtfertigen können.[1987]

Für den Fall, dass zwar dem Unionsrichter bestimmte vertrauliche Informationen und Beweise mitgeteilt werden können, jedoch Gründe der öffentlichen Sicherheit der Mitteilung an die betroffene Person entgegenstehen, habe er *„die legiti-*

1980 Urteil Kadi, C-402/05 P u C-415/05 P, EU:C:2008:461, Rz 361.

1981 Urteil Kadi, C-402/05 P u C-415/05 P, EU:C:2008:461, Rz 333-353 u Rz 367-371; Urteil Hassan und Ayadi / Rat und Kommission, C-399/06 P u C-403/06 P, EU:C:2009:748, Rz 80 ff.

1982 Urteil Kadi II, C-584/10 P, C-593/10 P u C-595/10 P, EU:C:2013:518.

1983 Urteil Kadi II, C-584/10 P, C-593/10 P u C-595/10 P, EU:C:2013:518, Rz 103.

1984 Urteil Kadi II, C-584/10 P, C-593/10 P u C-595/10 P, EU:C:2013:518, Rz 118.

1985 Urteil Kadi II, C-584/10 P, C-593/10 P u C-595/10 P, EU:C:2013:518, Rz 119.

1986 Urteil Kadi II, C-584/10 P, C-593/10 P u C-595/10 P, EU:C:2013:518, Rz 120.

1987 Urteil Kadi II, C-584/10 P, C-593/10 P u C-595/10 P, EU:C:2013:518, Rz 123.

men Sicherheitsinteressen [...] auf der einen Seite und das Erfordernis, dem Einzelnen die Wahrung seiner Verfahrensrechte wie des Rechts, gehört zu werden, und des Grundsatzes des kontradiktorischen Verfahrens hinreichend zu garantieren, auf der anderen Seite zum Ausgleich zu bringen.“[1988] Folglich müsse der Unionsrichter bei seiner Beweiswürdigung auf den Umstand Bedacht nehmen, dass die betroffene Person zu den vertraulichen Informationen und Beweisen nicht Stellung nehmen kann.[1989]

In weiterer Folge wurde diese Rechtsprechung vom Gerichtshof in der Rs *Fulmen und Mahmoudian* bestätigt.[1990] Dabei zitierte er an mehreren Stellen Rz aus dem Urteil *Kadi II*. Diese betreffen unter anderem das Erfordernis *„einer hinreichend gesicherten tatsächlichen Grundlage“* für die Verhängung restriktiver Maßnahmen gegen eine bestimmte Person,[1991] die mögliche Notwendigkeit der Anforderung von vertraulichen Informationen und Beweisen von der zuständigen Unionsbehörde,[1992] die Außerachtlassung von angeführten Gründen bei der Beurteilung, wenn diese nicht durch Informationen und Beweise gestützt werden, die dem Unionsrichter vorliegen,[1993] sowie das Gebot einer Abwägung der legitimen Sicherheitsinteressen gegen die in der GRC normierten Verfahrensgarantien.[1994]

Auch abseits der Verhängung restriktiver Maßnahmen, welche im Lichte der wirtschaftlichen Grundrechte sowie der Verfahrensgrundrechte zu beurteilen ist, bedeutet die Berufung auf den Rechtfertigungsgrund der öffentlichen Ordnung und Sicherheit keinen Freibrief für den Unionsgesetzgeber, Grundrechte beliebig einzuschränken, da der Gerichtshof relativ umfassende Erwägungen zur Verhältnismäßigkeit vornimmt. So hatte er in der Rs *Schwarz* darüber abzusprechen, ob die verpflichtende Speicherung von Fingerabdrücken in Reisepässen grundrechtswidrig ist.[1995] Diese Verpflichtung sollte einerseits vor Fälschungen schützen und andererseits verhindern, dass Reisepässe von anderen Personen als den hierzu Berechtigten verwendet werden.[1996] Im Rahmen der Verhältnismäßigkeitsprüfung untersuchte der Gerichtshof ausdrücklich die Eignung[1997] und Er-

---

[1988] Urteil Kadi II, C-584/10 P, C-593/10 P u C-595/10 P, EU:C:2013:518, Rz 125.
[1989] Urteil Kadi II, C-584/10 P, C-593/10 P u C-595/10 P, EU:C:2013:518, Rz 129.
[1990] Urteil Fulmen und Mahmoudian, C-280/12 P, EU:C:2013:775; vgl darüber hinaus auch das Urteil Rat / Manufacturing Support & Procurement Kala Naft, C-348/12 P, EU:C:2013:776.
[1991] Urteil Fulmen und Mahmoudian, C-280/12 P, EU:C:2013:775, Rz 64.
[1992] Urteil Fulmen und Mahmoudian, C-280/12 P, EU:C:2013:775, Rz 65.
[1993] Urteil Fulmen und Mahmoudian, C-280/12 P, EU:C:2013:775, Rz 67 f.
[1994] Urteil Fulmen und Mahmoudian, C-280/12 P, EU:C:2013:775, Rz 70.
[1995] Urteil Schwarz, C-291/12, EU:C:2013:670; siehe zu diesem Urteil auch Kapitel IV.B.4.d.ii.a) oben.
[1996] Urteil Schwarz, C-291/12, EU:C:2013:670, Rz 36.
[1997] Urteil Schwarz, C-291/12, EU:C:2013:670, Rz 41-45.

forderlichkeit[1998] des Eingriffs in die Grundrechte nach Art 7 und 8 GRC und ließ dabei auch Erwägungen zur Angemessenheit[1999] in seine Beurteilung einfließen.

Noch deutlicher wird das Abgehen von einer zurückhaltenden Prüfung durch den Gerichtshof in dem Urteil zur Vorratsdatenspeicherung.[2000] Denn der Gerichtshof untersuchte in dieser Entscheidung nicht nur, ob die den Unternehmen im Kommunikationssektor auferlegte Verpflichtung zur Speicherung bestimmter Daten sämtlicher Kunden zur Bekämpfung schwerer Kriminalität und des internationalen Terrorismus[2001] tatsächlich geeignet,[2002] erforderlich und angemessen[2003] ist, sondern stellte im Ergebnis auch eine Grundrechtsverletzung fest.[2004]

Darüber hinaus ist auch bei Eingriffen in Art 6 GRC von einer hohen Kontrolldichte auszugehen. So nahm der Gerichtshof bspw in der Rs *N.* eine umfassende Verhältnismäßigkeitsprüfung vor, in deren Zuge er untersuchte, ob die Möglichkeit der Inhaftnahme eines Asylantragstellers aus Gründen der öffentlichen Ordnung oder nationalen Sicherheit das Grundrecht nach Art 6 GRC verletzt.[2005] In der Urteilsbegründung hebt er dabei insbesondere das Erfordernis einer Einzelfallprüfung und die Notwendigkeit einer Abwägung der Gefährdung der öffentlichen Ordnung und Sicherheit gegen die Schwere des Freiheitseingriffs hervor.[2006]

V.D.5.c.ii. Maßnahmen durch die Mitgliedstaaten

Auch die Berufung auf den Rechtfertigungsgrund der öffentlichen Ordnung und Sicherheit durch die Mitgliedstaaten konnte in der Vergangenheit gravierende Grundrechtseingriffe rechtfertigen: In der Rs *Sirdar* war fraglich, ob der Ausschluss von Frauen von einer militärischen Spezialeinheit aus gleichheitsrechtlichen Gründen zu beanstanden ist.[2007] In seinem Urteil betont der EuGH, dass die nationalen Stellen *„über einen bestimmten Ermessensspielraum [verfügen], wenn sie die für die öffentliche Sicherheit eines Mitgliedstaats erforderlichen*

1998 Urteil Schwarz, C-291/12, EU:C:2013:670, Rz 46-54.

1999 Urteil Schwarz, C-291/12, EU:C:2013:670, Rz 55 ff.

2000 Urteil Digital Rights Ireland und Seitlinger, C-293/12 u C-594/12, EU:C:2014:238, siehe zu diesem Urteil auch Kapitel IV.B.4.d.ii.a) oben.

2001 Urteil Digital Rights Ireland und Seitlinger, C-293/12 u C-594/12, EU:C:2014:238, Rz 41.

2002 Urteil Digital Rights Ireland und Seitlinger, C-293/12 u C-594/12, EU:C:2014:238, Rz 49 f.

2003 Urteil Digital Rights Ireland und Seitlinger, C-293/12 u C-594/12, EU:C:2014:238, Rz 51 ff.

2004 Urteil Digital Rights Ireland und Seitlinger, C-293/12 u C-594/12, EU:C:2014:238, Rz 69.

2005 Urteil N., C-601/15 PPU, EU:C:2016:84, Rz 54 ff; siehe zu diesem Urteil auch Kapitel IV.B.4.d.ii.a) oben.

2006 Urteil N., C-601/15 PPU, EU:C:2016:84, Rz 69.

2007 Urteil Sirdar, C-273/97, EU:C:1999:523.

Maßnahmen treffen.“[2008] Aus diesem Grund fällt die gerichtliche Überprüfung der Verhältnismäßigkeit zurückhaltend aus und mündet in der Feststellung, dass die besonderen Bedingungen in speziellen Kampfeinheiten die Ungleichbehandlung rechtfertigen können.[2009]

Allerdings ist dieses Urteil nicht als Freibrief für nationale Grundrechtseingriffe zum Zwecke der nationalen Sicherheit zu verstehen, da der Gerichtshof in einem ähnlich gelagerten Fall bereits kurze Zeit später den kategorischen Ausschluss von Frauen vom Dienst mit der Waffe in der deutschen Bundeswehr als unverhältnismäßig qualifizierte.[2010] Dies ungeachtet der Tatsache, dass der EuGH wiederum auf den Ermessensspielraum der nationalen Stellen bei der Verfolgung dieses Zweckes hinwies[2011] und hervorhob, dass die Entscheidung über die Organisation ihrer Streitkräfte den Mitgliedstaaten obliege.[2012] Der maßgebliche Unterschied im Vergleich zur Rs *Sirdar* bestand jedoch darin, dass sich der Ausschluss von Frauen nicht nur auf spezifische Tätigkeiten beschränkte, sondern beinahe sämtliche militärische Verwendungen betraf.[2013]

Dass vor allem in der jüngeren Rechtsprechung Grundrechtseingriffe deutlich strenger geprüft werden, ist auch anhand weiterer Urteile nachweisbar:[2014] In der Rs *ZZ* war fraglich, ob im Rechtsmittelverfahren gegen eine Entscheidung, mit der einem Unionsbürger die Einreise in einen Mitgliedstaat aus Gründen der öffentlichen Sicherheit verwehrt wurde, dem Betroffenen auf Grundlage von Art 47 GRC die wesentlichen Gründe für diese Entscheidung mitzuteilen sind.[2015] In diesem Sachverhalt hatte der Gerichtshof somit ein ähnliches Spannungsverhältnis wie in der bereits dargestellten Rs *Kadi II*[2016] zwischen Erwägungen der öffentlichen Sicherheit und dem Grundrecht auf effektiven Rechtsschutz aufzulösen. Aus diesem Grund verwundert es nicht, dass der Gerichtshof auch in seiner Begründung des Urteils *ZZ* umfassende Erwägungen zur Verhältnismäßigkeit vornimmt[2017] und das Erfordernis einer Abwägung ausdrücklich betont.[2018]

2008 Urteil Sirdar, C-273/97, EU:C:1999:523, Rz 27.

2009 Urteil Sirdar, C-273/97, EU:C:1999:523, Rz 31.

2010 Urteil Kreil, C-285/98, EU:C:2000:2; vgl auch *Koch*, Grundsatz 528.

2011 Urteil Kreil, C-285/98, EU:C:2000:2, Rz 24.

2012 Urteil Kreil, C-285/98, EU:C:2000:2, Rz 15.

2013 Urteil Kreil, C-285/98, EU:C:2000:2, Rz 27.

2014 Diese Tendenz konstatierte *Koch*, Grundsatz 528, bereits vor Ergehen der nachfolgend genannten Urteile.

2015 Urteil ZZ, C-300/11, EU:C:2013:363; siehe auch Kapitel IV.B.4.b.ii.b) oben.

2016 Siehe zu diesem Urteil bereits Kapitel V.D.5.c.i oben.

2017 Urteil ZZ, C-300/11, EU:C:2013:363, Rz 51 ff.

2018 Urteil ZZ, C-300/11, EU:C:2013:363, 64 ff.

Die strengere Prüfung des Gerichtshofes erstreckt sich mittlerweile aber auch auf deutlich weniger intensive Grundrechtseingriffe als das Verbot der Einreise in einen Mitgliedstaat. So qualifizierte der EuGH in seinem Urteil in der Rs *Napoli* den Ausschluss einer Frau von einem Ausbildungskurs – zur Erlangung eines höheren Dienstgrades innerhalb der Polizei – aufgrund ihrer mehrtägigen Abwesenheit während dem obligatorischen Mutterschaftsurlaub als Grundrechtsverletzung.[2019] Zu diesem Ergebnis gelangte der Gerichtshof ungeachtet der Tatsache, dass er in seinem Urteil das Ermessen der nationalen Behörden in Bezug auf Maßnahmen für die öffentliche Sicherheit erwähnt[2020] und auch ungeachtet des Umstandes, dass nach nationalem Recht für die Betroffene die Möglichkeit bestand, am nächsten Ausbildungskurs teilzunehmen.[2021]

V.D.6. Dringlichkeit der Maßnahme als Faktor?

Im Folgenden soll die Literaturmeinung, wonach die Dringlichkeit einer grundrechtsbeeinträchtigenden Maßnahme die Kontrolldichte des Gerichtshofes beeinflusst,[2022] untersucht werden. Dass von den zuständigen Organen in Situationen, in denen sie rasch handeln müssen, um im Allgemeininteresse liegende Ziele zu erreichen, nicht dieselbe Sorgfalt in der Entscheidungsfindung erwartet werden kann wie in anderen Situationen, liegt auf der Hand. Daraus folgt logisch, dass Gerichte diese Maßnahmen nicht mit derselben Strenge prüfen sollen, damit die zuständigen Organe handlungsfähig bleiben, wenn sie schnell entscheiden müssen. Dieser Gedanke kommt auch in der Rechtsprechung des EGMR zum Ausdruck, der in diesen Fällen einen weiten Beurteilungsspielraum einräumt.[2023]

Soweit ersichtlich hat der EuGH in seiner Judikatur zu den Grundrechten bis dato nicht explizit darauf hingewiesen, dass die Dringlichkeit des Erlasses einer Maßnahme seine Kontrolldichte beeinflusst. Genauso wenig scheint dieser Umstand bei der Bestimmung des Kontrolldichtegrades eine entscheidende Rolle zu spielen. Ungeachtet dessen spielt die Dringlichkeit mE in jenen Fälle eine gewisse Rolle, in denen bereits andere Faktoren für eine nur zurückhaltende Prüfung sprechen, indem sie die geringe Kontrolldichte zusätzlich „absichert". So ist die zurückhaltende Prüfung im Urteil *Bosphorus* betreffend die Zulässigkeit der Beschlagnahme von zwei Flugzeugen während aufrechter Wirtschaftssanktionen maßgeblich auf die große Bedeutung des verfolgten legitimen Ziels und auf den Umstand zurückzuführen, dass lediglich in ein wirtschaftliches Grundrecht ein-

---

2019 Urteil Napoli, C-595/12, EU:C:2014:128.
2020 Urteil Napoli, C-595/12, EU:C:2014:128, Rz 35.
2021 Urteil Napoli, C-595/12, EU:C:2014:128, Rz 24.
2022 *Tridimas*, Proportionality 76.
2023 Siehe Kapitel V.C.2.e oben.

gegriffen wurde.[2024] Dass in einem Zustand anhaltender Kriegshandlungen[2025] die Ergreifung von Gegenmaßnahmen schnell zu geschehen hat, kann nicht ernstlich in Frage gestellt werden und spricht somit zusätzlich für eine zurückhaltende gerichtliche Prüfung.

Nicht nur bei wirtschaftlichen Maßnahmen zur Beendigung von kriegerischen Auseinandersetzungen,[2026] sondern bisweilen auch bei Maßnahmen im Bereich der Gemeinsamen Agrarpolitik kommt die Dringlichkeit in den Urteilsbegründungen zur Sprache. Dabei handelt es sich um einen Bereich, in dem der Gerichtshof regelmäßig schon aufgrund des dem Unionsgesetzgeber zustehenden Ermessens Grundrechtseingriffe nur zurückhaltend prüft.[2027] So sprach der EuGH etwa davon, dass Maßnahmen zur Bekämpfung von Fischseuchen *„Dringlichkeitsmaßnahmen sind“*[2028] oder dass die Kommission bei Marktordnungsmaßnahmen *„mit der durch die Situation gebotenen Schnelligkeit [...] handeln [muss]“*[2029] und prüfte in beiden Fällen den Grundrechtseingriff nur zurückhaltend. Auch in diesen Fällen ist die Dringlichkeit der Maßnahme mE keine entscheidende Determinante der anzulegenden Kontrolldichte, sondern vielmehr ein zusätzliches Argument für eine zurückhaltende Prüfung.

Schließlich kann auch argumentiert werden, dass sich der Gerichtshof bei seiner zurückhaltenden Rechtfertigungsprüfung in dem Urteil *Ledra Advertising / Kommission und EZB*[2030] der Tatsache bewusst war, dass die Unionsorgane relativ schnell handeln mussten, um durch Gewährung eines Hilfsprogrammes, welches mit finanziellen Einbußen für die Inhaber von Einlagen verbunden war, einen Crash zypriotischer Banken zu verhindern. Wie bereits oben im Hinblick auf das Urteil *Bosphorus* ausgeführt, scheint auch in diesem Urteil die gerichtliche Zurückhaltung jedoch maßgeblich darauf zurückzuführen sein, dass lediglich in Art 17 GRC, sohin ein wirtschaftliches Grundrecht, eingegriffen wurde und das angestrebte legitime Ziel (Stabilität des Bankensystems) von großer Bedeutung war, während die Dringlichkeit des Grundrechtseingriffs mE zwar im Hinterkopf der Richter eine Rolle gespielt haben mag, aber für die Kontrolldichte nicht

---

[2024] Siehe Kapitel V.D.3.c.i und V.D.5.c.i oben.

[2025] Die dieser Maßnahme zugrunde liegende VO spricht in den Begründungserwägungen davon, dass die *„Fortdauer dieser Eingriffe [...] zu unvertretbaren weiteren Verlusten an Menschenleben und Sachschäden führen [...] und den internationalen Frieden [...] weiterhin verletzen [wird]“* (Urteil Bosphorus, C-84/95, EU:C:1996:312, Rz 24).

[2026] Vgl auch den Beschluss "Invest" Import und Export und Invest Commerce, C-317/00 P(R), EU:C:2000:621.

[2027] Siehe Kapitel V.D.2.a.i oben.

[2028] Urteil Booker Aquaculture und Hydro Seafoood, C-20/00 u C-64/00, EU:C:2003:397, Rz 79.

[2029] Urteil Di Lenardo und Dilexport, C-37/02 u C-38/02, EU:C:2004:443, Rz 55.

[2030] Urteil Ledra Advertising / Kommission und EZB, C-8/15 P, C-9/15 P u C-10/15 P, EU:C: 2016:701, Rz 68 ff; siehe ausführlicher zu diesem Urteil bereits Kapitel IV.B.4.d.i.b) oben.

entscheidend war. Es findet sich auch in dem Urteil kein Anhaltspunkt dafür, dass der Gerichtshof die Dringlichkeit der Maßnahme als für die anzulegende Kontrolldichte maßgeblich erachtet.

V.D.7. Maßnahme der Union oder eines Mitgliedstaates als Faktor?

Abschließend ist die Frage zu behandeln, ob Maßnahmen der Mitgliedstaaten strenger geprüft werden als Maßnahmen der Union, wie dies zumindest in der älteren Literatur bisweilen vertreten wird.[2031] Die Schwierigkeit dieser Untersuchung liegt zum einen darin begründet, dass in jedem einzelnen Fall das Zusammenspiel mehrerer Faktoren einen bestimmten Kontrolldichtegrad zur Folge hat, sodass der Autor der Maßnahme (Union oder Mitgliedstaat) als möglicher Faktor nicht isoliert werden kann. Dies gilt umso mehr als dieser mögliche Faktor vom Gerichtshof in seinen Urteilen nicht sichtbar gemacht wird. Zum anderen ist der Vergleich auch insofern erschwert, als sich der EuGH deutlich seltener mit Grundrechtseingriffen durch einen Mitgliedstaat als durch die Union auseinanderzusetzen hatte.[2032]

Der Hauptgrund für die in der Literatur vertretene Ansicht, wonach Maßnahmen der Union zurückhaltender geprüft werden, ist mE die (vor allem ältere) Judikatur zu Marktordnungsmaßnahmen auf dem Gebiet der Gemeinsamen Agrarpolitik. Hierzu ist einleitend zu bemerken, dass derartige Eingriffe mittlerweile – wenngleich noch immer zurückhaltend – bereits deutlich intensiver überprüft werden als in der älteren Rechtsprechung.[2033] Wichtiger erscheint mir in diesem Zusammenhang jedoch, dass die zurückhaltende Prüfung in diesem Bereich nicht darauf zurückzuführen ist, dass die Union das betroffene Grundrecht beschränkt, sondern auf das der Union zukommende Ermessen. Dies gilt auch für andere Bereiche, wie die Regulierung des Vertriebes und der Erzeugung von Tabakerzeugnissen, die Verhängung restriktiver Maßnahmen oder die gemeinsame Verkehrspolitik.[2034] Darüber hinaus spricht der Umstand, dass der Gerichtshof in gewissen Bereichen auch bei Eingriffen durch die Mitgliedstaaten einen Ermessensspielraum einräumt, gegen die Maßgeblichkeit der Autorenschaft für den Grad der anzulegenden Kontrolldichte. Besonders deutlich kommt das Ermessen der Mitgliedstaaten vor allem in der Judikatur zu Ungleichbehandlungen im

---

[2031] *Schwab*, Der Europäische Gerichtshof und der Verhältnismäßigkeitsgrundsatz: Untersuchung der Prüfungsdichte (2002) 309; *Bühler*, Einschränkung 206 mwN.

[2032] Seit Inkrafttreten der GRC und infolge der extensiven Auslegung des Anwendungsbereiches der GRC im Hinblick auf Akte der Mitgliedstaaten in dem Urteil Åkerberg Fransson, C-617/10, EU:C:2013:105, steigt die Zahl jener Urteile, in denen der Gerichtshof nationale Grundrechtseingriffe zu beurteilen hat.

[2033] Siehe Kapitel V.D.2.a.i oben.

[2034] Siehe Kapitel V.D.2.a.ii oben.

Berufsleben zum Ausdruck, da der EuGH in diesen Fällen die Beurteilung der Erforderlichkeit und Angemessenheit regelmäßig den nationalen Gerichten überlässt und seine Anleitungen zum Verhältnismäßigkeitsgrundsatz oft dergestalt formuliert sind, dass für die nationalen Gerichte weite Spielräume verbleiben.[2035]

Einschränkend muss in diesem Zusammenhang angemerkt werden, dass bei Grundrechtseingriffen mit dem Zweck, die menschliche Gesundheit zu schützen, ein Ermessensspielraum vom EuGH betont wird, wenn der Eingriff durch die Union erfolgt, jedoch nicht, wenn er durch einen Mitgliedstaat erfolgt.[2036] Dies kann mE als Indiz dafür gewertet werden, dass in diesem Bereich der Autor der Maßnahme einen gewissen Einfluss auf den Kontrolldichtegrad hat.

Gegen eine (zu) zurückhaltende Untersuchung von Grundrechtseingriffen durch die Union können außerdem die Urteile zu den Rechten nach Art 7 und Art 8 GRC ins Treffen geführt werden, in denen der EuGH ausführliche Erwägungen im Rahmen der Rechtfertigungsprüfung vornimmt.[2037] Dies führte bereits in bedeutenden Fällen, wie bspw in der Rs *Schrems*[2038] oder der Rs *Digital Rights Ireland und Seitlinger*,[2039] zur Erklärung der Ungültigkeit eines Unionsrechtsaktes durch den EuGH.

Auch aus der Rechtsprechung zum Recht auf freie Meinungsäußerung ist nicht ableitbar, dass Grundrechtseingriffe durch die Mitgliedstaaten strenger geprüft würden als jene durch die Union. Vielmehr geht der EuGH – wie auch der EGMR – davon aus, dass die gerichtliche Kontrolle von der Bedeutung der streitgegenständlichen Meinungsäußerung für eine gesellschaftliche Debatte von allgemeinem Interesse abhängig ist.[2040] Darüber hinaus ist auch zu berücksichtigen, dass Eingriffe in wirtschaftliche Grundrechte durch die Union mittlerweile strukturierter und intensiver auf ihre Verhältnismäßigkeit untersucht werden.[2041]

Schließlich spricht auch die Judikatur des Gerichtshofes im Zusammenhang mit Grundrechtseingriffen in Verfolgung der öffentlichen Ordnung und Sicherheit gegen eine strengere Verhältnismäßigkeitsprüfung bei Maßnahmen der Mitgliedstaaten: Während in der älteren Rechtsprechung Eingriffe in Verfolgung dieser Ziele unabhängig davon, ob die Union oder ein Mitgliedstaat dafür verantwortlich war, nur zurückhaltend geprüft wurden, ist mittlerweile in beiden Fallgrup-

---

[2035] Siehe Kapitel V.D.2.b oben.

[2036] Siehe Kapitel V.D.2.a.ii und V.D.5.a oben.

[2037] Siehe Kapitel V.D.3.a oben.

[2038] Urteil Schrems, C-362/14, EU:C:2015:650.

[2039] Urteil Digital Rights Ireland und Seitlinger, C-293/12 u C-594/12, EU:C:2014:238.

[2040] Siehe Kapitel V.D.3.b oben.

[2041] Urteil Sky Österreich, C-283/11, EU:C:2013:28; Urteil Schaible, C-101/12, EU:C:2013:661; vgl hierzu ausführlicher Kapitel V.D.3.c.ii oben.

pen eine deutlich höhere Kontrolldichte zu konstatieren.[2042] Die Unerheblichkeit der Differenzierung zwischen Maßnahmen der Union und Maßnahmen der Mitgliedstaaten zeigt sich besonders eindrücklich, wenn der Gerichtshof über sehr ähnliche Fälle zu entscheiden hat, die sich primär durch den Autor der grundrechtsbeschränkenden Maßnahme unterscheiden. So zieht der EuGH bei der Beantwortung der Frage, ob die Mitteilung der wesentlichen Gründe an den Betroffenen für einen ihn belastenden Rechtsakt aus Erwägungen der öffentlichen Ordnung und Sicherheit unterbleiben kann, idente Überlegen zur Rechtfertigung des Grundrechtseingriffs heran.[2043]

V.D.8. Ergebnis

Wie bereits in den einleitenden Worten zu diesem Kapitel dargelegt, ist die Identifikation der wesentlichen Faktoren für die gerichtliche Kontrolldichte schwierig, da der Gerichtshof nur selten explizit ausspricht, dass er aufgrund des Vorliegens eines Faktors oder mehrerer Faktoren seine Kontrolldichte zurücknimmt oder intensiviert.[2044] Darüber hinaus bestimmt in einem konkreten Fall regelmäßig das Zusammenspiel mehrerer Faktoren die anzulegende Kontrolldichte, weshalb der tatsächliche Einfluss einzelner Faktoren über- oder unterschätzt werden kann.[2045] Auf Basis der untersuchten Judikatur können dennoch die folgenden Feststellungen zu den Determinanten der gerichtlichen Kontrolldichte auf dem Gebiet der Grundrechte getroffen werden:

Je weiter der Ermessensspielraum des zuständigen Organs ist, desto zurückhaltender fällt idR die richterliche Kontrolle der grundrechtsbeschränkenden Maßnahmen aus. Begründet wird das weite Ermessen des Unionsgesetzgebers mit der ihm zukommenden politischen Verantwortung oder mit seiner Verpflichtung *„politische, wirtschaftliche und soziale Entscheidungen [zu] treffen und komplexe Beurteilungen vor[zu]nehmen“*.[2046] Der EuGH betont das Ermessen vor allem bei Maßnahmen auf dem Gebiet der Gemeinsamen Agrarpolitik. Darüber hinaus geht er aber auch bei der Regulierung des Vertriebes und der Erzeugung von Tabakerzeugnissen, der Verhängung restriktiver Maßnahmen, der gemeinsamen Verkehrspolitik und bei komplexen medizinischen Fragen von einem weiten Ermessensspielraum aus. Demgegenüber räumt der Gerichtshof den Mitglied-

---

2042 Siehe Kapitel V.D.5.c oben.

2043 Urteil ZZ, C-300/11, EU:C:2013:363 (Grundrechtseingriff durch den Mitgliedstaat: Verweigerung der Einreise ohne Mitteilung der Gründe); Urteil Kadi II, C-584/10 P, C-593/10 P u C-595/10 P, EU:C:2013:518 (Grundrechtseingriff durch die Union: Verhängung restriktiver Maßnahmen); vgl hierzu ausführlich Kapitel V.D.5.c.i und V.D.5.c.ii oben.

2044 Siehe bereits Kapitel V.D.1 oben.

2045 Siehe bereits Kapitel V.D.1 oben.

2046 Urteil Schaible, C-101/12, EU:C:2013:661, Rz 47.

staaten ein Ermessen ein, wenn diese für Ungleichbehandlungen im Berufsleben verantwortlich sind.

Darüber hinaus hat auch das jeweils beeinträchtigte Grundrecht Einfluss auf die gerichtliche Kontrolldichte. Eine strenge Prüfung nimmt der Gerichtshof regelmäßig bei Eingriffen in die Rechte nach Art 7 und Art 8 GRC vor. Dies gilt auch für Eingriffe in die Meinungsäußerungsfreiheit, wenngleich in diesen Fällen die Kontrolldichte primär vom Kontext der Meinungsäußerung abhängt. Im Gegensatz dazu werden Eingriffe in „wirtschaftliche" Grundrechte (Art 15 - Art 17 GRC) vom Gerichtshof zurückhaltender geprüft, wobei dies mE in vielen Fällen zumindest auch durch eingeräumte Ermessensspielräume bedingt ist. Dass der Eingriff in eine Gleichheitsgarantie einen Einfluss auf die Kontrolldichte hätte, konnte hingegen nicht festgestellt werden.

Die Kontrolldichte ist außerdem von der Schwere des Eingriffs abhängig. Grundsätzlich gilt, dass je schwerwiegender die Beeinträchtigung einer grundrechtlichen Garantie ist, desto strenger fällt die gerichtliche Kontrolle aus. Dies legt der Gerichtshof bisweilen in seinen Urteilen auch explizit offen. Wenn der Grundrechtseingriff jedoch „nur" gravierende wirtschaftliche Nachteile für den Betroffenen zur Folge hat, bleibt die richterliche Kontrolle ungeachtet der Eingriffsschwere idR zurückhaltend. Für die Schwere des Eingriffs gilt mE stärker als für andere Faktoren, dass ihr Einfluss auf die gerichtliche Kontrolldichte in einem konkreten Fall vom Zusammenspiel mit den anderen Faktoren abhängt.

Schließlich hat auch das mit dem Grundrechtseingriff verfolgte Ziel Einfluss auf die anzulegende Kontrolldichte. Sofern die grundrechtsbeeinträchtigende Maßnahme dem Gesundheits- und / oder Verbraucherschutz dienen soll, untersucht sie der EuGH mit reduzierter Kontrolldichte. Dies galt in der Vergangenheit auch für die Prüfung von Grundrechtseingriffen, welche die Sicherstellung der öffentlichen Ordnung und Sicherheit zum Ziel hatten.

Zur Bedeutung des beeinträchtigten Grundrechts, der Schwere des Eingriffs und auch des verfolgten legitimen Ziels ist zu bemerken, dass diese einerseits als Faktoren für die gerichtliche Kontrolle, andererseits aber auch als zu berücksichtigende Aspekte im Rahmen der Angemessenheitsprüfung verstanden werden können, sofern der Gerichtshof nicht explizit in seinen Urteilen darauf hinweist, dass bspw die Schwere des Eingriffs (oder auch die Bedeutung des beeinträchtigten Grundrechts) eine strikte gerichtliche Kontrolle erfordert. Im Ergebnis macht es jedoch zumindest für die Prüfung der Angemessenheit keinen Unterschied, ob sie als Kontrolldichtefaktoren oder Aspekte für die Abwägung interpretiert werden.[2047]

In jenen Urteilen, in denen der Gerichtshof die Dringlichkeit einer Maßnahme anspricht, erfolgt regelmäßig eine zurückhaltende Rechtfertigungsprüfung. Allerdings ist die Zurückhaltung in diesen Fällen mE maßgeblich auf andere Faktoren, welche für eine eingeschränkte gerichtliche Prüfung sprechen, zurückzuführen. Die Dringlichkeit einer Maßnahme ist somit keine entscheidende Determinante der anzulegenden Kontrolldichte, sondern wird vom EuGH vielmehr als ein zusätzliches Argument für eine zurückhaltende Prüfung verwendet.

Die vor allem in der älteren Literatur vertretene Auffassung, wonach Grundrechtseingriffe durch die Mitgliedstaaten strenger geprüft werden als Grundrechtseingriffe durch die Union, kann auf Basis der jüngeren Judikatur nicht mehr aufrechterhalten werden.[2048] Insgesamt werden Grundrechtseingriffe durch die Union mittlerweile deutlich strenger als in der Vergangenheit auf ihre Rechtfertigung überprüft,[2049] sodass mE nicht von einem defizitären Grundrechtsschutz durch den EuGH auszugehen ist. Die allgemeine Tendenz zu einer strengeren Prüfung bedeutet naturgemäß nicht, dass der EuGH stets mit demselben Kontrolldichtegrad prüft. Nach wie vor ist seine Untersuchung zurückhaltender, wenn er bspw dem zuständigen Organ einen Ermessensspielraum zugesteht und in ein „wirtschaftliches" Grundrecht eingegriffen wird als bei einem schwerwiegenden Eingriff in die Rechte nach Art 7 und Art 8 GRC.

V.E. Determinanten der Kontrolldichte in der Rechtsprechung des EuGH zu den Grundfreiheiten

V.E.1. Vorbemerkung

Im Folgenden sollen anhand einer Untersuchung der Urteile des EuGH zur Zulässigkeit von mitgliedstaatlichen Beschränkungen der Grundfreiheiten die wesentlichen Determinanten der gerichtlichen Kontrolldichte auf diesem Gebiet identifiziert werden. In der Literatur werden im Kern das mit der Beschränkung verfolgte legitime Ziel,[2050] die Schwere der Beschränkung,[2051] das etwaige Be-

---

[2047] Siehe hierzu ausführlich Kapitel V.D.4.c oben.

[2048] So auch *von Danwitz*, EuGRZ 2013, 256.

[2049] So auch *von Danwitz*, EuGRZ 2013, 255 ff; zurückhaltender *Weiß*, Grundrechtsschutz durch den EuGH: Tendenzen seit Lissabon, EuZW 2013, 287 (292), der *„hoffnungsvolle Anzeichen"* erblickt, dass der EuGH in seiner Rechtsprechung zu den Grundrechten eine gesteigerte Kontrolldichte an den Tag legt.

[2050] *Koch*, Grundsatz 425 ff; *Pirker*, Proportionality 263; *Schwab*, Gerichtshof 266 f.

[2051] *Schwab*, Gerichtshof 265 f; *Jans*, 27 LIEI 2000, 264.

stehen eines gemeinsamen Konsenses in den Mitgliedstaaten[2052] sowie einer Harmonisierung auf Unionsebene[2053] als maßgebliche Determinanten genannt. Demgegenüber hat nach hL die betroffene Grundfreiheit keinen Einfluss auf den Grad der gerichtlichen Kontrolldichte.[2054]

Die Verhältnismäßigkeitsprüfung erfolgt auch in dem Bereich der Grundfreiheiten in Abhängigkeit von den Umständen des jeweiligen Einzelfalls.[2055] Aus diesem Grund ist diese Untersuchung – wie auch schon bei den Grundrechten – mit Schwierigkeiten verbunden.[2056] Denn in einem konkreten Sachverhalt hat idR das Zusammenspiel mehrerer Faktoren einen bestimmten Kontrolldichtegrad zur Folge. Darüber hinaus besteht aufgrund regelmäßig nicht vorhandener Ausführungen des Gerichtshofes zur anzulegenden Kontrolldichte die Gefahr, dass der außenstehende Beobachter manche Faktoren über- oder unterbewertet.

V.E.2. Harmonisierung des Rechtsbereichs und gemeinsamer Konsens in den Mitgliedstaaten

V.E.2.a. Zusammenspiel dieser Faktoren

Da der Gerichtshof häufig das Fehlen einer Harmonisierung auf Unionsebene und den Mangel an einem gemeinsamen Konsens in den verschiedenen Mitgliedstaaten in seinen Urteilen aufeinanderfolgend hervorhebt,[2057] erscheint es schon aus diesem Grund zweckmäßig, diese beiden Faktoren in einem gemeinsamen Kapitel darzustellen. In einem ersten Schritt ist der Faktor einer etwaigen Harmonisierung näher zu beleuchten, bevor anschließend die Relevanz eines etwaigen Konsenses erläutert wird.

In Bezug auf den erstgenannten Faktor führt der EuGH wörtlich wie folgt aus:

„Da auf Gemeinschaftsebene Vorschriften zur vollständigen Harmonisierung fehlen, ist es Sache der Mitgliedstaaten, mit Rücksicht auf die Erfordernisse des freien Warenverkehrs innerhalb der Europäischen Gemeinschaft zu entscheiden,

---

2052 *Andenas/Zleptnig*, 42 TILJ 2006-2007, 394; *Kirschner*, Grundfreiheiten 144 ff.

2053 *Kirschner*, Grundfreiheiten 144 ff.

2054 *Kingreen*, in: Calliess/Ruffert (Hrsg.), Art 34-36 AEUV Rz 88; *Schwab*, Gerichtshof 266; aA *Ehlers*, Allgemeine Lehren der Grundfreiheiten § 7 Rz 132.

2055 Vgl auch *Koch*, Grundsatz 425; *Pirker*, Proportionality 264.

2056 Siehe Kapitel V.D.1 oben.

2057 Urteil Kommission / Italien, C-110/05, EU:C:2009:66, Rz 61 ff; Urteil Liga Portuguesa de Futebol Profissional und Bwin International, C-42/07, EU:C:2009:519, Rz 57; Urteil HIT und HIT LARIX, C-176/11, EU:C:2012:454, Rz 24; Urteil Stanleybet International, C-186/11 u C-209/11, EU:C:2013:33, Rz 24; Urteil Stanley International Betting und Stanleybet Malta, C-463/13, EU:C:2015:25, Rz 51; Urteil Berlington Hungary, C-98/14, EU:C:2015:386, Rz 56.

auf welchem Niveau sie die Sicherheit des Straßenverkehrs in ihrem Hoheitsgebiet gewährleisten wollen."[2058]

Diese in identer oder ähnlicher Form oft getätigte Aussage des Gerichtshofes bedarf näherer Erläuterung: Einleitend ist festzuhalten, dass das Bestehen einer sekundärrechtlichen Harmonisierung in einem bestimmten Bereich die Prüfung einer nationalen Regelung auf ihre Vereinbarkeit mit den Grundfreiheiten verhindert.[2059] Aus diesem Grund ist aber auch die fehlende vollständige Harmonisierung, die in der oben zitierten Passage vom EuGH betont wird, nicht mit der mangelnden sekundärrechtlichen Harmonisierung in einem bestimmten Bereich gleichzusetzen, da zweitgenannte den Anwendungsbereich der Grundfreiheiten eröffnet. Dies will der EuGH mit der Aussage zur fehlenden vollständigen Harmonisierung jedoch nicht bezwecken, da diese Interpretation darauf hinausliefe, dass bei jeglicher Beschränkung der Grundfreiheiten der Mitgliedstaat das Schutzniveau festlegen darf. Dies findet jedoch in der Rechtsprechung des EuGH keine Deckung.[2060]

Vielmehr differenziere der Gerichtshof nach *Kirschner* bei der Prüfung einer nationalen Regelung anhand der Grundfreiheiten zwischen zwei verschiedenen Konstellationen:[2061] Einerseits gebe es Bereiche, in denen „verwandtes" Sekundärrecht bestehe, welches als Auslegungshilfe herangezogen werden könne, oder ein gemeinsamer "*common sense*" aufgrund einer gemeinsamen Rechtsauffassung existiere. Andererseits gebe es auch Bereiche, die von unionsrechtlichen Regelungen (noch) nicht berührt seien. Mit der oben zitierten Passage beziehe sich der EuGH auf zweitgenannte Konstellation.

Unter Berücksichtigung der jüngeren Rechtsprechung kann dieser Befund jedoch nicht vollumfänglich aufrechterhalten werden, da der Gerichtshof eine mangelnde vollständige Harmonisierung zum Teil auch in Sachverhalten betont, in denen sekundärrechtliche Auslegungshilfen vorhanden sind oder eine in den Mitgliedstaaten geteilte Rechtsauffassung besteht.[2062] Somit bedeutet die Heranziehung dieser Formel durch den Gerichtshof nicht jedenfalls eine reduzierte Kontrolldichte.

Die Gründe für einen mangelnden gemeinsamen Konsens in den Mitgliedstaaten sind häufig nationale Unterschiede im Tatsächlichen. Allerdings sind sie mE

2058 Urteil Kommission / Italien, C-110/05, EU:C:2009:66, Rz 65 (Hervorhebung durch Autor).

2059 Vgl etwa *Kingreen*, in: Calliess/Ruffert (Hrsg.), Art 34-36 AEUV Rz 18.

2060 In welchen Bereichen die Mitgliedstaaten das Schutzniveau festlegen dürfen, wird in den nachfolgenden Kapiteln näher erläutert.

2061 *Kirschner*, Grundfreiheiten 148.

2062 Urteil Kommission / Polen, C-639/11, EU:C:2014:173; Urteil Kommission / Litauen, C-61/12, EU:C:2014:172; siehe ausführlich zu diesen Urteilen Kapitel V.E.2.c unten.

keine zwingende Voraussetzung dafür, dass Mitgliedstaaten im Hinblick auf bestimmte Bereiche verschiedene Rechtsauffassungen vertreten. Es ist nämlich denkbar, dass auch ohne nationale Unterschiede im Tatsächlichen keine gemeinsame Rechtsauffassung der Mitgliedstaaten besteht.

Zur Betonung von nationalen Unterschieden bedient sich der Gerichtshof – zum Teil auch leicht abgewandelt – der folgenden Formel:

„In diesem Kontext hat der Gerichtshof im Übrigen wiederholt hervorgehoben, dass die sittlichen, religiösen oder kulturellen Besonderheiten und die mit Spielen und Wetten einhergehenden sittlich und finanziell schädlichen Folgen für den Einzelnen wie für die Gesellschaft ein ausreichendes Ermessen der staatlichen Stellen rechtfertigen können, im Einklang mit ihrer eigenen Wertordnung festzulegen, welche Erfordernisse sich aus dem Schutz der Verbraucher und der Sozialordnung ergeben."[2063]

Mit diesen Erwägungen berücksichtigt der EuGH, dass deutliche Unterschiede im Hinblick auf Arten, Schwere und Häufigkeiten der Spielsucht in den verschiedenen Mitgliedstaaten bestehen.[2064] Unterschiede im Tatsächlichen existieren aber etwa auch im Bereich des Straßenverkehrs, da es bspw enge und für die Sicherheit der Verkehrsteilnehmer gefährliche Küstenstraßen in Italien, jedoch nicht in manchen anderen Mitgliedstaaten, gibt.[2065]

In Sachverhalten, in denen keine Harmonisierung auf Unionsebene und / oder keine gemeinsame Rechtsauffassung infolge von nationalen Unterschieden im Tatsächlichen besteht, gesteht der Gerichtshof den Mitgliedstaaten zu, das angestrebte Schutzniveau selbst zu bestimmen. Darüber hinaus ist es ebenfalls Sache der Mitgliedstaaten zu entscheiden, *„wie dieses Niveau erreicht werden soll."*[2066] Bei dieser Entscheidung besteht für die Mitgliedstaaten ein Wertungsspielraum, da sich das Schutzniveau in den verschiedenen Mitgliedstaaten unterscheiden kann.[2067] Der mitgliedstaatliche Spielraum, der somit nicht nur die Festlegung des angestrebten Schutzniveaus betrifft, sondern darüber hinaus auch die Ent-

[2063] Urteil Stoß, C-316/07, C-358/07, C-359/07, C-360/07, C-409/07 u C-410/07, EU:C:2010:504, Rz 76 (Hervorhebung durch den Autor).

[2064] *Kirschner*, Grundfreiheiten 146 f.

[2065] *Kirschner*, Grundfreiheiten 147.

[2066] Vgl etwa Urteil Apothekerkammer des Saarlandes, C-171/07 u C-172/07, EU:C:2009:316, Rz 19.

[2067] Vgl etwa Urteil Hartlauer, C-169/07, EU:C:2009:141, Rz 30; Urteil Kommission / Italien, C-531/06, EU:C:2009:315, Rz 36; Urteil Apothekerkammer des Saarlandes, C-171/07 u C-172/07, EU:C:2009:316, Rz 19; Urteil Susisalo, C-84/11, EU:C:2012:374, Rz 28; Urteil Ottica New Line di Accardi Vincenzo, C-539/11, EU:C:2013:591, Rz 44; Urteil Venturini, C-159/12, C-160/12 u C-161/12, EU:C:2013:791, Rz 59; Urteil Sokoll-Seebacher, C-367/12, EU:C:2014:68, Rz 26; Kommission / Frankreich, C-89/09, EU:C:2010:772, Rz 42.

scheidung, mit welchem Mittel es erreicht werden soll, beeinflusst folglich auch die Verhältnismäßigkeitsprüfung.

Im Folgenden werden Urteile klassifiziert und diskutiert, in denen der Gerichtshof die mangelnde Harmonisierung eines Rechtsbereiches und / oder einen mangelnden Konsens in den Mitgliedstaaten im Rahmen der Rechtfertigungsprüfung von Beschränkungen der Grundfreiheiten thematisiert hat, und untersucht, ob dies einen Einfluss auf die gerichtliche Kontrolldichte hatte.

V.E.2.b. Öffentliche Ordnung und Sicherheit

Die Betonung von nationalen Unterschieden zur Rechtfertigung eines mitgliedstaatlichen Ermessensspielraumes ist bereits der Rechtsprechung der 1970er Jahre zu entnehmen. Im Urteil *van Duyn* hatte der Gerichtshof zu beurteilen, ob die Verweigerung der Einreise in das Hoheitsgebiet Großbritanniens unter Berufung auf den Rechtfertigungsgrund der Aufrechterhaltung der öffentlichen Ordnung mit dem Gemeinschaftsrecht vereinbar ist.[2068] Konkret begründet wurde die Versagung der Einreiseerlaubnis von den nationalen Behörden damit, dass die von der Verweigerung der Einreise betroffene niederländische Staatsbürgerin als Arbeitnehmerin bei Scientology in Großbritannien tätig sein wollte.[2069]

In der Begründung des Urteils wird eingangs der Eindruck erweckt, dass die streitgegenständliche Beschränkung einer strikten Kontrolle unterzogen wird, wenn der EuGH ausführt, dass der Rechtfertigungsgrund *„der öffentlichen Ordnung [...], namentlich wenn er eine Ausnahme von dem wesentlichen Grundsatz der Freizügigkeit der Arbeitnehmer rechtfertigt, eng zu verstehen [ist].“*[2070] Aus diesem Grund dürfe auch *„seine Tragweite nicht von jedem Mitgliedstaat einseitig ohne Nachprüfung durch die Organe der Gemeinschaft bestimmt werden.“*[2071] Allerdings weist der Gerichtshof unmittelbar anschließend darauf hin, dass *„die besonderen Umstände, die möglicherweise die Berufung auf den Begriff der öffentlichen Ordnung rechtfertigen, von Land zu Land und im zeitlichen Wandel verschieden sein [können], so daß insoweit den zuständigen innerstaatlichen Behörden ein Beurteilungsspielraum [...] zuzubilligen ist.“*[2072] In weiterer

2068 Urteil van Duyn / Home Office, 41/74, EU:C:1974:133.
2069 Urteil van Duyn / Home Office, 41/74, EU:C:1974:133, Rz 1/3.
2070 Urteil van Duyn / Home Office, 41/74, EU:C:1974:133, Rz 18/19 (Hervorhebung durch den Autor).
2071 Urteil van Duyn / Home Office, 41/74, EU:C:1974:133, Rz 18/19.
2072 Urteil van Duyn / Home Office, 41/74, EU:C:1974:133, Rz 18/19 (Hervorhebung durch den Autor).

Folge nimmt er keine Verhältnismäßigkeitsprüfung vor und bejaht die Gemeinschaftsrechtskonformität der Beschränkung der Arbeitnehmerfreizügigkeit.[2073]

Der EuGH hebt in der jüngeren Rechtsprechung den mitgliedstaatlichen Ermessensspielraum sowohl bei der Festlegung des Schutzniveaus als auch bei der Wahl der Mittel hervor und begründet ihn nach wie vor mit bestehenden nationalen Unterschieden. Im Gegensatz zu dem eben besprochenen Urteil in der Rs *van Duyn* verzichtet er jedoch nicht gänzlich auf die Vornahme einer Verhältnismäßigkeitsprüfung:

Im Urteil *Omega* hatte der EuGH zu beurteilen, ob ein von der deutschen Behörde ausgesprochenes Verbot, ein sogenanntes Laserdrome in Deutschland zu betreiben, gegen Grundfreiheiten verstößt.[2074] In derartigen Einrichtungen können Spieler, die mit Laserzielgeräten und Empfangssensoren ausgestattet sind, gegen andere Spieler antreten. Das Ziel des Spiels besteht darin, mit den Laserzielgeräten die Empfangssensoren der gegnerischen Spieler zu treffen. Diese simulierten Tötungen widersprachen nach Ansicht des vorlegenden Gerichts der in der deutschen Verfassung garantierten Achtung der Menschenwürde, weshalb das Verbot zulässig sein könnte.[2075]

Im Rahmen seiner Beurteilung prüft der EuGH, ob aus diesem Grund die Aufrechterhaltung der öffentlichen Ordnung die streitgegenständliche Beschränkung rechtfertigen könne.[2076] In seinen Ausführungen hebt er in Anlehnung an seine Rechtsprechung hervor, dass dieser Rechtfertigungsgrund eng zu verstehen sei.[2077] Daher sei eine Berufung auf ihn *„nur möglich, wenn eine tatsächliche und hinreichend schwere Gefährdung vorliegt, die ein Grundinteresse der Gesellschaft berührt.“*[2078] Unmittelbar im Anschluss räumt er den innerstaatlichen Behörden einen Spielraum ein und begründet diesen mit im Hinblick auf die Beurteilung der öffentlichen Ordnung möglicherweise unterschiedlichen Umständen in den verschiedenen Mitgliedstaaten.[2079]

Im Zuge der wenig ausführlichen Verhältnismäßigkeitsprüfung[2080] weist der Gerichtshof darauf hin, dass *„die Notwendigkeit und die Verhältnismäßigkeit der einschlägigen Bestimmungen [...] nicht schon deshalb ausgeschlossen [sind],*

2073 Urteil van Duyn / Home Office, 41/74, EU:C:1974:133, Rz 24.

2074 Urteil Omega, C-36/02, EU:C:2004:614.

2075 Urteil Omega, C-36/02, EU:C:2004:614, Rz 11 ff.

2076 Urteil Omega, C-36/02, EU:C:2004:614, Rz 28 ff.

2077 Urteil Omega, C-36/02, EU:C:2004:614, Rz 30.

2078 Urteil Omega, C-36/02, EU:C:2004:614, Rz 30.

2079 Urteil Omega, C-36/02, EU:C:2004:614, Rz 31.

2080 Vgl auch *Brigola*, Der Grundsatz der Verhältnismäßigkeit im Gefüge der EU-Grundfreiheiten – Steuerungsinstrument oder Risikofaktor? EuZW 2017, 406 (407).

weil ein Mitgliedstaat andere Schutzregelungen als ein anderer Mitgliedstaat erlassen hat.“ [2081] Die konkreten Erwägungen zur Verhältnismäßigkeit beschränken sich auf die Feststellungen, dass die Maßnahme *„dem Grad des Schutzes der Menschenwürde entspricht, der mit dem Grundgesetz [...] sichergestellt werden sollte“* und dass lediglich jene Variante des Spiels, bei welchem *„auf menschliche Ziele“* geschossen wird, verboten sei.[2082] Aus diesen Gründen erblickte der EuGH keine ungerechtfertigte Beschränkung der Dienstleistungsfreiheit.[2083]

In der Rs *Dynamic Medien* hatte sich der Gerichtshof mit der Frage auseinanderzusetzen, ob das Verbot des Vertriebs von Bildträgern im Versandhandel, welche nicht von der zuständigen Stelle des Einfuhrmitgliedstaates geprüft wurden und keine Angabe über die Altersfreigabe von dieser Stelle tragen, aus Gründen des Jugendschutzes gerechtfertigt ist.[2084] Nach den Erklärungen der Verfahrensparteien weise diese Rechtfertigung einen Konnex zur öffentlichen Ordnung auf.[2085]

In der Urteilsbegründung führt der EuGH aus, dass die Auffassung, auf welchem Niveau und auf welche Weise der Schutz des Kindes gewährleistet werden soll, *„je nach Erwägungen insbesondere moralischer oder kultureller Art von Mitgliedstaat zu Mitgliedstaat verschieden sein kann [...],“* weshalb den Mitgliedstaaten ein bestimmter Ermessensspielraum zusteht.[2086] Dieser Spielraum wird vom EuGH in weiterer Folge zusätzlich mit dem Hinweis auf die mangelnde gemeinschaftsrechtliche Harmonisierung begründet.[2087] In der Sache bejaht der EuGH sowohl die Eignung als auch die Erforderlichkeit der nationalen Regelung[2088] und hebt dabei – wie bereits im Urteil *Omega* – hervor, dass abweichende Schutzmodalitäten in anderen Mitgliedstaaten keinen Einfluss auf die Beurteilung der Verhältnismäßigkeit haben.[2089] Um zu verhindern, dass derartige verpflichtende Prüfungen bei einer nationalen Stelle des Einfuhrmitgliedstaates zu ungerechtfertigten Beeinträchtigungen des zwischenstaatlichen Handels führen, fordert der EuGH im Anschluss an die Verhältnismäßigkeitsprüfung, dass die Prüfverfahren leicht zugänglich sind, binnen einer angemessenen Frist erle-

---

2081 Urteil Omega, C-36/02, EU:C:2004:614, Rz 38.

2082 Urteil Omega, C-36/02, EU:C:2004:614, Rz 39.

2083 Urteil Omega, C-36/02, EU:C:2004:614, Rz 40.

2084 Urteil Dynamic Medien, C-244/06, EU:C:2008:85.

2085 Urteil Dynamic Medien, C-244/06, EU:C:2008:85, Rz 36. Ob der Gerichtshof den Schutz des Kindes als eigenständigen Rechtfertigungsgrund oder als Bestandteil der öffentlichen Ordnung und Sittlichkeit versteht, ließ er in seinem Urteil offen (vgl auch *Kirschner*, Grundfreiheiten 163).

2086 Urteil Dynamic Medien, C-244/06, EU:C:2008:85, Rz 44.

2087 Urteil Dynamic Medien, C-244/06, EU:C:2008:85, Rz 45.

2088 Urteil Dynamic Medien, C-244/06, EU:C:2008:85, Rz 46 ff.

2089 Urteil Dynamic Medien, C-244/06, EU:C:2008:85, Rz 49.

digt werden und ablehnende Entscheidungen in einem gerichtlichen Rechtsmittelverfahren bekämpft werden können.[2090]

Im Urteil *Sayn-Wittgenstein* war fraglich, ob das Verbot für eine Österreicherin, die durch Adoption in Deutschland einen Adelstitel erhalten hatte, den Namen „Fürstin von Sayn-Wittgenstein" zu tragen, gegen Unionsrecht verstößt.[2091] Dieses Verbot solle nach Ansicht der österreichischen Regierung die Gleichheit der österreichischen Staatsbürger vor dem Gesetz sicherstellen.[2092] Im Rahmen der Rechtfertigungsprüfung betont der EuGH, dass das Adelsaufhebungsgesetz *„Teil der nationalen Identität"* Österreichs sei[2093] und dass die vorgebrachte Rechtfertigung *„als Berufung auf die öffentliche Ordnung"* zu verstehen sei.[2094] In der weiteren Begründung folgt der Gerichtshof seiner eigenen Rechtsprechung, indem er festhält, dass der Begriff der öffentlichen Ordnung restriktiv zu interpretieren sei und dass eine tatsächliche – ein Grundinteresse der Gesellschaft berührende – Gefährdung vorliegen müsse.[2095] Aufgrund der tatsächlichen Umstände, die sich in den verschiedenen Mitgliedstaaten unterscheiden können, sei den nationalen Behörden ein Beurteilungsspielraum zuzugestehen,[2096] wobei die Verhältnismäßigkeit der streitigen Maßnahme nicht allein deshalb ausgeschlossen sei, weil ein anderer Mitgliedstaat abweichende Regelungen zum Schutz des betreffenden Grundrechts erlassen hat.[2097] Auf Basis dieser Ausführungen vollzieht der EuGH nur eine zurückhaltende Prüfung, in deren Zuge er die Verhältnismäßigkeit des Verbots nicht bezweifelt, und überlässt dem nationalen Gericht die endgültige Beurteilung.[2098] Auffällig ist zudem, dass in dem Urteil keine Befassung mit einer etwaigen Inkohärenz der Regelung stattfindet, obwohl in manchen Sachverhaltskonstellationen Staatsbürger nach der nationalen Rechtslage berechtigt waren, ihre Adelstitel zu führen.[2099]

Die eben dargestellten Erwägungen des Gerichtshofes in der Rs *Sayn-Wittgenstein* betreffend die nationalen Unterschiede und die Einräumung eines Beurteilungsspielraumes wurden unlängst in dem Urteil *Bogendorff von Wolffersdorff* wiederholt, in welchem ein vergleichbares deutsches Verbot, Adelsbe-

---

2090 Urteil Dynamic Medien, C-244/06, EU:C:2008:85, Rz 50; vgl auch *Brigola*, EuZW 2017, 407.

2091 Urteil Sayn-Wittgenstein, C-208/09, EU:C:2010:806.

2092 Urteil Sayn-Wittgenstein, C-208/09, EU:C:2010:806, Rz 82 u 88.

2093 Urteil Sayn-Wittgenstein, C-208/09, EU:C:2010:806, Rz 83.

2094 Urteil Sayn-Wittgenstein, C-208/09, EU:C:2010:806, Rz 84.

2095 Urteil Sayn-Wittgenstein, C-208/09, EU:C:2010:806, Rz 86.

2096 Urteil Sayn-Wittgenstein, C-208/09, EU:C:2010:806, Rz 87.

2097 Urteil Sayn-Wittgenstein, C-208/09, EU:C:2010:806, Rz 91.

2098 Urteil Sayn-Wittgenstein, C-208/09, EU:C:2010:806, Rz 90 ff.

2099 *Kröll*, Adelsaufhebungsgesetz und Unionsbürgerschaft oder EuGH und Emotionen, ZfV 2010, 177 (185 f).

zeichnungen zu führen, zu untersuchen war.[2100] Da die Regelung in bestimmten Aspekten anders als in Österreich ausgestaltet war, untersuchte der EuGH sie in seiner Begründung zwar strenger, aber insgesamt noch immer zurückhaltend.[2101]

V.E.2.c. Sicherheit des Straßenverkehrs

Nationale Maßnahmen zum Zwecke der Sicherheit des Straßenverkehrs werden vom EuGH aufgrund bestehender nationaler Unterschiede und aufgrund einer mangelnden Harmonisierung dieses Bereichs regelmäßig nur zurückhaltend geprüft.[2102] So führte der Gerichtshof in einem Vertragsverletzungsverfahren gegen Italien betreffend ein Verbot KFZ-Anhänger, welche in einem anderen Mitgliedstaat rechtmäßig hergestellt und in Verkehr gebracht worden waren, in Italien zu verwenden, wie folgt aus: *„Da auf Gemeinschaftsebene Vorschriften zur vollständigen Harmonisierung fehlen, ist es Sache der Mitgliedstaaten [...] zu entscheiden, auf welchem Niveau sie die Sicherheit des Straßenverkehrs in ihrem Hoheitsgebiet gewährleisten wollen.“*[2103] Daraus folge, dass ein Mitgliedstaat auf diesem Gebiet entscheiden kann, wie er das angestrebte Niveau der Straßenverkehrssicherheit erreichen will.[2104] Das Schutzniveau könne von Mitgliedstaat zu Mitgliedstaat verschieden sein, weshalb weniger strenge Regelungen in einem anderen Mitgliedstaat nicht zwingend die Unverhältnismäßigkeit der vor dem EuGH strittigen Regelung bedeuten.[2105] Wenngleich dem betroffenen Mitgliedstaat der Nachweis für die Verhältnismäßigkeit der strittigen Regelung obliege, gehe die Beweislast *„jedoch nicht so weit, dass er positiv belegen müsste, dass sich dieses Ziel mit keiner anderen vorstellbaren Maßnahme unter den gleichen Bedingungen erreichen lasse.“*[2106] Auf diesen Ausführungen aufbauend nahm der Gerichtshof nur eine äußert kursorische Verhältnismäßigkeitsprüfung vor und verneinte im Ergebnis eine Vertragsverletzung.[2107]

Die im Allgemeinen zurückhaltende Rechtfertigungsprüfung in diesem Bereich ist jedoch keinesfalls ein Persilschein für sämtliche Beschränkungen durch die Mitgliedstaaten. Sofern eine bestimmte Regelung widersprüchlich erscheint

---

2100 Urteil Bogendorff von Wolffersdorff, C-438/14, EU:C:2016:401.

2101 Urteil Bogendorff von Wolffersdorff, C-438/14, EU:C:2016:401, Rz 65 ff.

2102 Vgl etwa *Kirschner*, Grundfreiheiten 194 ff; von einem *„weiten Beurteilungsspielraum“* der Mitgliedstaaten auf diesem Gebiet spricht auch *Reich*, „Verhältnismäßigkeit“ als „Mega-Prinzip“ im Unionsrecht? in: Mehde/Ramsauer/Seckelmann (Hrsg.), Staat, Verwaltung, Information, FS Bull (2011) 259 (271).

2103 Urteil Kommission / Italien, C-110/05, EU:C:2009:66, Rz 61.

2104 Urteil Kommission / Italien, C-110/05, EU:C:2009:66, Rz 65.

2105 Urteil Kommission / Italien, C-110/05, EU:C:2009:66, Rz 65.

2106 Urteil Kommission / Italien, C-110/05, EU:C:2009:66, Rz 66.

2107 Urteil Kommission / Italien, C-110/05, EU:C:2009:66, Rz 67 ff; zur zurückhaltenden Prüfung des EuGH vgl auch *Kirschner*, Grundfreiheiten 194 f.

und / oder der Mitgliedstaat nur unzureichende Nachweise im Hinblick auf die Verhältnismäßigkeit erbringt, ist der Gerichtshof durchaus gewillt, die Regelung als unverhältnismäßig zu qualifizieren:

In einem Vertragsverletzungsverfahren gegen Belgien war die Rechtmäßigkeit einer verpflichtenden technischen Untersuchung eines Kraftfahrzeuges im Falle eines Eigentümerwechsels fraglich, wenn dieses Kraftfahrzeug bereits in einem anderen Mitgliedstaat untersucht und zugelassen worden war.[2108] Zudem war nicht vorgesehen, dass die Ergebnisse der bereits durchgeführten technischen Untersuchung bei der neuerlichen Prüfung berücksichtigt werden.[2109] Wenig überraschend erachtete der EuGH diese Regelung als nicht erforderlich, woran auch die mitgliedstaatliche Autonomie in Bezug auf das angestrebte Schutzniveau nichts ändern konnte.[2110] In seiner Begründung betonte er, dass Belgien nicht konkret dargelegt habe, warum die streitgegenständliche Regelung tatsächlich zur Zielerreichung erforderlich sein sollte.[2111] Darüber hinaus sei für den Gerichtshof nicht ersichtlich, warum eine verpflichtende technische Untersuchung nur im Falle der Einfuhr von Kraftfahrzeugen im Zuge eines Eigentümerwechsels vorgesehen war, obwohl eingeführte Kraftfahrzeuge mit technischen Mängeln unabhängig von einem etwaigen Eigentümerwechsel eine Gefahr für die Sicherheit des Straßenverkehrs darstellen können.[2112]

In gegen Polen[2113] und Litauen[2114] eingeleiteten Vertragsverletzungsverfahren hatte der Gerichtshof zu beurteilen, ob die Verpflichtung, für die Zulassung von Personenkraftwagen die Lenkanlage von der rechten auf die linke Seite zu versetzen, gegen das Unionsrecht verstößt. Bei der Überprüfung der Verpflichtung für bereits in einem anderen Mitgliedstaat zugelassene Fahrzeuge führte er in Anlehnung an seine ständige Rechtsprechung aus, dass sofern keine vollständige Harmonisierung auf Unionsebene erfolgt ist, es Sache der Mitgliedstaaten sei, zu entscheiden, *„auf welchem Niveau sie die Sicherheit des Straßenverkehrs in ihrem Hoheitsgebiet gewährleisten wollen.“*[2115] Während diese Urteilspassage in der oben zitierten Rs *Kommission gegen Italien*[2116] der Auftakt zu einer zurück-

2108 Urteil Kommission / Belgien, C-150/11, EU:C:2012:539.
2109 Urteil Kommission / Belgien, C-150/11, EU:C:2012:539, Rz 20.
2110 Urteil Kommission / Belgien, C-150/11, EU:C:2012:539, Rz 59 ff.
2111 Urteil Kommission / Belgien, C-150/11, EU:C:2012:539, Rz 61.
2112 Urteil Kommission / Belgien, C-150/11, EU:C:2012:539, Rz 61. Wenngleich der EuGH diese Erwägung dem Teilgrundsatz der Erforderlichkeit zuordnet, betrifft sie mE dogmatisch das Kohärenzgebot und somit den Teilgrundsatz der Eignung.
2113 Urteil Kommission / Polen, C-639/11, EU:C:2014:173.
2114 Urteil Kommission / Litauen, C-61/12, EU:C:2014:172.
2115 Urteil Kommission / Polen, C-639/11, EU:C:2014:173, Rz 55; Urteil Kommission / Litauen, C-61/12, EU:C:2014:172, Rz 60.
2116 Urteil Kommission / Italien, C-110/05, EU:C:2009:66, Rz 61.

haltenden Prüfung der Rechtfertigung gewesen war, untersuchte der Gerichtshof die fragliche Beschränkung in den gegenständlichen Fällen deutlich strenger.

Erklären lässt sich diese Divergenz mE mit den folgenden Ausführungen des EuGH: Die potenzielle Gefahr für die Sicherheit des Straßenverkehrs, die von Fahrzeugen ausgeht, bei denen das Lenkrad auf der rechten Seite angebracht ist, bestehe unabhängig davon, ob es sich um neue oder bereits zugelassene Fahrzeuge handle.[2117] Bei den sekundärrechtlich harmonisierten Neufahrzeugen sei dieses Risiko durch den europäischen Gesetzgeber in Kauf genommen worden.[2118] Darüber hinaus würden die Rechtsordnungen der Mehrzahl der Mitgliedstaaten einer Zulassung von Fahrzeugen, bei denen sich das Lenkrad auf der Seite der Verkehrsrichtung befinde, nicht entgegenstehen.[2119] Folglich war der mitgliedstaatliche Spielraum durch die Harmonisierung in einem sehr eng angrenzenden Bereich sowie eine in vielen Mitgliedstaaten geteilte Rechtsauffassung im Hinblick auf die im Verfahren wesentliche Frage eingeschränkt.[2120]

Zusätzlich betonte der Gerichtshof in beiden Fällen die Inkonsistenz der Regelung, da Touristen ihre Fahrzeuge mit Lenkrad auf der rechten Seite in Polen bzw Litauen verwenden durften, obwohl deren Teilnahme am Straßenverkehr für die Sicherheit ebenfalls potenziell gefährlich sei.[2121] Schließlich würden nach Ansicht des EuGH auch Maßnahmen bestehen, die der Gefahr für die Straßenverkehrssicherheit gleich wirksam begegnen und die betroffene Grundfreiheit weniger stark beeinträchtigen.[2122] Aus diesen Gründen stellte der EuGH eine Vertragsverletzung fest, da der Grundsatz der Verhältnismäßigkeit nicht gewahrt worden war.[2123]

2117 Urteil Kommission / Polen, C-639/11, EU:C:2014:173, Rz 59; Urteil Kommission / Litauen, C-61/12, EU:C:2014:172, Rz 64.

2118 Urteil Kommission / Polen, C-639/11, EU:C:2014:173, Rz 59; Urteil Kommission / Litauen, C-61/12, EU:C:2014:172, Rz 64.

2119 Urteil Kommission / Polen, C-639/11, EU:C:2014:173, Rz 61; Urteil Kommission / Litauen, C-61/12, EU:C:2014:172, Rz 66.

2120 Vgl auch *Brigola*, EuZW 2017, 411.

2121 Urteil Kommission / Polen, C-639/11, EU:C:2014:173, Rz 60; Urteil Kommission / Litauen, C-61/12, EU:C:2014:172, Rz 65. Wenngleich der EuGH diese Erwägung dem Teilgrundsatz der Erforderlichkeit zuordnet, betrifft sie mE dogmatisch das Kohärenzgebot und somit den Teilgrundsatz der Eignung.

2122 Urteil Kommission / Polen, C-639/11, EU:C:2014:173, Rz 63; Urteil Kommission / Litauen, C-61/12, EU:C:2014:172, Rz 68.

2123 Urteil Kommission / Polen, C-639/11, EU:C:2014:173, Rz 64 f; Urteil Kommission / Litauen, C-61/12, EU:C:2014:172, Rz 69 f.

V.E.2.d. Schutz der Verbraucher und der Sozialordnung

V.E.2.d.i. Glücksspielregulierung

V.E.2.d.i.a) Vorbemerkung

Monopol- und Konzessionssysteme auf dem Gebiet des Glücksspiels werden vom EuGH häufig auf ihre Vereinbarkeit mit dem Unionsrecht überprüft. Sie stellen rechtfertigungsbedürftige Beschränkungen der Dienstleistungs- oder Niederlassungsfreiheit dar. Die von den Mitgliedstaaten in diesem Zusammenhang regelmäßig vorgebrachten Rechtfertigungsgründe sind die Eindämmung der Spielsucht und die Kriminalitätsbekämpfung im Glücksspielsektor.[2124] Nach der Rechtsprechung des Gerichtshofes betreffen diese Gründe den Schutz der Verbraucher sowie der Sozialordnung.[2125] Die Urteile zur Glücksspielregulierung sind im Allgemeinen dadurch gekennzeichnet, dass den Mitgliedstaaten ein weiter Beurteilungsspielraum eingeräumt wird, weshalb nur eine zurückhaltende gerichtliche Prüfung durchgeführt wird.[2126] Zur Begründung dieses Spielraumes verweist der Gerichtshof auf die sittlichen, religiösen und kulturellen Unterschiede zwischen den verschiedenen Mitgliedstaaten im Hinblick auf das Glücksspiel sowie bisweilen auch auf den Mangel an einer Harmonisierung dieser Sachmaterie.[2127] Im Zeitablauf wurde die anfänglich sehr mitgliedstaatenfreundliche Rechtsprechung allmählich strenger.[2128]

V.E.2.d.i.b) Größte gerichtliche Zurückhaltung in der älteren Rechtsprechung

Ihren Ausgangspunkt nahm die Rechtsprechung zur Glücksspielregulierung im Urteil *Schindler* im Jahr 1994, in dem der Gerichtshof bereits seine zurückhaltende Einstellung zum Ausdruck brachte. So hält er in seiner Begründung unter anderem fest, dass *„Lotterien [...] für sittlich zumindest fragwürdig gehalten werden [können], doch [sei] es nicht Sache des Gerichtshofes, die Beurteilung,*

2124 Siehe die folgenden Urteile in diesem Kapitel.

2125 Urteil Ladbrokes Betting & Gaming und Ladbrokes International, C-258/08, EU:C:2010:308, Rz 26.

2126 Vgl etwa *Szydlo*, Continuing the judicial gambling saga in *Berlington*, 53 CMLR 2016, 1089 (1095).

2127 Vgl etwa *Brüning*, Möglichkeiten einer unionsrechtlichen Regulierung des Glücksspiels im europäischen Binnenmarkt, NVwZ 2013, 23 (26); Urteil Liga Portuguesa de Futebol Profissional und Bwin International, C-42/07, EU:C:2009:519, Rz 57; Urteil Politanò, C-225/15, EU:C:2016:645, Rz 39.

2128 Siehe Kapitel V.E.2.d.i.c) unten; vgl auch *Reich*, „Verhältnismäßigkeit" als „Mega-Prinzip" im Unionsrecht? in: Mehde/Ramsauer/Seckelmann (Hrsg.), Staat, Verwaltung, Information, FS Bull (2011) 259 (271 f).

die der Gesetzgeber in den Mitgliedstaaten vorgenommen hat [...] durch seine eigene Beurteilung zu ersetzen."[2129] Darüber hinaus müssten bei der gerichtlichen Beurteilung „*die sittlichen, religiösen oder kulturellen Erwägungen*" in den Mitgliedstaaten berücksichtigt werden,[2130] weshalb den staatlichen Stellen ein Ermessensspielraum bei der Regulierung des Glücksspiels zukomme.[2131]

Auf die eben genannten Ausführungen verweist der Gerichtshof auch in dem Urteil *Läärä*, in welchem die Gemeinschaftsrechtskonformität eines ausschließlichen Rechts zum Betrieb von Spielautomaten fraglich war.[2132] In seiner Begründung betont er, dass die Entscheidung darüber, wie weitgehend die Bevölkerung vor den Gefahren des Glücksspiels geschützt werden soll, in dem Ermessen der staatlichen Stellen liege.[2133] Daher stehe ihnen auch die Beurteilung zu, ob es notwendig sei, Glücksspiele „*vollständig oder teilweise zu verbieten oder nur einzuschränken und dazu mehr oder weniger strenge Kontrollformen vorzusehen.*"[2134] Daraus ergebe sich auch, dass anders ausgestaltete Schutzsysteme in anderen Mitgliedstaaten keinen Einfluss auf die Überprüfung der Verhältnismäßigkeit der streitgegenständlichen Beschränkung haben.[2135] Dies ist in Anbetracht der vom EuGH zugestandenen mitgliedstaatlichen Autonomie in Bezug auf die Festlegung des Schutzniveaus folgerichtig und entspricht auch der Rechtsprechung in anderen Bereichen, in denen die Mitgliedstaaten das Schutzniveau autonom festlegen dürfen.[2136]

Auch die Beurteilung der Gemeinschaftsrechtskonformität von nationalen Bestimmungen, welche das Recht, Wetten annehmen zu dürfen, bestimmten Einrichtungen vorbehalten, nahm der Gerichtshof im Urteil *Zenatti* im Wesentlichen im Rahmen seiner bereits durch die Urteile *Schindler* und *Läärä* vorgezeichneten Begründung vor: Er hob die sittlichen, religiösen oder kulturellen Besonderheiten in Bezug auf das Glücksspiel hervor,[2137] betonte das Ermessen der nationalen Stellen bei der Festlegung des anzustrebenden Schutzniveaus und bei der Auswahl der zur Zielerreichung notwendigen Mittel,[2138] und führte aus, dass abweichende Schutzmodalitäten in anderen Mitgliedstaaten keinen Einfluss auf die

---

2129 Urteil H.M. Customs and Excise / Schindler, C-275/92, EU:C:1994:119, Rz 32.
2130 Urteil H.M. Customs and Excise / Schindler, C-275/92, EU:C:1994:119, Rz 60.
2131 Urteil H.M. Customs and Excise / Schindler, C-275/92, EU:C:1994:119, Rz 61.
2132 Urteil Läärä, C-124/97, EU:C:1999:435, Rz 13 ff.
2133 Urteil Läärä, C-124/97, EU:C:1999:435, Rz 35.
2134 Urteil Läärä, C-124/97, EU:C:1999:435, Rz 35.
2135 Urteil Läärä, C-124/97, EU:C:1999:435, Rz 36.
2136 Siehe bereits die Kapitel V.E.2.b und V.E.2.c oben.
2137 Urteil Zenatti, C-67/98, EU:C:1999:514, Rz 14.
2138 Urteil Zenatti, C-67/98, EU:C:1999:514, Rz 33.

Beurteilung der Verhältnismäßigkeit haben.[2139] Bemerkenswert ist, dass der EuGH die nationale Regelung anders als in den beiden genannten Urteilen nicht als mit dem Gemeinschaftsrecht vereinbar erklärte, sondern diese Entscheidung dem nationalen Gericht vorbehielt.[2140] Da der EuGH jedoch keine Vorgaben machte, worauf das nationale Gericht bei der Verhältnismäßigkeitsprüfung zu achten habe, ist auch dieses Urteil von großer Zurückhaltung gegenüber dem betroffenen Mitgliedstaat geprägt.

V.E.2.d.i.c) Erhöhung der Kontrolldichte mit Anerkennung der Kohärenz

Im nächsten maßgebenden Urteil zur Glücksspielregulierung in der Rs *Gambelli*[2141] grenzte der EuGH den mitgliedstaatlichen Ermessensspielraum erstmals spürbar ein. Streitgegenständlich war wiederum eine nationale Regelung, die das Recht zum Anbieten von Wetten bestimmten Einrichtungen vorbehielt. In seiner Urteilsbegründung folgt der EuGH eingangs konsequent seiner eigenen Rechtsprechung, indem er die nationalen Besonderheiten im Hinblick auf Glücksspiele und Wetten betont und daraus einen Ermessensspielraum der staatlichen Stellen herleitet.[2142] Genauso wenig überraschen die folgenden Ausführungen, wonach die beschränkende Maßnahme einem legitimen Ziel dienen und zudem zur Zielerreichung geeignet und erforderlich sein müsse.[2143]

Neu sind demgegenüber die Vorgaben des EuGH an das nationale Gericht für dessen abschließende Beurteilung des streitgegenständlichen Sachverhalts.[2144] Nach Ansicht des EuGH müssen die Beschränkungen, die auf Gründe des Schutzes der Verbraucher und der sozialen Ordnung gestützt werden, *„geeignet sein, die Verwirklichung dieser Ziele in dem Sinne zu gewährleisten, dass sie kohärent und systematisch zur Begrenzung der Wetttätigkeiten beitragen."*[2145] Mit dieser Urteilspassage forderte der EuGH erstmals explizit die Beachtung des Kohärenzgebots im Rahmen der Rechtfertigungsprüfung,[2146] jedoch ohne es in seinen weiteren Ausführungen zu definieren oder konkreter darzulegen, in welchen Fällen eine Regelung als „kohärent" bzw „inkohärent" zu qualifizieren sei. Erst der Blick auf die weitere Ausformung des Kohärenzgebots in der nachfolgenden

---

2139 Urteil Zenatti, C-67/98, EU:C:1999:514, Rz 34.
2140 Urteil Zenatti, C-67/98, EU:C:1999:514, Rz 37.
2141 Urteil Gambelli, C-243/01, EU:C:2003:597.
2142 Urteil Gambelli, C-243/01, EU:C:2003:597, Rz 63.
2143 Urteil Gambelli, C-243/01, EU:C:2003:597, Rz 65.
2144 Urteil Gambelli, C-243/01, EU:C:2003:597, Rz 66 ff.
2145 Urteil Gambelli, C-243/01, EU:C:2003:597, Rz 67 (Hervorhebung durch den Autor).
2146 Vgl *Leidenmühler*, Das Glücksspielmonopol auf dem Prüfstand des Kohärenzgebots, MuR 2014, 42 (43); *Oreschnik*, EuGH Rs Pfleger – Glücksspielmonopol verstößt gegen die Dienstleistungsfreiheit, RdW 2014, 637 (637).

Rechtsprechung[2147] offenbart, dass sich die folgenden Ausführungen des Gerichtshofes in der Rs *Gambelli* auf dieses Gebot beziehen:

„Soweit nun aber die Behörden eines Mitgliedstaats die Verbraucher dazu anreizen und ermuntern, an Lotterien, Glücksspielen oder Wetten teilzunehmen, damit der Staatskasse daraus Einnahmen zufließen, können sich die Behörden dieses Staates nicht im Hinblick auf die Notwendigkeit, die Gelegenheiten zum Spiel zu vermindern, auf die öffentliche Sozialordnung berufen, um Maßnahmen wie die im Ausgangsverfahren in Rede stehenden zu rechtfertigen."[2148]

Auch im Urteil *Placanica* argumentierte der Gerichtshof in dieser Weise als der betroffene Mitgliedstaat das Erfordernis einer Konzession für die Annahme von Sportwetten (unter anderem) damit zu rechtfertigen versuchte, dass dies die Gelegenheiten zum Spiel vermindere.[2149] Da der nationale Gesetzgeber auf dem Gebiet der Glücksspiele *„eine expansive Politik"* verfolgte, die darauf abzielte, die Staatseinnahmen zu erhöhen, verwarf der EuGH die Berufung auf diesen Rechtfertigungsgrund.[2150] Dies bedeutete jedoch im gegenständlichen Fall noch nicht, dass die nationale Regelung jedenfalls gegen europäische Grundfreiheiten verstößt, da eine andere Rechtfertigung (in diesem Fall die Prävention von Straftaten) grundsätzlich möglich war.[2151]

Im Urteil *Liga Portuguesa de Futebol Profissional und Bwin International* war fraglich, ob ein Mitgliedstaat einem Anbieter von Internet-Glückspielen, der in einem anderen Mitgliedstaat niedergelassen ist und dort seine Dienstleistungen rechtmäßig anbietet, verbieten darf, auf seinem Hoheitsgebiet einer Geschäftstätigkeit nachzugehen.[2152] In seiner Begründung hebt der Gerichtshof wiederum die nationalen Unterschiede und die mangelnde Harmonisierung auf dem Gebiet der Glücksspiele hervor[2153] und führt aus, dass es den Mitgliedstaaten frei stehe, das intendierte Schutzniveau zu bestimmen.[2154]

Neu an den Ausführungen des Gerichtshofes ist, dass er die Auswirkungen einer mangelnden Harmonisierung auf Gemeinschaftsebene näher präzisiert. Sie habe

---

2147 Siehe hierzu bereits Kapitel IV.D.2.a.i oben.

2148 Urteil Gambelli, C-243/01, EU:C:2003:597, Rz 69.

2149 Urteil Placanica, C-338/04, C-359/04 u C-360/04, EU:C:2007:133, Rz 52 ff.

2150 Urteil Placanica, C-338/04, C-359/04 u C-360/04, EU:C:2007:133, Rz 54.

2151 Urteil Placanica, C-338/04, C-359/04 u C-360/04, EU:C:2007:133, Rz 55.

2152 Urteil Liga Portuguesa de Futebol Profissional und Bwin International, C-42/07, EU:C:2009:519.

2153 Urteil Liga Portuguesa de Futebol Profissional und Bwin International, C-42/07, EU:C:2009:519, Rz 57.

2154 Urteil Liga Portuguesa de Futebol Profissional und Bwin International, C-42/07, EU:C:2009:519, Rz 59.

nämlich zur Folge, dass der betroffene Mitgliedstaat davon ausgehen dürfe, dass lediglich der Umstand, wonach der Glücksspielanbieter in dem Mitgliedstaat seiner Niederlassung *„grundsätzlich bereits rechtlichen Anforderungen und Kontrollen durch die zuständigen Behörden [...] unterliegt [...] nicht als hinreichende Garantie für den Schutz der nationalen Verbraucher vor den Gefahren des Betrugs und anderer Straftaten angesehen werden kann [...].“*[2155] Begründet wird dies vom EuGH mit den Schwierigkeiten, mit denen die nationalen Stellen des Sitzmitgliedstaates bei der Kontrolle von über das Internet tätigen Glücksspielanbietern konfrontiert seien und der im Vergleich zu herkömmlichen Glücksspielen erhöhten Gefahren für die Verbraucher.[2156] Im Ergebnis stehe somit das Gemeinschaftsrecht der nationalen Regelung nicht entgegen.[2157]

In der Rs *Stoß* hatte der EuGH (unter anderem) zu beurteilen, ob staatliche Monopole unverhältnismäßig sein könnten, weil die Erteilung von Genehmigungen an private Anbieter die Grundfreiheiten weniger stark beeinträchtigt.[2158] Diese Frage beantwortete er, indem er im Anschluss an seine regelmäßig verwendeten Standardformeln (Ermessen der nationalen Stellen aufgrund nationaler Unterschiede, mitgliedstaatliche Bestimmung des angestrebten Schutzniveaus)[2159] ausführte, dass die Entscheidung darüber, ob die verfolgten Ziele besser durch ein Ausschließlichkeitsrecht für eine staatliche Einrichtung oder durch Auflagen für zugelassene private Anbieter zu erreichen sind, Sache der Mitgliedstaaten sei, wobei jedoch der Grundsatz der Verhältnismäßigkeit zu beachten sei.[2160] Aufgrund des den nationalen Stellen zukommenden Wertungsspielraumes seien sie zur Annahme berechtigt, dass die Gewährung von Ausschließlichkeitsrechten die Gefahren des Glücksspiels besser beherrschbar mache und das Ziel, die Spielsucht zu bekämpfen, wirksamer verfolge *„als es bei einem Erlaubnissystem der Fall wäre [...].“*[2161] Sofern jedoch die zuständigen Behörden in dem betroffenen Mitgliedstaat im Hinblick auf jene Glücksspiele, welche nicht *„dem staatlichen*

2155 Urteil Liga Portuguesa de Futebol Profissional und Bwin International, C-42/07, EU:C:2009:519, Rz 69.

2156 Urteil Liga Portuguesa de Futebol Profissional und Bwin International, C-42/07, EU:C:2009:519, Rz 69 f.

2157 Urteil Liga Portuguesa de Futebol Profissional und Bwin International, C-42/07, EU:C:2009:519, Rz 73.

2158 Urteil Stoß, C-316/07, C-358/07, C-359/07, C-360/07, C-409/07 u C-410/07, EU:C:2010:504, Rz 73 ff.

2159 Urteil Stoß, C-316/07, C-358/07, C-359/07, C-360/07, C-409/07 u C-410/07, EU:C:2010:504, Rz 76 f.

2160 Urteil Stoß, C-316/07, C-358/07, C-359/07, C-360/07, C-409/07 u C-410/07, EU:C:2010:504, Rz 79; vgl auch *Klöck/Klein*, Die Glücksspielentscheidungen des EuGH und die Auswirkungen auf den Glücksspielstaatsvertrag, NVwZ 2011, 22 (23).

2161 Urteil Stoß, C-316/07, C-358/07, C-359/07, C-360/07, C-409/07 u C-410/07, EU:C:2010:504, Rz 81.

Monopol unterliegen, eine Politik betreiben oder dulden, die eher darauf abzielt, zur Teilnahme an diesen anderen Spielen zu ermuntern", sei dies aus dem Blickwinkel des Kohärenzgebots zu beanstanden.[2162]

Im Urteil *Ladbrokes Betting & Gaming und Ladbrokes International* stand bei der Beurteilung des niederländischen Konzessionssystems die Untersuchung der Kohärenz im Mittelpunkt.[2163] Fraglich war (unter anderem), ob ein Konzessionssystem kohärent ausgestaltet ist, wenn die Inhaber von Konzessionen berechtigt sind, ihr Angebot durch Werbung und Einführung neuer Glücksspiele anziehender zu machen.[2164] Bei der Untersuchung der Verhältnismäßigkeit habe das nationale Gericht nach den Ausführungen des EuGH zu prüfen, ob die *„Politik der kontrollierten Expansion im Glücksspielsektor zur wirksamen Kanalisierung der Spiellust"* beiträgt.[2165] Dabei sei auch zu untersuchen, ob das illegale Glücksspiel in den Niederlanden tatsächlich ein Problem sein kann und ob die Ausweitung des Angebots durch konzessionierte Betreiber dieses Problem beheben kann.[2166] Mit anderen Worten erlaubt der EuGH, dass konzessionierte Anbieter die Zahl ihrer Kunden steigern, sofern dies nicht das in der Begrenzung der Spielsucht bestehende Ziel konterkariert. Dies wäre etwa der Fall, wenn deren Neukunden Personen sind, die bis dato nicht an Glücksspielen teilgenommen haben, und nicht Personen, die davor illegale Glücksspiele gespielt haben.

Im Urteil *Carmen Media Group* stand bei der Beurteilung eines Monopolsystems für Sportwetten wiederum dessen Kohärenz im Mittelpunkt.[2167] Als problematisch erachtete der EuGH, dass Kasino- und Automatenspiele – im Gegensatz zu Sportwetten – von privaten Anbietern auf Basis von erteilten Genehmigungen betrieben werden durften, obwohl diese nach den Feststellungen des vorlegenden Gerichts *„ein höheres Suchpotenzial aufweisen [...]."*[2168] Im Hinblick auf diese Spiele haben die nationalen Stellen *„eine Politik der Angebotsausweitung betrieben"*, da die Anzahl der Spielbanken in den letzten Jahren gestiegen sei.[2169] Aus diesem Grund durfte das vorlegende Gericht nach den in dieser Hinsicht eindeutigen Ausführungen des Gerichtshofes berechtigterweise davon ausgehen,

---

2162 Urteil Stoß, C-316/07, C-358/07, C-359/07, C-360/07, C-409/07 u C-410/07, EU:C:2010:504, Rz 106.

2163 Urteil Ladbrokes Betting & Gaming und Ladbrokes International, C-258/08, EU:C:2010:308.

2164 Urteil Ladbrokes Betting & Gaming und Ladbrokes International, C-258/08, EU:C:2010:308, Rz 14.

2165 Urteil Ladbrokes Betting & Gaming und Ladbrokes International, C-258/08, EU:C:2010:308, Rz 27.

2166 Urteil Ladbrokes Betting & Gaming und Ladbrokes International, C-258/08, EU:C:2010:308, Rz 29.

2167 Urteil Carmen Media Group, C-46/08, EU:C:2010:505.

2168 Urteil Carmen Media Group, C-46/08, EU:C:2010:505, Rz 67.

2169 Urteil Carmen Media Group, C-46/08, EU:C:2010:505, Rz 67.

dass das Monopol nicht kohärent und systematisch dazu beiträgt, das Spielangebot zu begrenzen.[2170]

An diesem Urteil ist bemerkenswert, dass der Gerichtshof anders als in der Mehrzahl der bis dahin ergangenen Urteile zur Glücksspielregulierung das vorlegende Gericht ausdrücklich in dessen Zweifeln bestärkt, dass das Monopol gegen europäische Grundfreiheiten verstößt. Das Unterbleiben von Hinweisen auf bestehende nationale Unterschiede und die mangelnde Harmonisierung durch den EuGH, hatte mE keinen Einfluss auf die Kontrolldichte, da die gerichtliche Prüfung nicht strenger als in anderen Fällen war. Der Unterschied bestand vielmehr darin, dass der EuGH im gegenständlichen Fall bereits über alle für ihn relevanten Fakten Bescheid wusste,[2171] sodass er dem vorlegenden Gericht nicht bestimmte Sachverhaltsermittlungen auftragen musste, sondern selbst die konkrete rechtliche Würdigung vornehmen konnte.[2172] Seine Rechtsauffassung, unter welchen Umständen ein Monopol als unionsrechtswidrig zu bewerten ist, hat der EuGH nicht geändert. Abgesehen davon hat sich auch an dem Umstand, dass nach wie vor nationale Unterschiede bestehen und der Bereich des Glücksspiels nicht harmonisiert ist, nichts geändert. Davon geht auch der Gerichtshof aus, da er in der Urteilsbegründung auf Entscheidungen verweist, in denen er auf bestehende nationale Unterschiede und den Mangel an einer Harmonisierung sehr wohl hingewiesen hat.[2173]

Diese Schlussfolgerungen werden auch durch die zeitlich nachgelagerte Judikatur des EuGH bestätigt. Bereits in dem Urteil *Dickinger und Ömer*, in welchem die europarechtliche Zulässigkeit des österreichischen Monopols für Internet-Kasinospiele strittig war, betonte der EuGH die nationalen Unterschiede,[2174] die Schutzniveauautonomie der Mitgliedstaaten[2175] sowie die Irrelevanz der Ausgestaltung der Schutzsysteme in anderen Mitgliedstaaten für die Beurteilung der Verhältnismäßigkeit.[2176] Aus diesem Grund beanstandete es der EuGH nicht, dass ein um ein hohes Schutzniveau bestrebter Mitgliedstaat exklusive Rechte an eine Einrichtung überträgt, welche einer genauen Überwachung durch die natio-

2170 Urteil Carmen Media Group, C-46/08, EU:C:2010:505, Rz 71.

2171 Dies ist darauf zurückzuführen, dass das vorlegende Gericht bereits vor Einleitung des Vorabentscheidungsverfahrens die für die unionsrechtliche Beurteilung des Sachverhalts notwendigen Feststellungen getroffen hat.

2172 Vgl auch das Urteil Costa und Cifone, C-72/10 u C-77/10, EU:C:2012:80, in welchem der EuGH schon aufgrund der Feststellungen des vorlegenden Gerichts die Neuvergabe von Wettkonzessionen als inkohärent beurteilte, da sie aufgrund ihrer konkreten Modalitäten die Wettbewerbsposition der Altkonzessionäre schützte.

2173 Urteil Carmen Media Group, C-46/08, EU:C:2010:505, Rz 55, 60 u 65 f.

2174 Urteil Dickinger und Ömer, C-347/09, EU:C:2011:582, Rz 45.

2175 Urteil Dickinger und Ömer, C-347/09, EU:C:2011:582, Rz 47.

2176 Urteil Dickinger und Ömer, C-347/09, EU:C:2011:582, Rz 46.

nalen Behörden unterliegt, solange der Grundsatz der Verhältnismäßigkeit gewahrt bleibt.[2177] Die Beurteilung der Verhältnismäßigkeit obliege dem nationalen Gericht, wobei der Mitgliedstaat *„alle Umstände darzulegen [habe], anhand deren dieses Gericht sich vergewissern kann, dass die Maßnahme tatsächlich den sich aus dem Grundsatz der Verhältnismäßigkeit ergebenden Anforderungen genügt."*[2178] In den folgenden Rz des Urteils gibt der Gerichtshof präzise Vorgaben, was das vorlegende Gericht im Rahmen der Rechtfertigungsprüfung, hierbei im Besonderen im Hinblick auf die Kohärenz, zu untersuchen habe.[2179]

Unbeachtlich sei bei dieser Prüfung der Umstand, dass der Glücksspielanbieter mit maltesischer Lizenz, welcher seine Dienstleistungen auch an österreichische Kunden erbrachte, bereits durch die maltesischen Behörden kontrolliert werde.[2180] Dies ergebe sich unter anderem daraus, dass diese Kontrollen aufgrund der mangelnden Harmonisierung des Glücksspielsektors und der beträchtlichen Unterschiede zwischen den mit den mitgliedstaatlichen Regelungen verfolgten Zielen und den angestrebten Schutzniveaus die nationalen Verbraucher nicht jedenfalls ausreichend zu schützen vermögen.[2181] In Anlehnung an seine Ausführungen im Urteil *Liga Portuguesa de Futebol Profissional und Bwin International* führt der Gerichtshof in seiner Begründung auch aus, dass die Beurteilung der Befähigung und Redlichkeit der Glücksspielanbieter durch diese Behörden schwierig zu bewerkstelligen sei.[2182]

Im Urteil *HIT und HIT LARIX* war fraglich, ob Österreich einer Spielbank, die in Slowenien niedergelassen ist, die Werbung in Österreich verbieten darf, wenn das Niveau des Spielerschutzes in Slowenien nicht jenem in Österreich entspricht.[2183] Im Rahmen der Verhältnismäßigkeitsprüfung führt der EuGH aus, dass die nationale Regelung als erforderlich zu qualifizieren ist, wenn sie sich *„darauf beschränkt, für die Erteilung der Werbebewilligung den Nachweis zu fordern, dass die anwendbare Regelung in dem anderen Mitgliedstaat einen <u>im Wesentlichen gleichwertigen Schutz</u> vor den Gefahren des Glücksspiels gewährleistet wie sie selbst."*[2184] Als unverhältnismäßig sei die Regelung hingegen zu beurteilen, wenn sie vorsehen würde, dass die Vorschriften in dem anderen Mit-

---

2177 Urteil Dickinger und Ömer, C-347/09, EU:C:2011:582, Rz 48 ff.
2178 Urteil Dickinger und Ömer, C-347/09, EU:C:2011:582, Rz 54.
2179 Urteil Dickinger und Ömer, C-347/09, EU:C:2011:582, Rz 56 ff.
2180 Urteil Dickinger und Ömer, C-347/09, EU:C:2011:582, Rz 89 ff.
2181 Urteil Dickinger und Ömer, C-347/09, EU:C:2011:582, Rz 96.
2182 Urteil Dickinger und Ömer, C-347/09, EU:C:2011:582, Rz 96.
2183 Urteil HIT und HIT LARIX, C-176/11, EU:C:2012:454.
2184 Urteil HIT und HIT LARIX, C-176/11, EU:C:2012:454, Rz 31 (Hervorhebung durch den Autor).

gliedstaat identisch sein müssen.[2185] Die Beurteilung, ob die Regelung im gegenständlichen Fall lediglich *„im Wesentlichen gleichwertigen Schutz"* fordert oder aber darüber hinaus geht, gesteht der Gerichtshof dem nationalen Gericht zu.[2186] Auf diese Weise wird dem nationalen Gericht mE ein relativer weiter Spielraum eingeräumt, da es in der Beurteilung der Frage, ob der Schutz im Wesentlichen gleichwertig ist, mangels diesbezüglicher Vorgaben durch den EuGH ungebunden ist.

Im Urteil *Stanleybet International*[2187] stand anders als im Urteil *HIT und HIT LARIX* wieder die Frage nach der Kohärenz im Mittepunkt der gerichtlichen Beurteilung. Zu untersuchen hatte der Gerichtshof die Übertragung eines ausschließlichen Rechts zur Veranstaltung von Glücksspielen an ein Unternehmen, welches eine expansive Geschäftspolitik betrieb, obwohl die nationale Regelung (unter anderem) auf eine Begrenzung des Spielangebots abzielte.[2188] Nach den Ausführungen des EuGH dürfe ein um ein hohes Schutzniveau bestrebter Mitgliedstaat annehmen, dass lediglich die Einräumung exklusiver Rechte an ein einziges Unternehmen, welches der Kontrolle durch die nationalen Behörden unterliegt, die verfolgten legitimen Zielsetzungen wirksam erreichen kann.[2189] Allerdings müsse das nationale Gericht prüfen, ob die Gewährung des exklusiven Rechts *„tatsächlich dem Anliegen entspricht, die Gelegenheiten zum Spiel zu verringern und die Tätigkeiten in diesem Bereich in kohärenter und systematischer Weise zu begrenzen."*[2190] Zudem müsse es auch untersuchen, ob das über das exklusive Recht verfügende Unternehmen durch die staatlichen Stellen wirksam kontrolliert wird.[2191]

Im Urteil in der Rs *Digibet und Albers* begründete der Gerichtshof im Rahmen der Beurteilung eines Verbots der Veranstaltung von Online-Glücksspielen, welches für einen begrenzten Zeitraum in einem Bundesland Deutschlands nicht gegolten hatte, den weiten Ermessensspielraum der staatlichen Stellen wiederum mit den sittlichen, religiösen und kulturellen Unterschieden zwischen den Mitgliedstaaten und der mangelnden Harmonisierung durch die Union.[2192] Aus diesem Grund prüfte er die streitgegenständliche Beschränkung nur zurückhaltend und beanstandete sie auch nicht auf Grundlage der von dem nationalen Gericht

2185 Urteil HIT und HIT LARIX, C-176/11, EU:C:2012:454, Rz 32.
2186 Urteil HIT und HIT LARIX, C-176/11, EU:C:2012:454, Rz 34.
2187 Urteil Stanleybet International, C-186/11 u C-209/11, EU:C:2013:33.
2188 Urteil Stanleybet International, C-186/11 u C-209/11, EU:C:2013:33, Rz 20.
2189 Urteil Stanleybet International, C-186/11 u C-209/11, EU:C:2013:33, Rz 29.
2190 Urteil Stanleybet International, C-186/11 u C-209/11, EU:C:2013:33, Rz 31.
2191 Urteil Stanleybet International, C-186/11 u C-209/11, EU:C:2013:33, Rz 33.
2192 Urteil Digibet und Albers, C-156/13, EU:C:2014:1756, Rz 24 u 32.

vorgebrachten Bedenken im Hinblick auf die Kohärenz, wobei er die endgültige Beurteilung der Verhältnismäßigkeit dem nationalen Gericht überließ.[2193]

Auch in dem Urteil in der Rs *Stanley International Betting und Stanleybet Malta* folgte auf das Zugestehen eines Ermessensspielraumes eine zurückhaltende Untersuchung, an deren Ende der EuGH die streitgegenständliche Neuordnung des italienischen Konzessionssystems für Glücksspiele nicht beanstandete.[2194]

Die Einräumung von Ermessen hat jedoch nicht jedenfalls zur Folge, dass der Gerichtshof gegen eine beschränkende nationale Regelung keine Bedenken hegt. So verneinte er in der Rs *Pfleger* – ungeachtet seiner Ausführungen zum Bestehen eines Ermessensspielraums[2195] – die Kohärenz des österreichischen Glücksspielmonopols, weil nach den Angaben des vorlegenden Gerichts die nationalen Behörden nicht nachgewiesen hätten, dass *„die Kriminalität und/oder die Spielsucht im präjudiziellen Zeitraum tatsächlich ein erhebliches Problem darstellten."*[2196] Ein derartiger Nachweis sei jedoch erforderlich, da ein Mitgliedstaat zur Rechtfertigung einer Beschränkung einer Grundfreiheit dem nationalen Gericht sämtliche Umstände zu präsentieren habe, auf deren Grundlage es die Einhaltung des Verhältnismäßigkeitsgrundsatzes kontrollieren könne, wenngleich die Verpflichtung nicht so weit gehe, dass er *„Untersuchungen vorlegen [muss], die dem Erlass der fraglichen Regelung zugrunde lagen."*[2197] Somit führt der Gerichtshof in seiner Begründung nur an, was für den Nachweis nicht zwingend vorlegt werden muss, jedoch nicht was zur Nachweisführung tatsächlich erforderlich ist. Mit der Aussage, wonach der betroffene Mitgliedstaat keine Untersuchungen vorlegen muss, gesteht der EuGH den innerstaatlichen Behörden einen gewissen Spielraum zu, da er damit das Ausmaß der Nachweispflicht abschwächt. Dies ist problematisch, da die nationalen Gerichte unterschiedliche Vorstellungen im Hinblick auf die zu erbringenden Nachweise haben (können), weshalb die einheitliche Anwendung des Unionsrechts gefährdet ist.

Dem Urteil in der Rs *Berlington Hungary* lag folgender Sachverhalt zugrunde:[2198] In Ungarn war der Betrieb von Spielautomaten ursprünglich sowohl in (konzessionierten) Spielkasinos als auch in Spielhallen erlaubt. Im Zuge einer Gesetzesnovelle wurde die Pauschalsteuer für Spielhallen verfünffacht und zusätzlich eine Steuer in Höhe eines bestimmten Prozentsatzes vom Umsatz jedes Automaten eingeführt. Im Folgejahr wurde zudem ein Gesetz erlassen, wonach

---

2193 Urteil Digibet und Albers, C-156/13, EU:C:2014:1756, Rz 33 ff.
2194 Urteil Stanley International Betting und Stanleybet Malta, C-463/13, EU:C:2015:25, Rz 51 ff.
2195 Urteil Pfleger, C-390/12, EU:C:2014:281, Rz 45.
2196 Urteil Pfleger, C-390/12, EU:C:2014:281, Rz 53.
2197 Urteil Pfleger, C-390/12, EU:C:2014:281, Rz 50 f.
2198 Urteil Berlington Hungary, C-98/14, EU:C:2015:386, Rz 13 ff.

die Genehmigungen für den Betrieb von Spielautomaten in Spielhallen automatisch ihre Gültigkeit verlieren sollten.

Die von den Betreibern von Spielhallen vorgebrachten unionsrechtlichen Bedenken betrafen insbesondere die mangelnde Kohärenz, da nach den beiden Gesetzesänderungen der Betrieb von Online-Spielautomaten liberalisiert worden sei und sieben neue Konzessionen für den Betrieb von Spielkasinos erteilt worden seien.[2199] Dies bedeute nach dem EuGH jedoch nicht zwingend, dass das Kohärenzgebot nicht gewahrt sei, sofern es sich dabei um eine *„Politik der kontrollierten Expansion von Glücksspieltätigkeiten"* handle und die mit dem Glücksspiel verbundene Kriminalität und die Spielsucht in Ungarn im maßgeblichen Zeitraum tatsächlich ein Problem sein konnten und die Ausweitung von erlaubtem Glücksspiel dieser Problematik abzuhelfen vermochte.[2200] Diese Beurteilung überließ der Gerichtshof dem nationalen Gericht,[2201] jedoch ohne selbst eine kritische Analyse des ungarischen Regelungsrahmens vorzunehmen. Die zurückhaltende Rechtfertigungsprüfung durch den EuGH kann darauf zurückgeführt werden, dass das vorlegende Gericht keinen Bedenken im Hinblick auf die Kohärenz äußerte.[2202]

Bemerkenswert ist die Aussage des EuGH, wonach das vorlegende Gericht bei seiner Prüfung *„eine Gesamtwürdigung der Umstände vornehmen [muss], unter denen die streitigen restriktiven Rechtsvorschriften erlassen und durchgeführt worden sind."*[2203] Mit anderen Worten ist somit bei der Prüfung der Verhältnismäßigkeit nicht allein auf den Zeitpunkt des Erlasses der streitigen Regelung abzustellen.[2204] Das zuständige nationale Gericht darf sich bei seiner Prüfung also nicht darauf beschränken, zu untersuchen, ob in der Vergangenheit ein tatsächliches Problem im Zusammenhang mit Glücksspielen bestanden hat und ob die ergriffenen Maßnahmen tauglich waren, diesem Problem in kohärenter und systematischer Weise zu begegnen. Folglich ist es auch nicht befugt, einen Verstoß gegen die Grundfreiheiten mit dem schlichten Verweis darauf zu verneinen, dass ein anderes innerstaatliches Gericht bzw Höchstgericht die Unionsrechtskonformität des Erlasses der Regelung bereits bejaht habe. Vielmehr muss es jeweils im Einzelfall prüfen, ob die aktuellen Umstände auf dem relevanten Glücksspielmarkt eine Beschränkung der Grundfreiheiten immer noch rechtfer-

---

2199 Urteil Berlington Hungary, C-98/14, EU:C:2015:386, Rz 67.

2200 Urteil Berlington Hungary, C-98/14, EU:C:2015:386, Rz 68 ff.

2201 Urteil Berlington Hungary, C-98/14, EU:C:2015:386, Rz 72.

2202 *Szydlo*, 53 CMLR 2016, 1096.

2203 Urteil Berlington Hungary, C-98/14, EU:C:2015:386, Rz 73 (Hervorhebung durch den Autor); vgl auch bereits das Urteil Pfleger, C-390/12, EU:C:2014:281, Rz 52.

2204 Vgl auch *Szydlo*, 53 CMLR 2016, 1097.

tigen können. Für diese Beurteilung bedarf es der Erhebung empirischer Beweise durch das nationale Gericht.

In seinem nachfolgenden Urteil in der Rs *Admiral Casinos & Entertainment*[2205] bestätigte der Gerichtshof, dass sich die unionsrechtliche Beurteilung nicht auf die Sachlage im Zeitpunkt des Erlasses der streitigen Regelung beschränken dürfe, sondern *„auch der – notwendigerweise nachfolgende – Schritt der Durchführung dieser Regelung zu berücksichtigen"* sei.[2206] Dies ergebe sich bereits aus der Verwendung der Wortfolge *„in kohärenter und systematischer Weise"*, da eine beschränkende Regelung auch nach ihrem Erlass *„dem Anliegen entsprechen muss, die Gelegenheiten zum Spiel zu verringern oder die mit Spielen verbundene Kriminalität zu bekämpfen."*[2207] Daher sei es im Rahmen der Verhältnismäßigkeitsprüfung auch die Aufgabe des vorlegenden Gerichts insbesondere die Geschäftspolitik der konzessionierten Anbieter und den *„Stand der kriminellen und betrügerischen Aktivitäten im Zusammenhang mit Spielen"* zu analysieren.[2208] Geboten sei daher kein statischer, sondern ein dynamischer Ansatz in Bezug auf die Frage, ob der Grundsatz der Verhältnismäßigkeit gewahrt ist.[2209]

Wenngleich das Kriterium der Kohärenz in der Rechtsprechung zur Glücksspielregulierung mittlerweile fest verankert ist, nimmt der Gerichtshof selbst in manchen aktuellen Urteilen keine Untersuchung der Kohärenz vor.[2210] Erklärbar ist dies mE mit dem Umstand, dass bestimmte Sachverhalte keine Ansatzpunkte für eine mögliche Inkohärenz der Regelung enthalten oder dem EuGH möglicherweise bestehende Ansatzpunkte vom vorlegenden Gericht bzw den Verfahrensparteien nicht mitgeteilt werden. Folglich hat die Anerkennung des Kohärenzgebots nicht in sämtlichen Urteilen zur Glücksspielregulierung zu einer strengeren Prüfung der Verhältnismäßigkeit geführt.

V.E.2.d.i.d) Ergebnis

In seiner Judikatur zur Glücksspielregulierung betont der Gerichtshof regelmäßig die sittlichen, religiösen und kulturellen Unterschiede zwischen den verschiedenen Mitgliedstaaten und häufig auch zusätzlich den Mangel an einer unionsweiten Harmonisierung dieser Sachmaterie. Daraus ergibt sich, dass es den Mitgliedstaaten freisteht, das angestrebte Niveau des Schutzes, primär vor Spiel-

---

2205 Urteil Admiral Casinos & Entertainment, C-464/15, EU:C:2016:500.
2206 Urteil Admiral Casinos & Entertainment, C-464/15, EU:C:2016:500, Rz 32.
2207 Urteil Admiral Casinos & Entertainment, C-464/15, EU:C:2016:500, Rz 34.
2208 Urteil Admiral Casinos & Entertainment, C-464/15, EU:C:2016:500, Rz 35
2209 Urteil Admiral Casinos & Entertainment, C-464/15, EU:C:2016:500, Rz 36.
2210 Vgl etwa das Urteil Laezza, C-375/14, EU:C:2016:60.

sucht und Kriminalität im Zusammenhang mit dem Glücksspiel, zu bestimmen. Trotz des den nationalen Stellen zukommenden Ermessensspielraumes muss der Grundsatz der Verhältnismäßigkeit gewahrt bleiben, damit der EuGH eine derartige Beschränkung als unionsrechtskonform beurteilt. Für die Durchführung der Verhältnismäßigkeitsprüfung hat die mitgliedstaatliche Schutzniveauautonomie zur Folge, dass die Schutzmodalitäten in anderen Mitgliedstaaten außer Betracht zu bleiben haben. Es ist daher möglich, dass ein Mitgliedstaat ohne Verstoß gegen das Unionsrecht die Veranstaltung von Glücksspielen zu Verbraucherschutzzwecken einer einzigen Einrichtung vorbehält, obwohl ein anderer Mitgliedstaat mit der gleichen Zielsetzung die Veranstaltung von Glücksspielen mehreren konzessionierten Unternehmen erlaubt. Dieser Umstand ist somit kein Argument dafür, dass das vom erstgenannten Mitgliedstaat gewählte Mittel zur Zielerreichung nicht erforderlich ist.

In der älteren Rechtsprechung untersuchte der Gerichtshof die mitgliedstaatlichen Maßnahmen nur äußerst zurückhaltend und überließ die Beurteilung dem nationalen Gericht, ohne diesem vorzugeben, unter welchen Umständen die konkrete Maßnahme als (un)verhältnismäßig zu qualifizieren wäre. Ausgehend vom dem Urteil in der Rs *Gambelli*[2211] forderte er die Beachtung des Kohärenzgebotes im Rahmen Eignungsprüfung. Dies änderte zunächst wenig an der geringen Kontrolldichte des Gerichtshofes, da weiterhin das jeweils zuständige nationale Gericht die Verhältnismäßigkeit zu untersuchen hatte und dabei kaum Vorgaben durch den Gerichtshof beachten musste.

Allerdings erhielt das Kohärenzgebot in der nachfolgenden EuGH-Judikatur deutliche Konturen, sodass die nationalen Gerichte nunmehr bei ihrer Beurteilung an gewisse Vorgaben gebunden sind. Mittlerweile qualifiziert der EuGH auch selbst mitgliedstaatliche Regelungen bisweilen als inkohärent. Dies setzt jedoch voraus, dass er von dem vorlegenden Gericht alle notwendigen Informationen zum Sachverhalt erhalten hat. Die zunehmende Ausformung des Kohärenzgebots führte somit zu einer Erhöhung der Kontrolldichte durch den EuGH. Dies gilt im Besonderen für jene Fälle, in denen bereits das vorlegende Gericht Zweifel im Hinblick auf die Kohärenz äußert. Dennoch bleibt die Strenge der gerichtlichen Prüfung hinter anderen Rechtsbereichen zurück, da die Frage der Erforderlichkeit praktisch keine Rolle spielt. An diesem Befund vermag auch der Umstand, wonach der EuGH in seiner jüngsten Judikatur fordert, dass eine beschränkende Regelung auf dem Gebiet des Glücksspiels nicht nur im Zeitpunkt ihres Erlasses, sondern auch danach dem Verhältnismäßigkeitsgrundsatz genügen muss, nichts zu ändern.

[2211] Urteil Gambelli, C-243/01, EU:C:2003:597.

V.E.2.e. Gesundheitsschutz

V.E.2.e.i. Vorbemerkung

Die Untersuchung von mitgliedstaatlichen Beschränkungen der Grundfreiheiten zum Zwecke des Schutzes der menschlichen Gesundheit weist bedeutende Ähnlichkeiten mit jener auf dem Gebiet der Glücksspielregulierung auf. Bereits bevor der Gerichtshof den Mitgliedstaaten in Glücksspiel-Fällen zugestand, das angestrebte Schutzniveau autonom zu bestimmen, betonte er diese Autonomie im Hinblick auf die Rechtmäßigkeit von Beschränkungen zum Schutz der Gesundheit. So sprach er in seinem Urteil in der Rs *Aragonesa* betreffend ein Verbot von Werbung für bestimmte alkoholische Getränke aus, dass es in Ermangelung von *„gemeinsamen oder harmonisierten Vorschriften zur allgemeinen Regelung der Werbung für alkoholische Getränke, Sache der Mitgliedstaaten [sei], zu entscheiden, auf welchem Niveau sie den Schutz der öffentlichen Gesundheit sicherstellen wollen und wie dieses Niveau erreicht werden soll."*[2212] Wenngleich der EuGH in der Rs *Aragonesa* die Gemeinschaftsrechtskonformität des gegenständlichen Verbots letztendlich bejahte,[2213] war die mitgliedstaatliche Schutzniveauautonomie bereits in der älteren Rechtsprechung kein Freibrief für jegliche Beschränkung unter dem „Deckmantel" des Gesundheitsschutzes. Exemplarisch sei an dieser Stelle das Urteil betreffend das deutsche Reinheitsgebot für Bier genannt, in welchem der Gerichtshof ungeachtet seiner Aussage, wonach die Bestimmung des Umfanges des Gesundheitsschutzes Sache der Mitgliedstaaten sei,[2214] ein absolutes Verkehrsverbot für Bier, welches Zusatzstoffe enthält, als Verstoß gegen das Gemeinschaftsrecht qualifizierte.[2215]

Nichtsdestotrotz waren Beschränkungen der Grundfreiheiten zum Schutz der Gesundheit früher einfacher als heute zu rechtfertigen. In einem Urteil aus dem Jahr 2004 hatte der Gerichtshof eine nationale Regelung zu beurteilen, wonach Fernsehwerbung für alkoholische Getränke im Rahmen der Übertragung von bestimmten Sportveranstaltungen verboten war.[2216] Nach den Ausführungen des Gerichtshofes sei es aufgrund des Mangels an gemeinschaftlichen Harmonisierungsmaßnahmen auf diesem Gebiet Sache der Mitgliedstaaten das angestrebte Gesundheitsschutzniveau zu bestimmen und zu entscheiden, auf welche Weise

2212 Urteil Aragonesa de Publicidad Exterior und Publivia / Departamento de Sanidad y Seguridad Social de Cataluña, C-1/90 u C-176/90, EU:C:1991:327, Rz 16.

2213 Urteil Aragonesa de Publicidad Exterior und Publivia / Departamento de Sanidad y Seguridad Social de Cataluña, C-1/90 u C-176/90, EU:C:1991:327, Rz 26.

2214 Urteil Kommission / Deutschland, 178/84, EU:C:1987:126, Rz 41.

2215 Urteil Kommission / Deutschland, 178/84, EU:C:1987:126, Rz 54.

2216 Urteil Kommission / Frankreich, C-262/02, EU:C:2004:431.

dieses Niveau erreicht werden soll.[2217] Im Ergebnis verneinte der EuGH nach einer wenig strengen Verhältnismäßigkeitsprüfung eine Vertragsverletzung durch den betroffenen Mitgliedstaat.[2218] Im Zuge der Prüfung verwarf er auch das Argument, dass die Regelung nicht konsequent sei, weil sie Tabakwerbung nicht verbiete, obwohl der Konsum von Tabak zumindest gleich gesundheitsschädlich sei wie der von Alkohol.[2219] Bei Anwendung heutiger Maßstäbe hätte dieser Einwand wohl zur Bejahung einer Vertragsverletzung wegen mangelnder Kohärenz geführt.[2220]

V.E.2.e.ii. Regulierung des Apothekenwesens

Die Rechtsprechung des EuGH betreffend die regulatorischen Anforderungen für den Betrieb von Apotheken wurde in der jüngeren Vergangenheit immer weiter ausgeformt und ist für die vorliegende Arbeit besonders ergiebig:

In der Rs *Apothekerkammer des Saarlandes* war fraglich, ob nationale Vorschriften, welche ausschließlich Apothekern das Recht vorbehalten, Apotheken zu betreiben, gegen europäische Grundfreiheiten verstoßen.[2221] Zur Rechtfertigung der Beschränkung wurde vom betroffenen Mitgliedstaat vorgebracht, dass die Regelung eine verlässliche und qualitativ hochwertige Versorgung der ansässigen Bevölkerung mit Medikamenten sicherstellen soll.[2222] Zu diesem Vorbringen führt der Gerichtshof in seiner Urteilsbegründung aus, dass die Gesundheit von Menschen das bedeutendste Schutzgut darstelle[2223] und dass *„es Sache der Mitgliedstaaten [sei], zu bestimmen, auf welchem Niveau sie den Schutz der Gesundheit der Bevölkerung gewährleisten wollen und wie dieses Niveau erreicht werden soll."*[2224] Da das Schutzniveau in den verschiedenen Mitgliedstaaten unterschiedlich sein könne, sei ihnen *„ein Wertungsspielraum zuzuerkennen."*[2225] Bereits diese einleitenden Ausführungen des EuGH zeigen Ähnlichkeiten zu dessen Rechtsprechung auf dem Gebiet der Glücksspielregulierung, da er hier wie dort die Schutzniveauautonomie der Mitgliedstaaten betont und mit den Unterschieden zwischen den Mitgliedstaaten einen mitgliedstaatlichen Ermes-

---

2217 Urteil Kommission / Frankreich, C-262/02, EU:C:2004:431, Rz 23 f.

2218 Urteil Kommission / Frankreich, C-262/02, EU:C:2004:431, Rz 31 ff.

2219 Urteil Kommission / Frankreich, C-262/02, EU:C:2004:431, Rz 33.

2220 Vgl *Kirschner*, Grundfreiheiten 183.

2221 Urteil Apothekerkammer des Saarlandes u.a., C-171/07 u C-172/07, EU:C:2009:316.

2222 Urteil Apothekerkammer des Saarlandes u.a., C-171/07 u C-172/07, EU:C:2009:316.

2223 Zur Frage, ob die vom EuGH in dieser Urteilspassage angedeutete Rangordnung der Schutzgüter einen Einfluss auf die gerichtliche Kontrolldichte hat, siehe Kapitel V.E.3 unten.

2224 Urteil Apothekerkammer des Saarlandes u.a., C-171/07 u C-172/07, EU:C:2009:316, Rz 19.

2225 Urteil Apothekerkammer des Saarlandes u.a., C-171/07 u C-172/07, EU:C:2009:316, Rz 19; vgl auch *Kamann/Gey/Kreuzer*, Das EuGH-Urteil zum Apotheken-Fremdbesitzverbot – „Renationalisierung" des Gesundheitssektors? PharmR 2009, 320 (321).

sensspielraum begründet. In der weiteren Begründung werden die Unterschiede vom EuGH noch präzisiert, indem er darauf hinweist, dass in einem Teil der Mitgliedstaaten ausschließlich selbständige Apotheker Apotheken betreiben dürfen, während es in anderen Mitgliedstaaten möglich ist, dass auch andere Personen eine Apotheke betreiben dürfen, sofern deren Leitung durch einen angestellten Apotheker erfolge.[2226]

Im Rahmen der Verhältnismäßigkeitsprüfung spricht der Gerichtshof aus, dass die Mitgliedstaaten, *„wenn eine Ungewissheit hinsichtlich des Vorliegens oder der Bedeutung der Gefahren für die menschliche Gesundheit bleibt, Schutzmaßnahmen treffen können, ohne warten zu müssen, bis der Beweis für das tatsächliche Bestehen dieser Gefahren vollständig erbracht ist.“*[2227] Dies ist im Hinblick auf die hohe Wertigkeit der menschlichen Gesundheit konsequent und entspricht auch der Rechtsprechung zu Grundrechtseingriffen zum Zwecke des Gesundheitsschutzes.[2228] Aufgrund der Schutzniveauautonomie und des damit einhergehenden Ermessensspielraumes dürfe ein Mitgliedstaat nach Auffassung des Gerichtshofes fordern, dass Medikamente nur von beruflich unabhängigen Apothekern, jedoch nicht von angestellten Apothekern vertrieben werden.[2229]

Der EuGH bezweifelt auch nicht die Kohärenz der Regelung, obwohl der Betrieb von Apotheken durch Nichtapotheker nicht absolut ausgeschlossen sei, weil eine befristete Ausnahme von diesem Verbot für die / den Erben einer Apotheke bestehe.[2230] Auch die Vornahme einer Kohärenzprüfung entspricht der Judikatur in dem Bereich des Glücksspiels.[2231] Abschließend führt der Gerichtshof eine vom Ermessensspielraum der Mitgliedstaaten geprägte Erforderlichkeitsprüfung durch,[2232] an deren Ende er zu dem Ergebnis kommt, dass *„nicht erwiesen“* sei, dass eine Alternativmaßnahme besteht, welche Art 43 EG weniger beeinträchtigt und *„ebenso wirksam das [...] Niveau der Sicherheit und Qualität der Versorgung der Bevölkerung mit Arzneimitteln“* gewährleistet.[2233]

Am Tag des Urteils in der Rs *Apothekerkammer des Saarlandes* erging eine zweite Entscheidung des Gerichtshofes, welche eine vergleichbare nationale

---

2226 Urteil Apothekerkammer des Saarlandes u.a., C-171/07 u C-172/07, EU:C:2009:316, Rz 21.
2227 Urteil Apothekerkammer des Saarlandes u.a., C-171/07 u C-172/07, EU:C:2009:316, Rz 30.
2228 Siehe Kapitel V.D.5.a oben.
2229 Urteil Apothekerkammer des Saarlandes u.a., C-171/07 u C-172/07, EU:C:2009:316, Rz 35 ff.
2230 Urteil Apothekerkammer des Saarlandes u.a., C-171/07 u C-172/07, EU:C:2009:316, Rz 41 ff.
2231 Siehe Kapitel V.E.2.d.i oben.
2232 Urteil Apothekerkammer des Saarlandes u.a., C-171/07 u C-172/07, EU:C:2009:316, Rz 52 ff; zur zurückhaltenden Überprüfung der Verhältnismäßigkeit vgl etwa *Kamann/Gey/Kreuzer*, PharmR 2009, 322.
2233 Urteil Apothekerkammer des Saarlandes u.a., C-171/07 u C-172/07, EU:C:2009:316, Rz 57.

Regelung in Italien zum Gegenstand hatte.[2234] Wenig überraschend bediente sich der EuGH auch bei der italienischen Regelung im Wesentlichen identer Begründungsmuster und Prüfschritte: Er erwähnt die große Bedeutung des Gesundheitsschutzes, die nationalen Unterschiede zwischen den Mitgliedstaaten, die mitgliedstaatliche Schutzniveauautonomie und den mitgliedstaatlichen Ermessensspielraum.[2235] Darüber hinaus müsse nach seinen Ausführungen ein Mitgliedstaat Schutzmaßnahmen ergreifen können bevor Gewissheit über das tatsächliche Vorliegen einer Gefahr für die Gesundheit bestehe.[2236] Im Rahmen der Eignungsprüfung wird auch die Einhaltung des Kohärenzgebots untersucht und letztlich bejaht.[2237] Im Hinblick auf die Erforderlichkeit fordert der Gerichtshof, dass die Kommission gleich wirksame Alternativmittel vorzutragen habe.[2238] Da sie sich auf allgemeine Behauptungen beschränkt und keine konkreten gelinderen Mittel genannt habe, verneinte der Gerichtshof das Vorliegen einer Vertragsverletzung durch den italienischen Staat.[2239]

Im Urteil *Susisalo* untersuchte der EuGH – unter weitgehendem Verzicht auf die Durchführung einer Verhältnismäßigkeitsprüfung[2240] – eine finnische Regelung, wonach die Voraussetzungen zum Betrieb einer Apotheke unterschiedlich streng waren, je nachdem ob die Apotheke von der Universität Helsinki oder Privaten betrieben werden sollte.[2241] In der Begründung seines Urteils hebt der EuGH wiederum die mitgliedstaatliche Schutzniveauautonomie hervor.[2242] Aufgrund der Unterschiede in den Mitgliedstaaten im Hinblick auf das Schutzniveau sei den Mitgliedstaaten ein Wertungsspielraum einzuräumen.[2243] Der Umstand, wonach die nationale Regelung den Betrieb von Apotheken durch die Universität begünstigte, sei daher nach den Ausführungen des Gerichtshofes nicht zu beanstanden, sofern diese Apotheken die ihnen *„zugewiesenen besonderen Aufgaben im Zusammenhang mit der Ausbildung von Pharmaziestudenten, der Forschung auf dem Gebiet der Arzneimittelversorgung sowie der Herstellung seltener pharmazeutischer Zubereitungen tatsächlich [erfüllen],“* da damit ein bestimmtes Gesundheitsschutzniveau erreicht werden soll.[2244]

2234 Urteil Kommission / Italien, C-531/06, EU:C:2009:315.
2235 Urteil Kommission / Italien, C-531/06, EU:C:2009:315, Rz 36.
2236 Urteil Kommission / Italien, C-531/06, EU:C:2009:315, Rz 54.
2237 Urteil Kommission / Italien, C-531/06, EU:C:2009:315, Rz 65-80.
2238 Urteil Kommission / Italien, C-531/06, EU:C:2009:315, Rz 85.
2239 Urteil Kommission / Italien, C-531/06, EU:C:2009:315, Rz 85 ff.
2240 *Epiney*, Die Rechtsprechung des EuGH im Jahr 2012, NVwZ 2013, 692 (698).
2241 Urteil Susisalo, C-84/11, EU:C:2012:374.
2242 Urteil Susisalo, C-84/11, EU:C:2012:374, Rz 28.
2243 Urteil Susisalo, C-84/11, EU:C:2012:374, Rz 28.
2244 Urteil Susisalo, C-84/11, EU:C:2012:374, Rz 42.

In der Rs *Venturini* hatte sich der Gerichtshof mit der Regulierung des Apothekenwesens in Italien auseinanderzusetzen.[2245] Nach der nationalen Rechtslage durften Apotheker, die eine eigene Niederlassung errichten wollten, dies entweder in Form einer zulassungspflichtigen Apotheke oder in Form einer nicht zulassungspflichtigen Verkaufsstelle für Arzneimittel tun.[2246] Fraglich war, ob das Verkaufsverbot von verschreibungspflichtigen Arzneimitteln, welches nur für Verkaufsstellen galt, eine unzulässige Beschränkung der Niederlassungsfreiheit darstellt.[2247] Bei der Beurteilung der Eignung des genannten Verbots sei nach dem EuGH zu berücksichtigen, dass die Errichtung von Apotheken in Italien einer Planung unterliegt, damit *„eine sichere und qualitativ hochwertige Versorgung der Bevölkerung mit Arzneimitteln"* sichergestellt ist.[2248] Würde auch den Verkaufsstellen gestattet, verschreibungspflichtige Arzneimittel zu verkaufen, bestünde die Gefahr, dass die Einnahmen der zugelassenen Apotheken zurückgehen, wodurch die Qualität ihrer Dienstleistungen leiden könnte und wodurch Apotheken gezwungen sein könnten, ihre Geschäftstätigkeit einzustellen.[2249] Da dies die angestrebte hochwertige Versorgung mit Arzneimitteln gefährden würde, sei das fragliche Verbot zur Zielerreichung geeignet.[2250] Konkrete Nachweise für dieses Gefährdungsszenario forderte der EuGH von der italienischen Regierung jedoch nicht.[2251]

Als Einleitung zu seinen Erwägungen zur Erforderlichkeit weist der Gerichtshof unter Verweis auf seine eigene Rechtsprechung auf die mitgliedstaatliche Schutzniveauautonomie und den mitgliedstaatlichen Beurteilungsspielraum hin.[2252] Darüber hinaus betont er, dass zur Ergreifung von Schutzmaßnahmen nicht abgewartet werden müsse bis das Bestehen und das Ausmaß von Gefährdungen für die menschliche Gesundheit *„klar dargelegt sind."*[2253] Die Prüfung der Erforderlichkeit erschöpft sich in weiterer Folge in der Verwerfung eines denkbaren gelinderen Mittels ohne nähere Begründung als nicht gleich wirksam[2254] und der Aussage, wonach aus den Akten auch sonst keine Alternativmaßnahme hervorgehe, die der Gefahr gleich wirksam begegnen könnte.[2255]

2245 Urteil Venturini, C-159/12, C-160/12 u C-161/12, EU:C:2013:791.

2246 Urteil Venturini, C-159/12, C-160/12 u C-161/12, EU:C:2013:791, Rz 31.

2247 Urteil Venturini, C-159/12, C-160/12 u C-161/12, EU:C:2013:791, Rz 33.

2248 Urteil Venturini, C-159/12, C-160/12 u C-161/12, EU:C:2013:791, Rz 46.

2249 Urteil Venturini, C-159/12, C-160/12 u C-161/12, EU:C:2013:791, Rz 51 ff.

2250 Urteil Venturini, C-159/12, C-160/12 u C-161/12, EU:C:2013:791, Rz 55.

2251 *Witt/Gregor*, Die Preisbindung für Arzneimittel ist europarechtswidrig: Das EuGH-Urteil und seine Folgen, PharmR 2016, 481 (484).

2252 Urteil Venturini, C-159/12, C-160/12 u C-161/12, EU:C:2013:791, Rz 59.

2253 Urteil Venturini, C-159/12, C-160/12 u C-161/12, EU:C:2013:791, Rz 60.

2254 Urteil Venturini, C-159/12, C-160/12 u C-161/12, EU:C:2013:791, Rz 62 f.

2255 Urteil Venturini, C-159/12, C-160/12 u C-161/12, EU:C:2013:791, Rz 64.

Ein anderer in der Judikatur des EuGH häufig thematisierter Streitpunkt sind nationale Regelungen, wonach neue Apotheken nur bei Vorliegen eines hinreichenden Bedarfs errichtet werden dürfen. Derartige Regelungen sind nach dem EuGH grundsätzlich mit dem Unionsrecht vereinbar.[2256] Nach der dem Urteil in der Rs *Sokoll-Seebacher* zugrunde liegenden Rechtslage in Österreich war ein hinreichender Bedarf nur dann gegeben, wenn aufgrund der Neuerrichtung einer Apotheke die Zahl der zu versorgenden Personen im Umkreis von 4 km nicht unter 5.500 sinkt.[2257] Auch in diesem Fall betont der EuGH in seiner Begründung die Bedeutung der menschlichen Gesundheit, die nationalen Unterschiede sowie die Schutzniveauautonomie und den Wertungsspielraum der Mitgliedstaaten.[2258] In weiterer Folge verneint der EuGH die Kohärenz der Regelung, da die genannte starre Grenze den nationalen Behörden keine Möglichkeit gebe, regionale Besonderheiten zu berücksichtigen, wodurch insbesondere in dünn besiedelten Gebieten die Bedarfsregelung dazu führen könne, dass für manche Bewohner keine Apotheke in angemessener Entfernung erreichbar sei.[2259] Bereits dieses Urteil belegt mE, dass die eingeschränkte Kontrolldichte des Gerichtshofes auf diesem Gebiet nicht die praktische Wirkungslosigkeit der gerichtlichen Kontrolle zur Konsequenz hat.

Ein weiterer Beleg ist das aktuelle Urteil in der Rs *Deutsche Parkinson Vereinigung*, in welchem der Gerichtshof trotz Betonung des mitgliedstaatlichen Wertungsspielraumes[2260] zu dem Ergebnis gelangte, dass eine nationale Regelung, wonach rezeptpflichtige Arzneimittel in Apotheken zu einem einheitlichen Preis angeboten werden müssen, aufgrund mangelnder Verhältnismäßigkeit nicht mit dem Schutz der Gesundheit gerechtfertigt werden kann.[2261]

V.E.2.e.iii. Sonstige Bereiche

Dass das Kriterium der Kohärenz häufig das Mittel der Wahl für den Gerichtshof ist, um mitgliedstaatliche Beschränkungen zum Schutz der Gesundheit als unionsrechtswidrig zu qualifizieren, ist auch aus Urteilen ersichtlich, welche nicht die Regulierung des Apothekenwesens zum Gegenstand haben. Ein Beispiel stellt das Urteil in der Rs *Hartlauer* dar, in welchem eine Bedarfsregelung für

---

[2256] *Well-Szönyi*, Der Versandhandel von Medikamenten und das Apothekenmonopol in Frankreich, GRURInt 2017, 119 (121).

[2257] Urteil Sokoll-Seebacher, C-367/12, EU:C:2014:68, Rz 3 ff.

[2258] Urteil Sokoll-Seebacher, C-367/12, EU:C:2014:68, Rz 26.

[2259] Urteil Sokoll-Seebacher, C-367/12, EU:C:2014:68, Rz 39 ff.

[2260] Urteil Deutsche Parkinson Vereinigung, C-148/15, EU:C:2016:776, Rz 30.

[2261] Urteil Deutsche Parkinson Vereinigung, C-148/15, EU:C:2016:776, Rz 46; vgl zu Rechtfertigungsprüfung auch *Frank*, Anforderungen des EuGH an die Rechtfertigung nationaler Einfuhrbeschränkungen: Zugleich Besprechung von EuGH „Deutsche Parkinson Vereinigung", GRUR 2016, 1246 (1249).

den Betrieb eines privaten Zahnambulatoriums streitgegenständlich war.[2262] Ungeachtet seiner regelmäßig verwendeten Standardausführungen (nationale Unterschiede, Schutzniveauautonomie und Wertungsspielraum der Mitgliedstaaten)[2263] vertrat der Gerichtshof, dass es dieser Regelung an der Kohärenz mangelte, da ausschließlich Zahnambulatorien von der Regelung betroffen waren, während Gruppenpraxen, welche im Wesentlichen dieselben Leistungen erbringen konnten, unabhängig vom Vorliegen eines hinreichenden Bedarfs betrieben werden durften.[2264]

Die Kohärenz bezweifelte der Gerichtshof auch in der Rs *Ottica New Line di Accardi Vincenzo*, in welcher eine nationale Regelung zu untersuchen war, die den Betrieb eines Optikergeschäfts vom Vorliegen eines hinreichenden Bedarfs abhängig machte.[2265] Wie bereits im oben genannten Urteil *Hartlauer* hinderten den Gerichtshof auch im gegenständlichen Fall seine regelmäßig nachweisbaren Ausführungen zur mitgliedstaatlichen Schutzniveauautonomie und dem mitgliedstaatlichen Wertungsspielraum[2266] nicht an einer umfassenden Prüfung der Kohärenz.[2267] Da die Regelung keine genauen Kriterien für die Beurteilung des Bedarfs durch die Behörde festlegte sowie eine obligatorische Stellungnahme des Ausschusses der Handelskammer vorsah, welcher sich aus anderen Optikern aus der Region – somit aus unmittelbaren Mitbewerbern jener Optiker, die sich dort niederlassen wollten – zusammensetzte, qualifizierte der Gerichtshof sie als inkohärent.[2268]

Auch abseits der genannten Berufe bedient sich der Gerichtshof der bekannten Begründungsmuster zur Reduktion seiner Kontrolldichte und nimmt auch Erwägungen zur Kohärenz vor:

In der Rs *Kommission / Frankreich* hatte der EuGH nationale Bestimmungen zu beurteilen, wonach zum Zwecke des Gesundheitsschutzes maximal ein Viertel des Kapitals und der Stimmrechte an Gesellschaften, welche biomedizinische Analysen erbringen, von Nichtbiologen gehalten werden dürfen.[2269] Nach den Ausführungen des EuGH dürfe ein Mitgliedstaat aufgrund der ihm zukommenden Schutzniveauautonomie verlangen, dass biomedizinische Analysen von

---

2262 Urteil Hartlauer, C-169/07, EU:C:2009:141.
2263 Urteil Hartlauer, C-169/07, EU:C:2009:141, Rz 30.
2264 Urteil Hartlauer, C-169/07, EU:C:2009:141, Rz 55 ff; ausführlicher zu diesem Urteil *Epiney*, Die Rechtsprechung des EuGH im Jahr 2009, NVwZ 2010, 1065 (1067 f).
2265 Urteil Ottica New Line di Accardi Vincenzo, C-539/11, EU:C:2013:591.
2266 Urteil Ottica New Line di Accardi Vincenzo, C-539/11, EU:C:2013:591, Rz 44.
2267 Urteil Ottica New Line di Accardi Vincenzo, C-539/11, EU:C:2013:591, Rz 47 ff.
2268 Urteil Ottica New Line di Accardi Vincenzo, C-539/11, EU:C:2013:591, Rz 52 ff.
2269 Urteil Kommission / Frankreich, C-89/09, EU:C:2010:772.

Biologen, die – im Gegensatz zu Nichtbiologen – eher über die notwendige berufliche Unabhängigkeit verfügen, erbracht werden.[2270] In weiterer Folge nimmt der Gerichtshof umfangreiche Erwägungen zur Kohärenz[2271] und anschließend zur Erforderlichkeit vor.[2272] Obwohl der Umfang der Erforderlichkeitsprüfung eine strenge gerichtliche Kontrolle indiziert, fällt die Prüfung aufgrund des mitgliedstaatlichen Wertungsspielraums nur zurückhaltend aus.[2273]

Wenngleich sich die Verhältnismäßigkeitsprüfung des Gerichtshofes in Bereichen mitgliedstaatlicher Schutzniveauautonomie häufig auf die Einhaltung des Kohärenzgebots konzentriert und die Untersuchung der Erforderlichkeit nur kursorisch vorgenommen wird,[2274] ist daraus nicht zu schließen, dass die Erforderlichkeit keine praktische Relevanz hätte:

Im Urteil *Elenca* befasste sich der EuGH mit Vorschriften zur Vermarktung von Bauprodukten für Kamine und Rauchabzüge, die aus anderen Mitgliedstaaten eingeführt wurden.[2275] Nach diesen Vorschriften war die Vermarktung dieser Produkte in Italien nur zulässig, wenn sie über die CE-Kennzeichnung verfügten, selbst wenn sie bereits in einem anderen Mitgliedstaat rechtmäßig in den Verkehr gebracht worden waren.[2276] Nach dem Vorbringen der italienischen Regierung sei dies aus Gründen des Gesundheitsschutzes gerechtfertigt, da die Regelung garantiere, dass Sicherheitsanforderungen erfüllt würden.[2277] Wenngleich der Gerichtshof in seiner Urteilsbegründung *„in Ermangelung von Harmonisierungsvorschriften"* die Kompetenz zur Bestimmung des Gesundheitsschutzniveaus den Mitgliedstaaten einräumt, qualifiziert er die Regelung als unverhältnismäßig.[2278] Er begründet dies mit der mangelnden Erforderlichkeit, da die Regelung das Prinzip der gegenseitigen Anerkennung von Produkten negiere.[2279]

Darüber hinaus ist der Teilgrundsatz der Erforderlichkeit auch bei Fragen zur Anerkennung von Berufsqualifikationen von Bedeutung. In der Rs *Nasiopoulos* war die Ablehnung eines Antrages auf Zulassung zum Tätigwerden als Physiotherapeut in Griechenland streitgegenständlich, weil der Antragsteller bereits über eine in Deutschland erworbene Qualifikation für diesen Beruf verfügte.[2280]

2270 Urteil Kommission / Frankreich, C-89/09, EU:C:2010:772, Rz 66 f.
2271 Urteil Kommission / Frankreich, C-89/09, EU:C:2010:772, Rz 69-79.
2272 Urteil Kommission / Frankreich, C-89/09, EU:C:2010:772, Rz 80 ff.
2273 Urteil Kommission / Frankreich, C-89/09, EU:C:2010:772, Rz 80 ff.
2274 Vgl auch *Kirschner*, Grundfreiheiten 191 ff.
2275 Urteil Elenca, C-385/10, EU:C:2012:634.
2276 Urteil Elenca, C-385/10, EU:C:2012:634, Rz 24.
2277 Urteil Elenca, C-385/10, EU:C:2012:634, Rz 27.
2278 Urteil Elenca, C-385/10, EU:C:2012:634, Rz 28.
2279 Urteil Elenca, C-385/10, EU:C:2012:634, Rz 29.
2280 Urteil Nasiopoulos, C-575/11, EU:C:2013:430.

Im Hinblick auf den vorgebrachten Rechtfertigungsgrund der öffentlichen Gesundheit weist der EuGH in seiner Urteilsbegründung darauf hin, dass lediglich der Umstand, wonach ein anderer Mitgliedstaat andere Schutzregelungen erlassen hat, nicht zwingend die Unverhältnismäßigkeit der streitgegenständlichen Beschränkung zur Folge habe.[2281] Allerdings sei die Regelung im konkreten Fall zum Schutz der Gesundheit nicht erforderlich, da der Physiotherapeut ohnehin nur tätig werde, wenn davor eine entsprechende Therapie von einem Arzt verschrieben worden sei.[2282]

Auch bei der Frage, ob eine nationale Regelung, wonach Kontaktlinsen nur in bestimmten Fachgeschäften für medizinische Hilfsmittel verkauft werden dürfen, gegen europäische Grundfreiheiten verstößt, war im Urteil in der Rs *Ker-Optika* der Teilgrundsatz der Erforderlichkeit entscheidend.[2283] Trotz der Zuerkennung eines Wertungsspielraumes aufgrund nationaler Unterschiede im Hinblick auf das angestrebte Niveau des Gesundheitsschutzes[2284] kam der Gerichtshof nach ausführlicher Verhältnismäßigkeitsprüfung zu dem Ergebnis, dass die Regelung über das hinausgeht, was zur Zielerreichung notwendig ist.[2285]

V.E.3. Bedeutung des Rechtfertigungsgrundes

V.E.3.a. Vorbemerkung

Beschränkungen der Grundfreiheiten müssen einem legitimen Ziel dienen, damit sie vom EuGH als zulässig erachtet werden können. Legitime Ziele stellen nicht nur die in den Verträgen explizit normierten Rechtfertigungsgründe (öffentliche Sittlichkeit, öffentliche Ordnung und Sicherheit, Gesundheitsschutz),[2286] sondern auch die zahlreichen – durch den EuGH in seiner Judikatur entwickelten – „zwingenden Erfordernisse" dar.[2287] Auf dieser Differenzierung aufbauend könnte man annehmen, dass die gerichtliche Kontrolldichte generell niedriger ist, wenn ein Mitgliedstaat eine Beschränkung mit einem im Primärrecht normierten Rechtfertigungsgrund zu rechtfertigen versucht. Schließlich könnte man argumentieren, dass diese Kategorie der Rechtfertigungsgründe aufgrund ihrer Kodi-

---

2281 Urteil Nasiopoulos, C-575/11, EU:C:2013:430, Rz 27.

2282 Urteil Nasiopoulos, C-575/11, EU:C:2013:430, Rz 29.

2283 Urteil Ker-Optika, C-108/09, EU:C:2010:725.

2284 Urteil Ker-Optika, C-108/09, EU:C:2010:725, Rz 58.

2285 Urteil Ker-Optika, C-108/09, EU:C:2010:725, Rz 60 ff.

2286 Vgl Art 36, 45 Abs 3, 52 Abs 1, 62 u 65 Abs 1 lit b AEUV.

2287 Zu den „zwingenden Erfordernissen" zählen etwa der Verbraucherschutz, die Lauterkeit des Handelsverkehrs, der Umweltschutz, der Schutz der Systeme der sozialen Sicherheit, die Wirksamkeit der steuerlichen Kontrolle, die Sicherheit des Straßenverkehrs sowie kulturelle Zwecke (vgl etwa *Kingreen*, in: Calliess/Ruffert [Hrsg.], Art 34-36 AEUV Rz 210 ff).

fikation in den Verträgen besonders bedeutend ist, weshalb der Gerichtshof zurückhaltender prüft. Allerdings ist eine derartige pauschale Differenzierung zwischen geschriebenen und ungeschriebenen Rechtfertigungsgründen aus der Judikatur nicht ableitbar.[2288] Nichtsdestotrotz scheint der Gerichtshof nicht sämtliche Rechtfertigungsgründe – unabhängig davon, ob es sich um geschriebene oder ungeschriebene handelt – als gleich wichtig zu erachten, da er bei manchen eine weniger strenge Verhältnismäßigkeitsprüfung vornimmt.[2289] Inwiefern dies tatsächlich ausschließlich oder zumindest zum Teil aufgrund der Relevanz des vorgebrachten Rechtfertigungsgrundes geschieht, soll im Folgenden anhand von ausgewählten Rechtfertigungsgründen untersucht werden. Dieser Untersuchung ist vorauszuschicken, dass mittlerweile das Konzept des Binnenmarktes nicht mehr fast ausschließlich auf den Abbau von Handelshemmnissen abzielt, sondern auch Interessen wie den Verbraucher-, Gesundheits- und Umweltschutz immer stärker umfasst.[2290]

V.E.3.b. Öffentliche Ordnung und Sicherheit

Bei der Beurteilung, ob eine Beschränkung der Grundfreiheiten zum Scutz der öffentlichen Ordnung gerechtfertigt ist, gesteht der Gerichtshof den nationalen Behörden seit den 1970er Jahren regelmäßig einen Spielraum zu.[2291] Er begründet dies jedoch nicht unmittelbar mit der Bedeutung dieses Rechtfertigungsgrundes, sondern damit, dass *„die konkreten Umstände, die möglicherweise die Berufung auf den Begriff der öffentlichen Ordnung rechtfertigen, von einem Mitgliedstaat zum anderen und im zeitlichen Wechsel verschieden sein [können].“*[2292]

Die zitierten Ausführungen des Gerichtshofes zum Bestehen eines mitgliedstaatlichen Beurteilungsspielraumes sprechen für eine zurückhaltende gerichtliche

---

2288 *Schwab*, Gerichtshof 266.

2289 In diesem Zusammenhang ist zu bemerken, dass der jeweils einschlägige Rechtfertigungsgrund einerseits als Faktor für die gerichtliche Kontrolldichte, andererseits aber auch als zu berücksichtigender Aspekt im Rahmen der Angemessenheitsprüfung interpretiert werden kann. Siehe hierzu bereits Kapitel V.D.5 oben.

2290 *Craig*, The Evolution of the Single Market, in: Barnard/Scott (Hrsg.), The Law of the Single European Market: Unpacking the Premises, 1 (40).

2291 Urteil van Duyn / Home Office, 41/74, EU:C:1974:133, Rz 18/19; Urteil Regina/Bouchereau, 30/77, EU:C:1977:172, Rz 33/35; Urteil Omega, C-36/02, EU:C:2004:614, Rz 31; Urteil Dynamic Medien, C-244/06, EU:C:2008:85, Rz 44; Urteil Sayn-Wittgenstein, C-208/09, EU:C:2010:806, Rz 87; Urteil Bogendorff von Wolffersdorff, C-438/14, EU:C:2016:401, Rz 68.

2292 Urteil Bogendorff von Wolffersdorff, C-438/14, EU:C:2016:401, Rz 68; vgl auch Urteil van Duyn / Home Office, 41/74, EU:C:1974:133, Rz 18/19; Urteil Regina / Bouchereau, 30/77, EU:C:1977:172, Rz 33/35; Urteil Omega, C-36/02, EU:C:2004:614, Rz 31; Urteil Sayn-Wittgenstein, C-208/09, EU:C:2010:806, Rz 87; Urteil Gaydarov, C-430/10, EU:C:2011:749, Rz 32.

Prüfung. Ungeachtet dessen betont er in seinen Urteilen auch stets, dass der *„Begriff der öffentlichen Ordnung [...] eng zu verstehen [ist].“*[2293] Folglich darf dessen *„Tragweite nicht von jedem Mitgliedstaat einseitig ohne Nachprüfung durch die Organe der Europäischen Union bestimmt werden [...].“*[2294] Somit ist der Begriff der öffentlichen Ordnung unionsrechtsautonom auszulegen.[2295] Ein Mitgliedstaat kann sich nur in jenen Fällen erfolgreich auf diesen Rechtfertigungsgrund berufen, in denen *„eine tatsächliche und hinreichend schwere Gefährdung vorliegt, die ein Grundinteresse der Gesellschaft berührt.“*[2296]

Mit dieser Herangehensweise demonstriert der Gerichtshof anschaulich, dass er in Urteilen betreffend diesen Rechtfertigungsgrund einen schwierigen Balanceakt zu vollbringen hat: Er muss zum einen den Mitgliedstaaten ausreichend Freiraum lassen, da es sich bei Maßnahmen im Interesse der öffentlichen Ordnung um einen der wichtigsten Bereiche staatlicher Souveränität handelt.[2297] Zum anderen muss er jedoch auch darauf achten, dass Beschränkungen der Grundfreiheiten nur legitim sind, wenn es die öffentliche Ordnung tatsächlich erfordert. Dies macht er in seinen Urteilen deutlich, indem er auf den Beurteilungsspielraum der Mitgliedstaaten hinweist, aber gleichzeitig auch die Nachprüfung durch

---

2293 Urteil van Duyn / Home Office, 41/74, EU:C:1974:133, Rz 18/19; vgl auch Urteil Rutili / Ministre de l'intérieur, 36/75, EU:C:1975:137, Rz 26/28; Urteil Regina / Bouchereau, 30/77, EU:C:1977:172, Rz 33/35; Urteil Calfa, C-348/96, EU:C:1999:6, Rz 23; Urteil Église de scientologie, C-54/99, EU:C:2000:124, Rz 17; Urteil Omega, C-36/02, EU:C:2004:614, Rz 30; Urteil Sayn-Wittgenstein, C-208/09, EU:C:2010:806, Rz 86; Urteil Kommission / Portugal, C-212/09, EU:C:2011:717, Rz 83; Urteil Bogendorff von Wolffersdorff, C-438/14, EU:C:2016:401, Rz 67; Urteil CS, C-304/14, EU:C:2016:674, Rz 37; Urteil Rendón Marín, C-165/14, EU:C:2016:675, Rz 58 u 82.

2294 Urteil Bogendorff von Wolffersdorff, C-438/14, EU:C:2016:401, Rz 67; vgl auch Urteil Rutili / Ministre de l'intérieur, 36/75, EU:C:1975:137, Rz 26/28; Urteil Église de scientologie, C-54/99, EU:C:2000:124, Rz 17; Urteil Omega, C-36/02, EU:C:2004:614, Rz 30; Urteil Sayn-Wittgenstein, C-208/09, EU:C:2010:806, Rz 86; Urteil Gaydarov, C-430/10, EU:C:2011:749, Rz 32; Urteil CS, C-304/14, EU:C:2016:674, Rz 37; Urteil Rendón Marín, C-165/14, EU:C:2016:675, Rz 58 u 82.

2295 *Kießling*, Das Recht auf Freizügigkeit und seine Schranken nach zehn Jahren Aufenthalt im Aufnahmemitgliedstaat, EuR 2015, 641 (644).

2296 Urteil Bogendorff von Wolffersdorff, C-438/14, EU:C:2016:401, Rz 67; vgl auch Urteil Regina / Bouchereau, 30/77, EU:C:1977:172, Rz 33/35; Urteil Adoui und Cornuaille / Belgischer Staat, 115/81 u 116/81, EU:C:1982:183, Rz 8; Urteil Calfa, C-348/96, EU:C:1999:6, Rz 21; Urteil Église de scientologie, C-54/99, EU:C:2000:124, Rz 17; Urteil Omega, C-36/02, EU:C:2004:614, Rz 30; Urteil Sayn-Wittgenstein, C-208/09, EU:C:2010:806, Rz 86; Urteil Gaydarov, C-430/10, EU:C:2011:749, Rz 33; Urteil Navileme und Nautizende, C-509/12, EU:C:2014:54, Rz 20; Urteil CS, C-304/14, EU:C:2016:674, Rz 38; Urteil Rendón Marín, C-165/14, EU:C:2016:675, Rz 83.

2297 *Puttler*, in: Calliess/Ruffert (Hrsg.), Art 4 EUV Rz 21 spricht davon, dass Maßnahmen zur Aufrechterhaltung der öffentlichen Ordnung und zum Schutz der nationalen Sicherheit als *„klassische Staatsaufgaben“* gelten.

Unionsorgane betont und fordert, dass die Gefährdung der öffentlichen Ordnung ein gewisses Mindestausmaß haben muss.

Interessanterweise erwähnt der Gerichtshof nationale Beurteilungsspielräume in seinen Urteilsbegründungen vorrangig, wenn er die mitgliedstaatliche Beschränkung im Ergebnis nicht beanstandet.[2298] Sofern er hingegen eine nationale Maßnahme als unionsrechtswidrig qualifiziert oder ihre Zulässigkeit bezweifelt, verzichtet er auf die Erwähnung eines Beurteilungsspielraumes, obwohl auch in diesen Fällen die Voraussetzung für einen solchen Spielraum – mögliche Auffassungsunterschiede unter den Mitgliedstaaten im Hinblick auf die konkreten Umstände, die eine Berufung auf die öffentliche Ordnung rechtfertigen – erfüllt ist:

So beurteilte der EuGH in der Rs *Calfa* die griechische Regelung, wonach das nationale Gericht verpflichtet ist, Staatsbürger anderer Mitgliedstaaten auf Lebenszeit auszuweisen, wenn diese bestimmte minder schwere Straftaten im Zusammenhang mit Betäubungsmitteln (Beschaffung und Besitz zum Eigenverbrauch) begangen haben, als Verstoß gegen die Grundfreiheiten.[2299] In der Rs *Kommission / Griechenland* stellte der Gerichtshof die Unionsrechtswidrigkeit einer Regelung fest, wonach der Erwerb von mehr als 20% der Anteile an Aktiengesellschaften, in deren Besitz nationale Infrastrukturnetze stehen, von der vorherigen Genehmigung durch eine nationale Behörde abhängig war.[2300] Auch in der Rs *Kommission / Portugal* kam der EuGH zu dem Ergebnis, dass eine Vertragsverletzung vorliege, als er die Zulässigkeit von mit Sonderrechten verbundenen Aktien („Golden Shares") des portugiesischen Staates an Gesellschaften in der Erdölindustrie bewerten musste.[2301] Darüber hinaus bezweifelte er in der Rs *CS* die Rechtmäßigkeit einer Ausweisung eines strafrechtlich verurteilten Drittstaatsangehörigen aus einem Mitgliedstaat, wenn der Drittstaatsangehörige für ein minderjähriges Kind mit der Staatsbürgerschaft dieses Mitgliedstaats sorgt, und die Ausweisung zur Folge hätte, dass das minderjährige Kind die EU verlassen muss.[2302] Nach den Ausführungen des EuGH sei eine Ausweisung nur zulässig, wenn von dieser Person eine erhebliche Gefährdung ausgeht und eine

---

2298 Vgl etwa das Urteil van Duyn / Home Office, 41/74, EU:C:1974:133; Urteil Regina / Bouchereau, 30/77, EU:C:1977:172; Urteil Omega, C-36/02, EU:C:2004:614; Urteil Dynamic Medien, C-244/06, EU:C:2008:85; Urteil Sayn-Wittgenstein, C-208/09, EU:C:2010:806; Urteil Bogendorff von Wolffersdorff, C-438/14, EU:C:2016:401.

2299 Urteil Calfa, C-348/96, EU:C:1999:6.

2300 Urteil Kommission / Griechenland, C-244/11, EU:C:2012:694.

2301 Urteil Kommission / Portugal, C-212/09, EU:C:2011:717.

2302 Urteil CS, C-304/14, EU:C:2016:674. Im Urteil Rendón Marín, C-165/14, EU:C:2016:675, sprach der EuGH aus, dass das Unionsrecht dahin auszulegen ist, dass es einer nationalen Regelung entgegensteht, die allein aufgrund von Vorstrafen die automatische Verweigerung der Erteilung einer Aufenthaltsbewilligung für einen Drittstaatsangehörigen nach sich zieht, wenn dies zur Folge hat, dass dessen Kinder das Unionsgebiet verlassen müssen.

Abwägung der widerstreitenden Interessen vorgenommen wird, in deren Zuge das Recht auf Achtung des Privat- und Familienlebens nach Art 7 GRC ausreichend Berücksichtigung findet.[2303] Schließlich qualifizierte der EuGH auch eine Genehmigungspflicht für ausländische Direktinvestitionen, welche die öffentliche Ordnung oder Sicherheit gefährden könnten, als ungerechtfertigte Beschränkung der Kapitalverkehrsfreiheit, da der nationale Regelungsrahmen nicht näher konkretisierte, in welchen Fällen eine genehmigungspflichtige Direktinvestition vorlag.[2304]

V.E.3.c. Gesundheitsschutz

Wenn Mitgliedstaaten versuchen nationale Beschränkungen der Grundfreiheiten mit dem Schutz der Gesundheit zu rechtfertigen, hebt der Gerichtshof in seinen Urteilen häufig die mangelnde Harmonisierung der betroffenen Sachmaterie und / oder einen mangelnden Konsens unter den Mitgliedstaaten im Hinblick auf diesen Regelungsbereich hervor und begründet auf diese Weise, dass es den Mitgliedstaaten freistehe, das Niveau des Gesundheitsschutzes zu bestimmen.[2305] Die mitgliedstaatliche Schutzniveauautonomie hat regelmäßig eine eingeschränkte gerichtliche Kontrolle der Verhältnismäßigkeit zur Folge.[2306] In diesen Urteilen wird zum Teil auch darauf hingewiesen, dass *„unter den vom Vertrag geschützten Gütern und Interessen die Gesundheit und das Leben von Menschen den höchsten Rang einnehmen [...].“*[2307] Darüber hinaus findet sich in manchen dieser Urteile auch die Aussage, wonach die Bedeutung des Gesundheitsschutzes *„durch Art. 168 Abs. 1 AEUV und Art. 35 der Charta der Grundrechte der Europäischen Union bestätigt [wird].“*[2308] Schließlich hat der Gerichtshof auch schon betont, dass *„bei der Beurteilung nationaler Maßnahmen zum Schutz der [...] öffentlichen Gesundheit sicherlich eine besondere Wachsamkeit erforderlich [sei].“*[2309] Aus diesem Grund sind abweichende Schutzregelungen in einem

---

2303 Urteil CS, C-304/14, EU:C:2016:674, Rz 38 ff.

2304 Urteil Église de scientologie, C-54/99, EU:C:2000:124.

2305 Siehe Kapitel V.E.2.e oben.

2306 Siehe Kapitel V.E.2.e oben.

2307 Urteil Kommission / Italien, C-531/06, EU:C:2009:315, Rz 36; vgl auch Urteil Apothekerkammer des Saarlandes u.a., C-171/07 u C-172/07, EU:C:2009:316, Rz 19; Urteil Ker-Optika, C-108/09, EU:C:2010:725, Rz 58; Urteil Kommission / Frankreich, C-89/09, EU:C:2010:772, Rz 42; Urteil Susisalo, C-84/11, EU:C:2012:374, Rz 28; Urteil Sokoll-Seebacher, C-367/12, EU:C:2014:68, Rz 26; Urteil Visnapuu, C-198/14, EU:C:2015:751, Rz 118; Urteil Deutsche Parkinson Vereinigung, C-148/15, EU:C:2016:776, Rz 30.

2308 Urteil Susisalo, C-84/11, EU:C:2012:374, Rz 37; Urteil Venturini, C-159/12, C-160/12 u C-161/12, EU:C:2013:791, Rz 41.

2309 Urteil Nasiopoulos, C-575/11, EU:C:2013:430, Rz 27.

anderen Mitgliedstaat für die Beurteilung der Verhältnismäßigkeit auch nicht relevant.[2310]

Auf Grundlage dieser Aussagen des Gerichtshofes kann argumentiert werden, dass nicht nur der Mangel an einer Harmonisierung und an einem gemeinsamen Konsens in den Mitgliedstaaten ausschlaggebend für die zurückhaltende gerichtliche Kontrolle ist, sondern auch die hohe Bedeutung des Gesundheitsschutzes, wenn er als Rechtfertigungsgrund ins Treffen geführt wird. Zur Überprüfung dieser These soll nachfolgend untersucht werden, wie die gerichtliche Prüfung ausfällt, wenn der Gerichtshof Beschränkungen zum Zwecke des Gesundheitsschutzes überprüft, jedoch weder auf eine mangelnde Harmonisierung noch auf einen mangelnden mitgliedstaatlichen Konsens hinweist.

In einem aktuellen Urteil hatte der Gerichtshof die Unionsrechtskonformität einer nationalen Regelung zu beurteilen, welche einen Mindestpreis für alkoholische Getränke festlegt, der von der Alkoholmenge in dem Getränk abhängt.[2311] Der verpflichtende Mindestpreis sollte den Alkoholkonsum sowohl bei Verbrauchern mit riskantem Trinkverhalten also auch bei der übrigen Bevölkerung reduzieren.[2312] Bevor der Gerichtshof in seiner Urteilsbegründung die Verhältnismäßigkeit prüft, hält er einleitend fest, dass die menschliche Gesundheit von den durch Art 36 AEUV *„geschützten Gütern und Interessen den ersten Rang einnimmt.“*[2313] Aus diesem Grund seien die Mitgliedstaaten befugt, das angestrebte Schutzniveau zu bestimmen.[2314] Im Hinblick auf die Eignung der Maßnahme qualifiziert der EuGH die Annahme, dass die Anhebung des Preises für alkoholische Getränke den Alkoholkonsum vermindern kann, als *„nicht unschlüssig“*[2315] und bejaht in weiterer Folge auch die Kohärenz, da der Mindestpreis nur eine von insgesamt 40 Maßnahmen darstellt, die auf eine Senkung des Alkoholkonsums abzielen.[2316] Allerdings bezweifelt er die Erforderlichkeit, da nach seiner Auffassung eine Erhöhung der Steuer auf alkoholische Getränke zumindest gleich wirksam zur Zielerreichung beitragen könne und zudem die Warenverkehrsfreiheit weniger intensiv beeinträchtige.[2317] Dies hat jedoch nicht zwingend die Unverhältnismäßigkeit der Maßnahme zur Folge, da der EuGH die endgülti-

[2310] Urteil Nasiopoulos, C-575/11, EU:C:2013:430, Rz 27.
[2311] Urteil The Scotch Whisky Association, C-333/14, EU:2015:845.
[2312] Urteil The Scotch Whisky Association, C-333/14, EU:2015:845, Rz 34.
[2313] Urteil The Scotch Whisky Association, C-333/14, EU:2015:845, Rz 35.
[2314] Urteil The Scotch Whisky Association, C-333/14, EU:2015:845, Rz 35.
[2315] Urteil The Scotch Whisky Association, C-333/14, EU:2015:845, Rz 36.
[2316] Urteil The Scotch Whisky Association, C-333/14, EU:2015:845, Rz 37 f.
[2317] Urteil The Scotch Whisky Association, C-333/14, EU:2015:845, Rz 40 ff.

ge Beurteilung, ob Alternativmittel die Gesundheit ebenso wirksam zu schützen vermögen, dem nationalen Gericht überlässt.[2318]

In der weiteren Urteilsbegründung befasst sich der Gerichtshof mit der ebenfalls vorgelegten Frage, wie intensiv das vorlegende Gericht die Verhältnismäßigkeitsprüfung vorzunehmen habe.[2319] Dahinter verbirgt sich die fundamentale Frage nach der angemessenen Balance zwischen den Grundfreiheiten der Union und nationalen Politikentscheidungen.[2320] Nach den Ausführungen des EuGH *„haben die nationalen Behörden darzutun, dass diese Regelung dem Grundsatz der Verhältnismäßigkeit entspricht [...].“*[2321] Zu diesem Zwecke müssen sie durch Vorlage von *„geeigneten Beweisen oder einer Untersuchung zur Geeignetheit und Verhältnismäßigkeit der [...] beschränkenden Maßnahme [...]“* ihre Entscheidung stützen.[2322] Allerdings gehe die Beweislast *„nicht so weit, dass die nationalen Behörden [...] positiv belegen müssten, dass sich dieses Ziel mit keiner anderen vorstellbaren Maßnahme unter den gleichen Bedingungen erreichen ließe.“*[2323] In seinen nachfolgenden Erwägungen reduziert der Gerichtshof die anzulegende Kontrolldichte weiter,[2324] indem er dem nationalen Gericht zugesteht, *„wissenschaftliche Unsicherheiten“* betreffend die tatsächlichen Effekte eines Mindestpreises für alkoholische Getränke in seine Überlegungen miteinzubeziehen.[2325] Darüber hinaus dürfe es berücksichtigen, dass der Mindestpreis nur für einen Zeitraum von sechs Jahren gelten solle, sofern das nationale Parlament nicht für dessen Beibehaltung stimmt.[2326] Mit dieser Herangehensweise gesteht der Gerichtshof den Mitgliedstaaten einen Handlungsspielraum zu, wenn die Auswirkungen politischer Entscheidungen nicht bewiesen werden können, weil sie entweder bis dato noch nicht in der Praxis erprobt wurden oder ihre Wirkungen nicht einfach nachweisbar sind.[2327]

Ein weiter mitgliedstaatlicher Spielraum besteht bei der durch nationale Regelungen begünstigten Vergabe von Krankentransportdiensten an Freiwilligenorganisationen, welcher mit der hohen Bedeutung der Gesundheit und des Lebens

---

2318 Urteil The Scotch Whisky Association, C-333/14, EU:2015:845, Rz 49.
2319 Urteil The Scotch Whisky Association, C-333/14, EU:2015:845, Rz 51 ff.
2320 *Alemanno*, Balancing free movement and public health: The case of minimum unit pricing of alcohol in Scotch Whisky, 53 CMLR 2016, 1037 (1059).
2321 Urteil The Scotch Whisky Association, C-333/14, EU:2015:845, Rz 53.
2322 Urteil The Scotch Whisky Association, C-333/14, EU:2015:845, Rz 54.
2323 Urteil The Scotch Whisky Association, C-333/14, EU:2015:845, Rz 55.
2324 *Alemanno*, 53 CMLR 2016, 1060.
2325 Urteil The Scotch Whisky Association, C-333/14, EU:2015:845, Rz 57.
2326 Urteil The Scotch Whisky Association, C-333/14, EU:2015:845, Rz 57.
2327 *Alemanno*, 53 CMLR 2016, 1060.

von Menschen begründet wird.[2328] Nach den Ausführungen des EuGH könne ein Mitgliedstaat aufgrund des ihm zustehenden Ermessens, welches ihm bei der Festlegung des Gesundheitsschutzniveaus und der Ausgestaltung des Systems der sozialen Sicherheit eingeräumt ist, annehmen, dass die Beauftragung von Freiwilligenorganisationen mit der Durchführung von Krankentransporten geeignet ist, die mit Krankentransporten einhergehenden Kosten zu kontrollieren.[2329] Die endgültige Beurteilung der Rechtmäßigkeit überließ der EuGH dem vorlegenden Gericht, wobei dieses lediglich zu prüfen habe, ob *„der rechtliche und vertragliche Rahmen, in dem diese Organisationen tätig sind, tatsächlich zu dem sozialen Zweck und zu den Zielen der Solidarität und der Haushaltseffizienz beiträgt."*[2330]

Die explizite Betonung der großen Bedeutung des Gesundheitsschutzes ist jedoch selbst in Fällen, in denen der Gerichtshof weder auf eine mangelnde Harmonisierung auf Unionsebene noch auf einen mangelnden Konsens in den Mitgliedstaaten hinweist, keine zwingende Voraussetzung für eine zurückhaltende gerichtliche Prüfung:

In der Rs *Konstantinides* akzeptierte der EuGH – ohne auf die hohe Bedeutung der menschlichen Gesundheit hinzuweisen – die Verpflichtung zur Beachtung des deutschen Standesrechts für einen griechischen Arzt, der gelegentlich Operationen in Deutschland ausführt, sofern der Grundsatz der Verhältnismäßigkeit gewahrt ist.[2331] Diese Beurteilung überließ er dem nationalen Gericht,[2332] ohne diesem präzise Vorgaben zu machen.

Auch in seinem Urteil in der Rs *Canadian Oil Company Sweden und Rantén* untersuchte der Gerichtshof die verpflichtende Registrierung von Chemikalien bei einer nationalen Behörde vor ihrer Einfuhr nur äußerst zurückhaltend.[2333] Obwohl im gegenständlichen Fall bereits nach der einschlägigen VO eine Verpflichtung zur Registrierung derselben Chemikalien bei der Europäischen Chemikalienagentur bestand, kam der EuGH nach einer kursorischen Prüfung der Verhältnismäßigkeit zu dem Ergebnis, dass die nationale Maßnahme mit dem Schutz der Gesundheit gerechtfertigt werden kann.[2334]

2328 Urteil Azienda sanitaria locale n. 5 «Spezzino» u.a., C-113/13, EU:C:2014:2440, Rz 56; Urteil CASTA u.a., C-50/14, EU:C:2016:56, Rz 60.

2329 Urteil Azienda sanitaria locale n. 5 «Spezzino» u.a., C-113/13, EU:C:2014:2440, Rz 59; Urteil CASTA u.a., C-50/14, EU:C:2016:56, Rz 62.

2330 Urteil Azienda sanitaria locale n. 5 «Spezzino» u.a., C-113/13, EU:C:2014:2440, Rz 65; Urteil CASTA u.a., C-50/14, EU:C:2016:56, Rz 67.

2331 Urteil Konstantinides, C-475/11, EU:C:2013:542, Rz 50 ff.

2332 Urteil Konstantinides, C-475/11, EU:C:2013:542, Rz 58.

2333 Urteil Canadian Oil Company Sweden und Rantén, C-472/14, EU:C:2016:171.

2334 Urteil Canadian Oil Company Sweden und Rantén, C-472/14, EU:C:2016:171, Rz 45 ff.

Allerdings ist daraus nicht die Schlussfolgerung zu ziehen, dass der Gerichtshof nationale Maßnahmen zum Schutz der menschlichen Gesundheit generell nur zurückhaltend prüft:

In der Rs *Corporación Dermoestética* untersuchte der Gerichtshof eine nationale Regelung, welche Werbung für kosmetische Eingriffe über nationale Fernsehsender verbot.[2335] Ohne Bezugnahme auf die hohe Bedeutung des verfolgten Rechtfertigungsgrundes qualifizierte er die Maßnahme als unverhältnismäßig, da sie nicht kohärent zur Zielerreichung beitrug, weil die Werbung über regionale Fernsehsender weiterhin zulässig war.[2336]

In der Rs *Mac* qualifizierte der EuGH das nationale Verbot des Parallelimports eines bestimmten Pflanzenschutzmittels nach Frankreich, für welches die Genehmigung für den Parallelimport in das Vereinigte Königreich bereits erteilt worden war, als unverhältnismäßige Beschränkung des freien Warenverkehrs.[2337] Dies begründete er mit dem absoluten Charakter des Verbots, welches den Teilgrundsatz der Erforderlichkeit verletzte.[2338]

Selbst wenn der Gerichtshof – anders als im Urteil *Mac* – ausdrücklich auf die hohe Bedeutung der menschlichen Gesundheit hinweist, bedeutet dies nicht, dass er die beschränkende Maßnahme jedenfalls nur zurückhaltend prüft. So kam er in der Rs *Audace* nach diesem Hinweis[2339] zu dem Ergebnis, dass die Warenverkehrsfreiheit einer nationalen Regelung entgegensteht, wonach der Parallelimport von Tierarzneimitteln nur bestimmten Großhändlern vorbehalten ist, weil sie über das hinausgeht, was für Zwecke des Gesundheitsschutzes erforderlich ist.[2340]

Im Ergebnis spricht der Gerichtshof in vielen Urteilen davon, dass der Schutz der Gesundheit den höchsten Rang einnimmt und führt in weiterer Folge nur eine zurückhaltende Prüfung der Verhältnismäßigkeit durch. Umso mehr gilt dies in jenen Fällen, in denen er auch auf die mangelnde Harmonisierung der betroffenen Sachmaterie und / oder einen mangelnden Konsens unter den Mitgliedstaaten im Hinblick auf diesen Regelungsbereich hinweist.[2341] Der explizite Hinweis auf die hohe Bedeutung des Gesundheitsschutzes in Urteilsbegründungen ist weder zwingende noch hinreichende Voraussetzung für eine geringe Kontroll-

---

[2335] Urteil Corporación Dermoestética, C-500/06, EU:C:2008:421.
[2336] Urteil Corporación Dermoestética, C-500/06, EU:C:2008:421, Rz 39 f.
[2337] Urteil Mac, C-108/13, EU:C:2014:2346.
[2338] Urteil Mac, C-108/13, EU:C:2014:2346, Rz 39 f.
[2339] Urteil Audace, C-114/15, EU:C:2016:813, Rz 70.
[2340] Urteil Audace, C-114/15, EU:C:2016:813, Rz 73 ff.
[2341] Siehe Kapitel V.E.2.e oben.

dichte, wobei der EuGH bei strengen Verhältnismäßigkeitsprüfungen die hohe Relevanz des Gesundheitsschutzes idR nicht einleitend betont.

V.E.3.d. Verbraucherschutz

Der Schutz der Verbraucher zählt gemeinsam mit der Lauterkeit des Handelsverkehrs zu den praktisch bedeutendsten „zwingenden Erfordernissen", welche Beschränkungen der Warenverkehrsfreiheit rechtfertigen können.[2342] Er wird darüber hinaus in der Judikatur regelmäßig thematisiert, wenn eine mitgliedstaatliche Regulierung des Glücksspiels auf ihre Vereinbarkeit mit dem Unionsrecht untersucht wird.[2343] Denn die in diesem Zusammenhang von den Mitgliedstaaten regelmäßig vorgebrachten Ziele – namentlich die Kriminalitätsbekämpfung im Glücksspielsektor und die Eindämmung der Spielsucht – werden vom EuGH (unter anderem) als Berufung auf den Rechtfertigungsgrund des Verbraucherschutzes verstanden.[2344] Gekennzeichnet ist die Rechtsprechung zur Glücksspielregulierung durch die Verweise auf die mangelnde Harmonisierung der betroffenen Sachmaterie und / oder den mangelnden Konsens unter den Mitgliedstaaten im Hinblick auf diesen Regelungsbereich.[2345] Auf diese Weise begründet der EuGH die mitgliedstaatliche Schutzniveauautonomie, welche idR eine eingeschränkte gerichtliche Kontrolldichte zur Folge hat.[2346] Fraglich ist nunmehr, ob neben diesen Faktoren auch der geprüfte Rechtfertigungsgrund einen Einfluss auf die Kontrolldichte haben kann. Aus diesem Grund wird nachfolgend die gerichtliche Kontrollintensität in jenen Fällen untersucht, in denen Beschränkungen mit dem Ziel des Verbraucherschutzes zuordenbaren Erwägungen gerechtfertigt werden sollen, wenn der EuGH weder auf die mangelnde Harmonisierung noch auf den mangelnden mitgliedstaatlichen Konsens hinweist, um eine mitgliedstaatliche Schutzniveauautonomie zu begründen.

Einleitend ist darauf hinzuweisen, dass der Gerichtshof in den einschlägigen Urteilen idR nicht die hohe Bedeutung des Rechtfertigungsgrundes betont. Damit unterscheidet er sich in seiner Herangehensweise von Sachverhalten, in denen von den Mitgliedstaaten der Schutz der Gesundheit als mögliche Rechtfertigung ins Treffen geführt wird.[2347] Dieser Umstand kann als Indiz dafür verstanden werden, dass der Gerichtshof den Schutz der Verbraucher als weniger wichtig erachtet als den Schutz der Gesundheit und spricht möglicherweise dafür,

---

2342 *Kingreen*, in: Calliess/Ruffert (Hrsg.), Art 34-36 AEUV Rz 211 mwN.
2343 Siehe Kapitel V.E.2.d.i oben.
2344 Urteil Ladbrokes Betting & Gaming und Ladbrokes International, C-258/08, EU:C:2010:308, Rz 26.
2345 Siehe Kapitel V.E.2.d.i oben.
2346 Siehe Kapitel V.E.2.d.i oben.
2347 Siehe Kapitel V.E.3.c oben.

dass die Berufung auf diesen Rechtfertigungsgrund für eine zurückhaltende gerichtliche Prüfung nicht maßgeblich ist.

Gegen eine geringe Kontrolldichte spricht auch die langjährige Rechtsprechung, wonach Verkehrsverbote von Produkten zum Schutz der Verbraucher nicht erforderlich sind, da eine Information der Verbraucher auf der Verpackung der Produkte regelmäßig ein gelinderes Mittel zur Zielerreichung darstellt.[2348] Aus diesem Grund sind auch Regelungen, welche die Führung bestimmter Produktbezeichnungen oder die Verwendung bestimmter Verpackungsformen von der Erfüllung qualitativer Kriterien abhängig machen, nicht zu rechtfertigen, da eine Information der Konsumenten ausreicht.[2349] Allerdings ist daraus mE nicht vorschnell die Schlussfolgerung zu ziehen, die Berufung auf den Schutz der Verbraucher impliziere jedenfalls eine strenge Verhältnismäßigkeitsprüfung, da gerade Verkehrsverbote zu den gravierendsten Beschränkungen der Warenverkehrsfreiheit zählen, weshalb vielmehr auch der Grad der Rechtsbeeinträchtigung für die hohe Kontrolldichte entscheidend sein kann.[2350]

Einen Spielraum für die Mitgliedstaaten eröffnet der Gerichtshof bei Beschränkungen zum Zwecke des Verbraucherschutzes, indem er die Schutzregelungen in einem anderen Mitgliedstaat zur Erreichung desselben legitimen Ziels für die Beurteilung der Verhältnismäßigkeit außer Betracht lässt.[2351] Mit anderen Worten hat eine weniger restriktive Regelung in einem anderen Mitgliedstaat somit nicht zwingend die Unionsrechtswidrigkeit der streitgegenständlichen Maßnahme zur Folge. Der Gerichtshof berücksichtigt also im Rahmen seiner Prüfung die Verhältnisse auf dem nationalen Markt.[2352]

Die bedeutet jedoch nicht, dass sich ein Mitgliedstaat erfolgreich darauf berufen kann, dass die in diesem Mitgliedstaat ansässigen Verbraucher Informationen auf den Verpackungen der Produkte nicht lesen, weshalb Vorschriften zu verpflichtenden Angaben auf den Verpackungen nicht geeignet wären, um die Verbraucher zu schützen, und somit ein Verkehrsverbot dieser Produkte in Frage käme. Denn der EuGH hat in seiner Rechtsprechung ein europäisches Verbraucherleitbild entwickelt, welches den *„durchschnittlich informierten, aufmerksamen und verständigen Durchschnittsverbraucher[...]"* als Maßstab für die

---

2348 Urteil Rewe / Bundesmonopolverwaltung für Branntwein, 120/78, EU:C:1979:42, Rz 13; siehe auch die Nachweise bei *Emmerich-Fritsche*, Grundsatz 515 f.

2349 *Kingreen*, in: Calliess/Ruffert (Hrsg.), Art 34-36 AEUV Rz 212 mN aus der Judikatur des EuGH.

2350 Siehe Kapitel V.E.4 unten.

2351 Urteil Alpine Investments, C-384/93, EU:C:1995:126, Rz 51.

2352 *Tridimas*, 31 Irish Jurist 1996, 93.

Durchführung der Verhältnismäßigkeitsprüfung vorgibt.[2353] Da die Bewertung der Verhältnismäßigkeit von dem gewählten Verbraucherleitbild abhängt,[2354] wären die Mitgliedstaaten durch die Wahl des Verbraucherleitbildes in der Lage, das Ergebnis der Verhältnismäßigkeitsprüfung in ihrem Sinne zu beeinflussen. Aufgrund des gemeinsamen europäischen Verbraucherleitbildes besteht jedoch in dieser Hinsicht kein mitgliedstaatlicher Spielraum.

Das europäische Verbraucherleitbild beeinflusst auch die Beurteilung von Werbeverboten und -beschränkungen. Exemplarisch sei in diesem Zusammenhang das Urteil in der Rs *Verein gegen Unwesen in Handel und Gewerbe Köln / Mars* hervorgehoben, in welchem der Gerichtshof zu dem Ergebnis gelangte, dass der Aufdruck „+10%" auf der Verpackung eines Schokoriegels nicht irreführend sei, obwohl der Schokoriegel im Vergleich zu früher nicht tatsächlich im Ausmaß von zumindest 10% größer geworden war.[2355] Dies begründete der EuGH wörtlich wie folgt: *„Von verständigen Verbrauchern kann erwartet werden, daß sie wissen, daß zwischen der Größe von Werbeaufdrucken, die auf eine Erhöhung der Menge des Erzeugnisses hinweisen, und dem Ausmaß dieser Erhöhung nicht notwendig ein Zusammenhang besteht."*[2356] Aus diesem Grund sei das Vertriebsverbot des Produktes in dieser Aufmachung nach Ansicht des EuGH nicht zu rechtfertigen.[2357]

Auch abgesehen von dem zitierten Urteil erweist sich die gerichtliche Verhältnismäßigkeitsprüfung bei Werbeverboten und -beschränkungen insgesamt als relativ streng.[2358] Ein mitgliedstaatlicher Spielraum besteht somit in diesem Bereich weniger auf Ebene der Rechtfertigungsprüfung als vielmehr bei der Frage, ob eine bestimmte Maßnahme überhaupt in den Anwendungsbereich der Grundfreiheiten fällt,[2359] da seit dem Urteil in der Rs *Keck* nichtdiskriminierende Verkaufsmodalitäten nicht mehr von der Warenverkehrsfreiheit erfasst sind.[2360]

Das europäische Verbraucherleitbild ist auch in Urteilen von Relevanz, bei denen man dies auf den ersten Blick nicht vermuten würde: In der Rs *Juvelta* untersuchte der Gerichtshof Regelungen bei der Einfuhr von Edelmetallgegenstän-

---

2353 Urteil Estée Lauder, C-220/98, EU:C:2000:8, Rz 27 mwN; vgl auch *Jans*, 27 LIEI 2000, 251 f.

2354 *Emmerich-Fritsche*, Grundsatz 521.

2355 Urteil Verein gegen Unwesen in Handel und Gewerbe Köln/Mars, C-470/93, EU:C:1995:224.

2356 Urteil Verein gegen Unwesen in Handel und Gewerbe Köln/Mars, C-470/93, EU:C:1995:224, Rz 24 (Hervorhebung durch den Autor).

2357 Urteil Verein gegen Unwesen in Handel und Gewerbe Köln/Mars, C-470/93, EU:C:1995:224, Rz 25.

2358 *Koch*, Grundsatz 437 mN aus der Judikatur des EuGH.

2359 *Koch*, Grundsatz 438 f mwN.

2360 Urteil Keck und Mithouard, C-267/91 u C-268/91, EU:C:1993:905, Rz 16 f.

den.[2361] Konkret sah die streitgegenständliche Regelung vor, dass die Einfuhr dieser Gegenstände aus einem anderen Mitgliedstaat, in dem diese in den Verkehr gebracht werden dürfen und bereits punziert worden sind, nur zulässig ist, wenn – für den Fall, dass bestimmte Angaben in der Punze den Vorschriften des Einfuhrmitgliedstaates nicht entsprechen – eine erneute Punzierung durch eine von dem Einfuhrmitgliedstaat ermächtigten Punzierungsstelle stattfindet.[2362] Eine derartige Regelung könne nach dem EuGH grundsätzlich zum Schutz der Verbraucher geeignet sein.[2363] Allerdings dürfe eine erneute Punzierung nicht vorgeschrieben werden, wenn die in der „*Punze enthaltenen Angaben unabhängig von deren Form den im Einfuhrmitgliedstaat vorgeschriebenen Angaben entsprechen und für die Verbraucher in diesem Staat verständlich sind.*“[2364] Ob diese Angaben eine gleichwertige und verständliche Information der Konsumenten darstellen, sei am Maßstab des durchschnittlich informierten und aufmerksamen Verbrauchers zu untersuchen.[2365] Mit dieser Aussage wird das europäische Verbraucherleitbild bestätigt.[2366] Wenngleich der EuGH die Verständlichkeit der Angaben bezweifelte,[2367] erachtete er die Regelung als nicht gerechtfertigt, da gelindere Mittel zu Zielerreichung bestünden.[2368] Auch in einem ähnlich gelagerten Sachverhalt war die auf den Schutz der Verbraucher gestützte Rechtfertigung nicht erfolgreich, weil die Verweigerung der Anerkennung einer Punze aus einem anderen Mitgliedstaat vom Gerichtshof als nicht verhältnismäßig qualifiziert wurde.[2369]

Als unverhältnismäßig erachtete der EuGH auch die spanische Regelung, wonach Tabakeinzelhändlern der Import von Tabakerzeugnissen verboten ist und sie dazu gezwungen sind, die von ihnen vertriebenen Erzeugnisse von zugelassenen Großhändlern zu beziehen.[2370] Das auf den Verbraucherschutz gestützte Argument der spanischen Regierung bestand darin, dass Tabakeinzelhändler möglicherweise versucht sein könnten, beim Import bestimmte Erzeugnisse zu bevorzugen, wodurch die „*Neutralität des Tabakmarkts*“ gefährdet würde.[2371] Dieses Argument verwarf der Gerichtshof nach nur kurzen Erwägungen, da die

---

2361 Urteil Juvelta, C-481/12, EU:C:2014:11.
2362 Urteil Juvelta, C-481/12, EU:C:2014:11, Rz 15.
2363 Urteil Juvelta, C-481/12, EU:C:2014:11, Rz 21.
2364 Urteil Juvelta, C-481/12, EU:C:2014:11, Rz 22.
2365 Urteil Juvelta, C-481/12, EU:C:2014:11, Rz 23.
2366 *Epiney*, Die Rechtsprechung des EuGH im Jahr 2014, NVwZ 2015, 778 (779 f).
2367 Urteil Juvelta, C-481/12, EU:C:2014:11, Rz 28.
2368 Urteil Juvelta, C-481/12, EU:C:2014:11, Rz 29 ff.
2369 Urteil Kommission / Tschechische Republik, C-525/14, EU:C:2016:714.
2370 Urteil ANETT, C-456/10, EU:C:2012:241.
2371 Urteil ANETT, C-456/10, EU:C:2012:241, Rz 47.

Auferlegung der Verpflichtung, ein bestimmtes Sortiment an Tabakerzeugnissen vorrätig zu haben, ein gelinderes Mittel zu Zielerreichung darstellte.[2372]

Ein ähnlich strenges Auge bei der Untersuchung der Verhältnismäßigkeit hat der Gerichtshof bei nationalen Regelungen, welche die grenzüberschreitende Dienstleistungserbringung erschweren, indem sie beim Zulassungsverfahren zu einer Tätigkeit keine Berücksichtigung von in einem anderen Mitgliedstaat erworbenen Qualifikationen vorsehen. In der Rs *X-Steuerberatungsgesellschaft* war fraglich, ob die mitgliedstaatlichen Voraussetzungen für die Zulassung zu gewissen Leistungen auf dem Gebiet der Steuerberatung die Dienstleistungsfreiheit einer Steuerberatungsgesellschaft, die in einem anderen Mitgliedstaat niedergelassen ist, rechtmäßig beschränken.[2373] Nach den Ausführungen des EuGH sind die Mitgliedstaaten dazu befugt, Bedingungen für die Ausübung einer geschäftlichen Tätigkeit in ihren nationalen Normen vorzusehen, sofern – wie im vorliegenden Fall – kein europäisches Sekundärrecht existiert, welches die Bedingungen harmonisiert hat.[2374] Die Mitgliedstaaten müssen in diesem Fall jedoch dafür sorgen, dass die Qualifikation, die in einem anderen Mitgliedstaat erworben wurde, *„ihrem Wert entsprechend anerkannt und angemessen berücksichtigt wird.“*[2375] Da die streitgegenständliche Regelung dies jedoch nicht erlaubte,[2376] beurteilte der Gerichtshof sie als unionsrechtswidrig.[2377]

Nichtsdestotrotz gewährt der Gerichtshof bei Beschränkungen zum Schutz der Verbraucher bisweilen auch auf Ebene der Rechtfertigungsprüfung Spielräume, indem er die Untersuchung der Verhältnismäßigkeit nur zurückhaltend vornimmt oder zur Gänze dem vorlegenden Gericht überlässt:

In der Rs *Sky Italia* erachtete der EuGH eine nationale Regelung, wonach Veranstalter von Pay-TV einer Beschränkung der höchstzulässigen Sendezeit für Werbung unterliegen, die kürzer als für Veranstalter von Free-TV ist, als zum Zwecke des Verbraucherschutzes gerechtfertigt, soweit der Verhältnismäßigkeitsgrundsatz beachtet wird.[2378] Die Beurteilung der Verhältnismäßigkeit gestand er dem nationalen Gericht zu,[2379] jedoch ohne diesem diesbezügliche Vorgaben zu machen.

[2372] Urteil ANETT, C-456/10, EU:C:2012:241, Rz 52.
[2373] Urteil X-Steuerberatungsgesellschaft, C-342/14, EU:C:2015:827.
[2374] Urteil X-Steuerberatungsgesellschaft, C-342/14, EU:C:2015:827, Rz 45.
[2375] Urteil X-Steuerberatungsgesellschaft, C-342/14, EU:C:2015:827, Rz 54.
[2376] Urteil X-Steuerberatungsgesellschaft, C-342/14, EU:C:2015:827, Rz 55.
[2377] Urteil X-Steuerberatungsgesellschaft, C-342/14, EU:C:2015:827, Rz 60.
[2378] Urteil Sky Italia, C-234/12, EU:C:2013:496, Rz 24 ff.
[2379] Urteil Sky Italia, C-234/12, EU:C:2013:496, Rz 25 f.

Ebenso wenig beanstandete der EuGH eine nationale Regelung, wonach die Prämien für Krankenversicherungsverträge nur unter bestimmten Bedingungen angehoben werden dürfen.[2380] Das streitgegenständliche Tariferhöhungssystem sei geeignet, die Verbraucher zu schützen, da es Versicherungsunternehmen daran hindere *„die Versicherungsprämien erheblich und unerwartet zu erhöhen [...].“*[2381] Für den Gerichtshof waren auch keine Hinweise ersichtlich, warum das Tariferhöhungssystem zur Zielerreichung nicht erforderlich sein sollte, wobei er die endgültige Beurteilung der Erforderlichkeit dem vorlegenden Gericht überließ.[2382]

Die in diesem Kapitel zitierten Urteile demonstrieren, dass nationale Maßnahmen zum Zwecke des Verbraucherschutzes vom EuGH häufig als unverhältnismäßige Beschränkungen einer Grundfreiheit beurteilt werden. Somit hat mE eine auf den Schutz der Verbraucher gestützte Rechtfertigung isoliert betrachtet keine zurückhaltende Verhältnismäßigkeitsprüfung zur Folge. Aufgrund des Umstandes, dass dieser Rechtfertigungsgrund auch missbraucht wird, um protektionistische Ziele zu erreichen,[2383] ist dies nachvollziehbar. Zurückhaltung legt der Gerichtshof demgegenüber an den Tag, wenn der Verbraucherschutz in einem Bereich ins Treffen geführt wird, der durch bestehende Unterschiede zwischen den Mitgliedstaaten und / oder eine mangelnde Harmonisierung auf Unionsebene gekennzeichnet ist, weshalb es den Mitgliedstaaten freisteht, das Schutzniveau zu bestimmen.[2384] Bei dem in der Judikatur häufig thematisierten Vorrang der Information des Verbrauchers gegenüber einem Verbot des Produktes wird die unterschiedliche Wertigkeit des Verbraucherschutzes im Vergleich zum Gesundheitsschutz augenscheinlich. Denn Maßnahmen zum Zwecke des Gesundheitsschutzes qualifiziert der EuGH nicht mit dem Hinweis auf die weniger beeinträchtigende Kennzeichnung des Produktes als unverhältnismäßig, da eine Kennzeichnung oft nicht sämtliche Gefahren für die Gesundheit ausschließen kann.[2385]

V.E.3.e. Umweltschutz

Beim Schutz der Umwelt handelt es nicht um einen in den Verträgen normierten Rechtfertigungsgrund, sondern um ein in der Judikatur des EuGH entwickeltes „zwingendes Erfordernis“, welches eine Beschränkung der Grundfreiheiten

---

2380 Urteil DKV Belgium, C-577/11, EU:C:2013:146.

2381 Urteil DKV Belgium, C-577/11, EU:C:2013:146, Rz 42.

2382 Urteil DKV Belgium, C-577/11, EU:C:2013:146, Rz 47.

2383 *Gundel*, Verbindliche Herkunftskennzeichnung im EU-Binnenmarkt für Lebensmittel: Die LMIV und die Freiheit des Warenverkehrs, GewArch 2016, 176 (179).

2384 Siehe Kapitel V.E.2.d oben.

2385 *Koch*, Grundsatz 418 f mN aus der Judikatur des EuGH.

ebenso rechtfertigen kann. Die Relevanz des Umweltschutzes deutete der Gerichtshof bereits in seinem Urteil in der Rs *Procureur de la République / ADBHU*[2386] an, bevor die Anerkennung dieses Rechtfertigungsgrundes in der Rs *Danish Bottles*[2387] erfolgte.[2388] Maßnahmen zum Schutz der Umwelt dienen letztlich auch dem Schutz der Gesundheit, da Beeinträchtigungen der Umwelt auch zu einem Gesundheitsrisiko werden können. Sofern eine unmittelbare Gefährdung der Gesundheit besteht, untersucht der Gerichtshof eine Maßnahme zu deren Beseitigung am Maßstab des in den Verträgen normierten Rechtfertigungsgrundes des Gesundheitsschutzes, während er bei nur mittelbaren Gefährdungen der Gesundheit infolge von Beeinträchtigungen der Umwelt das „zwingende Erfordernis" des Umweltschutzes heranzieht.[2389]

Die Mitgliedstaaten sind befugt, wahrscheinliche – sowohl konkrete als auch abstrakte – Umweltgefahren zu bekämpfen.[2390] In diesem Zusammenhang dienen bestehende wissenschaftliche Erkenntnisse entweder dazu, eine Gefährdung der Umwelt festzustellen oder zu verneinen.[2391] Sofern keine eindeutigen wissenschaftlichen Erkenntnisse vorliegen, wonach eine Gefahr für die Umwelt vorliegt oder nicht vorliegt, haben die Mitgliedstaaten den Wahrscheinlichkeitsgrad der Gefährdung nachzuweisen.[2392] Wenngleich kein genereller Vorrang des Umweltschutzes besteht, kommt den Mitgliedstaaten bei der Bekämpfung von Umweltgefahren ein relativ weiter Einschätzungsspielraum zu,[2393] insbesondere wenn wissenschaftliche Unsicherheit in Bezug auf bestimmte Umweltstandards besteht.[2394] Aus diesem Grund wird nach einer Ansicht in der Literatur die Berufung auf diesen Rechtfertigungsgrund vom Gerichtshof relativ häufig akzeptiert.[2395] Eine andere Ansicht vertritt *Koch*, dem zufolge der EuGH bei beschränkenden Maßnahmen zum Schutz der Umwelt eine strenge Prüfung vornehme.[2396]

Diese auf den ersten Blick widersprüchlichen Aussagen schließen einander mE bei näherer Betrachtung jedoch nicht aus. Aus der Judikatur des EuGH ist näm-

---

2386 Urteil Procureur de la République / ADBHU, 240/83, EU:C:1985:59, Rz 15.

2387 Urteil Kommission / Dänemark, 302/86, EU:C:1988:421, Rz 8 f.

2388 *Leible/Streinz*, in: Grabitz/Hilf/Nettesheim (Hrsg.), Das Recht der Europäischen Union (60. EL 2016) AEUV Art 34 Rz 117 (Fn 2).

2389 Urteil Kommission /Österreich, C-524/07, EU:C:2008:717, Rz 56; vgl auch *Leible/Streinz*, in: Grabitz/Hilf/Nettesheim (Hrsg.), AEUV Art 34 Rz 117; hierzu ausführlich bereits *Middeke*, Nationaler Umweltschutz im Binnenmarkt (1994) 180 ff.

2390 *Epiney/Möllers*, Freier Warenverkehr und nationaler Umweltschutz (1992) 74 ff.

2391 *Epiney/Möllers*, Warenverkehr 76 f.

2392 *Epiney/Möllers*, Warenverkehr 80.

2393 *Kingreen*, in: Calliess/Ruffert (Hrsg.), Art 36 AEUV Rz 214 mwN.

2394 *Ueda*, Is the Principle of Proportionality the European Approach?: A Review and Analysis of Trade and Environment Cases before the European Court of Justice, EBLR 2003, 557 (589).

2395 *Kingreen*, in: Calliess/Ruffert (Hrsg.), Art 36 AEUV Rz 214.

2396 *Koch*, Grundsatz 440.

lich abzuleiten, dass er vielfältige Maßnahmen zum Schutz der Umwelt grundsätzlich anerkannt und somit die Berufung auf den Rechtfertigungsgrund akzeptiert hat. Allerdings scheiterten diese Maßnahmen letztlich bisweilen an Details, welche der Gerichtshof häufig im Rahmen der Angemessenheitsprüfung aufgriff und aus diesem Grund zur Feststellung der Unverhältnismäßigkeit gelangte. Die Untersuchung der Angemessenheit durch den EuGH schränkt somit den Beurteilungsspielraum der Mitgliedstaaten ein.[2397]

Dies kommt bereits in dem Urteil *Danish Bottles* aus dem Jahr 1988 zum Ausdruck, in welchem der Gerichtshof die Einrichtung eines Pfand- und Rücknahmesystems und die damit für Händler einhergehende Verpflichtung, nur bestimmte (genehmigte) Getränkeverpackungen zu verwenden, zu beurteilen hatte.[2398] Die Erforderlichkeit der Regelung bejahte der EuGH, indem er in der Begründung lediglich ausführte, dass ein Pfand- und Rücknahmesystem *„ein notwendiger Bestandteil jedes Systems [sei], das die Wiederverwendung von Verpackungen sicherstellen soll [...].“*[2399] Allerdings beanstandete er die für Importeure bestehende Ausnahmeregelung, wonach diese nicht die genehmigten Verpackungen verwenden mussten, sofern sie ein eigenes Pfandsystem einrichteten und der Getränkeimport eine bestimmte jährliche Höchstmenge nicht überstieg, aufgrund dieser Begrenzung des jährlichen Getränkeimports als unangemessen.[2400]

Dass der EuGH eine Pfand- und Rücknahmepflicht von Verpackungen aus Gründen des Umweltschutzes grundsätzlich akzeptiert, wird in nachfolgenden Entscheidungen bestätigt.[2401] Im Urteil *Kommission / Deutschland* kritisierte er wiederum nur die konkrete Ausgestaltung des Systems durch den nationalen Gesetzgeber aus dem Blickwinkel des Teilgrundsatzes der Angemessenheit, da die Regelung keine *„ausreichende Übergangsfrist“* für die betroffenen Hersteller und Vertreiber vorsah[2402] und stellte letztlich aus diesem Grund eine Vertragsverletzung fest.[2403] In der Rs *Radlberger* ließ der Gerichtshof die Einführung eines derartigen Systems unbeanstandet, jedoch nicht ohne darauf hinzu-

---

2397 *Epiney/Möllers*, Warenverkehr 88.

2398 Urteil Kommission / Dänemark, 302/86, EU:C:1988:421.

2399 Urteil Kommission / Dänemark, 302/86, EU:C:1988:421, Rz 13; zur gerichtlichen Zurückhaltung in diesem Fall vgl *Ueda*, EBLR 2003, 565.

2400 Urteil Kommission / Dänemark, 302/86, EU:C:1988:421, Rz 21.

2401 Urteil Kommission / Deutschland, C-463/01, EU:C:2004:797; Urteil Radlberger Getränkegesellschaft und S. Spitz, C-309/02, EU:C:2004:799.

2402 Urteil Kommission / Deutschland, C-463/01, EU:C:2004:797, Rz 79.

2403 Urteil Kommission / Deutschland, C-463/01, EU:C:2004:797, Rz 84.

weisen, dass *„eine angemessene Übergangsfrist"* geboten sei, damit die nationale Regelung als verhältnismäßig qualifiziert werden könne.[2404]

Im Gegensatz zu den genannten Urteilen hat der EuGH bisweilen Maßnahmen zum Schutz der Umwelt als gerechtfertigt angesehen, ohne deren Verhältnismäßigkeit zu prüfen: In einem Vertragsverletzungsverfahren gegen Belgien akzeptierte er eine Regelung, wonach es verboten war, Abfälle in Wallonien zu lagern, die aus anderen belgischen Regionen oder anderen Mitgliedstaaten stammten, ohne den Grundsatz der Verhältnismäßigkeit auch nur zu erwähnen.[2405] Darüber hinaus erachtete er auch eine nationale Regelung, wonach Unternehmen dazu verpflichtet sind, Strom aus erneuerbaren Energiequellen zu einem bestimmten Mindestpreis abzunehmen, ohne Durchführung einer Verhältnismäßigkeitsprüfung als gerechtfertigte Beschränkung des freien Warenverkehrs.[2406]

In anderen Fällen nahm der Gerichtshof Erwägungen zur Verhältnismäßigkeit der beschränkenden Maßnahme vor, bevor er deren Unionsrechtskonformität bejahte: In der Rs *Aher-Waggon* erblickte er in der deutschen Regelung, wonach die erstmalige Zulassung eines Flugzeuges im Inland, welches zuvor bereits in einem anderen Mitgliedstaat zugelassen worden war, die Einhaltung von Lärmgrenzwerten voraussetzte, eine verhältnismäßige Beschränkung der Warenverkehrsfreiheit.[2407] Dies obwohl die Grenzwerte strenger als die in der einschlägigen RL normierten Grenzwerte waren und Flugzeuge, welche vor der Umsetzung der RL in Deutschland zugelassen worden waren, von der Einhaltung dieser Grenzwerte freigestellt waren.[2408]

Während in dem eben genannten Urteil die Verhältnismäßigkeitsprüfung durch den EuGH nur kursorisch ausfiel, begründete er die Verhältnismäßigkeit in der Rs *Ålands Vindkraft* deutlich ausführlicher.[2409] Streitgegenständlich war in diesem Verfahren eine nationale Regelung, wonach für den Bezug von Strom aus erneuerbaren Energiequellen handelbare Zertifikate vergeben werden.[2410] Für Stromversorger und bestimmte Nutzer bestand eine Verpflichtung, jährlich eine bestimmte Anzahl derartiger Zertifikate bei der nationalen Behörde vorzulegen.[2411] Mit der Regelung sollte die Nutzung von Energie aus erneuerbaren Quellen gefördert werden.[2412] Der Kern der Problematik bestand darin, dass derartige

---

2404 Urteil Radlberger Getränkegesellschaft und S. Spitz, C-309/02, EU:C:2004:799, Rz 81.
2405 Urteil Kommission / Belgien, C-2/90, EU:C:1992:310, Rz 22 ff.
2406 Urteil PreussenElektra, C-379/98, EU:C:2001:160, Rz 68 ff.
2407 Urteil Aher-Waggon / Bundesrepublik Deutschland, C-389/96, EU:C:1998:357, Rz 14 ff.
2408 Urteil Aher-Waggon / Bundesrepublik Deutschland, C-389/96, EU:C:1998:357, Rz 14.
2409 Urteil Ålands Vindkraft, C-573/12, EU:C:2014:2073, Rz 83 ff.
2410 Urteil Ålands Vindkraft, C-573/12, EU:C:2014:2073, Rz 11 ff.
2411 Urteil Ålands Vindkraft, C-573/12, EU:C:2014:2073, Rz 11 ff.
2412 Urteil Ålands Vindkraft, C-573/12, EU:C:2014:2073, Rz 78.

Zertifikate für Strom aus erneuerbaren Energiequellen, die aus Produktionsanlagen aus anderen Mitgliedstaaten stammten, nicht vergeben wurden.[2413]

Aufgrund ihres Beitrages zur Reduktion von Treibhausgasemissionen dient die streitgegenständliche Regelung nach Ansicht des EuGH dem Umweltschutz.[2414] In der weiteren Begründung weist der EuGH im Rahmen der Verhältnismäßigkeitsprüfung darauf hin, dass Herkunft und Energiequelle von Elektrizität kaum mehr feststellbar sind, sobald sie in das Netz eingespeist wurde.[2415] Daran vermögen auch Herkunftsnachweise für Strom nichts zu ändern, da sie nicht belegen können, dass eine bestimmte im Netz vorhandene Menge Strom tatsächlich aus jener Energiequelle stamme, welche auf dem Herkunftsnachweis angegeben sei.[2416] Diese Feststellungen waren maßgeblich dafür, dass der Gerichtshof die Verhältnismäßigkeit dieser diskriminierenden Regelung nach zurückhaltender Prüfung[2417] bejahte.[2418] In der Rs *Essent Belgium* kam der EuGH betreffend eine vergleichbare Regelung unter häufiger Bezugnahme auf seine Ausführungen in dem Urteil *Ålands Vindkraft* ebenfalls zu dem Ergebnis, dass der Grundsatz der Verhältnismäßigkeit gewahrt sei.[2419]

In der Rs *Mickelsson und Roos* war fraglich, ob das nationale Verbot der Verwendung von Wassermotorrädern abseits von öffentlichen Wasserstraßen oder anderen Wasserflächen, für die von nationalen Behörden eine Genehmigung erteilt wird, eine unverhältnismäßige Beschränkung des freien Warenverkehrs darstellt.[2420] Diese Beschränkung sei nach Auffassung des EuGH unstrittig ein zum Schutz der Umwelt geeignetes Mittel.[2421] Damit sie auch als erforderlich qualifiziert werden kann, fordert der EuGH in seiner Begründung, dass die nationalen Behörden einer Verpflichtung unterliegen müssen, von ihrer Befugnis Gebrauch zu machen, Wasserflächen zu bezeichnen, auf denen eine Benutzung von Wassermotorrädern zulässig ist.[2422] Darüber hinaus müssen sie die Befugnis, jene Wasserflächen zu bezeichnen, welche die in der nationalen Verordnung vorgesehenen Voraussetzungen erfüllen, auch binnen einer angemessenen Frist

---

2413 Urteil Ålands Vindkraft, C-573/12, EU:C:2014:2073, Rz 55.
2414 Urteil Ålands Vindkraft, C-573/12, EU:C:2014:2073, Rz 78.
2415 Urteil Ålands Vindkraft, C-573/12, EU:C:2014:2073, Rz 87.
2416 Urteil Ålands Vindkraft, C-573/12, EU:C:2014:2073, Rz 90.
2417 *Brückmann/Steinbach*, Die Förderung erneuerbarer Energien im Lichte der Warenverkehrsfreiheit, EnWZ 2014, 346 (351).
2418 Urteil Ålands Vindkraft, C-573/12, EU:C:2014:2073, Rz 91 ff.
2419 Urteil Essent Belgium, C-204/12, C-205/12, C-206/12, C-207/12 u C-208/12, EU:C:2014:2192, Rz 77 ff.
2420 Urteil Mickelsson und Roos, C-142/05, EU:C:2009:336.
2421 Urteil Mickelsson und Roos, C-142/05, EU:C:2009:336, Rz 34.
2422 Urteil Mickelsson und Roos, C-142/05, EU:C:2009:336, Rz 39.

tatsächlich wahrgenommen haben.[2423] Die Beurteilung, ob diese Bedingungen eingehalten wurden, überließ der Gerichtshof dem nationalen Gericht.[2424] In der Rs *Sandström* bestätigte er diese Anforderungen an die Zulässigkeit dieses Verbotes.[2425]

Bei mitgliedstaatlichen Fahrverboten auf wichtigen Verkehrsrouten nimmt der Gerichtshof eine strengere Prüfung der Verhältnismäßigkeit vor: In einem Vertragsverletzungsverfahren gegen Österreich hatte er im Jahr 2005 die Zulässigkeit eines Fahrverbots auf einem Abschnitt der Inntalautobahn für Lastkraftwagen über 7,5t, welche bestimmte Güter transportieren, zu beurteilen.[2426] Das Verbot sollte die Luftqualität in dem Gebiet rund um diesen Autobahnabschnitt fördern, weshalb der EuGH den Rechtfertigungsgrund des Umweltschutzes als einschlägig erachtete.[2427] Im Verfahren vertrat die Kommission, dass verschiedene Alternativmaßnahmen zur Zielerreichung zur Verfügung stünden, die den freien Warenverkehr weniger beeinträchtigen würden.[2428] Für den Gerichtshof war letztlich entscheidend, dass vor Erlass des Verbots durch die nationalen Behörden keine hinreichende Untersuchung vorgenommen worden war, ob die Verringerung der Schadstoffemissionen nicht auch durch gelindere Maßnahmen erreicht werden könnte.[2429] Da der Transport der von dem Verbot betroffenen Güter nach Vorstellung der nationalen Behörden auf die Schiene verlagert werden sollte, kritisiert der EuGH in seiner Begründung auch, dass die nationalen Behörden sich nicht vergewissert haben, ob für diese Verlagerung genügend Schienenkapazität verfügbar war.[2430] Wenngleich diese Ausführungen schon genügt hätten, um das Verbot als gemeinschaftsrechtswidrig zu qualifizieren, sichert der EuGH sein Ergebnis in der weiteren Begründung noch zusätzlich ab, indem er auch die Angemessenheit verneint.[2431] Die mangelnde Angemessenheit begründet er – wie auch in anderen Urteilen zum Umweltschutz – mit einem zu kurzen Übergangszeitraum zwischen dem Erlass der Regelung und dem vorgesehenen Zeitpunkt ihres Inkrafttretens.[2432]

Auch in einem weiteren Vertragsverletzungsverfahren gegen Österreich betreffend die Zulässigkeit eines sektoralen Fahrverbots für Lastkraftwagen zum Zwecke des Umweltschutzes stellte der Gerichtshof im Rahmen der Verhältnis-

---

2423 Urteil Mickelsson und Roos, C-142/05, EU:C:2009:336, Rz 39.
2424 Urteil Mickelsson und Roos, C-142/05, EU:C:2009:336, Rz 40.
2425 Urteil Sandström, C-433/05, EU:C:2010:184, Rz 40.
2426 Urteil Kommission / Österreich, C-320/03, EU:C:2005:684.
2427 Urteil Kommission / Österreich, C-320/03, EU:C:2005:684, Rz 71.
2428 Urteil Kommission / Österreich, C-320/03, EU:C:2005:684, Rz 46.
2429 Urteil Kommission / Österreich, C-320/03, EU:C:2005:684, Rz 89.
2430 Urteil Kommission / Österreich, C-320/03, EU:C:2005:684, Rz 88 f.
2431 Urteil Kommission / Österreich, C-320/03, EU:C:2005:684, Rz 90.
2432 Urteil Kommission / Österreich, C-320/03, EU:C:2005:684, Rz 90.

mäßigkeitsprüfung strenge Anforderungen.[2433] Dies äußerte sich zum einen in einer umfassenden Untersuchung der Kohärenz im Rahmen der Eignungsprüfung,[2434] zum anderen in den Ausführungen zum Teilgrundsatz der Erforderlichkeit, an deren Ende der EuGH feststellte, dass die Republik Österreich die mangelnde Eignung der – von der Kommission ins Treffen geführten – weniger beschränkenden Alternativmaßnahmen nicht nachgewiesen habe, weshalb eine Vertragsverletzung zu bejahen sei.[2435]

Aus der dargestellten Judikatur ergibt sich, dass der Gerichtshof grundsätzlich gewillt ist, beschränkende Maßnahmen zum Schutz der Umwelt zu akzeptieren. Wenngleich er dem Umweltschutz einen deutlich niedrigeren Stellenwert als dem Schutz der Gesundheit einräumt, ist die Berufung auf diesen Rechtfertigungsgrund häufig erfolgversprechend. Da die gerichtliche Prüfung öfter als bei anderen Rechtfertigungsgründen auch den Teilgrundsatz der Angemessenheit umfasst, setzt die erfolgreiche Berufung auf den Schutz der Umwelt voraus, dass die nationale Regelung die Interessen der von ihr nachteilig Betroffenen gebührend berücksichtigt. Schließlich ist festzuhalten, dass der Gerichtshof bei gravierenden Beschränkungen zum Schutz der Umwelt eine strenge Prüfung der Erforderlichkeit vornimmt.[2436]

V.E.3.f. Grundrechte

In der Rechtsprechung des EuGH betreffend die Rechtmäßigkeit von Beschränkungen der Grundfreiheiten spielen Grundrechte (unter anderem) insofern eine Rolle, als sie ein „zwingendes Erfordernis“ begründen, einen in den Verträgen normierten Rechtfertigungsgrund konkretisieren oder auch selbständig als legitimes Ziel dienen können.[2437] Grundrechte dienen somit in diesen Fällen als Gegengewicht zu den Grundfreiheiten. Im Folgenden soll untersucht werden, ob das Argumentieren mit Grundrechten zu einer zurückhaltenden Verhältnismäßigkeitsprüfung durch den EuGH führt.

In der Rs *Schmidberger* war fraglich, ob die Duldung bzw die nicht erfolgte Untersagung einer Blockade der Brenner-Autobahn, mit der in Ausübung der Meinungsäußerungs- und Versammlungsfreiheit auf die Gefahren für die Um-

---

2433 Urteil Kommission / Österreich, C-28/09, EU:C:2011:854.

2434 Urteil Kommission / Österreich, C-28/09, EU:C:2011:854, Rz 126 ff.

2435 Urteil Kommission / Österreich, C-28/09, EU:C:2011:854, Rz 150 f.

2436 Urteil Kommission / Österreich, C-320/03, EU:C:2005:684; Urteil Kommission / Österreich, C-28/09, EU:C:2011:854.

2437 *Kingreen*, in: Calliess/Ruffert (Hrsg.), Art 34-36 AEUV Rz 218; aA *Morijn*, Balancing Fundamental Rights and Common Market Freedoms in Union Law: Schmidberger and Omega in the Light of the European Constitution, 12 ELJ 2006, 15 (39).

welt durch den Anstieg des Schwerverkehrs aufmerksam gemacht werden sollte, gegen die Warenverkehrsfreiheit verstößt.[2438] In seiner Begründung nimmt der Gerichtshof keine strukturierte Untersuchung der einzelnen Teilgrundsätze des Verhältnismäßigkeitsgrundsatzes vor. Da er den zuständigen Stellen bei der Beurteilung, ob zwischen den widerstreitenden Interessen ein angemessenes Gleichgewicht besteht, *„weites Ermessen"* einräumt,[2439] kommt er nach einer Abwägung zu dem Ergebnis, dass keine Unvereinbarkeit mit der Warenverkehrsfreiheit vorliegt.[2440]

In der Rs *Omega* hatte der EuGH zu beurteilen, ob das Verbot, ein sogenanntes Laserdrome in Deutschland zu betreiben, gegen Grundfreiheiten verstößt.[2441] Nach Ansicht des vorlegenden Gerichts widersprachen die dort simulierten Tötungen der Menschenwürdegarantie nach deutschem Verfassungsrecht, weshalb das Verbot zulässig sein könnte.[2442] Dieses Argument berücksichtigt der EuGH bei seiner Prüfung, ob die Aufrechterhaltung der öffentlichen Ordnung das streitgegenständliche Verbot rechtfertigen könne.[2443] Vor der Untersuchung der Verhältnismäßigkeit weist er in seiner Begründung darauf hin, dass den nationalen Behörden bei dieser Frage ein Beurteilungsspielraum zukomme.[2444] Die folgenden Erwägungen zum Verhältnismäßigkeitsgrundsatz sind nur kursorischer Natur und haben letztlich zur Konsequenz, dass der Gerichtshof keine unverhältnismäßige Beschränkung feststellt.[2445]

In der Rs *Familiapress* war die Vereinbarkeit eines Vertriebsverbots von periodischen Druckschriften, in denen Preisrätsel oder Gewinnspiele enthalten sind, mit der Warenverkehrsfreiheit streitgegenständlich.[2446] Mit dem Verbot wollte der nationale Gesetzgeber kleine Verleger schützen, damit der Medienpluralismus und somit das Recht auf freie Meinungsäußerung gemäß Art 10 EMRK gewährleistet ist.[2447] Im Rahmen der Rechtfertigungsprüfung weist der Gerichtshof darauf hin, dass das Verbot erforderlich und *„in einem angemessenen Ver-*

2438 Urteil Schmidberger, C-112/00, EU:C:2003:333, Rz 65 ff.

2439 Urteil Schmidberger, C-112/00, EU:C:2003:333, Rz 82.

2440 Urteil Schmidberger, C-112/00, EU:C:2003:333, Rz 83 ff; zur grundrechtsfreundlichen Prüfung durch den EuGH vgl *Harbo*, The Function of the Proportionality Principle in EU Law, ELJ 2010, 158 (176).

2441 Urteil Omega, C-36/02, EU:C:2004:614; siehe zu diesem Urteil bereits Kapitel V.E.2.b oben.

2442 Urteil Omega, C-36/02, EU:C:2004:614, Rz 11 ff.

2443 Urteil Omega, C-36/02, EU:C:2004:614, Rz 28 ff.

2444 Urteil Omega, C-36/02, EU:C:2004:614, Rz 31.

2445 Urteil Omega, C-36/02, EU:C:2004:614, Rz 36 ff; siehe hierzu ausführlicher Kapitel V.E.2.b oben; zur grundrechtsfreundlichen Prüfung durch den EuGH vgl auch *Harbo*, ELJ 2010, 176.

2446 Urteil Vereinigte Familiapress Zeitungsverlags- und vertriebs GmbH/Bauer Verlag, C-368/95, EU:C:1997:325.

2447 Urteil Vereinigte Familiapress Zeitungsverlags- und vertriebs GmbH/Bauer Verlag, C-368/95, EU:C:1997:325, Rz 15 ff.

hältnis zur Aufrechterhaltung der Medienvielfalt" sein muss.[2448] Diese Beurteilung überlasst der EuGH dem nationalen Gericht und macht ihm in dieser Hinsicht auch Vorgaben.[2449]

Wenn nationale Verbote, bestimmte Adelsbezeichnungen zu tragen, vom Gerichtshof auf ihre Vereinbarkeit mit dem Unionsrecht überprüft werden, argumentieren die Mitgliedstaaten mit dem Grundrecht auf Gleichheit der Staatsbürger vor dem Gesetz.[2450] Der Gerichtshof räumt in diesen Fällen den nationalen Behörden einen Beurteilungsspielraum ein[2451] und geht davon aus, dass die Verhältnismäßigkeit dieser Verbote nicht allein deshalb ausgeschlossen sei, weil ein anderer Mitgliedstaat abweichende Regelungen zum Schutz des Grundrechts auf Gleichheit erlassen hat.[2452] Aus diesen Gründen nimmt er bei derartigen Verboten nur eine zurückhaltende Verhältnismäßigkeitsprüfung vor.[2453]

Demgegenüber räumt der Gerichtshof den Mitgliedstaaten kaum Ermessensspielräume ein, wenn er kollektive Maßnahmen des Arbeitskampfes zu beurteilen hat.[2454] Dies kann aus den beiden Urteilen in den Rs *The International Transport Workers' Federation and The Finnish Seamen's Union* und *Laval un Partneri* aus dem Jahr 2007 abgeleitet werden. Dem erstgenannten Urteil lag folgender Sachverhalt zugrunde:

Viking, eine finnische Gesellschaft, betrieb ein Fährunternehmen und setzte dafür unter anderem das Schiff Rosella ein, welches unter finnischer Flagge die Route zwischen Helsinki und Tallinn befuhr.[2455] Das Fahren unter finnischer Flagge hatte zur Folge, dass Viking (mit diesem Schiff) finnischem Recht unterlag und an den in Finnland geltenden Tarifvertrag gebunden war, sodass die Be-

---

2448 Urteil Vereinigte Familiapress Zeitungsverlags- und vertriebs GmbH/Bauer Verlag, C-368/95, EU:C:1997:325, Rz 27.

2449 Urteil Vereinigte Familiapress Zeitungsverlags- und vertriebs GmbH/ Bauer Verlag, C-368/ 95, EU:C:1997:325, Rz 29 ff.

2450 Urteil Sayn-Wittgenstein, C-208/09, EU:C:2010:806, Rz 82 u 88; Urteil Bogendorff von Wolffersdorff, C-438/14, EU:C:2016:401, Rz 61 u 69.

2451 Urteil Sayn-Wittgenstein, C-208/09, EU:C:2010:806, Rz 87; Urteil Bogendorff von Wolffersdorff, C-438/14, EU:C:2016:401, Rz 68.

2452 Urteil Sayn-Wittgenstein, C-208/09, EU:C:2010:806, Rz 91; Urteil Bogendorff von Wolffersdorff, C-438/14, EU:C:2016:401, Rz 68.

2453 Siehe hierzu ausführlicher Kapitel V.E.2.b oben

2454 *Malmberg/Sigeman*, Industrial Actions and EU Economic Freedoms: The Autonomous Collective Bargaining Model curtailed by the European Court of Justice, CMLR 2008, 1115 (1130).

2455 Urteil The International Transport Workers' Federation and The Finnish Seamen's Union, C-438/05, EU:C:2007:772 (Viking), Rz 6.

satzung nach finnischem Lohnniveau bezahlt werden musste.[2456] Aufgrund der Konkurrenz durch estnische Schiffe, welche ihrer Besatzung niedrigere Löhne bezahlten, konnte Viking die Linie zwischen Helsinki und Tallinn nur noch mit Verlusten betreiben und plante daher das Schiff Rosella umzuflaggen, um geringere Löhne bezahlen zu dürfen.[2457] Von diesem Vorhaben informierte Viking die finnische Gewerkschaft für Seeleute (FSU), welche wiederum die internationale Föderation von Gewerkschaften im Bereich des Transports (ITF) davon in Kenntnis setzte.[2458] Daraufhin forderte die ITF alle ihr angeschlossenen Gewerkschaften auf, keine Tarifverhandlungen mit Viking zu führen, und die FSU kündigte einen Streik an.[2459] Dies führte letztlich dazu, dass Viking Klage bei dem nationalen Gericht erhob und die Feststellung beantragte, dass die Maßnahmen der FSU und der ITF gegen die Niederlassungsfreiheit verstoßen.[2460]

In seinem Urteil qualifiziert der Gerichtshof *„das Recht auf Durchführung einer kollektiven Maßnahme einschließlich des Streikrechts als Grundrecht"*[2461] und führt in weiterer Folge aus, dass der Grundrechtsschutz ein legitimes Interesse darstellt, welches eine Beschränkung der Grundfreiheiten rechtfertigen kann, wenn der Grundsatz der Verhältnismäßigkeit gewahrt bleibt.[2462] Nach dem EuGH habe das vorlegende Gericht zu prüfen, ob die kollektiven Maßnahmen dem Arbeitnehmerschutz galten[2463] und ob sie zur Zielerreichung geeignet und erforderlich waren.[2464] In seinen Hinweisen zur Vornahme der Verhältnismäßigkeitsprüfung durch das vorlegende Gericht bezweifelt der EuGH die Erforderlichkeit der streitgegenständlichen Maßnahme.[2465]

2456 Urteil The International Transport Workers' Federation and The Finnish Seamen's Union, C-438/05, EU:C:2007:772 (Viking), Rz 9.

2457 Urteil The International Transport Workers' Federation and The Finnish Seamen's Union, C-438/05, EU:C:2007:772 (Viking), Rz 9.

2458 Urteil The International Transport Workers' Federation and The Finnish Seamen's Union, C-438/05, EU:C:2007:772 (Viking), Rz 10 f.

2459 Urteil The International Transport Workers' Federation and The Finnish Seamen's Union, C-438/05, EU:C:2007:772 (Viking), Rz 12 f.

2460 Urteil The International Transport Workers' Federation and The Finnish Seamen's Union, C-438/05, EU:C:2007:772 (Viking), Rz 22.

2461 Urteil The International Transport Workers' Federation and The Finnish Seamen's Union, C-438/05, EU:C:2007:772 (Viking), Rz 44.

2462 Urteil The International Transport Workers' Federation and The Finnish Seamen's Union, C-438/05, EU:C:2007:772 (Viking), Rz 45 f.

2463 Urteil The International Transport Workers' Federation and The Finnish Seamen's Union, C-438/05, EU:C:2007:772 (Viking), Rz 80.

2464 Urteil The International Transport Workers' Federation and The Finnish Seamen's Union, C-438/05, EU:C:2007:772 (Viking), Rz 84.

2465 Urteil The International Transport Workers' Federation and The Finnish Seamen's Union, C-438/05, EU:C:2007:772 (Viking), Rz 87 ff.

In dem der Rs *Laval un Partneri* zugrunde liegenden Sachverhalt war die lettische Baufirma Laval mit Renovierungsarbeiten an einem Schulgebäude in einer schwedischen Gemeinde beauftragt worden.[2466] Nachdem Versuche der schwedischen Gewerkschaft gescheitert waren, die Baufirma zur Unterzeichnung des schwedischen Bautarifvertrages zu bewegen und den Arbeitnehmern einen bestimmten Mindestlohn zu bezahlen, organisierte die Gewerkschaft eine Blockade der Baustelle.[2467] Gegen die Blockade erhob die Baufirma Klage und beantragte deren Rechtswidrigkeit festzustellen und deren Beendigung anzuordnen.[2468]

Im Rahmen der Prüfung, ob die Blockade gegen die Dienstleistungsfreiheit verstößt, betont der Gerichtshof in seiner Urteilsbegründung wiederum den Grundrechtscharakter des Rechts auf Durchführung kollektiver Maßnahmen[2469] und dass der Schutz der Grundrechte eine Beschränkung der Grundfreiheiten rechtfertigen kann, sofern der Verhältnismäßigkeitsgrundsatz beachtet wird.[2470] Allerdings sei im gegenständlichen Fall die Blockade nicht mit dem Schutz der Arbeitnehmer zu rechtfertigen, da die Entsendung der Arbeitnehmer der RL 96/71/EG unterliegt und somit zwingende Mindeststandards in Bezug auf den Arbeitnehmerschutz im Aufnahmemitgliedstaat einzuhalten sind.[2471] Darüber hinaus sei die Maßnahme auch im Hinblick auf die weitere Zielsetzung der Blockade, die Baufirma zu Lohnverhandlungen zu bewegen, nicht gerechtfertigt, da in Schweden Vorschriften über einen Mindestlohn fehlten.[2472]

Im Gegensatz zu den übrigen in diesem Kapitel besprochenen Urteilen sind die Urteile *The International Transport Workers' Federation and The Finnish Seamen's Union* und *Laval un Partneri* dadurch gekennzeichnet, dass den Mitgliedstaaten kaum Ermessen eingeräumt wurde und nationale Unterschiede betreffend das Schutzniveau keine Berücksichtigung fanden.[2473] Es kann argumentiert werden, dass dies auf die unterschiedliche Bedeutung der betroffenen Grundrechte zurückzuführen ist. Schließlich ging es in den beiden Rs primär um die Entlohnung der Arbeitnehmer, sohin um wirtschaftliche Interessen, während in den übrigen Urteilen Grundrechte ins Treffen geführt wurden, die eng mit moralischen und ethischen Erwägungen (Menschenwürde) oder Grundelementen des

---

2466 Urteil Laval un Partneri, C-341/05, EU:C:2007:809.
2467 Urteil Laval un Partneri, C-341/05, EU:C:2007:809, Rz 29 ff.
2468 Urteil Laval un Partneri, C-341/05, EU:C:2007:809, Rz 39.
2469 Urteil Laval un Partneri, C-341/05, EU:C:2007:809, Rz 91.
2470 Urteil Laval un Partneri, C-341/05, EU:C:2007:809, Rz 93 f.
2471 Urteil Laval un Partneri, C-341/05, EU:C:2007:809, Rz 108.
2472 Urteil Laval un Partneri, C-341/05, EU:C:2007:809, Rz 109 f.
2473 Vgl *Malmberg/Sigeman*, CMLR 2008, 1130.

demokratischen Systems (Gleichheit, Meinungs- und Versammlungsfreiheit) verbunden sind.[2474]

Im Ergebnis ist somit die Prüfung durch den EuGH zurückhaltender, wenn eine Beschränkung einer Grundfreiheit mit dem Grundrechtsschutz gerechtfertigt werden soll. Dies gilt jedoch nicht, wenn mit der Maßnahme wirtschaftliche Interessen verfolgt werden. Insofern ergibt sich gewissermaßen auch eine Parallele zur Rechtsprechung des EuGH betreffend die Rechtmäßigkeit von Grundrechtseingriffen: Eingriffe in wirtschaftliche Grundrechte können nach der Judikatur leichter gerechtfertigt werden als Eingriffe in die übrigen Grundrechte.[2475] Die geringere Bedeutung wirtschaftlicher Interessen äußert sich in diesem Zusammenhang somit in einer zurückhaltenden Rechtfertigungsprüfung, während sie (logisch konsequent) eine strenge Rechtfertigungsprüfung zur Folge hat, wenn wirtschaftliche Interessen als legitimes Ziel für eine Beschränkung von Grundfreiheiten vorgebracht werden.

V.E.4. Grad der Rechtsbeeinträchtigung

Wenngleich der Gerichtshof anders als auf dem Gebiet der Grundrechte[2476] nicht offen ausspricht, dass er bei gravierenden Beschränkungen der Grundfreiheiten eine strengere Rechtmäßigkeitskontrolle vornimmt, ist nach der Literatur der Grad der Rechtsbeeinträchtigung auch auf diesem Gebiet für die gerichtliche Kontrolldichte relevant.[2477] Augenscheinlich werde dieser Umstand bereits an jener Rechtsprechung des EuGH, welche der Information der Verbraucher den Vorrang gegenüber einem Totalverbot von Produkten einräumt.[2478] Tatsächlich untersucht der EuGH derartige Beschränkungen streng und beurteilt sie regelmäßig als zur Zielerreichung nicht erforderlich.[2479] Ungeachtet dessen legt er bei anderen intensiven Beschränkungen der Grundfreiheiten nur eine geringe Kontrolldichte an den Tag. Am deutlichsten belegt dies mE seine Rechtsprechung zur Glücksspielregulierung, da die Einrichtung eines staatlichen Monopolsystems zur Folge hat, dass Unternehmen Glücksspiele nicht anbieten dürfen. Ein gravierenderer Eingriff in die Freiheit der wirtschaftlichen Betätigung dieser Unternehmen ist sohin nicht vorstellbar.[2480] Dennoch führt der Gerichtshof in derartigen Fällen nur eine zurückhaltende Verhältnismäßigkeitsprüfung

---

2474 Ähnlich *Malmberg/Sigeman*, CMLR 2008, 1130; *Harbo*, ELJ 2010, 176.

2475 Siehe Kapitel V.D.3 oben.

2476 Siehe Kapitel V.D.4 oben.

2477 *Schwab*, Gerichtshof 265 f; *Jans*, 27 LIEI 2000, 264.

2478 *Schwab*, Gerichtshof 266.

2479 Siehe die Nachweise in Kapitel V.E.3.d oben.

2480 Im Urteil Dickinger und Ömer, C-347/09, EU:C:2011:582, Rz 71, spricht der Gerichtshof explizit davon, dass *„ein Monopol [...] eine äußerst restriktive Maßnahme darstellt [...].“*

durch.[2481] Er begründet dies mit einem mitgliedstaatlichen Beurteilungsspielraum, der aufgrund von sittlichen, religiösen und kulturellen Unterschieden zwischen den verschiedenen Mitgliedstaaten im Hinblick auf diese Thematik sowie zum Teil auch aufgrund der mangelnden Harmonisierung auf diesem Gebiet besteht.[2482] Offensichtlich spricht somit das Vorliegen einer schweren Rechtsbeeinträchtigung nicht jedenfalls für eine strenge Prüfung durch den EuGH.

Abseits jener Bereiche, in denen den Mitgliedstaaten ein weiter Ermessensspielraum eingeräumt wird, spricht der Gerichtshof bisweilen davon, dass eine bestimmte Beschränkung schwerwiegend sei und nimmt in weiterer Folge eine strenge Prüfung der Verhältnismäßigkeit vor. So führte er in seinem ersten Urteil zum sektoralen Fahrverbot in Österreich wörtlich aus, „*dass die österreichischen Behörden vor Erlassung einer so radikalen Maßnahme wie der eines völligen Fahrverbots auf einem Autobahnabschnitt, der eine überaus wichtige Verbindung zwischen bestimmten Mitgliedstaaten darstellt, sorgfältig zu prüfen hatten, ob nicht auf Maßnahmen zurückgegriffen werden könnte, die den freien Verkehr weniger beschränken, und solche nur ausschließen durften, wenn ihre Ungeeignetheit im Hinblick auf den verfolgten Zweck eindeutig feststand.*“[2483] Da dies jedoch nicht geschehen sei und zudem ein zu kurzer Übergangszeitraum zwischen Erlass und Wirksamwerden des Fahrverbots vorgesehen worden sei, stellte der Gerichtshof die Unverhältnismäßigkeit fest.[2484] Mit anderen Worten bewertete er die bisherigen Aktivitäten der nationalen Stellen als nicht ausreichend, um einen angemessenen Interessenausgleich zwischen dem Warenverkehr und dem Umweltschutz zu gewährleisten.[2485] Auch im zweiten Vertragsverletzungsverfahren gegen Österreich betreffend ein sektorales Fahrverbot hob der Gerichtshof die Schwere der Rechtsbeeinträchtigung hervor[2486] und gab der Klage nach umfassender Prüfung der Verhältnismäßigkeit statt.[2487]

Bei Beschränkungen, die von derart einschneidender Natur sind, dass sie den Grundfreiheiten die praktische Wirksamkeit nehmen, legt der Gerichtshof ebenfalls eine hohe Kontrolldichte an den Tag und qualifiziert sie regelmäßig als unionsrechtswidrig:

[2481] Siehe Kapitel V.E.2.d.i oben.
[2482] Siehe Kapitel V.E.2.d.i oben.
[2483] Urteil Kommission / Österreich, C-320/03, EU:C:2005:684, Rz 87 (Hervorhebung durch den Autor).
[2484] Urteil Kommission / Österreich, C-320/03, EU:C:2005:684, Rz 89 ff.
[2485] *Brigola*, EuZW 2017, 411.
[2486] Urteil Kommission / Österreich, C-28/09, EU:C:2011:854, Rz 140.
[2487] Urteil Kommission / Österreich, C-28/09, EU:C:2011:854, Rz 125 ff.

Im Urteil *Libert* hatte der EuGH die Vereinbarkeit von Beschränkungen beim Erwerb oder der Miete von Liegenschaften mit dem Unionsrecht zu beurteilen.[2488] Nach der nationalen Regelung musste ein potenzieller Käufer / Mieter eine ausreichende Bindung zu der Gemeinde haben, in welcher die Liegenschaft belegen war.[2489] Damit sollte gewährleistet werden, dass auch der Immobilienbedarf der ärmeren einheimischen Bevölkerung befriedigt werden kann.[2490] Nach Ansicht des EuGH seien jedoch gelindere Mittel geeignet, dieses Ziel zu erreichen, *„ohne zwangsläufig zu einem faktischen Verbot des Erwerbs [...] zu führen.“*[2491] Da die nationale Regelung keine *„objektiven, nicht diskriminierenden im Voraus bekannten Kriterien“* enthielt, in welchen Fällen eine ausreichende Bindung gegeben war, und somit die Ermessensübung der nationalen Behörden nicht begrenzt war, sei sie geeignet, dem Unionsrecht *„ihre praktische Wirksamkeit zu nehmen.“*[2492]

Häufig beurteilt der Gerichtshof schwere Beschränkungen, welche den Grundfreiheiten ihre praktische Wirksamkeit nehmen, auch ohne Rückgriff auf den Grundsatz der Verhältnismäßigkeit als unionsrechtswidrig: In der Rs *UPC DTH* untersuchte er eine ungarische Regelung, wonach Unternehmen aus anderen Mitgliedstaaten, welche in Ungarn elektronische Kommunikationsdienstleistungen erbringen wollten, eine Zweigniederlassung in Ungarn errichten mussten.[2493] Nach den unmissverständlichen Ausführungen des EuGH läuft eine derartige Niederlassungspflicht *„dem freien Dienstleistungsverkehr direkt zuwider und nimmt damit Art. 56 AEUV jede praktische Wirksamkeit.“*[2494] Dass eine derartige Pflicht die Ausübung des freien Dienstleistungsverkehrs unmöglich macht, liegt auf der Hand und wird vom EuGH bereits seit den 1980er Jahren judiziert.[2495] In den Worten des EuGH *„ist das Erfordernis einer festen Niederlassung praktisch*

2488 Urteil Libert, C-197/11 u C-203/11, EU:C:2013:288.
2489 Urteil Libert, C-197/11 u C-203/11, EU:C:2013:288, Rz 31.
2490 Urteil Libert, C-197/11 u C-203/11, EU:C:2013:288, Rz 50.
2491 Urteil Libert, C-197/11 u C-203/11, EU:C:2013:288, Rz 56.
2492 Urteil Libert, C-197/11 u C-203/11, EU:C:2013:288, Rz 57.
2493 Urteil UPC DTH, C-475/12, EU:C:2014:825.
2494 Urteil UPC DTH, C-475/12, EU:C:2014:825, Rz 104.
2495 Urteil Kommission / Deutschland, 205/84, EU:C:1986:463, Rz 52; Urteil SCI Parodi / Banque de Bary, C-222/95, EU:C:1997:345, Rz 31; Urteil Kommission / Deutschland, C-493/99, EU:C:2001:578, Rz 19; Urteil Kommission / Italien, C-279/00, EU:C:2002:89, Rz 17; Urteil Kommission / Frankreich, C-496/01, EU:C:2004:137, Rz 65; Urteil Kommission / Deutschland, C-546/07, EU:C:2010:25, Rz 39.

die Negation dieser Freiheit.“[2496] Es kann folglich nur gerechtfertigt sein, wenn es unerlässlich für die Erreichung des legitimen Ziels ist.[2497]

Wohnsitzerfordernisse stellen eine ähnliche schwere Beeinträchtigung wie Niederlassungspflichten dar. Aus diesem Grund werden auch sie vom EuGH regelmäßig kritisch unter die Lupe genommen. Als weder geeignet noch erforderlich für die Sicherheit auf See qualifizierte er bspw die portugiesische Regelung, wonach ein Wohnsitz im Inland für die Ausstellung eines Sportschifferscheins zwingend vorgeschrieben war.[2498] Zum einen weise dieses Erfordernis keinerlei Zusammenhang mit der absolvierten Ausbildung und der Fähigkeit, ein Boot zu steuern, auf.[2499] Zum anderen seien gelindere Mittel, wie etwa die Normierung von hohen Anforderungen für die Prüfung zur Erlangung dieser Berechtigung, vorhanden.[2500]

Ein weiteres Beispiel stellt das Urteil in der Rs *Kommission / Niederlande* dar, in welcher eine niederländische Regelung, wonach Wanderarbeitnehmer sowie von ihnen unterhaltene Familienmitglieder für eine bestimmte Zeit über einen Wohnsitz in den Niederlanden verfügt haben mussten, um für die Finanzierung eines Studiums im Ausland in Frage zu kommen.[2501] Mit der Finanzierung sollte die Mobilität der Studenten gefördert werden, indem ein Anreiz für ein Studium außerhalb ihres Wohnsitzstaates geschaffen wird.[2502] Nach den Ausführungen des EuGH sei das Wohnsitzerfordernis geeignet, das angestrebte legitime Ziel zu erreichen, da die Finanzierung die Mobilität von Studenten nicht fördere, die in ihrem Wohnsitzmitgliedstaat außerhalb der Niederlande studieren.[2503] Im Rahmen der Erforderlichkeitsprüfung verlangt der EuGH, dass die Niederlande nicht nur die Beweislast für die Verhältnismäßigkeit der nationalen Maßnahme tragen, *„sondern [...] auch die Umstände angeben [müssen], die eine solche Schlussfolgerung stützen können.“*[2504] In diesem Zusammenhang sei der Hinweis in der Klagebeantwortung auf zwei Alternativmaßnahmen, die noch diskriminierender als die gewählte Maßnahme sind, nicht ausreichend, um diesen Beweis zu führen.[2505] Wenngleich die Beweislastverteilung nicht zur Konsequenz habe, *„dass*

2496 Urteil Kommission / Deutschland, 205/84, EU:C:1986:463, Rz 52.

2497 Urteil Kommission / Deutschland, 205/84, EU:C:1986:463, Rz 52; Urteil SCI Parodi / Banque de Bary, C-222/95, EU:C:1997:345, Rz 31; Urteil Kommission / Deutschland, C-493/99, EU:C:2001:578, Rz 19; Urteil Kommission / Italien, C-279/00, EU:C:2002:89, Rz 18.

2498 Urteil Navileme und Nautizende, C-509/12, EU:C:2014:54, Rz 21 ff.

2499 Urteil Navileme und Nautizende, C-509/12, EU:C:2014:54, Rz 21.

2500 Urteil Navileme und Nautizende, C-509/12, EU:C:2014:54, Rz 23.

2501 Urteil Kommission / Niederlande, C-542/09, EU:C:2012:346.

2502 Urteil Kommission / Niederlande, C-542/09, EU:C:2012:346, Rz 70 ff.

2503 Urteil Kommission / Niederlande, C-542/09, EU:C:2012:346, Rz 74 ff.

2504 Urteil Kommission / Niederlande, C-542/09, EU:C:2012:346, Rz 82.

2505 Urteil Kommission / Niederlande, C-542/09, EU:C:2012:346, Rz 84.

ein Mitgliedstaat positiv belegen müsste, dass sich das verfolgte Ziel mit keiner anderen vorstellbaren Maßnahme unter den gleichen Bedingungen erreichen lässt […],“[2506] hätten die Niederlande begründen müssen, warum gerade diese Regelung mit einer „*starke[n] Ausschlusswirkung*“ gewählt wurde.[2507] ME stellte der EuGH aufgrund der Schwere des Eingriffs im Rahmen der Erforderlichkeitsprüfung hohe Anforderungen, welche letztendlich auch zur Feststellung einer Vertragsverletzung führten.[2508]

In einem weiteren Urteil betreffend die europarechtliche Zulässigkeit eines Wohnsitzerfordernisses befasste sich der EuGH mit einer luxemburgischen Regelung, wonach Arbeitgeber nur in jenen Fällen eine Beihilfe für die Einstellung von älteren Arbeitslosen erhielten, wenn diese in Luxemburg als arbeitslos gemeldet waren, wobei diese Meldung nur möglich war, wenn ein Wohnsitz in Luxemburg bestand.[2509] Trotz des den Mitgliedstaaten im Bereich der Sozialpolitik zukommenden Spielraumes[2510] stellte der EuGH in seiner Begründung strenge Anforderungen an die Nachweislast des Mitgliedstaates zur Darlegung der Verhältnismäßigkeit[2511] und stellte fest, dass „*ein Wohnsitzerfordernis für Wander- und Grenzarbeitnehmer grundsätzlich unangemessen ist […].*“[2512]

Klar ersichtlich wird die Relevanz des Grades der Rechtsbeeinträchtigung auch in Konstellationen, in denen die Beschränkung einer Grundfreiheit eine Sanktion beinhaltet. In diesem Zusammenhang sprach der Gerichtshof bspw aus, dass die Sanktion für die Nichtbeachtung des deutschen Standesrechts für einen griechischen Arzt „*in angemessenem Verhältnis zu [seinem] Verhalten*“ stehen muss.[2513] In einem anderen Fall forderte der EuGH, dass „*Art und Höhe der verhängten Sanktion*“ für die Unterlassung der Meldung einer Arbeitskräfteentsendung bei der Untersuchung der Verhältnismäßigkeit berücksichtigt werden muss und „*der Schwere der mit ihr geahndeten Zuwiderhandlung*“ gegenüberzustellen ist.[2514]

Auch abseits dieser Konstellationen bezieht der Gerichtshof Erwägungen in seine Beurteilung ein, welche den Grad der Rechtsbeeinträchtigung illustrieren sollen. So führte er im Urteil *Schmidberger* betreffend eine Demonstration auf der Brennerautobahn und ihre Vereinbarkeit mit der Warenverkehrsfreiheit aus,

---

2506 Urteil Kommission / Niederlande, C-542/09, EU:C:2012:346, Rz 85.
2507 Urteil Kommission / Niederlande, C-542/09, EU:C:2012:346, Rz 86.
2508 Urteil Kommission / Niederlande, C-542/09, EU:C:2012:346, Rz 89.
2509 Urteil Caves Krier Frères, C-379/11, EU:C:2012:798.
2510 Urteil Caves Krier Frères, C-379/11, EU:C:2012:798, Rz 52.
2511 Urteil Caves Krier Frères, C-379/11, EU:C:2012:798, Rz 49.
2512 Urteil Caves Krier Frères, C-379/11, EU:C:2012:798, Rz 53.
2513 Urteil Konstantinides, C-475/11, EU:C:2013:542, Rz 57.
2514 Urteil De Clercq, C-315/13, EU:C:2014:2408, Rz 73.

dass ihre Auswirkungen begrenzt waren, da sie einmalig, für einen beschränkten Zeitraum und nur auf einer einzigen Strecke durchgeführt wurde.[2515] Zudem seien die zuständigen Behörden darum bemüht gewesen, dass die Behinderungen des Straßenverkehrs möglichst gering bleiben[2516] und durch die Blockade sei auch *„keine allgemeine Atmosphäre der Unsicherheit [geschaffen worden], die sich auf die gesamten Handelsströme nachteilig ausgewirkt hätte.“*[2517]

Dass die Schwere der Rechtsbeeinträchtigung nicht nur als Faktor für die gerichtliche Kontrolldichte, sondern auch als ein wesentlicher Aspekt bei der Abwägung verstanden werden kann, wird vom EuGH mit manchen der oben zitierten Aussagen angedeutet. Wie bereits bei der Untersuchung auf dem Gebiet der Grundrechte umfassend dargelegt, macht es jedoch für die Prüfung der Angemessenheit im Ergebnis keinen Unterschied, ob eine schwere Rechtsbeeinträchtigung eine höhere Kontrolldichte in Bezug auf dieses Teilelement der Verhältnismäßigkeitsprüfung zur Folge hat oder im Rahmen der Abwägung jenem Interesse, welches dem Ziel der Beschränkung gegenübergestellt wird, zusätzliches Gewicht verleiht.[2518]

V.E.5. Ergebnis

Da der Gerichtshof in seinen Urteilen betreffend die Rechtmäßigkeit von mitgliedstaatlichen Beschränkungen der Grundfreiheiten nicht ausspricht, dass aufgrund bestimmter Umstände eine strenge oder nur eine zurückhaltende gerichtliche Prüfung geboten sei, ist die Identifikation der wesentlichen Kontrolldichtefaktoren mit Schwierigkeiten behaftet. Zusätzlich erschwert wird die Untersuchung durch die Tatsache, dass regelmäßig das Zusammenspiel mehrerer Faktoren einen bestimmten Kontrolldichtegrad zur Konsequenz hat. Folglich besteht das Risiko, dass der tatsächliche Einfluss einzelner Faktoren nicht richtig eingeschätzt wird. Aus der dargestellten Rechtsprechung können dennoch die folgenden Determinanten der gerichtlichen Kontrolldichte abgeleitet werden:

Die Strenge der Prüfung durch den EuGH hängt wesentlich davon ab, ob eine Harmonisierung auf Unionsebene und / oder ein gemeinsamer Konsens unter den Mitgliedstaaten besteht. Sofern eine Beschränkung einer Grundfreiheit der gerichtlichen Prüfung unterzogen wird und in diesem Bereich bereits „verwandtes“ Sekundärrecht existiert, das als Auslegungshilfe dienen kann, oder ein gemeinsamer Konsens aufgrund einer gemeinsamen Rechtsauffassung besteht, fällt die Untersuchung regelmäßig streng aus.

[2515] Urteil Schmidberger, C-112/00, EU:C:2003:333, Rz 85.
[2516] Urteil Schmidberger, C-112/00, EU:C:2003:333, Rz 87.
[2517] Urteil Schmidberger, C-112/00, EU:C:2003:333, Rz 88.
[2518] Siehe Kapitel V.D.4.c oben.

Wenn hingegen Bereiche betroffen sind, die durch Unionsrecht nicht geregelt sind, und / oder kein gemeinsamer Konsens unter den Mitgliedstaaten gegeben ist, prüft der Gerichtshof zurückhaltender. Bedingt ist ein mangelnder gemeinsamer Konsens häufig durch bestehende nationale Unterschiede im Tatsächlichen. Die zurückhaltende Prüfung ist durch den Umstand erklärbar, dass der EuGH in diesen Bereichen den Mitgliedstaaten zugesteht, das angestrebte Schutzniveau selbst zu bestimmen und eigenverantwortlich die Entscheidung zu treffen, wie dieses Niveau erreicht werden soll, wobei sie in dieser Hinsicht einen Wertungsspielraum haben. Die richterliche Zurückhaltung betrifft vor allem Maßnahmen zum Schutz der öffentlichen Ordnung und Sicherheit, zur Gewährleistung der Straßenverkehrssicherheit, zum Schutz der Verbraucher und zum Schutz der Gesundheit. Besonders ergiebig ist die Rechtsprechung betreffend die Regulierung des Glücksspiels (Verbraucherschutz) und des Apothekenwesens (Gesundheitsschutz). Obwohl die Regulierung dieser beiden Branchen nach wie vor zurückhaltend geprüft wird, ist der mitgliedstaatliche Beurteilungsspielraum in der jüngeren Judikatur durch die Prüfung der Kohärenz – teilweise spürbar – eingeschränkt worden.

Wenngleich eine unspezifische Differenzierung zwischen geschriebenen und ungeschriebenen Rechtfertigungsgründen aus der Judikatur nicht ableitbar ist, werden Beschränkungen der Grundfreiheiten zur Erreichung bestimmter legitimer Ziele tendenziell zurückhaltender geprüft. Dies gilt für die untersuchten Ziele der Gewährleistung der öffentlichen Ordnung und Sicherheit sowie des Gesundheits-, Verbraucher- und Umweltschutzes. Zum Teil kann die zurückhaltende Prüfung in diesen Fällen mE jedoch auch damit begründet werden, dass vom EuGH häufig schon aufgrund einer mangelnden Harmonisierung auf Unionsebene und / oder aufgrund eines mangelnden Konsenses unter den Mitgliedstaaten ein Spielraum eingeräumt wird. Im Hinblick auf die Rechtfertigungsgründe der öffentlichen Ordnung und Sicherheit sowie des Schutzes der Verbraucher gilt dies im Besonderen, während bei Maßnahmen zum Schutz der Gesundheit oder der Umwelt bereits allein das Ziel der Maßnahme für eine geringe Kontrolldichte spricht. Darüber hinaus ist die Prüfung durch den EuGH zurückhaltender, wenn eine Beschränkung einer Grundfreiheit mit dem Grundrechtsschutz gerechtfertigt werden soll, sofern mit ihr nicht wirtschaftliche Interessen verfolgt werden.

Die Kontrolldichte ist außerdem von der Schwere der Beeinträchtigung der betroffenen Grundfreiheit abhängig. Allgemein gilt, dass je schwerwiegender die Beeinträchtigung ist, desto strenger fällt die gerichtliche Kontrolle aus, wobei der Gerichtshof dies in seinen Urteilen – anders als in manchen Urteilen auf dem Gebiet der Grundrechte – nicht explizit ausspricht. Außerordentlich streng ist die Prüfung von Maßnahmen, welche den Grundfreiheiten ihre praktische Wirksamkeit nehmen. Sofern jedoch eine schwerwiegende Beschränkung in einem Bereich geprüft wird, in dem ein mitgliedstaatlicher Spielraum aufgrund einer mangelnden Harmonisierung auf Unionsebene und / oder aufgrund eines mangelnden Konsenses unter den Mitgliedstaaten besteht, fällt die gerichtliche Prüfung ungeachtet des Grades der Rechtsbeeinträchtigung zurückhaltend aus.

V.F. Unterschiede zwischen Grundrechten und Grundfreiheiten?

Die in der älteren Literatur bisweilen geäußerte Kritik, wonach Maßnahmen der Mitgliedstaaten strenger geprüft werden als Maßnahmen der Gemeinschaft stützte sich primär auf den Vergleich von mitgliedstaatlichen Beschränkungen der Grundfreiheiten mit gemeinschaftlichen Eingriffen in Grundrechte.[2519] Ausgehend von dem Befund, dass der Gerichtshof vor allem in der jüngeren Rechtsprechung Eingriffe in Grundrechte durch die Union strenger prüft, von einem defizitären Grundrechtsschutz nicht mehr auszugehen ist und keine pauschale Unterscheidung in der Kontrolldichte nach der Autorenschaft eines Grundrechtseingriffs nachweisbar ist,[2520] soll im Folgenden anhand der untersuchten Judikatur versucht werden, Rückschlüsse darauf zu ziehen, ob eine mitgliedstaatliche Beschränkung einer Grundfreiheit oder ein Grundrechtseingriff durch die Union vor dem EuGH leichter gerechtfertigt werden kann. Für diese Analyse erscheint es zweckmäßig, primär jene Urteile zu vergleichen, in denen mit dem Grundrechtseingriff und der Beschränkung einer Grundfreiheit idente oder ähnliche Zielsetzungen verfolgt werden sollten.

Unabhängig davon, ob Maßnahmen zum Schutz der Gesundheit Grundrechtseingriffe oder Beschränkungen der Grundfreiheiten darstellen, prüft der Gerichtshof sie regelmäßig nur zurückhaltend.[2521] Erklärbar ist die geringe Kontrolldichte mit der hohen Bedeutung des Gesundheitsschutzes, der Geltung des Vorsorgeprinzips, wonach Schutzmaßnahmen bereits getroffen werden dürfen bevor wissenschaftliche Nachweise über eine etwaige Gesundheitsgefährdung vorliegen, und / oder dem Ermessensspielraum des Unionsgesetzgebers / Mitgliedstaates.[2522]

Im Gegensatz dazu scheint der Gerichtshof bei der Prüfung von Maßnahmen zum Schutz der Verbraucher seine Kontrolldichte zu variieren:

Sofern der Unionsgesetzgeber in wirtschaftliche Grundrechte eingreift, um Verbraucher zu schützen, nimmt er häufig nur eine zurückhaltende Verhältnismä-

---

2519 Vgl etwa *Schwab*, Gerichtshof 309 ff; *Tridimas*, 31 Irish Jurist 1996, 85.

2520 Siehe Kapitel V.D.7 oben.

2521 Siehe Kapitel V.D.5.a (betreffend Grundrechtseingriffe), Kapitel V.E.2.e und V.E.3.c (beide betreffend Beschränkungen der Grundfreiheiten) oben.

2522 Siehe Kapitel V.D.5.a, V.E.2.e und V.E.3.c oben.

ßigkeitsprüfung vor.[2523] Dies gilt auch für Grundrechtseingriffe in der Gestalt von zwingenden Vorschriften zur Produktetikettierung.[2524]

Bei mitgliedstaatlichen Beschränkungen einer Grundfreiheit zum Schutz der Verbraucher nimmt der EuGH eine zurückhaltende Prüfung vor, wenn er Regulierungsmaßnahmen betreffend das Glücksspiel zu beurteilen hat, da der Rechtsbereich nicht harmonisiert ist und kein gemeinsamer Konsens unter den Mitgliedstaaten besteht, sodass von einer mitgliedstaatlichen Schutzniveauautonomie auszugehen ist.[2525] Bei anderen Maßnahmen zum Schutz der Verbraucher, wie bspw bei Produktetikettierungsvorschriften, legt der EuGH hingegen in der Mehrzahl der Fälle eine hohe Kontrolldichte an den Tag.[2526]

Während in der älteren Rechtsprechung Grundrechtseingriffe zur Aufrechterhaltung der öffentlichen Ordnung und Sicherheit vom Gerichtshof nur äußerst zurückhaltend geprüft wurden, stellt er mittlerweile hohe Anforderungen an die Verhältnismäßigkeit derartiger Maßnahmen durch den Unionsgesetzgeber und ist auch bereit, Grundrechtsverletzungen festzustellen.[2527] Wenn mitgliedstaatliche Beschränkungen einer Grundfreiheit dieses legitime Ziel verfolgen, weist der Gerichtshof zum Teil auf einen mitgliedstaatlichen Beurteilungsspielraum hin.[2528] Dies hatte in der älteren Judikatur noch eine niedrige Kontrolldichte zur Folge.[2529] In der jüngeren Judikatur werden derartige Maßnahmen jedoch häufig streng geprüft,[2530] es sei denn sie dienen dem Schutz von nicht-wirtschaftlichen Grundrechten.[2531]

Im Ergebnis prüft der Gerichtshof mE mitgliedstaatliche Beschränkungen der Grundfreiheiten somit mittlerweile nicht prinzipiell strenger als Grundrechtseingriffe durch den Unionsgesetzgeber. Vielmehr weisen die Urteilsbegründungen in Bezug auf die Einräumung von Ermessensspielräumen und die Strenge der Verhältnismäßigkeitsprüfung häufig Ähnlichkeiten auf, sofern mit den streitgegenständlichen Maßnahmen vergleichbare Zielsetzungen verfolgt werden. Eine Ausnahme stellen in diesem Zusammenhang Beschränkungen zum Zwecke des Verbraucherschutzes abseits der Glücksspielregulierung dar, die regelmäßig strenger geprüft werden als Grundrechtseingriffe durch die Union mit demselben legitimen Ziel.

2523 Siehe Kapitel V.D.5.b oben.
2524 Siehe Kapitel V.D.5.b oben.
2525 Siehe Kapitel V.E.2.d.i oben.
2526 Siehe Kapitel V.E.3.d oben.
2527 Siehe Kapitel V.D.5.c.i oben.
2528 Siehe Kapitel V.E.2.b und V.E.3.b oben.
2529 Siehe Kapitel V.E.2.b und V.E.3.b oben.
2530 Siehe Kapitel V.E.3.b oben.
2531 Siehe Kapitel V.E.3.f oben.

VI. Zusammenfassung

VI.A. Historische Entwicklung des Grundsatzes der Verhältnismäßigkeit

1) Die Verhältnismäßigkeit ist mit der schwer objektivierbaren Idee von Gerechtigkeit eng verbunden. Sie fand bereits im 18. Jahrhundert v. Chr. in Gestalt von Talionsgeboten Eingang in den Kodex des babylonischen Herrschers *Hammurabi* und später in das Alte Testament („Auge um Auge, Zahn um Zahn").

2) Diese ersten Ansätze des Grundsatzes der Verhältnismäßigkeit wurden von griechischen und römischen Philosophen weiterentwickelt. Darüber hinaus wurde die Idee der richtigen Proportion auch für die Beantwortung der Frage nach dem gerechten Krieg herangezogen (*iustitia vindicativa*). Zudem begann sie nicht zuletzt aufgrund der Überlegungen von *Aristoteles* auch auf dem Gebiet der Verteilungsgerechtigkeit, etwa bei der Vergabe öffentlicher Ämter, Fuß zu fassen (*iustitia distributiva*). Schließlich förderte auch der Gedanke, dass das Recht nützlich sein und folglich in einer Zweck-Mittel-Relation stehen müsse, die weitere Entwicklung des Konzepts der Verhältnismäßigkeit.

3) In der Zeit des Liberalismus und der Aufklärung hatte die Verhältnismäßigkeit weiterhin primär für die Begrenzung von Strafen greifbare rechtliche Relevanz, während sie für den Individualrechtsschutz noch keine Rolle spielte. Für ihre Weiterentwicklung in dieser Epoche sind die Begriffe der Freiheit und der Vernunft zentral:

   Bedeutend ist in diesem Zusammenhang die Unterscheidung zwischen natürlicher und bürgerlicher Freiheit. Während die natürliche Freiheit absolut ist, kann die bürgerliche Freiheit beschränkt werden, indem der Staat seinen Bürgern gewisse Pflichten auferlegt. Damit das staatliche Handeln nicht zu einem vollständigen Entzug der Freiheit führt, muss es für das Allgemeininteresse nützlich sein.

   Die Betonung der Vernunft führte zu einer stärkeren Hervorhebung der Zweck-Mittel-Relation, da vernunftgeleitetes Handeln dem Denken in Ursache und Wirkung entspringt. Es stellt sich somit die Frage, mit welchem Mittel ein bestimmter Zweck erreicht werden kann. Aus der Überlegung, dass der Zweck des Rechts im Schutz menschlicher Interessen liege, ergibt sich die Beschränkung der Rechtsetzung auf das hierfür Zweckmäßige.

B. Oreschnik, *Verhältnismäßigkeit und Kontrolldichte*,
https://doi.org/10.1007/978-3-658-26160-3_6

4) Der Ausgangspunkt des Verhältnismäßigkeitsgrundsatzes als selbständiges Rechtsprinzip liegt im deutschen Verwaltungsrecht des 19. Jahrhunderts. Die Gedanken von *Blackstone* und *Rousseau*, wonach Einschränkungen der Freiheit geeignet und erforderlich zur Förderung des Gemeinwohls sein müssten, wurden von deutschen Rechtsgelehrten aufgegriffen und weiterentwickelt, sodass sie in weiterer Folge vom Gesetzgeber in bestimmten Bereichen kodifiziert wurden. Mit der Einführung einer Verwaltungsgerichtsbarkeit in der zweiten Hälfte des 19. Jahrhunderts war es den Gerichten fortan auch möglich, zu überprüfen, ob Einschränkungen der Freiheit tatsächlich geeignet und erforderlich zur Erreichung legitimer Ziele des Allgemeininteresses waren. Von dieser Befugnis machte vor allem das PrOVG Gebrauch und hatte so entscheidenden Einfluss auf die zunehmende Bedeutung des Grundsatzes.

   Die Rechtsprechung zu dieser Thematik wurde mit der Zeit auch von der Lehre rezipiert, sodass der Grundsatz schließlich auch Eingang in die Standardliteratur zum Verwaltungsrecht fand. Begünstigt wurde diese Entwicklung durch die zunehmenden Befugnisse und das zunehmende Ermessen der Verwaltungsbehörden, welchen durch die Gerichte Grenzen gesetzt werden mussten. Allerdings war die Prüfung der Verhältnismäßigkeit ieS bis zum Ende des 2. Weltkrieges nicht Teil des Grundsatzes. Eine wichtige Lehre aus der nationalsozialistischen Diktatur bestand in der Erkenntnis, dass jedes Mittel aus dem Blickwinkel des zweiteiligen Verhältnismäßigkeitsgrundsatzes als rechtlich zulässig qualifiziert werden kann, sofern es aus der Perspektive irgendeines Zwecks als das mildeste Mittel gilt. Als Folge dessen wurde die Verhältnismäßigkeit ieS in polizeilichen Spezialgesetzen explizit normiert. Mit der Einführung einer Verfassungsgerichtsbarkeit und durch die Rechtsprechung des BVerfG erfolgte schließlich die Anerkennung des dreiteiligen Verhältnismäßigkeitsgrundsatzes als allgemeines Rechtsprinzip. Heute ist der Grundsatz das wichtigste Instrumentarium mit dem das BVerfG Gesetzgebung, Verwaltung und Rechtsprechung kontrolliert.

5) In Österreich vollzog sich die Entwicklung des Verhältnismäßigkeitsgrundsatzes langsamer als in Deutschland. Maßgebliche Bedeutung für dessen Entwicklung hatte die VfGH-Rechtsprechung zu den Grundrechten. So forderte der VfGH bereits im Jahr 1959, dass eine Enteignung den Teilgrundsätzen der Eignung und Erforderlichkeit entsprechen muss, um verfassungskonform sein zu können. Ab den 1970er Jahren sind Überlegungen zur Verhältnismäßigkeit auch bei der Prüfung von Grundrechtseingriffen anhand des allgemeinen Sachlichkeitsgebots in VfGH-Erkenntnissen nachweisbar.

   Zum Durchbruch verhalfen dem Verhältnismäßigkeitsgrundsatz insbesondere dessen Normierung in den Schrankenbestimmungen der EMRK, die hierzu ergangene Rechtsprechung des EGMR und die Stellung der EMRK-Grundrechte im Verfassungsrang. Darüber hinaus spielte auch die Rechtsprechung des BVerfG zu den Grundrechten des GG eine Rolle. Diese Faktoren führten dazu, dass der VfGH auch bei Eingriffen in Grundrechte des StGG den Grundsatz zu verwenden begann. Diese Judikatur nahm Mitte der 1980er Jahre ihren Anfang als der VfGH in relativ kurzer Zeit vermehrt gesetzliche Bestimmungen wegen eines unverhältnismäßigen Eingriffs in die Erwerbsfreiheit nach Art 6 StGG aufhob. Heute stellt der Verhältnismäßigkeitsgrundsatz ein allgemeines Rechtsprinzip dar, welches der Exekutive, Legislative und Judikative Schranken setzt.

6) In Frankreich werden Grundrechte anders als in Österreich und Deutschland nicht als subjektive öffentliche Rechte, sondern als Teil einer objektiven Rechtsordnung verstanden. Erste Ansätze von Erwägungen zur Verhältnismäßigkeit (primär den Aspekt der Notwendigkeit betreffend) finden sich bereits ab den 1930er Jahren in der Judikatur des *Conseil d'État.*

   In der jüngeren Rechtsprechung spielen Elemente des Verhältnismäßigkeitsgrundsatzes vor allem bei der Prüfung von Verwaltungsmaßnahmen anhand der Maßstäbe des *erreur manifeste d'appréciation* und der *théorie bilan coût-avantages* eine wichtige Rolle. Zum Teil wird dabei auch eine Abwägung der widerstreitenden Rechte vorgenommen. Nichtsdestotrotz sind diese Konzepte nicht mit dem Verhältnismäßigkeitsgrundsatz gleichzusetzen, da sich der *Conseil d'État* häufig darauf beschränkt, eine Verwaltungsmaßnahme ohne strukturierte Prüfung als „unnötig" oder „exzessiv" zu qualifizieren, und sie vor allem nur in Teilbereichen des Verwaltungsrechts angewendet werden.

   Eine Anerkennung des Verhältnismäßigkeitsgrundsatzes als allgemeines Rechtsprinzip der französischen Rechtsordnung ist somit bis dato nicht erfolgt. Die Widerstände gegen eine Anerkennung sind vor allem der objektiven Rechtsschutzkonzeption des französischen Rechts geschuldet. Da sowohl die GRC als auch die EMRK subjektive Rechte verbürgen, können die Widerstände in Zukunft möglicherweise überwunden werden.

7) Die oberste Grundregel des englischen Rechts ist die Parlamentssouveränität (*sovereignty of Parliament*). Sie hat gegenüber dem Prinzip der Rechtsstaatlichkeit (*rule of law*) regelmäßig Vorrang. Aus diesem Grund ist es verständlich, dass englische Gerichte bei der Überprüfung von Entscheidungen der Exekutive und noch mehr der Legislative auf ihre materielle Richtigkeit traditionell äußerst zurückhaltend vorgehen, damit sie nicht überschießend in die Sachentscheidung des zuständigen Organs eingreifen. Ursprünglich war die Überprüfung der Rechtmäßigkeit des Verwaltungshandelns auf eine *Ult-*

ra-vires-Kontrolle beschränkt. Aufgrund der augenscheinlichen Rechtsschutzdefizite wurde die gerichtliche Kontrolle auf eine Überprüfung der *procedural propriety*, *legality* und *rationality* (*reasonableness*) ausgedehnt, wobei letztgenannte den einzigen materiell-rechtlichen Maßstab des Verwaltungshandelns darstellt. Nach diesem Maßstab werden jedoch nur jene Entscheidungen als rechtswidrig qualifiziert, die so absurd sind, dass sie keine vernünftige Person jemals getroffen hätte.

Die eingeschränkte inhaltliche Kontrolle ist insbesondere in Fällen mit Grundrechtsbezug problematisch. Dieses Schutzdefizit bewog die englische Gerichtsbarkeit in diesen Fällen dazu, einen „erhöhten Kontrollmaßstab" heranzuziehen. Dies gewährleistete jedoch keinen effektiven Grundrechtsschutz, wie auch der EGMR ausdrücklich feststellte. Als Folge dessen berücksichtigen englische Gerichte in Grundrechtsfällen regelmäßig den Grundsatz der Verhältnismäßigkeit. Darüber hinaus wenden sie den Grundsatz an, sofern sie (noch) unionsrechtlich dazu verpflichtet sind. Abgesehen von diesen zwei Fallgruppen ist der Grundsatz in der Judikatur nicht anerkannt.

VI.B. Mögliche Geltungsgründe und Funktionen des Grundsatzes der Verhältnismäßigkeit

1) Die Frage nach dem Geltungsgrund des Grundsatzes ist relevant, da er dessen Reichweite bestimmt. Mögliche Geltungsgründe sind i) die Einordnung der Rationalität von Zweck und Mittel als *„Grundkategorie menschlichen Denkens"*, ii) der Rechtsbegriff, iii) das Wesen der Grundrechte, iv) das Prinzipienmodell nach *Alexy*, v) das rechtsstaatliche Prinzip, vi) der Gleichheitssatz sowie vii) die Logik von Mittel und Zweck bzw von Regel und Ausnahme. Anzumerken ist in diesem Zusammenhang, dass sich die verschiedenen Herleitungsalternativen zum Teil überschneiden.

   Ad i): Nach *Hirschberg* liege das Denken in Mittel und Zweck in der Natur des Menschen, weshalb er es als eine *„Grundkategorie menschlichen Denkens"* bezeichnet. Das Zweck-Mittel-Denken sei nicht nur im alltäglichen Leben, sondern in sämtlichen wissenschaftlichen Disziplinen, welche sich mit menschlichen Entscheidungen befassen, relevant. Aus diesem Grund müsse es auch in der Rechtswissenschaft gelten. Diesem Herleitungsweg liegt somit augenscheinlich naturrechtliches Gedankengut zugrunde.

   Ad ii): Die Ableitung aus dem Rechtsbegriff basiert auf der Überlegung, dass das Recht menschlichen Zwecken zu dienen habe. Das Recht ist somit das Mittel, welches in einem quantifizierbaren Zweck-Mittel-Verhältnis steht. Dieses Verhältnis unterliegt dem Ökonomiegebot, dem zufolge ein Zweck (Ziel) mit möglichst geringem Aufwand erreicht werden soll.

Ad iii): Da Freiheitsgrundrechte denknotwendig gewissen Einschränkungen unterliegen müssen, ist ein Instrumentarium erforderlich, welches verhindert, dass der Grundrechtsschutz durch Einschränkungsmöglichkeiten seine Effektivität verliert. Aus diesem Grund lasse sich der Grundsatz der Verhältnismäßigkeit aus dem Wesen der Freiheitsgrundrechte ableiten.

Ad iv): Nach *Alexy* sei jede Rechtsnorm entweder als Regel oder als Prinzip zu qualifizieren. Ein Regelkonflikt könne entweder durch Einfügung einer Ausnahmeklausel in eine der beiden Normen oder durch Ungültigerklärung einer der beiden Normen erfolgen. Sofern jedoch Prinzipien kollidieren, erfolge die Lösung dieses Konflikts, indem das Vorgehen eines der beiden Prinzipien im Einzelfall bestimmt werde. Dies erfolge durch Anwendung des Verhältnismäßigkeitsgrundsatzes. Die Geltung des Grundsatzes ergebe sich somit aus dem Prinzipien-Charakter bestimmter Rechtsnormen.

Ad v): Gegen die Herleitung des Grundsatzes aus dem Rechtsstaatsprinzip kann eingewendet werden, dass der Begriff des Rechtsstaats vage ist und erst durch konkretisierte Verfassungsrechtssätze seine Gestalt erhalten hat. Dem Einwand der Unbestimmtheit des Rechtsstaatsbegriffs kann jedoch Rechnung getragen werden, indem man Grundrechte verwendet, um diesen Begriff zu konkretisieren. Denn der materiell verstandene Rechtsstaat fordert unter anderem, dass der Staat die Grundrechte seiner Bürger achtet. Somit erscheint eine Ableitung aus dem Rechtsstaatsprinzip in Verbindung mit den Grundrechten denkbar.

Ad vi): Gegen die Ableitung aus dem Gleichheitssatz spricht, dass er im Gegensatz zum Verhältnismäßigkeitsgrundsatz ein Vergleichsobjekt erfordert. Darüber hinaus ist auch fraglich, ob sämtliche Teilelemente des Grundsatzes im Gleichheitssatz enthalten sind, obwohl dies eine zwingende Voraussetzung für diese Herleitungsalternative ist. Wenngleich Gleichheit und Verhältnismäßigkeit ihre Wurzeln in der Idee von Gerechtigkeit haben und die Prüfung einer Differenzierung im Rahmen des Gleichheitssatzes idR in eine Verhältnismäßigkeitsprüfung mündet, kann dies eine Ableitbarkeit aus dem Gleichheitssatz nicht plausibel begründen.

Ad vii): Eine Möglichkeit, die Geltung des Verhältnismäßigkeitsgrundsatzes in jeglichem Rechtsbereich zu begründen, stellt die Ableitung aus der Logik von Mittel und Zweck bzw aus der Logik von Regel und Ausnahme dar. Nach diesen beiden Herleitungswegen ist die Verhältnismäßigkeit ein Argumentationsmuster im Rahmen der systematisch-teleologischen Auslegung.

Die Herleitung aus der Logik von Mittel und Zweck basiert auf den folgenden Überlegungen von *Röhl/Röhl*: Der Ausgangspunkt der teleologischen Interpretation ist die Ermittlung des Normzwecks, bevor in weiterer Folge im Rahmen des Normtextes eine Konkretisierung der Norm eruiert wird, welche zur Zweckerreichung geeignet ist. Im nächsten Schritt ist das Mittel im Hinblick auf Kosten und Nebenwirkungen zu analysieren und schließlich müssen die Kosten und Nebenwirkungen in Bezug auf ihre Angemessenheit beurteilt werden.

Aufbauend auf diesen Überlegungen kann nach *Vranes* die Herleitung mit der Logik von Regel und Ausnahme begründet werden: Sofern eine Norm die Qualität einer Grundregel besitzt und eine andere Norm die Ausnahme zu dieser Grundregel darstellt, vermag ein Mittel, welches zur Erreichung des Ziels der Ausnahme nichts beiträgt, eine Abweichung von der Grundregel nicht zu rechtfertigen. Außerdem kann nur jenes geeignete Mittel gewählt werden, welches zur geringsten Beeinträchtigung der Grundregel führt, um aus der Perspektive der Ausnahme als notwendig zu erscheinen. Schließlich darf das eingesetzte Mittel auch nicht unverhältnismäßig sein, um von der Ausnahme noch gedeckt zu sein.

2) Im Unionsrecht erfolgte die Anerkennung des Verhältnismäßigkeitsgrundsatzes durch den EuGH spätestens mit seiner Entscheidung in der Rs *Internationale Handelsgesellschaft*. Bis heute ist jedoch nicht geklärt, worin der Gerichtshof den Geltungsgrund des Grundsatzes erblickt. Die zum Teil vertretene Ansicht, wonach geschriebene Normen des Unionsrechts die allgemeine Anerkennung des Verhältnismäßigkeitsgrundsatzes seit den 1970er Jahren begründen, überzeugt nicht. Auch die Heranziehung der gemeinsamen Verfassungstraditionen der Mitgliedstaaten bzw des Völkerrechts ist vor allem aufgrund der Autonomie der Unionsrechtsordnung nicht unumstritten.

   Die oben genannten Begründungsansätze sind mit Ausnahme der Ableitung aus dem Wesen der Grundrechte und dem Prinzipienmodell grundsätzlich auch für den unionsrechtlichen Verhältnismäßigkeitsgrundsatz verwertbar. Die Erklärung der Geltung des Grundsatzes mit der Logik von Regel und Ausnahme eignet sich dabei im Besonderen für die Anwendung des Verhältnismäßigkeitsgrundsatzes im Bereich der Grundrechte und Grundfreiheiten, da diese den Charakter einer Grundregel haben und nur auf Basis einer Ausnahmeregelung beschränkt werden dürfen.

3) Mittlerweile ist der Grundsatz der Verhältnismäßigkeit an zwei bedeutenden Stellen des Primärrechts explizit normiert. Nach Art 5 Abs 4 EUV ist der Grundsatz von der Union bei der Ausübung ihrer Kompetenzen zu berück-

sichtigen und nach Art 52 Abs 1 GRC müssen Eingriffe in die von der GRC garantierten Rechte dem Grundsatz genügen. Für diese beiden Bereiche ergibt sich die Geltung des Grundsatzes somit schon explizit aus dem geschriebenen Unionsrecht.

4) Neben den Funktionen als Kompetenzausübungsschranke und Schranken-Schranke der Grundrechte kommt dem Grundsatz auch Bedeutung bei der Kontrolle der Rechtmäßigkeit von Beschränkungen der Grundfreiheiten zu. Darüber hinaus kann er auch als „allgemeiner Verhältnismäßigkeitsgrundsatz" dem Schutz des Einzelnen vor übermäßigen Belastungen durch Hoheitsakte dienen. Schließlich kommt ihm auch die Funktion einer Auslegungsregel zu.

VI.C. Der Grundsatz der Verhältnismäßigkeit in Österreich und Deutschland

1) Der Grundsatz der Verhältnismäßigkeit besteht aus den drei Teilelementen der Eignung, Erforderlichkeit (Notwendigkeit) und Verhältnismäßigkeit ieS (Angemessenheit). Die Frage nach dem legitimen Ziel des Grundrechtseingriffs ist der eigentlichen Verhältnismäßigkeitsprüfung vorgelagert. Sie ist aber für die Beurteilung der Eignung und Erforderlichkeit unumgänglich. Darüber hinaus ist das legitime Ziel auch für die Prüfung der Verhältnismäßigkeit ieS relevant, weil es gegen den Grundrechtseingriff abzuwägen ist.

2) Ein Grundrechtseingriff ist als verhältnismäßig zu qualifizieren, wenn er geeignet, erforderlich und angemessen ist.

3) Das Kriterium der Eignung ist erfüllt, wenn mit dem Grundrechtseingriff das angestrebte Ziel gefördert werden kann. Es ist somit nicht gefordert, dass das Ziel mithilfe des Eingriffs vollumfänglich erreicht wird. Die Eignung ist vom grundrechtsbeschränkenden Organ *ex ante* zu beurteilen. Es handelt sich somit um eine Prognoseentscheidung, welche sich *ex post* als falsch herausstellen kann. Diesem Umstand wird von den Verfassungsgerichten Rechnung getragen, indem sie regelmäßig nur eine zurückhaltende Prüfung der Eignung vornehmen, sodass die Beurteilung eines Grundrechtseingriffs als ungeeignet äußerst selten ist.

4) Eine deutlich höhere Hürde für Grundrechtseingriffe stellt demgegenüber die auf den Teilgrundsatz der Eignung folgende Prüfung der Erforderlichkeit dar. Eine Maßnahme ist als erforderlich zu qualifizieren, wenn es keine gleich wirksame Alternativmaßnahme gibt, welche das Grundrecht nicht oder in einem geringeren Ausmaß beeinträchtigt. Sofern das Erfordernis des

gelindesten Mittels strikt verstanden wird, sind Grundrechtseingriffe nur sehr schwierig zu rechtfertigen. Dies wäre jedoch aus der Perspektive der Gewaltenteilung bedenklich, da Gerichte in diesem Fall sämtliche Grundrechtseingriffe als unverhältnismäßig qualifizieren müssten, welche dieser strikten Erforderlichkeitsprüfung nicht standhalten, und die Bewertung des Urhebers (Exekutive oder Legislative) des strittigen Grundrechtseingriffs in Bezug auf das Nichtbestehen gelinderer Mittel durch ihre eigene ersetzen müssten. Aus diesem Grund gestehen die Verfassungsgerichte der Exekutive und vor allem der Legislative gewisse Spielräume bei der Beurteilung der Erforderlichkeit zu.

5) Der letzte Schritt der Verhältnismäßigkeitsprüfung ist die Untersuchung der Verhältnismäßigkeit ieS. In ihrem Zuge wird ermittelt, ob zwischen dem konkreten öffentlichen Interesse und der durch die Maßnahme beeinträchtigten Grundrechtsposition ein angemessenes Verhältnis besteht. Dabei findet eine Abwägung zwischen dem Nutzen für den Staat und den Nachteilen für die Betroffenen oder die Allgemeinheit statt. Allgemein gilt, dass je stärker in das Grundrecht eingegriffen wird, desto gewichtiger muss das öffentliche Interesse am Grundrechtseingriff sein, um die Verhältnismäßigkeit ieS bejahen zu können.

6) Die größte Bedeutung entfaltet der Verhältnismäßigkeitsgrundsatz bei den Freiheitsgrundrechten. Außerdem ist er bei der Rechtfertigungsprüfung im Bereich der besonderen Gleichheitsrechte und des allgemeinen Gleichheitssatzes zu beachten, da bei Vorliegen einer Ungleichbehandlung untersucht wird, ob dafür ein sachlicher Grund besteht und diese Untersuchung in eine Kontrolle der Verhältnismäßigkeit mündet. Wenngleich bei Justizgarantien keine Prüfung von Eingriff und Rechtfertigung erfolgt, spielen Verhältnismäßigkeitsüberlegungen bei einzelnen Justizgarantien eine wichtige Rolle.

7) Der Verhältnismäßigkeitsgrundsatz dient der Auflösung von Kollisionen zwischen verschiedenen Grundrechten oder zwischen einem Grundrecht und einem anderen rechtlich geschützten Interesse. Da er für die Entscheidung über die Zulässigkeit des Grundrechtseingriffs selbst keine inhaltlichen Maßstäbe vorgibt, stellt er ein formales Prinzip dar. Die Teilgrundsätze der Eignung, Erforderlichkeit und Verhältnismäßigkeit ieS stellen formale Argumentationsmuster dar, welche dazu dienen, das relative Gewicht der widerstreitenden, rechtlich geschützten Interessen zu beurteilen. Als formale Struktur ist der Grundsatz neutral. Damit er seine Funktion erfüllen kann, muss er mit Argumenten gefüllt werden, welche auf das Gewicht der widerstreitenden Interessen schließen lassen.

8) Gegen die Anwendung des Verhältnismäßigkeitsgrundsatzes wird vor allem kritisch eingewendet, dass die Rationalität in der gerichtlichen Prüfung auf der Strecke bleibe und die Gefahr willkürlicher Gerichtsentscheidungen bestehe. Diese Kritik betrifft primär den Teilgrundsatz der Angemessenheit, da dieser keine klaren Kriterien zu seiner Beurteilung vorgebe. Besonders problematisch sei es, wenn Gerichte Akte der Legislative dahingehend prüfen, ob der Teilgrundsatz der Angemessenheit gewahrt wurde, da sie anders als der Gesetzgeber nicht demokratisch legitimiert sind, Bewertungen und Abwägungen vorzunehmen.

9) Allerdings sichert gerade der Umstand, dass im Rahmen der formalen Struktur des Grundsatzes die unterschiedlichen Aspekte eines Falles einander gegenübergestellt werden, die Rationalisierung der Entscheidungsfindung. Auf diese Weise wird die Nachvollziehbarkeit und Legitimität gerichtlicher Entscheidungen erhöht. Darüber hinaus wird die gerichtliche Effizienz gesteigert, weil der Grundsatz die Argumente begrenzt, die das Gericht bei der Entscheidungsfindung berücksichtigen muss.

10) Die Wesensgehaltsgarantie ist neben dem Verhältnismäßigkeitsgrundsatz die zweite materielle Schranke für Grundrechtseingriffe. Der Wesensgehalt eines Grundrechts kann entweder nach der absoluten oder der relativen Theorie bestimmt werden:

11) Nach der absoluten Theorie muss ein bestimmter Kern des Schutzgehalts des Grundrechts jedenfalls erhalten bleiben. Der Wesensgehaltsgarantie kommt somit nach diesem Verständnis eigenständige Bedeutung zu. Dies hat zur Konsequenz, dass selbst ein verhältnismäßiger Grundrechtseingriff als verfassungswidrig zu qualifizieren ist, wenn der Wesensgehalt des betroffenen Grundrechts angetastet ist. Was den Wesensgehalt eines Grundrechts ausmachen soll, ist unklar. Geklärt ist lediglich, dass er für jedes Grundrecht gesondert festzustellen ist und dass von dem betroffenen Grundrecht noch etwas erhalten bleiben muss, damit er nicht angetastet ist. Demgegenüber ist fraglich, auf welche Person bzw auf welchen Personenkreis bei der Untersuchung des Wesensgehalts abzustellen ist.

12) Nach der relativen Theorie ist der Wesensgehalt nicht nur gesondert für jedes einzelne Grundrecht, sondern für jeden Einzelfall zu ermitteln. Er ergibt sich somit fallbezogen aus der Gewichtung und Abwägung der widerstreitenden Interessen, weshalb ihm keine eigenständige Bedeutung zukommt. Vielmehr fordert er somit lediglich, dass der Verhältnismäßigkeitsgrundsatz eingehalten wird.

VI.D. Der Grundsatz der Verhältnismäßigkeit im Unionsrecht

VI.D.1. Grundrechte

1) Im Urteil *Schräder* aus dem Jahr 1989 definierte der EuGH den Verhältnismäßigkeitsgrundsatz erstmals als aus den drei Teilelementen der Eignung, Erforderlichkeit und Verhältnismäßigkeit ieS (Angemessenheit) bestehend. In der nachfolgenden Judikatur im Grundrechtsbereich folgte der EuGH allmählich immer häufiger dieser dreiteiligen Definition, wenngleich er bisweilen dennoch auf eine tatsächliche Untersuchung aller drei Teilgrundsätze verzichtete.

2) Die Eignung wird vom EuGH in fast allen Urteilen behandelt, welche Grundrechtseingriffe zum Gegenstand haben. Der EuGH bejaht die Eignung bereits, wenn die gewählte Maßnahme das angestrebte Ziel fördern bzw zur Zielerreichung beitragen kann. Ebenso wie die Verfassungsgerichte in Österreich und Deutschland berücksichtigt er, dass die Entscheidung über die Einführung einer Maßnahme eine Prognose über ihren Kausalverlauf voraussetzt und diese Prognose sich nachträglich als falsch erweisen kann. Folglich führt allein der Umstand, dass sich die gewählte Maßnahme in der Retrospektive als ungeeignet zur Zielerreichung erweist, nicht zur Feststellung einer Grundrechtsverletzung aufgrund mangelnder Eignung.

3) In jenen Bereichen, in denen der EuGH dem Unionsgesetzgeber einen weiten Ermessensspielraum zugesteht, spricht er häufig davon, dass sich seine Prüfung auf die Frage beschränke, ob die Maßnahme zur Erreichung des Ziels *„offensichtlich ungeeignet"* ist. Mit dieser Formel drückt er primär aus, dass er seine Kontrolldichte im Hinblick auf alle drei Teilgrundsätze zurücknimmt. Nur in manchen dieser Urteile beschränkte er sich tatsächlich auf eine zurückhaltende Prüfung der Eignung, ohne die beiden anderen Teilgrundsätze zu untersuchen. Dies gilt vor allem für die ältere Rechtsprechung zu Marktordnungsmaßnahmen auf dem Gebiet der Gemeinsamen Agrarpolitik.

4) Der Aspekt der Erforderlichkeit steht regelmäßig im Zentrum der Verhältnismäßigkeitsprüfung durch den EuGH. Ein Grundrechtseingriff ist erforderlich, wenn keine Mittel bestehen, die das Grundrecht weniger beeinträchtigen und gleich wirksam zur Erreichung des legitimen Ziels beitragen. Es ist nicht ungewöhnlich, dass der EuGH in die Prüfung der Erforderlichkeit auch Erwägungen miteinbezieht, welche dogmatisch dem Teilgrundsatz der Verhältnismäßigkeit ieS zuzuordnen wären.

5) Die Verhältnismäßigkeit ieS wird in der europarechtlichen Literatur und vom EuGH idR als Angemessenheit bezeichnet. Bemerkenswert ist, dass

sich Erwägungen zur Angemessenheit bereits in sehr frühen Urteilen des EuGH nachweisen lassen, bereits lange bevor er die Angemessenheit als eigenständigen Prüfungspunkt im Urteil *Schräder* anerkannt hat. Ein Grundrechtseingriff ist angemessen, wenn er in einem ausgewogenen Verhältnis zu dem verfolgten legitimen Ziel steht. Es hat somit eine Abwägung zwischen dem beeinträchtigten Grundrecht und dem Allgemeininteresse stattzufinden. In der älteren Judikatur nahm der EuGH jedoch häufig keine Gegenüberstellung von Allgemein- und Individualinteresse, sondern eine Gesamtabwägung aller beteiligten Interessen vor. In der jüngeren Rechtsprechung wird hingegen die subjektive Perspektive des Betroffenen zunehmend stärker berücksichtigt.

6) In Sachverhalten, in denen grundrechtliche Schutzgehalte berührt sind, zeigt sich der Verhältnismäßigkeitsgrundsatz in der Judikatur in verschiedenen Formen. Er tritt zum einen als Bestandteil der Grundrechtsprüfung in Erscheinung, zum anderen wird er auch losgelöst von einem konkret genannten Grundrecht geprüft, um den Rechtsunterworfenen vor übermäßigen Belastungen seiner individuellen Interessenspositionen zu schützen („allgemeiner Verhältnismäßigkeitsgrundsatz“). Zum Teil werden beide Ausprägungen des Grundsatzes auch in demselben Urteil behandelt. Sofern in Urteilen ausschließlich der allgemeine Verhältnismäßigkeitsgrundsatz herangezogen wird, ist dies insofern problematisch, als der EuGH im Zuge der Erforderlichkeitsprüfung nicht jene Maßnahme zu ermitteln versucht, die das betroffene Grundrecht am wenigsten beeinträchtigt, sondern jene, die insgesamt am wenigsten belastet, wobei verschiedenste Interessen in die Beurteilung miteinbezogen werden.

7) In grundrechtsrelevanten Fällen definiert der EuGH den Verhältnismäßigkeitsgrundsatz mehrheitlich als aus den drei Teilelementen der Eignung, Erforderlichkeit und Angemessenheit bestehend und prüft diese in seinen Urteilen auch tatsächlich. Wenngleich die Untersuchung der Angemessenheit erst in den letzten Jahren klarer als eigenständiger Aspekt der Verhältnismäßigkeitsprüfung hervortrat, lassen sich auch bereits in einigen älteren Entscheidungen (meist kurze) Erwägungen zur Angemessenheit nachweisen.

8) Trotz der deutlichen Zunahme von dreiteiligen Verhältnismäßigkeitsprüfungen ist auch in der jüngeren Judikatur eine einheitliche Struktur bei der Untersuchung der Verhältnismäßigkeit nicht ersichtlich. Nach wie vor misst der EuGH – entgegen der dominanten Rechtsprechungslinie – Grundrechtseingriffe bisweilen lediglich pauschal am Maßstab der Verhältnismäßigkeit, an einem Teilgrundsatz oder an zwei Teilgrundsätzen.

9) Eine pauschale Qualifikation eines Grundrechtseingriffs als (un)verhältnismäßig ist selten, aber bisweilen vor allem bei Prüfungen anhand der Gleichheitsgrundrechte nachweisbar. Eine nur aus der Eignung bestehende Untersuchung der Verhältnismäßigkeit findet sich insbesondere in Urteilen auf dem Gebiet der Gemeinsamen Agrarpolitik und darüber hinaus auch in anderen Bereichen, in denen dem Unionsgesetzgeber vom EuGH ein weiter Ermessensspielraum eingeräumt wird.

10) In einigen Fällen, in denen der EuGH kollidierende Grundrechte zum Ausgleich bringen muss, prüft er ausschließlich die Angemessenheit der Maßnahme. Abgesehen von Grundrechtskollisionen beschränken sich die Überlegungen des EuGH zur Verhältnismäßigkeit auch bei der Untersuchung etwaiger Verletzungen von Verfahrensgarantien bisweilen auf die Angemessenheit. Diese Herangehensweise ist darauf zurückzuführen, dass die idealtypische dreiteilige Verhältnismäßigkeitsprüfung auf die Rechtfertigungsprüfung von Eingriffen in Freiheitsgrundrechte ausgerichtet ist und auf Einschränkungen justizieller Rechte nur eingeschränkt anwendbar ist, sodass es in diesen Konstellationen maßgeblich auf die Abwägung der widerstreitenden Interessen ankommt.

11) Bis zum Urteil *Schräder* war die zweiteilige – aus Eignung und Erforderlichkeit bestehende – Verhältnismäßigkeitsprüfung der Regelfall. Auch noch danach prüfte der EuGH vor allem Marktordnungsmaßnahmen auf dem Gebiet der Gemeinsamen Agrarpolitik ausschließlich anhand dieser beiden Teilgrundsätze. In der jüngeren Rechtsprechung sind diese Entscheidungen, mit Ausnahme von Fällen, in denen eine Maßnahme am Maßstab des allgemeinen Verhältnismäßigkeitsgrundsatzes gemessen wird, äußerst selten geworden.

12) Jene Urteile, in denen sich lediglich Erwägungen zur Erforderlichkeit und Angemessenheit finden, stellen Einzelfälle dar und können damit erklärt werden, dass das Vorliegen der Eignung für den Gerichtshof evident war und er es folglich nicht für notwendig erachtete, sie in den Urteilsgründen anzusprechen.

13) Die mittlerweile als Regelfall anzusehende dreiteilige Verhältnismäßigkeitsprüfung wird, insbesondere den Teilgrundsatz der Angemessenheit betreffend, unterschiedlich umfassend durchgeführt. Kursorische Prüfungen der Angemessenheit sind vor allem in Urteilen nachweisbar, welche sich mit Eingriffen in die Berufsfreiheit auseinandersetzen. Ausführlicher wird die Angemessenheit primär in jenen Entscheidungen untersucht, in denen die Rechte auf Achtung des Privat- und Familienlebens und auf Schutz personenbezogener Daten betroffen sind. Darüber hinaus sind auch bei Gleich-

heitsgrundrechten sowie bisweilen bei dem Recht auf Freiheit und Sicherheit, zunehmend auch bei dem Recht auf freie Berufsausübung und zum Teil bei der Untersuchung von Marktordnungsmaßnahmen auf dem Gebiet der Gemeinsamen Agrarpolitik umfassende Erwägungen zur Angemessenheit zu konstatieren.

14) Die Garantie des Wesensgehalts der Grundrechte wurde vom EuGH bereits lange vor deren Normierung in Art 52 Abs 1 GRC zur Beurteilung der Rechtmäßigkeit von Grundrechtseingriffen herangezogen. Ein erster Hinweis auf diese Schranken-Schranke der Grundrechte findet sich bereits im Urteil *Nold* aus dem Jahr 1974.

15) Die Rechtsprechung des EuGH zur Wesensgehaltsgarantie nahm in jenen Fällen ihren Ausgang, in denen eine Verletzung der Berufsfreiheit und / oder des Eigentumsrechts gerügt wurde. Traditionell verwendete der EuGH in seinen Urteilsgründen die Formel, wonach Beschränkungen keinen unverhältnismäßigen Eingriff darstellen dürfen, welcher den Wesensgehalt des betroffenen Grundrechts antastet. Dies kann als Indiz dafür verstanden werden, dass er in jenen Urteilen davon ausging, dass dem Wesensgehalt keine vom Grundsatz der Verhältnismäßigkeit eigenständige Bedeutung zukommt.

16) Tatsächlich hat der EuGH der Wesensgehaltsgarantie trotz Heranziehung der genannten Formel bisweilen bereits in seiner älteren Rechtsprechung absolute Bedeutung beigemessen. Eine Verbesserung des Grundrechtsschutzes hatte dies jedoch nicht zur Folge, da der EuGH das Vorliegen einer Grundrechtsverletzung aus Mangel eines Antastens des Wesensgehalts idR sogleich ohne nähere Begründung verwarf oder mit der Verneinung des Antastens des Wesensgehalts zu einer fragmentarischen und zurückhaltenden Untersuchung der Verhältnismäßigkeit überleitete.

17) Die Aufnahme der Wesensgehaltsgarantie in die allgemeine Schrankenklausel des Art 52 Abs 1 GRC hatte zur Konsequenz, dass der EuGH regelmäßig den Begriff des Wesensgehalts am Beginn der Rechtfertigungsprüfung erwähnt. Sofern in weiterer Folge tatsächlich Erwägungen zum Wesensgehalt vorgenommen werden, sind diese mittlerweile häufiger der absoluten Theorie zuordenbar. Besonders augenscheinlich wird diese Tendenz in jenen Urteilen, in denen eine mögliche Verletzung der Rechte nach Art 7 und 8 GRC sowie der Rechte nach Art 15 und 16 GRC thematisiert wird. Nichtsdestotrotz sind auch nach Inkrafttreten der GRC weiterhin Entscheidungen zu den genannten Rechten ergangen, welchen ein relatives Wesensgehaltsverständnis zugrunde liegt. Die wachsende Bedeutung der absoluten Theorie ist überdies – wenngleich in geringerem Ausmaß – in Urteilen zum Recht auf Freiheit und Sicherheit, zur Meinungsäußerungsfreiheit, zum Recht auf Gleich-

behandlung und zum Recht auf effektiven Rechtsschutz nach Art 47 GRC nachweisbar.

18) Ein Antasten des Wesensgehalts verneint der EuGH zum Teil nach wie vor ohne Begründung. Sofern die Urteile eine Begründung enthalten, ist diese regelmäßig äußerst kurz gehalten und bietet den Rechtsunterworfenen in den seltensten Fällen Orientierung für zukünftige Entscheidungen. Eine Ausnahme stellt in diesem Zusammenhang die Rechtsprechung zu den Art 15 und 16 GRC dar, der zufolge der Wesensgehalt nicht angetastet sein kann, solange lediglich die Art der Berufsausübung und nicht der Bestand der Freiheit als solcher gefährdet ist. Inwiefern auch andere Aussagen des EuGH, welche einen absolut geschützten Wesenskern festzulegen scheinen, zu einer Rechtsprechungslinie verdichtet werden und den Organen somit auch zukünftig tatsächliche Grenzen setzen, bleibt abzuwarten.

19) Art 52 Abs 1 GRC fordert die Beachtung sämtlicher Teilelemente des Verhältnismäßigkeitsgrundsatzes. Eine von der Prüfung der Eignung und Erforderlichkeit getrennte Untersuchung der Angemessenheit lässt sich aus der Bestimmung jedoch nicht ableiten.

20) Der Wortlaut von Art 52 Abs 1 GRC und die Entstehungsgeschichte der Norm sprechen dafür, die Wesensgehaltsgarantie als eigenständige Eingriffsschranke zu verstehen, welche die Feststellung eines absolut geschützten Kernbereichs des betroffenen Grundrechts erfordert und auch verhältnismäßige Eingriffe in diesen Bereich nicht zulässt.

VI.D.2. Grundfreiheiten

1) Bei der Untersuchung mitgliedstaatlicher Beschränkungen der Grundfreiheiten bekannte sich der EuGH bereits in dem Urteil *Cassis de Dijon* aus dem Jahr 1979 implizit zum Verhältnismäßigkeitsgrundsatz. Mittlerweile ist der Grundsatz seit vielen Jahren fester Bestandteil der gerichtlichen Prüfung von Beschränkungen der Grundfreiheiten. Bei der Untersuchung werden idR die Teilgrundsätze der Eignung und Erforderlichkeit sowie bisweilen auch die Angemessenheit berücksichtigt.

2) Eine Beschränkung einer Grundfreiheit muss in der Lage sein, das legitime Ziel zu fördern, damit die Eignung vom EuGH bejaht wird. Bei der Prüfung beschränkt sich der EuGH auf eine Plausibilitätskontrolle, sodass er nur jene Maßnahmen verwirft, welche in keinem Zusammenhang zum verfolgten Ziel stehen. Nichtsdestotrotz stellt das Kriterium der Eignung idR eine höhere Hürde als bei Grundrechtseingriffen dar, da der EuGH im Rahmen der Eignungsprüfung auch die Einhaltung des Kohärenzgebots untersucht.

3) Das Kohärenzgebot verlangt, dass nationale Maßnahmen das angegebene Ziel stringent und widerspruchsfrei verfolgen. Es wurde maßgeblich in der Judikatur des EuGH zur Glücksspielregulierung entwickelt und findet in diesem Bereich nach wie vor seinen Hauptanwendungsbereich. Auch Regulierungsmaßnahmen zum Schutz der menschlichen Gesundheit werden vom EuGH häufig auf die Einhaltung des Kohärenzgebots geprüft.

4) Die Untersuchung der Erforderlichkeit steht regelmäßig im Mittelpunkt der gerichtlichen Verhältnismäßigkeitsprüfung. Wie auch auf dem Gebiet der Grundrechte wird eine Maßnahme vom EuGH als erforderlich qualifiziert, wenn keine mildere Alternativmaßnahme vorhanden ist, die das angestrebte Ziel gleich wirksam erreichen kann. Milder ist eine Alternativmaßnahme, wenn sie weniger restriktiv auf die betroffene Grundfreiheit einwirkt. Die Prüfung der Erforderlichkeit durch den Gerichtshof ist idR strenger als jene der Eignung. Der Umstand, dass ein anderer Mitgliedstaat zur Erreichung desselben legitimen Ziels eine weniger restriktive Regelung eingeführt hat, begründet für sich genommen jedoch nicht die mangelnde Erforderlichkeit der beschränkenden Maßnahme. Die Erforderlichkeitsprüfung wurde in der Judikatur durch das Herkunftsland-, das Kooperations- und das Informationsprinzip konkretisiert.

5) Um dem Kriterium der Angemessenheit zu genügen, muss der durch die Maßnahme bewirkte Grad der Freiheitsbeeinträchtigung in einem angemessenen Verhältnis zum Ausmaß der Erreichung des legitimen Zieles stehen.

6) In seinen Urteilen zu Beschränkungen der Grundfreiheiten definiert der EuGH den Verhältnismäßigkeitsgrundsatz fast ausschließlich als aus Eignung und Erforderlichkeit bestehend und prüft die beiden Teilgrundsätze auch tatsächlich. Bereits in Entscheidungen, die Ende der 1980er und Anfang der 1990er Jahre ergingen, sind jedoch vereinzelt Erwägungen zur Angemessenheit nachweisbar.

7) Wenngleich die zweistufige Verhältnismäßigkeitsprüfung nach wie vor den Regelfall darstellt, spielen Überlegungen zur Angemessenheit in der Rechtsprechung mittlerweile häufiger eine Rolle. Dies gilt vor allem für jene Fälle, in denen

   i) das Ermessen der nationalen Behörden einer Einschränkung bedarf und / oder keine ausreichenden Verfahrensgarantien zum Schutz des Einzelnen vor Willkür vorhanden sind,

   ii) die Beschränkung einer Grundfreiheit die Verhängung einer Sanktion beinhaltet, oder

iii) Grundrechte im Rahmen der Rechtfertigungsprüfung zu berücksichtigen sind.

8) Die Relevanz von Grundrechten ergibt sich aus dem Umstand, dass sie einen Rechtfertigungsgrund für Beschränkungen der Grundfreiheiten darstellen. Wenngleich bei der Prüfung, ob in Ausübung eines Grundrechts eine Beschränkung einer Grundfreiheit gerechtfertigt werden kann, das betroffene Grundrecht und die betroffene Grundfreiheit als *ex ante* gleichrangige Prinzipien gegeneinander abzuwägen sind, verzichtet der EuGH zum Teil auf eine Untersuchung der Angemessenheit.

9) In den seltenen Fällen, in denen der EuGH die Verhältnismäßigkeit ohne Rückgriff auf die einzelnen Teilgrundsätze beurteilt, dürfte dies auf den Umstand zurückzuführen sein, dass die Unverhältnismäßigkeit der Maßnahme für ihn evident war. Eine ausschließliche Bezugnahme auf den Teilgrundsatz der Eignung erfolgt nur, sofern der EuGH die Eignung der Maßnahme verneint. Bisweilen erörtert er auch nur den Teilgrundsatz der Erforderlichkeit, wenn für ihn offensichtlich ist, dass die streitgegenständliche Maßnahme nicht das gelindeste Mittel zur Zielerreichung darstellt.

VI.E. Gerichtliche Kontrolldichte

VI.E.1. Allgemeines

1) Gerichtliche Kontrolldichte bezeichnet den Grad der Bereitschaft der Gerichte, Entscheidungen der Organe von Legislative und Exekutive zu hinterfragen und durch eigene Beurteilungen zu ersetzen. Sie spielt nicht nur, aber vor allem bei der Beurteilung anhand des Verhältnismäßigkeitsgrundsatzes eine wichtige Rolle. Eine hohe Kontrolldichte bedeutet, dass die Gerichte gewillt sind, die Entscheidungen der anderen Staatsgewalten kritisch zu hinterfragen, und hat zur Folge, dass deren Akte häufiger aufgrund eines Verstoßes gegen den Verhältnismäßigkeitsgrundsatz beanstandet werden. Während eine zu niedrige Kontrolldichte dazu führt, dass Individualrechtspositionen nicht ausreichend geschützt werden, ist eine zu hohe Kontrolldichte aus der Perspektive der Gewaltenteilung kritisch zu hinterfragen.

2) Bei der Frage nach dem „richtigen" Grad der Kontrolldichte sind neben dem Prinzip der Gewaltenteilung auch die Prinzipien der Demokratie und der Rechtsstaatlichkeit relevant. Das Demokratieprinzip wirkt dabei einschränkend auf die richterliche Kontrolle, da in einem demokratischen Staat das Recht vom Volk ausgeht und daher die gewählten Repräsentanten zur Gesetzgebung legitimiert sind. Demgegenüber spricht das Rechtsstaatsprinzip gegen gerichtliche Zurückhaltung, da es die Bindung der Exekutive an die

Gesetze und die Bindung der Legislative an die Verfassung sowie eine unabhängige Gerichtsbarkeit fordert, welche die Einhaltung dieser Bindungen wirksam kontrolliert. Die anzulegende Kontrolldichte hängt somit von der Bedeutung dieser Prinzipien in einer Rechtsordnung und ihrem relativen Gewicht zueinander ab. Damit ist jedoch nicht geklärt, warum ein und dasselbe Gericht seine Kontrolldichte variiert.

3) Ein Gericht kann bereits vor der Beurteilung der Verhältnismäßigkeit richterliche Zurückhaltung üben, indem es ausspricht, dass eine bestimmte Maßnahme nicht justiziabel ist. Angesprochen sind damit jene Fälle, in denen das Gericht den Begriff der Beschränkung oder den Schutzbereich einer Norm eng auslegt. Diese Herangehensweise wählt bisweilen auch der EuGH sowohl bei Grundrechten als auch bei Grundfreiheiten.

4) Wie streng ein Gericht Akte der Legislative und der Exekutive prüft, zeigt sich auch anhand der Beweislastverteilung und der Formulierung des Verhältnismäßigkeitsgrundsatzes. In einem ersten Schritt ist zu fragen, wer beweisen muss, dass die Maßnahme den Anforderungen des Verhältnismäßigkeitsgrundsatzes genügt / nicht genügt, und in einem zweiten Schritt stellt sich die Frage, was bewiesen werden muss. Wenn der Autor einer beschränkenden Maßnahme die Beweislast betreffend die Einhaltung des Verhältnismäßigkeitsgrundsatzes trägt, spricht dies für eine hohe Kontrolldichte, während die Beweislasttragung (der mangelnden Verhältnismäßigkeit) durch den Betroffenen das Gegenteil impliziert. Sofern das Gericht die Verhältnismäßigkeit negativ formuliert, dh lediglich untersucht, ob die streitgegenständliche Maßnahme unverhältnismäßig ist, kann dies für eine eingeschränkte Kontrolldichte sprechen.

5) Der EuGH kann vor allem dadurch Zurückhaltung üben, indem er tatsächlich nur eine ungenaue Überprüfung der Rechtfertigung einer Beschränkung einer Grundfreiheit bzw eines Grundrechtseingriffs vornimmt. Dies betrifft die Untersuchung, ob überhaupt ein anerkannter Rechtfertigungsgrund gegeben ist, sowie die Überprüfung, ob der Verhältnismäßigkeitsgrundsatz gewahrt ist. Bei der Beurteilung der Erforderlichkeit kann der EuGH Zurückhaltung zeigen, indem er selbst keine Erwägungen zu etwaigen gelinderen Mitteln vornimmt oder die gleiche Wirksamkeit von denkbaren Alternativmaßnahmen ohne nähere Prüfung verwirft. Durch den gänzlichen Verzicht auf eine Angemessenheitsprüfung oder die mangelnde Auseinandersetzung mit den einander widerstreitenden Interessen im Zuge der Abwägung übt der EuGH ebenfalls Zurückhaltung. Der Umkehrschluss, wonach Erwägungen zur Angemessenheit eine strenge Verhältnismäßigkeitsprüfung durch den Gerichtshof bedeuten, ist jedoch nicht zwingend.

6) In Vorabentscheidungsverfahren nach Art 267 AEUV besteht für den EuGH eine zusätzliche Möglichkeit für richterliche Zurückhaltung, indem er die Beurteilung der Verhältnismäßigkeit nicht selbst vornimmt, sondern sie dem jeweils zuständigen Gericht in dem betroffenen Mitgliedstaat überlässt. Abhängig von der Quantität und der Qualität der Hinweise des EuGH für die Durchführung der Verhältnismäßigkeitsprüfung durch das nationale Gericht, ist der mitgliedstaatliche Spielraum enger oder weiter.

7) Der EGMR gesteht den Vertragsstaaten bei der Beurteilung von Grundrechtseingriffen in ständiger Rechtsprechung einen Beurteilungsspielraum (*"margin of appreciation"*) zu. Die Weite des Beurteilungsspielraumes der Vertragsstaaten und somit auch die Kontrolldichte des EGMR hängen wesentlich von den folgenden Faktoren ab:

   i) Gemeinsamer Konsens in den Vertragsstaaten: Ein Grundrechtseingriff, der nach seinem Wesen und seinen Auswirkungen ein Pendant in anderen Vertragsstaaten hat, ist leichter zu rechtfertigen, da eine Vermutung für dessen Zulässigkeit besteht.

   ii) Bedeutung des beeinträchtigten Konventionsrechts: Je wichtiger das betroffene Konventionsrecht für die demokratische Willensbildung oder für das einzelne Individuum ist, desto strenger ist die Prüfung durch den EGMR.

   iii) Bedeutung des verfolgten Ziels: Grundrechtseingriffe zum Schutz der Moral oder der Rechte anderer werden regelmäßig zurückhaltend geprüft. Der Befund einer eingeschränkten Kontrolldichte beim Rechtfertigungsgrund der nationalen Sicherheit kann auf Basis der jüngeren Judikatur nicht aufrechterhalten werden.

   iv) Kontext der geschützten Tätigkeit: Die Bedeutung der Ausübung des betroffenen Rechts für das Wohlergehen und die Entwicklung des Individuums und die Bedeutung der Grundrechtsausübung für den demokratischen Prozess beeinflussen die Kontrolldichte des EGMR. So differenziert er etwa bei Eingriffen in Art 10 EMRK zwischen politischen Meinungsäußerungen (enger Beurteilungsspielraum) und kommerziellen Meinungsäußerungen (weiter Beurteilungsspielraum).

   v) Grad der Rechtsbeeinträchtigung: Die Schwere eines Grundrechtseingriffs hängt vor allem von seiner Dauer, seinen Auswirkungen und der Frage, ob der Eingriff irreversibel ist, ab.

VI.E.2. Grundrechte

1) Bei Eingriffen in Grundrechte fordert der EuGH, dass derjenige, der sich auf die Unverhältnismäßigkeit einer Maßnahme beruft (der Betroffene), diese auch zu beweisen hat. In der Rechtsprechung wird die Verhältnismäßigkeit / werden einzelne Teilgrundsätze zum Teil negativ, zum Teil positiv formuliert. Verlässliche Rückschlüsse auf den Grad der richterlichen Kontrolle lassen die unterschiedlichen Formulierungen jedoch idR nicht zu. Eine Ausnahme bilden jene Urteile, in denen der EuGH ausspricht, dass er lediglich zu prüfen habe, ob die Maßnahme zur Erreichung des Ziels des Unionsgesetzgebers *„offensichtlich ungeeignet"* ist. In diesen Fällen nimmt er nur eine zurückhaltende Verhältnismäßigkeitsprüfung vor.

2) Bei der Prüfung von Grundrechtseingriffen durch den EuGH beeinflussen die folgenden Faktoren seine Kontrolldichte:

   i) Je weiter der Ermessensspielraum des zuständigen Organs ist, desto zurückhaltender fällt idR die richterliche Kontrolle von dessen Maßnahmen aus. Begründet wird das weite Ermessen des Unionsgesetzgebers mit der ihm zukommenden politischen Verantwortung oder mit seiner Verpflichtung, politische, wirtschaftliche und soziale Entscheidungen zu treffen und komplexe Beurteilungen vorzunehmen. Der EuGH betont das Ermessen vor allem bei Maßnahmen auf dem Gebiet der Gemeinsamen Agrarpolitik. Darüber hinaus geht er aber auch bei der Regulierung des Vertriebes und der Erzeugung von Tabakerzeugnissen, der Verhängung restriktiver Maßnahmen, der gemeinsamen Verkehrspolitik und bei komplexen medizinischen Fragen von einem weiten Ermessensspielraum aus. Demgegenüber räumt er den Mitgliedstaaten ein Ermessen ein, wenn diese für Ungleichbehandlungen im Berufsleben verantwortlich sind.

   ii) Außerdem hat auch das jeweils beeinträchtigte Grundrecht Einfluss auf die gerichtliche Kontrolldichte. Eine strenge Prüfung nimmt der EuGH regelmäßig bei Eingriffen in die Rechte nach Art 7 und Art 8 GRC vor. Dies gilt auch für Eingriffe in die Meinungsäußerungsfreiheit, wenngleich in diesen Fällen die Kontrolldichte primär vom Kontext der Meinungsäußerung abhängt. Im Gegensatz dazu werden Eingriffe in „wirtschaftliche" Grundrechte (Art 15 – Art 17 GRC) zurückhaltender geprüft, wobei dies mE in vielen Fällen zumindest auch durch eingeräumte Ermessensspielräume bedingt ist. Dass der Eingriff in eine Gleichheitsgarantie einen bestimmten Einfluss auf die Kontrolldichte hat, konnte hingegen nicht festgestellt werden.

iii) Die Kontrolldichte ist außerdem von der Schwere des Eingriffs abhängig. Grundsätzlich gilt, dass je schwerwiegender die Beeinträchtigung einer grundrechtlichen Garantie ist, desto strenger fällt die gerichtliche Kontrolle aus. Dies legt der EuGH bisweilen in seinen Urteilen auch explizit offen. Wenn jedoch der Grundrechtseingriff „nur" gravierende wirtschaftliche Nachteile für den Betroffenen zur Folge hat, bleibt die richterliche Kontrolle ungeachtet der Eingriffsschwere idR zurückhaltend. Für die Schwere des Eingriffs gilt stärker als für andere Faktoren, dass ihr Einfluss auf die gerichtliche Kontrolldichte in einem konkreten Fall vom Zusammenspiel mit den anderen Faktoren abhängt.

iv) Schließlich hat auch das mit dem Grundrechtseingriff verfolgte Ziel Einfluss auf die Kontrolldichte. Sofern die grundrechtsbeeinträchtigende Maßnahme dem Gesundheits- und / oder dem Verbraucherschutz dienen soll, untersucht der EuGH sie mit reduzierter Kontrolldichte. Dies galt in der Vergangenheit auch für die Prüfung von Grundrechtseingriffen, welche die Sicherstellung der öffentlichen Ordnung und Sicherheit zum Ziel hatten.

v) In jenen Urteilen, in denen der EuGH die Dringlichkeit einer Maßnahme angesprochen hat, erfolgte regelmäßig eine zurückhaltende Rechtfertigungsprüfung. Allerdings ist die Zurückhaltung in diesen Fällen mE maßgeblich auf andere Faktoren zurückzuführen, welche für eine eingeschränkte gerichtliche Prüfung sprechen. Die Dringlichkeit einer Maßnahme ist somit keine entscheidende Determinante der anzulegenden Kontrolldichte, sondern wird vom EuGH vielmehr als ein zusätzliches Argument für eine zurückhaltende Prüfung verwendet.

vi) Die vor allem in der älteren Literatur vertretene Auffassung, wonach Grundrechtseingriffe durch die Mitgliedstaaten strenger geprüft werden als Grundrechtseingriffe durch die Union, kann auf Basis der jüngeren Judikatur nicht mehr aufrechterhalten werden. Insgesamt werden Grundrechtseingriffe durch die Union mittlerweile deutlich strenger als in der Vergangenheit auf ihre Rechtfertigung überprüft, sodass nicht von einem defizitären Grundrechtsschutz durch den EuGH auszugehen ist.

VI.E.3. Grundfreiheiten

1) Bei Beschränkungen der Grundfreiheiten muss idR der jeweilige Mitgliedstaat – somit der Autor der beschränkenden Maßnahme – beweisen, dass der Grundsatz der Verhältnismäßigkeit gewahrt wurde. Allerdings fordert der EuGH von dem Mitgliedstaat keinen positiven Beleg dafür, dass die ange-

strebte Zielsetzung mit keiner anderen denkbaren Alternativmaßnahme unter den gleichen Voraussetzungen erreichbar ist.

2) Die folgenden Faktoren beeinflussen die Kontrolldichte des EuGH:

i) Die Strenge der Prüfung hängt wesentlich davon ab, ob eine Harmonisierung auf Unionsebene und / oder ein gemeinsamer Konsens unter den Mitgliedstaaten besteht. Sofern eine Beschränkung einer Grundfreiheit der gerichtlichen Prüfung unterzogen wird und in diesem Bereich bereits „verwandtes" Sekundärrecht existiert, das als Auslegungshilfe dienen kann, oder ein Konsens aufgrund einer gemeinsamen Rechtsauffassung besteht, fällt die Untersuchung regelmäßig streng aus.

Wenn hingegen Bereiche betroffen sind, die durch Unionsrecht nicht geregelt sind und / oder kein gemeinsamer Konsens unter den Mitgliedstaaten gegeben ist, prüft der Gerichtshof zurückhaltender. Bedingt ist ein mangelnder gemeinsamer Konsens häufig durch nationale Unterschiede im Tatsächlichen. Die zurückhaltende Prüfung ist durch den Umstand erklärbar, dass der EuGH in diesen Konstellationen den Mitgliedstaaten zugesteht, das angestrebte Schutzniveau selbst zu bestimmen und eigenverantwortlich die Entscheidung zu treffen, wie dieses Niveau erreicht werden soll. In dieser Hinsicht haben die Mitgliedstaaten einen Wertungsspielraum.

Die richterliche Zurückhaltung betrifft vor allem Maßnahmen zum Schutz der öffentlichen Ordnung und Sicherheit, zur Gewährleistung der Sicherheit des Straßenverkehrs, zum Schutz der Verbraucher und zum Schutz der Gesundheit. Besonders ergiebig ist die Rechtsprechung betreffend die Regulierung des Glücksspiels (Verbraucherschutz) und des Apothekenwesens (Gesundheitsschutz). Wenngleich die Regulierung dieser beiden Bereiche nach wie vor zurückhaltend geprüft wird, ist der mitgliedstaatliche Beurteilungsspielraum in der jüngeren Judikatur durch die Prüfung der Kohärenz eingeschränkt worden.

ii) Wenngleich eine unspezifische Differenzierung zwischen geschriebenen und ungeschriebenen Rechtfertigungsgründen aus der Judikatur nicht ableitbar ist, werden Beschränkungen der Grundfreiheiten zur Erreichung bestimmter legitimer Ziele tendenziell zurückhaltender geprüft. Dies gilt für die untersuchten Ziele der Gewährleistung der öffentlichen Ordnung und Sicherheit sowie des Gesundheits-, Verbraucher- und Umweltschutzes. Zum Teil kann die zurückhaltende Prüfung in diesen Fällen jedoch auch damit begründet werden, dass vom EuGH häufig schon aufgrund einer mangelnden Harmonisierung auf Unionsebene und / oder aufgrund eines mangelnden Konsenses unter den Mitgliedstaaten ein Spielraum eingeräumt wird. Im Hinblick auf die Rechtfertigungsgründe der öffentlichen Ordnung und Sicherheit sowie des Schutzes der Verbraucher gilt dies im Besonderen, während bei Maßnahmen zum Schutz der Gesundheit oder der Umwelt bereits allein das Ziel der Maßnahme für eine geringe Kontrolldichte spricht. Darüber hinaus ist die Prüfung durch den EuGH zurückhaltender, wenn eine Beschränkung einer Grundfreiheit mit dem Grundrechtsschutz gerechtfertigt werden soll, sofern mit ihr nicht wirtschaftliche Interessen verfolgt werden.

iii) Die Kontrolldichte ist außerdem von der Schwere der Beeinträchtigung der betroffenen Grundfreiheit abhängig. Allgemein gilt, dass je schwerwiegender die Beeinträchtigung ist, desto strenger fällt die gerichtliche Kontrolle aus. Dies spricht der EuGH jedoch anders als in manchen Urteilen auf dem Gebiet der Grundrechte nicht explizit aus. Außerordentlich streng ist die Prüfung von Maßnahmen, welche den Grundfreiheiten ihre praktische Wirksamkeit nehmen. Sofern jedoch eine schwerwiegende Beschränkung in einem Bereich geprüft wird, in dem ein mitgliedstaatlicher Spielraum aufgrund einer mangelnden Harmonisierung auf Unionsebene und / oder aufgrund eines mangelnden Konsenses unter den Mitgliedstaaten besteht, fällt die gerichtliche Prüfung ungeachtet des Grades der Rechtsbeeinträchtigung zurückhaltend aus.

VI.E.4. Vergleichbare Strenge der gerichtlichen Prüfung

1) Der EuGH prüft mitgliedstaatliche Beschränkungen der Grundfreiheiten mittlerweile nicht prinzipiell strenger als Grundrechtseingriffe durch den Unionsgesetzgeber. Vielmehr weisen die Urteilsbegründungen in Bezug auf die Einräumung von Ermessensspielräumen und die Strenge der Verhältnismäßigkeit häufig Ähnlichkeiten auf, sofern mit den streitgegenständlichen Maßnahmen vergleichbare Zielsetzungen verfolgt werden.

2) Eine Ausnahme stellen in diesem Zusammenhang Beschränkungen einer Grundfreiheit zum Zweck des Verbraucherschutzes abseits der Glücksspielregulierung dar, die regelmäßig strenger geprüft werden als Grundrechtseingriffe durch die Union mit demselben legitimen Ziel.

Literaturverzeichnis

AARNIO, A., Taking Rules Seriously, in: Maihofer/Sprenger (Hrsg.), Law and the States in Modern Times, Stuttgart 1990, 180

ADAMOVICH, L.K. / FUNK, B.-C. / HOLZINGER, G., Österreichisches Staatsrecht 3 – Grundrechte, Wien 2003

AICHER, J., Grundfragen der Staatshaftung bei rechtmäßigen hoheitlichen Eigentumsbeschränkungen, Schriften zum Öffentlichen Recht, Band 338, Berlin 1978

ALBRECHT, K.R., Zumutbarkeit als Verfassungsmaßstab: Der eigenständige Gehalt des Zumutbarkeitsgedankens in Abgrenzung zum Grundsatz der Verhältnismäßigkeit, Tübinger Schriften zum Staats- und Verwaltungsrecht, Band 30, Berlin 1995

ALEMANNO, A., Balancing free movement and public health: The case of minimum unit pricing of alcohol in Scotch Whisky, 53 CMLR 2016, 1037

ALEXY, R.,

On Balancing and Subsumption. A Structural Comparison, 16 Ratio Juris 2003, 433

Constitutional Rights, Balancing, and Rationality, 16 Ratio Juris 2003, 131

A Theory of Constitutional Rights, Oxford 2002

On the Structure of Legal Principles, 13 Ratio Juris 2000, 294

Theorie der Grundrechte, 2. Auflage, Frankfurt am Main 1994

ANDENAS, M. / ZLEPTNIG, S., Proportionality: WTO Law: in Comparative Perspective, 42 TILJ 2006-2007, 371

VON ARNAULD, A.,

Zur Rhetorik der Verhältnismäßigkeit, in: Jestaedt/Lepsius (Hrsg.), Verhältnismäßigkeit: Zur Tragfähigkeit eines verfassungsrechtlichen Schlüsselkonzepts, Tübingen 2015, 276

Theorie und Methode des Grundrechtsschutzes in Europa – am Beispiel des Grundsatzes der Verhältnismäßigkeit, EuR 2008, Beiheft 1, 41

ARNOLD, R., Ausgestaltung und Begrenzung von Grundrechten im französischem Verfassungsrecht: Rechtsvergleichende Überlegungen zur Rechtsprechung des Conseil constitutionnel, 38 JöR 1989, 197

ARISTOTELES, Nikomachische Ethik, hrsg. von Bien, Hamburg 1985

AUBY, J.-M. / DRAGO, R., Traité de contentieux administratif, Band 2, 3. Auflage, Paris 1984

AUTEXIER, C., Diskussion, in: Frowein (Hrsg.), Die Kontrolldichte bei der gerichtlichen Überprüfung von Handlungen der Verwaltung, Beiträge zum ausländischen öffentlichen Recht und Völkerrecht, Band 106, Berlin u.a. 1993, 292

BADURA, P. / DREIER, H. (Hrsg.), FS 50 Jahre Bundesverfassungsgericht, Band 2 – Klärung und Fortbildung des Verfassungsrechts, Tübingen 2001

B. Oreschnik, *Verhältnismäßigkeit und Kontrolldichte*,
https://doi.org/10.1007/978-3-658-26160-3

BAUMHOF, A., Die Beweislast im Verfahren vor dem Europäischen Gerichtshof, Schriftenreihe Europäisches Recht, Politik und Wirtschaft, Band 184, Baden-Baden 1996

BECCARIA, C., Über Verbrechen und Strafen, hrsg. von Alff, Baden-Baden 1988

BECKER, U., Art 52 GRC, in: Schwarze (Hrsg.), EU-Kommentar, 3. Auflage, Baden-Baden 2012

BEHRENDS, O. / KNÜTEL, R. / KUPISCH, B. / SEILER, H.H. (Hrsg.), Corpus Iuris Civilis: Texte und Übersetzung, Band II: Digesten 1-10, Heidelberg 1995

BENTHAM, J., Prinzipien der Gesetzgebung, hrsg. von Dumont, Köln 1833

BERGBOHM, K., Jurisprudenz und Rechtsphilosophie: Kritische Abhandlungen, Band 1, Glashütten im Taunus 1973 (unveränderter Neudruck der Ausgabe Leipzig 1892)

BERGMANN, J. (Hrsg.), Handlexikon der Europäischen Union, 5. Auflage, Baden-Baden u.a. 2015

BERGMANN, S., Der Schutz der Umwelt im französischen Recht: Eine Darstellung von Grundstrukturen privatrechtlichen, verwaltungsrechtlichen und strafrechtlichen Umweltschutzes unter besonderer Berücksichtigung der Rechtsverfolgungschancen Privater, Schriften zum Umweltrecht, Band 73, Berlin 1996

BERKA, W.,

Die Grundrechte: Grundfreiheiten und Menschenrechte in Österreich, Wien u.a. 1999

Die Gesetzesvorbehalte der Europäischen Menschenrechtskonvention, ÖZöRV 1986, 71

BERNSDORFF, N. / BOROWSKY, M., Die Charta der Grundrechte der Europäischen Union, Baden-Baden 2002

BERRISCH, G.M., Zum „Bananen"-Urteil des EuGH vom 5.10.1994 – Rs. C-280/93, Deutschland ./. Rat der Europäischen Union, EuR 1994, 46

BEZEMEK, C., Grundrechte in der Rechtsprechung der Höchstgerichte, Wien 2016

BILCHITZ, D., Necessity and Proportionality: Towards A Balanced Approach? in: Lazarus/McCrudden/Bowles (Hrsg.), Reasoning Rights: Comparative Judicial Engagement, Oxford und Portland 2014, 41

BLACKSTONE, W., Commentaries on the laws of England, Buch I, Oxford 1766

BLECKMANN, A.,

Ermessensfehlerlehre: Völker- und Europarecht, vergleichendes Verwaltungsrecht, Köln u.a. 1997

Allgemeine Staats- und Völkerrechtslehre: vom Kompetenz- zum Kooperationsvölkerrecht, Köln u.a. 1995

Begründung und Anwendungsbereich des Verhältnismäßigkeitsprinzips, JuS 1994, 177

BOROWSKY, M.,

Art 1, in: Meyer (Hrsg.), Charta der Grundrechte der Europäischen Union, 4. Auflage, Baden-Baden u.a. 2014

Art 52, in: Meyer (Hrsg.), Charta der Grundrechte der Europäischen Union, 4. Auflage, Baden-Baden u.a. 2014

BOYRON, S., Proportionality in English Administrative Law: A Faulty Translation, 12 OJLS 1992, 237

BREMS, E., The Margin of Appreciation Doctrine in the Case-Law of the European Court of Human Rights, ZaöRV 1996, 240

BRIGOLA, A., Der Grundsatz der Verhältnismäßigkeit im Gefüge der EU-Grundfreiheiten – Steuerungsinstrument oder Risikofaktor? EuZW 2017, 406

BRORS, C., Wann ist eine Altersdiskriminierung nach der Rechtsprechung des EuGH gerechtfertigt? RdA 2012, 346

BRÜCKMANN, R. / STEINBACH, A., Die Förderung erneuerbarer Energien im Lichte der Warenverkehrsfreiheit, EnWZ 2014, 346

BRÜNING, C., Möglichkeiten einer unionsrechtlichen Regulierung des Glücksspiels im europäischen Binnenmarkt, NVwZ 2013, 23

BÜHLER, M., Einschränkung von Grundrechten nach der Europäischen Grundrechtecharta, Tübinger Schriften zum internationalen und europäischen Recht, Band 75, Berlin 2005

DE BÚRCA, G., The Principle of Proportionality and its Application in EC Law, 13 YEL, Oxford 1993, 105

BYDLINSKI, F., Juristische Methodenlehre und Rechtsbegriff, 2. Auflage, Wien 2011

CALLIESS, C. / RUFFERT, M. (Hrsg.), EUV / AEUV, 5. Auflage, München 2016

CICERO, M.T., De officiis, hrsg. und übersetzt von Nickel, Düsseldorf 2008

COLLIARD, C.-A., Libertés publiques, 7. Auflage, Paris 1989

CONRAD, H. / KLEINHEYER, G. (Hrsg.), Vorträge über Recht und Staat von Carl Gottlieb Svarez, Köln 1960

CORNILS, M., § 5, in: Grabenwarter (Hrsg.), Europäischer Grundrechteschutz, Baden-Baden 2014

CRAIG, P. / DE BÚRCA, G., EU Law, 5. Auflage, New York 2011

CRAIG, P.,

Administrative Law, 7. Auflage, London 2012

The Evolution of the Single Market, in: Barnard/Scott (Hrsg.), The Law of the Single European Market: Unpacking the Premises, Oxford u.a. 2002

VON DANWITZ, T.,

Verfassungsrechtliche Herausforderungen in der jüngeren Rechtsprechung des EuGH, EuGRZ 2013, 253

Europäisches Verwaltungsrecht, Berlin-Heidelberg 2008

Art 52, in: Tettinger/Stern (Hrsg.), Kölner Gemeinschaftskommentar zur Europäischen Grundrechte-Charta, München 2006

Der Grundsatz der Verhältnismäßigkeit im Gemeinschaftsrecht, EWS 2003, 393

DAWSON, M. / DE WITTE, B. / MUIR, E. (Hrsg.), Judicial Activism at the European Court of Justice, Cheltenham und Northampton 2013

DECHSLING, R., Das Verhältnismäßigkeitsgebot: Eine Bestandsaufnahme der Literatur zur Verhältnismäßigkeit staatlichen Handelns, Studien zum öffentlichen Recht und zur Verwaltungslehre, Band 40, München 1989

DEDERER, H.-G., Stürzt das deutsche Sportwettenmonopol über das Bwin-Urteil des EuGH? NJW 2010, 198

VAN DIJK, P. / VAN HOOF, F. / VAN RIJN, A. / ZWAAK, L. (Hrsg.), Theory and Practice of the European Convention on Human Rights, 4. Auflage, Antwerpen 2006

DÖRR, O. / GROTE, R. / MARAUHN, T. (Hrsg.), EMRK/GG Konkordanzkommentar zum europäischen und deutschen Grundrechtsschutz, 2. Auflage, Tübingen 2013

DRECHSLER, S., Der EuGH auf dem Weg zu einer Dogmatik der Wirtschaftsgrundrechte? – Anmerkung zum Urteil des EuGH vom 30. Juni 2016 in der Rechtssache Lidl (C-134/15), EuR 2016, 691

DREWS, C., Die Wesensgehaltsgarantie des Art. 19 II GG, Baden-Baden 2005

DURNER, W., § 162 Wirtschaftliche Grundrechte, in: Merten/Papier (Hrsg.), Handbuch der Grundrechte in Deutschland und Europa: Band VI/1 – Europäische Grundrechte I, Heidelberg u.a. 2010

DWORKIN, R., Bürgerrechte ernstgenommen, Frankfurt am Main 1984

EBERL, M., Verfassung und Richterspruch: Rechtsphilosophische Grundlegungen zur Souveränität, Justiziabilität und Legitimität der Verfassungsgerichtsbarkeit, Berlin 2006

EHLERS, D.,

Allgemeine Lehren der Grundfreiheiten, in: Ehlers (Hrsg.), Europäische Grundrechte und Grundfreiheiten, 4. Auflage, Berlin 2014, 239

Allgemeine Lehren der Unionsgrundrechte, in: Ehlers (Hrsg.), Europäische Grundrechte und Grundfreiheiten, 4. Auflage, Berlin 2014, 513

ELLIS, E. (Hrsg.), The Principle of Proportionality in the Laws of Europe, Oxford 1999

EMILIOU, N., The principle of proportionality in European law, London 1996

EMMERICH-FRITSCHE, A., Der Grundsatz der Verhältnismäßigkeit als Direktive und Schranke der EG-Rechtsetzung: mit Beiträgen zu einer gemeineuropäischen Grundrechtslehre sowie zum Lebensmittelrecht, Beiträge zum Europäischen Wirtschaftsrecht, Band 13, Berlin 2000

ENGEL, C., Die Schranken der Schranken in der Europäischen Menschenrechtskonvention: Das Merkmal „notwendig in einer demokratischen Gesellschaft" in den Schrankenvorbehalten, das Diskriminierungsverbot, und die „margin of appreciation", ÖZöRV 1986, 261

EPINEY, A. / MÖLLERS, T.M.J., Freier Warenverkehr und nationaler Umweltschutz – Zu dem den EG-Mitgliedstaaten verbleibenden Handlungsspielräumen im Europäischen Umweltschutzrecht unter besonderer Berücksichtigung der Verhältnismäßigkeitsprüfung, Köln u.a. 1992

EPINEY, A.,

Die Rechtsprechung des EuGH im Jahr 2016, NVwZ 2017, 761

Art 18 AEUV, in: Calliess/Ruffert (Hrsg.), EUV / AEUV, 5. Auflage, München 2016

Die Rechtsprechung des EuGH im Jahr 2014, NVwZ 2015, 778

Die Rechtsprechung des EuGH im Jahr 2013, NVwZ 2014, 1059

Die Rechtsprechung des EuGH im Jahr 2012, NVwZ 2013, 692

Die Rechtsprechung des EuGH im Jahr 2009, NVwZ 2010, 1065

ERMACORA, F.,

Grundriß der Menschenrechte in Österreich, Wien 1988

Das Verhältnismäßigkeitsprinzip im österreichischen Recht sowie aus der Sicht der Europäischen Menschenrechtskonvention, in: Deutsche Sektion der Internationalen Juristen-Kommission (Hrsg.), Der Grundsatz der Verhältnismäßigkeit in europäischen Rechtsordnungen, Heidelberg 1985, 67

FRANK, C., Anforderungen des EuGH an die Rechtfertigung nationaler Einfuhrbeschränkungen: Zugleich Besprechung von EuGH „Deutsche Parkinson Vereinigung", GRUR 2016, 1246

FRENZ, W., Europäische Grundfreiheiten, Handbuch Europarecht, Band 1, 2. Auflage, Berlin/Heidelberg 2012

FROMONT, M.,

Die Bedeutung der Europäischen Menschenrechtskonvention in der französischen Rechtsordnung, DÖV 2005, 1

Le principe de proportionnalité, AJDA 1995, 156

FUNK, B.-C., Zur Bewirtschaftung von Taxi-Konzessionen. Oder: Wie demontiert man die Verfassung? wbl 1987, 182

FUSS, E.-W., Der Grundrechtsschutz in den Europäischen Gemeinschaften aus deutscher Sicht: mit einer Skizze der Grundrechtsprobleme in Frankreich, Großbritannien und der Bundesrepublik Deutschland, Heule u.a. 1975

GÄFGEN, G., Theorie der wirtschaftlichen Entscheidung: Untersuchungen zur Logik und ökonomischen Bedeutung des rationalen Handelns, 2. Auflage, Tübingen 1968

GARDAM, J.G., Proportionality and force in international law, 87 AJIL 1993, 391

GENTZ, M., Zur Verhältnismäßigkeit von Grundrechtseingriffen, NJW 1968, 1600

GÖTTSCHE, G.J., Die Anwendung von Rechtsprinzipien in der Spruchpraxis der WTO-Rechtsmittelinstanz, Hamburger Studien zum Europäischen und Internationalen Recht, Band 39, Berlin 2005

GRABENWARTER, C. / HOLOUBEK, M., Verfassungsrecht – Allgemeines Verwaltungsrecht, 3. Auflage, Wien 2016

GRABENWARTER, C. / PABEL, K.,

Europäische Menschenrechtskonvention, 6. Auflage, Wien 2016

Der Grundsatz des fairen Verfahrens, in: Dörr/Grote/Marauhn (Hrsg.), EMRK/GG Konkordanzkommentar zum europäischen und deutschen Grundrechtsschutz, 2. Auflage, Tübingen 2013

GRABENWARTER, C.,

Das Recht auf informationelle Selbstbestimmung im Europarecht und im Verfassungsrecht, AnwBl 2015, 404

§ 13, in: Grabenwarter (Hrsg.), Europäischer Grundrechteschutz, Baden-Baden 2014

Ladenschluß verfassungswidrig, RdW 1989, 264

GRABITZ, E. (Hrsg.), Grundrechte in Europa und USA, Band 1: Strukturen nationaler Systeme, Kehl u.a. 1986

GRABITZ, E., Der Grundsatz der Verhältnismäßigkeit in der Rechtsprechung des Bundesverfassungsgerichts, AÖR1973, 568

GRATZL, F., Grundrechte als Grenzen der Marktfreiheiten, Studien zum Unternehmens- und Wirtschaftsrecht, Band 32, Wien 2011

GRILLER, S., Verfassungswidrige Schrottlenkung? ÖZW 1985, 65

VON DER GROEBEN, H. / SCHWARZE, J. / HATJE, A. (Hrsg.), Europäisches Unionsrecht: Vertrag über die Europäische Union, Vertrag über die Arbeitsweise der Europäischen Union, Charta der Grundrechte der Europäischen Union, 7. Auflage, Baden-Baden 2015

GRZESZICK, B., Art 20, in: Maunz/Dürig/Herzog (Hrsg.), Grundgesetz-Kommentar, München 2014

GUCKELBERGER, A., Veröffentlichung der Leistungsempfänger von EU-Subventionen und unionsgrundrechtlicher Datenschutz, EuZW 2011, 126

GUNDEL, J.,

Der Schutz der unternehmerischen Freiheit durch die EU-Grundrechtecharta, ZHR 2016, 323

Verbindliche Herkunftskennzeichnung im EU-Binnenmarkt für Lebensmittel: Die LMIV und die Freiheit des Warenverkehrs, GewArch 2016, 176

GÜNTER, J., Berufsfreiheit und Eigentum in der Europäischen Union: Eine rechtsvergleichende Studie, Schriften zum Wirtschaftsverfassungs- und Wirtschaftsverwaltungsrecht, Band 35, Heidelberg 1998

HÄBERLE, P., Die Wesensgehaltsgarantie des Art. 19 Abs. 2 Grundgesetz – Zugleich ein Beitrag zum institutionellen Verständnis der Grundrechte und zur Lehre vom Gesetzesvorbehalt, 2. Auflage, Karlsruhe 1972

HABERMAS, J., Between facts and norms: contributions to a discourse theory of law and democracy, Cambridge u.a. 2010 (Neudruck)

HALLSTEIN, W., Die Europäische Gemeinschaft, Düsseldorf/Wien 1973

HARBO, T.-I., The Function of the Proportionality Principle in EU Law, ELJ 2010, 158

HAUKE, K., Verhältnismäßigkeit im europäischen Wirtschaftsverwaltungsrecht: Eine Untersuchung zur Kontrolldichte des Europäischen Gerichtshofs, Europäische Hochschulschriften, Reihe II Rechtswissenschaft, Band 4087, Frankfurt am Main 2005

HAVERKATE, G., Rechtsfragen des Leistungsstaats: Verhältnismäßigkeitsgebot und Freiheitsschutz im leistenden Staatshandeln, Tübingen 1983

HEINSOHN, S., Der öffentlichrechtliche Grundsatz der Verhältnismäßigkeit: Historische Ursprünge im deutschen Recht, Übernahme in das Recht der Europäischen Gemeinschaften sowie Entwicklung im französischen und englischen Recht, Dissertation Universität Münster 1997

HENGSTSCHLÄGER, J. / LEEB, D., Grundrechte, 2. Auflage, Wien 2013

HICKMAN, T., The Substance and Structure of Proportionality, PL 2008, 694

HILLGRUBER, C., § 201 Grundrechtsschranken, in: Isensee/Kirchhof (Hrsg.), Handbuch des Staatsrechts der Bundesrepublik Deutschland, Band IX – Allgemeine Grundrechtslehren, 3. Auflage, Heidelberg 2011

HIRSCHBERG, L., Der Grundsatz der Verhältnismäßigkeit, Göttinger Rechtswissenschaftliche Studien, Band 106, Göttingen 1981

HOFFMANN, L., The Influence of the European Principle of Proportionality upon UK Law, in: Ellis (Hrsg.), The Principle of Proportionality in the Laws of Europe, Oxford 1999, 107

HOLOUBEK, M. / LIENBACHER, G. (Hrsg.), Charta der Grundrechte der Europäischen Union: GRC-Kommentar, Wien 2014

HOLOUBEK, M.,

Zur Begründung des Verhältnismäßigkeitsgrundsatzes: verwaltungs-, verfassungs- und gemeinschaftsrechtliche Aspekte, in: Griller (Hrsg.), Grundfragen und aktuelle Probleme des öffentlichen Rechts, FS für Heinz Peter Rill, Wien 1995, 97

Die Sachlichkeitsprüfung des allgemeinen Gleichheitsgrundsatzes, ÖZW 1991, 72

HOPPE, M., Legitimation, in: Bergmann (Hrsg.), Handlexikon der Europäischen Union, 5. Auflage, Baden-Baden 2015

HUBER, P.M., Das Kooperationsverhältnis zwischen BVerfG und EuGH in Grundrechtsfragen, EuZW 1997, 521

HUSTER, S., Gleichheit und Verhältnismäßigkeit, JZ 1994, 541

VON IHERING, R., Der Kampf ums Recht, Wien 1872

IPSEN, H.P., Europäisches Gemeinschaftsrecht, Tübingen 1972

ISENSEE, J. / KIRCHHOF, P. (Hrsg.), Handbuch des Staatsrechts der Bundesrepublik Deutschland, Band IX – Allgemeine Grundrechtslehren, 3. Auflage, Heidelberg 2011

ISENSEE, J., Gerechtigkeit – die vorrechtliche Idee des richtigen Rechts. Streiflichter auf ein ewiges Thema, in: Kirchhof/Papier/Schäffer (Hrsg.), Rechtsstaat und Grundrechte, FS Detlef Merten, Heidelberg 2007, 3

JANS, J.H., Proportionality Revisited, 27 LIEI 2000, 239

JARASS, H.D / PIEROTH, B. (Hrsg.), Grundgesetz für die Bundesrepublik Deutschland, 13. Auflage, München 2014

JARASS, H.D.,

Charta der Grundrechte der Europäischen Union, 3. Auflage, München 2016

Art 19, in: Jarass/Pieroth (Hrsg.), Grundgesetz für die Bundesrepublik Deutschland, 13. Auflage, München 2014

Art 20, in: Jarass/Pieroth (Hrsg.), Grundgesetz für die Bundesrepublik Deutschland, 13. Auflage, München 2014

EU-Grundrechte: ein Studien- und Handbuch, München 2005

Elemente einer Dogmatik der Grundfreiheiten II, EuR 2000, 705

JESTAEDT, M., Die Abwägungslehre – ihre Stärken und Schwächen, in: Depenheuer/ Heintzen/Jestaedt/Axer (Hrsg.), Staat im Wort, FS Josef Isensee, Heidelberg 2007, 253

JOWELL, J. / LESTER, A., Beyond Wednesbury: Substantive Principles in Administrative Law, PL 1987, 368

VON JUSTI, J.H.G., Die Natur und das Wesen der Staaten: als die Grundwissenschaft der Staatskunst, der Policey, und aller Regierungswissenschaften, desgleichen als die Quelle aller Gesetze, Berlin u.a. 1760

KAHL, W. / SCHWIND, M., Europäische Grundrechte und Grundfreiheiten – Grundbausteine einer Interaktionslehre, EuR 2014, 170

KAHL, W., Neuere Entwicklungslinien der Grundrechtsdogmatik: Von Modifikationen und Erosionen des grundrechtlichen Freiheitsparadigmas, AöR 2006, 578

KÄHLER, L., Raum für Maßlosigkeit: Zu den Grenzen des Verhältnismäßigkeitsgrundsatzes im Privatrecht, in: Jestaedt/Lepsius (Hrsg.), Verhältnismäßigkeit: Zur Tragfähigkeit eines verfassungsrechtlichen Schlüsselkonzepts, Tübingen 2015, 210

KAMANN, H.-G. / GEY, P. / KREUZER, A., Das EuGH-Urteil zum Apotheken-Fremdbesitzverbot – „Renationalisierung" des Gesundheitssektors? PharmR 2009, 320

KANT, I.,

Die Metaphysik der Sitten, Werkausgabe Band VIII, 15. Auflage, hrsg. von Weischedel, Frankfurt am Main 2009

Grundlegung zur Metaphysik der Sitten, hrsg. von Weischedel, Darmstadt 1983

KARL, H., Urheberrecht: Verpflichtung von Internetprovidern zur Sperrung illegaler Webseiten, EuZW 2014, 388

KASTL, G., Filter – Fluch oder Segen? GRUR 2016, 671

KELLERHALS, A., § 6 Das Binnenmarktrecht der Warenverkehrsfreiheit, in: Müller-Graff (Hrsg.), Europäisches Wirtschaftsordnungsrecht, Baden-Baden 2015

KIEßLING, A., Das Recht auf Freizügigkeit und seine Schranken nach zehn Jahren Aufenthalt im Aufnahmemitgliedstaat, EuR 2015, 641

KIMMEL, A. / KIMMEL, C. (Hrsg.), Verfassungen der EU-Mitgliedstaaten, München 2005

KINGREEN, T. / POSCHER, R., Staatsrecht Band II, Grundrechte, 29. Auflage, Heidelberg 2013

KINGREEN, T.,

Art 34-36 AEUV, in: Calliess/Ruffert (Hrsg.), EUV / AEUV, 5. Auflage, München 2016

Art 8 GRCh, in: Calliess/Ruffert (Hrsg.), EUV / AEUV, 5. Auflage, München 2016

Art 52 GRCh, in: Calliess/Ruffert (Hrsg.), EUV / AEUV, 5. Auflage, München 2016

KINGSTON, P. / IMRIE, C., Vereinigtes Königreich, in: Grabitz (Hrsg.), Grundrechte in Europa und US, Kehl u.a. 1986, 715

KIRCHHOF, P., Gleichmaß und Übermaß, in: Badura/Scholz (Hrsg.), Wege und Verfahren des Verfassungslebens, FS Peter Lerche, München 1993, 133

KIRSCHNER, J., Grundfreiheiten und nationale Gestaltungsspielräume: Eine Analyse der Rechtsprechung des EuGH, Europäisches und internationales Recht, Band 83, München 2014

KISCHEL, U., Die Kontrolle der Verhältnismäßigkeit durch den Europäischen Gerichtshof, EuR 2000, 380

KLATT, M. / MEISTER, M., Verhältnismäßigkeit als universelles Verfassungsprinzip, Der Staat 2012, 159

KLÖCK, O. / KLEIN, M., Die Glücksspielentscheidungen des EuGH und die Auswirkungen auf den Glücksspielstaatsvertrag, NVwZ 2011, 22

KNILL, C. / BECKER, F., Divergenz trotz Diffusion? Rechtsvergleichende Aspekte des Verhältnismäßigkeitsprinzips in Deutschland, Großbritannien und der Europäischen Union, Die Verwaltung 2003, 447

KOCH, H.-J., Die normtheoretische Basis der Abwägung, in: Erbguth/Oebbecke/Rengeling/Schulte (Hrsg.), Abwägung im Recht, Köln 1996, 9

KOCH, J., Verwaltungsrechtsschutz in Frankreich: Eine rechtsvergleichende Untersuchung zu den verwaltungsinternen und verwaltungsgerichtlichen Rechtsbehelfen des Bürgers gegenüber der Verwaltung, Schriften zum Öffentlichen Recht, Band 744, Berlin 1998

KOCH, O., Der Grundsatz der Verhältnismäßigkeit in der Rechtsprechung des Gerichtshofs der Europäischen Gemeinschaften, Schriften zum Europäischen Recht, Band 92, Berlin 2003

KOKOTT, J., Anwältin des Rechts – Zur Rolle der Generalanwälte beim Europäischen Gerichtshof, Bonn 2006

KORINEK, K.,

Das Grundrecht der Freiheit der Erwerbsbetätigung als Schranke für die Wirtschaftslenkung, in: Korinek (Hrsg.), Beiträge zum Wirtschaftsrecht, FS Karl Wenger, Wien 1983, 243

Gedanken zur Lehre vom Gesetzesvorbehalt bei Grundrechten, in: Imboden/Koja/Marcic/Ringhofer/Walter (Hrsg.), FS Merkl, München/Salzburg 1970, 171

KOTTMANN, M., Introvertierte Rechtsgemeinschaft: Zur richterlichen Kontrolle des auswärtigen Handelns der Europäischen Union, Berlin u.a. 2014

KRÄMER, L., E.C. environmental law, 4. Auflage, London 2000

VON KRAUSS, R., Der Grundsatz der Verhältnismäßigkeit: in seiner Bedeutung für die Notwendigkeit des Mittels im Verwaltungsrecht, Abhandlungen aus dem Seminar für öffentliches Recht, Band 44, Hamburg 1955

KREUZ, H., Der Grundsatz der Verhältnismäßigkeit im Arbeitskampfrecht, Schriften zum Sozial- und Arbeitsrecht, Band 93, Berlin 1988

KRIELE, M., Freiheit und Gleichheit, in: Benda/Maihofer/Vogel (Hrsg.), Handbuch des Verfassungsrechts der Bundesrepublik Deutschland, Berlin/New York 1983, 129

KRÖLL, T., Adelsaufhebungsgesetz und Unionsbürgerschaft oder EuGH und Emotionen, ZfV 2010, 177

KÜHLING, J. / HEBERLEIN, J., EuGH „reloaded“: „unsafe harbour“ USA vs „Datenfestung“ EU, NVwZ 2016, 7

KÜHLING, J., Rückkehr des Rechts: Verpflichtung von „Google & Co.“ zu Datenschutz, EuZW 2014, 527

KRUGMANN, M., Der Grundsatz der Verhältnismäßigkeit im Völkerrecht, Schriften zum Völkerrecht, Band 150, Berlin 2004

KULOW, A.-C., Inhalte und Funktionen der Präambel des EG-Vertrages, Schriften zur Rechtswissenschaft, Band 25, Bayreuth 1997

KUNIG, P., Gedanken zum Grundsatz der Verhältnismäßigkeit, in: Armbrüster/Canaris/Häublein/Klimke (Hrsg.), Recht genau, Liber Amicorum für Jürgen Prölls, München 2009, 143

KUTSCHER, H.,

Zum Grundsatz der Verhältnismäßigkeit im Recht der Europäischen Gemeinschaften, in: Deutsche Sektion der Internationalen Juristen-Kommission (Hrsg.), Der Grundsatz der Verhältnismäßigkeit in europäischen Rechtsordnungen, Heidelberg 1985, 89

Über den Gerichtshof der Europäischen Gemeinschaft, EuR 1981, 392

LARENZ, K. / CANARIS, C.-W., Methodenlehre der Rechtswissenschaft, 3. Auflage Berlin u.a. 1995

LAVENDER, N., The Problem of the Margin of Appreciation, 4 EHRLR 1997, 380

LAW, D.S., Generic Constitutional Law, 89 MLR 2005, 652

LECHELER, H.,

Neue allgemeine Rechtsgrundsätze im Gemeinschaftsrecht? in: Reichelt (Hrsg.), Ludwig Boltzmann Institut für Europarecht, Vorlesungen und Vorträge, Heft 19, Wien 2004

Der Europäische Gerichtshof und die allgemeinen Rechtsgrundsätze, Schriften zum Öffentlichen Recht, Band 177, Berlin 1971

LEIBLE, S. / STREINZ, R., AEUV Art 34, in: Grabitz/Hilf/Nettesheim (Hrsg.), Das Recht der Europäischen Union, 60. Ergänzungslieferung, München 2016

LEIDENMÜHLER, F., Das Glücksspielmonopol auf dem Prüfstand des Kohärenzgebots, MuR 2014, 42

LEIGH, I. / MASTERMAN, R., Making Rights Real: The Human Rights Act in its First Decade, Oxford u.a. 2008

LEISNER-EGENSPERGER, A., Wesensgehaltsgarantie, in: Merten/Papier (Hrsg.), Handbuch der Grundrechte in Deutschland und Europa: Band III – Grundrechte in Deutschland: Allgemeine Lehren II, Heidelberg u.a. 2009

LEISNER, W., Grundrechte und Privatrecht, München 1960

LENAERTS, K., In Vielfalt geeint / Grundrechte als Basis des europäischen Integrationsprozesses, EuGRZ 2015, 353

LEPSIUS, O.,

Die Chancen und Grenzen des Grundsatzes der Verhältnismäßigkeit, in: Jestaedt/Lepsius (Hrsg.), Verhältnismäßigkeit: Zur Tragfähigkeit eines verfassungsrechtlichen Schlüsselkonzepts, Tübingen 2015, 1

Grundrechtspluralismus in Europa, in: Masing/Jestaedt/Capitant/Le Divellec (Hrsg.), Strukturfragen des Grundrechtsschutzes in Europa: Dokumentation des 6. Treffens des Deutsch-Französischen Gesprächskreises für Öffentliches Recht, Tübingen 2015

LERCHE, P., Übermaß und Verfassungsrecht: Zur Bindung des Gesetzgebers an die Grundsätze der Verhältnismäßigkeit und der Erforderlichkeit, Köln u.a. 1961

LIPPERT, A., Das Kohärenzerfordernis des EuGH: Eine Darstellung am Beispiel der Rechtsprechung zum deutschen Glücksspielmonopol, EuR 2012, 90

LOGEMANN, A., Grenzen der Menschenrechte in demokratischen Gesellschaften, Schriftenreihe Europäisches Verfassungsrecht, Band 18, Baden-Baden 2004

LÜBKE, J., § 5 Die binnenmarktliche Kapital- und Zahlungsverkehrsfreiheit, in: Müller-Graff (Hrsg.), Europäisches Wirtschaftsordnungsrecht, Baden-Baden 2015

MADURO, M. P., Interpreting European Law: Judicial Adjudication in a Context of Constitutional Pluralism, EJLS 2007, 1

MAHONEY, P., The Doctrine of the Margin of Appreciation under the European Convention on Human Rights: Its Legitimacy in Theory and Application in Practice – Marvellous Richness of Diversity or Invidious Cultural Relativism, 19 HRLJ 1998, 1

MALMBERG, J. / SIGEMAN, T., Industrial Actions and EU Economic Freedoms: The Autonomous Collective Bargaining Model curtailed by the European Court of Justice, CMLR 2008, 1115

MAUNZ, T. / DÜRIG, G. / HERZOG, R. (Hrsg.), Grundgesetz-Kommentar, München 2014

MAYER, M., Untermaß, Übermaß und Wesensgehaltsgarantie: Die Bedeutung staatlicher Schutzpflichten für den Gestaltungsspielraum des Gesetzgebers im Grundrechtsbereich, Studien und Materialien zur Verfassungsgerichtsbarkeit, Band 97, Baden-Baden 2005

MAYER, O., Deutsches Verwaltungsrecht, Band I, Leipzig 1895

MCBRIDE, J., Proportionality and the European Convention on Human Rights, in: Ellis (Hrsg.), The Principle of Proportionality in the Laws of Europe, Oxford 1999, 23

MEDICUS, D., Der Grundsatz der Verhältnismäßigkeit im Privatrecht, AcP 1992, 35

MERTEN, D. / PAPIER, H.-J. (Hrsg.),

Handbuch der Grundrechte in Deutschland und Europa: Band III – Grundrechte in Deutschland: Allgemeine Lehren II, Heidelberg u.a. 2009

Handbuch der Grundrechte in Deutschland und Europa: Band VI/1 – Europäische Grundrechte I, Heidelberg u.a. 2010

MERTEN, D. / PAPIER, H.-J. / KUCSKO-STADLMAYER, G. (Hrsg.), Handbuch der Grundrechte in Deutschland und Europa: Band VII/1 – Grundrechte in Österreich, 2. Auflage, Heidelberg u.a. 2014

MERTEN, D.,

Verhältnismäßigkeitsgrundsatz, in: Merten/Papier (Hrsg.), Handbuch der Grundrechte in Deutschland und Europa: Band III – Grundrechte in Deutschland: Allgemeine Lehren II, Heidelberg u.a. 2009

Zur verfassungsrechtlichen Herleitung des Verhältnismäßigkeitsprinzips, in: Hengstschläger (Hrsg.), Für Staat und Recht, FS für Herbert Schambeck, Berlin 1994, 349

MEYER, J. (Hrsg.), Charta der Grundrechte der Europäischen Union, 4. Auflage, Baden-Baden u.a. 2014

MICHAEL, L. / MORLOK, M., Grundrechte, 5. Auflage, Baden-Baden 2016

MICHAEL, L., Das Verhältnismäßigkeitsprinzip als Schlüssel(bund)konzept, in: Jestaedt/ Lepsius (Hrsg.), Verhältnismäßigkeit: Zur Tragfähigkeit eines verfassungsrechtlichen Schlüsselkonzepts, Tübingen 2015, 42

MIDDEKE, A., Nationaler Umweltschutz im Binnenmarkt – Rechtliche Möglichkeiten zu Grenzen umweltrelevanter Alleingänge im Verhältnis zum freien Warenverkehr, Schriften zum deutschen und europäischen Umweltrecht, Band 3, Köln u.a. 1993

MÖLLER, J. / RÜHRMAIR, A., Die Bedeutung der Grundrechte für die verfassungsrechtlichen Anforderungen an rückwirkende Gesetze, NJW 1999, 908

MONTESQUIEU, C.-L., Vom Geist der Gesetze, hrsg. von Weigand, Stuttgart 1989

MORIJN, J., Balancing Fundamental Rights and Common Market Freedoms in Union Law: Schmidberger and Omega in the Light of the European Constitution, 12 ELJ 2006, 15

MÜLLER, F., Juristische Methodik, 7. Auflage, Berlin 1997

MÜLLER-GRAFF, P.-C. (Hrsg.), Europäisches Wirtschaftsordnungsrecht, Enzyklopädie Europarecht, Band 4, Baden-Baden 2015

MÜLLER-GRAFF, P.-C.,

Die Rolle der Grundrechte in der föderalen Rechtsgemeinschaft der Europäischen Union, ZÖR 2013, 685

Art 49 AEUV, in: Streinz (Hrsg.), EUV/AUEV, 2. Auflage, München 2012

Art 56 AEUV, in: Streinz (Hrsg.), EUV/AUEV, 2. Auflage, München 2012

Grundfreiheiten und Gemeinschaftsgrundrechte, in: Cremer (Hrsg.), Tradition und Weltoffenheit des Rechts, FS Helmut Steinberger, Berlin 2002, 1281

NETTESHEIM, M.,

§ 9, in: Grabenwarter (Hrsg.), Europäischer Grundrechteschutz, Baden-Baden 2014

Grundrechtliche Prüfdichte durch den EuGH, EuZW 1995, 106

NEUMANN, J. / TÜRK, E., Necessity Revisited: Proportionality in World Trade Organization Law After Korea-Beef, EC-Asbestos and EC-Sardines, 37 JWT 2003, 199

NOVAK, R., Verhältnismäßigkeitsgebot und Grundrechtsschutz, in: Raschauer (Hrsg.), Beiträge zum Verfassungs- und Wirtschaftsrecht, FS für Günther Winkler, Wien 1989, 39

OBWEXER, W. / IANC S., § 7 Das binnenmarktliche Recht der Dienstleistungsfreiheit, in: Müller-Graff (Hrsg.), Europäisches Wirtschaftsordnungsrecht, Baden-Baden 2015

OFT, A., Der EuGH und das WTO-Recht: Die Entdeckung der politischen Gegenseitigkeit – altes Phänomen oder neuer Ansatz? EuR 2003, 504

OGOREK, M., Diskriminierung durch Blutspendeverbot für homosexuelle Männer, JA 2015, 638

ÖHLINGER, T. / EBERHARD, H., Verfassungsrecht, 11. Auflage, Wien 2016

ÖHLINGER, T., Die Grundrechte in Österreich, EuGRZ 1982, 216

ORESCHNIK, B., EuGH Rs Pfleger – Glücksspielmonopol verstößt gegen die Dienstleistungsfreiheit, RdW 2014, 637

OSSENBÜHL, F.,

Allgemeine Rechts- und Verwaltungsgrundsätze – eine verschüttete Rechtsfigur? in: Schmidt-Aßmann/Sellner/Hirsch/Kemper/Lehmann-Grube (Hrsg.), Festgabe 50 Jahre Bundesverwaltungsgericht, Köln u.a. 2003, 289

Zumutbarkeit als Verfassungsmaßstab, in: Rüthers/Stern (Hrsg.), Freiheit und Verantwortung im Verfassungsstaat, Festgabe zum 10jährigen Jubiläum der Gesellschaft für Rechtspolitik, München 1984

OSTERMANN, U., Entwicklung und gegenwärtiger Stand der europäischen Grundrechte nach der Rechtsprechung des Europäischen Gerichtshofs sowie des Gerichts erster Instanz, Frankfurt am Main/Wien 2008

OTT, W., Der Rechtspositivismus: kritische Würdigung auf der Grundlage eines juristischen Pragmatismus, 2. Auflage, Berlin 1992

OTTO, F., Zur Verhältnismäßigkeit der Festlegung von Ersatzpflanzungen für geschützte Bäume, LKV 2000, 293

PACHE, E.,

Grundfreiheiten, in: Schulze/Zuleeg/Kadelbach (Hrsg.), Europarecht: Handbuch für die deutsche Rechtspraxis, 3. Auflage, Baden-Baden 2015

Der Grundsatz der Verhältnismäßigkeit in der Rechtsprechung der Gerichte der Europäischen Gemeinschaften, NVwZ 1999, 1033

PERELMAN, C., Über die Gerechtigkeit, Beck'sche Schwarze Reihe, Band 45, München 1967

PERNICE, I.,

Gemeinschaftsverfassung und Grundrechtsschutz – Grundlagen, Bestand und Perspektiven, NJW 1990, 2409

Grundrechtsgehalte im europäischen Gemeinschaftsrecht: Ein Beitrag zum gemeinschaftsimmanenten Grundrechtsschutz durch den Europäischen Gerichtshof, Schriftenreihe Europäische Wirtschaft, Band 96, Baden-Baden 1979

PIEROTH, B. / SCHLINK, B., Grundrechte – Staatsrecht II, 29. Auflage, Heidelberg 2013

PIRKER, B., Proportionality Analysis and Models of Judicial Review: A Theoretical and Comparative Study, European Administrative Law Series, Band 8, Groningen 2013

POHL, O., Ist der Gesetzgeber bei Eingriffen in die Grundrechte an den Grundsatz der Verhältnismäßigkeit gebunden? Dissertation Universität Köln 1959

POLLAK, C., Verhältnismäßigkeitsprinzip und Grundrechtsschutz in der Judikatur des Europäischen Gerichtshofs und des österreichischen Verfassungsgerichtshofs, Schriftenreihe Europäisches Recht, Politik und Wirtschaft, Band 144, Baden-Baden 1991

POSCHER, R.,

The Principles Theory: How Many Theories and What is their Merit? in: Klatt (Hrsg.), Institutionalized Reason: The Jurisprudence of Robert Alexy, Oxford 2012, 218

Einsichten, Irrtümer und Selbstmissverständnis der Prinzipientheorie, in: Sieckmann (Hrsg.), Die Prinzipientheorie der Grundrechte – Studien zur Grundrechtstheorie Robert Alexys, Baden-Baden 2007, 59

PÖSCHL, M., Über Gleichheit und Verhältnismäßigkeit, JBl 1997, 413

POTACS, M., Rechtstheorie, Wien 2015

PRECHAL, S., Free Movement and Procedural Requirements: Proportionality Reconsidered, 35 LIEI 2008, 2001

PREPELUH, U., Die Entwicklung der Margin of Appreciation-Doktrin im Hinblick auf die Pressefreiheit, ZaöRV 2001, 771

PRIEBE, R., Reform der Vorratsdatenspeicherung – strenge Maßstäbe des EuGH, EuZW 2014, 456

PUTTLER, A., Art 4 EUV, in: Calliess/Ruffert (Hrsg.), EUV / AEUV, 5. Auflage, München 2016

RADBRUCH, G., Gesetzliches Unrecht und übergesetzliches Recht, Baden-Baden 2002 (Neudruck des in der Süddeutschen Juristenzeitung 1946, 105-108 erstmals publizierten Artikels)

RAUER, N. / ETTIG, D., Sperrverfügung gem. Art. 8 Abs. 13 InfoSoc-Richtlinie gegenüber Access-Provider als „Vermittler" des Zugangs zu einer Schutzrechte verletzenden Website – Grundrechtsabwägung bei Richtlinienumsetzung – „UPC Telekabel Wien/Constantin Film u.a." EWS 2014, 225

RAUSCH, R., Die Kontrolle von Tatsachenfeststellungen und -würdigungen durch den Gerichtshof der Europäischen Gemeinschaften: zur gerichtlichen Nachprüfung von Kommissionsentscheidungen im Vergleich zum deutschen und französischen Recht, Schriften zum europäischen Recht, Band 19, Berlin 1994

REICH, N., „Verhältnismäßigkeit" als „Mega-Prinzip" im Unionsrecht? in: Mehde/Ramsauer/Seckelmann (Hrsg.), Staat, Verwaltung, Information, FS für Hans Peter Bull, Schriften zum Öffentlichen Recht, Band 1195, Berlin 2011

REIMER, P., Verhältnismäßigkeit im Verfassungsrecht, ein heterogenes Konzept, in: Jestaedt/Lepsius (Hrsg.), Verhältnismäßigkeit: Zur Tragfähigkeit eines verfassungsrechtlichen Schlüsselkonzepts, Tübingen 2015, 60

RENGELING, H.-W., Grundrechtsschutz in der Europäischen Gemeinschaft: Bestandsaufnahme und Analyse der Rechtsprechung des Europäischen Gerichtshofs zum Schutz der Grundreche als allgemeine Rechtsgrundsätze, München 1993

RESS, G., Der Grundsatz der Verhältnismäßigkeit im deutschen Recht, in: Deutsche Sektion der Internationalen Juristen-Kommission (Hrsg.), Der Grundsatz der Verhältnismäßigkeit in europäischen Rechtsordnungen, Heidelberg 1985, 5

RIESENHUBER, K., Die Auslegung, in: Riesenhuber (Hrsg.), Europäische Methodenlehre: Handbuch für Ausbildung und Praxis, 3. Auflage, Berlin u.a. 2015

RIESZ, T., Grundrechtsschutz personenbezogener Daten durch den EuGH – quo vadis? ZfV 2012, 636

RÖHL, K.-F. / RÖHL H.C., Allgemeine Rechtslehre: ein Lehrbuch, 3. Auflage, Köln 2008

ROUSSEAU, J.-J., Vom Gesellschaftsvertrag oder Grundsätze des Staatsrechts, hrsg. von Brockard, Stuttgart 2008

RUMLER-KORINEK, E. / VRANES, E., Art 52, in: Holoubek/Lienbacher (Hrsg.), Charta der Grundrechte der Europäischen Union: GRC-Kommentar, Wien 2014

SANDHU, A., Die Tele2-Entscheidung des EuGH zur Vorratsdatenspeicherung in den Mitgliedstaaten und ihre Auswirkungen auf die Rechtslage in Deutschland und in der Europäischen Union, EuR 2017, 453

SAURER, J., Die Globalisierung des Verhältnismäßigkeitsgrundsatzes, Der Staat 2012, 3

SAVOIE, E., Frankreich, in: Grabitz (Hrsg.), Grundrechte in Europa und USA, Kehl u.a. 1986, 203

SCHÄFFER, H.,

Die Entwicklung der Grundrechte, in: Merten/Papier/Kucsko-Stadlmayer (Hrsg.), Handbuch der Grundrechte in Deutschland und Europa: Band VII/1 – Grundrechte in Österreich, 2.Auflage, Heidelberg u.a. 2014

Verfassungsinterpretation in Österreich: Eine kritische Bestandsaufnahme, Forschungen aus Staat und Recht, Band 18, Wien/New York 1971

SCHILDKNECHT, U., Grundrechtsschranken in der Europäischen Union, Europäische Hochschulschriften, Reihe II Rechtswissenschaft, Band 2969, Frankfurt am Main u.a. 2000

SCHILLING, T., The Autonomy of the Community Legal Order: An Analysis of Possible Foundations, 37 HILJ 1996, 389

SCHLETTE, V., Die verwaltungsgerichtliche Kontrolle von Ermessensakten in Frankreich: eine Analyse der Rechtsprechung des Conseil d'État zu Inhalt und Umfang des pouvoir discrétionnaire der französischen Verwaltungsbehörden, unter besonderer Berücksichtigung der neueren Entwicklungen, Beiträge zum ausländischen und vergleichenden öffentlichen Recht, Band 2, Baden-Baden 1991

SCHLINK, B.,

Der Grundsatz der Verhältnismäßigkeit, in: Badura/Dreier (Hrsg.), FS 50 Jahre Bundesverfassungsgericht, Band 2, Tübingen 2001, 445

Abwägung im Verfassungsrecht, Schriften zum öffentlichen Recht, Band 299, Heidelberg 1976

SCHMAHL, S., § 15, in: Grabenwarter (Hrsg.), Europäischer Grundrechteschutz, Baden-Baden 2014

SCHMALZ, D., Grundrechte, 4. Auflage, Baden-Baden 2001

SCHOKKENBROEK, J., The Doctrine of the Margin of Appreciation under the European Convention on Human Rights: Its Legitimacy in Theory and Application in Practice – The Basis, Nature and Application of the Margin-of-Appreciation Doctrine in the Case-Law of the European Court of Human Rights, 19 HRLJ 1998, 30

SCHROEDER, W., Neues zur Grundrechtskontrolle in der Europäischen Union, EuZW 2011, 462

SCHULEV-STEINDL, E., Drittwirkung und Fiskalgeltung, in: Merten/Papier/Kucsko-Stadlmayer (Hrsg.), Handbuch der Grundrechte in Deutschland und Europa: Band VII/1 – Grundrechte in Österreich, 2. Auflage, Heidelberg u.a. 2014

SCHUPPERT, G.F., Funktionell-rechtliche Grenzen der Verfassungsinterpretation, Forum Rechtswissenschaft, Band 4, Athenäum 1980

SCHWAB, F., Der Europäische Gerichtshof und der Verhältnismäßigkeitsgrundsatz: Untersuchung der Prüfdichte, Europäische Hochschulschriften, Reihe II Rechtswissenschaft, Band 3424, Frankfurt am Main 2002

SCHWABE, J., Probleme der Grundrechtsdogmatik, Darmstadt 1977

SCHWARZE, J. (Hrsg.), EU-Kommentar, 3. Auflage, Baden-Baden 2012

SCHWARZE, J.,

Dimensionen des Rechtsgrundsatzes der Verhältnismäßigkeit, in: Ipsen/Stüer (Hrsg.), Europa im Wandel, FS für Hans-Werner Rengeling, Köln-München 2008, 633

Europäisches Verwaltungsrecht, 2. Auflage, Baden-Baden 2005

SELMER, P., Die Gewährleistung der unabdingbaren Grundrechtsstandards durch den EuGH: zum „Kooperationsverhältnis" zwischen BVerfG und EuGH am Beispiel des Rechtsschutzes gegen die Bananenmarkt-Verordnung, Baden-Baden 1998

SHMATENKO, L., Einheitsverpackungen von Tabakerzeugnissen und die Charta der Grundrechte der EU, ZfRV 2014/2, 4

SIECKMANN, J.-R., Regelmodelle und Prinzipienmodelle des Rechtssystems, Baden-Baden 1990

SIEKEMEIER, A.-K. / WENDLAND, H., § 3 Die binnenmarktliche Niederlassungsfreiheit der Selbständigen, in: Müller-Graff (Hrsg.), Europäisches Wirtschaftsordnungsrecht, Baden-Baden 2015

SIMITIS, S., Die Vorratsdatenspeicherung – ein unverändert zweifelhaftes Privileg, NJW 2014, 2158

SKOURIS, V., Leitlinien der Rechtsprechung des EuGH zum Datenschutz, NVwZ 2016, 1359

SONNEVEND, P., § 14, in: Grabenwarter (Hrsg.), Europäischer Grundrechteschutz, Baden-Baden 2014

SOYEZ, V., Die Verhältnismäßigkeit des Dopingkontrollsystems, Europäische Hochschulschriften, Reihe 2, Rechtswissenschaften, Band 3423, Frankfurt am Main u.a. 2002

STAHL, K., Die Sicherung der Grundfreiheiten im öffentlichen Recht der Fünften Französischen Republik, Veröffentlichungen des Instituts für Internationales Recht der Universität Kiel, Band 61, Hamburg 1970

STELZER, M., Das Wesensgehaltsargument und der Grundsatz der Verhältnismäßigkeit, Forschungen aus Staat und Recht, Band 94, Wien 1991

STERN, K.,

Zur Entstehung und Ableitung des Übermaßverbots, in: Badura/Scholz (Hrsg.), Wege und Verfahren des Verfassungslebens, FS Peter Lerche, München 1993, 165

Das Staatsrecht der Bundesrepublik Deutschland, Band 1: Grundbegriffe und Grundlagen des Staatsrechts, Strukturprinzipien der Verfassung, 2. Auflage, München 1984

STIEGLITZ, E., Allgemeine Lehren im Grundrechtsverständnis nach der EMRK und der Grundrechtsjudikatur des EuGH: zur Nutzbarmachung konventionsrechtlicher Grundrechtsdogmatik im Bereich der Gemeinschaftsgrundrechte, Schriftenreihe europäisches Recht, Politik und Wirtschaft, Band 287, Baden-Baden 2002

STORR, S., Zur Bonität des Grundrechtsschutzes in der Europäischen Union, Der Staat 36, 1997, 547

STREINZ, R. / KRUIS, T., Unionsrechtliche Vorgaben und mitgliedstaatliche Gestaltungsspielräume im Bereich des Glücksspielrechts, NJW 2010, 3745

STREINZ, R. (Hrsg.), EUV/AEUV, 2. Auflage, München 2012

STREINZ, R., Bundesverfassungsgerichtlicher Grundrechtsschutz und europäisches Gemeinschaftsrecht: Die Überprüfung grundrechtsbeschränkender deutscher Begründungs- und Vollzugsakte von europäischem Gemeinschaftsrecht durch das Bundesverfassungsgericht, Baden-Baden 1989

STÜRNER, M., Der Grundsatz der Verhältnismäßigkeit im Schuldvertragsrecht: zur Dogmatik einer privatrechtsimmanenten Begrenzung von vertraglichen Rechten und Pflichten, Jus Privatum, Band 153, Tübingen 2010

SWEET, A.S. / MATHEWS, J., Proportionality Balancing and Global Constitutionalism, 47 CJTL 2008-2009, 72

SZYDLO, M., Continuing the judicial gambling saga in *Berlington*, 53 CMLR 2016, 1089

TALOS, T. / STRASS, S., Das Kohärenzgebot im Glücksspielsektor, wbl 2013, 481

TETTINGER, P.J. / STERN, K. (Hrsg.), Kölner Gemeinschaftskommentar zur Europäischen Grundrechte-Charta, München 2006

TRIDIMAS, T.,

The General Principles of EU Law, 2. Auflage, Oxford 2006

Proportionality in Community Law: Searching for the Appropriate Standard of Scrutiny, in: Ellis (Hrsg.),The Principle of Proportionality in the Laws of Europe, Oxford 1999, 65

The principle of proportionality in Community Law: from the rule of law to market integration, 31 Irish Jurist 1996, 83

TRSTENJAK V. / BEYSEN, E., Das Prinzip der Verhältnismäßigkeit in der Unionsrechtordnung, EuR 2012, 265

TRSTENJAK V., Das Verhältnis zwischen Immaterialgüterrecht und Datenschutzrecht in der Informationsgesellschaft im Lichte der Rechtsprechung des Europäischen Gerichtshofs, GRURInt 2012, 393

TSAKYRAKIS, S., Proportionality: An assault on human rights? International Journal of Constitutional Law 2010, 468

UEDA, J., Is the Principle of Proportionality the European Approach?: A Review and Analysis of Trade and Environment Cases before the European Court of Justice, 14 EBLR 2003, 557

UWER, D., Medienkonzentration und Pluralismussicherung im Lichte des europäischen Menschenrechts der Pressefreiheit, Berliner Juristische Universitätsschriften, Öffentliches Recht, Band 10, Berlin 1998

VERDROSS, A., Abendländische Rechtsphilosophie, 2. Auflage, Wien 1963

VRANES, E.,

Der Verhältnismäßigkeitsgrundsatz – Herleitungsalternativen, Rechtsstatus und Funktionen, ArchVR 2009, 1

Trade and the Environment: Fundamental Issues in International and WTO Law, Habilitation Wirtschaftsuniversität Wien 2006

DE VRIES, S.A., The Protection of Fundamental Rights within Europe's Internal Market after Lisbon – An Endeavour for More Harmony, in: de Vries/Bernitz/Weatherill (Hrsg.), The Protection of Fundamental Rights in the EU After Lisbon, Oxford und Portland 2013, 59

WADE, W. / FORSYTH, C., Administrative Law, 10. Auflage, Oxford 2009

WAGNER, L.-J., Neuanlauf bei der Beihilfentransparenz in der GAP, in: Jaeger/Haslinger (Hrsg.), Jahrbuch Beihilferecht 2013, Wien u.a. 2013, 569

WALDHEIM, J.W., Dienstleistungsfreiheit und Herkunftslandprinzip: Prinzipielle Möglichkeiten und primärrechtliche Grenzen der Liberalisierung eines integrierten europäischen Binnenmarktes für Dienstleistungen, Göttingen 2008

WALTER, C., § 12, in: Grabenwarter (Hrsg.), Europäischer Grundrechteschutz, Baden-Baden 2014

WEGENER, B.W., Art 267 AEUV, in: Calliess/Ruffert (Hrsg.), EUV / AEUV, 5. Auflage, München 2016

WEILER, J.H.H., The Autonomy of the Community Legal Order: Through the Looking Glass, in: Weiler (Hrsg.), The Constitution of Europe, Cambridge u.a. 1999, 286

WEIß, W., Grundrechtsschutz durch den EuGH: Tendenzen seit Lissabon, EuZW 2013, 287

WELL-SZÖNYI, C., Der Versandhandel von Medikamenten und das Apothekenmonopol in Frankreich, GRURInt 2017, 119

WIEACKER, F., Geschichtliche Wurzeln des Prinzips der verhältnismäßigen Rechtsanwendung, in: Lutter/Stimpel/Wiedmann (Hrsg.), FS Robert Fischer, Berlin 1979, 867

WILD, C. / WEINSTEIN, S., Smith & Keenan's English Law: Text and Cases, 17. Auflage, Harlow u.a. 2013

WINCKLER, H., Die Gesetze Hammurabis, 4. Auflage, Leipzig 1906

WINDOFFER, A., Der neue Glücksspielstaatsvertrag: Ein wichtiger Beitrag zur Gesamtkohärenz des deutschen Regulierungsregimes, GewArch 2012, 388

WINKLER, R., Die Grundrechte der Europäischen Union, Wien 2006

WITT, J. / GREGOR, N., Die Preisbindung für Arzneimittel ist europarechtswidrig: Das EuGH-Urteil und seine Folgen, PharmR 2016, 481

DE WITTE, B., European Union Law: How Autonomous is its Legal Order? ZÖR 2010, 141

WITTIG, P., Zum Standort des Verhältnismäßigkeitsgrundsatzes im System des Grundgesetzes, DÖV 1968, 817

WOLLENSCHLÄGER, F.,

GRC Art 15, in: von der Groeben/Schwarze/Hatje (Hrsg.), Europäisches Unionsrecht, 7. Auflage, Baden-Baden 2015

Die unternehmerische Freiheit (Art. 16 GRCh) als grundrechtlicher Pfeiler der EU-Wirtschaftsverfassung: Konturen in der Charta-Rechtsprechung des EuGH, EuZW 2015, 285

YI, Z., Das Gebot der Verhältnismäßigkeit in der grundrechtlichen Argumentation, Europäische Hochschulschriften, Reihe II Rechtswissenschaft, Band 2377, Frankfurt am Main u.a. 1998

ZIEGER, G., Die Rechtsprechung des Europäischen Gerichtshofs: Eine Untersuchung der Allgemeinen Rechtsgrundsätze, JÖR 1973, 299

ZIERKE, K., Die Steuerungswirkung der Darlegungs- und Beweislast im Verfahren vor dem Gerichtshof der Europäischen Union, Jus Internationale et Europaeum, Band 102, Tübingen 2015

Stichwortverzeichnis

B. Oreschnik, *Verhältnismäßigkeit und Kontrolldichte*,
https://doi.org/10.1007/978-3-658-26160-3

MIX
Papier aus verantwortungsvollen Quellen
Paper from responsible sources
FSC® C105338

Printed by Books on Demand, Germany